현대 중국의 사회계층

현대 중국의 사회계층

양자성 지음 | 박종연·이웅길 옮김

연암서가

중국을 "죽(竹)의 장막(Bamboo Curtain)"에 막힌 나라라고 부르던 때가 있었다. 문화대혁명 시기에 철저하게 고립되었던 중국을 은유적으로 표현한 말이었다. 그러나 2014년 말 현재 구매력 평가 국내총생산액(GDP)에서 미국을 제치고 세계 제1의 경제대국으로 부상한 중국은 더 이상 장막에 가려진 사회주의 국가가 아니다. 1972년 2월 닉슨 대통령의 중국 방문을 계기로 대륙의 문이 열렸다. 그 후 1979년 덩샤오핑(鄧小平)이 인구 30만 명의 작은 농어촌에 불과했던 선전(深圳)을 경제특구로 지정하면서 개혁 개방의 신호탄을 쏘아 올렸다. 그 이후 중국은 2013년까지 연평균 10%의 경제성장률을 보이며 급속한 성장을 이루었다. 2015년 3월 5일 베이징에서 개막한 제12기 전국인민대표대회 제3차 회의에서 리커창(李克强) 총리는 2015년 중국의 경제성장률 목표치를 7% 안팎으로 제시했다. 이제 중국은 경제성장률 목표치가 세계 각국이 주목하는 대상이 될 정도로 막강한 "차이나 파워"의 위력을 실감하게 하고 있다.

그러나 먹는 문제를 해결한 중국은 이제 또 다른 시험대에 올랐다. 비록 "사회주의"라는 수식어가 앞에 붙어 있지만 시장경제가 자리를 잡으면서 중국 인민들에게 함께 일해서 똑같이 나누어 먹는 사회주의 정신이 더 이상 통하지 않게 되었고, 그에 따른 여러 가지 부작용이 미래의 운명을 좌우할 무게를 지니게 되었다. 더 이상 굶주림의 문제가 아니라 조화로운 사회를 고민하는 시대가 된 것이다. 덩샤오핑은 경제를 개혁하려면 먼저 정치를 개혁해야 한다고 했다. 개혁 개방 이후 정부 주도의 경제정책이 가져다준 눈부신 발전만큼이나 중국 사회가 안고 있는 모순과 부패는 심각한 수준에 이르렀다고 할 수 있다. 2015년 집권 3년차에 들어선 시진핑(習近平) 정부는 정치·경제·사회 각 분야의 개혁과 부패척결의 목소리를 높이고 있다. 특히 "상무위원은 처벌하지 않는다(刑不上常委)"는 불문율도 깨면서 정치국 상무위원을 지낸 저우융캉(周永康)을 처벌하는 등 개혁에 강한 의지를 보이고 있다.

이 책의 저자인 양지성(楊繼繩)은 중국에서 가장 겁 없이 진실을 말할 수 있는 사람으로 불린다. 역대 세 명의 중국 공산당 선전부 부장이 그를 공개적으로 비난할 정도로 그는 중국 사회의 치부를 건드리는 거침없는 쓴소리를 했다. 그는 35년 동안의 신화사(新華社) 기자 생활을 통해 중국의 밑바닥을 직접 보았고, 중국 공산당 권력의 중심을 들여다볼 수 있는 사람이었다. 그는 이 책을 통해 중국 사회에서 가장 민감하게 반응하는 "계층"의 문제를 다루면서 중국 사회를 조화롭게 만들 길은 무엇인가에 대해 논의한다. 중국 건국 후 최초로 "계층 분석"이라는 주제로 홍콩에서 처음 출판된 이 책은 해적판만 100만 부가 넘게 나올 정도로 사람들의 관심을 모았다. 그리고 중국 대륙에서는 금서(禁書)로 지정되어 출간되지 못하다가 민감한 부분을 수정하고서 어렵게 출판되었다. 이 책은 해적판을 포함해서 모두 네 차례나 나른 제복으로 출판되었다. 순서대로 소개하면 2000년 5월에 홍콩 싼롄서점(三聯書店)의 『중국 사회 각 계층분석(中國社會各階層分析)』, 2000년 10월 신장런민출판사(新疆人民出版社)의 『중국 사회 각 계층분석 보고(中國社會各

階層分析報告)』(해적판), 2006년 6월 화청출판사(花城出版社)의 『중국 각 계층의 분석(中國各階層的分析)』, 2006년 12월 간쑤런민출판사(甘肅人民出版社)의 『중국 현대 사회 각 계층분석(中國當代社會各階層分析)』이다. 2006년에만 다른 출판사에서 두 차례나 출판된 것은 중국 출판계에서도 매우 드문 일이라고 한다.

모두 18장(章)으로 구성된 이 책은 크게 세 부분으로 나누어 있다. 우선 사회학에 관한 독자들의 이해를 돕기 위해 마르크스와 막스 베버 등의 사회분층(社會分層)에 관한 일반적인 이론과 사회계층 구분의 기준에 대해 소개했다. 다만 서문에서도 언급했듯이 저자는 이 책을 전문적인 사회학 서적이 아닌 일반인들이 쉽게 이해할 수 있도록 정치, 경제, 역사 등의 다양한 분야에 대해 함께 서술했다. 개혁 이전 중국 사회계층 구분의 상황과 개혁 이래 사회계층 구분에 영향을 준 요인들을 기자의 시각으로 상세히 소개했다. 그런 후 다시 구체적으로 각 계층에 관해 하나씩 소개했다.

2015년 2월 15일 한·중 FTA 협정문에 가서명(假署名)함으로써 14억 중국 시장이 더 큰 기회의 땅으로 다가왔다. 2020년에는 중국에 10조 달러의 내수시장이 형성될 것이라고 예측하고 있다. 전적으로 수출에 의지할 수밖에 없는 한국 경제는 당연히 중국 시장에 더 많은 관심을 가져야 하고 새로운 비즈니스 모델을 찾아야 한다. 과거 짝퉁 천국으로만 여겨졌던 중국에 이제 알리바바(阿里巴巴, Alibaba), 샤오미(小米, Xiaomi), 바이두(百度, Baidu), 텐센트(騰訊, Tencent) 등 글로벌 경쟁력을 갖춘 기업들이 속속 등장하고 있다. 준비된 자에게만 중국은 기회의 땅이 될 수 있다. 중국을 이해하려면 중국 사회를 이해해야 하며, 중국인을 알아야 한다. 하지만 우리는 중국에 대해 얼마나 알고 있으며, 중국 사회를 얼마나 이해하고 있을까? 아직도 여전히 '중국인'을 낮추어서 "짱꼴라"로 부르던 시각으로 그들을 보지는 않는지? 경제적으로는 이미 중국인들이 제주도 땅을 싹쓸이한다고 걱정하고, 중국의 공휴일에는 명동을 점령한 중국인들 때문에 짜증을 낸다. 정치 외교적으로는 더욱 심각하다. 미국과 중국 사이에서 등거리 외교를 말하지만 여전히 강대국의 틈바구니에서 눈치를 보며 휘둘리는 역사의 쳇바퀴에서 벗어나지 못하고 있다.

중국 사회를 연구하는 것은 우리 사회의 과거와 현재, 미래의 모습을 볼 수 있는 계기가 될 수 있다. 비록 우리와는 체제가 다른 사회지만, 그 속에는 지금은 망각해가는 산업화 이전의 우리의 모습이 있고, 현재 우리 사회의 심각한 계층 간 모순을 그대로 담고 있다. 또한 어떤 의미에서는 그들의 사회계층 문제에 대한 해결책이 바로 우리의 문제를 해결하는 답이 될 수 있다. 독자들이 두꺼운 책의 분량에 미리 주눅이 들 수 있겠지만, 단순히 중국 전문가들이 아니라 많은 일반 독자들이 읽었으면 한다. 물론 이 한 권의 책으로 중국 사회를 모두 이해할 수 있을 것이라고는 생각지 않는다. 그러나 역자가 이 책을 번역하면서 이전에 알지 못했던 중국의 새로운 이면을 알게 되었듯이, 독자들도 중국에 대한 새로운 경험을 할 수 있기를 기대한다.

이 책은 내용만큼이나 분량이 750쪽에 이를 정도로 엄청난 무게감이 있다. 그만큼 힘든 번역 작업이었다. 역자의 손을 떠난 원고가 소중한 한 권의 책으로 출판되기까지는 많은 사람들의 숨은 노력이 있다. 우선 어려운 출판 환경 속에서도 기꺼이 책의 출간을 추진한 연암서가에 깊은 존경을 표한다. 또한 꼼꼼하게 오탈자를 바로잡아 주고 내용에 대한 지적을 해주신 윤현식 선생에게도 감사의 말씀을 전한다.

2015년 5월
역자 적음

  중국 공산당 제16기 4중 전회(중앙위원회 4차 전체회의) 〈결정(決定)〉에서 사회주의 화해사회(和諧社會: 조화로운 사회)를 건설하자는 목표가 제기되었다. 그로부터, "화해사회"는 중국의 전략적 시기에 주요한 사회적 논조가 되었으며, 아울러 각 언론매체에 가장 많이 등장하는 단어가 되었다.

  사회가 조화로운지를 판단하는 가장 중요한 기준은 사회 각 계층의 관계가 얼마나 조화로운지의 여부이다.

  원시사회가 해체된 이후, 인류는 다른 이익집단, 다른 계급·계층으로 분화되었다. 사회분화는 사회발전의 조건이자 필연적 결과이지만, 또한 계급·계층 간의 부조화를 가져왔고, 심지어는 첨예한 대립을 초래했다. 30여 년의 개혁 개방을 거치면서, 중국의 사회계층 구조는 심각한 변화가 생겼다. 노동자·농민·지식인 등 원래의 각 사회집단은 모두 격렬한 분화와 조합을 거쳐, 일련의 새로운 사회계층이 생겨났다.

  사회계층이 분화된 이유는, 사회적으로 각기 다른 이익집단이 사회자원에 대한 점유·사회적 지위·요구하는 이익 목표가 다르고, 또한 그들의 생활수준과 생활방식·사유방식이 다르기 때문이다. 이러한 여러 가지 차이가 아마도 사회가 조화롭지 못한 원인이 되었을 것이다. 새로운 이익집단의 출현은 각 계층이 자신의 기득권과 기대 이익을 보호하는 과정에서 필연적으로 각종 모순이 생기도록 했고, 만약 이러한 모순을 제대로 처리하지 못하면, 사회는 조화롭지 못하게 된다.

그래서 사회가 다른 계층으로 분화한다는 것은, 조화롭지 못한 요소가 존재하고 있다는 것을 의미한다.

조화로운 사회를 만들려면, 반드시 오늘날 중국 사회의 각 계층 상황을 진지하게 연구해야 한다. 그들의 요구·기득권과 기대 이익·사회계층의 유동 상황을 연구하고, 또한 각 계층 간의 상호작용과 충돌을 연구해야 한다.

이 책에서는 사회계층 하나하나의 사회적 횡단면으로부터, 중국의 실정을 깊이 있게 분석하고, 각 계층이 직면한 문제와 계층 간의 상호관계를 분석함으로써, 사회를 조화롭게 하는 방법을 모색했다. 계층 분석은 계층 간의 모순을 격화시키고, 계급투쟁을 불러일으키는 것이 아니라, 각 계층이 조화롭게 함께 지내고, 사회 안정을 보장하는 방법을 모색하는 것이다.

개혁 이전, 중국 농촌의 노동자는 모두 농민계급으로, 도시의 근로자는 모두 노동자계급[공인계급(工人階級)]으로 불렸다. 당시에 지식인은 단지 하나의 계층으로 취급되었다. "두 계급, 한 계층"의 표현방식은 수십 년 동안 계속 사용되었고, 개혁 개방 초기에 다시 지식인을 "노동자계급의 일부분"으로 불렀다. 이처럼, 중국에는 노동자계급과 농민계급만 있었다. 이렇게 포괄적인 개념은 개혁 이전의 현실 상황뿐만 아니라, 개혁 이후의 상황도 반영할 수 없었다. 그래서 신(新)중국 성립부터 오늘날까지 수십 년 동안, 사람들은 줄곧 중국 사회세층 분석에 대해 관심을 가졌었다. 최근, 일부 학자는 직업으로 중국 사회를 열 개의 계층으로 나누었다. 직업과 계층은 밀접한 관계가 있지만, 그렇다고 직업이 계층과 같을 수는 없다. 그래서 이 주장이 결코 사람들의 계층에 대한 궁금증을 해결해 주지는 못했다.

30여 년의 개혁을 거치며, 중국은 단순히 행정 역량으로 자원을 배치하는 것에서 시장 원리로 자원을 배치하는 것으로 방향을 바꾸었을 뿐만 아니라, 사회 통합조정 방식 또한 행정 통합조정에서 점차적으로 계약 통합조정으로 바꾸었다. 중국은 경제체제뿐만 아니라, 사회구조도 바꾸고 있다. 오늘날 중국의 사회구조를 30여 년 전과 비교하면, 이미 매우 큰 차이가 있다는 것을 누구도 부인하지 않을 것이다. 경제가 발전함에 따라서, 산업구조도 심각한 변화가 생겼고, 도시화 수준 또한 크게 제고되었다. 모두 알다시피, 제도의 변혁과 산업구조의 개선·도시화는 반드시 사회계층의 분화와 재편을 가져온다. 이 책에서는 바로 제도의 변혁과 산업구조의 개선·도시화의 거대한 배경 하에, 중국 사회 각 계층의 개혁 전후의 변화를 하나하나 분석하고 소개했다.

사회분층을 인정하는 것은 곧 사회 불평등을 인정하는 것이다. 완전한 사회평등은 불가능하다. 그러나 사회분층에 있어서 어떠한 불평등이 합리적이고, 불합리적인지를 연구해야 한다. 사람들은 완전한 평등을 얻을 수는 없지만, 불공정한 방법으로 불평등을 만드는 것을 용인하지는 않으며, 항상 최선을 다해 이미 만들어진 불평등한 제도를 바꾸려고 한다. 사회 공정을 추구하는 것은 인류의 매우 오래된 불변의 이상(理想)이다. 전 국무원 총리 원자바오(溫家寶)는 "사회의 공평 정의는 사회 안정의 기초이다. 나는 공평 정의가 태양보다 더 밝게 빛나야 한다고 생각한다"고 했다.[1]

여기서 지적하고 싶은 것은, 30년의 개혁을 거치면서, 중국 경제는 이미 획기적인 발전을 거두었고, 국민들의 생활수준도 매우 크게 높아졌지만, 사회문제는 오히려 더욱 우려할 만하다는 것이다. 이것은 1980년대 초에

---

[1] 2010년 3월 14일 오전, 국무원 총리 원자바오의 기자 대담에서 인용.

는 예상하지 못했던 일이다. 21세기에 들어서, 사람들은 더 이상 경제문제가 아니라, 사회문제에 주목했다. 그렇다고 이것이 결코 중국의 경제문제가 이미 해결되었다는 것을 의미하는 것이 아니라, 사회문제가 경제문제보다 더 두드러졌다는 것이다. 사회문제를 해결하지 않으면, 경제문제를 해결하는 데 걸림돌이 될 것이다. 여기서 말하는 사회문제는 주로 사회 각 계층 간의 조화문제이다. 이것이 곧 중국 공산당의 최고 권력기관이 화해 사회 건설을 제기한 심층적 배경이다.

사회 공정은 사회가 조화로우냐를 결정하는 중요한 요소로, 사회 조화의 토대이다. 불공정한 사회는 조화로울 수가 없다.

사회가 공정하다는 것은 바로 일정한 도덕체계에서 사회 구성원 간에 합리적으로 권리와 의무를 분배하고 있다는 것이다. 사회 공정은 권리와 의무의 대칭이다. 권리 없는 의무는 없으며, 의무 없는 권리도 없다. 사회 공정은 사회 구성원이 사회생활 각 영역에서 권리와 의무에 있어서 균형을 요구한다. 사회 각 계층은 각각 어느 정도의 이익을 차지하고, 그에 상응하는 부담을 져야 한다. 그리고 그것은 마땅히 균형을 이루어야 한다.

개혁 개방을 통해, 개혁 전의 사회 불공정 문제가 일부는 해결되었지만 (정치적 신분으로 그 사회적 지위를 확정하는 것), 일부는 여전히 해결되지 못했다(예를 들면 도농 신분 문제). 개혁 이후 다시 새로운 사회 불공정이 나타났다. 1980년대 후반에 들어서, 사회 공정 문제가 밖으로 드러나기 시작했고, 1990년대 중기에 이르러, 이 문제는 더욱 심각해졌다.

개혁 기간의 사회 불공정은 주로 개혁의 대가에 대한 부담과 개혁 수익에 대한 배당의 비대칭으로 나타났다. 논리적으로 말하면, 개혁 비용과 위험부담이 적은 사회계층에게는, 마땅히 개혁 수익이 적게 돌아가야 하고, 개혁 비용과 위험부담이 가장 큰 계층에게는, 개혁 수익이 비교적 많이 돌아가야 한다. 그러나 중국의 현실상황은 왜곡되어 있다. 개혁 중에 각급 권력자와 그 친척 친구들이 가장 많은 이익을 얻었고, 노동자와 농민은 적은 개혁 수익을 가져갔다. 그러면서 개혁의 비용과 위험에 대해 후자가 전자보다 훨씬 더 많은 것을 지불했다.

사회 불공정의 첫 번째 원인은, 시장화와 경제발전의 결과로, 이것은 피할 수 없는 것이다. 예를 들어 사유 기업주의 흥기는 신흥 산업과 전통 산업의 소득격차이다. 이 점에 대해 우리들은 충분히 용납할 수 있다. 사회 불공정의 두 번째 원인은, 역시 가장 주요한 원인인 체제(體制)이다. 이것은 개혁 방법의 선택으로, 바로 이것이 사람들의 논쟁과 걱정을 불러일으켰다.

중국의 개혁 방법은 선(先) 경제 시장화, 후(後) 정치 민주화이다. 경제 시장화는 선 농촌, 후 도시, 선 증식, 후 비축, 선 체제 밖, 후 체제 안이다. 이처럼 쉬운 것을 먼저하고, 어려운 것을 나중에 실행해서, 개혁 초기에 선순환을 이루었다. 개혁이 만든 초보적인 경제발전은, 다시 개혁을 지지했고, 깊이 있는 개혁은 좀 더 나은 발전을 이룩했으며, 그것이 다시 개혁을 촉진시켰다. 당시 중국의 역사와 현실이 중국의 개혁 방법을 결정했다. 이러한 방법은 저항과 위험이 가장 적었지만, 오랜 시간 동안 신구(新舊) 체제가 병존하도록 하여, 정치개혁을 경제개혁보다 뒤처지도록 했다.

중국이 시장경제체제를 선택함으로써, 오늘날 세계의 주류 경제체제에 진입하게 되었다. 이것은 축하를 받을 일이지만, 중국의 시장은 행정 역량으로 만들어진 것으로, 정부의 허가와 양보 속에서 형성되었다. 계획경제에서 시장경제로의 전환 과정은, 부(富)의 재분배와 유동 과정이었다. 행정 권력이 부의 재분배와 유동을 좌지우지했으며, 여기서의 행정 권력은 민주적인 상호제약이 부족했다. 원래 체제 하에서 권력을 갖고 있거나 그와 밀접한 관계를 가진 사람은, 제도 변혁 중에도 계속해서 우세한 지위에 있었다. 그들 중 일부는 원래의 권력자원을 이용하여 사회 부의 재분배 과정에서 막대한 부를 챙겼다. 다시 말해, 원래 체제 하의 "단체급식[대과반(大鍋飯): 커다란 솥의 밥을 함께 똑같이 나누어 먹자는 평균주의적 분배방식]"의 배식자는, 부의 재분배 과정에서, 자신과 또 친한 사람의 밥그릇에 더 많은 것을 챙겨주었을 것이다. 중국 개혁의 특유한 방법은, 시장경제의 결함과 계획경제의 잔재가 결합했다는 것이다. 계획경제의 색채를 띠고 있는 정부 행위와 왜곡되고 불완전한 시장이 서로 결합하여 비정상적인 사회를 만들었다. 시장경제의 이익만을 추구하고, "결재 권력"의 상호제약이 없어서, 자연스럽게 금전과 권력의 교환이 형성되었다. 행정 권력은 일부 사람들을 위해 정당하지 않은 부의 축적 기회를 만들어 주었다. 이러한 정당하지 못한 기회를 이용한 벼락부자들은, 일부분의 수익을 정부 관리에게 대가로 주었다. 탐관에 의지해야만 벼락부자가 될 수 있었고, 탐관 한 명 뒤에는 여러 명의 벼락부자가 있었다. 탐관과 벼락부자는 권력과 금전의 결합이 낳은 쌍둥이 형제이다.

몇몇 기득권자들은 수중의 권력자원을 이용하여, 신생 계층이 위로 올라가는 통로를 지키며, 여러 가지 형식의 "통행료"를 받았다. 그들은 개혁이라는 이름으로 충분한 이익을 챙긴 후에, 강력한 지위를 휘두르거나, 개혁이 심화되는 것을 막았다. 아마도 개혁이 그들에게 유리한 방향으로 흘러가도록 하거나, 제도가 계속 그들에게 유리한 상태로 유지되도록 도모했을 것이다. 그 결과, 제도적인 사회 불공정이 조성되었다.

제도적인 사회 불공정은 또한 불공평한 교역 활동에서 나타났다. 시장경제 조건 하에서, 공평 교역과 공평 경쟁은 사회 공정을 실현시키는 조건 중 하나이다. 시장 교역과 시장 경쟁에 참여하는 이들은 반드시 다음의 몇 가지 분야에서 평등한 지위를 가져야 한다.

첫째는 시장 진입의 평등이다. 이미 시장 참여자는 모두 평등한 시장의 주체로, 그들이 조건만 갖추면, 자주적인 결정으로 시장에 진입하는 평등한 기회가 있어야 한다. 만약 인위적으로 일부 기업이 진입할 수 있는 것을 제한하거나, 혹은 일부 소유제 경제 요소를 진입하도록 하고, 다른 일부는 진입하지 못하게 하면, 공평한 경쟁을 할 수가 없다. 시장 진입 불공평의 원인은, 국가 정책이 조성한 것과 지역 폐쇄로 조성된 것이 있다. 국가 정책상, 만약 정부가 인위적으로 거래 독점·시장 독점을 조성하면, 심각한 불공정이 형성된다.

둘째는 사회자원 획득 기회의 평등이다. 기업 경영은 반드시 각종 사회 자원이 있어야 한다. 예를 들면 토지나 자금, 기술, 경영 권력, 상장 자격 등이다. 기업은 평등한 신분, 동등한 기회, 공평한 교역과 평등한 경쟁을 통해 이러한 자원을 얻을 수 있어야 한다. 만약 정부가 이러한 자원을 독점하고, 행정 권력을 사용하여 분배하며, 분배하는 가운데 일부 시장 주체에게 치우치게 되면, 이것이 바로 기업 간의 기회 불균등을 초래한다.

이 두 방면의 평등을 실현하려면, 사업을 진행할 때 반드시 공개, 투명한 모집, 경쟁 입찰이 되어야 한다. 은행 대출에서는 차별이 없어야 하고, 토지 방면에서는 공개경쟁 입찰을 해야 한다. 그러나 오늘날 사업의 모집·경쟁 입찰과 토지 경쟁 입찰은 대부분 유명무실하다. 이름만 경쟁 입찰이지, 실제로는 배후에서 조작하거나 담합 거래를 한다. 많은 지방의 토지는 여전히 행정적으로 나누어 주거나 경쟁 입찰의 형식조차도 없다.

셋째는 공평한 조세이다. 정부가 각종 경제 성분, 각 부류의 시장 참여자에게 똑같이 과세해야 조세가 평등하다고 할 수 있다. 몇 년 전까지 이 문제는 비교적 심각했다. 금년에는 다소 개선이 되기는 했지만, 여전히 불공정한 점이 적지 않다. 예를 들면, 각종 세외 비용이 지나치게 많고 복잡하며, 또한 유연성이 너무 커서 인위적 요소가 상당히 심각하다. 감면세 항목이 많고, 또한 감면을 할 수 있는지, 얼마나 감면하는지 임의성이 매우 커서, 과세 집행자가 멋대로 할 수 있었다.

넷째는 공정하고 평등한 법률 환경이다. 이것은 공평한 법률과 공정한 법 집행 두 방면을 포괄한다. 현재, 정책이 법률보다 많아서, 정책으로 법률적 상황을 대체하는 경우가 보편적이다. 또한 일부 법률은 계획경제 시대의 흔적을 띠고 있어서, 시장경제와 서로 맞지 않는다. 현재 법 집행의 불공정은 공평한 법률 환경의 주요 걸림돌 가운데 하나이다. 법이 있어도 따르지 않고, 법 집행이 엄격하지 않는 상황이 심각하다.

개혁 30여 년이 지난 오늘날, 여전히 앞에서 서술한 네 가지 방면의 요구가 완전히 실현되지 않았고, 많은 불공평한 교역과 불공정한 경쟁 현상이 출현했다.

제도적 사회 불공정은 중국 사회의 가장 기본적인 모순을 드러내었다. 즉, 계획경제 시대에 구축된 상층 건축물과 시장화 된 경제 기초가 심각한 부조화를 보였다. 이것은 정치체제 개혁의 심각한 지연(遲延)의 필연적 결과이다. 정치체제 개혁을 가장 많이 이야기한 것은 덩샤오핑(鄧小平)으로, 제13차 전국대표대회(1987) 이전에, 모두 76차례나 언급했다. 가장 집중적으로 말한 시기는 1980년과 1986년이다. 덩샤오핑은 "단지 경제체제 개혁만 하고, 정치체제 개혁을 하지 않으면, 경제체제 개혁도 잘할 수 없고", "현재 경제체제 개혁이 한 걸음 나갈 때마다, 정치체제 개혁의 필요성을 깊이 느끼며", "우리의 모든 개혁이 최종적으로 성공할 수 있느냐는, 여전히 정치체제의 개혁에 달려 있다"고 말했다. 그는 중국 개혁의 철저한 표지는 정치체제 개혁이지, 경제체제 개혁이 아니라고 강조했다. 사회 공정 문제가 두드러지게 나타난 이후, 덩샤오핑이 한 말의 현실적 의미를 알 수 있었다. 그러나 1989년 이후, 정치체제 개혁은 한동안 보류되었다. 1997년 9월에 개최된 제15차 전국대표대회에서, 새롭게 정치체제 개혁이 제기되었고, 2002년 11월의 제16차 전국대표대회에서 "계속 적극적으로 적절하게 정치체제 개혁을 추진할 것"을 강조했다. 2007년 10월에 개최된 제17차 전국대표대회 보고에서, 정치체제 개혁을 논술하면서, "사회주의 민주정치를 발전시키는 것은 우리 당의 시종 변함없는 분투 목표"라는 것을 거듭 표명했으며, 또한 직접 이 부분의 표제를 "확고부동하게 사회주의 민주정치를 발전시키자(堅定不移發展社會主義民主政治)"로 정했다. 또한 인민의 민주주의를 "사회주의의 생명"으로 간주했다. 그러나 실제로 추진하는 과정에서는 앞에서 약속한 것과는 매우 큰 차이를 보였다. 사람들은 정치체제 개혁을 통해, 사회 공정으로 가는 길을 찾고자 했다. 물론 정치체제 개혁은 단시간에 성공을 거둘 수는 없다. 상황에 따라 유리한 방향으로 진행하며, 적극적이고 안정되게 나아가야 한다.

사회계층 연구는 마땅히 사회학 영역에 속해야 한다. 중국의 현대 사회학자인 위안팡(袁方), 루쉐이(陸學藝), 리페이린(李培林), 리루루(李路路), 리창(李强), 쑨리핑(孫立平), 주광레이(朱光磊), 다이젠중(戴建中)과 일부 학자들은, 중국 사회분층 방면에 많은 연구 성과를 거두었다. 필자는 이 책을 집필하면서 그들의 성과를 많이 반영했지만, 결코 사회학 방면의 학술 저서로 집필할 의도는 없고, 사회학에 관심이 있는 사람들에게게만 읽혀지기를 원하지는 않는다. 물론 이 책이 대중성이 있는 책은 아니지만, 필자는 좀 더 자유롭게 쓰고 싶었고, 독자들이 부담 없이 읽었으면 한다. 필자의 착안점은 어떤 사회학 가설에 대한 논증이 아니라, 그저 현실적 자료로 개혁 전후의 중국 사회계층의 변화를 분석하고, 현재 중국의 사회계층의 상황을 명백히 밝히고자 했다. 필자는 사회학 연구기관처럼 연구 과제를 진행하여 전문적으로 사회학을 조사할 만한 능력을 갖고 있지 않지만, 각 방면의 학자와 기관의 연구 성과를 종합적으로 이용하여, 최대한 핵심적인 연구 성과를 모을 수는 있다. 1998년 말, 필자는 『덩샤오핑 시대(鄧小平時代)』를 출판했다. 그 책은 시간의 종적인 축에 따라 개혁 개방 20년의 중국 사회의 변천을 분석했다. 지금 독자들에게 바치는 『현대 중국의 사회계층』은 각 계층의 횡단면을 보여주는 것으로, 개혁 후 30년의 중국 사회 변천을 분석했다.

이 책은 모두 18장(章)으로, 크게 세 부분으로 나누어져 있다. 첫 번째 부분은, 우선 사회계층의 일반적인 이론과 분층표준을 소개하고, 개혁 이전 중국 사회분층의 상황을 소개했다. 그리고 개혁 이래 사회분층에 영향을 끼친 각종 요인의 변동에 대해 소개하고 분석했다. 이어서 사람들의 사회적 지위를 결정하는 재부(財富)와 권력·성망(聲望)이 개혁 이래로 어떻게 변화했는지를 소개했다. 두 번째 부분은 이러한 분석을 기초로 농민과 농민공(農民工)·노동자·사유 기업주·지식인·관리·신매판(新買辦)·사회 유해 계층 등 여덟 개의 다른 사회집단을 소개했다. 또한 사회계층 전체 구조 모형을 총괄했다. 세 번째 부분은 어떻게 계층 유동이 촉진되고, 계층 충돌이 감소하며, 사회 조화와 사회 안정을 보장할 수 있는지를 제시했다. 중국은 지금 한창 사회 전환 과정에 있기 때문에, 각 계층의 상황이 아직 최종적으로 확정되었다고 말할 수 없다. 이 책에서의 각 사회집단에 대한 묘사 역시 유동적이라고 할 수 있다. 필자는 신문기자로서, 최대한 취재 중의 경험과 그때 얻은 1차 자료를 사용하고자 했다. 물론 최대한 광범위하게 관련 부서와 학자들의 사회 조사 데이터도 골라서 사용했다.

2010년 5월 베이징(北京)에서

양지성(楊繼繩)

차례

제1장

사회분층의 이론과
분층표준

사회분층은 각종 불평등한 현상을 근거로 사람들을 몇 가지 사회등급으로 구분한다. 사회분층에서는, 사회에서 모든 사람들이 일정한 자원을 갖고 있지만, 얼마를 소유하는지는 다르다고 가정한다. 소유하고 있는 자원의 차이로써 사람들이 어떠한 계층에 처해 있는지를 구분한다. 객관적으로 존재하는 계층에 대한 분석은 계층 간 모순을 완화시키고, 각 계층 간의 이익을 조절하는 방법을 찾아내어, 사회 안정을 보장한다.

사회평등과 사회분층

우리 사회에는 한여름에 고층 빌딩 안 에어컨 아래에서 편안히 일하는 사람이 있는가 하면, 뜨거운 뙤약볕 아래에서 땀을 뻘뻘 흘리며 일해야 하는 사람이 있다. 또 매일 가만히 앉아 있어도 엄청난 돈이 굴러 들어오는 사람이 있는가 하면, 빈털터리도 있다. 매일 부탁하러 찾아오는 사람이 구름처럼 많은 사람도 있지만, 사사건건 남에게 찾아가 부탁해야 하는 사람도 있다.

세상에는 각양각색의 사람들이 있고, 모두 똑같은 수준의 생활을 누릴 수는 없다. 그들은 계층이 나누어져 있고, 다른 계층 간에는 불평등이 존재한다.

불평등에 대한 비판은 가장 쉽게 인간의 감정을 자극시키고, 화나게 만든다.

그렇지만 세상에는 평등한 사물은 없다. 평등은 단지 상대적인 것이고, 오로지 불평등만이 절대적인 것이다.

열역학 제2법칙에 따라, 만약 우주에 에너지가 고르게 분포한다면, 즉 다시 말해서 온 우주 곳곳에 온도가 같다면, 그것은 곧 우주의 사망을 뜻한다. 어디든지 온도가 같다면, 비바람과 천둥 번개가 없으며, 해와 달과 별도 없고, 태양의 따스함도 없다. 그것은 바로 엔트로피(entropy) 수치가 최대인 상태이며, 바로 독일의 물리학자 루돌프 클라우지우스(Rudolf Julius Emanuel Clausius, 1822~1888)가 묘사한 "열 죽음[heat death, 열사(熱死): 운동이나 생명을 유지할 수 있는 자유 에너지가 없는 상태로 물리학상 우주 전체의 엔트로피가 최대가 된 상태 곧 우주가 종말을 맞이하는 열역학적 죽음을 뜻함]"의 상태이다.

프리드리히 엥겔스(Friedrich Engels, 1820~1895)는 『자연변증법(*Dialektik der natur*)』(1873~1883)에서 에너지가 "절대평등"으로 갈 때 나타나는 무서운 과정을 다음과 같이 묘사했다. "그때는 나날이 쇠약해지는 태양열이 더 이상 양 극지의 얼음을 녹일 수 없게 된다. 점점 더 많은 사람들이 적도 주변으로 몰려들지만, 최후에는 적도조차 더 이상 생존을 유지하기에 충분한 열을 찾을 수 없게 된다. 유기 생명의 마지막 흔적도 점점 사라지게 된다. 그렇게 되면 지구는 마치 달처럼 쥐 죽은 듯 고요하고 얼어붙는다. 장차 깊은 암흑 속에서 갈수록 좁아지는 궤도를 따라서 마찬가지로 죽은 듯 고요한 태양 주위를 돌다가, 결국에는 태양 위에 떨어진다. 다른 행성들도 지구와 똑같은 운명을 맞이하게 될 것이고……, 우리 태양계가 맞이한 운명은, 우리들의 섬 우주의 다른 모든 항성계가 언젠가는 맞이해야 되고, 다른 모든 수많은 섬 우주의 항성계도 맞이해야 할……."[1]

그렇지만 엥겔스는 결코 우주에 종말이 오지 않을 것이라고 생각했다. 그는 분산된 에너지가 "다시 모여 활동할 수 있으며", "이미 죽은 태양은 다시 뜨거운 성운으로 변할 수 있다"고 예언했다.[2] 우주의 생명은 여전히 에너지의 집중에 달려 있다. 다시 말하자면, 에너지의 "평등"이 만들어 낸

---

1 중화인민공화국 마르크스 레닌 저작 편역국 편, 『마르크스 엥겔스 선집』 제3권, 인민출판사, 1972, 458쪽.
2 위의 책, 461쪽.

우주의 사망은, 오로지 "불평등"으로 부활시킬 수밖에 없다는 것이다.

사회도 마찬가지다. 재부와 권력·성망은 모두 사회 에너지다. 사회 에너지 역시 균등하게 분포될 수 없다. 재부의 분포 상황은 "지니계수(Gini's coefficient)"로 가늠할 수 있다. 지니계수(Gini係數)는 이탈리아 경제학자 지니(Corrado Gini, 1884~1965)가 발견했다. 이 계수는 0에서 1 사이로 표시하여, 만약 모든 재부가 한 사람 손에 집중되어 있으면, 지니계수는 1이고, 재부가 전 사회에 평등하게 분배되어 있으면, 지니계수는 0이다. 지니계수는 "재부 집중도"라고도 할 수 있다. 1에 가까울수록 집중도는 높아진다. 만약 지니계수가 0이면, 그것은 공업이나 철도·고층 빌딩·현대 문명·우주선이 없다는 것을 의미한다. 왜냐하면 이런 것들은 모두 거액의 재부가 집중되어야만 완성될 수 있기 때문이다. 재부의 절대 균등은 또한 생기를 잃어버리게 하여, 사람들의 창조 열정을 상실하게 만든다. 다시 말해, 재부가 절대적으로 평등하면, 모든 사회사업과 사회활동이 멈추고, 사람들의 창조 열정도 소멸된다는 것이다. 이것은 곧 사회의 사망을 의미한다. 권력이 균등하게 분포하면, 사회도 심각한 혼란에 빠질 수 있고, 성망이 고르게 분포되면, 성망 있는 사람이 없을 것이라는 것을 상상할 수 있다.

사회에서 권력·재부·성망의 불균등한 분포는 곧 사회 군중을 다른 계층으로 나눈다. 사회분층은 객관적으로 존재하며, 사회가 정상적으로 작동되는 데 필요조건이다.

불평등이 객관적으로 존재하는 까닭은 우리가 살고 있는 사회가 평등도 필요하면서 효율이 필요하기 때문이다. 지나치게 평등을 강조하면, 일부 능력 있는 사람들의 적극성을 억제하여, 효율성이 떨어질 수 있다. 물론 불평등은 한도가 있다. 과도한 불평등 또한 효율성을 떨어뜨릴 수 있다. 불평등은 사회가 인내할 수 있는 한도 내에서 있어야 한다. 과도한 불평등은 사회의 불안정을 초래할 수 있다. 아리스토텔레스(Aristoteles, BC 384~BC

322)는 어떠한 상황에서의 내란이든지, 그 목적에 관계없이 모두 불평등에서 기인한다고 했다.[3]

주로 불합리한 제도로 인해 과도한 불평등이 생기지만, 합리적인 제도 하에서도 다른 유형의 사람 간에 이익을 부적절하게 처리하는 정책이나 방침, 방법으로 인해 과도한 불평등이 생길 수도 있다.

사람들이 완전히 평등을 얻을 수는 없지만, 불공정한 방법으로 만들어진 불평등을 용인할 수는 없다.

사회학자들은 불평등의 원인에 대해 여러 가지 분석을 하고, 갖가지 다른 결론을 내렸다. 그중 카를 마르크스(Karl Heinrich Marx, 1818~1883)의 분석은 대단히 많은 사람들로부터 신뢰를 받았다. 마르크스는 사람들이 불평등한 까닭은 개인이 생산수단을 점유하고 있기 때문이라고 생각했다. 자신의 노동력에만 의지해서 생활할 수밖에 없는 사람이, 어쩔 수 없이 그 노동력을 생산수단을 갖고 있는 소유자에게 팔고, 생산수단을 갖고 있는 사람은 곧 노동자의 잉여가치를 점유하게 된다고 생각했다. 이렇게 곧 생산수단 소유자와 무산자(無産者) 양대 대립 계급이 출현하게 되었다. 마르크스는 여기에서 자본주의가 가진 "법 앞에 만인이 평등하다"는 허구성을 폭로했다. 생산수단을 소유하는 방면에서의 불평등으로 인해, 일부 사람들은 또 다른 일부 사람에게 노동력을 반드시 팔아야 하고, 다른 일부분 사람들의 착취를 당할 수밖에 없게 된다. 마르크스주의는 생산수단 사유제를 없애야 계급이 곧 소멸될 수 있고, 사회평등도 출현할 수 있다고 생각했다.

---

3 아리스토텔레스는 "평등을 바라는 자가 보다 많은 것을 가진 자와 평등함에도 불구하고 자기는 보다 적은 것을 갖고 있다고 느낄 때 내란이 일어나며, 불평등과 우월을 바라는 자는 동등하지도 않은 자가 보다 적은 것을 가지지 않고 도리어 같은 것 혹은 보다 많은 것을 가졌다고 생각할 때 내란을 일으킨다"고 했다. 바꾸어 말하면 보다 적은 것을 가진 자는 동등하기 위해서, 동등한 자는 보다 많은 자가 되기 위해서 내란을 일으킨다.(아리스토텔레스, 『정치학(Politics)』, 중국런민대학출판사, 1999, 196쪽)

비마르크스주의 사회학자들도 마르크스의 이러한 분석이 매우 심오하다는 것을 인정했다. 그렇지만 그들은 또 다음과 같이 지적하고 있다. "생산수단의 개인 소유제를 없앤 국가들도 결코 진정한 평등이 출현하지 않고 있다. 반면 개인 소유제를 없애지 않은 북유럽 국가들은 오히려 비교적 훌륭한 평등을 갖고 있다." 이것은 바로 생산수단 소유제에 의지하지 않고도, 사람들이 정도가 다른 등급으로 나누어질 수 있음을 말한다. 유고슬라비아의 정치가이자 작가인 밀로반 질라스(Milovan Djilas, 1911~1995)는 심지어 소련식의 제도 하에서도 "신(新)계급"이 있다고 주장했다. 그가 말한 "신계급"은 관료 특권계급으로, 중국의 신문들은 1960~70년대에 자주 소련의 "특권계층"을 비판하기도 했다.

사회에서 다른 집단의 사람들이 점유하는 사회자원(경제자원·권력자원·지식 문화자원)의 차이가 바로 불평등이다. 불평등의 상황은 지위가 유사한 무리들이 계층을 이루도록 한다. 이러한 계층은 사회를 하나의 등급 계열로 만든다. 동일한 등급의 계층에 속한 사람들은 공동의 이익과 목표를 갖고 있으며, 심지어 공동의 생활권을 갖고 있다. 이 생활권에 속한 사람들의 이익과 목표는 다른 계층에 속한 사람들의 이익과 목표와는 다르며, 어떤 경우에는 충돌이 생기기도 한다. 사람들이 사회에서 행하는 많은 정치적 행위는 그들이 처한 계층의 공동 이익에 근원을 둔다. 상위계층에 있는 사람들은 항상 사회 안정을 도모하여 그들의 이익을 유지하려고 한다. 그들이 만약 강제적인 방법으로 안정을 보장하려고 하면, 바로 모순이 격화됨으로써, 그 목적과 반대되는 효과가 나타나며, 계층의 충돌을 완화하는 것이 그들의 최선의 선택이다. 그리고 하위계층에 있는 사람들은 사회 변화 중에서 자신의 처지를 개선할 수 있는 기회를 얻고 싶어 한다. 그러나 혁명식의 사회 변천은 1~2세대 사람들에게 사회 불안을 느끼도록 했을 뿐만 아니라, 일부 계층이 절대 권위를 갖도록 만들어, 민주주의를 "사치품"이 되도록 했다.

우리가 사회분층을 연구하는 것은 바로 과학적인 표준을 갖고 이처럼 객관적으로 존재하는 다른 사회 계층을 인식하는 것이며, 이상에서 만들어진 각종 불평등한 사회 메커니즘을 해석하려는 것이다. 어떻게 불평등의 적극적인 측면을 이용하고, 소극적인 측면을 제한하며, 어떻게 불평등 제한을 합리적인 한도 내에 있도록 할지 연구하고, 다른 계층에 속한 사람들이 조화롭게 살 수 있도록 할지를 연구하고, 그들 각자의 우세한 점을 충분히 발휘해서 사회가 앞으로 나아가도록 추진할 것인지를 연구하는 것이다.

사회분층과 사회계급을 나누는 것은 일부 연관성도 있으면서, 유사한 부분도 있다. 그들은 모두 일정한 사회적 관계를 근거로 사람들을 다른 사회 등급으로 나누었다. 이러한 측면에서, 계급 구분 역시 사회분층의 하나이지만, 사회분층과 계급 구분은 다른 점이 있다.

마르크스의 유물사관[唯物史觀: 사회의 제 현상의 성립·연관 발전 방법을 변증법적 유물론의 입장에서 설명한 마르크스주의의 역사관. 동의어 사적유물론(史的唯物論), 역사적 유물론(歷史的唯物論), 경제사관(經濟史觀). 중국식 용어 역사유물주의(歷史唯物主義)] 이론에 따르면, 계급 구분은 사람들이 생산관계에 처한 지위와 작용의 차이에 따라서, 사람들을 상대적으로 안정된 사회집단으로 나눈다. 계급 구분의 전제는 사회에 다음과 같은 상태가 존재하고 있다는 것이다. 즉 어떤 사람들은 사회자원을 갖고 있고, 다른 일부 사람들은 사회자원을 갖고 있지 않다는 것이다. 사회자원을 갖고 있는 사람들은 그가 가진 자원으로 자원이 없는 사람들을 착취한다. 이것은 레닌이 말한 "일부 사람들이 다른 일부 사람들의 노동을 점유하고 있다"는 말과 같다. 마르크스의 계급 구분은 계급 착취와 계급 압박을 해부하기 위한 것으로, "반란을 일으키는 데는 이유가 있다"는 것을 증명했다. 이것은 "한 계급이 다른 계급을 뒤집다"는 이론적 근거이다.

사회분층은 각종 불평등 현상에 따라 사람들을 몇 개의 사회등급으로 나눈다. 사회분층은 사회의 모든 사람들이 일정한 자원을 갖고 있지만, 그 가진 크기가 다르다고 가정한다. 가진 자원의 크기 차이로써 사람들이 어떠한 계층에 처해 있는지를 구분한다. 객관적으로 존재하는 계층에 대한 분석은 계층 간의 모순을 완화시키고, 각 계층의 이익을 조절하는 지름길을 찾아서, 사회 안정을 보장할 수 있다. 계급 분석은 양극 대립을 이끌어 내어, 사회분층이 여러 방면으로 조화롭게 되도록 촉진시킬 수 있을 것이다. 최근 몇 년간 서구의 일부 사회학자 저서 중에는, 계급 분석과 계층 분석을 혼용하고 있다. 심지어는 구분하지 않기도 하지만, 실제 그 내용은 여전히 계층 분석에 관한 것이다.

사회분층의 표준

19세기부터 20세기까지 많은 학자들이 사회분층에 관해 연구했지만, 그 분층의 표준은 서로 달랐다. 그중 가장 큰 영향력을 끼친 이론은 마르크스의 "계급론"과 막스 베버(Max Weber, 1864~1920)의 "다차원론"이다. 그들은 모두 계층 구분에서 재산 관계가 중요하다고 강조했지만, 마르크스는 생산 과정 중의 노동자와 자본가의 관계를 분석했고, 베버는 시장 관계를 강조했다. 계급론과 다차원론 이외에도, 다른 이론으로 "기능론"과 "충돌론", "교환론"이 있다. 현재 사회분층 연구 영역에서 주도적인 지위를 차지하고 있는 것은 막스 베버의 "다차원론"이다.

카를 마르크스의 분층 이론
마르크스의 계급에 관한 이론으로 사람들에게 널리 알려진 것으로 『공산당 선언』의 한 구절이 있다.

> 그러나 우리 시대, 자산계급(資産階級, 부르주아 계급) 시대에는 오히려 두드러진 한 가지 특징이 있다. 그것이 계급 대립을 단순화시켰다는 것이다. 모든 사회가 날이 갈수록 두 개의 적대 진영으로 분열되고, 서로 직접적으로 대립하는 양대 계급인 자산계급과 무산계급(無産階級, 프롤레타리아 계급)으로 분열되었다.[4]

마르크스의 계급 이론은 그의 모든 저작 속에 스며들어 있다. 그는 계급을 따로 체계적이고 완전하게 논술한 적은 없다. 그의 원래 계획은 『자본론』 제3권 제52장에 따로 논술하고자 했지만, 아쉽게도 제52장을 완전히 완성하지 못하고, 겨우 한 페이지 조금 넘게 기술했다.[5] 미완성의 이 한 장과 그가 원래 견지하던 사회를 자산계급과 무산계급으로 나누는 양분법은 일치하지 않는다. 그는 "고용 노동자와 자본가·토지 소유자가 자본주의 생산방식의 기초 위에 세워진 현대사회의 3대 계급을 형성한다"고 생각했다. 사회가 불평등한 원인에 대해서 마르크스는 단지 부유한 정도로 구분하는 데 머무르지 않았고, 『신성가족(神聖家族, Die heilige Familie)』(1845)에서 다음과 같이 말했다. "어떤 사람은 지갑의 두께로 계급을 구분한다. 그러나 지갑이 쪼그라드는 것은 순수하게 일종의 수량상 차이이다. 사람들은 언제나 같은 계급 중에 서로 대립을 불러일으킬 수 있다." 그는 불평등의 원인이 생산수단 소유제에 있다고 생각했다. 즉, 생산수단의 점유자가 잉여가치를 통해 노동자의 노동을 점유한다고 본 것이다. 마르크스는 사회자원 분배의 불평등 정도(즉, 각종 유형의 착취 제도)가 두 가지 주요 변수인 사회 생산력 수준과 사회 생산수단의 집중 정도에 의존한다고 생각했다. 단지 생

---

4 『마르크스 엥겔스 선집』 제1권, 인민출판사, 1972, 251쪽.
5 『자본론』 제3권, 인민출판사, 1975, 1000~1001쪽.

산력 수준이 높은 상황에서, 비로소 심각한 불평등이 초래될 수 있다. "계급의 존재는 단지 생산 발전의 일정한 역사단계와 서로 연계되어 있다."[6] 여기서 말하는 "생산 발전의 일정한 역사단계"는 생산력이 일정하게 발전하지만, 더 이상 고도로 발전하지 못하는 것을 가리킨다. 사회 생산 수준이 매우 낮은 상황에서는, 한 사람의 노동은 단지 자기의 가장 낮은 요구를 유지할 수 있을 뿐, 잉여 생산물이 없다. 사람마다 모두 생산 노동에 종사해야 하고, 생산과정 중에는 모두 평등하다. 생산력 수준이 제고된 이후에는 잉여 생산물이 출현한다. 생산력은 고도로 발전하지 않아서, 사회의 총 생산품이 여전히 전체 구성원의 요구를 충분히 만족시킬 수 없다. 사회의 잉여 생산물이 소수 사람들의 높은 필요를 만족시킬 수 있을 때, 잉여 생산물을 점유하고자 하는 욕망이 생기고, 곧 사유제가 출현한다. 이러한 상황에서 사회에 계급이 출현한다. 그리고 생산 수준이 크게 제고되고, 물질이 최대한 풍부해진 이후, 재부에 대한 점유욕도 사라진다. 이는 계급을 없애기 위해 물질적 조건을 제공한 것이다.

현대 서구 마르크스주의자들도 마르크스의 생산력과 생산관계·생산수단 소유제와 잉여가치 학설을 근거로 제2차 세계대전 이후 서구 사회의 불평등 상황을 분석했다. 예를 들면 어떤 학자는 미국 사회에서 사람들의 각종 사물에 대한 통제력으로부터 연구에 착수했다.

(1) 대자본가: 그들은 절대적인 통제력을 갖고 있다. 그들은 항상 최대 주주이자, 자원의 지배자이기 때문에, 소주주는 자원에 대해 통제 작용을 할 수 없지만, 그들의 자산은 오히려 대주주의 지배를 당한다.

(2) 상층 관리자: 그들은 경제권과 물권(物權)을 통제하고 있지만, 단지 제한적으로 자원의 방향을 통제할 수 있다. 그들의 경영 실수는 자신을 실패

---

6 마르크스, 「요제프 바이데마이어(Joseph Weydemeyer)」, 『마르크스 엥겔스 선집』 제4권, 인민출판사, 1972, 332쪽.

에 빠지게 할 수도 있다.

(3) 중간 관리자: 그들은 제한적으로만 생산수단과 노동력을 통제할 수 있다. 완전히 자원의 방향에 영향을 줄 수는 없다.

(4) 작업반장: 그들은 그들이 관할하는 부분의 노동력만 통제할 수 있다.

(5) 노동자: 자원에 대한 지배 권력이 없다. 그들은 주로 육체노동과 정신적 노동을 제공함으로써 임금을 받는다.

이에 따라서 그들은 다음과 같은 결론을 얻었다. 미국의 무산계급과 자산계급은 본질적으로 여전히 대항의 계급이다.[7] 그들은 서구의 발전한 나라 중에서 자본가는 여전히 노동자계급의 잉여가치를 착취하지만, 1960년대 이후에는 첨예한 모순이 형성되지 않았다고 생각했다. 그것은 기술혁명 때문에 생산력이 제고되어, 많은 사람들이 중산층 생활수준으로 진입했고, 서방 정부가 일련의 세수(稅收)와 복지제도를 채택하여, 심각한 빈부격차 등의 사회문제가 조절되었기 때문이다.[8]

막스 베버의 분층 이론

서구 사회학자들에게 가장 영향을 많이 준 것은 독일의 사회학자 막스 베버의 분층 이론이다. 베버는 20세기 초기에 저술을 했는데, 경제적 요소가 한 사람의 사회적 신분에 대해 결정적인 작용을 불러일으킨다는 마르크스의 견해에 동의했다. 하지만 베버는 유물사관(역사유물주의)에서 출발하지 않고, 사람들의 사회분층을 결정하는 것은 경제적인 요소 이외에도, 최소한 두 가지 요소, 즉 권력 요소와 신분 요소가 더 있어야 한다고 주장했다.

---

7 마르크스, 「요제프 바이데마이어」, 위의 책, 332쪽.
8 림케코(Peter Limqueco) · 맥팔레인(Bruce McFarlane), 『신마르크스주의의 발전 이론(新馬克思主義的發展理論)』, 인민출판사, 1983.

예를 들어 한 몰락한 귀족이 비록 생활이 매우 궁핍해서, 경제적으로 무산계급에 속하지만, 그는 여전히 부유하고 권세가 있는 사람들과 무리를 짓고, 가난한 사람들과는 같이 어울리지 않는다. 베버는 한 사람의 경제적 신분은 그가 처한 "시장 기회"에 의해 결정된다고 생각했다. 그는 "사람들이 공통적으로 "생활 기회(life chances)의 인과적 요소를 가지고 있을 때, 이러한 구성 요소들이 재화의 소유나 소득 기회에 대한 경제적 관심으로 나타나고, 아울러 그것이 상품이나 노동시장에서 나타날 때에만 이들을 하나의 '계급'이라고 할 수 있다. 이 때문에 상인과 선주, 사업가, 은행가는 시장에서 처한 신분이 다르므로, 그들이 귀속되는 계급도 다르다"고 했다.

막스 베버는 '계급(class)'과 '신분(status)'이라는 두 가지의 다른 개념을 제기했다. 그가 말한 '계급'은 사람들의 경제 상황에 따라 나눈 무리의 조합이다. 하나의 계급이란 바로 하나의 무리이고, 그들은 시장에서 같은 유형의 기회를 누린다. 계급 행동에 영향을 주는 세 가지 요소가 있는데, 상품 시장과 노동력 시장, 자본주의 기업이다. 마르크스는 사람들을 유산자와 무산자로 나누었다. 막스 베버는 이 차이를 인정했다. 하지만 마르크스의 "유산자"와 "무산자" 사이에는 또 많은 분층이 있을 수 있다고 생각했다. 그가 말한 '신분'은 실제로 한 사람이 얼마나 많은 "관중"의 사회적 성망(聲望)을 갖고 있느냐는 것이다. 신분 집단(status group)은 통상적으로 같은 이해를 공유하는 공동체로, 사람들의 공동 생활방식(style of life)으로 이루어진다. 신분의 상황은 긍정과 부정이라는 두 측면으로 특정된 사회적 영예(榮譽)에 대한 평가에 의해 결정된다. 따라서 사회적 영예와 성망의 순서 배열을 형성한다. "간략히 말하자면, ……계급은 사람들의 공동 생산과 획득한 상품의 관계에 따라 구분하지만, 반대로, '신분 집단'은 특정한 '생활 방식'이 체현한 상품 원칙에 따라 구분한 것이다."

신분 집단은 일정한 옷차림, 풍속, 음식 습관과 거주 방식을 형성했으며,

공동의 생활 방식은 공동의 가치규범을 형성했다. 따라서 다른 생활 방식의 사람들은 함께 사이좋게 지내기가 매우 어렵다. 이 때문에 사람들은 일정한 생활 방식을 선택하게 되면, 그들은 바로 유사한 집단 속에서 결혼할 상대자를 찾으려고 한다. 신분 집단은 내부 발전의 테두리가 된다. 신분과 계급은 서로 관련이 있다. 한 사람이 어떤 다른 계층의 수입을 얻는 것은 그가 다른 계급에 속하기 때문이다. 어떤 수입이 있게 되면 곧 어떤 생활 방식이 있게 된다. 똑같은 생활 방식의 사람은 서로 결합하여 더욱 긴밀해지고, 따라서 신분 집단을 형성하게 된다.

막스 베버는 경제 요소와 신분 요소 이외에, 권력도 사회분층에 영향을 주는 중요한 요소라고 생각했다. 그는 현대사회에서 권력은 가장 중요한 자원이라고 했다. 그는 이 세 가지 요소로 사회에 대한 분층을 해야 한다고 주장했다. 이것이 바로 베버의 "사회분층 삼위일체 모델"로, "다차원론"이라고도 부른다.

"데이비스-무어(Kingsley Davis-Wilbert, E. Moore)" 분층 이론

에밀 뒤르켐(Émile Durkheim)은 가장 먼저 '기능론'으로 사회분층을 해석한 학자이다. 그는 사회에 분층이 나타나는 것은 두 가지 조건에 근거한다고 생각했다. 하나는 어떠한 사회에서든지 각종 일의 중요성이 다르다는 것이다. 다른 하나는 사람들의 재능이나 지식, 기능의 수준이 각기 서로 다르다는 것이다. 그래서 직업 간에 소득격차를 확대시키고, 가장 재능이 있는 사람을 끌어들여 가장 중요한 직책을 맡기는 것이 합리적이라고 주장했다. 사회분층이 나타나는 것은 사회분층이 사회 구성원과 사회의 각종 일에 대한 배치 때문으로, 사회발전에 유리하다. 이것은 바로 사회분층이 사회에 유리한 기능을 발휘하게 될 것이라는 것을 말한다.

1940년대, 미국의 사회학자 킹슬리 데이비스(Kingsley Davis, 1908~1997)와

윌버트. E. 무어(Wilbert E. Moore, 1914~1987)는 뒤르켐의 사상을 발전시켜, "데이비스-무어" 분층 이론을 내놓았다. 이 이론은 사람들의 사회적 신분의 높고 낮음이 그 사회에서 차지하는 위치를 결정한다고 생각했다. 어떤 한 사회 위치의 기능이 중요해질수록, 그 위치를 담당할 수 있는 사람은 점차 적어지고, 사회는 그 위치에 대해서 갈수록 높은 보수를 지불한다. 이런 보수에는 재부와 권력, 명망이 포함된다.

"데이비스-무어" 분층 이론은 한 직업의 사회적 보수가 얼마인가는 두 가지 요소에 의해 결정된다고 했다. 첫째는 그 직업의 사회에 대한 중요도이고, 둘째는 그 직업이 필요로 하는 기술 수준과 필요로 하는 비교적 높은 수준의 기술에 필요한 훈련이다. 이 때문에 의사의 보수는 환경미화원보다 높다. 분층 보수 제도가 사람들을 격려하여 기술 수준이 높아지도록 할 수 있다. 만약 의사의 보수가 청소하는 사람과 같다면, 아무도 고생스럽게 의과대학을 다니려고 하지 않을 것이다. 여기서 그들은 사회에서 객관적으로 존재하는 분층을 말할 뿐만 아니라, 또한 보수 분층이 사람들을 격려하여 자신을 제고시키도록 하여, 더욱 중요한 일을 맡을 수 있도록 한다고 생각했다. 그래서 사회분층은 사회진보의 지름길이며, 사회의 기능이다. 이 때문에 사람들은 이 이론을 "기능파"라고 불렀다.

1953년 미국 프린스턴대학교의 멜빈 튜민(Melvin M. Tumin, 1919~1994) 교수는 "데이비스-무어"의 분층 이론을 비판했다. 그는 사회분층제도가 불평등한 보수 분배에 뿌리를 내리면, 비특권계층과 특권계층의 대립과 충돌이 촉발될 수 있으며, 따라서 사회 불안정을 초래할 수 있다고 주장했다. 튜민의 이론은 "충돌론"이라고 불린다. 기능파와 충돌론의 논쟁은 상당히 오랫동안 지속되있나. 낳은 사회학자나 정치학자, 경제학자들이 이 논쟁에 휩쓸렸고, 서구학계에 매우 큰 영향을 끼쳤다.

사실은 마르크스가 충돌론의 가장 이른 대표적 주창자로, 계급론이 곧 충돌론이다. 현대에 충돌론에 대해 중요한 공헌을 한 사람은 독일 학자 위르겐 하버마스(Jürgen Habermas, 1929~)이다. 어떤 사람은 막스 베버를 "자산 계급화 된 마르크스"라고 한다면, 하버마스는 "마르크스화 된 막스 베버"라고 할 수 있다고 했다. 하버마스는 "유물사관(역사유물주의)의 재건" 과정 중 계급의 기원에 대해 서술했다. 그는 계급의 출현은 결코 경제적 영역의 변화에서 생겨난 것이 아니라, 정치 질서가 생겨난 후의 산물이라고 주장했다. 그러나 이러한 분석은 오히려 사람들이 그의 주장을 "유심사관[唯心史觀: 인간의 이성, 의식, 이념 따위의 정신 작용이 역사가 발전하는 원동력이라고 보는 역사관. 동의어 관념론적 역사관(觀念論的 歷史觀), 중국식 용어 역사유심주의(歷史唯心主義)]"의 범주에 포함시켰다. 그는 한 사회에서 사람들 사이의 주요 사회적 관계는 사회분층의 발생·존재를 결정하며, 역사 시기마다 사람들 사이의 주요 사회적 관계가 다르기 때문에 다른 사회분층 현상이 생겨날 수 있다고 주장했다.

교환론자들은 교환 관계 중에 생기는 불평형성으로 인해, 사람들이 어쩔 수 없이 가치가 높은 보수로 보상 형식으로 삼아야 하기 때문에 스스로를 구조 분화 중에 상대적으로 불리한 신분에 처하도록 만든다고 주장했다. 예를 들어 미국의 사회학자 피터 M. 블라우(Peter Michael Blau, 1918~2002) 교수는 기본 교환에 대해 분석할 때, 보수를 네 분류로 구분했다. 그 가치가 작은 것부터 큰 것까지 돈, 사회적 찬동, 존경, 의존으로 배열했다. 교환 과정에서 사람들은 항상 가치가 높은 보수를 사용하여 보답 형식으로 삼는 것을 피하려고 노력하지만, 한정된 조건에서는 어떤 경우 어쩔 수 없이 그렇게 해야 한다. 이렇게 교환 관계 중에 권력 등급화의 분화 패턴이 나타날 수 있으며, 이러한 분화 패턴의 제도화는 사회분층이 생기도록 한다.

일반적으로 사회계층을 구분하는 현대 서구학자들의 세 가지 표지: 권력·재산·명망

권력(權力): 권력은 무엇인가? 버트런드 러셀(Bertrand Russell, 1872~1970)은 권

력과 영예는 인간의 최고 욕망과 최대의 보상이라고 생각했다. 미국의 사회학자 데니스. H. 롱(Dennis Hume Wrong, 1923~)은 "권력은 일부 사람들이 그가 영향을 끼치고자 희망하고 예정하는 능력을 만드는 것이다"라고 했다. 어떤 사람은 "권력은 일종의 지배하거나 혹은 강제하는 작용을 불러일으키는 지배 능력이다"라고 주장한다. 존 케네스 갤브레이스(John Kenneth Galbraith, 1908~2006)는 "본질적으로 보자면, 권력은 한 사람의 의지를 다른 사람의 행위에 강제로 더하는 능력이다"라고 했다. 막스 베버는 처음으로 사회학의 시각에서 권력에 대해 다음과 같이 정의했다. "한 사람 혹은 몇 사람이 소유한 기회는 그들로 하여금 집단행위를 통해, 심지어 타인이 반대하는 상황에서도 자신의 의지를 실현시킬 수 있다." 권력은 조직(국가, 당파 등을 포함)에서 생겨날 수 있으며, 조직의 고위층에 속한 사람들이 조직의 힘을 빌려서 하위계층의 사람들을 지배할 수 있다. 권력은 희소 자원에 대한 지배와 분배에서도 생겨날 수 있다. 희소 자원의 지배와 분배를 통해, 일부 희소 자원을 얻고자 기대하는 사람을 지배할 수 있다. 권력은 또한 법률과 다른 일부 요소에서 생겨날 수 있다. 법을 집행하는 사람은 본인의 지위 고하를 막론하고, 그의 권력은 강력한 힘을 가진다. 예를 들면, 교통경찰관은 도로에서 법규를 위반한 장관을 처벌할 수 있다. 설사 교통경찰관이 장관보다 신분이 훨씬 낮지만, 교통법규는 그에게 의심할 여지가 없는 권력을 주었다.

어떤 학자는 권력 요소가 모든 것을 결정한다고 강조했다. 그들은 권력을 장악한 사람이 그 수중에 있는 권력을 통해 사회의 재부와 명망을 얻을 수 있다고 주장한다. 만약 권력이 모든 것을 결정하면, 사회에 있는 권력은 상호제어를 받지 않음을 나타낸다. 권력이 상호제어를 받지 않는 제도는 부패를 만드는 제도이며, 또한 화합하지 않고 안정적이지 못한 제도이다.

재부(財富, 재산): 한 사람의 사회적 신분의 높고 낮음은 보유하고 있는 재부가 얼마인가와 밀접한 관계가 있다. 일반적으로 재부가 많은 사람들이 신분이 비교적 높다. 재부는 생활물자와 금융자산, 부동산 등을 포함한다. 재부는 본인과 그 가족의 과거 소득의 축적이다. 소득은 일반적으로 임금소득과 자산소득, 기타소득으로 계산한다. 그렇지만 재부가 사회적 신분을 결정하는 유일한 요소는 아니다. 청나라 말 한 고위 관리가 한 매판자본가에게 말했다. "그대는 천하제일의 부를 가졌지만, 여전히 일개 서민에 불과하다." 그 관리는 매판자본가의 생사를 좌지우지할 수 있었다. 오늘날에는 개인 사업가의 재부가 가장 많지만, 그들은 여전히 사회 최상층은 아니다. 진장(鎭長: 현 관할에 속하는 행정 단위의 장)이나 현장(縣長)이 그들보다 더 "대단하다". 그렇지만 현장(縣長)은 또 국가기관의 하급간부보다 못하다. 국가기관의 하급간부가 수억 위안(元)의 국가 투자에 영향을 줄 수 있기 때문이다.

명망(名望): 명망 또는 성망(聲望)이라고 부른다. 사람들의 성취나 신분(가족 혈통), 풍격(風格), 생활방식, 교육수준 등에 의해 결정되는 것이다. 만약 우리가 지역사회를 연구해 보면, 일부 사람들이 다른 사람들보다 더 높은 사회적 명망이 있다는 것을 발견하게 될 것이다. 이웃사람들이 그에게 존경하는 태도를 취하면, 그가 높은 성망을 갖고 있다는 것을 나타낸다. 성망은 사람들이 어떤 사람에게 대해 갖는 감정과 심리적 요소이다. 이런 감정은 그 사람의 재산이나 권력, 도덕, 학문, 저작, 지명도, 가문 등 여러 가지 사회적 요소에 의해 형성된 것이다. 비교적 높은 성망을 가진 사람의 생활방식이나 행위 준칙은 항상 많은 사람들이 따라하도록 한다. 한 사람에 대한 "관중"이 많아질수록, 그의 성망은 점차 높아진다.

사람들의 어떤 직업에 대한 견해와 사회의 주요 보수(권력과 재부, 명망)가 밀접한 관련이 있기 때문에, 서구 사회학계는 일반적으로 사람들의 직업에 대한 견해, 즉 직업 성망을 채택하여 사회분층의 표준으로 삼았다. 그래서 많은 나라들이 정기적으로 직업 성망을 조사하고 있다.

1980년대, 미국의 사회학자 데니스 길버트(Dennis Gilbert)와 조지프 A. 칼 (Joseph A. Kahl)은 아홉 개의 변수로 미국 사회의 분층을 연구했는데, 그 아홉 개의 변수는 다음과 같다. "직업·소득·재산·개인 성망·교제·사회화·권력·계급의식·상속과 유동(流動)"이다. 이 아홉 개 변수는 모두 사회학의 방법으로 양을 측정할 수 있다. 예를 들어, 교제(혹은 상호작용)는 매일 발생하고 있는 사회과정의 변수이다. 왜냐하면 신분이 같은 사람 간의 교제는 신분이 다른 사람 간의 교제보다 더 많기 때문에, 교제를 연구하는 것은 사람들의 사회적 신분에 대해 연구하는 데 있어서 매우 가치가 있다고 할 수 있다. 학자들은 교제의 빈도를 계산하고, 교제 지속의 시간을 측정하며, 교제의 성질을 분류하고, 누가 앞장서서 하고, 누가 피동적으로 교제하는지를 관찰하여, 비교적 체계적인 결론을 얻어낼 수 있었다.

데니스 길버트와 조지프 A. 칼은 앞에서 말한 아홉 개 변수를 한 사회분층의 지표체계로 구성하고, 이 지표체계를 운용하여 각 사회계층을 연구했다.

폐쇄된 사회에서, 신분은 사람들의 지위에 중요한 역할을 한다. 사회가 진보함에 따라서, 신분에 따라 사회적 지위가 결정되던 것에서 업적이나 성취에 따라 그 지위가 결정되는 것으로 바뀌었다. 한 사람의 성취가 커지고, 업적이 높아질수록, 사회가 그에게 지급하는 보수(권력·재부·성망)는 갈수록 높아지고, 그 반대로 해도 역시 마찬가지이다.

중국 개혁 개방 전후 분층표준의 변화

일찍이 1925년에, 마오쩌둥은 『중국 사회 각 계급의 분석(中國社會各階級的

分析)』이라는 책을 썼다. 중국은 당시 마침 대혁명 시기에 처해 있어서, 계급 분석의 목적은 적(敵)과 나[我]와 친구[友]를 분명히 나눔으로써, 혁명 중에 "누구와 단결하고, 누구에게 의지하며, 누구를 공격할 것인지"를 명확히 하려는 데 있었다. 계급 구분의 표준은 "경제적 지위와 혁명을 대하는 태도"였다. 이것은 일종의 정치·경제의 이원론적 표준이었지만, 실제로는 여전히 "혁명을 대하는 태도", 즉 정치적 표준을 위주로 했다. 마오쩌둥은 이 유명한 글을 통해 중국 혁명의 가장 광대하고 충실한 동맹군은 농민이라고 했다. 따라서 "농촌이 도시를 포위하는" 혁명노선을 이론의 기초로 다졌다.

중화인민공화국이 수립된 이후, 1950년 중앙인민정부 정무원(政務院)은 〈농촌 계급성분을 구분하는 것에 대한 결정(關於劃分農村階級成分的決定)〉을 통과시켰고, 후에 다시 일부 보충결정을 발표했다. 당시 중국 사회의 계급성분을 지주·자본가·개명신사(開明紳士: 봉건적 지주 계층에 속하는 사람 가운데 보수적이지 않으면서 비교적 진보적 사상을 가진 계층)·부농(富農)·중농(中農)·지식인·자유직업자·종교직업자·소규모 수공업자·소상인·빈농(貧農)·노동자·빈민 등 열세 개 종류로 나누었다.

공업과 농업 사회주의 개조의 기본이 완성됨에 따라서, 1956년에 열린 중국 공산당 제8차 전국대표대회에서, 중국이 사회주의 건설의 새 단계로 들어섰다고 명확히 제시했다. 국내의 주요 모순은 더 이상 노동자계급과 자산계급의 모순이 아니며, 전국 인민의 주요 임무는 역량을 집중하여 사회 생산력을 발전시키는 것이라고 했다. 그러나 "8대(八大)" 노선은 결코 전면적으로 실시되지 않았다. 1957년 9월에 8기 3중 전회에서, 마오쩌둥은 무산계급과 자산계급의 모순은 여전히 중국 사회의 주요 모순이라고 지적했다. 1958년 5월에 8대 2차 회의에서도 다시 "두 착취계급과 두 노동계급"이라고 말했다. 두 착취계급이라는 것은 사회주의를 반대하는 자산계급 우파, 민족자산계급과 그의 지식인을 말한다. 두 노동계급은 농민계급과 노동자계급을 말한다. 1962년 9월의 8기 10중 전회에서도 또 한 걸음 더 나아가 계급투쟁을 강조했다. 계급투쟁은 "해마다 이야기하고, 달마다 이야기하고, 매일 이야기해야 한다"고 했다. 문화대혁명 때에는, 다시 "무산계급 독재정치 하에서 혁명을 계속하는 이론"을 제기하면서, 계급투쟁을 최고조까지 강조했다.

거의 20여 년 동안의 "계급투쟁을 강령으로 삼은" 노선 하에서, 중국의 사회 계급분층은 여전히 마오쩌둥이 1925년 중국 사회에 대한 계급 분석에서 말한 그런 '적'과 '나'를 명확히 하는 사상을 계속 사용했다. 농촌의 토지개혁과 도시의 사회주의 개조로 인해 이미 경제적으로 계급이 소멸되었지만, 정치적으로 "계급"(여기에 인용 부호를 쓰는 것은 마르크스가 말한 계급은 원래는 경제 범주이기 때문이다)은 오히려 강화되었다. 정치적으로 "계급"을 나누는 표준은 바로 "혁명에 대한 태도"이다. 중화인민공화국이 세워졌고, 혁명 시기는 이미 지나갔지만, 오히려 여전히 혁명 시기에 구분했던 적, 나, 친구를 하나의 신분으로 보고 고정시켰으며, 아울러 적, 나, 친구의 정치적 대우를 해주었다.

중국런민대학(中國人民大學) 리창(李强) 교수[현재 칭화대학(淸華大學) 교수]는 중국의 환경 하에서 사회분층은 두 가지 다른 상황이 있다고 주장했다. 한 가지는 정치분층이고, 다른 한 가지는 경제분층이다. 1949년 중화인민공화국이 수립되었을 때부터 1979년 개혁 개방 전까지, 경제적으로는 기본적으로 여전히 평균주의가 우세했다. 그러나 정치적 불평등, 정치적 차별 정도는 상당히 높았다.[9] 리창이 여기서 말한 경제분층은 재산 소득 등 측면에서의 차이로 인해 사회 경제적 지위가 다른 상황이 만들어지는 것을 가

---

9 리창(李强), 「정치분층과 경제분층(政治分層與經濟分層)」, 『사회학 연구(社會學研究)』, 1997년 제4기.

리킨다. 개혁 전의 정치분층은 사람들의 출신 성분, 정치적 면모, 정치적 입장, 정치적 관점에 근거해서, 사람들을 높낮이가 다른 집단으로 나누었다. 그러나 개혁 개방 이전, "평균주의가 우위를 점한 것"은 단지 동일한 집단 내부의 소득 분배에서이고, 도시와 농촌 사이, 고급 지도급 간부와 노동자 사이에는 평균주의라고 말할 수도 없다. 개혁 개방 전에는, 권력이 최고이기 때문에, 권력, 소득, 성망 세 가지가 하나로 합쳐져, 권력을 갖게 되면 동시에 바로 다른 두 가지를 가졌다. 개혁 이후에는 이 세 가지가 일정한 정도로 분리되었다.

개혁 개방 이전의 정치분층은 결코 권력분층이 아니었다. 당시 여론에서는 정치적 지위가 높은 사람(예를 들면 빈농, 노동자)은 자원 분배 측면에서 결코 권력이 없었다. 그 당시의 정치분층은 주로 혁명 이전의 "적·나·친구"의 신분을 확정하는 것이었다. 지주는 토지가 없었고, 자본가는 자본이 없었다. 이렇게 확정된 신분은 경제적 기초가 없을 뿐만 아니라, 또한 정치적인 객관적 평가 표준도 없었으며, 정권이 부여한 일종의 정치적 평가였다. 이런 평가는 어떤 상황에서는 평가받는 개인의 행위와는 큰 관계가 없었다[설사 "행동을 중시한다(重在表現)"는 견해가 있다 하더라도, 개인의 행동이 아무리 좋아도 이러한 신분에서 벗어날 수 없었다]. 당연히 이것은 "출신 성분"이라는 신분을 가리키지만, "반혁명", "불량분자", "우파분자"의 신분은 개인 행위와 관계가 있다. 그러나 후자에서 말한 세 가지 신분도 단지 어떤 한 번의 정치운동 중의 언행에 근거하여 확정된 것으로, 일단 확정된 후에는 거의 평생 동안 변하지 않는다. 이러한 정치분층의 결과는 불리한 정치적 지위에 처한 사람들을 필사적으로 낮은 사회적 지위에 못 박아 두려고 했으며, 더 높은 단계로 옮겨갈 기회를 허용하지 않았다.

11기 3중 전회 전후, 중국 공산당은 사회계급 계층구조에 대한 인식에 중대한 변화가 생겼다. 1978년에 열린 전국과학대회에서 덩샤오핑이 지식인을 노동자계급의 일부로 인정했다. 이어서 농촌에서 그들에게 규정한 지주나 부농(富農)의 "모자"를 벗기고, 도시에서 공상업자의 노동자신분을 회복했다. 이렇게 중국의 사회구조가 "두 계급 한 계층"(노동자계급·농민계급과 지식인 계층)으로 나누었다. 분명히 "두 계급 한 계층(兩階級一階層)"이 개혁 개방 이후의 사회상황을 충분히 반영할 수는 없다.

사회분층 표준은 그 사회의 가치체계와 일치해야 하고, 또한 그 사회 가치체계의 중요한 구성 부분이다. 과거의 사회분층 표준은 "계급투쟁을 강령으로 삼는 것"이라는 구호가 그대로 드러난 것이었다. 중국 공산당 11기 3중 전회 이후, "경제건설을 중심으로" 했던 것이 "계급투쟁을 강령으로 삼는" 것으로 대체되었다. 사회분층의 출발점은 더 이상 과거의 "적, 나, 친구"의 문제를 분명하게 나누는 것이 아니며, 정치적 태도와 사상 관념을 계급 구분의 근거로 삼지도 않았다.

그렇다면, 개혁 개방 이후의 사회분층의 표준은 무엇인가? 기왕 시장경제 사회라면, 시장경제에서 통용되는 표준에 따라서 분층해야 한다. 현재 발달한 시장경제 국가의 학자들 사이에서는, 여전히 권력·재부·성망으로 구분하는 삼분법이 통용된다. 앞에서 언급한 미국의 사회학자 데니스 길버트와 조지프 A. 칼은 아홉 개의 변수를 사용했어도 삼분법의 기본원칙에서 벗어나지 못했고, 오히려 더 번잡하게 보인다. 그러나 중국은 아직 표준화된 시장경제 국가가 아니고, 또한 계획경제로부터 시장경제로 가는 과도기에 처해 있어서, 현재의 분층표준은 마땅히 과도기적 특징이 있어야 한다. 리창 교수는 막스 베버와 다른 삼분법을 제기했다. 즉 정치분층, 경제분층, 신분분층이다. 이런 견해는 어느 정도 과도기적 성질을 띠고 있다. 그는 정치분층을 계획경제의 잔재물로 보는 견해가 맞기는 하지만, 그러나 앞으로는 주로 경제분층의 견해를 검토할 만하다고 생각했다. 앞으로 설령 발달한 시장경제의 조건 하에서도, 사람들의 권력 층차는 여전히 존재하고, 성망 또한 높고 낮음의 차이가 있을 것이다. 이 밖에도, 그가 말한 신분은 일종의 현실적인 존재, 예를 들면 호적(戶籍)신분, 간부(幹部)신분, 노동자신분 등과 같지만, 도시화의 진전과 간부 초빙제도의 개혁에 따라서, 이러한 신분은 장차 직업 속에 녹아들 것이고, 직업은 성망조사의 중요한 근거가 될 것이다. 그래서 필자는 권력, 재부, 성망을 분층의 표준으로 삼는 것이 비교적 좋을 것이라고 생각한다. 그러나 삼분법을 채택할 때에는 중국 사회의 과도기적인 특징을 고려해야 한다.

2002년, 중국사회과학원은 『현대 중국 사회계층 연구보고서(當代中國社會階層研究報告)』를 내놓았다. 이 책은 직업 분류를 기초로 조직자원과 경제자원, 문화자원이 점유하고 있는 상황을 계층 구분의 표준으로 삼았다. 그들은 앞에서 언급한 세 가지 자원의 점유율이 얼마인가에 근거하여, 사회 군중들을 다섯 가지 등급으로 나누었다. 이 다섯 가지 등급에서 다시 직업에 따라 열 개의 계층으로 나누었다. 이것은 아마도 그들의 분층표준이 여전히 서구학자의 삼분법의 영향을 벗어나지 못했음을 보여준다. 그들의 조직자원은 서구학자들이 말하는 권력과 비슷하고, 경제자원은 서구학자들의 재부와 비슷하고, 서구학자들의 성망을 문화자원으로 바꾸었다. 오늘날의 중국은 문화자원이 한 사람의 성망에 가장 큰 영향을 끼친다. "삼분법"에서, 각 요소의 점유 상황을 어떻게 계량화하고, 각 요소의 계량화된 데이터를 다시 어떠한 가중치로 다른 계층의 계량화된 지표와 합칠 것인가는 매우 어려운 일이면서, 또한 반드시 완성해야 할 임무이다. 필자 개인의 역량이 너무 미약하기 때문에, 이 문제를 해결하기는 어려우며, 중국사회과학원의 『현대 중국 사회계층 연구보고서』에서도 이 방면에 대한 효과적인 답을 내놓지는 못했다.

제2장

신분사회—
중국 개혁 개방 전 사회분층

1978년 이전의 중국은 개인이 생산수단을 소유하지 않았으며, 어떠한 사람도 생산수단을 이용하여 다른 사람의 노동을 차지할 수 없었다. 이러한 의미에서 본다면, 사회분층에 이미 경제적 기초가 없다고 할 수 있다. 그러나 그 당시 사회 또한 완전히 평등한 것이 아니어서, 사람들은 여전히 다른 등급으로 나누어졌다. 하지만 그 당시 사람들의 등급은 주로 신분에 의해 결정되었다. 개혁 개방 이전의 중국 사회는 기본적으로 일종의 신분사회로, 사람들은 다양한 신분을 갖고 있었다. "계급투쟁을 강령으로 삼는" 구호가 다음의 각종 정치적 신분을 만들었다. 도시와 농촌의 분할이 만든 노동자·농민신분, 경직된 인사제도가 만든 간부와 대중신분·단위(單位)신분, "일대이공(一大二公)"이 만든 소유제 신분 등이다. 신분이 한번 확정되면 매우 바꾸기 어려웠다. 신분은 한 사람의 평생 운명을 결정했다. 신분은 이미 갖고 있는 이익이나 지위에 대한 공고화이다. 신분사회는 일종의 폐쇄된 사회로, 이러한 사회 속에서, 한 사람의 사회적 지위는 기본적으로 선천적으로 결정되며, 후천적인 노력으로는 자신의 운명을 바꾸기가 매우 어렵다. 이것이 중국 개혁 개방 시기 계층변동의 출발 상태이다.

"계급투쟁을 강령으로 삼는다"는 구호가 만든 각종 정치적 신분

1949년 이후, 중국은 줄곧 계급투쟁을 전개했고, 1957년 반우파(反右派) 투쟁 이후, "계급투쟁을 강령으로 삼는다"는 주장이 더욱 강화되었다. "무산계급 문화대혁명" 중에 다시 "무산계급 독재정치 하에 혁명을 계속하는 이론"이 제기되었다. 개혁 개방 전의 1978년까지 "무산계급 독재정치 하에 혁명을 계속하는 이론"은 중국 사회를 지배했다. 개혁 개방 전의 사회 분층은 이 지도 사상이 구체적으로 드러난 것이라고 말하지 않을 수 있다. "무산계급 독재정치 하에 혁명을 계속하는 이론"이란 무엇을 말하는 것인가? 1967년 11월 6일 『인민일보(人民日報)』, 『홍기(紅旗)』지(誌), 『해방군보(解放軍報)』의 편집부 글에서는 다음과 같이 이 이론을 개술하고 있다.

마오쩌둥의 무산계급 독재정치 하에 혁명을 계속하는 이론에 관한 요점은 다음과 같다.

1. 반드시 마르크스 레닌주의의 대립 통일 규율을 사용하여 사회주의 사회를 관찰해야 한다. 마오쩌둥은 "대립 통일 규율은 우주의 근본 규율이고", "모순은 보편적으로 존재하는 것이며", "사물 내부의 이러한 모순성은 사물 발전

의 근본적인 원인이다"라고 밝혔다. 사회주의 사회에는 "두 부류의 사회 모순이 있다. 그것은 바로 적과 나 사이의 모순과 인민 내부의 모순"이다. "적과 나 사이의 모순은 대항성(對抗性)의 모순이고, 인민 내부의 모순은 노동인민 사이의 모순으로, 비대항성의 것이다." 마오쩌둥은 우리들에게 반드시 "적과 나와 인민 내부의 두 가지 모순의 경계선을 구분해야 하며", "정확하게 인민 내부의 모순을 처리해야", 비로소 무산계급 독재정치가 나날이 공고해지고 강화될 수 있으며, 사회주의 제도가 나날이 발전할 수 있다고 말했다.

2. "사회주의 사회는 상당히 긴 역사단계이다. 사회주의 사회의 이 역사단계 중에는 계급과 계급모순, 계급투쟁이 존재하고 있다. 사회주의와 자본주의라는 두 가닥 노선의 투쟁이 존재하고 있으며, 자본주의 부활의 위험성이 존재하고 있다." 생산수단 소유제의 사회주의 개조가 기본적으로 완성된 이후에도, "계급투쟁이 결코 끝나지 않았다. 무산계급과 자산계급 간의 계급투쟁, 각파 정치역량 간의 계급투쟁, 무산계급과 자산계급이 의식 형태 방면의 계급투쟁이 있고, 또한 긴 시기의 것, 우여곡절이 많은 것, 어떤 때에는 심지어 매우 격렬한 것이 있다." 자본주의의 부활을 방지하고, "화평연변(和平演變)[1]을 방지하기 위해서는, 반드시 정치전선과 사상전선상의 사회주의 혁명을 끝까지 진행해야 한다.

3. 무산계급 독재정치 하의 계급투쟁은 본질적으로 여전히 정권의 문제이다. 즉 자산계급은 무산계급 독재정치를 전복시키려 하고, 무산계급은 강력하게 무산계급의 독재정치를 확고하게 하려고 한다. 무산계급은 반드시 상층구조에 있어야 하며, 그 속에는 각 문화영역 중에 자산계급에 대해 전면적인 독재정치를 시행하는 것을 포괄한다. "우리들과 그들의 관계는 절대 어떤 평등

---

1 화평연변(和平演變): 중국 지도부가 공산국가의 잇단 붕괴를 우려한 말에서 비롯된 것으로 서방국가들이 무력의 수단을 빌리지 않고 공산국가의 내부를 교란시켜 평화적으로 정권을 무너뜨리려 한다는 것을 뜻한다.

관계가 아니고, 한 계급이 다른 계급을 압박하는 관계이다. 즉, 무산계급이 자산계급에 대해 독재 혹은 독재정치를 시행하는 관계이지, 무슨 다른 관계가 될 수는 없다. 예를 들면 소위 말하는 평등 관계나 착취를 당하는 계급과 착취하는 계급의 평화공조 관계, 인의도덕 관계 등과 같은 것이다."

4. 사회적으로 두 개의 계급·두 갈래 길의 투쟁은 반드시 당 내부에 반영된다. 당 내의 일부 극소수의 자본주의 노선의 집권파가 바로 자산계급으로서 당 내부에 있는 대표적 인물이다. 그들은 "반혁명 수정주의자들로, 일단 기회가 무르익으면, 정권을 탈취해서 무산계급 독재정치에서 자산계급 독재정치로 바꾸려고 한다." 우리가 무산계급 독재정치를 공고히 하려면, 반드시 "우리 옆에서 잠자고 있는" "흐루쇼프(Nikita Sergeyevich Khrushchyov)와 같은 인물"을 충분히 주의 깊게 간파해야 하고, 그들을 충분히 폭로하고, 비판하며, 타도하여, 그들이 반역할 수 없도록 하고, 그들이 탈취한 권력을 단호히 무산계급의 손으로 돌아가도록 해야 한다.

5. 무산계급 독재정치 하에 계속적으로 혁명을 진행하면 가장 중요한 것이, 무산계급 문화대혁명을 전개해야 하는 것이다. "무산계급 문화대혁명은 단지 군중 자신이 자신을 해방시킬 수밖에 없으며", "군중으로 하여금 이 대혁명 속에서 스스로 자신을 교육하도록 해야 한다." 즉 이 무산계급 문화대혁명이 무산계급 독재정치 하에 있는 대(大)민주주의의 방법을 운용하여, 아래로부터 위로 대담하게 군중을 동원하고, 동시에 무산계급 혁명파의 대연합을 실행하고, 혁명 군중과 인민해방군·혁명 간부의 혁명 결합이 이루어져야 한다.

6. 무산계급 문화대혁명은 사상 영역 중의 근본 강령이 "투사비수(鬪私批修: 사유제 사상과 투쟁하고, 단호하게 수정주의를 비판한다)"이다. "무산계급은 자신의 세계관에 따라 세계를 개조하려고 하고, 자산계급 또한 자신의 세계관에 따라 세계를 개조하려고 한다." 이 때문에 무산계급 "문화대혁명"은 사람들의 영혼을 건드리는 대혁명이고, 사람들의 세계관 문제를 해결해야 한다. "정치상, 사상

상, 이론상 수정주의를 비판하려면, 무산계급의 사상으로 자산계급의 이기주의와 모든 비무산계급 사상과 싸워 이겨야 하고, 교육과 문예(文藝)를 개혁하고, 모든 사회주의 경제 기초에 적응하지 않는 상부구조를 개혁하고, 수정주의의 뿌리를 뽑아버려야 한다.

『인민일보』, 『홍기』지, 『해방군보』는 당시 "양보일간(兩報一刊)"으로 불렸다. 이들 언론이 연합해서 글을 발표하면, 당시 중국에서 가장 권위 있는 목소리가 되었다. 이 글은 마오쩌둥이 심사하여 결정한 것으로, 위에서 서술한 글은 당연히 가장 권위 있는 해석이다. 이 여섯 조항에서 네 번째와 다섯 번째 조항이 전적으로 "문화대혁명"을 가리키는 것 이외에, 기타 네 가지 조항은 모두 계급과 계급투쟁을 말한 것이다.

"문화대혁명" 이전, "계급투쟁을 강령으로 삼는다"는 사상의 지도 아래, 중국 사회는 다음과 같은 각종 정치적 신분이 있었다. 농촌에는 고용농[고농(雇農)]·빈농·하중농(下中農)·중농·상중농(上中農)·부농·지주가 있고, 도시에는 혁명 간부·혁명 군인·열사(烈士) 가족·노동자·점원·직원·도시 빈민·수공업자·경영 간부·소기업주[소업주(小業主)]·자산계급·공상업 겸 지주·매판자산계급 등이 있었다. 이 외에도, 도시와 농촌에는 또한 반혁명분자·불량분자·우파분자가 있었다. "무산계급 독재정치 하에 혁명을 계속하는 이론"은 이러한 신분을 더욱 강화했을 뿐만 아니라, 또한 "의식 형태 방면의 계급투쟁"을 강조하고, "무산계급은 반드시 상층구조에 있어야 하며, 그 속에는 각 문화 영역 중에 자산계급에 대해 전면적인 독재정치를 시행하는 것을 포괄한다"고 강조했다. 이때, "지주·부농·반혁명·불량분자·우파(地富反壞右)"는 "흑오류(黑五類)"라고 불렸고, 그 밖에 또 "주자파(走資派)" 신분까지 더 추가했다. 마오쩌둥은 지식인에 대해 두 가지 기본적인 평가를 했다. 건국 17년 이래(1949~1966), 교육 전선에서 기본은 자산계급 독재정치였고, 지식인의 세계관은 기본적으로 자산계급이었다. 지식인은 신뢰를 받지 못하는 계층이었다. 지식인들은 말로만 지주·부농·반혁명·불량분자·우파·자본가·주자파·가교육자녀(可教育子女)·지식인으로 분류되었다. 지식인은 9위에 이름을 올려, 스스로를 "못난 아홉째(臭老九)"라고 비웃었다. 그중 "가교육자녀"는 "주자파"의 자녀와 "지주·부농·반혁명·불량분자·우파"의 자녀를 가리켰다. 사실상 "지주·부농·반혁명·불량분자·우파"의 자녀는 "주자파"의 자녀에 비해 신분이 더 낮았고, "주자파"가 일단 원래의 직책에 복직하면, 그의 자녀의 지위는 크게 올랐다. 출신 성분은 그가 출생하기 전에 사회적 지위가 결정되고, 그의 사회적 지위는 그 본인의 능력이나 노력과 무관했다.

농촌의 신분은 실제로 새로운 중국 성립 전의 상황이 그대로 반영된 것으로, 결코 당시 그 신분을 가진 사람의 상황을 드러내지는 않는다. 도시 신분은 1956년 사회주의 개조로 확정된 것이면서, 또한 사회주의 개조 이전의 경제적 지위가 개조 이후의 정치적 신분으로 굳어졌다. 도시와 농촌의 신분조직은 "사청(四淸: 정치·경제·사상·조직 정화운동)"과 "문화대혁명" 중에 재조사를 진행한 적이 있고, "빠진 것"은 모두 보충했다.

이런 신분조직은 사람을 정치적으로 상·중·하 3등급으로 나누었다. 하등 신분의 사람은 대중의 신임을 잃어버렸고, 사람들은 그들과 가까워지려고 하지 않았다. 상·중등 신분의 사람들은 하등 신분의 가정과 혼인 관계를 맺으려 하지 않았다. 상당히 많은 "지주·부농·반혁명·불량분자·우파"의 자녀는 어쩔 수 없이 "독신"으로 지낼 수밖에 없다. 일단 어떤 정치적 사건이나 형사 사건이 발생하면, 하등 신분의 사람들은 항상 의심이나 검열의 대상이 되었다. 거의 20여 년의 정치적 차별은 그들에게 심각한 심리적 스트레스를 주었다. 가정에서는 줄곧 어두운 그림자가 끼어 있었고, 미성년의 아이들까지도 심각한 열등감이 생겼다. 지금까지의 정치운동에서 항상 신분이 좋은 사람을 동원하여 신분이 좋지 않은 사람들을 비판하고 공격했다. 신분이 좋지 않은 사람들은 항상 계급투쟁의 "살아 있는 표적"으로, 다른 신분 간의 정치적 경계(境界)를 더욱 강화시켰다.

이러한 신분조직은 사람들의 삶의 기회에 영향을 끼쳤다. 신분이 좋은 사람들은 신분상승의 기회가 더 많았고, 신분이 좋지 않은 사람들은 대부분 진학이나 입대, 간부로 발탁되는 등의 기회를 잃어버렸다. 직업을 배분할 때에도 신분을 고려했다. 신분이 좋지 않은 사람들은 국가의 핵심부서에 들어가기가 매우 어려웠다. 고등학교를 졸업하고 대학을 지원할 때, 원자력이나 무선 전신, 군수 산업 등의 전공은 "비밀표"를 받은 학생만이 시험에 응시할 수 있었다. "비밀표"는 출신이 좋은 학생에게만 발급했다. 하등 신분의 사람들 자녀들은 대학 입학시험을 칠 때 성적이 아무리 좋아도 입학을 할 수 없었다.[2] 대학을 졸업하고 일자리를 배치할 때, 만약 대학에 다니는 동안 가정에 변화가 생기면(예를 들어 아버지가 우파로 출신 성분이 나눠지면), 비밀 전공을 졸업하는 사람은 일자리를 배치받을 때도 비밀 전공이 아닌 업종을 바꾸어야 했다. 필자는 1960년대 칭화대학 가스터빈 전공의 한 여학생이 졸업해서 직장을 배치받을 때 가정 문제 때문에 가스터빈 일을 할 수 없었던 것을 분명히 기억한다. 그녀는 어쩔 수 없이 공개적으로 그 결정을 따르겠다고 말했지만, 며칠 동안이나 몰래 숨어서 울었다. 그 당시 항공·국방·군수산업·신기술·공안·보위·지도부서·정보부서·세관 등의 직업은 출신 성분이 좋은 사람들만 맡을 수 있었다. 일부 말단부서에서는 원래 비밀이라고 할 만한 것이 없었지만, 책임자가 일을 배분할 때, 그가 생각할 때 중요한 일은 출신이 좋은 사람에게 주었다.

---

2 필자가 『염황춘추(炎黃春秋)』 2010년 제4기에 「인재를 말살하는 부적절한 합격(扼殺人才的不宜錄取)」이라는 글을 발표한 후, 많은 편지를 받았으면, 그 해 "부적절한 합격자"에게 강렬한 공감을 불러일으켰다.

앞에서 서술한 신분 중에서 대부분은 선천적인 것이고, 뛰어넘을 수 없는 것이다. 그렇지만 어떤 것은 상속성이 있는 것도 있었다. 예를 들어 "지주·부농·반혁명·불량분자·우파"의 자녀는 바로 계승된 신분으로, 심지어 3대를 내려가도 여전히 "지주·부농·반혁명·불량분자·우파"의 자녀이다. 설사 그들이 부모를 배반하더라도(예를 들어 부모를 고발하거나 신고함), 자기의 처지를 바꾸기는 어려웠다. 이런 불행에서 벗어나기 위해, 어떤 사람은 출신이 좋은 먼 친척의 "양자"가 되기도 했지만, 이것 역시 어렵게 조작해야 했고, 일단 발각되면 "출신 성분을 숨기는 것"은 큰 죄명이었다. 우파분자는 "딱지를 벗어도", 여전히 "우파분자 딱지를 벗었다"고 변함없이 멸시를 받았다.

정치적으로 계급을 나누는 것은 적과 나를 분명히 구분하기 위해서이다. 이러한 구분은 국체(國體)에 구체적으로 드러났는데, 마오쩌둥은 국가의 구성을 국체와 정체(政體: 국가 통치 계급이 어떠한 형식으로 정권을 조직하느냐는 것으로, 바로 정권의 조직 형식을 가리킴) 두 문제로 나누었다. 국체에 관해, 마오쩌둥은 다음과 같이 말했다. "국체는 국가의 계급 성질로, 국체 문제는 사회 각 계급의 국가에서의 지위 문제이다. 즉, 국가 정권의 계급 지배 문제이다."[3] 중국에서는 어떤 계급에 의해 지배되어야 하는가? 1940년 2월에 마오쩌둥은 "각 계급 연합 독재정치"를 주장했다. 1949년 6월에는 "인민민주주의 독재정치"를 제기하는데, 즉 "인민에게는 민주주의를, 적에게는 독재정치를" 주장했다. 말년에 이르러서 다시 "무산계급 독재정치"를 제기했다. 당연히 이 세 가지 주장에는 일치하는 부분이 있다. 관건은 "인민"에 대한 해석에 있다. 만약 "인민"을 "노동자계급, 농민계급, 도시 소자산계급과 민족자산계급의 연합"으로 해석하면, 인민민주 독재정치는 바로 각 계급의 연합 독

---

3 『마오쩌둥 선집(毛澤東選集)』 제2권, 인민출판사, 1976년 판(版), 637쪽.

재정치이다. 만약 이 연합 중에서 무산계급의 지도적 역할을 강조하면, 인민민주주의 독재정치는 바로 무산계급 독재정치이다. 하지만, 실제 상황을 보면, 이 세 가지는 여전히 구별되는 점이 있다. 이 구별은 인민에 대한 해석의 차이로 인해 나타나는 것이다. 1950년대 이래로, "인민"의 범위는 날이 갈수록 작아졌다. 오성홍기에 큰 별을 둘러싸고 있는 네 개의 작은 별 중, 도시 소자산계급과 민주자산계급을 대표하는 작은 별 두 개는 실제로 이미 존재하지 않고, 다만 노동자계급과 농민계급을 대표하는 작은 별 두 개가 남았다. "농민" 중에 부농(富農)과 부유중농(富裕中農)도 항상 "인민"에서 배제 당했다. 실제 정치생활에서 이런 상황은 더욱 두드러진다. 1979년, 신화사 기자 궈차오런(郭超人)이 제공한 전형적인 조사에서, "인민"의 범위가 어느 정도로 작아졌는가를 볼 수 있다. 자료를 인용하면 다음과 같다.

쓰촨(四川) 성 솽류(雙流) 현 신흥공사 당 위원회 소재지에 신뎬쯔(新店子)라는 거리가 있다. 1979년에 이 거리에 130가구가 있었고, 18세 이상 성인이 117명이었다. 그중에 "독재대상(獨裁對象)"은 17명이었고, "심사대상(審査對象)"은 70명으로, 두 대상을 합치면 총 인구의 74%를 차지했다.

이것은 깜짝 놀랄 만한 숫자이다. 이렇게까지 심각한 지경에 이른 까닭은 "인민"과 "적"에 대한 엄격하고 명확한 법률적 범주가 정해지지 않았기 때문이다. 그 시대에는 마오쩌둥부터 한 마을의 당 지부 서기까지 모두 자기를 반대하는 사람을 "적"이라고 말할 수 있음으로써, 독재대상으로 변했다.

도농(都農) 분할이 만든 호적신분

계획경제체제에서, 중공업을 발전시키는 자금(資金)은 주로 농업에 의지하여 적립했고, 도시의 식량은 농촌에서 생산되었으며, 경공업을 발전시키는 원재료는 농촌에서 제공받았다. "농업은 국민경제의 기초이다"라는 말은 솔직히 말하자면, 농민에게 앞에서 말한 각 항목의 무거운 부담을 감당하도록 하고, 국가 공업화의 원가를 책임지도록 했다는 것이다. 중국은 원래 농업국으로, 당시의 조건에서, 공업화를 실현하려면 단지 그렇게 할 수밖에 없었다.

농업 "기초"를 흔들지 않도록 하기 위해서는, 반드시 농민을 토지에 묶어두어야 했다. 어떻게 농민을 토지에 묶어둘 수 있었을까? 호적제도가 바로 중요한 수단이었다. 호적제도는 인구를 이동할 수 없도록 했다. 친척집에서 하룻밤을 지내더라도 반드시 친척집 소재지 공안국 파출소에 가서 등록을 해야 한다. 호적제도와 다른 수단(농업 집체화, 배급표에 의해 생활용품을 제공)으로 "높은 벽"을 구축하여, 도시와 농촌을 두 종류의 경제, 두 종류의 사회, 두 종류의 군중, 두 종류의 생활방식으로 나누어 놓았다.

"도시호구(城市戶口)"와 "농촌호구(農村戶口)"는 두 가지 다른 신분으로, 이것이 바로 호적신분이다. 도시 호구신분의 사람은 현대 물질문명을 누릴 수 있었을 뿐만 아니라, 또한 많은 특혜를 누릴 수 있었다. 즉 취업 특혜로 성진(城鎭) 호구는 취업 지표를 얻을 수 있었고, 경제 특혜는 물건을 살 때 여러 가지 물가 보조를 얻을 수 있었다. 도시 호구를 가진 사람들은 "도농차별(都農差別)" "노농차별(勞農差別)"이 가져온 이익을 얻을 수 있었고, 이러한 이익은 세습이 되었다. 갓 태어난 아기는 도시호구의 우월성을 누릴 수 있었다.

호적신분은 "도시인"과 "농촌인"을 두 등급의 차별이 아주 큰 계층으로 나누고, 이 두 신분의 사람들은 기본적으로 혼인 관계를 맺지 않았다. 만약에 도시에 사는 남자가 "농촌호구"를 가진 여자와 결혼하면, 이 가정은 반드시 불행해질 것이다. 그의 아내는 도시에서 일할 기회가 없게 된다. 그들의 자녀도 어머니를 따라서 "농촌호구" 신분의 사람이 된다.

도시호구는, 중앙직할시, 성직할시(省轄市), 지급시(地級市)⁴, 현급시(县級市)의 호구도 매우 큰 차별이 있다. 위 등급 도시에서는 아래 등급의 도시로 이동할 수 있지만, 아래 등급 도시에서는 위 등급의 도시로 이동할 수 없었다. 그 당시, 부부가 다른 등급의 호구 지역에 살면서 10년, 20년 동안 함께 옮기지 못하는 것은 흔한 일이었다. 1980년대 초 공장과 광산 기업에서만, 전국적으로 600만 쌍의 부부들이 따로 떨어져 살았다. 이 "견우직녀"들은 해마다 한 번씩 만나는데, 5만 량의 기차 칸과 10만 대의 버스가 가득 찼다. 그들은 1년 동안 번 돈을 전부 기차에 보탰고, 국가는 또 1년에 23억 위안을 지급해야 했다.⁵

대도시 호구 지표의 제한 때문에, 인재가 다른 도시로 이동할 수 없었다. 일부 재능이 있는 사람은 재주를 발휘할 공간이 없었으며, 인재를 필요로 하는 부서는 인재를 얻을 수 없었다. 중국 서커스단은 베이징에 들어가는 호구 제한 때문에, 1953년 전국적으로 한 차례 수강생을 모집한 것을 제외하고, 30여 년 동안 줄곧 베이징에서만 수강생을 모집했다. 베이징에서 겨우 200여 키로 떨어진 곳에 있는 서커스의 고향 허베이(河北) 성 우차오(吳橋) 지역에 뛰어난 학생이 있는 것을 보고도 안타까워하며 한숨지을 수밖에 없었다.

---

4 지급시(地級市): 중국의 행정구획명으로, 이론적으로는 현행 성(省)·현(縣)·향(鄉) 3급 행정구 체계로 구분되어 있는데, 지급시(부성급 도시를 포함)는 마땅히 "준행정구획(準行政區劃)"이 되어야 하지만, 실제로는 성급 1급 행정구로, 그 행정 지위는 성과 현 사이의 행정구획으로 지방정권에 속한다.

5 런셴량(任賢良) 외, 「방적제도에 관한 조사(關於房籍制度的調查)」, 『경제참고보(經濟參考報)』, 1988년 10월.

신화사 런셴량(任賢良) 기자는 1988년에 상당히 명성이 있는 의사를 인터 뷰한 적이 있었다. 막 마흔여덟 살이 된 이 의사는 부대(部隊)에서 근무하다 가 전역해서 번화한 중원(中原)의 도시로 갔다. 5년 동안 고생하며 저축한 돈을 전부 시골에서 학생을 가르치는 아내와 세 아이들의 "농업호구를 비 농업호구"로 바꾸는 일에 썼다. 1987년, 그는 8,400위안의 도시호구 증용 비(增容費: 외지 사람이 실제 거주하고 있는 지역으로 호적을 옮길 때 내는 비용)를 납부하여, 아 내와 아이들의 호구를 신청하고서 엄숙하게 아이들에게 말했다. "내 한 평 생 더 이상 너희들에게 따로 남겨 줄 유산은 없다. 너희들에게 이 특별한 유산인 도시호구를 남겨 주는데……."

이 의사는 그래도 운이 좋은 편이었다. 왜냐하면 이미 개혁 개방 시대에 들어섰기 때문이다. 개혁 개방 이전에는, 증용비를 내도 호적을 살 수가 없었다. 그런 상황에서는 그와 그의 아내는 평생을 "견우와 직녀"로 살 수 밖에 없고, 그의 자녀들도 평생 "시골 사람"으로 살 수밖에 없다.

경직된 인사제도가 만든 간부·대중신분과 단위신분

인사관리에서 노동자와 간부는 다른 편제이다. 간부 편제는 인사부서에 서 관리하고, 노동자 편제는 노동부서에서 관리한다. 이 두 편제는 뛰어넘 을 수 없다. 노동자 편제에 속한 사람은 간부 편제에 들어가기 매우 어렵 고, 간부 편제의 사람은 잘못을 범하지 않는 한, 노동자 편제로 바뀔 수 없 다. 이러한 상황은 군대에서도 매우 확연히 드러난다. 간부와 사병의 경계 도 뛰어넘을 수 없고, 소대장이 된 후에야 간부 계열에 들어갈 수 있다. 복 무 기간이 끝나고, 간부로 전역하면, 지방으로 가도 여전히 간부신분이다. 간부는 농촌에서 왔든지 도시에서 왔든지 상관없이, 상품량(商品糧: 농업 생산

기관이나 개인이 교환을 위해 생산한 양식)을 먹을 수 있었다. 사병이 제대를 하면, 원래 노동자였으면 돌아가서 노동자로 살고, 원래 농민이었으면 돌아가서도 농민으로 살아야 한다.

노동자와 간부의 편제는 일련의 "문서 신분 관리제도(檔案身分管理制度)"에 따라 관리한다. 성진(城鎭)에 취업하는 사람들은 모두 그가 소속된 조직(부서)에 문서가 보존되어 있다. 문서에는 그 사람의 평생의 경력이나 가정 배경, 상벌 관계, 사회적 관계 등이 기록되어 있다. 여기서 주목할 점은 "계급투쟁을 강령으로 삼는" 방침의 지도하에서 노동자들의 문서에 기재된 것이 그들의 전공 특기나 업무 성과가 아니라, 여러 가지 "문제", 예를 들면 지금까지의 정치운동 중의 잘못 등이라는 점이다. 문서는 그 당사자에게는 비밀이어서, 아무도 자신의 문서에 어떤 "시한폭탄"이 장치되어 있는지 몰랐다. 문서신분은 간부신분과 노동자신분으로 나누어져 있다. 간부는 관리자로, 관원이고, 노동자는 관리를 받는 사람으로, 대중이다. 전자는 권력이 있었고, 후자는 권력의 관할을 받았다. 이 두 다른 신분의 사람들은 임금 유형이나 복리 대우, 주택 면적, 의료보험이나 퇴직 후 대우 등 방면에 모두 큰 차이가 있었다. 간부는 노동자에 비해 발전할 수 있는 기회가 더 많았고, 사회적 성망의 정도도 달랐다. 그래서 노동자가 만약 간부로 바뀔 수 있다면, 그것은 매우 중요한 신분 상승이었다. 하지만 절대 다수의 노동자들은 그 기회를 잡기가 매우 어려웠고, 그 난이도는 농민이 노동자가 되는 것에 못지않았다. "노동자계급이 모든 것을 이끌고 나가야 한다"는 "문화대혁명" 기간에, 많은 노동자들을 상층구조 영역에 들어가서 간부의 일을 하도록 하고, 적지 않은 기관에서 "노동자가 간부를 대신하는(以工代幹)" 활동을 한 적이 있다. 그러나 결국에는 이 경계를 극복하지 못했고, 그들 중 절대 다수 사람들은 원래 직장으로 돌아갔으며, 여전히 노동자신분이었다.

어떤 인재가 간부 편제에 들어갈 수 있는가? 진학(進學)이 주요 수단이었다. 단지 정식적으로 전일제(全日制) 학교를 졸업한 중등전문학교·전문대학·대학 학부·대학원생이 국가의 계획에 따라서 일하는 부서를 배치 받은 후에, 간부신분을 얻을 수 있었다. 군대에 가서 간부로 발탁되는 것도 하나의 방법이었다. 군대의 간부는 전역할 때 지방의 일자리를 받게 되는데, 이것 역시 간부 편제였다.

이에 관련된 것으로, 어떤 사람의 일하는 직장의 행정직급이 그의 신분에도 어느 정도 영향을 끼친다는 점이다. 경직된 인사관리 체제로 인해, 일자리를 배치할 때 일반적으로 "한번 배치되면 평생 정해지게 되어", 대부분의 사람들은 평생 한 직장에서만 일했다. 어떤 노동자는 한 집안 식구혹은 3대가 모두 한 공장에서 일을 하기도 했다. 그의 생로병사를 모두 직장에서 책임졌다. 그리고 직장은 작지만 완전한 "사회"로, 일하는 부서를 제외하고, 또한 식당과 병원, 유치원, 이발소 등 하나의 완벽한 체계를 갖추고 있었으며, 직원들을 위해 각 방면의 보장을 제공해 주었다. 어떤 사람이 직장을 벗어나면, 바로 기본적인 생활보장을 잃어버리게 된다. 그 시기의 사람은 "단위인[單位人: 구체적인 단위(單位)에 소속된 사람을 가리킴]"이었다. 그래서 한 사람의 생활수준, 사회적 지위가 모두 단위(單位)와 관련이 있었다. 단위의 직급이 높고, 지위가 높으면, 그 단위의 직원들 지위도 높았다. 각 단위의 자원과 지위, 성망 등 방면의 차별은 각 직원에게 적용되었다. 중앙단위에서 일하는 사람과 성급 단위에서 일하는 사람의 신분이 달랐고, 성(省)에서 일하는 사람들은 현(縣)에서 일하는 사람의 신분과 달랐다. 과거에 기업들은 국급(局級) 기업과 처급(處級) 기업, 과급(科級) 기업으로 나누었는데, 이러한 구분은 그 기업이 점유하고 지배하는 자원이 얼마인가에 의거하여 나눈 것이다. 실제로 이런 단위 행정등급은 권력 층차의 표현이면서, 또한 자원 통제 양(量)의 표현이다. 통제하고 있는 자원이 많은 단위, 권력 중심에 가까운 단위, 유명한 단위는, 사회적 지위도 높고, 그 직원의 사회적 지위도 상응해서 높았다.

"일대이공(一大二公)"[6]이 만든 소유제 신분

1950년대에는 공유제(公有制)가 승리할 때마다 항상 대단한 기세의 축하 퍼레이드가 벌어졌다. 축하 퍼레이드 중에 심지어 할머니까지 예쁜 옷을 입고 앙가[秧歌: 한족(漢族)의 민간 가무 중 하나로 징과 북으로 반주하며 노래하고 춤을 추는데 주로 북방 농촌에 유행함] 팀을 조직했다. 그 시절에는 사유경제와 약간이라도 관련이 되면 정치적으로 경시를 받았고, 스스로도 매우 불명예스럽다고 느꼈다. 그때 사람들은 모두 "일대이공"이 정치적으로 가장 영광스럽고, 생활 면에서 가장 보장을 받았다.

중국은 정치체제 개혁 이전에 이미 사유제가 없어졌지만, 전 국민 소유제와 집체 소유제는 있었다. 집체 소유제 중에서, 기업 설립 단위의 배경이 다르기 때문에, 다시 "대집체(大集体)"(제2 경공업 계통 관할에 속함) · "가판공장[街辦工廠: 가도판사처(街道辦事處)에서 만든 공장으로, 가도(街道) 관할에 속함]"[가도(街道): 시할구(市轄)가 없는 도시, 즉 현급시 및 비교적 큰 도시의 시할구 행정분구(行政分區)로 향급 행정구에 속한다)] 등 높이가 다른 상황으로 나누었다. 당시에는 전 국민 소유제(즉 국유제)가 제일 높은 단계였고, 그 다음이 "대집체"이고, 가판기업(街辦企業)은 한 단계 더 낮았다.

---

6 "일대이공(一大二公)": "일대이공"은 중국 공산당이 사회주의가 만든 노선에서, 1958년 대약진 운동이 고조에 이르렀을 때 전개한 인민공사화 운동의 두 가지 특징에 대한 약칭이다. 구체적으로는 "일대(一大)"는 인민공사(人民公社)의 규모가 큰 것을 가리키고, "이공(二公)"은 인민공사 공유화의 정도가 높은 것을 가리킨다.

전 국민 소유제는 사회주의 소유제의 고급 형식이고, 집체 소유제는 사회주의 소유제의 저급 형식이다.[7] 후자는 전자의 지도와 지지 하에서 생산을 진행했다. 사회주의 사회는 생산수단에 두 가지 공유제가 존재하고 있기 때문에, 그것에 맞추어, 노동자 중에는 두 개의 계급, 즉 노동자계급과 농민계급이 존재한다. 이것은 공업에서 통치 지위를 차지하는 것은 전 국민 소유제이고, 농업에서 통치 지위를 차지하는 것은 집체 소유제이기 때문이다.[8] 도시 공업에서 집체 소유제는 전 국민 소유제보다 한 등급이 낮다. 이 두 가지 다른 소유제 단위에서 일하는 근로자들은 그 정치적 지위와 경제적 지위가 차이가 있었다. 집체 소유제 단위의 근로자들은 전 국민 소유제 단위로 옮겨 가기 매우 어려웠다. 당연히 전 국민 소유제 단위의 근로자들은 어느 누구도 집체기업으로 옮겨 가 일할 리가 없었다.

만약 국영기업에 들어가지 못하게 되면, 가능한 가도(街道)공장에 가지 않고, 제2 경공업 계통의 집체기업에 들어가야 했다. 사람들은 가도공장이 노인들이나 형기를 마치고 석방된 사람들이 일하는 곳이라고 생각했다.

그 당시, 국영기업이나 집체기업, 가도기업에서 일하던 근로자들은 월급, 복리, 의료와 양로 보장에서 매우 큰 차이가 있었고, 사회 성망 방면에서도 정도가 달랐다. "국영기업 근로자", "집체기업 근로자", "가도공장 근로자"는 수준이 다른 사회신분이었다.

---

7 쉐무차오(薛暮橋), 『중국 사회주의 경제문제(中國社會主義經濟問題)』, 인민출판사, 1979년 판. 50쪽.
8 위의 책, 52쪽.

제3장

분층을 결정하는
요소의 변동

제도와 정책, 산업구조는 사회분층을 결정한다. 개혁 개방 이래로, 사회분층을 결정하는 요소에 심각한 변화가 생겼다. 따라서 원래 사회계층의 분화와 재편을 불러일으켰다.

사회분층과 제도는 밀접한 관련이 있다

사회분층과 제도는 밀접한 관련이 있다. 정치제도와 경제제도에 변화가 생기면, 사회분층도 이에 따라 변화가 생길 수 있다. 제도의 변천은 사회분층을 새롭게 조합하도록 할 수 있다. 한 떠오르는 계급의 이익이 기존 통치계급의 이익과 서로 저촉될 때, 계급 충돌은 격화되기 시작한다. 만약 떠오르는 계급이 원래 있던 통치계급의 지위를 대신하면, 사회구조는 반드시 새롭게 조합된다.

그래서 각 시대마다 새로운 계급이 생겨날 수 있고, 이 새로운 계급은 결국에 권력을 장악하여 새로운 시대를 창조한다. 이러한 계급과 시대의 변화는 어떤 것은 혁명을 통해 일어난다. 즉 거대한 사회변동을 대가(代價)로 실현되고, 어떤 것은 집권자의 자각적인 개혁으로 실현된다.

1949년, 중화인민공화국이 수립됨에 따라, 중국의 정치제도와 경제제도는 천지가 뒤집힐 정도의 큰 변화가 생겼다. 새 정권은 관료자본과 매판자본을 몰수하면서, 사회주의 국유경제의 첫 단추를 끼웠다. 1949년, 미약한 공업 기초 위에, 국유공업의 비중이 26.2%이고, 집체공업(集体工業)은 0.5%, 공사합영(公私合營)은 1.6%, 사영공업(私營工業)이 48.7%, 개체수공업(個体手工

業)이 23%를 차지했다.[1] 이에 상응하는 것으로, 관료자산계급과 매판자산계급이 무너지고, 중국 공산당 지도하의 4대 계급, 즉 노동자계급과 농민계급, 도시소자산계급, 민족자산계급이 나타났다. 지식인계층은 도시소자산계급에 포함되었다. 이 네 계급은 오성홍기에 네 개의 작은 별로 대표된다. 그들은 공산당을 뜻하는 큰 별을 둘러싸고서, 새로운 사회구조를 만들었다.

　1956년, 중국은 또다시 한 차례 중대한 제도 변화를 겪는다. 그것은 바로 농업 집체화와 도시의 사회주의 개조이다. 우선은 소유제 구조의 중대한 변화가 생겼다. 1957년에 이르러, 전 국민 소유제 공산액(industrial products)의 비중이 53.8%를 차지했고, 집체 소유제 공업은 19%, 공사합영 공업은 26.3%, 사영공업은 겨우 0.1%, 도농 개체수공업은 0.8%를 차지했다.[2] 이때, 고도로 집중된 계획경제체제가 초보적으로 세워졌다. 이와 관련된 기타 제도도 뒤이어 만들어졌다. 예를 들면 농업집체화, 일괄구입 일괄판매, 도농 분할의 호구제 등이다. 제도의 변천은 계급분층에도 변화를 가져왔다. 오성홍기에 있는 네 개의 작은 별 중에 두 개가 떨어져, 도시 소자산계급과 민족자산계급이 없어졌다. 이때 "두 개 계급, 한 개 계층"만 겨우 남게 되었다. 즉 노동자계급과 농민계급, 지식인 계층이다. 그 후 얼마 지나지 않아서 마오쩌둥은 8기 1중 회의에서 언급한 국내 주요 모순에 대한 제안을 부정하고, "무산계급과 자산계급의 모순, 사회주의 길과 자본주의 길의 모습이 국내의 주요 모순"이라고 새롭게 제안하게 된다. 1958년 5월에 열린 8기 2중 회의에서 마오쩌둥은 다시 "두 개의 착취계급, 두 개의 노동계급"이라는 견해를 제시했다. 두 개의 착취계급은 매판자산계급과 민족자산계급 및 지식인을 가리키며, 두 개의 노동계급은

---

[1]　국가통계국 편찬, 『1986년 중국통계개요(中國統計摘要)』, 중국통계출판사, 49쪽.
[2]　위의 책, 49쪽.

노동자계급과 농민계급을 말한다.

신중국 건국 초의 "4대 계급", "두 개 계급, 한 개 계층"과 "두 개 착취계급, 두 개 노동계급"이라는 주장이 과학적인지는 여전히 토론이 필요하다. 예를 들면 농민계급의 표현법은 이후로 더 이상 언급한 적이 없다(이 점은 이 책의 후반부에서 언급하기로 한다). 그러나 계급의 변화와 제도의 변천은 밀접한 상관이 있고, 이 결론에 대해서는 아마도 이견이 없을 것이다.

1978년 이후, 중국은 다시 한 차례 심각한 제도 변화를 추진하고 있다. 그것은 바로 계획경제체제를 시장경제체제로 변화시키는 것이다. 이는 일련의 체제 변혁을 포함하고 있다. 첫째는 정치노선의 변화다. 계급투쟁을 강령으로 삼는 것에서 경제건설을 중심으로 삼는 것으로 변화하고 있다. 둘째는 산업구조의 변화다. 중공업을 우선 발전시키는 것에서 3차 산업을 조화롭게 발전시키는 것으로 변화시켜, 사회 구성원의 직업 구조를 변화하도록 했다. 셋째는 소유제 구조의 변화. 전 국민 소유제가 절대적인 우세를 차지하는 것에서 공유제를 주체로 여러 가지 경제성분이 공존하도록 바꾸었다. 넷째는 분배원칙의 변화다. 평등주의 "평균분배" 공평우선에서 효율우선과 공평을 함께 고려하는 것으로 변했다.

1978년 이후의 제도 변화는 또한 중국 통합 형태의 변화이다. 개혁 개방 이전은 강력한 행정통합이었다. 이러한 통합은 첫째는 국가가 자원에 대한 전면적인 독점에 의지했고, 둘째는 당의 조직 시스템과 행정 권력 시스템, 당 조직의 지도하에 공(工: 工會)·청(靑: 靑年團)·부(婦: 婦聯) 조직 시스템에 의지했다. 개혁 개방 이래, 과거의 통합 형태는 강력한 충격을 받고, 행정통합 역량도 크게 약화되어, 사회가 새로운 통합 형태를 모색하고 있었다. 총체적인 추세는 행정적인 통합에서 계약적인 통합으로 가는 과도기이다. 시장경제 조건 하에서, 계약적인 통합은 사회통합의 기본 특징이다. 하지만 통합 형태의 전환은 비교적 긴 시간의 과도 과정으로, 과도 과정 중에 어느 정도의 혼란과 마찰이 나타날 수도 있다.

이 일련의 심각하고 전면적인 제도 변화는 다시 중국의 사회분층에 중대한 대변화가 생기도록 했다.

개방사회에서 사회진보는 계층분화를 조장하고, 계층분화는 사회진보를 촉진한다. 하지만 사회분층의 변동은 결코 쉽게 이루어지지 않고, 일련의 사회 진통과 수많은 사람들의 온갖 고통을 동반한다.

"계급투쟁을 강령으로 삼는 것"을 부정하다 : 정치적 신분의 폐지

경제건설이 중심이 된 것은 1978년 12월에 열린 중국 공산당 11기 3중 전회에서 제기된 것이다. 이 방침은 여러 해 동안 지속되어 오던 "계급투쟁을 강령으로 삼는다"는 지도 방침을 대신했다.

"계급투쟁을 강령으로 삼는" 방침이 부정되었다는 것은, 봄바람에 얼음이 녹는 것처럼, 일련의 중대한 정책 변화를 가져왔음을 의미한다.

우선 "계급투쟁을 강령으로 삼는" 시기에 있었던 억울한 사건이나 허위로 조작된 사건, 오심 사건 등을 바로잡았다. 전국에 이러한 사건이 얼마나 많았겠는가? 그 숫자를 파악하기란 쉽지 않다. 1972년, 필자가 톈진(天津) 시로부터 입수한 조사 자료에 따르면, 톈진 시에서 "문화대혁명" 기간 중에 각종 죄명으로 공직에서 해고되어 농촌 고향으로 돌아간 사람들이 3만 8,000여 명이라고 한다. 이 사람들 중 일부는 "문화대혁명" 후기에 다시 도시로 돌아왔지만, 명예나 주택, 자녀 등 일련의 문제들은 여전히 회복되지 않고 해결 받지 못했다. 전체 시에서 억울한 사건이나 허위 조작, 오심 사건은 371건으로, 자백을 강요당하면서 고문을 당해 죽은 사람이 943명이었다. 이런 피해자들은 "4인방"이 무너진 후에도 여전히 완전히 명예를 회복하지 못했다. 아마도 이것 역시 축소된 숫자일 것이다. 필자가 노동에 참가했던 톈진 휘발유 기계공장에는 직원이 겨우 491명이었는데, "문화대혁명" 기간 중에 재산을 몰수당한 사람이 100여 명이나 되었다. "문화대혁명" 후기에 이런 직원에 대해 비록 구제정책을 실시했지만, 여전히 많은 문제들이 해결되지 못했다. 중국에서의 억울하고 허위 조작된 오심 사건은 비단 문화대혁명 중에만 만들어진 것이 아니라, "반우경(反右傾)", "반우파(反右派)", "근로자 감원 하방(職工精簡下方: 1960년 후반기부터 중국 정부는 3년간의 자연재해로 인한 경제적 어려움을 극복하기 위해 간부와 근로자들을 하층기관이나 농촌, 광산, 변경 지역으로 보내 일하도록 함)", "사청(四清: 1963년부터 1966년 5월 전후로 대부분의 농촌과 일부 도시의 광공업 기업, 학교 등에서 전개된 사회주의 성격의 정치 청산(清政治), 경제 청산(清經濟), 사상 청산(清思想), 조직 청산(清組織)의 교육운동을 가리킴)", 계급집단의 정리 등 지금까지 정치운동 중에 생긴 억울한 사례는 셀 수 없을 정도로 많다.

억울하고 허위로 조작된 오심 사건을 바로잡은 것은 "4인방"이 무너지고 난 후에 시작되었다. 1976년 10월부터 1978년 12월까지 이미 4,600여 명이 "문화대혁명" 중에 잃어버렸던 간부 직위를 회복했다. 후야오방(胡耀邦)이 조직부장을 맡은 후에 이 일에 더욱 진전이 있었다. 그가 취임하고서 5일째 되던 날, 『인민일보』에 「사실에 토대하여 진리를 탐구하고, 잘못이 있으면 반드시 고친다(實事求是, 有錯必改)」라는 제목으로 글을 발표했다. 잘못이 있으면 반드시 고친다는 것은 억울하고 허위로 조작된 억울한 사건을 고치겠다는 원칙을 강조한 것이다.

1982년 연말이 되자, 대규모의 명예회복 작업은 거의 끝났다. 통계에 따르면, 이때 명예 회복된 지금까지의 정치운동[“삼반(三反: 해방 초기 중국 공산당과 국가 기관 내부에서 전개된 "반탐오(反貪污)·반낭비(反浪費)·반관료주의(反官僚主義)" 운동), "오반(五反: 1952년 1월부터 1952년 10월까지 펼쳐진 민영 공상업자들의 합법 경영을 위한 운동. '반뇌물(反行賄)·반탈세 누세(反偷稅漏稅)·반국가 재산 도용(反盜竊國家資財)·반원자재 사취(反偷工減料)·반국

가 경제 기밀 절취(反盜竊國家經濟情報)'의 다섯 가지 해악에 대한 반대 운동)"부터 "문화대혁명"까지]

기록을 조사하는 중에 억울함을 당한 간부가 300여만 명에 달했다고 한다.[3] 또한 기록되지 않은 많은 피해자들도 이 당시에 죄를 벗었다.

1978년, 중국 공산당 중앙위원회의 한 문건에서는 다음과 같이 언급했다. "우파에 대해서는 일반적으로 선별해서 명예를 회복시키지 않고, 단지 그중에 개별적으로 확실히 잘못한 것에 대해서만, 개별적인 사람의 문제로 삼아서, 실사구시적인 태도로 개정했다." 그 이후에 여론의 반응이 매우 격렬하고, 대중의 목소리가 갈수록 높아져, 1980년 6월 11일에, 중국 공산당 중앙위원회는 어쩔 수 없이 〈중앙통전부(中央統戰部) "애국 인사 중 우파 재조사 문제에 관한 지시 요청 보고" 통지서(通知書)의 이첩(移牒)〉을 명령했다. 〈통지(通知)〉에서는 중국 공산당 중앙위원회가 아직도 오명을 벗지 못한 우파분자들이 모두 오명을 벗어날 수 있도록 결정했다고 밝혔다. 하지만 〈통지〉에서는 여전히 1956년 "반우파" 투쟁의 필요성을 강조하면서, 결코 이 운동을 부정하지는 않았다. 사실 60여만 명[공식 발표는 55만 명이지만, 실제로 기층(基層: 각종 조직의 가장 낮은 층으로, 대중들과 가장 밀접한 관계가 있다. 공산당 조직의 기층 조직은 공장, 상점, 학교, 농장, 향, 진, 촌, 인민해방군연대 등 말단 조직에 설치되어 있음)에서는 아직 일부 우파 명단에 넣지 않고, 우파 대우를 하는 사람도 있다] 우파분자 중에서, 린시링(林希翎, 중국런민대학) 등 몇 사람을 제외하고, 그 나머지는 모두 고쳐졌고, 개정률(改正率)이 99.99%에 달했다.

농촌의 계급성분 문제도 해결이 되었다. 1979년 1월 28일, 신화사 보도에 따르면, 중국 공산당 중앙위원회는 최근 지주와 부농의 오명을 벗는 문제와 그 자식들의 성분 문제에 대해 결정을 내렸다. 그 결정에 따르면, 극소수 단호하게 반동 입장을 고집하거나 최소한 아직까지 바뀌지 않은 경우

---

3 후성(胡繩) 주편(主編), 『중국 공산당의 70년(中國共産黨的七十年)』, 중공당사출판사(中共黨史出版社), 1991, 482쪽.

를 제외하고, 대체로 여러 해 동안 정부 법령을 준수하고, 착실히 일하며, 나쁜 짓을 하지 않은 지주나 부농·반우파·불량분자들은 대중의 심사, 현(縣) 혁명위원회(縣革委會)의 심사를 통해, 일률적으로 오명을 벗기고, 농촌인민공사 사원(社員)의 대우를 해주었다. 지주·부농 자녀들은 출신 성분을 모두 사원으로 정하고, 다른 사원들과 같은 대우를 누리도록 했으며, 이후로 그들이 입학이나 취업, 군 입대, 중국 공산주의 청년단 입단, 중국 공산당 입당과 일자리 배분 등 방면에서, 주로 본인의 정치적 성과에 따라 결정되고, 차별대우를 받지 않게 되었다. 이 결정으로 수십 년 동안 사회 최저층에 속해 있었던 수천만 명의 사람들이 다시 명예를 회복할 수 있게 되었다.

1980년대 초, 원래 86만 명의 공상업자(工商業者: 실제로는 자본가) 중의 70만 명이 노동자의 신분을 회복했다. 이어서 또, 원래의 공상업자가 이미 사회주의 노동자로 된 사람은, 그 성분을 일률적으로 간부나 노동자가 되도록 규정했다.

1979년 11월 1일, 중국 공산당 중앙위원회는 〈대만에 간 사람들의 대륙에 있는 친척에 대한 정책의 통지〉를 발표했다. 〈통지〉에 따르면, 대만에 간 사람들의 친척이 대륙에 있으면, 마땅히 정치, 경제, 사회생활 방면에 누구나 차별 없이 대하고, 평등하게 대하여, 경시할 수 없으며, 대륙과 대만 친척 간에 정상적으로 편지하고, 전화하고, 어떠한 사람도 간섭할 수 없도록 했다. 이것은 오랫동안 대만에 간 친척 때문에 연루된 사람들이 해방이 되도록 했다. 기타 해외 관계 때문에 정치적인 차별을 받은 사람들도 여기에서 벗어날 수 있었다.

1980년대 초에는, 지주·부농·반우파·불량분자·우파·주자파 등 일련의 정치적 신분이 모두 폐지되고, 수십 년을 지속한 정치적 경시도 여기에서 멈추고, 과거의 정치 신분도 종결되었다.

소유제 변화: 사회분층 기초의 재구축

개혁 개방 이전에는, 생산수단 공유제가 절대적인 통치 지위를 차지했었다. 농업 방면에서는 집체경제의 인민공사와 생산대(生産隊: 1950년대 후반부터 1980년대 초반까지 중국 사회주의 농업 경제에서 가장 기본적인 생산조직 형식을 가리킴)가 주동이 되었고, 또한 2,093개의 전 국민 소유제의 국영농장이 있었다. 1980년에는 전국에 농촌인민공사가 5만 4,000개, 생산대대(生産大隊: 중국 농촌지역에서 인민공사 시기에 존재하던 기층 조직)가 71만 개, 생산대가 566만 개가 있었다. 1억 7,000만 호, 8억 명의 인구, 3억 노동력이 인민공사에 참가했다. 농촌 사영경제가 거의 사라지고,[4] 모든 토지는 다 집체 소유가 되었다. 1960년대 매호(每戶)의 농민들에게 약간의 야채를 재배할 수 있는(겨우 가정에서 먹을 수 있을 정도) 자류지(自留地: 사회주의 체제하에서의 중국 농촌의 텃밭. 개인 토지의 집단 소유화 이후 농가의 채소 기타 원예작물 재배를 위해 전체 경작지의 5% 범위 내에서 농민에게 남겨준 땅)를 지급한 적이 있다. "문화대혁명" 중에 자류지도 "자본주의의 꼬리"를 자른다는 명분으로 집체에 귀속시켰다.

공업 생산 총액 중에, 전 국민 소유제 공업이 1978년에 80.8%를 차지했고, 집체 소유제 공업이 19.2%를 차지했으며, 사영공업은 없었다. 사회 소매상품 총액 중, 국영상업이 90.7%를 차지하고, 집체 소유제 상업이 7.2%, 개인 상업이 0.1%, 농민 대(對) 비농업 주민 소매액이 2%를 차지했다.

만약 신중국 건립 이후가 끊임없이 공유제 경제의 비중을 높이고, 사유경제의 비중을 줄이는 과정이라고 말한다면, 개혁 기간에 진행한 것은, 바로 정반대의 과정이다. 그러나 이것은 대단히 민감한 문제였다. 왜냐하면 마르크스가 "……공산당인(共産黨人)은 한마디의 말로 자신의 이론을 개괄할

---

4 장쓰첸(張思騫), 「1980년의 중국농업(1980年的中國農業)」, 1981년 『중국경제연감(中國經濟年鑑)』에 실림.

수 있는데, 그것은 사유제를 소멸시키는 것이다"**5**라고 말한 적이 있기 때문에 사영경제를 발전시키는 것은 정치적으로 매우 큰 위험을 안고 있었다. 따라서 간부든 대중이든 근심 걱정이 가득했다.

그래서 사유경제에 대해, 정책상, 이론상 다소 조심스럽게 한 걸음씩 개방해야 한다. 좀 세심한 사람이라면 중국 공산당의 사회주의 소유제에 대한 표현법에서 시간이 갈수록 끊임없이 작지만 미묘한 변화가 발생하고 있음을 알아차릴 수 있을 것이다. 1980년대 초에는 단지 "일정한 범위의 노동자 개인경제"만을 허락하여, 공유제를 보충했다. 끊임없는 작은 변화를 거치면서, 1987년 10월에 열린 중국 공산당 제13차 전국대표대회[13대(十三大)]에서는 다소 큰 변화가 있었다. 이 대회의 정치보고서에 다음과 같이 지적하고 있다. "사회주의 초급단계의 소유제 구조는 마땅히 공유제를 주체로 해야 했다. 현재 전 국민 소유제 외의 기타 경제성분은 너무 많이 발전한 것이 아니고, 여전히 부족하다. 도농 합작경제나 개인경제와 사영경제에 대해, 모두 계속해서 그들의 발전을 격려해야 한다." 또한 처음으로 "사영경제가 고용 노동관계의 경제성분으로 존재하고 있다"는 것을 명확히 제시했다.

"고용 노동관계의 경제성분"은 오랫동안 공산주의자들에 의해 죄악의 온상으로 간주되어 왔지만, 오히려 공산당의 결의에서 격려 발전의 대상이 되었다. 이처럼 특이한 현상에 대해 "13대(十三大)"를 "사회주의의 초급단계"로 해석한다. 이것은 "사회주의 초급단계 생산력의 실제 상황에 의해 결정된 것이다"라고 생각했다. 사회주의 초급단계에서 직공을 고용하고, 착취하는 것이 허락된 것이다.

14대(十四大)에서는 "여러 종류의 경제성분이 장기적으로 함께 발전하고,

---

5 『마르크스 엥겔스 선집』 제1권, 인민출판사, 1972, 265쪽.

다른 경제성분이 또한 스스로 여러 형식의 연합경영을 실시한다"고 제기되었으며, 15대(十五大)에서는 공유제의 실현 형식을 모색해야 한다고 제기했다. 이러한 것들은 사유경제 발전을 위해 더욱 여유 있는 정치적 환경을 만들었다.

시장경제는 반드시 다양한 소유제 주체와 다양한 이익 주체가 있어야 한다. 소유제 개혁은 바로 원래의 단일한 국가 주체를 바꾸고, 국유경제, 도농 집체 합작(合作)경제(원래의 집체경제를 포함), 중외합자(中外合資), 외상독자(外商獨資: 중국 관련 법률에 따라 중국 내 설립된 전 자본이 외국 투자자에 의해 투자된 기업을 가리키며, 여기에는 외국의 기업과 기타 경제조직이 중국 내에 자회사나 대표처 등의 지부를 두는 것은 포함하지 않음), 주식제 경제, 사유경제 등 다양한 경제주체를 만드는 것이다.

국유경제가 대세를 이룬 상황에서, 소유제 주체 다원화를 시행하는 데에는 두 가지 방법이 있다. 한 가지는 국유경제 외에 비(非)국유경제를 발전시키는 것이다. 다른 한 가지는 국유기업에 대해 비국유화(외국의 견해에 따르면 사유화이다)를 시행하는 것이다. 중국은 개혁 개방 전 15년에는 주로 첫 번째 방법을 채택했다. 우선 국유경제의 재산권 문제를 저촉하지 않도록 하고, 국유경제 외에 대대적으로 비국유경제를 발전시켰다. 1990년대 중기가 되어서는 두 번째 방법을 채택했다. 먼저 국유 소기업에 대해 비국유화(왜냐하면 이 분야가 이데올로기 저항이 비교적 적기 때문이다)를 시행하고, 다음에 일부 대기업에 대해 자본개방(즉 단일한 국유기업 중에 비국유경제의 자본을 흡수하는 것)을 시행하고, 그것을 자본 다원화하도록 했다. 그래서 개혁 개방 과정은 국유경제 비중을 끊임없이 줄이는 과정이다(표3-1). 개혁 개방 초기와 비교하면, 개혁 개방 20년 이후 중국의 소유제 구조는 심각한 변화가 생겼고(표3-2), 그것은 여전히 계속해서 변화하려고 한다.

표3-1 국유경제 비중의 하향 상황(공업을 예로)[6]

연도	1978	1980	1985	1990	1991	1992	1993	1994	1995	1996	1997
국유공업 비중 (%)	77.6	76.0	64.9	54.6	56.2	51.5	46.5	37.3	34.0	28.5	25

표3-2 1997년 소유제 구조 상황(%)[7]

	국유경제	집체경제	기타경제	개인 사영경제
공업 생산액의 소유제 구조	25.5	38.1	18.4	17.9
사회 소비품 소매총액 소유제 구조	23.3	17.5	24.4	34.8
성진(城鎭) 근로자 취업의 소유제 구조	54.7	14.3	27.8	13.2

여기서 추가적인 설명이 필요한 것은, 1998년 이후, 주식제 기업의 발전으로 인해, 많은 대형 기업이 실제로는 혼합 소유제로서, 국가에 의해 주식으로 지배되었다는 점이다. 최근 몇 년간, 국가통계국은 더 이상 국유기업을 따로 열거하지 않고, 국유와 국유 지분 우위를 한 항목에 열거했다. 그래서 위 표에서는 단지 1998년 이전의 숫자만 표시했다. 20세기 말, 단순한 국유기업이 차지는 비중이 더욱 작아졌지만, 통계에는 반영되지 않았다. 그러나 국가의 일부 권위 있는 부서는 GDP의 구성 중에, 비공유경제가 40%를 차지한다고 예측했다. 일부 외국 기관에서는 비공유경제가 중국 GDP 중에 차지하는 비율이 더욱 높다고 추측한다. 예를 들어 리요네증권(CLSA Asia-Pacific Markets)은 70%라고 추정하며, 경제협력개발기구(OECD)는 3분의 2로 추정한다.

각종 경제 요소가 평등하게 경쟁하여, 고유의 소유제 신분이 점차 약화

---

6 역대 『중국통계연감』의 숫자를 근거로 계산.
7 1998년 『중국통계연감』의 숫자를 근거로 계산.

되었다. 사유경제의 발전과 다른 여러 가지 소유제 형식의 발전은 사회분층에 중대한 변화를 가져왔다. 한편으로는 사유기업주 계층이 출현했고, 다른 한편으로는 또 국유기업 근로자들로 하여금 분화가 생기도록 했다. 국유경제는 태생적으로 시장경제와 맞지 않아, 다른 경제 요소의 경쟁 앞에서 열세에 몰렸다. 국유기업이 곤란한 지경이 되자, 대대적 분화·대대적 개혁·대대적 조정에 직면했다. 국유기업이 임대·경매·파산 등의 형식으로 재편되자, 국유기업의 종사자들은 거대한 진통을 감당하게 되었다.

개혁 개방 시대에 발전하기 시작한 사유경제는, 언제까지나 한 집 한 집씩 소유하는 사유 상황에 머물 수는 없었다. 사유경제는 단지 소기업에 적용되지만, 현대 시장경제는 치열한 경쟁의 경제로, 일정한 규모가 없으면, 매우 살아남기 힘들다. 규모를 확대하려면, 자체 축적에만 의지해서도 안 되고, 반드시 자본 연합을 시행하거나 사회 자본을 흡수해야 한다. 이렇게 되면, 한 집 한 집씩의 소사유기업은 합자기업이나 주식회사로 변하게 된다. 이 밖에도, 각종 소유제 경제는 서로 주식에 출자하고, 서로 융합하여, 소유제 상황에 새로운 변화가 생길 수 있도록 했다. 바로 14기 3중 전회에서 만든 〈중국 공산당 중앙위원회의 사회주의 시장경제체제 건립에 관한 결정〉 제9조에서 말한 "재산권의 유동과 재편에 따라, 재산 혼합 소유의 경제단위(單位)가 갈수록 많아져, 장차 새로운 재산 소유 구조가 형성될 수 있다"는 것과 같다.

미래의 새로운 재산 소유 구조의 형성은 반드시 사회분층에 한층 더 영향을 줄 것이며, 현재 사유기업주 또한 더 큰 변화가 생길 것이다.

여기서 지적해야 할 것은, 신문·잡지 등에서 모두 "사영경제(私營經濟)"라는 단어를 썼지만, 필자가 발표한 글이나 이 책에서는 "사유경제(私有經濟)"라는 용어를 사용했다는 점이다. 사유경제는 공유경제와 상대되는 말이다. 사유경제와 사영경제는 다르다. "사유"는 소유권을 말하고, "사영"은 경영권을 가리킨다. 국유경제 또한 개인에게 경영을 맡길 수 있지만, 이런 사영경제의 소유권은 여전히 국가의 것이다. 실제로 현재 사람들이 말하는 사영경제는 사실상 사유경제이다. 여러 가지 원인 때문에, 떳떳하게 "사유"라는 단어를 함부로 말하지 못할 뿐이다. 몇 년 전에, "국영경제(國營經濟)"라는 말을 이미 "국유경제(國有經濟)"로 바꾼 것은, 현실에 대한 인정이고, 인식의 발전이다. 왜 현실을 똑바로 보고서 "사영경제"가 "사유경제"라는 것을 인정할 수 없는 것일까? 당초에 "국영경제"를 "국유경제"로 바꿀 때, 국유경제 개혁을 위해 새로운 출로를 열었다. 지금 만약 사영경제를 사유경제로 바꾸면, 사유경제의 건강한 발전을 위해 조건을 만드는 것이다.

시장의 자원 배치: 원(原) 계층의 분화와 재편을 촉진

첫 번째 5년 계획 시기에, 중국은 기본적으로 고도로 집중된 계획경제체제를 만들었다. 제조업체가 어떤 모델을 생산하고 얼마의 수량을 생산하느냐를 전적으로 국가가 하달하는 지령성(指令性)의 지표에 따라 확정했다. 이런 상품을 생산할 때 필요한 원자재는 국가계획에 의해 조달되고, 그 가격은 국가가 결정했다. 생산된 제품은 국영 상업부서나 물자부서에서 수매하여 조달했다. 이것이 곧 "일괄구매 일괄판매(統購包銷)"이다. 기업의 이윤과 설비, 감가상각비를 모두 위에 바치고, 기업은 고정자산을 갱신하고, 기술 개조에 필요한 자금 및 생산에 필요한 유동자금을 모두 재정 부서에서 배정받았다. 유동자금 중에 계절성·임시성 초과액 부분은 국가 은행으로부터 대출받았다. 이것이 바로 사람들이 말하는 "일괄수입 일괄지불(統收統支)"이다. 기업의 근로자 수는 국가로 정하고, 노동자는 국가 노동부서가 배분했다. 이것이 바로 "일괄책임 일괄배치(統包統配)"이다. 기업은 국제 무역에 참여할 수 없고, 설비와 원재료의 수입과 제품의 수출은 모두 국가의 대외 무역부서에서 일괄 무역을 진행했다. 이것이 바로 사람들이 말하는 "일괄수출 일괄수입(統進統出)"이다. 온 나라가 마치 하나의 큰 공장이고, 기업은 하나하나의 작업장과 같았다. 많은 기업들은 중앙부서가 직접 관리하고, 기업은 투자권한이 없었다. 화장실 한 칸 짓는 것까지도 단계적으로 신청해서, 심사하여 허가를 받아야 했다. 10여 개 부서를 거쳐서, 10여 개의 도장이 찍혀야 겨우 공사를 할 수 있었다. 기업은 당 위원회의 지도하에 공장장 책임제를 시행했으며, 당 위원회 서기는 기업에서 최고 지도자였다. 서기와 공장장은 상급 당 위원회에서 임명하는 관리였다.

계획경제체제 하에, 생산수단은 상품이 아니라서, 자유롭게 매매할 수 없었고, 국가계획에 의해 조달되어야 했다. 1957년, 계획 분배물자가 532종으로, 그중 일괄배치 물자(統配物資)는 231종이었다. 1958년, 분권(分權, decentralization)이 시행되고, 일괄배치와 부서관리 물자가 감소했지만, 1978년에 이르러, 일괄배치와 부서관리 물자가 여전히 689종이 있었다.[8] 이러한 물자의 생산기업과 지방정부는 모두 분배할 권리가 없었다. 물자관리가 고도로 집중 통일되어서, 국영 물자부서와 국영 상업부는 관리할 수가 없었다. 또한 개인의 구매 운반이 허락되지 않았기 때문에, 많은 산지 산물과 지역 특산품들이 운반되지 못하고, 어쩔 수 없이 산에 방치된 채 썩을 수밖에 없었다. 1978년, 산간지대·목축지역에 많은 특산물의 생산량이 1949년에 비해 70~80%가 감소했다.[9]

행정적 역량으로 자원을 배치하는 것은 국가의 기능을 전례 없이 강하게

---

8 중펑룽(鍾朋榮), 『10년 경제개혁(十年經濟改革)』, 허난(河南)인민출판사, 1990, 9~10쪽.
9 쉐무차오(薛暮橋), 『중국 사회주의 경제문제 연구(中國社會主義經濟問題研究)』, 인민출판사, 1983년 판, 48쪽.

만들었다. 정부가 사회를 관리하고, 국민경제에 대해 거시적으로 조정하는 것 외에도, 또한 정부가 맡아서는 안 되는 대량의 임무를 맡았다. 본래는 기업이나 사회가 맡아야 하는 많은 직능을 정부가 오히려 모든 것을 독점했다. 그 결과, 한편으로는 정부기구가 방대해졌지만, 다른 한편으로는 기업과 사회 중개 기구를 위축되게 만들었다. 행정 권력이 사회를 삼킨 것이다.

중국 개혁 개방의 과정은 시장의 힘에 대한 점진적 인정·점진적 확립의 과정이었다. 이 과정은 곡절이 많고, 파상적인 전진이었다.

1978년 12월, 중국 공산당 제11기 3중 전회에서 "계획 업무는 가치와 규율을 중시해야 한다"라고 제시했다.

1979년 6월, 제5기 전국인민대표대회 2차 회의에서 "계획 조절과 시장 조절을 서로 결합시키고, 계획 조절을 위주로 하는 체제를 만들어야 한다"라고 제시했다.

1981년 6월, 중국 공산당 제11기 6중 전회에서 "공유제의 기초 위에 계획경제를 시행하는 동시에, 시장을 조절하는 보조적 작용을 발휘해야 한다"고 했으며, 제5기 전국인민대표대회 2차 회의에서는 "계획 조절"을 "계획경제"로 바꾸고, 계획경제체제를 더욱 강조했다.

1982년 9월, 중국 공산당 제12차 전국대표대회 보고에서 다음과 같이 제시했다. "계획경제를 위주로 하고, 시장 조절을 보조적인 것으로 삼는다." 이것은 천윈(陳雲)의 건의를 채택한 것으로, 즉 계획경제의 체제 안에서, 시장 조절을 받아들여 보조적인 수단으로 삼는 것이다.

1984년 6월, 중국 공산당 제12기 3중 전회에 다시 "계획 있는 상품경제(商品經濟)" 건립을 제기했다. 이것은 처음으로 "상품경제"를 당의 결의에 써넣은 것이다.

1987년 10월, 중국 공산당 제13차 전국대표대회에서 "국가가 시장을 제어하고, 시장은 기업을 인도한다"는 모델을 제시했다. "시장이 모든 것을 뒤덮는다"라고 제시한 것은, 실제로는 "주보론(主輔論)"에 대한 부정이다.

1992년 12월, 중국 공산당 제14차 전국대표대회에 "사회주의 시장경제"의 경제개혁 목표 모델을 세울 것을 확립했다.

1993년 11월에 열린 14기 3중 전회에서, 〈중국 공산당 중앙위원회의 사회주의 시장경제체제 건립에 있어서 약간의 문제에 대한 결정〉을 통과시켰고, 사회주의 경제체제의 틀을 한 걸음 더 확립시켰다.

실천은 이론과 정책에 비해 먼저 한 걸음 앞서 갔다. 1980년대 후기, 기계와 경공업·전자 등 가공(加工) 공업은 시장 조절에 있어서 거의 주도적인 지위를 차지했다. 계획은 원료공급과 관계없을 뿐만 아니라, 또한 제품의 판매와도 관계가 없다. 기업은 계약에 따라 생산하고, 시장에서 원료를 구입하고, 시장에서 제품을 판매한다.

계획경제 시대에서, 국가는 거의 모든 자원을 독점하고, 국가권력이 미치지 않는 곳이 없었다. 정부는 사회생활에 대해 전면적인 관리를 실행했다. 상대적으로 독립적인 것과 어느 정도 자치적인 사회적 기능은 거의 더 이상 존재하지 않았다. 시장 지위가 확립된 후, 정부의 기능은 마땅히 그에 상응하여 축소되어야 했지만, 정부 기능의 축소는 시장 역량의 확대에 비하면 훨씬 뒤처졌다. 정부가 마땅히 물러나야 하는 영역에서는 오히려 질질 끌며 물러나지 않았다. 원래 마땅히 시장에 의해 작용을 해야 하는 많은 일에는 정부의 허락을 받아야 했다. "심사비준 경제(審批經濟)"는 권력과 돈 거래의 근본 원인이었다. 정부 기능이 마땅히 물러나야 할 영역에서 물러나지 못하는 원인은 정치개혁이 정체되었기 때문이었다. 1998년 제9기 전국인민대표자대회가 정부기구에 대한 개혁을 진행하기로 결정했다. 정부의 기능을 사회 관리와 거시적인 통제·공공서비스로 규정했다. 만약 이세 가지 기능을 확실히 실현시킨다면, 정부는 사회에 대부분의 기능을 양보할 수 있을 것이다.

하지만, 비록 정부가 기능을 더디게 양보했음에도 불구하고, 아무튼 결국 완만하게 물러났다. 이 때문에 시장경제체제가 반드시 필요로 하는 각종 사회적 기능도 느리게 발전했다. 정부와 사회는 분리되기 시작했다. 그 이유는 개인의 재산권이 날이 갈수록 명확해지자, 국가의 개인에 대한 통제가 크게 약해졌기 때문으로, 사회 자주성이 강화되었다. 유명한 사상가 리루이(李銳)는 1999년 초 『방법(方法)』이라는 잡지와 가진 좌담회에서 다음과 같이 말했다. "과거에는 하루 종일 사회주의를 외쳤지만, 오히려 사회는 없고, 단위(單位)만 있었다. 개혁 20년의 최대 변화는 사회가 있기 시작했다는 점이다." 이것이 바로 현실의 상황이다. 오늘날 각양각색의 사회조직과 다양한 사회단체가 생겼다. 경제는 이미 사회화가 되었고, 사람도 사회화가 되기 시작했다. 여러 가지의 "센터"는, 몇 명만 있으면 운영할 수 있어서, 바로 성과를 낼 수 있었다. 이것은 매우 바람직한 일이다.

행정 역량의 사회에 대한 개입 약화로, 사유재산이 출현하고, 개인에 대한 단위의 구속도 점점 약해졌다. 전체 노동계약제(全員勞動合同制)의 시행으로, 양로보험과 실업보험을 단위에서 내주던 것을 사회에서 내는 것으로 바뀌었고, 주택이 상품화되어, 개인과 단위와의 관계가 약화되었다. 많은 사람들이 본래 단위에서 일하는 것 이외에도, 또 사회를 위해 일하는 겸직 현상이 보편화되었다. 일부 젊은이들은 개인 기록을 인재교류센터에 두고서, 빈번하게 일자리를 옮겼다. 그들에 대한 단위의 구속이 더욱 줄어들었다. 개혁은 "단위인"을 점차 "사회인"으로 바꾸어 놓았다. 이러한 변화가 생기자, 국민들은 독립된 신분으로 사회에서 자립할 수 있게 되었다. 물론 이것이 결코 충분조건은 아니다. 진정한 독립된 국민은 또 정치 참여권이 있어야 한다. 바로 존 스튜어트 밀(John Stuart Mill, 1806~1873)이 말한 "절대 정치적인 일에 참여할 수 없는 사람은 공민(公民)이라고 말할 수 없다"는 말과 같다. "공민"은 진정으로 정치적인 일에 참여할 수 있는 사람이지, 최고 행정 책임자를 향해 만세 부르는 "신민(臣民)"이 아니다.

인민공사의 해체와 호적제도의 완화

　1958년 여름에 인민공사가 만들어졌다. 그 당시, 마오쩌둥이 허난(河南) 신향(新鄉) 시찰에서 "인민공사가 좋다"라고 말하자, 단번에 "인민공사가 좋다"는 구호가 온 나라를 뒤흔들었다. 그 당시 신문·잡지에서는 인민공사를 공농상학병(工農商學兵) "오위일체(五位一體)"의 공산주의 조직이라고 불렀다. 1958년 8월 29일, 베이다이허(北戴河) 회의에서 〈중국 공산당 중앙위원회의 농촌에 인민공사를 건립하는 문제에 대한 결정〉이라는 안건이 제출되어, 연말까지 전국에 있는 74만 개 농업합작사를 2만 6,000개의 인민공사로 합쳤다. 당시 선전하던 인민공사의 특징은 "일대이공(一大二公)"이었다. "대(大)"는 원래 있던 100~200호(戶)의 농업사[農業社: 농업생산합작사(農業生産合作社)의 약칭. 농업생산에 종사하는 것을 위주로 하는 합작 경제조직으로, 농업합작사라고도 함]를 5,000호, 심지어 1만~2만 호의 인민공사로 합친 것이다. "공(公)"이라는 것은 바로 공사(公社)가 고도의 집중 관리를 시행하여, 균형 있게 배분하고, 조건 없이 아래의 생산대(生産隊), 심지어는 농민의 개인 재산으로까지 이동시켜, 부분 공급제를 시행하고, 공공(公共) 식당을 크게 운영하여, 공짜로 밥을 먹도록 하는 것이다. 농촌에서는 원래 있던 소매상인·정기 시장 및 가정 부업을 모두 "자본주의"로 간주하여 금지시켰다.

　인민공사는 중국에 "유토피아"가 재현된 것이다. 마오쩌둥은 인민공사를 "대동세계(大同世界)"로 만들고자 했다. 그는 "캉유웨이(康有爲)가 『대동서(大同書)』를 집필했지만, 대동으로 가는 길을 찾지도, 찾을 수도 없었다"라고 말한 적이 있다. 1958년, 마오쩌둥은 스스로 "대동으로 가는 길"을 이미 찾았다고 생각했다. 인민공사가 만들어졌을 때, 중앙 농촌공작부 책임자 가 쉬수이(徐水) 현 간부에게 『대동서』와 『고타 강령 비판(Gothaer 綱領批判, Kritik des Gothaer Programms)』이라는 책 두 권을 선물로 보냈다. "일대이공(一大二公)", "정사합일(政社合一)", "공농상학병 오위일체(工·農·商·學·兵五位一體)" …… 등은 모두 "유토피아"식의 발상이다.

현실에서 벗어난 것일수록 아름답게 상상할 수 있지만, 현실세계가 가져 다주는 고통은 더욱 많아진다. 인민공사는 농촌에 빈곤을 가져왔을 뿐만 아니라, 전원시와 같은 농촌의 정취를 사라지게 만들었고, 또한 농민들의 따뜻한 가정생활을 파괴했다.

"일대이공"은 생산력을 심각하게 파괴하여, 연속 3년 동안의 대기근을 만들어, 어쩔 수 없이 "3급의 소유, 생산대를 기초로 삼는다(三級所有, 隊爲基 礎)"로 퇴보하도록 만들었다. 말이 "생산대를 기초로 삼는다(隊爲基礎)"지, 실 제로는 기본 계산 단위로서의 생산대는 무엇을 심고, 어떻게 심는지를, 모 두 위에서 결정해야 했다. 농민이 얼마의 식량을 먹는지조차도 모두 현(縣) 이상의 정부가 결정했다. 생산대는 생산 자주권이 없고, 생산품에 대한 지 배권도 없었다. 농민은 신체의 자유도 없었다. 농민들은 인민공사의 질곡 에서 해방되기를 간곡하게 기대했다.

드디어 그날이 왔다. 1982년 4월, 쓰촨 성 광한(廣漢) 현이 인민공사를 해 체했다[1979년 3월, 이 현은 바로 샹양공사(向陽公社)에서 정부의 행정관리와 사회의 자아관리(政社) 를 나누고(政社分開), 향(鄕)을 건립하여 공사를 바꾸는 시범 사업을 실시했다]. 이 일은 사람들에 게 적지 않은 충격을 주었다. "인민공사의 인민대표대회와 혁명위원회는 말단 정권조직이면서, 또한 집체경제의 지도기구이다"라는 말은 〈헌법(憲 法)〉에 들어 있는 말인데, 광한 현이 감히 이런 소행을 저지르다니! 사람들 사이에서는 의론이 분분했다.

인민공사의 해체는 정사(政社)를 나눈다는 명분으로 진행되었다. 이 원칙에 따라, 광한 현은 인민공사를 향당위(鄕黨委), 향정부(鄕政府), 농공상총공사(農工商總公社), 세 부분으로 나누었다. 총공사 밑에는 다시 농업공사·공업공사·상업공사로 나누었다. 향정부 밑에는 촌민위원회(村民委員會)를 설립했다.

1982년 10월에 통과된 새 〈헌법〉이 광한 현의 개혁을 합법화시켰다. 이 새 〈헌법〉은 다음과 같이 규정했다. "농촌인민공사와 농업생산합작사 …… 각종 형식의 합작경제는 사회주의 노동대중 집체 소유제 경제이고", "향(鄕), 민족향(民族鄕), 진(鎭)이 인민대표대회와 인민정부를 설립하고", "도시와 농촌이 주민 거주 지구에 따라 설립한 주민위원회는 기층 대중의 자치조직이다."

1983년 10월, 중국 공산당 중앙위원회와 국무원이 공동으로 〈정사(政社)를 나누고 향정부의 건립을 시행하기 위한 것에 대한 통지〉를 내려 보내고, 구체적으로 정사 분리 작업을 계획했다. 겨우 2년 만에, 전국의 5만 6,000개의 인민공사가 9만 2,000개의 향(鄕), 진(鎭) 정부로 대체되었다. 55만 개의 생산대는 94만 개의 촌민위원회(村民委員会)로 대체되었다. 촌민위원회는 농민의 자치조직으로, 더 이상 인민공사처럼 그렇게 행정 권력을 행사할 수 없게 되었다.

징과 북소리로 요란스럽게 만들어진 인민공사가, 사라질 때에는 쥐죽은 듯 조용했다. 어느 국가 기관도, 어느 지도자도 공식적으로 인민공사의 해산을 선포한 적이 없었다. 하지만 가족 단위 농업 생산 책임제와 정사의 분리는 이미 인민공사를 유명무실하게 만들어, 자연스럽게 사라지게 했다.

인민공사의 해체는 농민을 빈틈없는 조직에서 벗어나, 자유인이 되도록 했다. 가족 단위 농업 생산 책임제는 농민의 적극성을 불러일으켜, 농산품을 풍부하게 했고, 각종 공급 상품의 배급표가 폐지되도록 했다. 여러 해

동안 토지에 묶여 있던 농민이 이동하기 시작했고, 이와 동시에, 소도시도 발전하기 시작했다. 시장경제는 자본이 반드시 큰 범위 안에서 자유롭게 유동하도록 했다. 자본은 호구(戶口)가 없어서, 어디든지 값이 가장 빨리 오르는 곳이 있으면, 그곳으로 흘러가게 된다. 자본의 이동은 필연적으로 노동력의 이동을 가져온다. 이 모든 것은 도농 분할 문제를 해결하기 위해 요구를 제출했고, 또한 조건을 만들었다. 호적제도가 만든 도농 분할의 철(鐵)울타리는, 시장경제라는 강력한 큰 손에 의해 뒤흔들렸다.

1984년, 국무원이 발표한 〈농민이 집진(集鎭)으로 진출하여 정착하는 문제에 관한 통지〉에서 다음과 같이 규정했다. "집진에 가서 노동하고 장사하고 서비스업에 종사하고자 신청하는 농민과 가족은 집진에 고정된 거주지가 있고, 경영 능력이 있거나 혹은 향진(鄕鎭) 기업 사업 단위에 장기간 일한 사람은 공안부서가 상주호구(常住戶口)를 획득하도록 허락한다. 『배급식량 자부담(自負擔) 호구부(自理口糧戶口簿)』를 발급하며, 비농업 인구로 합산한다." 이것은 배급표 취소 이전의 일이다.

1986년, 안후이(安徽) 성, 추저우(滁州) 시, 톈창(天長) 현, 친란(秦欄) 진이 시범적으로 "그린카드식 호적제"를 시행했다. 대체로 건축이나 운송 등 육체노동이나 상업 종사자 중에서 한 가지 기술이 있는 사람이나 5,000위안의 도시건설비(建鎭費)를 내는 사람은 "그린카드"를 취득할 수 있었다. "그린카드"를 취득한 사람은 영구 거주권을 얻게 된다. 1992년에 원저우(溫州)도 "그린카드제"를 추진하기 시작했다.

1993년 12월, 상하이(上海)가 "푸른 도장 호구제(藍印戶口制)"[10]를 실시했다. 상하이에 20만 달러 또는 인민폐 100만 위안을 투자하거나, 100제곱미터(평방미터, ㎡: 0.3025평) 이상의 대외 판매 주택을 구매한 사람은 모두 공안국에

---

[10] 보통 정식 호구에는 붉은색으로 인장을 찍지만 이 호구는 푸른색 도장을 찍는데, 특정 도시로 들어오기 힘든 호구 소지자가 주택 구입 등을 통해서 취득한 해당 도시의 호구를 말한다.

푸른 도장 호구를 신청할 수 있었다. 푸른 도장 호구를 취득한 후에, 다시 일정한 시간이 지나면, 상주호구(常住戶口)를 신청할 수 있었다.

1995년, 선전(深圳) 시도 "푸른 도장 호구제"를 시행했다. 대체로 선전 시에 소속된 직장에 취직하고, 양호한 임시 거주 호구 기록을 갖고 있는 중등 이상의 문화 수준을 가진 사람은 푸른 도장 호구를 신청할 수 있었다. 또한 100만 위안을 투자하면, 그 기업의 핵심인력이 되어 푸른 도장 호구 하나를 신청할 수 있었다. 사영기업과 자영업자(個體工商戶)는 3년 연속 한 회계연도 내에 10만 위안 이상 세금을 낸 사람도 푸른 도장 호구를 신청할 수 있었다. 푸른 도장 호구를 가진 모든 사람들은 반드시 10년 연속 매년 2,000위안의 도시 증용비(增容費)를 내야 했다.

1995년 6월, 베이징은 〈베이징 시 외지에서 베이징으로 온 인원의 호적 관리 규정〉을 발표했으며, 또한 농민들에게 장벽을 완화했다.

1997년, 하이난(海南) 성은 더욱 강력한 호적 개혁을 준비했다. 점진적으로 인구 등록 IC카드제로 호적 관리를 대체하여 시행했다. 즉, 신분증과 비슷한 IC카드에 호적 관리에 필요한 각종 정보를 저장했다. 하이난에서 3년 연속으로 체류하고 또한 고정 주소가 있으면서 일자리가 있는 사람은 모든 시민의 대우를 누릴 수 있었다. 정부는 더 이상 성내(省內) 인구의 이동이나 농업 호적에서 비농업 호적으로 바꾸거나(農轉非), 비농업 호적에서 농업 호적으로 바꾸는 것을 제한하지 않았다.

1998년 7월, 국무원은 공안부에게 〈호구 관리 업무 중에 몇 가지 부각된 문제 해결에 대한 의견〉을 전달했다.

1. 영아(嬰兒)의 호적을 올리는 것은 부모 양쪽이 원하는 대로 선택한다. 부모의 호구가 한곳에 없을 때, 신생아는 아버지나 어머니의 상주지(常住地)에 호구를 등기할 수 있다.

2. 부부가 따로 거주하는 호구 문제를 해결하기 위해, 이미 의탁하는 배

우자 있는 도시에서 일정한 기간 동안 거주한 공민(公民)에 대해서는, 마땅히 자원(自願) 원칙에 근거하여 그 도시에 호구를 올리는 것을 허가한다.

3. 부모가 자녀에게 의탁하는 경우는, 남자는 60세, 여자는 55세가 넘고, 옆에 부양할 수 있는 자녀가 없어서 도시로 가서 자녀에게 의탁해야 할 필요가 있는 공민은 그 도시에 호구를 만들 수 있다.

4. 도시에 투자를 하거나 사업을 하고, 상품주택(商品住房: 주민 주택의 형식 중 하나로, 정부나 부동산 개발업자가 지은 것으로, 시장에서 직접 파는 주택)을 구매한 공민과 그를 따라서 함께 거주하는 직계 가족이 도시에 고정적인 주소와 합법적이고 안정적인 직업 혹은 생활 수입이 있고, 이미 일정한 시간을 거주하고 아울러 현지 지방정부의 관련 규정에 부합한 사람에게는, 그 도시에 호구를 만들 수 있도록 허가할 수 있다.

과거에 신생아는 단지 어머니의 소재지 호구에만 올릴 수 있었다. 이런 상황에서, 다년간 도시 사람들이 농촌 호구의 아내를 찾았고, 그 자식들은 농촌 호구에 올릴 수밖에 없었다. 이것은 가정을 불행하게 만들 뿐만 아니라, 또한 도농 간에 통혼(通婚)도 어렵게 만들었다. 앞에서 말한 첫 번째 항목에 해당하는 사람의 어려움이 해결되자, 도농 간의 통혼 장애가 줄어들었다. 두 번째 항목은 부부가 별거하여 두 곳에 사는 난제를 완전히 해결했다. 네 번째 항목은 돈이 많은 사람들에게 도시의 문을 활짝 열었다. 네 가지 규정은 "일률적으로 하는 것"이 아니라, 각 도시가 자신들의 상황에 따라서 결정했다. 소도시는 좀 느슨하게, 큰 도시는 엄격하게 적용했다. 그럼에도 불구하고, 1998년의 이 호적제도 개혁은 그래도 최근 몇 년간 가장 큰 폭의 변화였다.

1999년에 들어서, 일부 도시는 다시 진입 문턱을 낮추는 조치를 취했다. 3월 말, 베이징 시가 5년간 시행하던 도시 증용비(增容費)를 없앤다고 선포했다. 이제 더 이상 베이징 호구를 취득하는 사람은 막대한 비용을 지불하지 않아도 되었다. 4월에는 광둥(廣東) 언론매체에서, 광저우(廣州) 시가 도시 증용비를 없애는 등의 일련의 외지 우수인재 영입을 위한 우대정책을 준비하고 있다고 보도했다.

2001년 이래로, 저장(浙江) 성의 농촌과 허베이 성 스자좡(石家莊)과 광둥 등지에서 연이어 새로운 호적 개혁 정책을 내놓았고, 현지에서 강렬한 반향을 불러일으켰다. 또한 사회 각계의 광범위한 주목을 받아서, 새로운 호적제도 개혁이 곧 시행될 것 같았다.

공안부 관련 책임자는 다음과 같이 말했다. "앞으로 호적제도의 개혁 목표는 점차적으로 도농 분할의 이원적 호구 구조를 없애고, 도시와 농촌이 통일된 호구 등기제도를 만드는 것이다. 호구 이동 제한을 완화시켜, 도농 인구 특히 인재들이 지역을 넘어서 이동할 수 있는 더욱 완화된 환경을 만들 것이다. 새롭게 국민신분증을 바꾸는 것을 계기로 신분증과 호구부 두 증명서의 관리를 강화하며, 서둘러 호적법을 제정하여, 호적관리를 법제화의 궤도에 넣을 것이다. 그 밖에도 점차적으로 계획경제체제 하에서 부여한 호구의 많은 불합리한 기능에서 벗어나, 그 본래의 순수함으로 돌아가도록 하여, 호구의 원래의 면목을 회복할 것이다."

인민공사의 해체, 상품 공급배급표의 폐지, 호적제도의 완화는 "시골 사람", "도시 사람"의 신분을 약화시키기 시작했다. 수십 년 동안 농민들이 꿈에도 갈구하던 "농민에서 비농민으로 바뀌는 것(農轉非)"도 찬밥 신세가 되었고, 도시문명도 농민들에게 마음을 열고, 대량의 농민들이 도시로 들어가 유동 농민공(流動農民工)이 되었다.

도시화와 산업구조의 고도화

사회분층은 정치제도·경제제도와 상관있지만, 산업구조 변동과 도시화도 사회분층에 영향을 주고, 아울러 사회 유동을 촉진시킨다.

생산력 수준의 제고, 새로운 생산수단의 발전은 새로운 계급과 계급관계의 출현을 예시하고 있다. 농경기술의 발전은 노예제를 해체시켰고, 노예주와 노예가 지주와 농민으로 바뀌었다. 기계 대공업의 출현은 다시 봉건제도를 와해시켰고, 노동자계급과 자산계급이 출현했다. 정보기술의 출현은 또대량의 중산계급(中産階級)이 출현할 수 있게 했다. 개혁 개방 이래, 중국의 생산력 수준은 크게 제고되었고, 산업구조 또한 중대한 변동이 생겼다.

표3-3 국내총생산액 중 3개 산업의 비중 변화(%)[11]

항목 \ 연도	1978	1988	1998	2008
1차 산업	28.2	25.7	17.6	11.3
2차 산업	47.9	43.8	46.2	48.6
3차 산업	23.9	30.5	36.2	40.1

표3-3에서, 국내총생산액 중에서 30년 동안 1차 산업의 비중은 16.9% 떨어졌지만, 2차 산업의 비중은 0.7%로 상승했으며, 3차 산업의 비중은 16.2% 상승했음을 알 수 있다. 따라서 대량의 근로자들이 1차 산업에서 2차 산업으로, 특히 3차 산업으로 옮겨 갔음을 알 수 있다. 1978년부터 2007년까지는, 1차 산업에서 일하는 사람의 비중이 29.7%로 내려갔지만, 2차 산업에서 일하는 사람은 9.5% 증가했으며, 3차 산업에서 일하는 사람은 20.2% 증가했다.(표3-4 참소)

---

11 국가통계국 편찬, 『2009년 중국통계개요』, 중국통계출판사, 21쪽.

표3-4 개혁 개방 이래 3차 산업 중 근로자의 비중 변화(%)[12]

항목 \ 연도	1978	1988	1998	2003	2007	2008
1차 산업	70.5	59.3	49.8	49.1	40.8	39.6
2차 산업	17.3	22.4	23.5	21.6	26.8	27.2
3차 산업	12.2	18.3	26.7	29.3	32.4	33.2

산업구조의 변화는 농업에 종사하는 사람을 감소시켰다. 공업에서, 특히 서비스업 종사자들이 늘어났다. 1990년대 말에 이르러, 기술이 진보함에 따라서, 일부 전통산업은 점차 첨단산업에게 자리를 내주었고, 일부 산업의 과학기술 수준이 제고되었다. 일부 기술집약산업 중에 엔지니어의 비중이 크게 높아졌고, 단순 육체노동에 종사하는 사람들은 줄었다. 이것은 일부 사람의 직업 신분에 변화가 생기도록 했다. 바꾸어 말하자면, 산업구조의 변화와 고도화는 근로자 중에 "화이트칼라"의 비중을 증가시키고, "블루칼라"의 비중을 감소시켰다.

공업화는 필연적으로 도시화를 가져온다. 도시화 과정은 공업화와 시장화의 요구를 시작으로, 농촌 노동력이 도시로 완만하게 이동하는 결과를 낳는다. 그래서 도시화 과정은 대량의 노동자 직업의 변동 과정이기도 하다. 양자는 서로 인과관계를 이룬다. 세계 선진국의 도시화 과정은 점차적으로 확장되어 가는 과정으로, 이 과정은 한 세기를 뛰어넘었다. 1978년 이전, 중국의 도시화 과정은 대단히 완만했다. 그러나 개혁 개방 이후, 특히 20세기 말에는 도시화 과정의 속도가 빨라졌다. 중국 도시의 수는 1979년의 193개에서, 2004년에는 661개로 증가했다. 2004년 12월 31일에 이르자, 전국에는 모두 661개의 시가 있었다. 그중에는 직할시(直轄市)가 4개, 지급시

---

12 『중국통계연감』, 2009, 114쪽.

(地級市)가 283개, 현급시(縣級市)가 374개였다. 성진 인구의 비중도 해마다 증가했다.(표3-5 참조)

표3-5 중국 도농 인구 비중 변화표(%)[13]

연도	총인구 중 도농 인구의 점유 비중(%)	
	성진 인구	향촌 인구
1978	17.92	82.08
1980	19.39	80.61
1981	20.16	79.84
1982	21.13	78.87
1984	23.01	76.99
1985	23.71	76.29
1986	24.52	75.48
1987	25.23	74.68
1988	25.81	74.19
1989	26.21	73.79
1990	26.41	73.59
1991	26.37	73.63
1992	27.63	72.37
1993	28.14	71.86
1994	28.62	71.38
1995	29.04	70.96
1997	29.92	70.08
1998	30.04	69.60
1999	30.89	69.11
2000	36.22	63.78

---

13 국가통계국 편찬, 『2009년 중국통계개요』, 중국통계출판사.

2002	39.10	60.91
2003	40.53	59.47
2004	41.76	58.24
2005	42.99	57.01
2006	43.90	56.10
2007	44.94	55.06
2008	45.68	54.32

도시화 과정이 빨라지고, 대량의 농민 신분의 사람이 도시 거주민 신분으로 바뀌었다.

1978년, 중국의 근로자 중에 성진 근로자는 23.69%를 차지하고, 향촌(鄕村) 근로자는 76.31%를 차지했다. 그 후의 연도에서는 향촌 근로자의 비중이 감소하고, 성진 근로자의 비중이 상승했다. 2008년에는 성진 근로자가 38.99%를 차지하고, 향촌 근로자는 61.01%를 차지했다. 30년 동안, 성진 근로자의 비중은 15.3% 상승했고, 향촌 근로자도 상응해서 15.3%가 떨어졌다.

표3-6 개혁 개방 이래 도농 근로자 비중 변화(%)[14]

연도	1978	1985	1995	2000	2008
성진 근로자	23.69	25.68	27.97	32.12	38.99
향촌 근로자	76.31	74.32	72.03	67.88	61.01

만약에 도시화가 경제발전의 필연적인 결과라고 한다면, 대도시의 발전

---

14 위의 책, 45쪽.

은 경제나 사회의 발전에 강력한 반작용을 가져다줄 것이다. 도시 규모의 확대는 노동 분업의 진화 발전을 촉진시키고, 또한 사회 유동을 촉진시킬 것이다. 그래서 중국 도시화의 가속은 반드시 계층분화의 가속을 가져올 것이다.

제4장

재부 지위의 분층

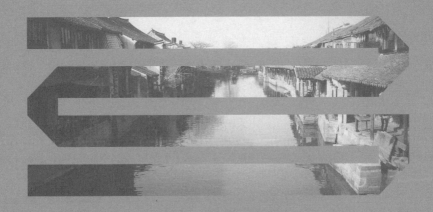

소득분배는 사회 운영의 모니터로, 사회구조를 반영한다. 불합리한 소득분배는 사회구조가 불합리하다는 것을 보여준다. 1980년대, 중국의 분배개혁의 전체적인 추세는 평등분배에서 효율분배와 공평을 함께 고려하는 방향으로 진화 발전했다. 1990년대 중기에 들어선 이후, 중국의 소득구조에 새로운 변화가 생겼고, 전 영역의 다차원적인 소득격차로 확대되는 추세가 나타났다. 소득분배의 합리성은 조화로운 사회를 보장하는 중요한 요인이다. 21세기에 들어서, 소득격차의 확대 속도가 가속화되고, 그 차이가 커져 이미 사회 조화를 위협하는 수준에 이르렀다.

개혁 개방 이전의 소득분배

개혁 개방 이전 중국의 소득분배 불평등 정도는 비교적 낮았다. 그 당시 개인은 생산수단을 갖지 못했다. 주민들 대부분 임금 이외의 다른 소득이 거의 없었으며, 임금소득 또한 기본적으로 균등했다. 일선 생산현장에서 일하던 80%의 노동자는 모두 2급 노동자로, 월 임금이 대략 41.5위안이었다. 1950년대 초, 공장에 상여금 제도가 있었던 적이 있었다. 1957년 이후, 그 제도는 "수정주의(修正主義)"의 산물로 간주되어 없어졌고, 원래 상여금이었던 그 돈은 "추가 임금"이라는 명목으로 각 사람에게 고르게 지급되었다(약 4위안 정도로, 평균임금의 10%에 상당함). "문화대혁명" 중에, 공장에서의 혁명 대비판(革命大批判)의 주요 내용 중 하나가 "물질적 자극"에 대한 비판이었다. 그 당시, 어떤 직장이나 공장의 비판대회를 가더라도 "상여금 제일주의"가 노동자계급을 어떻게 부패시키고, 노동자의 단결에 어떤 영향을 주었으며, 정치 통솔권에 어떤 영향을 끼쳤는지 등에 대한 노동자들의 격앙된 규탄의 목소리를 들을 수 있었다. 농민들은 전적으로 노동점수[工分: (1950년대에서 1980년대 초까지 농촌집단 경제조직의) 일부 집단 경제조직에서 계산한 개인의 작업량과 노동 임금 단위]에 따라 밥을 먹었다. 농민 가정은 부업을 할 수 없었고, 적은 양의 자류지(自留地: 사회주의 국가에서 농민에게 집단농장에서의 공동작업 외에 개인적으로 경영할 수 있도록 인정한 경작지) 외에는 다른 소득은 없었으며, "문화대혁명" 중에는 자류지조차도 집체조직이 갖고 가버렸다.

개혁 개방 이전, 중국의 지니계수는 세계 대부분의 개발도상국들보다 낮았다. 도시의 지니계수는 0.2 이하로, 농촌은 약간 높았지만 역시 0.21~0.31 사이에 불과했다.(표4-1 참조) 대부분의 개발도상국 도시의 지니계수는 0.37~0.43 사이로, 농촌은 0.24~0.40이었다.(표4-2 참조)

표4-1 개혁 개방 이전 소득 불평등 정도에 대한 각종 통계(지니계수)[1]

도시	농촌	전국	통계자
0.16(1980)	0.31(1979)	0.33(1979)	세계은행(1983)
		0.288(1981)	세계은행 신(新)통계
0.185(1980)	0.237(1978)		리청루이(李成瑞) (1986)
0.16(1978)	0.212(1978)		런차이팡(任才方), 청쉐빈(程學斌) (1996)
0.165(1978)	0.222(1978)		아델 만[2] 등 (1987)

표4-2 아시아 일부 국가들의 소득분배 불평등 정도(지니계수)[3]

국가 및 연대	농촌	도시	전국
인도 (1975~1976)	0.34		0.42
방글라데시 (1986)	0.36	0.37	0.37
인도네시아 (1976)	0.40		
태국 (1975~1976)	0.39		0.47
필리핀 (1985)	0.37	0.43	0.43
한국 (1971)	0.325		0.36

---

1 국가통계국 편찬, 『2009년 중국통계개요』, 중국통계출판사, 45쪽.
2 아델 만(Irma Adelman, 1930~): 1930년대 루마니아에서 태어난 미국의 경제학자.
3 자오런웨이(趙人偉) 외, 『중국 주민 소득격차 확대와 그 원인』.

화폐 분배에 있어서, 계획경제체제 하에서는 절대평등주의(絶對代平均主義: 임금·노동·사무 등 모든 방면에 차별을 두지 않는 사상)가 존재했다. 그러나 비화폐소득은 권력이 있는 사람과 보통 노동자 간에는 주택이나 의료·자동차·휴가 등과 같은 불평등이 존재했다. 어떤 사람은 계획경제 국가에서는 관리들이 생산수단을 통제하는 것이 사실상 일종의 재산소유권이라고 주장한다. 따라서 관리들이 실제로 하나의 새로운 계급을 형성했다(밀로반 질라스, 1957).[4] 이 밖에도, 각종 생산요소의 가격이 시장거래가 아닌 행정수단에 의해 확정되기 때문에, 잉여생산물 역시 국가에 의해 집중되고, 또한 중앙정부의 목표에 따라 분배가 진행되어 불평등이 생겨났다. 예를 들어, 공업 건설자금을 축적하기 위해, 인위적으로 농산품 가격을 억제하여, 농민들을 빈곤한 상황에 빠지도록 했다. 도시와 농촌의 격차가 비교적 컸다. 1979년, 도시 사람들의 1인당 평균소득은 농촌 사람들의 1인당 평균소득의 2.5배에 달했다. 이 수치는 개발도상국 중에서도 다소 높은 편이었다. 이 국가들의 1970년대 데이터를 보면 인도가 1.4배, 방글라데시는 1.5배, 필리핀은 2.1배, 태국은 2.2배, 브라질은 2.3배, 콜롬비아는 2.3배였다.[5]

개혁 개방 이래 소득분배의 변화

소득분배에 영향을 끼치는 세 가지 주요 요소로는 발전요소와 개혁요소·정책요소가 있다. 약 30년 동안 이 세 가지 요소는 모두 중대한 변화가 있었다. 이런 변화는 지금도 진행 중이기 때문에, 중국의 주민 소득구조도

---

4 밀로반 질라스: 유고슬라비아의 정치가·작가. J. B. 티토와 함께 반(反)나치스 저항운동을 주도하였다.
5 세계은행 현지조사 보고: 『중국: 사회주의 경제의 발전』, 1981, 중국어판, 49쪽.

과도기적인 성격을 갖고 있다.

분배에 영향을 주는 발전요소는 주로 두 가지로, 산업구조의 변화와 비국유경제의 발전이다. 산업구조는 전통 농업경제에서 공업경제·정보경제로 바뀌었다. 이러한 전환은 성진에서 산업의 질적 제고로 나타났다. 산업구조의 변동은 노동력 수요 구조의 변동을 이끌며 기술자의 비중을 제고시켰으며, 동시에 기술자와 비기술자의 임금격차를 더욱 크게 벌려놓았다. 산업구조의 변동은 또한 신흥 산업과 전통 산업에 종사하는 근로자의 임금격차도 크게 벌려놓았다. 산업의 질적 제고 중에서, 중국은 하나의 특색을 갖고 있다. 그것은 바로 어떤 산업이 신흥 산업이자, 독점 산업(예를 들어 금융·전기통신·보험 등)이라는 점이다. 이러한 산업의 종사자들은 신흥 산업의 고수익뿐만 아니라, 또한 독점 산업의 고수익을 얻었다. 산업의 질적 제고는 농촌에서 농업 노동력이 비(非)농산업으로 전이되는 것으로 나타났으며, 이러한 전이는 전반적으로 농민의 소득을 높였다. 그러나 다른 지역과 다른 가정에서는 전이 속도와 정도가 차이가 있어서, 소득격차가 생겼다. 비국유경제의 발전과 비농산업의 발전은 소득격차 확대의 두 가지 중요한 요인이다.

비국유경제의 발전은 두 가지 소유제 노동자의 소득격차를 크게 벌려 놓았다. 1980·90년대, 비국유경제 내부에서, 계획경제 시기의 절대평등주의 방법은 영향력이 매우 미미해서, 그 소득격차 확대가 국유경제 내부의 격차보다 더 빨랐다. 2005년 이후, 국유기업의 독점이 강화되었기 때문에, 국유기업 근로자들의 수입은 비국유기업 직공의 수입보다 약간 높았다. 비농산업의 발전은 농업과 비농산업의 노동자 소득격차를 크게 했으며, 비농업의 소득은 농업소득보다 높았다. 비농산업 내부의 분배에서 효율에 더욱 치중해서, 그 격차가 벌어지는 속도 역시 농업 내부보다 빨랐다.

분배에 영향을 끼치는 경제개혁 요소가 바로 계획경제체제에서 시장경제체제로 바뀌었다. 이 근본적인 변화는 소득분배의 지도사상을 크게 바꾸어 놓았다. 덩샤오핑이 "일부분의 사람을 먼저 부유하게 해야 한다(先富論)"라고 제시한 이후, 과거의 평등주의 사상은 타파되었고, 분배에 있어 효율이 더욱 중시되었다. 지도사상의 변화는 분배제도와 분배정책의 변화를 이끌어 내었다. 경제개혁 이래로, 분배는 아래와 같은 새로운 상황을 출현시켰다.

첫째, 분배 메커니즘에 변화가 생겼다. 즉 행정에 의해 초기 분배가 결정되던 것이 시장에서 결정하는 것으로 바뀌었고, 세수(稅收)와 공공정책으로 재분배를 시행했다. 초기 분배에서 효율 우선을 유지하고, 시장에 의해 결정하고, 재분배 중에 공평을 구현하며, 정부에 의해 주도되었다. 사람의 능력과 선천적 조건은 차이가 있어서, 모든 사람의 경쟁 기회 또한 균등한 것은 아니다. 시장 경쟁에서 우세한 지위에 있는 사람은 그 우세가 계속 누적될 것이다. 열세의 지위에 있는 사람은 그 열세 또한 계속 누적될 것이다. 결국 부자는 갈수록 부유해지고, 가난한 사람을 갈수록 가난해진다. 이것이 바로 사람들이 말하는 "마태효과"[6]이다. 전체 사회로 보자면, 이러한 불평등의 확대는 최대치가 있다. 즉 "U"자 형의 끝부분을 뒤집어놓은 것이다. 경제발전 수준이 최고 수준에 도달한 후이고, 복리정책과 조세정책의 조절이 생겨서, 사회 불평등 정도가 점차 낮아질 수 있다. 이것은 쿠즈네츠(Simon Smith Kuznets)[7]의 역 "U"자 곡선 이론과 서로 부합한다. 기업 간에 경쟁으로 분화가 생기는데, 어떤 기업은 비교적 빨리 발전하고, 어떤 기업은 비교적 느리게 발전해서, 일부 기업들은 적자가 나거나 파산하게

---

6 마태 효과(Matthew effect): 사회학자인 로버트 킹 머튼(Robert King Merton, 1910~2003)이 1968년에 처음으로 쓰기 시작했다. 권력이나 경제력 또는 사회적 지위를 가진 사람은 사회로부터 얻는 혜택이 누적(accumulated advantage, 누적 이득)되는 현상이 있다는 것이다.

7 사이먼 쿠즈네츠(Simon Smith Kuznets, 1901~1985): 러시아 출신 미국의 경제학자. 국민소득이론과 국민소득통계의 권위자로 경제학에서의 수량적·실증적 분석에 공헌하여 1971년 노벨 경제학상을 수상했다.

된다. 이것 역시 근로자들의 소득과 지위의 변화를 초래할 수 있다.

시장 메커니즘이 또 기업 내부에 도입되어, 기업 내부의 격려제도를 강화하도록 한다. 다수 기업들은 기업의 경영목표를 점차 조금씩 구체적인 수치로 나누어, 작업장·팀·개인에게까지 구체화한다. 그리고 다시 완성된 지표의 상황에 따라 배분을 하여, 그로 인해 노동자 간에는 소득격차가 벌어지게 된다. 아울러 경영자와 노동자의 소득에도 격차가 벌어져, 기업 오너의 소득은 일반 근로자 소득의 몇 배 혹은 수십 배가 된다. 21세기에 들어서, 일부 대기업에서 경영자와 노동자의 소득격차가 이미 사회가 용납하기 어려울 정도로 벌어졌다. 고위층 관리 임원들의 연봉은 수백만, 수천만 위안에 달하지만, 노동자의 봉급은 겨우 1,000여 위안이 안 되거나 심지어는 수백 위안에 불과하다.

경제개혁 기간에, 과거에 수차 강조했던 "노동에 따른 분배(按勞分配)" 원칙이 도전에 직면했으며, 또한 논쟁을 불러일으켰다. 1993년 필자는 "노동에 따른 분배"에 대해 질의하는 글을 발표한 적이 있다. 그 글 속에서 수십 년 동안 우리는 매일 "노동에 따른 분배"라는 구호를 외쳤지만, 한 번도 진정으로 이것을 실행해 본 적이 없다고 지적했다. 경제개혁 이전에 이것을 실행할 수 없었던 것은 지도(指導) 사상과 관련이 있다. 예를 들면 이전에 "노동에 따른 분배"를 "자산계급 법권(法權)"으로 간주하여 부정한 적이 있다. 또한 경직화된 분배제도와도 관련이 있는데, 예를 들면 임금이 장기간 조정되지 못한 것이다. 그렇지만 필자는 "노동에 따른 분배"가 중국에서 진정으로 실행되지 않은 그 근본적인 원인은 여전히 이 제도 자체에 있다고 생각한다. 각 노동자들은 모두 어떤 기업에서 일을 하고 있으며, 그의 "노동"이 어떻게 잘 나타나느냐에 따라서 기업과 사회와의 관계가 결정된다. 기업이 처한 사회적 환경이 다르고, 기업의 경영조건이 다르다. 노동자가 다른 기업에서 동등한 노동을 해도, 얻는 보수는 매우 큰 차이가 있을 것이다. 동등한 노동이 동등한 보수를 받는 것은 불가능하다. 그 밖에, 무엇이 "노동(勞)"인가? 과거에는 경영노동·관리노동을 모두 "노동"에서 배제했다. 그렇다면 어떻게 "노동"을 계산할 것인가? 기술적으로 매우 어려운 점이 있다. 필자는 시장경제체제에서는 "노동에 따른 분배"라는 말을 "생산요소를 소득 공헌 정도에 따라 분배"하는 것으로 고쳐야 한다고 주장했다.[8] 당연히 이것은 1차 분배를 가리키는 것으로, 효율을 우선으로 하며, 또한 공평을 구현하는 정부의 재분배이다. 당시 이 글은 사회분배를 연구하는 유명한 학자인 평란루이(馬蘭瑞)의 찬사를 받았지만, 또한 일부 비평을 받기도 했다.

실제로, 1990년대 중반 이후, 노동에 따른 분배는 "생산요소에 따른 분배"로 대체되었다. 물론 노동도 생산요소의 하나이다. 자금과 토지·기술 등은 모두 생산요소로, 모두 분배와 관련이 있다. 과거에 비판했던 "자본에 따른 분배(按資分配)"는 오늘날 자연스러운 일이 되었다.

둘째, 주민 소득 출처의 다원화이다. 1950년대에 만들어진 임금제도가 점차 효력을 잃고, 제도 외 소득이 점차 제도 내 소득과 비슷해지거나 심지어는 넘어서게 되었다. 일부 사람들에게는 제도 내 임금은 더 이상 소득의 주체가 아니었다.

1955년, 중국 국가기관 직원들의 직급과 임금 기준이 통일되었다. 이듬해, 전국의 기업과 사업체·국가기관의 임금제도를 개혁했다. 그런 후 30개 직급의 간부가 만들어졌고, 이러한 직급에 맞추어 각 수준에 맞게 임금 기준을 조절했다. 그러나 평등주의의 영향 때문에 등급과 등급 사이의 격차는 계속 줄어들었다. 1956년 간부의 최고와 최저 임금격차는 31배였으나, 이듬해에 27배로 떨어졌다. 1959년에 다시 17.6배로 떨어졌고, 1985년에는 10배로 떨어졌다. 개혁 개방 이후, 이 임금격차는 크게 변동되지 않았

---

8 양지성(楊繼繩), 「노동량에 따라 분배: 설마 황제의 새로운 옷인가?」, 『30년 허둥』, 우한출판사, 2010, 181~185쪽.

다. 생산 효율을 높이기 위해서, 각 기관에서는 임금제도 이외에 새로운 동력을 찾았다. 이렇게 해서, 원래 있던 임금제도는 점차 효력을 잃었다.

이 때문에, 임금 이외의 소득이 크게 증가했으며, 임금성 소득은 근로자전체 화폐소득 중에서 해마다 비중이 줄어들었다. 국가통계국 자료에 따르면, 1982년 이 비중은 74.9%였고, 1989년 55.9%, 1990년대에 이르러서는 50%정도까지 떨어졌다. 이것은 평균 수치로, 일부 사람들에게는 임금 외 소득이 임금소득을 크게 초과했다. 21세기에 들어선 이후, 상황이 다소 역전되어, 국가통계국 도시사회경제조사총대(城市社會經濟調査總隊)가 전국 5만 4,000여 성진 주민 가정을 대상으로 표본조사를 한 결과, 2005년 1/4분기에 성진 주민 임금소득은 전체 소득의 비중이 69.0%를 차지했다.

과거에는 본 단위의 임금소득이 근로자의 유일한 소득이었다(그 당시 다른 형식의 임금 외 소득으로 가격 보조금·집세 보조금 등이 있었고, 이 부분은 후에 논의함). 지금은 본 단위에서 주는 임금 외에도 각종 임금 외의 소득을 지급했고, 각종 명목으로 지급된 보조금 등이 있다. 단위에서 지급한 임금 외 소득은 각 단위의 경제적 이익 상황이 다름에 따라서 매우 큰 차이가 있었다. 조업 중지나 반조업 중지 상태에 처한 기업들은, 기본임금조차도 보장할 수 없었으니, 임금 외 소득은 더 말할 필요가 없었다.

제2직업(부업)은 1980년대 중반에 나타나기 시작했다. 1990년대에 이르자 거의 절반 이상의 근로자들은 소득의 정도가 다른 제2직업을 갖고 있었다. 가장 일반적인 것은 퇴근 후 길거리에서 자전거를 수리하거나 머리를 깎는 것이었다. 또 어떤 사람은 출근해서는 일을 하고, 퇴근 후에는 장사를 했다. 지식인들의 임금 외의 주요한 소득으로는 원고료·강의료·자문비 등이 있었다.

자산성 소득(이자·임대료·주식과 기타 투자소득 등을 가리킴)은 개혁 개방 이후에 새롭게 나타났다. 가정마다 재산에 대한 점유 정도가 다르기 때문에, 이 소득의 격차가 비교적 컸다.

셋째, 지역 정책에 있어서, 균형발전 전략에서 연안발전 전략으로 바뀌어, 지역 간의 분배 불균등이 야기되었다. 개혁 개방 이전, 중국은 지역균형발전 전략을 시행했다. 그 당시, 국가는 저렴하게 서부의 자원을(서부는 자원이 풍부) 동부에 주어 제품을 가공했다(동부는 가공 공업이 발달했음). 동부는 가공해서 얻은 이윤을 모두 국가에 납부했고, 국가 재정을 다시 서부 자원을 개발하는 데 투자했으며, 아울러 서부에 재정 보조를 해주었다. 중앙정부가 전반적으로 통일된 계획을 세워, 동서부 지역을 동시에 고려했다. 개혁 개방 이후, 국가는 균형발전 전략을 버리고, 동부 연안 지역에 대한 우대정책을 펴서(예를 들어 외환 할당 비율·수출입 허가증·세수 우대정책 등), 동부 지역의 발전을 가속화시켰다. 연안 지역은 자신들의 지리적 우세와 정책적 지원을 이용해서, 수출 지향형 경제를 대대적으로 발전시켰고, "대진대출(大進大出: 기술, 관리 방법, 자금 등은 대량으로 끌어들이고, 생산품은 대량 수출하여 외화를 많이 벌어들이는 경제발전 전략)", "이진양출[以進養出: 위탁가공, 원료의 수입가공, 상품교환 등의 형식으로 대외수출 화물과 품종을 늘려 외화 수입과 공업 이윤을 늘리는 대외무역 발전을 위한 방침(조치)]", "양두재외(兩頭在外: 일반적으로 한 제품의 원료를 외국에서 수입하고 가공 후 다시 외국에 판매하는 것)" 또는 "일두재외(一頭在外: 제품의 판매를 외국에서 하는 것)"를 실행했다. 되도록 국외 자원을 이용하여 강력하게 "삼자기업(三資企業: '중외합자기업, 중외합작기업, 외국독자기업'의 줄임말)"을 세우고 외자를 끌어들이려고 했다. 이러한 조치들은 연안 지역의 경제 발전 속도를 내륙보다 크게 앞지르도록 했다. 1990년대에 들어선 후, 전국 시장화 과정이 가속화됐다. 그러나 동부의 시장화 수준은 서부보다 훨씬 높았고, 동부의 경쟁력도 서부보다 훨씬 높았다. 동·서부의 시장 경쟁에서 서부는 확실히 약세였다. 자금을 핵심으로 삼는 생산요소는 그 자체의 운동(運動) 규율에 따라 이익의 증가가 가장 빠른 방향으로 흘러가는데, 즉 서부에서 동부로의 유동이다. 동·서부 경제 격차가 생기게 된 또 다른 주요 원인은 향진 기업과 기타 비농산업 발전 수준이 다르기 때문이다. 동부는 발전이 빠르고, 서부는 발전이 느렸다. 이상의 여러 가지 요인들이 연안 지역 경제를 탁월하게 발전시켰다. 서부의 발전은 상대적으로 완만해졌으며, 이런 것들이 동·서부의 격차를 확대했다. 동·서부 경제발전의 격차가 커지면서 동·서부 주민 소득의 격차가 커지게 되었다.

넷째, 개혁 개방 20년 전에는 국민소득의 분배가 개인에게 치중되었지만, 20세기 말에는 이러한 경향이 역전되기 시작했다.

정치체제 개혁 이래로, 국가·집체 그리고 개인 3자 사이의 분배구조에 큰 변화가 생겼다. 개혁 개방의 최초 15년은, 국가 재정소득에서 국내총생산의 비중이 하강하는 추세를 보이고, 주민 개인소득과 집체소득이 국내총생산에서 차지하는 비중이 상승 추세였다. 특히 주민 개인소득이 차지하는 비중이 빠르게 상승했다.

국가통계국에서 발표한 개인 처분가능 소득이 국내총생산에서 차지하는 비중은 1978년에는 50.5%, 1985년에는 61.4%, 1990년에는 64.0%, 1995년에는 69.1%였다.(표4-3 참조)

표4-3 3자 소득이 국내총생산에서 차지하는 비중(%)[9]

연도	국가소득	집체소득	개인소득
1978	31.6	17.9	50.5
1985	20.9	17.7	61.4
1990	14.5	21.5	64.0
1995	14.1	16.8	69.1

국내총생산이라는 이 "케이크"는 초기 분배와 재분배 두 차례로 분배된

---

9 국가통계국 연구소, 『개혁 20년 계열 분석 보고 4권』.

다. 재분배에서 국가가 일부 돈을 내놓아 물가 수당(cost of living allowance) 등의 갖가지 형식으로 주민들에게 나누어 줬다. 국가통계국은 위에서 언급한 수치가 양자로 구분했는지에 대해서 명백히 말하지 않았다. 국가계획위원회 종합사(綜合司)의 계산 결과는 다음과 같다. 1차 분배에서, 1978년 주민소득은 1,624억 위안으로, 국내총생산의 44.8%를 차지했고, 1995년에 주민소득은 3조 3,889억 위안으로, 국내총생산의 58.7%를 차지했다. 재분배 이후, 1978년 주민 가처분 총소득은 1,796억 위안으로, 국내총생산의 49.6%를 차지했고, 1995년 주민 가처분 총소득은 3조 793억 위안으로, 국내총생산에서의 비중이 65.7%를 차지했다.[10]

개혁 개방 이래 1990년 전반기까지, 주민 개인소득은 국민소득 중에서 차지하는 몫이 매년 확대되었다. 개혁 개방 이전의 수십 년 동안에, 국가는 고축적과 저소비 정책을 시행하여, 주민들을 매우 빈곤하게 만들었다. 개혁 개방 후 10년 동안은, 적당히 개인에게 치중되어, 주민들에 대한 일종의 보상을 해주었다. 그러나 개인의 비중이 이 부분의 재부를 확대하여, 그 분포가 불평등했다. 어떤 사람은 매우 많이 받고, 어떤 사람은 매우 적게 받았다.

여기서 주목할 만한 것은, 1994년 이래로 중앙 재정의 집중도가 높아지기 시작했고, 1990년대 중기에는 이러한 추세가 더욱 분명해졌으며, 20세기 말에는 소득 분배가 개인에게 편중되는 현상이 역전되기 시작하여, 재력이 중앙에 대량으로 집중되었다는 점이다. 주민 소비가 GNP 중에 차지하는 비중이 46~50%가 되었는데, 선진국은 60~65%였다.[11] 이와 관련되는

---

10 바이허진(白和金) 외, 「17년 이래 중국 주민 개인소득 증가 분석과 "95" 통제 건의」, 『경제개혁과 발전』, 1996년 제6기.
11 허징(賀瓊), 「중국 현재 수입 분배 불합리의 주요 표현과 정책 건의」, 『경제연구참고』, 2001년 제47기, 5~6쪽.

것으로는, 임금이 GDP에서 차지하는 비중이 1989년의 16%에서 2003년의 12%로 떨어졌다.[12]

재정소득의 증가는 국민경제의 성장에 기인한다. 재정소득의 증가는 마땅히 경제성장과 함께 가야 한다. 그러나 1994년부터 세제 개혁을 시행한 이래로, 재정수입 증가폭은 GDP의 증가폭보다 훨씬 높았다.(표4-4 참조)

표4-4 GDP(당해 연도 값)와 재정수입 증가 속도(%)[13]

연도	1993	1995	1996	1997	1998	1999	2000	2003
GDP 증가폭	30.0	25.1	16.1	9.7	5.2	4.75	8.9	11.1
재정수입 증가폭	24.8	19.6	18.7	16.8	14.2	15.9	17.0	14.7
재정 탄성계수	0.82	0.78	1.16	1.73	2.73	3.35	1.91	1.32

최근 몇 년, 앞에서 말한 추세는 여전히 계속되고 있다. 2005년, GDP가 10.4% 증가했고, 재정수입은 지난 1년에 비해 19.9%가 증가했고, 2008년에는 GDP가 9.0% 증가했으며, 재정수입은 지난 1년에 비해 19.5% 증가했다.

여기서 반드시 지적해야 할 것은, 위의 숫자가 단지 예산 내 재정수입으로, 이것은 정부 총수입의 일부분일 뿐이라는 점이다. "정부 총수입"은 예산 내 재정수입과 예산외 재정수입·비예산수입(예를 들면 각종 비용 등)을 포함하고 있다. 중국 정부 총수입이 얼마인지, 아직도 정확한 통계가 없다. 재정 전문가들의 추측에 따르면, 최고로 보면 GDP의 30% 이상[미젠궈(米建國), 1996], 약간 높게 본다면 GDP의 30% 전후를 차지하고[류푸자오(劉普照), 2001], 최저로는 GDP의 25%를 차지하며(재정부), 재정부보다 약간 높게 잡으면

---

12 노동과 사회보장부, 신화사 발, 2005년 6월 17일.
13 『중국통계연감』에 따라 계산.

26%가 된다고 한다[양즈강(楊之剛), 2001]. 최고와 최저 수치를 빼고서, 28%의 비율로 계산하면, 2000년 정부의 총수입은 2조 5,051억 위안이 되고, 이 해의 재정 총수입(예산 내)은 1조 3,395억 2,000만 위안이 된다.

정부 총수입은 단지 사회 잉여생산물 총가치의 일부분이다. 잉여생산물 총가치는 바로 산출이 투입하는 그 부분보다 큰 것으로, 즉 사회 총생산액 중 물질 소비와 근로자 임금·농민소득을 공제하고 난 후 남는 것이다. 만약 정부가 전체 사회 잉여생산품 가치를 지나치게 많이 갖고 가면, 이것은 곧 못이나 호수의 물을 퍼내고 고기를 잡는 것과 같다. 중국런민대학 재정 금융대학은 근 10년의 상황에 대한 실증적인 분석을 통해, 중국 잉여생산 품 총가치가 GDP에서 점하고 있는 비중이 대략 31~33%라고 밝혔다.[14]

여기서 우리는 잉여생산물 가치량이 GDP에서 차지하는 비중이 32%이고, 정부 총수입이 GDP에서 차지하는 비중이 28%라는 계산을 받아들이면, 표4-5로 나열할 수 있다.

이로써 정부가 이미 사회 잉여생산물 총가치의 87.5%를 장악했으며, 사회에 남겨준 잉여생산물 가치는 겨우 12.5%로, 국민 경제 부담이 이미 매우 심각하다는 것을 알 수 있다. 중앙 재정이 눈앞의 이익만을 고려하는 경향이 있다고 말할 수 있다.

정부는 이처럼 많은 사회적 재부를 장악하여, 과거에 하려고 했다가 하지 못했던 일부 대형 사업을 벌여, 도로 교통 등 공공시설이 크게 개선되었다. 그러나 재정 예산이 공개되지 않고, 민주적이지 않기 때문에, 각급 정부는 돈을 써서는 안 되는 곳에 썼다. 최근에 지어진 정부 기관의 사무실이나 강당·호텔·숙소 등 관리들의 소비 시설은 지나치게 호화스럽고, 일부 현(縣)의 사무실은 미국 대통령 집무실인 백악관보다도 화려하다. 권력에

---

14 중국런민대학 재정금융 과제조, 『경제연구참고』, 2001년 19F-3에 보임.

대한 감독이 부족하여, 정부 돈으로 이러한 대형 기초 시설을 지을 때, 개인 수중에 막대한 재부가 흘러들어가고, 이에 따라 일부 갑부를 만들어 냈다. 고속도로를 건설하는 과정에, 연이어 성(省) 교통청 청장이 비리사건으로 범죄자가 되었다. 분명하게 드러난 것은 단지 그중의 일부에 불과하다.

표4-5 정부 전체 수입이 사회잉여 생산물 총가치에서 차지하는 비중[15]

연도	국내생산총액 (억 위안)	잉여생산물 총가치 (억 위안)	예산 내 재정소득		정부 총수입	
			액수 (억 위안)	비중 (%)	수억 (억 위안)	비중 (%)
1993	34,634.4	11,082.88	4,348.95	39.22		
1995	58,478.1	18,712.99	6,242.10	33.35		
1997	74,462.6	23,828.032	8,651.14	36.3	20,849.5	87.5
1998	78,345.2	25,070.46	9,875.95	39.4	21,936.7	87.5
1999	82,067.5	26,261.6	11,444.08	43.6	22,978.9	87.5
2000	89,403.6	28,609.15	13,395.23	46.82	25,033.01	87.5

* 주(注): 뒤 두 칸 중의 "비중"은 잉여생산물 총가치가 차지하는 비중을 가리킨다.

케이크 하나를 함께 나누어 먹을 때 정부가 많이 갖고 가면, 국민들의 몫은 적어지게 된다. 국가통계국 성제(省際) 수입법 GDP 데이터에 의하면, 1995년부터 시작해서, 노동자 보수가 GDP에 차지하는 비중이 내려가기 시작했고, 2007년까지 중국 노동자 보수가 차지하는 비율을 구별하면 대략 60%와 68%, 50%가 된다. 분명히 중국 노동자 보수가 차지하는 비율이 영국이나 미국 등의 선진국에 비해 훨씬 낮으며, 또한 개발도상국가인 브라질과 비교해도 낮다.[16]

---

15 『중국통계연감-2001년』 데이터에서 계산.
16 바이중언(白重恩)·첸전제(錢震杰), 「중국 노동자 보수의 GDP 중 비중 하락」, 〈인민망(人民網)〉, 2010년 1월 2일.

다섯째, 개혁 초반 20년, 체제 내의 소득 균등화와 체제 외 소득의 격차는 너무 컸으며 동시에 병존했다. 20세기 말에 이르자, 이런 상황에도 변화가 생기기 시작했다.

체제 내라는 것은 국유기업과 국가기관·국유 사업 단위를 가리킨다. 체제 외는 사영기업과 "삼자(三資: 중외합자기업과 중외합작기업·외국상사 독자기업)" 기업 등 국가의 계획통제를 받지 않는 기관을 가리킨다.

1989년 48개 도시에 대한 국가통계국의 조사에 따르면, 1988년과 1985년 비교에서 과학 연구기관의 실습연구원과 연구원의 임금성 소득 비율이 1:3에서 1:2로 줄어들었고, 준의사(feldsher)와 주임의사의 임금성 소득 비율이 1:3에서 1:2.2로 줄어들었다. 대학 조교와 교수의 임금성 소득 비율이 1:4.1에서 1:2.1로 줄어들었으며, 국가기관 사무원과 국장의 임금 소득 비율은 1:3.1에서 1:1.6으로 줄어들었다. 이것은 1980년대, 국유경제체제 내의 소득 균등화 상황이 비교적 심각했음을 보여준다.

1990년대 초, 국가기관이 공무원 제도를 시행하고, 사업 단위에서 전문 기술직 초빙 임명제를 시행한 이후, 임금성의 소득격차는 더 벌어졌다. 그러나 임금성 소득이 총소득에서 차지하는 비중이 축소되고, 직장 내부의 비임금성의 소득이 다시 평균적으로 지급되었기 때문에, 소득의 차는 여전히 크지 않았다.

이와 동시에, 체제 내 인원의 소득과 체제 외 인원의 소득 간의 격차는 오히려 아주 컸다. 체제 외의 일반 노동자와 기업주, "삼자(三資)" 기업 관리인원의 소득격차는 매우 컸다. 일부 합법적이거나 불법적인 특수 직업에 종사하고, 특수 경제 활동을 하는 개인은 보통사람보다 소득이 몇 십 배, 심지어 수백 배가 높았다.

1990년대 후기에 들어서, 원래 체제 내의 기업과 기구도 점차 시장화 되었고, 국가의 이러한 기업과 기구에 대한 통제는 크게 약화되었다. 다른 기업이나 기관은 시장에서 다른 경쟁 위치에 있기 때문에, 체제 내 기업 간, 기관 간의 소득격차도 벌어졌으며, 일부 독점 업종, 예를 들면 금융이나 전기통신·전력 등과 같은 업종의 소득은 다른 업종보다 훨씬 높았다.

주민 주요 소득항목의 분배현황

개혁 개방 이후, 주민소득이 다원화되었다. 계획경제 시대에 남겨진 임금 외 소득(도시 주민이 물가보조금을 통해 얻는 소득 등과 같은 것)은 일부는 사라지고, 일부는 줄어들었다. 자산성의 소득이 차지하는 비중은 상승했지만, 분배체제의 변화로 인해, 각 항목의 소득이 분배에 있어서 다른 부류의 사람들에게는 불평등했다.

임금소득: 1978년 이후로 근로자 임금은 십여 차례 조정되어, 근로자 임금이 비교적 큰 폭으로 증가했다. 이 십여 차례의 조정 중에 세 번은 큰 범위와 높은 폭의 임금개혁이었다. 1차는 1985년의 임금개혁으로, 그 방법은 기업 내에서 임금 관련 규정을 바꾸어 임금 성장과 경제효과를 연결시켰다. 행정 사업 단위에서는 구조급여제(結構工資制: 직무급을 위주로 하고, 여기에 근속 수당·성과급 등이 더해지는 급여)를 시행했다. 2차는 1993년에 시행한 공무원 임금개혁과 사업 단위의 임금개혁이다. 3차는 2000년에 내수를 확대하기 위해 공무원과 사업 단위의 임금을 대폭 향상시킨 것이다. 개혁 개방 이래 임금구조에도 거대한 변화가 생겼으며, 주로 표준임금과 각종 수당·보조금·보너스 등으로 이루어져 있다.

1978년부터 2000년까지 근로자 임금소득은 비교적 빠르게 증가했다. 1978년, 전국 임금 총액이 568억 9,000만 위안이었으나, 2000년에는 임금 총액이 1조 656억 2,000만 위안으로, 1978년보다 18.73배 상승했다. 만약 통화팽창의 영향을 빼면, 임금 총액의 증가폭은 그렇게 높지 않다. 이와 동시에 임금구조도 거대한 변화가 생겼다. 임금 중 "유동적인" 부분인 보너스의 증가 속도가 가장 빨랐고, 보너스가 차지한 비중은 1978년의 2%에서 1997년에는 15.4%까지 상승했다. 1998년 이후, 직무급(職務給, wage based on job function: 직무에 따라 급여율을 결정하는 임금 형태)에 각종 보조금 제도를 더해, 고정 임금으로서의 직무급이 차지하는 비중이 더욱 작아졌다. 전체적으로 보면, 근로자의 임금이 큰 폭으로 증가했지만, 근로자 임금과 소속된 기관의 경제적 이익이 연계되어 있기 때문에, 다른 기관과의 임금격차 또한 커졌으며, 다른 소유제 간의 임금격차 또한 크게 벌어졌다.(표4-6 참조)

표4-6 과거 전국 기업·사업·기관 단위 근로자 평균임금(위안)[17]

연도	전체 근로자 평균소득	기업			사업			국가 기관
		국유	집체	기타	국유	집체	기타	
1978	615	644	506					655
1985	1,148	1,213	967	1,436				1,127
1988	1,747	1,853	1,426	2,382				1,707
1990	2,140	2,284	1,681	2,987				2,114
1992	2,711	2,878	2,109	3,966				3,130
1995	5,500	5,625	3,931	7,463				5,527
1997	6,470	6,647	4,443	8,788	6,925	5,744	9,530	6,999
1998	7,479	7,664	5,264	8,970	7,689	6,206	10,858	7,746
1999	8,346	8,350	5,670	9,828	8,748	6,970	10,913	8,930
2000	9,371	9,324	6,144	10,985	9,749	7,388	10,560	10,025
2001	10,870	10,619	6,667	12,136	11,640	8,518	14,628	12,136

---

17 1997년 이후의 것은 『중국 노동과 사회보장연감』, 2004, 467쪽에서, 1997년 이전은 『중국통계연감』에서 인용.

| 2002 | 12,422 | 12,109 | 7,426 | 13,206 | 13,428 | 9,399 | 15,568 | 14,020 |
| 2003 | 14,040 | 14,028 | 8,401 | 14,575 | 14,770 | 10,448 | 15,147 | 15,757 |

2003년 이후의 통계자료에는 기업과 사업·국가기관의 항목별 데이터를 공포하지 않았고, 단지 전국 근로자의 평균임금만 있다.(표4-7 참조)

표4-7 전국 근로자 평균임금(위안)[18]

연도	전체 근로자 평균	국유	성진집체	기타
2004	10,624	16,729	9,814	16,259
2005	18,364	19,313	11,283	18,244
2006	21,001	22,112	13,014	20,755
2007	24,932	26,620	15,595	24,058
2008	29,229	31,005	18,338	28,387

시장화가 심화됨에 따라서, 일부 독점적 지위에 있는 직업은 다른 직업보다 임금이 훨씬 높았다. 예를 들어 금융업·통신 산업·전력 산업의 소득은 다른 직업보다 높았다. 베이징 시 통계국의 조사에 따르면, 2001년 베이징 시 성진 기관의 직급 평균임금이 1만 9,155위안으로, 2000년에 비해 17.2% 증가했고, 가격 요인을 제외하면 실제로 13.7% 증가한 것으로 나타났다. 전 도시 86개 큰 부류 직업 중에서, 가장 임금이 높은 직업과 가장 낮은 직업의 차이가 6.6배로, 양자 간의 차이는 2000년에 비해 1.9배 증가했다. 최근 몇 년, 직업 간의 수입 차이가 계속 확대되고 있다. 국가통계국 수치에 따르면, 2005년 최고와 최저 직업의 근로자 평균임금 비율은 이미 "팔오(八五)" 계획 말기의 2.3, "구오(九五)" 계획 말기의 2.6에서 3.0 이상으

---

18 국가통계국 국민경제종합통계사, 『신중국 60년 통계자료회편』, 중국통계출판사, 2009, 8쪽.

로 상승했으며, 또한 계속해서 확대되는 추세이다. 이러한 고소득의 직업은 거의 독점 직업이다.

이 몇 년 동안, 일부 기업 내부의 임금격차는 지속적으로 확대되어, "단지 사장의 임금만 오르고, 직원들의 임금은 오르지 않는 것"이 마치 관행처럼 되었다. 상하이에서 조사된 바에 따르면, 50.6%의 국영기업 직원들은 최근 3년 동안 임금이 오르지 않았고, 길게는 6년 동안 전혀 오르지 않았다. 2002년부터 2005년까지 상하이 국유기업과 국유 지분 우위기업 기층 직원의 연평균 임금 증가율은 6.5%였지만, 같은 기간 경영자의 임금 증가율은 23.9%에 달했다. 일부 고위층 경영자의 수입과 기층 직원 간의 격차는 갈수록 커져서, 이에 대해 직원들의 불만이 적지 않았다.[19]

임대소득: 주택 분야에 있어서, 개혁 개방 이전의 집세는 매우 낮아서 집수리비조차도 부족할 정도였다. 국외에서는, 주민 집세 지출이 총지출의 3분의 1 정도였지만, 중국 주민은 이 항목의 지출이 총지출의 5%도 되지 않았다. 집세가 낮은 것은 국가 재정에서 보조금을 주기 때문이다. 입주자는 임대료를 적게 지불하는 방식으로 이 보조금을 얻어 내었다. 주택 보조금 또한 주민소득의 일부분이었다. 예를 들어, 100제곱미터(㎡)의 주택에 살면 원래 2,000위안의 임대료를 지불해야 하지만, 실제로는 100위안만 지불했다. 이것은 곧 1,900위안의 소득을 얻는 것과 같았다. 그러나 이 부분의 소득은 분배되는 주택의 면적 크기에 따라 차이가 있었다. 개혁 개방 이전에, 주택은 행정 직급에 따라 분배했기 때문에 직급이 높은 사람일수록 주택 보조 소득을 더 많이 얻을 수 있었다. 보통 노동자는 이 방면의 소득이 매우 적었다. 과거에 중국 주민 소득을 통계 분석할 때, 항상 이 항목의 소득을 소홀히 했다.

---

19 지밍(季明)·가오루(高路) 기자, 〈신화시평(新華時評)〉「국영기업 임금은 "사장만 오르고 직원은 오르지 않을 수 없다"」, 〈신화망 상하이(新華網上海)〉, 2006년 4월 1일.

1998년 전면적으로 주택 상품화를 시행하기 시작했다. 즉 공유주택을 일회성으로 개인 자산으로 바꾸어 주었다. 이때 주민에게 판 가격은 시장 가격보다 훨씬 낮았다. 예를 들어 1998년 베이징 시 중심지역은 1제곱미터에 대략 6,000위안이었지만, 살던 주민에게 1제곱미터당 1,450위안에 팔아서, 1제곱미터당 가격 차이가 4,550위안이었다. 만약 100제곱미터에 살았다면, 그 가격 차이가 45만 5,000위안으로, 그의 평생 임금소득보다 더 많았다. 베이징 시 이외의 성진에서는 주택 판매가격이 더 낮고, 가격 차이는 더욱 컸다. 주택상품화는 원래 있던 공공주택 분배의 불공평한 기초 위에 진행되었다. 집이 있는 사람과 집이 없는 사람, 집이 많은 사람과 집이 적은 사람, 모두 예외 없이 저렴한 가격으로 개인에게 팔았다. 이것은 원래 주택 보조금 속에 숨어 있던 그 불평등한 부분을 화폐화했으며, 또한 주택 판매의 가격 차이에 새로운 불평등이 더해졌다. 명백히 이런 가격차의 불평등도 행정직급에 따라 분포한 것이다. 행정직급이 높을수록, 원래 주택 면적은 더 커지고, 얻는 가격차는 더욱 많아졌다. 그리고 보통 노동자들은 매우 적게 얻었고, 농민들은 전혀 이러한 소득이 없었다.

주택상품화는 중국 주택개혁의 목표였지만, 기득권 때문에, 이 개혁은 지지부진 실현될 수 없었다. 1990년대 후반까지 늦추다가, 중국 정부가 비로소 엄격히 규정하여, 1998년 7월 1일까지 복리성 주택 배분방식이 중단되었다. 그러나 마감 기일이 되어서도 적지 않은 기관에서 여전히 "최후의 만찬"을 다 먹지 않고, 21세기까지 계속 시간을 끌어, 복리성 주택배분(1제곱미터당 1,480위안에 개인에게 판매함─베이징 가격. 당시 시장 가격은 평균 6,000위안 정도)을 여전히 진행했다. 사람들은 이를 농담으로 "다 먹지 않은 최후의 만찬"이라고 했다. 2009년, 필자가 조사한 바에 따르면, 중앙 직속 기관과 국무원 기관이 베이징의 좋은 구역에 대량의 고급주택을 지어서, 서민아파트 가격(1제곱미터당 4,000여 위안)으로 공무원에게 팔았다. 당시 시장가격은 1제곱미터당 2만 위안이었다. 한 국장급 간부는 180제곱미터를 살 수 있었는데, 이를 통해 250여만 위안의 시세차액을 얻었다고 한다.[20]

21세기에 이르러, 주택개혁은 이미 완성되었고, 주택은 이미 사유화되었다. 일부 성진의 가정은 자신의 집을 소유하는 것 이외에도, 여분의 방을 도시로 들어온 외지인에게 임대했다. 베이징에서 시 중심지역에 위치한 50제곱미터의 주택을 세놓으면, 1년에 2만여 위안의 소득을 올릴 수 있었다.

국가통계국과 세계은행의 통계에서는, 주택과 다른 보조금을 고려하지 않았기 때문에, 주민소득이 낮은 편이었다. 주민소득에 대해 깊이 있게 연구한 자오런웨이(趙人偉) 교수는 만약 주택과 기타 보조금을 고려한다면, 주민의 실제소득이 통계소득에 비해 70%가 더 높다고 주장했다. 만약 이 높은 70%를 100으로 삼으면, 주택은 그중 60%를 차지한다. 주택분배가 매우 불평등하기 때문에, 이 부분의 소득을 고려한 후에는, 지니계수 또한 세계은행의 수치보다 더 높아질 것이다.

현물소득: 농민의 현물소득은 그들 스스로 얻은 농산품이다. 개혁 개방 이전, 농산품의 상품화 비율이 낮았기 때문에, 농민의 현물소득 비중은 비교적 컸다. 1978년 농가 1인당 평균 현물소득이 77.58위안으로, 그 총 순소득의 비중이 58.08%를 차지했다. 농산품 상품화 비율이 높아짐에 따라서, 이 비중이 조금 줄어들었다. 1996년, 농가 1인당 평균 현물 순소득은 97.06위안으로, 총 순소득에서 차지하는 비중이 31.34%였다.[21]

도시에서의 현물소득이라고 하는 것은 기관이 나서서 외부에서 품질이

---

20 양지성, 「주택개혁: 영원히 못다 먹는 "최후의 만찬"」, 『30년 허둥』, 349~351쪽.
21 중국 공산당 중앙위원회 정책연구실, 농업부 농촌 고정 관찰점 판공실, 「농가 소득구조 변동 분석」, 『중국 농촌 관찰』, 1997년 제6기.

좋은 쌀·식용유·생선·과일·세제 용품 등을 사람 수에 맞춰서 사주는 것이다. 도시주민의 현물소득과 농촌은 달랐다. 농촌의 현물소득은 집집마다 모두 있었지만, 도시 현물분배는 기관에 따라 달랐다. 경제 효익(效益)이 좋은 기관은 더 많이 주고, 경제 효익이 떨어지는 기관은 조금 적게 주었다. 일부 적자 기업은 임금조차도 주지 못하는 형편이라서, 현물분배는 더 말할 필요가 없었다. 현물분배는 부정기적인 것으로, 일반적으로 명절과 휴일에 비교적 많이 지급되었다. 일부 권력이 있는 부서는 본 단위에서 돈을 주고 살 필요가 없이, 산하 단위에서 "상납"해 왔다. 명절이 되면, 전국의 많은 성시(省市)가 중앙기관에게 현지의 특산품을 보냈다. 명절 전에 이 부서들을 취재해 보면, "특산품을 나누는 정말 바쁜(分田分地眞忙)" 즐거운 광경을 볼 수 있었다.

배급표 보조금 소득: 배급표 보조금은 곧 물가 수당이다. 이것은 계획경제 조건 하에, 성진 주민의 특별 소득이면서, 음성적인 소득이었다. 주민들은 그것을 얻고서도, 어떤 경우에는 자신도 몰랐다. 식량을 예로 들면, 오랫동안 국영 양곡판매점이 성진 근로자들에게 판매한 식량의 가격을 보면, 국가가 농민들에게 구매한 가격보다 낮아, 그 차액은 국가재정에서 보태주었다. 1991년, 전국 식량 가격 보조금이 400여억 위안으로, 그중 도시 보조금이 200여억 위안이고, 시민 1인당 평균 보조금이 130~150위안이었다. 이 돈으로 우수한 품질의 쌀을 100킬로그램(kg) 살 수 있었는데, 이것은 대략 1년 치 식량이었다. 그 밖에 식용유·고기·배추 등과 같은 농산품에도 재정보조금이 있었다. 당시에 사람들은 "베이징의 배추 재정보조금으로, 입체 교차로 10여 개는 세울 수 있다"는 말을 했다. 모든 배급표에 따라 공급된 상품은 그 안에서 재정보조금이 포함되어 있었다. 분명히 각종 물가보조금(배급표 배분을 통해) 또한 주민 소득의 일부분이었고, 또한 사람 수에 따른 평등분배였다. 자오런웨이 교수의 분석으로는 1988년, 이 항목

소득은 주민소득 중 비중이 5.26%로, 배급표 보조금 소득은 단지 "상품식량을 먹는(吃商品糧)" 사람만 얻을 수 있었고, 대부분의 농민들은 몫이 없었던 것으로 나타났다. 1992년, 가격 전면 자율화 이후, 이 항목이 없어졌다.

토지세 소득: 연안 경제개발 지역에서는 땅값이 급격히 오르면서 촌민위원회는 토지를 이용해서 기업을 끌어들여 공장을 세우고, 토지를 주식으로 삼아, 일부 기업의 주주가 되거나 부동산 개발을 해서 거액의 소득을 얻을 수 있었다. 이것은 사실상 토지세였다. 농촌에서 토지는 집체 소유로, 이 집단의 각 구성원은 모두 일부분의 토지세를 나눌 수 있었다. 주강 삼각주[珠江三角洲, 주강 델타(Pearl River Delta), 주장 델타: 중국의 주강 하구의 광저우, 홍콩, 마카오를 연결하는 삼각지대를 중심으로 하는 지역의 호칭으로 가장 인구가 밀집한 지역 중 하나]의 성진 변두리는 대개 농촌 호구를 갖고 있어서, 그들은 집에 가만히 앉아서 상당한 금액의 소득을 얻을 수 있었다. 1999년 선전(深圳) 근교를 취재한 결과, 토지세 소득이 매우 넉넉하고 안정적이어서 일을 하지 않아도 매우 부유한 생활을 할 수 있다는 것을 알게 되었다. 이 때문에 "농사짓지 않고, 노동하지 않고, 장사하지 않고, 공부하지 않는다(不務農, 不做工, 不經商, 不學習)"는 "사불청년(四不靑年)"이 생겨났다. 그들은 성년이면서 하는 일 없이 빈둥거리며 지내고, 먹고 마시고 놀고 즐기기만 해서, 큰 사회적 문제가 되었다. 토지세 소득의 가장 큰 수혜자는 농촌 간부들이다. 그들은 중간에서 높은 소득을 얻을 뿐만 아니라, 제멋대로 공금으로 먹고 마시고, 공금으로 자주 외국 "시찰"을 갈 수 있었다. 또한 토지를 이용해서 도시의 일부 실력자들과 긴밀한 사적 관계를 맺을 수 있었다. 개발지역에서는 일부 도시호구의 사람들도 도시호구를 농촌호구로 바꾸려고 했다. 이것이 곧 "비전농(非轉農)"이다. 당연히 이것은 매우 어려운 일로, 농민들이 외지인들과 함께 그들의 토지세 수익을 나눌 리가 없었기 때문이다. 다른 도시 근교 역시 유사한 상황들이 있었다.

전국의 다른 지역 혹은 같은 지역의 다른 위치에서도 토지의 수익 차이는 매우 컸다. 이것이 바로 통상적으로 말하는 "등급 간 차액소득(級差收入)"이다. 그래서 다른 지역에 사는 농민은 이 방면의 소득 또한 매우 큰 차이가 있었다. 서부의 농민은 비록 많은 토지를 소유하고 있었지만, 토지의 값어치가 없었기 때문에, 이 방면에서의 소득이 거의 없었다.

금융자산 소득(재산성 소득): 주민의 금융자산 소득의 주요 형태는 이자와 주식배당 및 기타 투자수익 등이다. 개혁 개방 이래, 도시주민의 금융자산은 빠르게 증가했다. 1984년은 중국 도시 개혁 개방의 첫 해로, 도시 주민 한 가구당 평균 금융자산은 겨우 1,300위안이었다. 1990년에 이르러, 한 가구당 평균 금융자산이 7,900위안에 달했다. 1992년, 덩샤오핑의 남순강화[南巡講話: 덩샤오핑이 1992년 1월 18일부터 2월 22일까지 우한(武漢), 선전, 주하이(珠海), 상하이 등을 시찰하고 중요한 담화를 발표한 일] 후, 주민의 금융자산이 더욱 빠른 속도로 축적되었고, 1996년 6월 말에 이르러서는, 한 가구당 평균 3만 1,000위안에 도달했으며, 2002년 6월 말에는 7만 9,800위안에 이르렀다. 1984년부터 2002년까지의 한 가구당 평균 금융자산의 증가 속도가 25.5%나 되었다. 금융자산에서 은행 예금은 주요 부분이다. 주민 저축이 크게 증가하는 것과 주민소득의 격차가 커지는 것은 밀접한 관련이 있다. 고소득자의 소득이 소비 증가를 초과하여, 설령 그들 중 일부가 비정상적으로 소비하더라도 돈을 다 쓸 수 없었다. 중등 소득자는 고급 상품에 대한 소비 능력은 부족하지만, 하등 상품의 소비는 이미 포화 상태로, "소비 단절" 현상이 나타났다. 이 두 종류의 사람은 모두 저축을 늘릴 수 있었다. 저소득자는 주택 개혁·자녀 진학·의료 양로 등에 모두 많은 돈을 써야 한다고 생각하고 있기 때문에, 그들은 어쩔 수 없이 먹고 입는 것을 절약하여, 가능한 많이 저축하려고 했다.

국가통계국 자료에 따르면, 개인저축 이자소득이 1978년에 전국적으로 겨우 6억 위안으로, 개인소득 비중에서 겨우 0.31%를 차지했지만, 1995년에는 이자소득이 이미 3,000억 위안에 달했고, 개인소득이 차지한 비중은 7.9%였다.[22] 1985년부터 1990년까지, 전국 성진 주민의 저축예금 이자는 대체로 같은 시기에 새로 증가된 국민총생산의 4분의 1을 차지했다(그 해 가격에 따라서 계산한 것임). 다시 말해자면, 새로 증가된 국민총생산에서 4분의 1이 주민의 이자소득이 되는 것이다. 또한 이 비율은 여전히 끊임없이 증가하여, 1986년부터 1990년까지 각각 13.8%, 13.8%, 11.9%, 32.2%와 39.2%가 되었다.[23] 1996년 도농 주민의 저축 이자소득에 채권 이자·주식 배당·배당 소득을 다 합치면 4,000억 위안으로, 같은 시기 주민 소득의 10.53%를 차지했다. 1997년 이후, 저축 이율이 낮아지고, 게다가 이자세가 더해져 이자소득이 줄어들었다. 국가통계국 도시사회경제조사총대의 조사에 따르면, 2002년 6월 말에 중국 성진 주민 가정의 한 가구당 평균 금융자산이 7만 9,800위안으로, 그중 인민폐 금액이 7만 3,700위안이며, 92.4%를 차지했다. 외화를 인민폐로 환산하면 6,100위안 상당으로, 7.6%를 차지했다. 인민폐 금융자산 중에서, 저축 잔고가 절대적 우세로 1위였다. 그 한 가구당 평균 보유 금액이 5만 1,200위안으로, 인민폐 자산 중 69.4%의 비중을 차지했다. 2위가 주식(A 주식)으로, 한 가구당 평균 7,400위안의 금액을 갖고 있으며, 인민폐 자산 중 비중이 이미 10.0%에 도달했다. 3위가 국고채로, 한 가구당 평균 3,200위안을 갖고서, 인민폐 자산의 4.4%를 차지했다. 4위에서 8위까지의 항목은 순서대로 저축성 보험, 주택 적립금 저축, 보유 현금, 대출금과 기타 유가증권이다. 구체적인 금액 및 그 비중은 다음과 같다.

---

22 국가통계국 〈소득분배 문제〉 프로젝트팀, 1996.

23 정롄밍(鄭廉明) 외, 「국민 소득분배 개인 경향으로 유지되는 문제점과 형세」, 『경제관리』, 1992년 제4기.

표4-8 인민폐 자산금액 분포 상황[24]

자산 항목	가구당 소유 금액(위안)	백분율 구성(%)
인민폐 자산 합계	73,706	100.00
저축예금	51,156	69.41
주식(A 주식)	7,374	10.00
국고채	3,210	4.36
저축성 보험	3,094	4.20
주택 적립금 저축	3,036	4.12
보유 현금	2,730	3.70
대출금	2,512	3.41
기타 유가증권	359	0.49
기타	235	0.32

5년 후 2006년, 연말의 상황은 금융자산 중에서 은행저축이 67.8%를 차지했다. 현금이 8.9%, 증권이 9.3%로, 그중 주식이 주민 금융자산에서 차지하는 비중이 6.6%, 보험 준비금이 9%, 기타 금융자산이 차지하는 비중이 5.1%였다.[25] 통계에서 2007년 성진 주민 1인당 평균 자산성 소득이 348.5위안으로, 1990년에 비해 21.3배 증가했음을 보여준다.[26]

대외 교류활동이 갈수록 빈번해지고 정부의 외환관리제에 대한 통제가 점차 완화됨에 따라서, 외화자산을 가진 도시 가정이 부단히 증가했다. 국가통계국의 도시국가통계국 도시조사총대는 2002년 7월분 조사에서 도시 주민 한 가구당 평균 외화자산이 이미 6,100위안에 이르렀고(인민폐로 환산

24 국가통계국 도시사회경제조사총대, 2002년 6월.
25 「중국 국민 금융자산 변화에 나타나는 다섯 가지 특징」, 『중국신식보(中國新息報)』, 2008년 5월 28일에 실림.
26 국가통계국 2008년 10월 31일 공보.

한 것으로. 아래도 같음), 가정 금융자산 중의 비중은 7.6%까지 상승했다. 인민폐 자산과 비교하면, 외화 자산의 구성 항목은 상대적으로 간단하여, 주로 저축성예금과 현금·주식(B 주식) 세 가지 항목을 포함한다. 자금 분포 상황을 보면, 국내에서 유통될 수 없었기 때문에, 외화의 96.5%가 주민에 의해 은행에 예금되었다. 2007년 이후 인민폐가 평가절상되었기 때문에, 주민 수중의 외화는 대부분 인민폐로 바뀌었지만, 일부 사람들은 여전히 B 주식에 투자했다.

경영성 소득: 개혁 개방 이후, 특히 1990년대 이후에 경영성 소득은 가정마다 다른 비중을 차지했다.

농민 가정으로 말하자면, 2005년 1분기부터 3분기까지 조사된 5만 4,494가구 농가의 평균 경영성 소득은 1,490.1위안으로, 조사 기간 내에 조사된 농민 가정의 현금 소득의 61%를 차지했다. 1,490.1위안 중에서 농업 경영 소득은 605.5위안이고, 임업 경영 소득은 29위안, 목축업 경영 소득이 455.8위안, 어업 경영 소득이 40.1위안이었다.[27] 장쑤 성 전장(鎭江) 시 마오산라오(茅山老) 구 농민의 1인당 평균소득이 2007년에는 6,894위안이었다. 그 구성 비례 구조는 대체로 다음과 같이 나눌 수 있다. 임금성 소득은 약 4,336위안으로, 대략 총수의 62.9%를 차지했으며, 경영성 소득은 약 1,889위안으로, 대략 총수의 27.4%를 차지했다. 재산성 소득은 약 476위안으로, 대략 총수의 6.9%를 차지했고, 정책성 소득은 193위안으로, 대략 총수의 2.8%를 차지했다. 최근 3년 동안 경영성 소득 변화 상황은 2005년 1,309위안, 2006년 1,533위안, 2007년 1,889위안이었다.[28] 서부지구의 산시(陝西) 성 바오지(寶鷄) 구의 조사에 의하면, 2007년 농가 경

27 국가통계국 농촌조사총대, 2005년 10월.
28 「농민의 경영성 소득의 지속적 성장 촉진의 방법 연구 분석-마오산라오 구 조사에서 얻은 계시」, 『학습시보(學習時報)』, 2008년 7월 22일.

영성 1인당 평균소득은 1,737위안으로, 당해 전체 바오지 구 농민 1인당 평균 순소득의 47%를 차지했다. 경영성 소득 중에서 1차 산업에서 생긴 것은 79%를 차지했으며(예를 들면 농가의 키위 소득이 이미 이 가정소득의 주요 원천이 되었다), 2차 산업에서 생긴 것은 0.6%를 차지했고, 3차 산업에서 생긴 것은 20.4%를 차지했다.[29]

도시 주민의 경영성 소득은 위에서 말한 금융소득, 임대소득 등 재산성 소득에 포함된다. 자영업자와 사유기업주의 경제성 소득이 농촌과 성진 주민에 비해 훨씬 많아졌다. 그들은 경영적 자산의 규모 크기가 다르고, 소득이 달라서, 소득이 높은 사람의 연소득은 억 위안이고, 낮은 사람은 만 위안이 넘기도 한다.

회색수입(부수입)과 흑색수입(불법수입): 회색수입은 공개적으로 제기할 수 없는 수입으로, 통계를 내기도 어렵고, 감독하기도 어려운 소득이다. 회색수입은 일반적으로 두 가지 상황을 가리킨다. 한 가지는 정당하지는 않지만 위법하지는 않은 수입이고, 다른 한 가지는 바로 위법적인 수입이다. 또 어떤 사람들은 전자를 회색수입이라고도 부르며, 후자를 흑색수입이라고 부른다. 사회 전환기에는, 원래 있었던 법률이나 규정이 이미 적지 않게 효력을 잃고, 새로운 법규가 아직 세워지지 않아서, 어떤 경우에는 합법과 불법의 경계 구분이 어렵다. 따라서 대담한 사람들은 이렇게 모호한 정책을 이용해서 이익을 챙긴다. 회색수입은 구실이 아주 많고, 경로가 복잡하며, 은폐성이 강하다. 이것은 "정확히 말할 수도 없고, 분명히 조사할 수도 없으며, 관여할 수도 없는" 분명치 않은 일이다. 이 영역에서는 노동에 따라 분배하는 것도 아니고, 또한 생산요소에 따라 분배하는 것도 아니다. "담력에 따라 분배하고", "권력에 따라 분배"한다. 정부 관리들은 사업이나

---

29 산시(陝西) 성 바오지(寶鷄) 시 빈웨이(濱渭) 구, 「농민 가정 경영성 소득과 산업 구조조정 조사연구 보고」.

토지·수출입 허가증 등을 승인하는 권력을 장악하고 있다. 따라서 각종 경영이나 발전 기회를 얻기 위해서는, 어쩔 수 없이 관리들에게 선물을 보내고, 돈으로 권력을 살 수밖에 없었다. 이러한 것을 "지대추구(rent seeking)"[30] 현상이라고 부르며, 이 책의 제12장에서 따로 소개할 것이다. 대외경제활동과 중외합자기업 중에서, 어떤 중국 측 관리자는 국가 이익을 외국 측에 양보했고, 외국 측은 비공개적으로 그에게 보상하여, 국가에 손해를 끼쳤다. 결과적으로 외국 기업은 큰 이익을 얻고, 그는 작은 이익을 얻었다. 이러한 이익 역시 회색 또는 흑색수입이다. 국유기업 경영 책임자는 기업의 재산 사용에 대해 상당히 큰 자율적 결정권을 갖고 있다. 그는 기업 공사 발주의 결정권을 갖고 있고, 도급업자들로부터 이익을 얻을 수도 있다. 그는 기업 광고비 지출에 대한 결정권을 갖고 있고, 언론계로부터 비공개적인 리베이트를 받을 수 있다. 그는 또한 홍보비 지출권(홍보비용 중 상당한 부분을 뇌물로 주는데, 비록 기업의 이익을 위해 뇌물을 주지만)을 갖고 있고, 홍보비로 그 개인에게 유리한 사회적 관계를 만드는 데 사용한다. 그와 친한 친구가 세운 사영기업은 경제적 제휴(예를 들어 부품가공 등)를 하여, 국유자산이 그들의 기업으로 흘러 들어가게 할 수 있다. ……1990년대 말에 이르러, 일부 국유기업은 경영자 매입방식을 도입하여 재산권 재편을 진행했다. 원래 국유기업의 공장장이나 경영관리 책임자가 자기가 팔고 스스로 매입해서, 낮은 가격으로 국유재산을 자기 소유로 만들었다. 이처럼 원래 국가에서 기업으로 파견했던 간부가 하룻밤 사이에 수억 위안의 자산을 보유한 부자가 되었다.

---

30 지대추구(地代追求, rent seeking) : 경제 주체들이 자신의 이익을 위해 비생산적인 활동에 경쟁적으로 자원을 낭비하는 현상을 가리키는 말로, 로비·약탈·방어 등 경제력 낭비 현상이다.

소득격차에 대한 분석

개혁 개방 이래로, 주민소득격차는 끊임없이 확대되었다. 20세기 말부터 21세기까지 소득격차는 사람들이 가장 주목하는 문제가 되었다. 중국의 소득격차의 구체적 상황은 어떠하며, 어느 방면에서 집중적으로 나타날까?

중국의 소득격차는 얼마나 클까?

소득격차는 통상적으로 지니계수로 표시한다. 지니계수가 0.2 이하이면 절대적으로 평등한 것이고, 0.2~0.3이면 비교적 평등한 것이다. 0.3~0.4이면 허용된 경계 내의 격차이고, 0.4~0.5는 격차가 너무 커서, 사회가 조화롭지 못하게 될 수 있다. 0.5 이상은 격차가 극단적으로 불합리한 것으로, 사회가 매우 불안정하게 될 수 있다. 계산 방법이 다르고 고려하는 범위가 다르기 때문에, 중국에 대한 지니계수의 통계치도 각기 다르다. 이 책에서는 권위 있는 기구의 연구 성과를 인용하여, 독자들에게 참고하도록 제공했다.

1. 국제기구의 연구 성과

세계은행의 보고서에 따르면, 1981년 중국의 지니계수는 0.288이고, 1998년에는 0.42라고 한다. 이 계수는 대부분의 라틴아메리카 국가와 아프리카 국가·러시아보다 낮은 수치이며, 미국과 비슷하다. 그러나 동유럽 대다수 국가와 서유럽의 많은 고소득 국가보다는 높았고, 인도와 한국보다도 높은 수치였다.[31] 하지만 세계은행 보고서는 주석에서 "성진 세대 조

---

31 세계은행, 『2000/2001년 발전 보고서』.

사에는 주택과 의료·교육 등 실물 소득이 포함되지 않았다. 이 밖에도 주로 노동자 소득을 조사하여 기록했기 때문에, 새로운 많은 부유한 소득자가 누락됐다"라고 밝혔다.

표4-9 지니계수의 국제 비교[32]

국가별	지니계수	조사연도
중국	0.42	1998
브라질	0.60	1996
멕시코	0.54	1995
러시아	0.49	1998
미국	0.41	1997
일본	0.25	1993
한국	0.32	1993
프랑스	0.33	1995
독일	0.30	1994
인도	0.38	1997

세계은행이 통계 낸 중국의 소득격차는 실제 상황보다 훨씬 작다. 중국의 소득격차는 임금에만 반영되어 있는 것은 아니라, 주로 주택이나 의료 등 방면에 더욱 반영되어 있다. 세계은행의 보고서에는 전혀 이러한 부분을 반영하지 않았을 뿐만 아니라, 회색수입을 반영할 도리가 없었을 것이다. 난카이대학(南開大學)의 천쭝성(陳宗勝) 교수가 제공한 데이터를 보면 다음과 같다. 즉 불법 수입을 계산하지 않으면, 1997년 중국 주민소득의 전체 지니계수는 0.42이고, 세금포탈과 관리부패, 기타 불법소득을 계산에 넣

---

32 위의 책.

으면, 0.49로 상승하여, 양자의 차이가 0.07이 된다.

그 후 몇 년 동안의 세계은행 보고서에서는, 2001년 중국의 지니계수가 0.447이고, 2004년은 0.465, 2005년은 0.47에 가까워졌다고 지적했다. 세계은행 2005년 보고서에서는, 120개 국가와 지역 중에서, 중국의 지니계수가 85위를 차지하여, 이미 일부 사회분화가 심각하고, 경제성장이 정체된 라틴아메리카와 아프리카 국가 수준에 접근했다고 주장했다. 세계은행 보고서 중 지니계수가 중국보다 높거나 같은 35개 국가 중에는 32개가 라틴아메리카와 아프리카 국가가 있었다.[33]

표4-10 1990~1999년 중국의 소득분포 지니계수(세계은행 보고서)[34]

연도	농촌	성진	전국
1990	0.2987	0.2342	0.3848
1992	0.3203	0.2418	0.3898
1993	0.3370	0.2718	0.4196
1994	0.3400	0.2922	0.4334
1995	0.3398	0.2827	0.4151
1996	0.3298	0.2852	0.3980
1997	0.3312	0.2935	0.3979
1998	0.3307	0.2994	0.4030
1999	0.3391	0.2971	0.4164

세계은행 보고서는 최고 소득의 20% 인구의 평균소득과 최저 소득 20% 인구의 평균소득을 동시에 보여주고 있다. 이 두 숫자의 비율은 중국이 10.7배이고, 미국은 8.4배, 러시아는 4.5배, 인도는 4.9배로, 최저는 일본

---

33 세계은행, 『2005년 발전보고서』.
34 『경제연구참고』, 2002년 제68기, 3쪽.

으로, 겨우 3.4배이다.[35]

유엔개발계획(UNDP)이 2004년에 공포한 데이터에는 인구 20%의 최빈곤 인구가 소득이나 소비 중에서 차지하는 몫이 겨우 4.7%라고 했다. 그리고 인구 20%의 최부유 인구가 소득이나 소비에서의 몫이 50%에 달했다.[36] 아시아개발은행(ADB)의 데이터[37]에는 22개 아시아개발은행 연구 범위에 포함된 국가 중에서 중국이 빈부차가 가장 큰 것으로 나타났다. 소득이 가장 높은 20% 인구의 평균소득과 소득이 가장 낮은 20% 인구의 평균소득의 비율이 중국은 11.37배로, 다른 국가와 비교할 때 훨씬 높았다. 지니계수는 2004년 중국의 수치가 0.4725로, 네팔의 0.4730과 비교해도 다소 적었고, 인도나 한국·대만보다는 훨씬 높았다. 아시아개발은행은 1993년부터 2004년까지, 중국의 지니계수는 0.407에서 0.4725로 확대되어, 이미 라틴아메리카의 평균수준에 도달했다고 했다.

표4-11 아시아 국가와 지역의 빈부격차 순위[38]

국가와 지역	최고 20% 인구소득/최저 20% 인구소득	지니계수
중국 대륙	11.37배	0.4725
네팔	9.47배	0.4730
필리핀	9.11배	0.4397
투르크메니스탄	8.33배	0.4302
태국	7.72배	0.4196
말레이시아	7.7배	0.4033

---

35 세계은행, 『2005년 발전보고서』.

36 왕훙루(王紅茹), 「중저 소득자가 이익을 받는 중국 소득분배 개혁의 재시작」, 『중국경제주간』, 2009년 10월 26일 기사에서 인용.

37 아시아개발은행, 「불평등의 감소, 중국은 포용성 성장이 필요하다」, 「아시아의 분배 불균형」, 2007년 8월 8일.

38 아시아개발은행, 「아시아의 분배 불균형」, 2007년 8월 8일.

캄보디아	7.04배	0.3805
스리랑카	6.83배	0.4018
베트남	6.24배	0.3708
대만	6.05배	0.3385
아제르바이잔	5.95배	0.3650
카자흐스탄	5.61배	0.3383
인도	5.52배	0.3622
인도네시아	5.52배	0.3430
한국	5.47배	0.3155
몽고	5.44배	0.3284
라오스	5.4배	0.3463
타지키스탄	5.14배	0.3263
아르메니아	5.08배	0.338
브루나이	5.03배	0.3408
파키스탄	4.46배	0.3118
키르기스스탄	4.43배	0.303

2. 국가통계국이 공포한 데이터

2006년 6월 초 국가통계국 관계자는, 현재 중국의 지니계수는 0.4의 국제경계선을 넘었지만, 중국은 도농 간 격차가 큰 것 때문에 지니계수가 비교적 커서 국제통계 방식을 그대로 따를 수는 없다고 말했다. 현재의 분석으로 보자면, 도시주민과 농촌주민 지니계수 구분 통계는 모두 0.4보다 낮다. 그는 또 "이것은 바로 왜 중국 지니계수가 0.45에 도달해도 사회 동요가 일어나지 않는 이유이다"라고 말했다.

표4-12 1978~1999년 중국 소득분포 지니계수(국가통계국)[39]

연도	농촌주민 지니계수	도시주민 지니계수	전국주민 지니계수
1978	0.2124	0.16	
1985	0.2267	0.19	
1990	0.3099	0.24	
1995	0.3415	0.28	0.389
1996	0.3229	0.28	0.375
1997	0.3285	0.29	0.379
1998	0.3369	0.30	0.386
1999	0.3361	0.295	0.397
1999	0.3391	0.2971	0.4164

국가통계국은 세계은행과 마찬가지로, 성진 세대조사에 주택과 의료·교육 등 현물소득을 포함시키지 않았다. 조사에서는 주로 노동자의 소득을 기록했고, 새로이 탄생한 많은 부자들의 소득은 누락되었다. 만약 주택과 의료·교육 등 요인을 고려하면, 지니계수는 위에서 언급한 숫자보다 훨씬 높을 것이다. 칭화대학 쑨리핑(孫立平) 교수는 단지 도시주민의 지니계수는 역시 0.5 이상으로, 기본은 0.54 정도이고, 이것 역시 농민을 포함하고 있지 않으며, 만약 광대한 농촌 농민을 더한다면, 이 숫자는 훨씬 커질 것이라고 주장했다.

3. 중국사회과학원의 연구 성과

자오런웨이(趙人偉)와 리스(李實)를 중심으로 한 중국사회과학원 경제연구소 소득분배 프로젝트팀은 미국 포드재단의 후원으로, 1988년과 1995년,

---

39 국가통계국 자료, 『경제연구참고』, 2002년 제68기, 3쪽.

2002년, 2007년 네 차례에 걸쳐 대규모 전국 민간 세대 소득조사를 진행했다. 이 네 차례 조사로 얻은 지니계수는 1988년의 0.38, 1995년의 0.437, 2002년의 0.454, 2007년의 0.48이었다. 성진 내부의 지니계수는 1988년의 0.23, 2002년의 0.33, 2007년의 0.35이었다. 성진과는 다르게, 농촌 내부의 지니계수는 오히려 내려가서, 1995년의 0.381에서 2002년에는 0.366으로 1.5% 내려갔다. 이 데이터는 주택을 고려했고, 세계은행과 국가통계국의 숫자를 비교하면, 실제와 더 비슷했다. 그렇지만 여전히 최고위층의 소득을 고려하지 않았고, 회색수입도 고려할 방법이 없었다. 그래서 실제 상황과 비교하면 여전히 작다고 할 수 있다. 중국사회과학원의 이 보고서에서는, 전국을 놓고 말하자면 2002년 최고소득 1%의 그룹이 전 사회 총소득의 6.1%를 얻었고, 1995년과 비교하면 0.5% 높아졌고, 최고 5%의 그룹은 전 사회 총소득의 19.8%를 얻어서, 1995년과 비교하면 1.1% 높아졌다고 주장했다. 최고 10%의 그룹은 전 사회 총소득의 약 31.9%를 얻어서, 1995년과 비교하면 1.2% 높아졌다고 한다. 이러한 수치는 부유한 사람이 더 부유해졌다는 것을 의미한다. 전국을 샘플로 말하자면, 비록 소득이 가장 낮은 5%의 사람 그룹과 10%인 사람 그룹의 상대적 소득액이 매우 낮은 수준에 있지만, 감소하는 조짐은 보이지 않는다.[40]

4. 국가발전개혁위원회 거시경제연구원(國家發改委宏觀硏究院)의 연구 성과

만약 주민들을 소득의 높고 낮음에 따라 다섯 그룹(각 그룹은 주민 전체 수의 20%를 차지함)으로 나누면, 아래 표에서 90년대의 최고 소득의 20%인 주민의 평균소득과 최저소득 20%인 주민의 평균소득의 변화를 열거할 수 있으며, 소득 불량지수는 두 가지를 비교한 것을 가리킨다. 이 지수를 통해 소득격

---

40 리스·웨시밍(厲希明), 「중국 도시와 농촌 소득격차 조사」, 『재경』, 2004년 제3·4기 합본에 실린 자료.

차가 빠르게 확대된다는 것을 알 수 있다.

표4-13 중국 5분법 "소득 불량지수"의 변화 상황[41]

연도	소득 상위 20% 주민의 평균소득(위안)	소득 하위 20% 주민의 평균소득(위안)	소득 불량지수
1990	1,706.23	363.40	4.70
1995	4,910.48	707.36	6.94
1998	7,007.89	1,052.25	6.66
1999	7,591.65	1,050.32	7.23
2000	8,252.64	1,009.73	8.17

국가발전개혁위원회의 「합리적인 주민 소득분배 메커니즘 형성의 촉진」이라는 조사에서, 1988년부터 2007년까지 소득이 가장 높은 10%의 사람들과 가장 낮은 10%의 사람들 사이의 소득격차는 7.3배에서 23배로 상승했다고 지적했다.[42]

이상의 각 데이터는 각기 다른 점이 있지만, 약간의 공통점도 있다. 그것은 중국 빈부격차가 급격히 확대되었고, 그것은 부정할 수 없는 사실이라는 점이다. 노동사회보장부 노동임금연구소에서 발표한 연구보고서에서는, 주민소득격차는 2003년 이래로 급격히 확대되었고, 현재 이미 두 번째로 심각한 "황색등"의 경계수준에 도달했으며, 앞으로 5년 내 효과적인 조치를 취하지 않으면, "적색등"의 위험수준까지 악화될 것이라고 주장했다. 이 위험수준에 도달하게 되면, 사회 화합을 심각하게 위협하게 될 것

---

41 국가계획위원회 거시연구원 연구팀, 「주민 소득분배 격차 확대 상황의 원인과 대책 연구」, 『경제연구참고자료』, 2002년 제68기, 4쪽에 실린 자료.
42 『반월담(半月談)』, 2009년 제11기에서 재인용, 「대도시의 빈부격차 조사 보고」.

이다.[43] 2005년, 중국 공산당간부학교에서 발표한 한 보고서가 사람들의 주목을 받았다. 107명의 지방 청장급 지도 간부를 대상으로 진행한 조사에서, "소득격차(75.7%)"가 2004년에 있은 가장 심각한 사회문제라고 생각했다. 동시에, 소득분배 제도의 개혁(72.9%)이 2005년도 이 지도 간부들이 가장 관심을 갖는 체제 개혁 문제였다. 조사에 따르면, 이 두 문제가 "가장 중요한 문제"가 된 것은 최근 들어 처음이다.

소득격차가 빠르게 확대되는 것은 재부가 빠르게 소수 사람들에게 집중되는 것과 상관이 있다.

중국의 소득격차의 확대가 이처럼 빠른 것은, 구체적으로 다음의 몇 가지 방면에 나타난다. 도농 주민의 소득격차가 커지고, 동·중·서부지역 간의 소득격차가 확대되며, 3차 산업과 각종 업종 사이의 소득격차가 커지며, 다른 소유제 간의 소득격차가 커진다. 후자의 두 가지 소득격차는 도시 내부와 농촌 내부의 소득격차로 나타난다.

세계 최고 수준의 중국 도농 주민 소득격차

보편적인 소득격차에서, 도농 격차는 더욱 심각하다. 이 책의 서두에서 이미 언급했지만, 개혁 개방 이전, 중국의 도농 주민의 소득 차이는 비교적 큰 편이었다. 개혁 개방 이후, 1980년부터 1984년 사이에는, 도농 소득격차가 다소 줄어들었다. 이 시기는 국가의 분배정책이 농촌 쪽으로 치우쳐 있었다. 농촌 개혁이 먼저 한 발 앞서가자, 농업 부산물 매입 가격이 대폭 향상되어(당시 식량과 목화 등 주요 농산품은 여전히 모두 국가에서 매입했다), 농업 투

---

43 신화사, 2005년 9월 19일 보도.

자가 증가되었고, 이런 것들이 농민 소득을 빠르게 증가시켰다. 도농 주민 가정 순수입의 비율은 1978년의 2.57에서, 1983년에 1.82로 축소되었다. 1985년 이후, 농촌 우대 정책이 줄어들고 도시 정치체제 개혁이 전면적으로 펼쳐져, 도시 주민의 소득 경로가 증가했다. 성진 주민의 가처분소득 증가는 빨라졌지만, 농민 소득의 증가는 상대적으로 느려졌다. 도농 주민 소득의 비율은 한층 확대되어, 1992년에는 1978년 수준으로 되돌아갔고, 1994년에 제일 높아져 2.86이 되었다.(표4-14 참조) 1997년 이래로, 농민 소득은 이미 7년 연속 느리게 증가했다. 농민 소득 증가량은 성진 주민 소득 증가량의 5분의 1도 되지 않았다. 2003년에는, 도농 주민의 소득격차는 지속적으로 증가해 3.23 : 1에 이르렀다. 엥겔지수는 생활수준을 가늠하는 지표로, 주민 가정 식품 소비지출이 총 소비지출에서 차지하는 비율이다. 식품 소비가 차지하는 비중이 커질수록, 생활수준이 낮아진다는 것을 나타낸다. 유엔식량농업기구(FAO)는 엥겔지수가 39% 이하를 부유한 것, 40~49%를 중류 수준의 사회, 50~59%를 따뜻하고 배부른 정도, 60% 이상을 억지로 살아가는 것이라고 생각했다. 1983년, 도농 주민의 엥겔지수는 거의 대등했지만, 1990년대에 들어서, 도농 주민의 엥겔지수의 격차는 계속해서 확대되었다. 이것은 도농 주민들의 생활수준 격차가 벌어지고 있음을 반영한 것이다.

표4-14 도농 주민 가정 1인당 평균 순소득과 엥겔지수44

연도	농촌 주민 가정 1인당 평균 순소득(위안)	도시 주민 가정 1인당 평균 가처분소득(위안)	도농 주민 순소득 비교	농촌 주민 가정 엥겔지수 (%)	도시 주민 가정 엥겔지수 (%)
1978	133.6	343.4	2.57	67.7	57.5

44 『중국통계연감』.

1979	160.2	387.0	2.42	64.0	57.2
1980	191.3	477.6	2.50	61.8	56.9
1981	223.4	491.9	2.20	59.9	56.7
1982	270.1	526.6	1.95	60.7	58.7
1984	355.3	651.2	1.83	59.2	58.0
1985	397.6	739.1	1.86	57.8	53.3
1986	423.8	899.6	2.12	56.4	52.4
1988	544.9	1,181.4	2.17	54.0	51.4
1989	601.5	1,375.7	2.29	54.8	54.4
1990	686.3	1,510.2	2.20	58.8	54.2
1992	784.0	2,026.6	2.58	57.6	52.9
1993	921.6	2,577.4	2.80	58.1	50.0
1994	1,221.0	3,496.2	2.86	58.9	49.9
1995	1,577.7	4,283.0	2.71	58.6	49.9
1996	1,926.1	4,838.9	2.51	56.3	48.6
1998	2,162.0	5,425.1	2.51	53.4	44.5
1999	2,210.3	5,854.0	2.65	52.6	41.9
2000	2,253.4	6,280.0	2.79	49.1	39.2
2002	2,475.6	7,702.8	3.11	46.2	37.7
2003	2,622.2	8,472.2	3.23	45.6	37.1
2004	2,936.4	9,421.6	3.21	47.2	37.7
2005	3,254.9	10,493.0	3.22		36.7
2006	3,587.0	11,759.5	3.28		
2007	4,140.4	13,785.8	3.33	43.1	36.3
2008	4,760.6	15,780.8	3.32	43.7	37.9

국가통계국의 데이터는 도농 주민의 소득격차가 확대되는 추세를 반영

했다. 그러나 여전히 도농 간의 실제 소득이나 실제 복리 수준의 차이를 완전히 반영할 수는 없었다. 상술한 통계에서 성진 주민의 가처분소득에 도시 주민들이 향유하고 있는 각종 현물성 보조금이 포함되어 있지 않았다. 예를 들어 성진 주민 중에서 많은 사람들은 무상 의료제도를 누렸지만, 농촌 주민은 오히려 이러한 혜택이 없었다. 성진의 초중등학교는 국가로부터 대량의 정부 보조금을 받을 수 있지만, 농촌의 학교는 매우 적은 보조금만 받았고 오히려 농민들이 자금을 모아 학교를 운영해야 했다. 성진 주민은 양로연금 보장·실업보험·최저 생활비 구제를 받았지만, 농촌 주민들에게 이런 것들은 오히려 지나친 바람이었다. 만약 상술한 요소들을 고려하면, 도농 주민 가정의 순소득의 비례는 3배가 좀 넘는 정도가 아니라, 아마도 4~5배, 심지어 6배에 이르러야 할 것이다. 중국과 다른 국가를 비교하면, 만약 화폐소득 격차만 보거나 혹은 명목소득(nominal income)의 격차만 본다면, 아프리카 짐바브웨의 도농 소득격차가 중국보다 조금 높지만, 비화폐 요소를 고려해 보면, 중국의 도농 소득격차는 세계에서 가장 높다.[45] 세계은행의 보고서는 중국의 도농 격차가 국제 표준 기준에 따르면 거대하다고 지적했다. 36개 국가의 데이터에서 도농 간 소득 비례가 2배를 초과하는 것은 보기 드물다고 했다. 절대다수 국가는 농촌 소득이 도시 소득의 66% 또는 그것보다 조금 더 많지만, 중국은 1995년 농촌 소득이 도시 소득의 겨우 36.8%로, 10년 전 54%의 절정에서 떨어졌다.[46] 2000년에 이르러서는, 이 비중은 더 떨어져 35.9%가 됐고, 2003년은 30.95%였다.

도농 주민의 저축예금이 차지하는 비율의 변화에서 보면, 1978년 인민폐 성진 저축 잔고는 154억 9,000만 위안 위안이고, 농가 인민폐 저축 잔

---

45 리스·웨시밍, 「중국 도시와 농촌 소득격차 조사」, 『재경』, 2004년 제3·4기 합본에 실린 자료.
46 세계은행, 『소득증가를 함께 누리다: 중국 소득분배 문제 연구』, 중국재정경제출판사, 1998년 3월 판, 14쪽.

고는 55억 7,000만 위안으로, 1.78배 차이가 났다. 1990년 성진 인민폐 저축 잔고는 5,278억 위안이고, 농가 인민폐 저축 잔고는 1,842억 위안으로, 양자는 1.87배 차이가 났다. 2006년 성진 인민폐 저축 잔고는 16조 1,600억 위안이고, 농가 인민폐 저축 잔고는 2조 8,800억 위안으로, 양자는 4.61배 차이가 났다. 2006년 말, 전국 총인구의 43.9%를 차지하는 성진 주민이 82.2%의 저축 잔고를 보유하고 있었다.[47]

동·서부지역 주민 소득의 격차 확대

동부지역은 경제가 비교적 발달한 지역을 가리키고, 서부지역은 경제가 발달하지 않은 지역을 가리킨다. 경제학계에서는 광둥 성(粤)·푸젠 성(閩)·저장 성(浙)·장시 성(赣)·장쑤 성(蘇)·산둥 성(魯)·안후이 성(皖)·베이징(京)·톈진(津)·상하이(滬) 10개의 성(시)을 동부지역이라고 부르고, 광시 성(桂)·구이저우 성(黔)·쓰촨 성(川)·윈난 성(滇)·산시 성(陝)·간쑤 성(甘)·닝샤후이족자치구(寧)·칭하이 성(青)·신장웨이우얼자치구(新疆)·네이멍구자치구(內蒙古)·시짱(西藏), 충칭(重慶) 12개 성과 시·자치구를 서부지역이라고 부른다.

1988년, 필자는 "중국 동서 경제관계"를 주제로, 동·서부의 10여 개 성·시·자치구에 가서 조사를 진행한 적이 있고, 개혁 개방 이래로 동·서부의 경제 격차가 급격하게 커지고 있음을 발견했다. 조사 과정에, 서부의 성(省) 책임자가 필자에게 개혁 개방 이래로 동·서부 격차가 급격하게 커지고,[48] 경제·정치·민족 등의 방면에서 심각한 결과를 초래한다고 강

---

47 양지성, 「대지는 만리평이 없다」, 주간(周刊) 『요망(瞭望)』, 1989년 2월 27일에 실림.

48 탕즈량(唐志良)의 글 재인용, 「중국 동·서부 경제의 발전 격차 분석: 자본형성 차이의 시각을 기본으로」, 〈가치중국망(價值中國網)〉, 2006년 9월 26일.

력하게 이야기했었다. 필자의 이번 조사 이후, 동·서부 격차는 여전히 한층 더 확대되었다. 2000년 7월 11일, 국무원 발전연구센터와 국가통계국이 조사 결과를 발표했다. 1998년을 예로 들면, 서부지역의 GDP는 겨우 전국 GDP의 14%를 차지했다. 1인당 평균 GDP로 보면, 1978년 동·서부는 각각 457.4위안, 254위안으로, 서부가 동부의 55.5%였다. 1994년, 동·서부 1인당 평균 GDP는 각각 5,438위안과 2,392위안으로, 서부가 동부의 44%였다. 1997년, 동·서부 1인당 평균 GDP는 각각 8,843위안과 3,810위안으로, 서부가 동부의 43.09%였다. 2003년, 동·서부 1인당 평균 GDP는 2만 3,734위안과 7,545위안으로, 서부가 동부의 32%였다.[49]

　서부의 낙후된 면모를 바꾸고, 동·서부의 경제 격차를 줄이기 위해서, 1999년 국가는 서부 개발 정책을 추진했다. 2004년 말에 이르러, 5년 동안 중앙 재정성 건설자금이 서부지역에 모두 4,600억 위안 투입되었고, 중앙 재정부는 이전(移轉) 지급비와 특별 보조금 명목으로 5,000여억 위안을 배정했다. 국가의 투자는 사회투자를 이끌어 내어서, 동부 기업은 서부에 3,000억 위안을 투자했다. 1조 위안이 넘는 투자는 서부지역의 국민경제발전을 해마다 가속화시켰고, 서부 12성[구(區)] GDP가 전국 GDP에서 차지하는 비중 또한 다소 높아졌다. 1998년에 14%에서, 2006년부터 2008년까지 각각 17.1%, 17.3%, 17.8%가 되었다.[50] 서부지역의 교통·수리(水利)·에너지·통신 등 중대한 기반시설 건설이 실질적인 발전을 이루었다. 2000년 필자가 란저우(蘭州)에서 딩시(定西)로 갈 때 세 시간 반이 걸렸지만, 2005년에는 겨우 한 시간밖에 안 걸렸다. 2000년 딩시에서 퉁웨이(通渭)까지 자동차로 두 시간 반이 걸렸지만, 이번에는 50분 만에 도착했다.

49 국가통계국, 『중국통계연감』.
50 중국사회과학원 농촌발전연구소·국가통계국 농촌사회경제조사사·사회과학문헌출판사, 2010년 『농촌경제 그린북』, 2010년 4월 21일.

자동차로 터널을 통과하고, 다리를 건너, 번개처럼 빠르게 양쪽의 황토고 원을 지나갔다.

중국사회과학원 농촌발전연구소와 국가통계국 농촌사회경제조사사(農村 社會經濟調査司)·사회과학문헌출판사에 따르면, 2010년 『농촌경제 그린북』에 서는 동·중·서부지역 농민 소득격차가 점차 줄어들고 있다고 발표했다. 동부지역 농민 1인당 평균 순소득은 2001년의 3,266.7위안에서 2009년의 6,742.8위안으로 증가하여, 연평균 9.5% 늘었고, 중부지역 농민 1인당 평 균 순소득은 2001년 2,165.2위안에서 2009년의 4,864.8위안으로, 연평 균 10.6% 늘었다. 서부지역 농민 1인당 평균 순소득은 2001년 1,662.2위 안에서 2009년의 3,685.6위안으로, 연평균 10.5% 늘었다. 2008년, 동부 지역은 중부지역에 비해 전체 중류 수준 상황의 실현 정도가 23.1% 높았 으며, 중부지역과 동부지역의 격차는 2003년에 비해 1.3% 확대되었다. 동 부지역은 서부지역에 비해 전체 중류 수준 상황의 실현 정도가 46.3% 높 고, 서부지역과 동부지역의 격차는 2003년에 비해 1% 확대되었다.[51]

그러나 한 걸음 나아가 추진한 서부 대개발(大開發)은 여전히 여러 가지 어 려움에 직면했다. 국가가 1조 위안에 가까운 자금을 투자했는데, 그중 많 은 중대한 항목의 설비구매와 재료구매가 모두 동부에서 오거나 심지어는 해외에서 온 것이라서, 이것은 곧 서부에 투자한 자금을 다시 동부와 외국 으로 되돌려 보내는 상황이 되었다. 서부 대개발의 정책 체계는 아직 서부 경제를 효과적으로 자극하여 발전을 가속시키는 정책 환경을 형성하지 못 했다. 서부의 풍부한 자원과 에너지가 결코 서부지역에 부유함을 가져다 주지 못했고, 오히려 환경오염과 빈곤을 가져왔다. 투자환경이 좋지 못한 것은 바로 서부 투자 유치의 가장 큰 장애이다. 2005년, 서부 성진 지역 주

---

51 「중국 국민 금융자산변화에 나타나는 다섯 가지 특징」, 『중국신식보』, 2008년 5월 28일에 실림.

민 가처분소득이 동부지역에 비해 2004년의 69.7%에서 2005년의 66.7%로 떨어졌으며, 서부지역 농촌주민 1인당 평균 소득이 동부 지역에 비해 2004년의 48%에서 44.2%로 떨어졌다. 2006년 말, 전국 도농 주민 저축예금 잔액이 16조 1,600억 위안을 돌파하여, 14.6% 성장했다. 동부지역 현지 외화 저축예금 잔액은 61.3%로, 전국에서 비중이 가장 높았고, 중·서부는 14.4%를 차지했다. 1인당 평균 저축액으로 보면, 2006년 동부지역 1인당 평균 저축액이 가장 높아서, 1만 7,669.7위안에 달했고, 서부지역과 중부지역은 각각 8,827위안과 8,003위안이었다.[52] 서부 개발에는 대량의 자금투입이 필요하지만, 서부 주민의 금융자산은 동부의 발달한 지역에 비해 훨씬 낮다. 동부는 대량의 주민금융자산과 유리한 지리적 환경·발달한 경제가 있어서, 외자를 끌어들이는 데 매우 유리하다. 이 때문에 동·서부 경제발전의 속도 차이는 여전히 매우 크다.[53] 국무원 서부개발부 부주임 리쯔빈(李子彬)은 중국 동·서부지역 발전격차가 여전히 확대되고 있다고 솔직하게 인정했다.

국가통계국 중국 농촌 빈곤상황 모니터링 관보에 따르면, 2005년 1~3분기에, 농촌 주민 가정 평균 1인당 현금소득은 가장 높은 상하이(7,049.72위안)가 가장 낮은 구이저우(1291.67위안)의 5.46배에 맞먹는다고 한다.(표4-15 참조)

표4-15 동·서부 주요 성(省)의 농촌 주민 가정 평균 1인당 현금 소득(2005년 1~3분기)[54]

지역	기간 내 현금 총계 (위안)	기간 내 현금소득 중 분할			
		임금성 소득 (위안)	가정 경영 소득 (위안)	재산성 소득 (위안)	전이성 소득 (위안)
전국 합계	2,449.90	792.9	1,490.1	55.2	111.6

52 자오춘핑(趙春萍), 「2005년 국민 금융자산분석」, 『중국금융』, 2007년 4월 20일에 실림.
53 국가통계국, 『2004년 중국 농촌 빈곤상황 모니터링 공보』.
54 국가통계국, 『2004년 중국 농촌 빈곤상황 모니터링 공보』, 2005년 4월 21일.

베이징	6,850.60	3,609.95	2,316.15	518.99	405.51
텐진	4,578.74	1,928.44	2,437.51	124.94	87.85
상하이	7,409.72	5,394.83	742.65	437	835.23
장쑤 성	4,105.60	2,072.62	1,716.87	105.49	210.62
저장 성	6,393.15	2,626.43	3,193.51	230.59	342.63
산둥 성	3,350.52	1046	2,120.78	67.45	116.3
쓰촨 성	2,181.73	756.46	1,249.72	37.47	138.08
구이저우 성	1,291.67	408.55	758.43	29.86	94.82
윈난 성	1,469.09	294.1	1,048.79	57.49	68.7
시짱	1,448.71	297.2	998.3	88.89	64.31
산시 성	1,797.39	549.61	1,084.62	38.31	124.85
간쑤 성	1,322.17	367.89	850.96	7.58	95.73
칭하이 성	1,514.09	387.05	950.91	50.41	125.71
닝샤	2,205.00	469.27	1,634.98	13.27	87.49
신장	1,740.55	128.98	1,493.09	13.36	105.12

2004년 말, 중국 농촌 절대빈민층 인구의(평균 연 순소득 688위안 이하) 50%는 서부지역이었다. 동부는 겨우 14.3%였고, 중부는 35.7%를 차지했었다(아래 그림4-1 참조). 중국의 빈곤의 절반 이상을 서부지역이 차지하고 있었다. 인구로 따지면 90%가 서부지역에 집중된 것이다. 만약 경제격차가 현실적인 격차라고 말한다면 앞으로 교육격차가 가장 크게 나타날 것이다. 서부지역 교육 경비는 417억 7,000만 위안이 투자되었고 전국 교육 경제비용의 16.5%를 차지했다. 1인당 평균 교육비 투입이 147위안으로 전국 평균 수준 203위안보다 낮았다.

2004년 말, 서부지역 인구는 전국 28.1%의 비중을 차지했지만 서부지역 금융기구 예금액은 전국의 겨우 16.4%를 차지했다.

그림4-1 중국 농촌 절대빈곤 인구 지역 분포

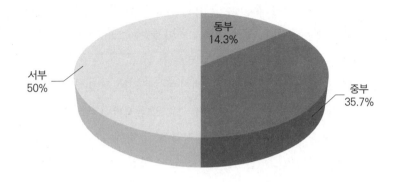

성진 주민 내부의 소득격차

1990년대 중기 이전, 빈곤문제는 주로 농촌에서 발생했다. 이 단계에, 도시는 계획경제의 "만찬"이 아직 끝나지 않았으며, 도시의 전통적인 취업과 사회보장체제가 여전히 완전히 물러나지 않았고, 도시의 빈곤문제도 아직은 두드러지지 않았다. 1990년대 중기 이후, 국유기업은 전면적인 체제개혁을 진행했다. 1995년부터 2004년까지, 국유 부문이 도시취업에서 차지하는 비율이 59.1%에서 25.3%로 떨어져, 모두 4,551만 명이 감소했다. 비록 국가가 "재취업 프로젝트"를 시행했지만, 여전히 대량의 국유기업 노동자들이 실직했다. 실직한 노동자들의 나이는 많은 편이고, 교육 수준은 낮아서 재취업이 곤란했다. 이와 동시에, 이전의 보장이 국유기업의 개혁에 따라서 정지되고, 새로운 사회보장은 아직 만들어지지 않았다. 이 때문에, 20세기 말부터 21세기 초까지, 도시 빈곤문제가 매우 두드러졌다. 1995년부터 1999년까지, 도시 1인당 평균 실제소득이 25% 상승한 상황에서, 빈곤 발생률이 9%나 상승했다. 이렇게, 도시주민의 소득격차 또한 두드러지게 나타났다. 성진 내부의 지니계수는 2005년에 0.35정도로, 2008년에는 대략 0.37에서 0.38이 되었다.[55]

2009년, 신화사 기자는 상하이와 톈진 등 대도시에서 빈부의 완전히 다른 두 개의 세상을 보았다.[56] 상하이 시의 중심지역인 징안(靜安)·루완(盧灣)·쉬후이(徐滙)·황푸(黃浦)는 고급주택지역이고, 자베이(閘北)·푸퉈(普陀)·양푸(楊浦)는 대량의 저소득 인구들이 집중되어 있었다. 택시기사들은 모두 "자베이, 양푸는 가난뱅이들이 사는 곳이다"라고 했다. 자베이 구에는 벽돌 목제 구조물로 된 오래된 집들이 대량으로 있었으며, 조각을 이어 만든 "판자촌"에 각종 저소득층 사람들이 한데 모여 있었다. 예를 들면 변방에서 돌아온 지식청년[知靑: 일반적으로 고등교육을 받은 젊은이를 가리키며, 여기서는 1950년대부터 시작해서 1970년대 말까지 자원하거나 강제로 도시에서 농촌으로 하방(下放)하여 농민이 된 젊은이를 특별히 가리킴]이나 외지 노동자 등이다. 톈진 시 허시(河西) 구의 메이장(梅江) 주택가는 톈진의 고급 화이트칼라·사영업주·기업 고위층 경영자들이 거주하는 곳이었다. 메이장 주택가와 이웃한 샤오메이디(小梅地) 단지·슈펑리(秀峰里) 소단지는 바로 빈민지역이었다. 여기 사는 2,200여 가구의 사람들 중 843명은 일자리가 없고, 78명은 장애인이며, 80여 가구는 "도시주민 최저생계 보장제도"에 의지하여 생활했다. 이 사람들 대부분은 원래 국유기업의 근로자였다. 현지 민정간부는, 샤오메이디 단지에는 모두 40여 개의 소단지가 있고, 인구가 10여만 명이라고 했다. 고급 건물과 저급한 주택지역은 담장이나 분리대 혹은 도로로 격리되어 있어서, 부유와 빈곤 사

---

55 신화사, 「리스(李實)에 대한 방문」, 『요망동방주간(瞭望東方周刊)』, 2008년 11월 24일.
56 거루장(葛如江)·선시취안(沈錫權)·쑨홍레이(孫洪磊), 「대도시에서 생긴 빈부격차 조사보고」, 『반월담』, 2009년 제11기.

이의 소통은 날이 갈수록 줄어들었고, 빈민촌과 부촌이 인접한 거주지의 아이들은 함께 놀거나 학교 다니는 것이 불가능했다. 상하이 시 자베이 구 톈무중로(天目中路) 749호의 판과눙(番瓜弄) 단지는 신중국 성립 전에 상하이의 빈민굴이었지만, 신중국 성립 후에는 재건을 통해, 산업노동자의 거주지로 새롭게 달라졌다. 판과눙의 변천은 당시 상하이의 초등학교 교과서에 모범사례로 소개되기도 했다. 그렇지만 오늘의 판과눙은 다시 저소득층의 주거지로 변했다. 판과눙은 현재 1,680가구의 주민이 살고 있으며, 최저생계 세대가 178가구로, 10%를 넘게 차지하고 있다. 판과눙 단지의 간부는 판과눙이 1964년에 건립되어, 1980년대에는 산업노동자가 여기에 살 수 있었으며, 대부분 징을 치고 북을 두드리며 왔다고 말했다. 왜냐하면 당시 이 주택단지에 방을 배분받을 수 있었으면, 일반적으로 모두 공장에서의 "오호(五好) 노동자"였다. 그러나 1990년대부터 시작해서, 노동자의 실직이 갈수록 많아져, 많은 산업노동자들이 저소득층으로 전락했다. 따라서 서너 세대가 공동으로 주방과 화장실을 사용하고, 난잡하고 붐비면서 지저분해져, 다시 반세기 이전의 빈민굴로 돌아갔다. 상하이 한편에는 부자들이 운집하여, 1제곱미터당 5~6만 위안의 건물이, 나오자마자 앞 다투어 팔렸다. 예를 들면 2009년 8월 8일, 푸둥(浦東) 신구(新區)에 매물로 나온 싱허완(星河灣) 소단지는 주변 건물 가격이 1제곱미터당 5만 위안으로, 모두 322채인데, 하루 만에 260채가 팔렸다. 다른 한편, 빈민지역에 사는 사람들은 판잣집이나 낡은 집의 소유권조차도 없었다.

평균소득에서 보면, 성진 주민의 소득은 해마다 증가했다. 국가통계국 성진 거주 가정 표본조사에 의하면, 2008년, 성진 주민 평균 1인당 전체 연수입이 1만 7,067.8위안으로, 전년도에 비해 14.48% 증가했다.[57] 높은

---

57 국가통계국 편찬, 『2009년 중국통계개요』, 중국통계출판사, 112쪽.

평균치는 소득격차를 엄폐했다. 국가통계국 상하이조사총대의 류즈난(劉稚南)은 2007년 상하이 도시 주민 평균 가처분소득이 2만 6,675위안이지만, 60%가량 주민의 소득이 평균치보다 낮다고 말했다. 국가통계국 칭다오조사대 부대장 지중루이(紀中銳)는 칭다오(青島) 시 2007년의 성진 주민 평균소득이 2만 646위안으로, 평균치 이하보다 낮은 성진 주민이 전체의 65%를 차지한다고 했다.[58] 1만 5,000명의 정식 직원과 9,500명의 농민공이 근무하는 칭다오강그룹(青島港集團)은 2008년 1인당 평균소득이 7만여 위안으로, 칭다오 시 평균수준의 3.5배이다. 그러나 10년간 관리계층의 임금은 5배나 증가했지만, 일선 노동자는 겨우 1배 증가하여, 노동자와 관리계층의 격차가 계속해서 커졌다. 유명 기업인 하이얼(海爾)은 보통 근로자의 임금이 매월 1,500위안 정도이지만, 중간층 이상 관리자의 소득은 매년 대부분 10만~20만 위안이거나, 심지어는 더욱 높았다.[59]

국가통계국 도시사회경제조사총대가 전국 5만 4,000여 세대 성진 주민 가정에 대한 표본조사에서, 2005년 1분기의 상위 10% 소득 그룹의 1인당 평균 가처분소득이 8,880위안이고, 가장 낮은 10% 소득그룹의 1인당 평균 가처분소득은 755위안으로, 고소득 그룹은 저소득 그룹의 11.8배로, 전년도에 비해 10.9배 확대되었다. 상위 10%의 사람이 총자산의 45%를 차지했고, 하위 10%의 사람이 겨우 총자산의 1.4%를 차지했다.[60] 국가통계국 성진 주민 가정표본조사대가 5만 6,904세대에 대한 조사 결과에서 2006년 최고소득 그룹 가정 1인당 평균소득은 최저소득 그룹 가정 1인당 평균소득의 13.9배이다. 최고소득 그룹 가정의 엥겔지수는 24.8%로, 최저소득 그룹 가정 소비 엥겔지수가 49.6%에 달했다.

---

58 거루장·선시취안·쑨훙레이, 「대도시에서 생긴 빈부격차 조사보고」, 「반월담」, 2009년 제11기.
59 위의 책.
60 국가통계국 도시사회경제조사총대 발표, 2005년 6월 17일.

모두 알고 있듯이, 가장 부유한 사람들은 조사 대상에 들어갈 리가 없으며, 고소득의 진정한 최고봉은 언제나 안개 속에 가려져, 사람들은 그들의 존재만 알 뿐, 진면목을 볼 수는 없다. 이 때문에 위에서 열거한 성진 주민 소득격차는 실제 상황보다 작다.

성진 주민 내부의 소득격차가 확대된 동시에, 농민 내부 소득의 격차 역시 커졌다. 이 문제는 제7장에서 다시 분석하고자 한다.

중국의 양극: 신흥부자와 신 빈민

덩샤오핑은 1978년에 "일부 사람을 먼저 부유해지도록 하자"라고 말했다. 그럼 어떤 사람을 먼저 부유하도록 만들어야 하나? 나중에 정리를 한 원고에서 비교적 정확히 말했다. "경제정책에서, 나는 일부 지역, 일부 기업, 일부 노동자 농민이, 부지런히 노력하여 성과가 커지면 우선 소득이 더 많아지고, 생활이 먼저 좋아지는 것에 동의해야 한다고 생각한다."[61]

중국에서, "일부 사람을 먼저 부유해지도록 하자"는 것은 가장 자극적인 말이다. 그것은 전통사상을 고수하는 사람을 화나게 했고, 일부 능력 있는 사람의 몸을 근질근질하게 했으며, 일부 나약한 사람을 걱정하도록 만들었다. 이 말이 실행된 30여 년 후, 사회적 자산은 대량으로 증가했지만, 사회의 근심 또한 동시에 증가했다. 도대체 어떤 사람이 먼저 부유해져야 하는지?

---

61 『덩샤오핑 문선』 제2권, 인민출판사, 1983년, 152쪽.

표4-16 현재 중국의 최고 부자[2009년『포브스』선정 중국 부호 순위 상위 40명(전 명단)]

성명	성별	연령	2009년 재부 (억 인민폐)	회사 명칭	본사 소재지		주요 산업
왕촨푸	남	43	396.0	비야디	광둥	선전	배터리·IT 부품·자동차
류융싱	남	61	375.5	둥팡시왕그룹	상하이		사료·중화학공업·투자
쭝칭허우	남	64	327.7	와하하그룹	저장	항저우	음료
뤼샹양	남	47	279.9	룽제투자· 비야디 주식	광둥	광저우	투자·금융·광업·부동산
양후이옌	여	28	266.3	비구이위안	광둥	포산	부동산
쉬룽마오	남	59	262.9	스마오그룹	상하이/ 홍콩		부동산
마화텅	남	38	259.4	텅쉰	광둥	선전	메신저·포털사이트· 온라인 게임
류중톈	남	45	258.8	중왕그룹	랴오닝	랴오양	플라스틱·알루미늄 소재
장진둥	남	46	252.6	쑤닝전기	장쑤	난징	가전 소매
왕젠린 가족	남	55	239.0	다롄완다그룹	랴오닝	다롄	부동산
천파수	남	48	218.5	신화두스예그룹	푸젠	푸저우	황금 등 유색 금속· 프랜차이즈·투자
량원건	남	52	211.6	싼이그룹	후난	창사	기계 제조
저우청젠	남	44	204.8	메이터쓰방웨이 그룹	상하이		복장 체인
리옌훙	남	41	198.0	바이두	베이징		검색 엔진
허샹젠	남	67	191.2	메이디그룹	광둥	포산	가전
루즈창	남	58	180.9	판하이지주그룹	베이징		금융·부동산·투자
류융하오 가족	남	58	177.5	신시왕그룹	쓰촨	청두	사료·부동산·투자
장즈룽	남	37	170.7	상하이양광 투자그룹	상하이		부동산·조선
황웨이	남	50	163.9	신후그룹	저장	항저우	에너지 교통·해양자원· 부동산
궈광창	남	42	160.4	푸싱궈지	상하이		철강·부동산· 의약·소매·금융
루관추 부자	남	64	158.4	완샹그룹	저장	항저우	자동차 부품·투자
판스이· 장신 부부	남/여	46/44	157.0	SOHO중궈	베이징		부동산

딩레이	남	38	153.6	왕이	광둥	광저우	인터넷 포털사이트·온라인 게임
장구이핑 부자	남	58	150.2	쑤닝환추그룹	장쑤	난징	부동산
주린야오	여	40	146.8	화바오궈지	홍콩		향신료
장리	남	56	143.4	푸리그룹	광둥	광저우	부동산·금융
주이차이 부부	남	45	129.7	위룬그룹	장쑤	난징	식품·부동산
천이훙 부부	남	51	126.3	중궈둥샹	베이징		운동복과 체육 용품
우야쥔 부부	여	45	119.5	룽후디찬	충칭		부동산
저우푸런 가족	남	58	118.1	시양그룹	랴오닝	하이청	화학비료·내화재·광석
장인	여	52	117.4	주룽즈예	광둥	둥관	제지
장즈샹	남	42	116.1	베이징젠룽중궁그룹	베이징		강철·조선
주멍이	남	50	114.0	허성촹잔	광둥	광저우	부동산
차오더왕 가족	남	64	112.7	푸야오그룹	푸젠	푸칭	자동차 유리
스위주	남	47	109.2	쥐런그룹	상하이		건강보조식품·온라인 게임·금융
선궈쥔	남	47	107.2	인타이그룹	베이징		도매·부동산
주궁산	남	52	105.8	세신지주	장쑤	쉬저우	전력·태양에너지 (다결정 규소)
퉁진취안	남	54	103.8	창펑팡디찬	상하이		부동산
치진싱 부자	남	47	102.4	항저우빈장팡찬그룹	저장	항저우	부동산
팡웨이	남	36	99.0	랴오닝팡다그룹	랴오닝	우쉰	야금·화공·전기 기계

* 자료 출처: 『포브스』 중국어판, 2009년 11월 5일.

2010년 4월 14일 『신재부(新財富)』 잡지가 "2010년 신재부 500대 부자"를 발표했다. 상위에 오른 부호(富豪)의 각 항목 재부지표가 2010년 연평균 신기록을 세웠다. 재부 총액이 2조 8,756억 5,000만 위안으로, 전년도 대비 76.6%나 대폭 증가했다. 그중 랴오닝 완다그룹의 왕젠린(王健林)

은 401억 1,000만 위안의 재부로 1위에 올랐고, 쉬자인(許家印)과 장인(張茵)이 각각 385억 3,000만 위안, 344억 2,000만 위안의 재부로 2위와 3위를 차지했다.

명단에 오른 부자 중에서 재부가 백 억 위안 급에 도달한 사람은 모두 68명이었다. 아울러 부자들 중에서도 부유한 사람이 더욱 부유해지는 현상이 계속 강화되었다. 상위 100위에 오른 사람의 재부가 총액 중에서 51.1%를 차지했으며, 하위 100위의 부자는 겨우 7.5%를 차지했다. 500인 중에서 88명이 부동산에서 나왔고, 상위에 오른 부자들의 수의 17.6%를 차지했다. 그 재부 총액은 6,490억 8,000만 위안에 달해서, 500인 부자 재부 총액의 22.5%를 차지했고, 부동산이 재부 집중도가 가장 높은 업종이 되었다.

각 지역 최고 부자들의 재부 격차도 매우 현저하여, 2010년 1위를 차지한 랴오닝 성 최고 부자인 왕젠린의 재산은 구이저우 성 최고 부자인 장즈팅(張芝庭)·원방잉(文邦英) 부부의 18배였다.

재부가 차지하는 비중에서, 500위 안에 든 부자들의 재부 총액이 2009년 국내 GDP의 8.5%를 차지했다. 메릴린치(Merrill Lynch)가 발표한 보고서에서 2008년부터 2009년까지 내륙에서 순자산이 100만 달러 이상인 부자는 36만 4,000명으로, 재부 총량은 2조 5,000억 위안에 달하고, 대략 2008년 중국 연간 GDP의 8.3%를 차지한다고 했다. 그리고 2010년은 겨우 이번에 상위를 차지한 이 500명의 부자의 재부 총량이 이미 2009년 내륙 부자의 전 재산을 훨씬 초과했다.

이것에 대해, 『신재부』 잡지에서는 비록 금융 위기의 충격에서, 중국이 "가장 곤란한 한 해"를 맞았지만, 일괄적인 정책 자극 하에, 경제 증가 속도의 둔화 추세가 신속히 반전되었다고 지적했다. 이러한 큰 배경에서, 국민 재부의 정상에 오른 민영기업가 그룹은 각 항목의 재부지표를 사상 최고치로 바꾸어 놓았다.

『포브스』 명단에 오른 사람이라고 반드시 중국 최고의 부자는 아니다. 중국의 최고 부자가 자신의 재부를 공개할 리가 없다. 1990년대 이후, 중국에는 이미 하나의 부유한 그룹이 형성되었다. 이 그룹은 다음의 몇 부분으로 이루어졌다.

－사영기업주. 그들 중 대부분은 백만장자·천만장자·억만장자로, 계속해서 많아지고 있다. 그들이 경영하는 산업은 각 업종으로 확대되고 있으며, 예를 들면 사료업이나 농업·양식업·식품업·첨단산업·부동산이다. 칭화대학 교수이자 사회학자인 리창이 2007년 10월부터 12월까지 조사한 것에 따르면, 사영기업주 중 연소득이 10만 위안 이하인 사람은 피조사자의 4.6%를 차지했고, 연소득이 10만~15만 위안은 6.8%, 15만 위안 이상은 88.6%를 차지한다고 했다.[62] 개인기업주 대다수는 부자이지만, 그중의 대부분이 큰 부자는 아니다. 단지 권력을 잡은 사람의 지지를 받은 사람만이 슈퍼부자가 될 수 있다. 슈퍼부자의 사영기업주는 대부분 부동산에 집중되어 있다.

－부동산 개발상. 일부 사람들은 비교적 낮은 가격이나 각종 연줄로 토지 차용 허가권을 취득하고, 다시 은행 대부로 건물을 지어 팔아서 거부가 되었다. 1994년 배출한 30명의 억만장자 중에서, 거의 절반은 부동산을 경영하여 기업을 이룩했다. 2002년 『포브스』 중국 부호에 진입한 100인 중에, 50%는 부동산업에 발을 들여놓거나 혹은 부동산을 위주로 했다. 2009년 『포브스』 중국 부호 상위 40명 중 18명은 부동산업과 관련이 있거나 혹은 부동산업을 위주로 했다.

－자본 경영가. 그들은 일정한 자본을 장악한 이후, 인수합병 기업에 투

---

62 리창(李强), 「현재의 고소득 집단을 논하다(論當前高收入群體)」, 『강해학간(江海學刊)』, 2008년 제5기에서 인용.

자하고, 주식시장과 선물(先物)을 제어하고, 각종 금융 파생상품을 이용하여 시장에 투기한다. 그들 대부분은 천만장자나 억만장자이다.

─대형 국유와 국유 지분 우위기업 고급관리 인원. 그들은 일반적으로 연봉이 수백만 위안이 되며, 어떤 사람은 수천만 위안이다. 통계에 따르면, 중국은 현재 155개의 중앙기업이 있으며, 매 중앙기업 고위층 경영자들을 평균 20명으로 계산한다면 3,100명으로, 그들의 연봉을 100만 위안으로 계산하면, 31억 위안 정도가 된다. 중국 선화그룹(神華集團, Shenhua Group)을 예로 들면, 2007년 순이익 213억 4,800만 위안을 달성했다. 16명 고위층 경영자의 연봉이 2,404만 위안으로, 1인당 평균 150만 2,500위안이었고, 연봉이 백만 위안이 넘는 고위층 경영자가 여덟 명이고, 두 명의 부총재[하오구이(郝貴)와 왕진리(王金力)] 연봉이 모두 304만 위안이었다.[63] 2007년 차이나 생명보험(China Life) 양차오(楊超) 이사장의 연봉은 199만 위안이었고, 완펑(萬峰) 총재의 연봉은 188만 위안이었다. 2007년 중국 타이핑양보험 가오궈푸(高國富) 이사장의 연봉은 295만 위안이었고, 자이롄훙(霍聯宏) 총경리[總經理: 기업의 최고경영자(CEO)]의 연봉은 277만 6,000위안이었다. 중국핑안보험(Ping An Insurance) 이사장 겸 CEO 마밍저(馬明哲)와 집행이사 상무부 총경리 쑨젠이(孫建一)의 2007년 세전 임금과 보조금, 기타 복리가 각각 489만 1,000위안과 242만 7,000위안이었고, 세전 보너스가 각각 6,132만 위안과 2,298만 8,000위안이었다.

─개인 광업주. 예를 들면 산시(山西) 소형 탄광의 사장 등이다.

─각급 기관의 실권을 장악한 간부와 사무원. 예를 들어 은행 신용대출 계원과 세무검사원·상공 행정 관리원 및 이들 부문의 지도 간부이다. 이런 부류의 사람들이 만약 공무에 힘쓰고 법을 잘 지키면, 절대 큰돈을 벌 수

63 자오쥔천(趙俊臣), 「중국 벼락부자 집단은 어떻게 생겨난 것일까?」, 『왕이평론(網易評論)』, 2008.

없을 것이다. 그러나 권력으로 사리사욕을 꾀하는 것이 개별적인 현상이 아니다. 그들은 사유기업주가 돈을 버는 통로를 장악하고 있어서, 각종 형식의 뇌물 증여와 뇌물 수수는 보편적인 현상이다. 이런 사람의 소득의 대부분은 회색소득이나 흑색소득으로, 그 수량이 얼마인지는 정확히 말하기 어렵다.

ㅡ건축 청부업자, 즉 건축 공정을 하청 받은 "현장주임". 만약 비교적 "짭짤한" 큰 공사를 하청 받으면, 그 소득은 엄청났다. 이런 공사를 따내기 위해서는 하청 권한을 갖고 있는 관리에게 뇌물을 줘야 했다.

ㅡ가수·영화배우·스포츠 스타. 그들은 자신의 특수한 재능과 지명도로 아주 높은 소득을 얻는다. 특별히 유명한 스타나 영화배우는 매번 개런티로 수만 위안, 심지어 수십만 위안을 받았고, 조금만 유명해도 수천 위안을 받았다. 개런티가 얼마냐는 지명도로 정해진다.

ㅡ외자기업의 중국 측 관리자, 외국 측 단독 자본기업의 중국 고위 고용자. 기업에 따라 소득이 십 수만 위안에서 수십만 위안으로 차이가 있다.

ㅡ고위관리와 부호들을 위해 서비스하는 고급 요식업이나 유흥업 사장. 그들은 경찰과 범죄 집단 사이에 처한 상황에 익숙해서, 규모의 차이에 따라 연소득이 십여만 위안에서 수백만 위안 이상이다.

ㅡ개인 가두 서적 판매점에게 도매를 하는 도서 판매업자. 그들의 연소득 역시 십 수만 위안에서 수십만 위안이다. 만약 계획만 적절하게 세우고, 제목을 잘 선택하면, 책 한 권으로 수십만 위안을 벌 수 있다.

ㅡ약간 불법적으로 이익을 얻지만 법률로 처벌할 수 없는 단체. 밀수업자, 음란물 업종에 종사하는 "매춘업자", 불법적으로 책을 출판하고 음악이나 영상 제품을 파는 사람, 국가 재산을 절도하는 사람, 불법으로 모조품을 제조하고 판매하는 사람 등이 있다. 현재 이런 사건을 해결하는 비율이 낮기 때문에 그들 중 많은 사람이 타격을 받지 않는다. 이런 사람은 돈

이 쉽게 들어오기 때문에 조사받고 처벌되는 것을 걱정하지 않는다. 그래서 제멋대로 돈을 소비하는 유형이다.

－탐관(貪官). 이미 드러난 탐관 대부분은 횡령하고 수뢰했다면 수천만 위안에 수억 위안이다. 중국석유천연가스그룹(中國石油天然氣集團, CNPC) 이사장이었던 천퉁하이(陳同海)는 1억 9,573만 위안을 수뢰하여, 사람들이 깜짝 놀랄 정도로 사치스럽게 생활했다. 해군부사령관이었던 왕서우예(王守業) 중장의 부패와 공금 횡령이 1억 6,000만 위안에 달했다. 그가 체포된 후, 베이징과 난징 두 거처에서 현금으로 인민폐 5,200만 위안과 미화 250만 달러를 찾아내었으며, 그 전에 이미 1,200만 위안을 썼고, 다섯 명의 내연녀까지 두었다.

바로 이런 일부 고소득 집단이 있어서, 보통 국민들은 감히 물어보지도 못할 고급 상품들이 불티나게 팔리고, 고가 물건을 파는 상점의 사업이 번창하는 것이다. 그들은 골프를 치고, 요트를 즐기며, 자녀들을 "귀족학교"에 보내거나 외국에 있는 초중등학교에 보낸다. 2005년 중국 최고층 빌딩인 상하이 진마오 빌딩에서 "백만 위안짜리 결혼식"이 거행되었다. 결혼식장의 장식에만 50만 위안을 써서, 모든 벽에 섬광 조각을 배치하고, 천장 곳곳에 생화로 만든 거대한 공 모양의 장식을 설치했다. 3미터 간격으로 자동으로 색깔이 바뀌면서 움직이는 네온사인이 설치되어 있고, 결혼식장 안의 한 면은 특별 제작한 수정 벽이 설치되었다. 결혼 이벤트사 책임자는 "백만 위안짜리 결혼식"은 그저 통칭해서 부르는 말이고, 실제로는 경비가 100만 위안 훨씬 넘게 든다고 했다.

어느 한 신문기사에서는 오늘날 부자의 생활을 묘사했다. "류씨는 베이징에 모두 여섯 채의 건물을 갖고 있으며, 총 가치가 5,000만 위안이 넘는다. 비록 부동산이 적지 않지만, 그중에서도 궁위안(貢院) 6호에 있는 집은 사람들에게 많이 알려져 있지 않으면서도 호화스러운 인테리어로 그와 그의 부인이 가장 좋아한다. 거실의 한쪽 벽 전체가 백금으로 장식되어 있으며, 침실에는 실크를 붙여 청소가 용이하도록 했다. 또한 말꼬리로 짠 침대 머리와, 제작할 때 금가루를 넣은 베네치아 수정 조명기구, 백 년 된 느릅나무로 장식된 기둥, 통으로 된 말가죽 수공 봉제 찻상이 있다. 윈난과 광둥은 류씨가 가장 많이 가는 곳으로, 어떤 때는 이튿날 바로 돌아오기도 하지만, 간 김에 현지의 경치도 보고 7, 8일 머무르기도 한다. 당연히 윈난 다이족(傣族)의 일부 향토 음식을 지금은 베이징에서도 먹을 수 있지만, 그는 항상 그다지 정통은 아니라고 생각한다. 예를 들면 윈난 다이족의 향토 음식은 사방에 울타리를 친 마을이 보여야만 맛을 느낄 수 있다. 친구들은 그에게 그곳에 가면서 하늘에 뿌린 돈으로, 차라리 개인 헬기를 사면 더 편할 것이라고 제안했다. 그는 지금 이미 수십 대의 개인 비행기를 구입한 부자이다."

부자들의 호화주택은 일반인들이 상상할 수 없을 정도이다. 베이징의 궁위안(貢院) 6호는 1제곱미터(㎡)당 4만 위안이고, 최고급 주택은 1제곱미터당 6만 위안이다. 가장 작은 주택 한 채가 133제곱미터로, 약 530만 위안이고, 가장 큰 주택 면적은 470제곱미터로, 판매 가격이 2,800여만 위안이다. 이것은 2005년 이전의 상황이다. 2008년에는 베이징의 부자들이 1제곱미터당 10만 위안의 주택에 살았다. 2009년 베이징 위위안탄(玉淵潭) 공원 동남쪽에 지어진 세 동의 고급주택은 한 가구가 400~500제곱미터로, 집집마다 엘리베이터가 두 대가 있고(그중 하나는 보모용 엘리베이터), 판매 가격이 4,000~5,000만 위안이었다. 분양 상담원의 이야기로는 아주 잘 분양되어서, 국유 금융기관의 고위 경영자도 구입했다고 했다. 2010년 위위안탄 북쪽에 다시 세 동이 건립되었고, 아식 완공되지 않은 건물 벽에는 분양 안내 전화번호가 걸려 있는데, 200미터 밖에서도 볼 수 있다. 2010년 4월 11일, 필자가 직접 전화를 걸어 물어보니, 주택의 면적은 350~1,000제곱미터로, 최저 가격이 8만 5,000위안으로, 층수나 방향이 좋으면 10여만 위안이라고 했다. 4월 18일 다시 전화로 물어보니, 그 사이에 가격이 올라서 최저 가격이 9만 위안이고, 좋은 층수는 15만 위안이라고 했다. 가격이 너무 비싸다고 하자, 상담원은 거의 다 분양이 되었고, 겨우 1, 2층과 맨 위층만 남았다고 했다. 상하이 쯔위안(紫園) 1호 별장은 1억 3,000만 위안으로, 상하이 국가급 여행휴가핵심구에 위치하여, 열여덟 개의 섬과 한 개의 반도로 구성되어 있다. 이 별장은 대지가 1,200제곱미터이고, 건축 면적은 1,481제곱미터이다. 상하이 탄궁(檀宮)은 상하이 시 중심에 위치해 있으며, 1,000만 달러에 달하는 H형 퐁텐블로 별장이다. 노란색 외벽의 프랑스식 3층 건축물로, 약 1,800제곱미터의 개인 공원이 있다. 또한 2010년 4월의 베이징 모터쇼에서는 놀랍게도 한 대에 4,000만~5,000만 위안 하는 고급승용차가 팔리기도 했다.

물론, 모든 부자들이 이처럼 호화스러운 생활을 하고 있는 것은 아니다. 사영기업 중 일부 창업자들은 여전히 창업할 때 소박한 생활방식을 유지해 나가고 있다.

중국의 신흥 부자 중 일부는 확실히 장사에 성공하여 부자가 되거나, 특수한 재능으로 부자가 된 사람이 있다. 그러나 그중에서도 일부 사람은 사회 전환기의 각종 허점을 이용하거나 정당하지 않은 방법을 활용해서 벼락부자가 되었다.

계획경제체제에서 시장경제체제로의 전환 과정에서, 재부의 유동이 수반되어, 계획경제체제 하에서 정부가 장악했던 재부는 사회로 옮겨갔다. 재부는 어떤 사람의 수중으로 옮겨 갔을까? 이것은 곧 누가 우세를 점할 것인지를 보아야 한다. 원래 고유한 권력 체제 내의 사람은 체제 밖의 사람보다 더 우세하고, 사회 지위가 높은 사람은 사회 지위가 낮은 사람보다 더욱 우세하며, 실제 이 부분의 국유재산을 장악하고 있는 사람이, 바로 우세를 점하고 있는 것이다. 좀 더 통속적으로 말하자면, "공동 취사장"의 주방장과 그 "주방장"과 특수한 관계에 있는 사람이 더 우세하다. 즉 만약 정치체제가 개혁을 하지 않고, 강력한 권력의 상호제어가 부족하면, 계획경제 시기에 누적된 국유자산이 원래의 권력체계를 따라서, 일부 "주방장"과 그 "주방장"과 특수한 관계에 있는 사람에게 집중될 것이라는 것이다.

여기서 주목할 만한 것은, 지금의 고소득군은 비교적 분산되어, "갖가지 직업마다 모두 돈을 벌 수 있다"는 것이다. 사람들이 어떤 직종에 종사하는지를 보지 않고, "공동 취사장"의 주방장과 연줄을 갖고 있는지를 본다. 만약 권력 옆에 붙어 있으면, 돈을 벌수 있는 가능성이 있게 된다. 상하이의 대부호 저우정이(周正毅)는 훈툰(餛飩: 고기와 야채를 섞은 속을 얇은 밀가루, 달걀, 물, 소금으로 만든 밀가루피로 싸서 끓여낸 중국 요리)을 파는 것에서 시작했다. 만약 그가 상하이 시 위원회 서기인 천량위(陳良宇)와 관계를 맺지 않았다면, 결코 부자가 될 수 없었을 것이다.

1980년대 "몸과 머리가 거꾸로 걸리는(體腦倒掛)" 현상이 있었다. 즉 정신노동자의 소득이 육체노동자의 소득보다 낮았다. 1990년대가 되어, 이 문제는 다소 완화되어, 학력이 높은 사람과 전문기술자의 소득이 상대적으로 높아졌다. 산업 향상과 산업 구조의 변화 중에서는 선진 기술산업에 종사하는 사람이, 시장화 과정 중에서는 사업 기회를 잘 잡은 사람이, 경영권이 국가에서 사회로 옮겨 가는 과정 중에서는 경영능력을 가진 사람이……, 이런 사람들이 먼저 부유해지는 것은 국민들도 받아들일 수 있다. 그러나 사람들이 정작 받아들이기 어려운 것은 공권력을 이용하여 재부를 모으는 사람들이다. 필자는 한 논문에서 그들을 "홍정상인(紅頂商人)"이라 부른 적이 있다.[64] "홍정상인" 중의 일부는 결코 "고관(紅頂)"이 아니지만, 일부

---

[64] 양지성, 「현대 "홍정상인"(當代"紅頂商人")」, 『30년 허둥』, 53~55쪽.

돈으로 관리를 매수한 "고관"을 이용하여 재물을 수탈하고, 일부는 부모 형제의 "고관"을 이용해서 재물을 수탈했다.

중국의 개혁 개방 과정 중에서, "홍정상인"이 재부를 수탈하는 데 모두 네 번의 절정기가 있었다.

국가 독점경영 초보 개방 시기(주로 수입상품의 국가 독점): 1994년 이전, 공정환율(official exchange rate) 하의 인민폐의 화폐가치는 줄곧 과대평가되어, 외국에서 수입된 상품을 국내서 팔면 큰돈을 벌 수 있었다. 개혁 개방 이전에는, 국가가 일괄수입 일괄수출로, 이익과 손해가 서로 상쇄되었다. 대외무역이 개방된 후에는, 일부 기업들이 스스로 수출입을 할 수 있었지만, 수입상품은 반드시 국가가 발행하는 허가증이 필요했다. 권력이나 배후가 있는 사람은 수입상품 허가증을 받을 수 있었다. 이것은 자본 없이 큰돈을 버는 장사였다. 1980년대, 한 당 간부 자녀는 호주머니 속에 수입상품 허가증을 무더기로 넣고, 팔기만 하면 곧 큰 부자가 되어서, 홍콩에 별장뿐 아니라, 경마용 말과 요트도 소유했다.

이중가격 시기: 상품의 이중가격은 1984년부터 1993년까지 줄곧 시행되었다. 예를 들어, 1988년, 철강재 1톤의 계획가격은 800위안이었지만, 시장가격은 1,500위안으로 계획가격의 상품을 얻게 되면 재부를 얻을 수 있었다. 상품 이중가격 이외에도, 자금의 이자와 외환의 환율 또한 이원화 되었고, 계획 내의 대출과 계획 외의 융자 이율의 차이가 매우 컸다. 1987년, 상품과 자금·외환의 이중가격의 차이가 2,000억 위안 이상에 달했고, 그 해 국민소득의 약 20%를 차지했다. 1988년 상술한 세 항목의 가격차는 3,569억 위안에 달했고, 그 해 국민소득의 30%를 차지했다.[후허리(胡和立), 1989] 몇몇 권력이나 배경을 가진 사람은 계획 내의 상품이나 대출·외환을

얻을 수 있었다. 만약 상술한 이중가격 차 중 10분의 1이 어떤 사람의 손에 흘러들어간다면, 얼마나 많은 부자를 만들어 낼 수 있겠는가?

금융자본 시기: 1992년 이후, 주식시장과 부동산 시장의 열기가 일어나면서, 그중 적지 않은 은밀한 조작이 있었다. 이 물결 속에서 "홍정상인"이 얻은 재부는 이중가격 시기에 얻은 재부를 훨씬 뛰어넘었다. 주식시장에서 비상장 주식의 증여나 상장 한도액의 분배, 주식시장의 조작이 모두 "홍정상인"에게 거대한 돈벌이 공간을 주었다. 부동산 시장에서 토지의 차용이나 은행 대출의 취득, 구 지역 재건축권의 취득은 또한 "홍정상인"이 충분히 능력을 발휘할 기회가 있었다. 국가개발은행(China Development Bank) 전(前) 부행장 왕이(王益)는 2007년 3월 국가개발은행 허난(河南) 분행을 승인하여, 정저우(鄭州)에 25억 위안의 자금을 제공하여 기초시설 건설과 쑹산(嵩山)·소림선종·무술성지를 핵심으로 하는 여행문화 산업 발전을 지원했다. 그러나 25억 위안 자금 중에서 겨우 2억 위안만 사용했고, 나머지 23억 위안은 행방불명되었다. 그 가운데 왕이의 친동생 왕레이(王磊)가 중간에서 4,000만 위안의 "고액 재무 자문비"를 받아, 타이핑양증권의 비상장 주식을 구입하는 데 사용했다. 2007년 마지막 거래일에, 타이핑양증권이 상하이 증권거래소에 등록되어, 첫날 주식 상승폭이 424%에 달했고, 왕레이의 4,000만 위안 비상장 주식이 순식간에 16억 위안이 되었다. 타이핑양증권은 원래 3년 누적 손실액이 8,482만 위안의 비우량주 회사로, 규정에 따르면 결코 상장 자격이 없었다. 그렇지만 중국 증권감독관리위원회 주식발행 심사위원회와 중대 구조조정 사정업무 위원회(重大重組審核工作委員會)의 심사를 거치지도 않고, 바로 상장되었다. 이것은 분명 왕이와 관계가 있으며, 왕이는 타이핑양증권의 저렴한 소유 주식을 대량으로 갖고 있었다.[65]

국유자산 구조조정 시기: 1997년 이후, 대규모의 국유자산 구조조정을 시행하기 시작했으며, 국유경제는 계속하여 일부 경쟁적인 업종에서 퇴출되었다. 이것은 사유경제 발전의 전대미문의 기회였으며, 또한 "홍정상인"이 재부를 모을 수 있는 좋은 시기이기도 했다. 일부 국유자산은 경매를 통해 개인 소유로 팔렸는데, 그 가격이 합리적일 수 있었겠는가? 한때 유행하던 "경영층 인수"는 실제로는 기업 고위층 경영자가 자기가 팔고 자기가 사는 것으로, 공공연히 국유자산을 분배했다.

이상에서 서술한 앞 두 시기의 "홍정상인"이 재부를 모으는 데에는 여전히 계획경제체제의 제한을 받아야 했으며, 그들의 활동은 대부분 막후에서 이루어졌다. 나중 두 시기는 시장경제체제가 시행된 이후로, "홍정상인"은 더욱 물고기가 물을 만난 듯이 하고 싶은 대로 했다.

"홍정상인"이 이상 네 개의 시기(그중 어떤 것은 겹침)에 모은 재산이 점점 많아졌고, 담력도 갈수록 커졌으며, 수단도 더욱 뛰어났다. 1980~90년대에, 백만 위안의 재산이 있으면, "백만장자"라고 불렸다. 21세기에 들어와서는, 재산이 100만 달러가 넘어야지만 부자의 대열에 들어갈 수 있었다. 전 세계에서 가장 큰 자산관리회사 중 하나인 메릴린치의 2004년 글로벌 보고서에는, 현재 중국의 부유인사(100만 달러 이상의 금융자산)가 지난해에 비해 12% 증가하여, 23만 6,000명에 달하며, 이러한 사람들의 총 재부는 9,690만 달러로, 평균 한 명의 자산이 410만 달러이고, 인민폐로 환산하면 3,400만 위안이라고 했다. 2008년 8월, 메릴린치와 유럽 최대의 자문회사인 캡 제미니(Cap Gemini)가 베이징에서 함께 발표한 『2008 아시아 태평양 재부 보고서(*Asia-Pacific Wealth Report 2008*)』에서, 2007년 연말까지 중국에는

---

65 『중국신문주간(中國新聞周刊)』, 2008년 제22기 보도.

개인 자산이 100만 달러가 넘는 부자가 모두 41만 5,000명이 있다고 밝혔다. 이것은 "순자산"을 가리키는 것이다. 재산 평균 보유량에서 보면, 중국의 백만장자 1인당 평균 보유자산은 510만 달러에 달해, 340만 달러의 아시아 태평양 지역 평균치보다 높았다. 2009년, 이 회사가 발표한 보고서에서는, 2008년 중국의 100만 달러 "고액 순자산 보유자"의 숫자가 영국을 뛰어넘었고, 전 세계 랭킹에서도 지난해의 5위에서 4위로 뛰어올랐다. 중국판 『포브스』인 『후룬[胡潤: 루퍼트 후게베르프(Rupert Hoogewerf)]』의 중국 부자 랭킹에서도 중국의 슈퍼부자는 금융위기 기간에 대폭 증가했으며, 중국에 이미 알려진 몸값 10억 달러 이상의 부자의 수가 작년의 101명에서 130명으로 증가했고, 전 세계 2위에 올라, 미국에 버금가는 것으로 나타났다. 여기서 주목할 만한 것은, 국제 금융위기 후에, 중국의 부호의 자산이 더욱 빨리 성장했다는 점이다. 왜 이처럼 비정상적인 상황이 나타난 것일까? 그것은 중국 부호 대부분이 국유경제 하에 기생하여, 전 세계 금융위기가 출현한 후, 중국이 반(反) 위기의 명분으로, 국유경제를 강화하여, 중국 부호도 크게 그 수혜를 받았기 때문이다.

현재 중국에서 가장 가난한 사람들

상술한 고소득 집단에 상응하는 것이 저소득 집단이다.

세기가 교차하던 시기를 전후로, 중국의 어떤 사람들이 저소득 집단에 속할까?

－순수 농민 집단. 이들은 연간 생산성 소득 중 절대 부분이 농업 소득을 차지하고 있는 가정을 가리키며, 이들의 농가소득은 매우 낮다. 농촌 빈곤 인구 대다수가 순수 농가이다.

－실지(失地) 농민. 전국에 4,000여만 명의 사람들이 농사지을 땅이 없고, 취업할 직장이 없으며, 장사할 밑천이 없어서, 단지 많지 않은 토지 보상비로 생활을 유지한다.

－도시 진출 농민공(農民工) 집단. 그들은 도시에서의 소득이 고향에서 농업에 종사하는 것보다 높지만, 도시 노동자와 비교했을 때, 그들은 저소득자이다. 그들은 도시 사람들이 하기 싫어하는 일을 하고, 도시 노동자의 각종 복지 혜택을 누리지 못한다. 그들은 노동의 강도가 높고, 임금이 낮을 뿐만 아니라, 사장에게 임금이 체불당하기도 한다. 정확한 통계는 아니지만, 2004년 농민공이 받지 못한 임금이 수천억 위안에 이른다고 한다.

－적자기업 노동자 집단. 1995년 표본조사 데이터에 따르면, 적자기업 노동자가 전체 노동자 인원의 36.4%를 차지하고, 성진 노동자의 22.1%를 차지하며, 그들의 임금소득은 비 적자 기업 노동자보다 34% 정도 낮다고 한다. 이 집단의 사람들은 주로 1995년 전후의 국유기업에 있다가, 20세기 말에 이르러, 대규모 국유기업 제도개혁으로, 이 노동자 중 일부는 실업 집단이 되었고, 일부는 다시 노동자로 고용되었다.

－실업과 실직 노동자 집단. 일부 대도시에서는 소득이 다른 각종 집단이 있기 때문에, 돈을 벌 수 있는 기회가 여전히 있다. "국가가 부양하지 못하면 시장이 부양하고", "직장이 부양하지 못하면 사회가 부양하기 때문에", 실직한 노동자는 그래도 살 길을 찾을 수 있었다. 그러나 설사 살 길을 찾는다 하더라도, 대부분 사람들의 소득은 여전히 매우 낮았다. 일부 산업이 비교적 단순한 광산 지역(예를 들어, 자원 개발을 위주로 한 지역)에서는 모두 한 가지 일에 종사하는데, 이 업종의 경기가 나빠지면, 전체 광산 지역이 좋지 않게 되기 때문에, 자원성 도시의 실직 노동자의 생활은 매우 비참했다.

－퇴직 노동자 집단. 경제적 효과와 수익이 좋은 직장은 직원들이 퇴직한 후의 소득이 일반적으로 재직 때의 절반 정도이다. 그러나 그렇지 못한

직장은 퇴직 후의 소득을 더욱 보장할 수 없다. 적지 않은 사람들이 퇴직 후, 의료비를 청구할 수 없게 된다. 그래서 정부기관 문 앞에서 청원하거나 시위하는 대부분의 사람들이 이들 노인이다.

─기층(基層)과 현지 권력자의 원한 때문에, 현지 권력자에게 피해를 입은 사람. 필자는 베이징에서 많은 노숙자들을 취재했다. 그들은 헝클어진 머리에 얼굴에는 땟물이 흐르고, 남루한 옷차림으로, 그중 상당 부분의 사람들은 청원 신청을 한 사람이다. 그들은 각자가 모두 비참한 사연을 갖고 있다.

중국의 대도시와 중소 도시에서 손으로 짠 자루를 짊어지고, 삼륜 자전거를 밟으며, 남루한 옷차림에, 거리 이곳저곳을 헤매는 사람을 볼 수 있다. 사람들은 그들을 "넝마주이(拾荒者)"라고 부른다. 2000년의 한 조사에 따르면, 전국 688개 도시에, 이러한 집단에 230만 명이 있다고 한다. 베이징의 넝마주이 숫자가 대략 30만 명으로, 400만 유동인구의 7.5%를 차지한다.[66] 그들의 소득은 농민보다 높아서, 선전의 넝마주이 한 달 소득은 대략 그 가정의 1년 농업 순소득과 맞먹었지만,[67] 그러나 생존 조건이 열악하고, 사회적 지위가 낮았다.

빈곤 집단은 그들이 전혀 노력하지 않아서 그런 것이 아니며, 또한 그들의 능력이 부족해서도 아니라, 경제사회 전환기에 불리한 지위에 처해서이다. 어떤 사람은 대대적인 조정이나 개혁·혼란이 있는 국유기업에 종사하고, 어떤 사람은 비교적 경제 이익이 낮은 곡물 산업에 종사하며, 또 어떤 사람은 생산 능력이 과잉된 상황에 처한 업종에 종사하고, 어떤 사람은 농업 이외의 산업에는 종사할 수 없는 변두리의 산간 지역에 있다. 일부 국유기업의 노동자와 농민은 개혁의 혜택을 누릴 수 없고, 오히려 개혁의 비

---

66 선전 당대 사회관찰연구소, 『선전 넝마주이 조사보고서』, 2007년 4월 26일, 5쪽.
67 위의 책, 9쪽.

용을 부담해야 하고, 개혁의 진통을 감당해야 한다.

가장 가난한 사람이 바로 절대빈곤 인구이다. 국가가 절대빈곤 인구의 소득에 대한 기준을 제정했는데, 그 기준의 계산 방법은 다음과 같다.

(1) 중국은 국제와 국내 최저한도의 영양 기준을 종합하여, 2,100kcal 열량을 농촌 인구 빈곤의 필수영양 기준으로 삼았다. 이 영양 기준은 사람의 기초대사량(생명을 유지하는 최저 에너지)에 비교해 500kcal 높게 나왔고,[68] 매우 가벼운 육체노동에 필요한 에너지 보다는 300kcal 낮게 나왔다.

(2) 식품 빈곤선(약 60%)과 비식품 빈곤선(약 40%)을 서로 더하여 빈곤인구의 지원 기준을 얻었다. 중국의 농촌 빈곤인구의 기준은 1986년 국가통계국이 6만 7,000가구 농촌 거주 가정의 소비지출에 대한 조사를 기초로 산출해 낸 것이다. 계산을 통해, 1985년 중국 농촌 빈곤인구의 지원 기준은 206위안이었고, 그 후 물가지수의 변동에 따라 해마다 조정했다.(표4-17 참조)

표4-17 중국 농촌의 절대빈곤 상황의 변화[69]

연도	절대빈곤선(위안/연간 소득)	절대빈곤 인구(만 명)
1985	206	12,500
1990	300	8,500
1992	317	8,000
1995	530	6,540
1996	635	4,120

---

68 우리 몸이 18~25도의 환경 속에 가만히 누워서, 완벽한 휴식 상태로, 육체노동도 없고, 정신노동도 없으면서, 열두 시간 전에 음식을 먹지 않고, 소화 계통도 정지된 상태가 되면, 이 상태에서의 소모 에너지가 곧 기초대사량이다. 『영양과 식품위생학』(베이징: 인민위생출판사), 1981, 20~21쪽.

69 국가통계국 농촌사회경제조사총대 편찬, 『2004년 중국 농촌가계조사연감(中國農村住戶調査年鑑)』(베이징: 중국통계출판사), 2004년과 2007년의 데이터, 국가통계국이 최근에 발표한 자료에 근거함.

1997	640	4,962
2000	625	3,209
2001	630	2,927
2002	627	2,800
2003	637	2,900
2004	668	2,610
2007	786	1,479

　숫자는 무미건조한 것으로, 간단하게 계산해 보면, 빈곤 숫자가 나타내
는 생존 상태를 볼 수 있다. 2007년 연소득을 786위안으로 계산하면, 그
중 60%, 즉 472위안으로 식품을 구매하는 데 쓰고 나면, 365일, 매일 겨
우 1.29위안으로 무엇을 먹을 수 있을까? 786위안 중의 40%, 즉 314위
안을 식품 이외의 소비에 쓴다면, 매월 2.8위안으로, 여기에는 의복·주
거·활동·생활·의료·문화생활이 포함되어 있는데, 어떤 집에서 살 수 있
으며, 어떤 옷을 입을 수 있으며, 학교는 다닐 수 있고, 병원에는 갈 수 있
겠는가?

　중국에는 두 개의 빈곤선이 있다. 하나는 절대빈곤선으로, 바로 위 표에
서의 기준이고, 다른 하나는 상대빈곤선으로, 즉 소위 말하는 "저소득 인
구"이다. 2007년 중국의 절대빈곤선은 1인당 평균 연소득이 786위안이고,
"상대빈곤선"은 1인당 평균 연소득이 1,067위안이었다. 2007년 1,479만
의 절대빈곤 인구가 있는 것을 제외하고도, 또한 4,320만 명의 저소득인구
가 있었다.

　국가통계국이 공포한 절대빈곤 인구의 숫자와 실제 상황은 매우 큰 차이
를 보인다. 만약 세계은행이 매일 1인당 평균 소비가 1달러보다 낮은 사람
들을 국제 빈곤 기준으로 삼는 것을 채택해서 계산하면, 중국의 2004년 농

촌 빈곤인구는 1억 6,000만 명(세계은행 계산)이 된다. 세계은행은 중국의 빈곤인구를 추산할 때 소비로써 빈곤을 가늠하지만, 국가통계국은 소득을 위주로 판단한다. 이 밖에도, 농촌의 1인당 평균 순소득의 통계치가 보편적으로 과장되어 있어서, 이러한 요소를 고려한다면, 절대빈곤 인구는 공포된 숫자보다 훨씬 더 높을 것이다.

2009년부터, 중국의 절대빈곤 기준과 상대빈곤 기준이 하나로 합쳐져, 현행의 저소득 기준을 새로운 빈곤 구제 기준으로 삼으려 하고 있다. 그러나 설사 새로운 기준이 연소득 인민폐 1,067위안(약 150달러)이라고 하더라도, 유엔이 정한 1일 평균 1달러와는 여전히 큰 격차를 보인다. 세계은행 연도 『발전 보고서』 통계에서 공고한 150여 개의 국가 중에서, 1인당 연평균 국민 총소득이 150달러가 안 되는 국가는 가장 빈곤한 나라 1위를 차지한 부룬디(Burundi)(100달러)·콩고(120달러) 등이 있고, 3위를 차지한 에티오피아·말라위(Malawi)도 모두 160달러를 넘어서, 중국의 빈곤 기준이 분명히 매우 낮음을 알 수 있다.

농촌 빈곤인구를 제외하고, 또한 수천만 명의 도시 인구가 빈곤 상태에 처해 있다.

절대빈곤 인구와 극소수의 벼락부자는 강렬한 대조를 이룬다. 어떤 사람은 매일 주색에 빠져 있지만, 어떤 사람은 밥을 못 먹어서 배를 굶주린다. 어떤 사람들은 호화주택에서 아주 사치스럽게 지내지만, 어떤 사람들은 추위도 막지 못할 정도의 옷을 입고 비도 피하지 못할 집에 산다. 이것은 결국 사람들이 심리적으로 참기 힘든 일이다. 회색소득과 흑색소득은 권력으로 사리사욕을 채우는 사람을 벼락부자로 만들었고, 과거 수십 년 동안 국가를 위해 큰 공헌을 한 국영기업 노동자와 도시에 양식을 제공한 농민들은 빈곤한 지경에 처하도록 하여, 사람들을 매우 분노하게 했다. 대중들은 소득분배 결과에 대해 불만을 갖고, 부자가 된 사람의 치부 수단과 그 인격에 대해 의심을 갖게 되었다.

오늘날, 불공정한 재산분배의 원인 중 하나는 부패이고, 가장 결정적인 것은 경제개혁 과정 중의 부패이다. 새로 내놓은 모든 경제개혁 조치는 몇몇 사람이 공적인 것을 사적인 수단으로 바꿀 수 있도록 하여, 그들이 큰돈을 벌 수 있는 아주 좋은 기회가 되었다. 경제개혁 초기에, 그들은 경제개혁이 그들이 갖고 있는 국유 자산에 대한 통제권을 잃어버릴까 두려워하여, 경제개혁에 대해 소극적인 태도를 유지했지만, 후에 그들은 경제개혁이라는 수단을 이용하여 통제권을 실질적인 소유권으로 바꿀 수 있다는 것을 발견했다. 그래서 그들은 과거의 태도를 바꾸어 적극적으로 "모두 유신(維新)에 참여했다." 일부 원래 "공유제를 고수하자"라는 명목으로 스스로 기업에 대한 통제권을 유지하려던 사람들도 현재는 국유자산 개편의 기회를 이용하여, 돈을 쓰지 않고(국유은행에서 돈을 빌리거나) 국유기업이나 혹은 집체 소유의 기업을 자신의 사유재산으로 바꾸었을 뿐 아니라, 일부는 또한 기업 직원에게 돈을 내라고 하든지, 그렇지 않으면 직원을 "해고"시켰다.

사람들은 정치체제 개혁을 통해 부패가 제거되기를 기대하지만, 이미 권력을 이용해 벼락부자가 된 사람들에게, 정치체제 개혁은 그들이 "돈세탁" 하기 좋은 기회가 된다. 국가 정치제도의 변경을 통해, 그들은 자신들이 약탈한 재산을 합법화시키려 한다. 사회주의와 공산당의 허울이 없으면, 그들은 더욱 대담하게 마음 놓고 재산을 약탈할 수 있을 것이다.

빈부의 차가 만든 각종 사회문제에 대해 사람들이 되돌아보기 시작하여, 20년 경제개혁의 목표와 경로·계획·방식에 대해 검토하고, "효율을 우선시하고, 아울러 공평함을 고려하자"는 분배원칙에 대해서도 되돌아보기 시작했다. 1987년의 중국 공산당 제13차 전국대표대회 정치보고에서 제시된 분배원칙은 "효율을 촉진시키는 전제 하에 사회 공평을 구현하자"였고, 중국 공산당 제14차 전국대표대회 정치보고에서는 "효율을 우선시하고, 아울러 공평함을 고려하자"라는 분배원칙을 명확히 제시했다. 오늘날 빈부격차가 사람들이 우려할 정도로 확대되자, 일부 순진한 사람들은 문제를 "효율 우선"의 탓으로 돌리기도 하지만, 이러한 견해는 편파적인 것이라고 생각한다. 시장경제 조건 하에서, 시장은 효율을 추구하고, 정부는 사회공평에 힘쓴다. 초기 분배는 반드시 시장의 효율 원칙에 따라 진행되고, 이 원칙에 따라 분배하지 않으면 시장경제는 없다. 그러나 정부 주도의 재분배는 사회공평을 실현해야 하지만, 애석하게도 어떤 정부나 부문은 재분배에 있어서 사회공평을 추구하지 않을 뿐 아니라, 어떤 때는 더 큰 불공평을 만들기도 한다. 예를 들어 첫째, 고소득자에 대한 소득세 징수가 강력하지 못해서, 부자들의 세금 탈루 현상이 매우 보편적이고, 소득세의 주요 출처가 저소득자 집단이 된다. 둘째, 일부 지방 정부가 단편적으로 "정치적 업적"만 추구하여, 어떤 경우 곤란한 집단에 대해 관심을 가지지 않을 뿐 아니라, 아울러 토지 징발로 인해 4,000여만 명의 실지(失地) 농민과 같은 곤란한 집단을 만들어 내기도 한다. 농민에 대한 토지 징발 정책, 즉 1급 시장에서 농민의 토지를 징발하여 사용하는 것은 계획경제의 수단으로, 단지 몇 년의 생산량에 따라 지가(地價)를 지불하고, 농민들의 이후의 발전과 양로·의료보장을 고려하지 않는다. 정부는 2급 시장에서 완전히 시장경제 원칙에 따라 교역하여, 200평의 땅을 몇 십만, 몇 백만 위안으로 팔았다. 셋째, 사회 공정을 실현하는 데 가장 중요한 수단인 교육 자원의 분배가 공정하지 않았다. 교육비의 배치에 있어서 도시를 중시하고 농촌을 경시했다. 정부는 농촌의 의무교육을 위해 돈을 쓰지 않고, 농민들에게 "교육부가비"를 받았으며, "의무교육"은 농민의 "의무"가 되었다.

제5장

권력 지위 분층

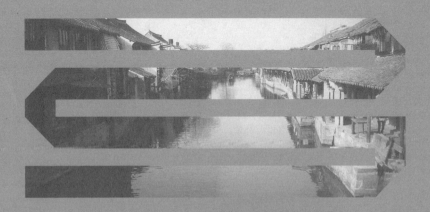

어떤 사회에서든지, 출세하려는 남자들이 추구하는 목표는 권력, 돈, 성망을 벗어나지 않는다. 사회가 성과를 거둔 사람에게 대해 보상할 때도 권력, 돈, 성망 안에서 보상한다. 한 사람의 사회적 지위는 권력 지위·재부 지위와 성망 지위로 구성되어 있다.

　제4장에서는 개혁 이래 재부 분배의 변화에 대해 소개했으며, 제5장에서는 구체적으로 권력 지위에 대해 분석하고자 한다.

권력이란 무엇인가?

권력은 거의 인류사회와 함께 탄생한 굉장히 매력적인 사회현상이다. 미국의 학자 아돌프 벌 주니어(Adolf A. Berle, Jr. 1895~1971)는 권력은 인류 역사상 성(性) 다음으로 가장 일찍 생긴 사회현상이라고 했다.

사회에서 어떤 사람이 명령을 내리면, 어떤 사람은 복종한다. 어떤 사람은 자신의 의지를 다른 사람에게 강요하고, 어떤 사람은 다른 사람의 의지에 굴복한다. 만약 이러한 관계가 이 사회의 가치규범에 부합한다면, 앞에 말한 사람들은 "권력"이 있다고 말할 수 있다. 사회에서는, 전제국가의 국가원수를 제외하고, 어떠한 사람이든지 복종해야 하고, 최말단 조직의 가장 낮은 사람을 제외하고 모두 명령할 수 있다.

사람들은 왜 다른 사람에게 복종해야 하고, 한 집단의 사람들은 왜 한 사람에게 복종해야 할까? 거기에는 네 가지 원인이 있다.

첫째, 강제(强制)이다. 강제는 폭력적인 강제와 법률적인 강제로 나눌 수 있다. 어떤 사람이 총으로 위협하거나 고문도구로 다른 사람을 복종시킬 때, 이것은 가장 난폭한 폭력적 강제이다. 한 명의 법 집행자가 다른 사람에게 어떤 법률에 복종하라고 요구할 때, 이것은 법률적 강제이다. 폭력적 강제는 한계가 있으며, 폭력적 강제를 시행한 권력자는 언제나 그 자신이 어떤 숭고한 사상 이론의 충실한 집행자라고 주장한다.

둘째, 매수(買收)이다. 어떤 사람에게 그 사람이 자신의 의지에 따라 어떤 일을 해주면, 내가 그 사람에게 돈으로 보상을 준다. 이것이 가장 간단한 상황이다. 사실상 일회성으로 지불하는 간단한 거래가 아니라, 장기적인 이익 관계의 구속인 셈이다. 만약 고용인이 주인의 뜻에 복종하면, 그것은 곧 계약 기간 내의 이익 구속이다.

셋째, 명망(威望)이다. 어떤 상황에서는 강제도 없고, 매수도 없지만, 어떤 사람이 다른 사람에게 복종하거나 다른 사람의 요구를 듣는다. 이것은 복종하는 사람이 인정한 것이고, 그들이 따르는 사람이 자기보다 더 좋은 판단력과 더 높은 식견이 있기 때문이다.

넷째, 설득(說服)이다. 권유를 통해 사람이 어떤 방법이나 정책·신앙이 정확하다고 믿도록 하는 것이다. 선전이나 교육이 가장 자주 사용되는 설득의 수단이다.

독일의 학자 막스 베버는 "권력은 한 사람의 의지를 다른 사람의 행위에 강요하는 능력이다"라고 정의했다. 프랑스 학자 모리스 뒤베르제(Maurice Duverger, 1917~2014)는 "권력은 일종의 규범적 개념으로, 한 사람이 다음과 같은 지위에 처하는 것을 가리킨다. 그가 타인이 어떤 사회관계에 있어서 그의 지시에 복종할 것을 요구할 권리를 갖고, 이러한 관계에서 발전하는 집단의 기준과 가치체계가 이런 권리를 확인하고, 또한 이러한 권리를 향유하는 사람을 부여한다"라고 말했다.[1] 그는 또한 일반적으로, 이러한 명령을 내리는 권력의 근원은 이러한 권력의 필요수단을 충분히 효과적으로 행사할 수 있는 것에서 나온다고 생각했다. 즉 권력은 늘 힘을 수반한다는

---

1 모리스 뒤베르제(Maurice Duverger), 『정치사회학―정치학 요소』, 양쭈궁(楊祖功) 외 옮김, 화하 출판사, 1987년 판, 114쪽.

것이다. 미국 학자 존 케네스 갤브레이스(John Kenneth galbrath, 1908~2006)는 한 걸음 더 연구하여, 의지가 어떻게 다른 사람을 강제하며, 결국 어떻게 다른 사람이 복종하도록 하는지를 연구했다. 그는 세 가지의 수단이 있다고 생각했다. 첫째는 강제이다. 이것은 징벌(懲罰)을 포함하고 있지만, 이 징벌은 적당하고 합리적인 것이며, 적당한 억제나 위협을 통해 복종하도록 하고, 복종자는 핍박을 받는다. 둘째는 보상이다. 다른 사람들이 당신에게 복종하도록 하고, 당신이 그에게 상응하는 보상을 해준다. 만약 시중드는 사람이 복종하면 돈을 지불해야 하고, 복종하는 사람은 보상을 받기 위해서 일한다. 셋째는 다른 사람의 신앙을 변화시켜 그가 복종하도록 하는 것이다. 이것은 바로 권유나 교육·선전이며, 사람들이 마음속으로부터 복종하도록 한다.

하나의 조직된 집단(기업이나 당파·국가 등)이 그것의 전체 목표를 실현하려면, 권력이 필요하다. 개인·당파·종교의 가치규범을 다른 사람에게 확대하기 위해서는, 자신의 당파와 종교 이외까지 확대해야 하고, 또한 권력이 필요하다.

권력은 인격, 재산, 조직이라는 세 가지 근원이 있다.

인격(人格): 사람의 특징과 사유·언어·도덕이나 기타 개인적 특징을 포괄한다. 인격적 매력이 있는 사람은 쉽게 추종자를 얻으며, 인격적 매력은 그 신념의 확고한 정도·안목의 트임 정도·포용력의 크기·설득 능력 등과 상관이 있다.

재산(財産): 재산이 있으면 곧 경제적 이익 수단으로 다른 사람을 복종시킬 수 있다. 초기와 다르게, 20세기 후반에 재산은 더 많은 작용을 하게 되었다. 이러한 상황에서 재산은 단순히 직접적으로 복종을 얻을 수 있을 뿐 아니라, 선전 수단을 사들임으로써 사회의 신뢰를 실현하는 경우가 더욱 많아졌다. 이러한 선전 수단들은 각양각색의 광고를 포함한다.

조직(組織): 조직의 규정은 곧 그 구성원들이 이 조직 취지에 복종하겠다는 공동의 약속으로, 그 속에는 조직 원칙을 위반한 사람을 어떻게 처벌할 것인지도 포함되어 있다. 복종이 없으면 조직도 없다. 예를 들어 "하급자는 상급자에게 복종하고, 소수는 다수에게 복종하며, 전당(全黨)이 중앙(中央)에게 복종하는 것"이 바로 일종의 권력 구조이다. 그래서 조직은 권력을 만들 수 있고, 반대로 권력도 단지 조직을 통해서만 실행될 수 있다. 조직이 없다면, 권력은 실제로 적용될 수 없다.

조직은 일종의 기계이다. 그것은 권력을 행사할 수 있도록 할 수 있고 또한 지도자의 능력을 크게 할 수 있다. 그러나 만약 이 기계에 속도 제한기가 없다면, 그것의 거대한 관성이 누적되어, "과속"할 것이고, 결과적으로 "차는 박살나고 사람은 죽을 것"이다. 조직과 개인이 함께 끝장나는 것이다. 이것은 곧 하나의 정상적인 조직은 반드시 권력을 제한하고 균형을 이루는 체제가 필요하다는 것을 의미한다.

인간은 사회적 동물이다. 조직은 사람들의 생활에서 피할 수 없는 구성 부분이다. 누구든지 조직의 제약을 받아야 하고, 누구든지 조직에서 이득을 얻을 수 있다. 조직은 그 내부의 구성원이 복종할 수 있도록 할 뿐 아니라, 조직 외의 사람들도 복종하도록 할 수 있다. 조직이 사람들로 하여금 복종할 수 있도록 할 수 있는 까닭은 조직이 모종의 정의의 가치규범을 표명하기 때문이다. 이러한 가치규범은 조직 내외의 사람들 모두에게 호소력이 있으며, 조직은 여론이라는 도구를 통해 이러한 가치규범을 선전하여, 사람들이 믿고 따르도록 한다. 그것은 조직 원칙을 통해 그 구성원에게 처벌을 할 수 있고, 또한 가치규범을 수호한다는 이유로 조직 외부에 대해 무력으로 응징할 수도 있다. 그것은 경제적인 힘이 있어서, 보상을 통해 사람들을 복종하게 할 수 있다. 만약 한 조직이 징벌(군대, 경찰)과 보상(경제), 제약(여론)을 장악하고 있다면, 그 조직은 강력해질 수 있고, 이 세 가지 중에서 하나도 가지지 못했다면, 그 조직은 해이해져 힘이 없어질 것이다.

조직은 그 목표에 대한 내부의 복종이 있어야만 외부의 복종을 얻을 수 있고, 그 외 권력의 크기와 신뢰성은 내부의 복종 정도에 달려 있다. 외부 권력은 내부 권력에서 나온다. 내부가 느슨하면 외부의 권력도 약화된다. 당연히, 외부에서 좋은 효과를 얻으면, 내부 복종에도 도움이 된다. 이것은 바로 내부 권력과 외부 권력의 "쌍봉 대칭(雙峰對稱)"이다.

사람들은 보편적으로 권력에 관심이 있고, 많은 사람들은 권력을 좇고자 하는 욕망이 있다. 민주국가에서 권력을 추구하는 사람은 공개적으로 자신이 권력을 추구하는 욕망과 주장이 있다고 선전한다. 그러나 비민주주의 제도에서는 공개적으로 이러한 욕망을 말하는 사람이 드물다. 이러한 제도 하에서, 권력을 추구하는 목적은 그럴싸한 거짓말에 의해 조심스럽게 감추어져 버린다. 단지 그렇게 잘 감추는 사람만이 권력을 얻을 수 있다. 너무 빨리 권력에 대한 목적을 드러낸 사람은 재능이 넘쳐도, 반드시 일찍 권력의 틀 밖으로 배제된다. 권력의 독점 정도가 높아질수록, 이런 상황은 더욱 명확해진다. 중국 고대에 "인위적 노력을 쌓아가는 것(積僞)"이 있었는데, 이것을 하나의 미덕으로 여기고 배양했다. "말을 금지하고", "언행을 각별히 조심하는 것"은 비민주제도 하의 권력 범위 안에서의 관례이다. "아무 말이나 다 해버리는" 사람은 높은 차원의 권력 범위에 들어갈 수 없었다. 그러나 선거 유권자에 의해 권력을 부여하는 제도 하에서는 공개적으로 자신이 권력을 필요로 한다는 것과, 어떻게 권력을 운용하여 유권자를 위해 복리를 도모할지를 선포해야 한다.

권력의 목적은 바로 권력 운용의 그 자체이다. 권력에 대한 사용은 집권자 개인의 가치 실현일 뿐만 아니라, 일종의 가장 높은 정신적 향유이다. 단 한 번의 외침에 수많은 사람들이 그에게 호응할 때, 그가 여러 사람에게 빽빽하게 둘러싸여 있을 때, 그가 명령을 내릴 때, 그는 스스로 원기 왕성하고, 강대하고, 영광스럽다고 느낄 수 있다. 모든 사회에서 권력의 운용은 언제나 숭고한 일이라고 여겨졌다. 권위적인 정치제도에서, 복잡하고 복종을 강화하는 분위기의 성대한 의식이 결코 허례허식이 아니라, 권력을 행사하는 데 필요한 것이다. 연회에서의 눈에 띄는 위치나 자동차 행진에서의 앞뒤 순서는 모두 권력이 다른 사람에게 영향을 끼치는 필수품이다. 마치 갤브레이스가 말한 것과 같다. "사람들이 권력을 추구하는 것은 권력이 그 개인의 이익이나 가치 또는 사회 관념을 충분히 만족시킬 수 있기 때문일 뿐만 아니라, 또한 정신과 물질의 보상이 권력의 소유와 사용 중에 존재하기 때문이라는 권력 자체의 원인도 있다."[2]

그런데 권력 자체에는 결코 "선"과 "악"의 표시가 되어 있지 않으며, "권력은 아마도 사회의 죄악이고, 또한 사회의 기초이다." 관건은 권력을 사용하여 어떠한 목표를 실현하고, 어떠한 수단을 사용하여 목표를 실현하는가에 있다.

사회학자들은 사회의 발전에 따라, 권력의 출처와 수단에 변화가 생길 수 있다고 주장한다. 미국 사회학자 다니엘 벨(Daniel Bell, 1919~2011)은 후기 공업사회의 주요 자원은 지식으로, 통치 인물은 과학자와 연구원이라고 생각했으며, 도표로 그의 견해를 서술했다. 표5-1을 참조할 수 있다.[3]

표5-1 권력의 출처와 수단의 발전

	전기 공업사회	공업사회	후기 공업사회
자원	토지	기계	지식

2 존 케네스 갤브레이스(John Kenneth Galbraith), 『권력의 분석』, 타오위안화(陶遠華)·수시쥔(蘇世軍) 옮김, 허베이인민출판사, 1988년 판, 8쪽.
3 다니엘 벨(Daniel Bell), 『공업사회 이후의 도래』, 상무인서관, 1984년 판, 397쪽.

사회활동 장소	농장·재배농장	회사·기업	대학·연구 기구
통치 인물	지주·군인	기업가	과학자·연구원
권력 수단	직접적 통제·무력	간접 영향·정치	기술과 정치력의 균형
계급의 기초	재산·군사적 힘	재산·정치조직·기술	기술·정치조직
권력을 갖는 방법	계승·무력 착취	계승·협찬·교육	교육·전쟁 체제·흡수력

개혁 이래 권력분층의 변동

권력은 계층이 나누어져 있다. 다른 권력계층에 있는 사람의 사회적 지위는 다르다. 그러나 권력분층은 사회구조에 의해 결정된다. 제도의 개혁이나 정책의 변천은 모두 권력분층에 변화를 줄 수 있다. 계획경제체제에서 시장경제체제로 전환되는 과정에 권력분층도 그에 따라서 중요한 변화가 생겼다.

계획경제 시대의 권력분층은 다음의 몇 가지 특징이 있다.

첫째, 권력은 피라미드 구조에 따라 층이 나누어진다. 중앙(中央)-성(省)·시(市)·자치구(自治區)-현(縣)-공사(公社)-생산대(生産隊). 동일한 권력층 사이에는 횡적인 권력관계가 없다.

둘째, 권력의 출처. 하나는 전통적 마르크스주의 이론에 의지하여, 상당히 많은 사람들이 공산주의를 신앙으로 삼아서, 신앙을 위해 복종한다. 다른 하나는 구세대 혁명가의 개인적인 성망에 의지한다. 또 다른 하나는 계급투쟁에 의지하여, 복종하지 않는 사람은 아마도 계급투쟁의 대상이 될 것이다. 마지막은 제도와 정책에 의지하는 것으로, 예를 들면 호적 제도와 식량 등 생활필수품의 표배급제도(憑票供應制度)와 같다. 호적 제도는 사람들을 어느 한 직장의 행정 권력 밑에 고정시키는 것으로, 그의 생존 필수품(예를 들면 배급표)은 모두 그 직장의 행정 권력으로부터 배분받으며, 복종하지 않으면 생활 물자를 배분받지 못한다.

셋째, 권력과 소득·성망의 삼위일체. 일정한 권력 층차에서는 그에 상응하는 소득 층차와 성망 층차가 있을 수 있다. 그러나 이 삼위일체 중에서, 권력이 중심 위치에 있어서, 권력을 잃어버리면 곧 소득과 성망을 잃어버릴 수 있다. 말은 삼위일체이지만, 실제로는 권력이 최고이다.

개혁은 권력 구조와 권력 출처·권력의 행사 방식에 분명한 변화를 주었다.

개혁은 권력이 고도로 집중되는 것에서 적당하게 분산되도록 했다. 1980년대 개혁 중의 "방권(放權: 일부 권력을 하부기관에 넘겨주는 짓)"은 바로 권력을 분산시키는 것이다. 농촌에서는 토지 경영권을 집단 경영에서 가정 경영으로 넘겨줬고, 도시에서는 기업 경영권이 국가에서 기업으로 넘어갔다. "방권"은 농촌과 도시의 활력을 증가시켰다. 농촌 방권은 주로 농민들의 수중에 들어갔지만, 향촌 간부가 여전히 토지 하청권(土地發包權)을 장악하고 있었다. 어떤 향촌 간부는 빈번하게 토지의 하청을 바꿔서 이익을 챙겼다. 도시에서는 마땅히 기업 법인의 수중에 들어갔지만, 기업 법인이 지지부진하게 되어서 일부는 여전히 행정기관에 의해 층층이 차단되고, 일부는 자연인인 기업 경영인의 수중에 들어갔다. 이러한 기업은 한편으로는 완전한 경영권이 없었고, 다른 한편으로는 경영자의 권력이 통제력을 잃었다. 방권 중에 나타난 각종 문제들은 원래의 권력 틀 안에서 권력을 분산했기 때문에, 제도의 혁신이 결핍되어, 무질서한 상태가 생겨났다.

제도 혁신의 조건 하에 권력을 분산해야 비로소 안정적인 효과를 거둘 수 있다. 예를 들면, 시장경제의 수요에 따라 정부의 기능을 확정하고, 정부 기구의 개혁을 진행하여, 중앙정부에 집중된 권력이 적당히 분산되면 적극적인 효과가 생겨날 수 있다. 현대 기업 제도의 건립과 개선에 따라서, 조직의 작용이 개인의 작용보다 커졌고, 기업가 개인이 얼굴 없는 법인 조직에 양보하면서, 기업은 비로소 건강하게 발전할 수 있었다.

개혁은 일부 공공권력을 정부에서 사회로 바꾸어 놓았다. 당정(黨政)이 분리되고, 정부와 기업이 분리됨에 따라서, 과거에 고도로 집중된 권력이 기업과 사회와 시장으로 옮겨졌다. 개혁이 행정 권력의 활동 범위를 축소시키고, 사회 권력의 유동 범위를 확대시켰다. 행정 권력이 점차 일부 영역에서 물러나면서, 중개기구, 기업, 사회조직에게 자리를 물려주었다. 국가와 사회 일체화 패러다임이 해체되고 있다. 국가와 사회의 분리는 과거에 못하는 것이 없고, 포용하지 않는 것이 없었던 행정 권력을 사회로 양도시켰다. 당연히 이것은 단지 일종의 추세로, 지방마다 영역마다 이러한 권력 이동의 정도와 속도는 매우 큰 차이가 있었다. 농촌을 예로 들면, 과거 농촌 정권은 농민의 모든 생존 조건을 통제하고 있었으며, 농촌에서 생산 책임제(聯産承包制)를 시행한 후, 이러한 권력의 일부는 향진 기업으로, 일부는 농가로, 일부는 시장으로 옮겨 갔고, 향촌 행정 권력의 실속이 과거보다 줄어들었다. 그러나 당정 분리와 정부와 기업의 분리가 실제로 실현되지 않았기 때문에, 일부 농촌은 여전히 당 지부(支部)가 모든 것을 통제했고, 크고 작은 일 모두를 당 지부 서기 개인이 말하는 대로 결정되었다.

개혁은 권력을 중심으로 하는 권력·재부·성망 "삼합일(三合一)"의 상황에 변화가 생기도록 했다. 개혁 이래, 사회계층의 권력 지위·재부 지위·성망 지위가 분리되기 시작했을 뿐만 아니라, 또한 위치가 전도되는 상황이 출현하기도 했다. 예를 들면 정부 관리처럼, 권력 지위가 높은 사람이 반드시 재부 지위가 높은 것이 아니며, 사유기업주처럼 재부 지위가 높은 사람이 반드시 성망 지위가 높은 것은 아니었다. 그리고 과학자처럼 성망 지위가 높은 사람은 아마도 재부 지위가 매우 낮을 것이다. 이러한 분리는 정상적인 것이며, 또한 사회발전의 표현이다. "만약 돈과 정치권력 양자가 모두 동일한 부분의 소수 사람에게 집중되면, 그들은 억압과 불평등이 영원히 존재하도록 할 것이다."[4] 그러나, 사회의 신질서가 아직 세워지지 않은 상황에서, 이러한 위치 전도는 또한 새로운 문제를 가져왔다. 예를 들면 권력 지위가 높은 사람은 재부를 늘리려고 갈망하고, 재부 지위가 높은 사람은 권력을 얻으려 갈망했다. 따라서 이 두 부류의 사람은 몰래 거래를 해서, 양측이 만족을 얻게 되고, 사회는 오히려 부패가 생겼다. 권력 지위와 재부 지위를 가진 사람이 성망 지위를 얻고자 해서, 돈으로 박사학위를 사는 상황이 생겨났다. 일부 명문 대학의 직장인 박사생(博士生: 박사과정 학생) 중에 장관(長官) 박사생·성장(省長) 박사생·시장(市長) 박사생·사장(社長) 박사생이 있었다. 그들이 박사과정에 다니는 것은 당연히 지식수준을 향상시키기 위함이지만, 어떤 사람은 비서가 수업을 들으러 오고, 교수가 논문을 대신 써주어서, 실제로는 권력과 돈으로 성망을 바꾼 것이다. 1990년대 초, 상하이 증권거래소에 근무하던 관진성(管金生)이라는 관리는, 50만 위안을 써서 대학에서 박사학위를 사서 한때 파문을 일으킨 적이 있다. 10여 년 후, 사람들은 관진성의 이러한 상황을 이미 아무렇지 않게 생각하게 되었다.

권력 지위·재부 지위·성망 지위 삼합일의 분리는 권력이 다른 어떤 지위보다 높았던 위상을 동요하게 만들었고, 관본위(官本位)를 약화시켰다. 이것은 일종의 추세였다. 그러나 앞에서 서술한 권력과 돈의 은밀한 거래 때문에 권력의 "실제 가치"가 높아져, 일부 사람들은 더욱 적나라하게 권력을 추구했다. 이 때문에 관본위는 약화된 것이 아니라, 오히려 태양이 지기 직전에 하늘이 더 밝게 빛나는 현상처럼 일시적으로 강화되었다.

권력의 행사 방식에 변화가 생겼다. 계획경제 시대에는 권력의 행사 방식이 주로 직접적인 행정 수단에 의지했지만, 시장경제 조건 하에서는 권

---

[4] 아서 오쿤(Arthur Okun, 1928~1980), 『평등과 효율』, 왕번저우(王奔洲) 옮김, 화하출판사, 1999, 30쪽.

력의 행사 방식이 행정 수단 이외에도, 또 경제 수단이 있었다. 직접적인 수단 이외에도, 또 간접적인 수단이 있었으니, 이것은 원래의 강성(剛性) 권력을 유연화(柔軟化) 시켰다.

현대적인 회사제의 성립은 소유권과 경영권을 분리시켰으며, 주주권 분산은 소유자와 선거 이사회의 권력이 분리되도록 했다. 재산권이 분열되자, 소유자의 지위는 약해져, 과거의 그런 인격적인 소유자는 더 이상 찾아볼 수 없게 되었다. 기업으로서 그 소유자, 즉 대량의 주식을 보유한 사람이 "손으로 권력을 행사하는"(선거) 기회를 잃어버렸고, 단지 "발로 권력을 행사할 수 있었다"(그 기업의 주식에서 손을 떼고, 다른 기업의 주식을 매입하는 것).

권력분층의 변화 과정은 반드시 민주제도가 점진적으로 세워져 가는 과정이다.

비민주제도 사회에서 권력은 고도로 독점적이다. 정당을 조직하여 권력을 다투는 것이 엄격하게 금지되어 있다. 그러나 정치권력이 모든 것을 독점하는 사회에서는 각 도로로 통하는 열쇠가 모두 정치권력의 수중에 있기 때문에, 정치권력은 모든 사람들이 주목하는 초점이 되었다. 한편으로는, 어떠한 사람이든지 어떠한 것을 얻으려면 반드시 정치권력 수단을 통해야 하기 때문에, 따라서 모든 사람들은 어쩔 수 없이 정치권력이라는 이 황금알을 낳는 거위를 주시해야 한다. 다른 한편으로는, 정치권력이 이처럼 만능이라서, 반드시 약간이라도 다른 사람으로 하여금 손댈 수 없도록 해야 하고, 시시각각 다른 사람이 당신의 권력을 빼앗아 가는 것을 경계하고 있어야 하기 때문에, 갈수록 독재를 하고 권력을 집중시킨다. 정치적 압력을 완화하기 위해서, 일부 국가는 경제 분야를 정치에서 독립시키는데, 그러한 정치권력을 다툴 수 없는 사람들은 시장에서 재부를 두고서 각축을 벌인다. 이렇게 경제발전을 추진했을 뿐만 아니라, 또 정치 분야에서의 긴장 상태를 감소시켰다. 그러나 독점의 정치와 시장화의 경제는 결국 서로 적

응하지 못했다. 경제시장화가 조금 지난 후에, 독점 정치 또한 점차 민주
정치로 변했다. 브라질 등 일부 국가와 타이완의 상황이 바로 이렇다.

고도로 집중된 행정 권력은 사회로 양도되었고, 비강제적 수단의 감소와
관본위의 약화, 행정 통합의 계약 통합으로의 전환, 이 모든 것은 상대적
으로 국가로부터 독립된 비정치적 생활 영역이 자랄 수 있도록 했다. 개인
이나 사회단체는 비강제적 원칙과 계약 관념에 따라 활동할 수 있었다. 이
때 국가사회와 상대되는 시민사회가 출현했다. 시민사회는 민주정치의 기
초이다.

중국의 시장경제는 행정의 손에 의해 창조되었지만, 시장을 창조한 행
정의 손은 여전히 봉건적이고, 집권적인 잔재를 띠고 있었다. 불행한 것은
앞에서 서술한 권력의 양도와 분화, 강제적 수단의 완화는 봉건 잔재·집권
잔재와 서로 결합된 것이라는 점이다. 이것은 곧 다음의 또 하나의 상황을
출현시켰다. 시장 활동이 여전히 행정의 질곡에서 벗어날 수 없었고, 행정
권력의 손에 다시 황금 쇠사슬이 채워졌으며, 봉건과 집권의 잔재는 권력
으로 하여금 여전히 제약을 받지 않도록 하여, 마음대로 시장을 교란할 수
있었다. 황금 쇠사슬이 채워진 권력의 손이 창조한 시장은 시장을 왜곡 변
형시켰다.

더욱 사람들을 불안하게 한 것은 권력이 시장의 교환 영역에 진입하여,
권력 상품화와 권력 자본화가 출현한 것이다.

권력의 상품화

중국 공산당 14차 전국대표대회에서 시장경제체제를 개혁의 목표로 확
정한지 얼마 지나지 않아, 필자는 권력이 거래할 수 있는 상품으로 변하는

것을 걱정했다. 1993년 초 필자는 「권력은 시장으로 진입할 수 없다(權力不能進入市場)」[5]라는 평론을 발표했다. 그 평론 중에서 다음과 같이 언급했다.

얼마 전에 개최된 14차 전국대표대회에서 사회주의 시장경제를 이루기 위한 개혁목표가 제기되었다. 그러나 시장경제를 한다고 결코 아무거나 시장에 진입할 수 있는 것은 아니다. 권력은 절대로 교환 영역에 진입할 수 없다. 필자가 여기서 말하는 것은 공공권력이다. 공공권력은 마땅히 더 높은 차원에서 대다수 사람들의 이익을 구현해야 하고, 그것은 마땅히 공정하게 각종 이익 개체에 대한 관리와 감독·조정을 해야지, 이익개체 안까지 참여할 수는 없다. 권력이 일단 시장에 진입하면, 그것은 공정성을 잃고, 또한 관리 능력을 잃고, 사회에 커다란 혼란이 생길 것이다. 심판이 운동장에서 호루라기를 불면서 공을 찬다고 상상해 보라. 운동장은 어떤 아수라장의 모습이 될까? 권력이 시장에 진입한 이후에 권력과 돈을 교환하고, 권력과 권력을 교환하고, 권력과 성(性)을 교환하여 반드시 부패가 속출하며, 국민들의 원망이 끓어오를 텐데, 또 무슨 시장경제를 할 수 있겠는가?

필자는 문장의 말미에 큰 소리로 외쳤다. "중국 개혁의 성공을 보장하려면, 반드시 권력이 교환 영역에 들어오는 것을 엄중히 막아야 한다! 사회가 장기간 안정되고 태평스러운 것을 보장하려면, 반드시 권력이 교환 영역에 들어오는 것을 엄중히 막아야 한다!"

필자가 여기서 말한 권력은 공공권력을 가리킨다.

공공권력은 사회 각계의 이익을 조화롭게 하고, 공평한 경쟁을 보장하는 중요한 힘이다. 시장경제 조건 하에서, 공공권력이 시장거래에 진입하여

---

[5] 원래 1993년 2월 11일 『경제참고신문』 톱기사로 실렸지만, 후에 양지성이 『30년 허둥』에 실었다. 우한출판사, 2010, 141~143쪽.

공공 사무를 관리하는 합법성을 잃어버렸다(상술한 필자의 평론이 발표되었을 때 원고 심사자에 의해 "합법성을 잃어버렸다"라는 몇 개 글자가 삭제됐다). 실제로는 1980년대 후기, 권력은 시장에 진입하여, 권력과 돈의 교역이 시작되었다.

중국에서 권력 상품화는 그 사회적 배경이 있고, 이 배경은 두 가지 측면을 포함하고 있다. 첫째는 중국의 개혁 목표가 근본적으로 권력 재분배를 진행하는 것이 아니라, 고유한 권력 체계를 이용해서 제도 개선을 하는 것이다. 둘째는 중국이 점진적 개혁방식을 선택했고, 비교적 긴 과도기 단계를 만들어내었다는 것이다.

중국의 개혁은 근본적인 것에서의 제도 변경이 아니라, "사회주의 제도의 자기완성"이라고 거듭 강조했다. 다시 말하자면, 근본적으로 권력 재분배를 하는 것이 아니고, 고유한 권력 구조에서 조정하는 것이다. 이렇게 계획경제 시대에 권력을 장악했던 그 계층이 여전히 계속해서 권력을 장악했다. 사람들의 주관적인 소망이 어떻든지 간에, 권력 구조의 조정 역시 권력의 분화와 양도가 생겨야 했다. 계획경제 시대에 권력을 장악했던 그 계층은 좀처럼 자신의 권력과 이익을 포기하지 않았다. 국유 자산은 여전히 그들의 수중에서 통제되고, 그들은 각종 심사 비준권을 장악했다. 그들 중 어떤 사람은 개혁 과정 중에 재산 유동이라는 절호의 시기를 이용했고, 고유한 권력 체계를 이용해 자신의 이익을 꾀했다.

중국의 개혁 과정은 사실상 정부에 의해 추진된 제도 혁신 과정이다. 제도 혁신은 또한 정부기구 자신의 혁신을 포함한다. 정부기구는 개혁의 주동자이면서, 또한 개혁의 대상이다. 정부의 조직이 없으면, 개혁은 진행될 수 없다. 체제 전환 시기에 정부 통제를 잃어버리면 바로 세상이 크게 혼란스러워진다. 이것이 문제의 한 단면이다. 다른 한편에서 보면, 정부기구 역시 사람에 의해 구성되고, 이 부분의 사람들 역시 자신의 이익이 있다. 어떤 의미에서 말하자면, 정부기구의 개혁은 권력과 이익의 조정이다. 대상을 개혁하는 데 어떻게 주동자가 자신을 개혁하겠는가? 사람이 자신의 머리를 잡고 스스로 정신 차리도록 할 수 있겠는가? 외과의사가 자신을 수술할 수 있겠는가? 그렇지만 중국의 개혁이 바로 이렇다. 원래의 권력 체제와 원래의 권력 계층에 의지하여 원래의 행정 권력을 약화시킨다.

순조롭게 국가가 추진하는 제도 혁신을 하려면 반드시 정부 직능의 전환을 실현해야 한다. 정부 직능 전환의 내용 중 하나는, 정부가 사회에 일부 권력을 양도하는 것이다. 그렇지만 바로 여기에 어려움이 있다. 왜냐하면 정부 관리 자신들도 본인의 이익이 있기 때문이다. 이론적으로, 좋은 정부는 그 자신의 이익이 마땅히 사회의 이익과 일치되어야 한다. 그러나 실제 상황이 완전히 그런 것은 아니다. 계획경제 시기에 권력을 장악한 계층이 계속 권력을 장악하고 있기 때문에, 이 점이 정부 이익과 사회 이익이 항상 조화롭게 통일될 수 없도록 만든다. 집권자 이익의 강성이 정부 행위와 목표를 서로 왜곡되도록 했다. 정부의 일부 행동이 제도 혁신의 목표에 따라 처리하는 것이 아니라, 집권자 자신의 이익을 보호하기 위해서 한다. 정부의 왜곡된 행동은 시장 혼란을 불러일으키고, 일단 시장의 혼란이 생기면, 정부는 다시 전통적인 수단으로 다스리고, 다시 예전 정부의 직능을 강화한다.

중국 개혁은 점진식(漸進式) 길을 가고 있다. 점진적인 개혁은 개혁이 가져오는 사회적 충격을 줄여서, 비교적 평온한 상황에서 적지 않은 성과를 거두었지만, 또한 적지 않은 문제를 가져왔다.

점진적 개혁은 계획경제체제를 점차 퇴장시키고, 시장경제체제를 점차 확립시켰다. 상당히 긴 시기 동안, 두 체제가 동시에 작용하여, 두 제도는 불가피하게 충돌이 생겼다. 구체제는 붕괴하던 과정에서, 이미 손상되어 완전하지 않은 상태이고, 새로운 체제는 아직 만들어지지 않아서, 미숙

하고 힘이 없었다. 두 체제가 모두 작용을 했지만, 둘 다 효과적으로 작용할 수 없었다. 이처럼, 경제정책·경제법규가 필연적으로 빈틈이 많이 생기자, 많은 경제활동이 기대고 따를 정책이 없게 되었다. 담력이 큰 사람은 이런 빈틈을 이용하여 큰돈을 벌었지만, 담력이 작은 사람은 어찌할 바를 몰랐다. 신구 체제 사이의 마찰과 빈틈 때문에 확정된 정책과 법규가 없으면서 바로 토지 허가 심사, 과제 심사, 수입 상품 심사 등과 같은 심사제를 시행했다. 모든 심사는 돈을 벌 수 있는 기회였다. 심사권을 가진 관리는 "사탕발림"의 중요 공격 대상이 되었다.

신구 체제가 병존하는 상황에서는, 한 종류의 상품에 두 가격, 같은 대출에 두 이율, 같은 외환에 두 환율, 같은 일에 두 정책 등의 상황이 있었다. 두 정책은 누구에게 관대하고, 누구에게 엄격할지 근거로 삼을 것이 없어서, 주관하는 관리가 제멋대로 할 수 있었다. 대출에 두 가지의 다른 이율이 있었다. 저금리의 자금 분배권은 은행 관리가 장악하고 있어서, 저금리의 자금을 얻기 위해서 반드시 권력과 돈의 교환이 생겨났다.

권력 상품화 이후, 다른 사회 계층에 처한 일부 사람들은 교환을 할 수 있었다. 부유한 계층은 정치참여 요구가 있었고, 권력 계층은 부자가 되고자 하는 욕망이 있어서, 양자가 서로 교환을 했다. 감독하는 사람이 없는 권력은 돈을 취할 수 있었고, 돈도 권력의 보호를 얻어야 했기에, 한층 더 발전된 채널을 모색했다.

권력은 시장에 진입한 후, 그 자체가 자연의 독점성을 갖고 있었기 때문에, 단지 한 가게만 있고, 다른 분점을 허용하지 않았기에 시장에서 가장 희소성 있는 상품이 되었다. 권력의 "가격"은 필연적으로 폭등했으며, 실제 가치는 갈수록 높아졌다. 필자가 광둥을 취재하면서, 사람들이 부시장이나 선전부장·인민대표대회 상무위원회 주임에 대해 일부 다른 지방에서 그 행정 직무를 부르는 것과 달리, "장 상무위원, 리 상무위원"으로 호칭한다는 것을 발견했다. 왜냐하면 그것은 어떤 고급 행정직 사람은 당 위원회 상무위원이 아니지만, 상무위원의 자리가 일반 부시장이나 인민대표대회 상무위원회 주임보다 권력이 커서, 호칭에서 확실히 권력 등급이 잘 드러나기 때문에 서로 그렇게 불러주는 것이었다. 이것은 마치 상품에 대한 정찰 가격 표시와 마찬가지로, 교환하는 사람을 위해서 큰 편리를 제공할 수 있다. 권력 상품화 이후, 권력과 돈은 등가물이 됐다. 권력은 돈으로, 돈은 또한 권력으로 바뀔 수 있었다. 돈으로 권력을 산 후, 또 미친 듯이 권력을 이용해서 원금을 회수하고, 이윤의 극대화를 추구했다. 이는 소수 사람들을 순식간에 벼락부자로 만들었다.

권력 자본화는 권력 상품화보다 한 걸음 더 나갔다. 그것은 돈과 권력의 유무상통(有無相通)에 만족하지 않고, 권력을 자본으로 삼아서 가치를 높였다. 권력 상품화와 다른 것은, 권력 자본화는 일회성의 거래에 만족하지 않고, 재부의 끊임없는 증식에 착안하고 있다는 것이다. 어떤 사람은 권력을 얻기 위해 해결사를 고용하여 경쟁 상대를 살해했다. 이것은 권력의 실제 가치가 너무 높기 때문에, 그가 사리사욕에 눈이 멀도록 하는 것이다. 일부 사람들이 거금을 아끼지 않고 권력을 사는데, 바로 권력 자본의 부가 가치성을 보았기 때문이다. 예를 들면 광둥 성 언핑(恩平) 장저우(江洲) 진의 한 청부업자는 26명의 인민대표대회 대표에게 뇌물을 줘서 진장(鎭長) 선거에 입후보하려고 했다.[6] 권력 자본화의 주요 형식은 다음과 같다.

첫째, 주식회사에서 관리가 돈 한 푼을 투자하지 않고 오히려 "무상주"를 얻을 수 있다. 단지 그가 권력을 갖고 있기 때문에, 기업에서 일정한 주식을 차지할 수 있고, 다른 주식 보유자와 마찬가지로 이익을 배당받을 수 있다. 만약 기업이 발전하면, 그의 주식도 역시 부가 가치가 오른다. 당연

---

6 『광저우일보』, 1995년 1월 10일.

히 기업 경영 과정에서, 그도 기업의 주주이기 때문에, 반드시 자기 수중에 있는 권력을 이용하여 기업을 위해 일해야 하고, 그도 아주 기꺼이 기업을 위해 일한다.

둘째, 직접 "권력 자본"을 이용하여 장사를 한다. 조사에 따르면, 농촌의 사영기업가 41.5%가 농촌 간부이고, 19.3%는 원래 향진 기업 책임자라고 한다. 양자를 더하면 60.8%가 된다.[7] 이것은 농촌 사영기업주와 향진 간부가 거의 "일체화"되었다고 할 수 있다. 농촌 간부 배경이 있는 기업은 이러한 배경이 없는 기업보다 소득이 60% 더 높았고, 이윤의 차액은 권력 자본이 전환된 것이다.

셋째, 어떤 사유기업은 향촌 정권의 보호와 경영상의 편의를 얻기 위해서, 일부 재산권을 향촌 정부에게 양도해 주었다. 향촌 정권은 한 푼도 투자하지 않고 기업의 이익을 향유할 수 있다. 어떤 사유기업은 일부 재산권을 내놓아 "빨간 모자(공산당)"로 바꿨다. 이것은 정치적인 안전을 위해서뿐만 아니라, 또한 은행에서 대출금을 얻을 수 있었다.

넷째, 권력을 장악한 사람에게서 얻은 자본 증식의 기회는, 다시 증식된 자본 중에서 권력을 장악한 사람에게 환원한다. 예를 들면 부동산업에서의 토지 심사권이나, 국제무역에서 국내의 부족 상품 수입허가증, 거액의 이윤이 있는 중대 프로젝트의 도급권…… 등은 권력을 장악한 사람이 교묘하고 본색을 드러내지 않으면서 "권력 자본"을 이러한 자본 증식 활동에 투입하여, 증식한 부분의 "이익 배당"을 얻었다.

다섯째, 권력의 동업이다. 허베이 성 닝진(寧晋) 현에서 발생한 사건이 권력 동업의 가장 간단하면서 직접적인 형식이다. 1997년 4월 허베이 성 닝진 현의 18명의 고위간부[현(縣) 상임위원회 2명·검찰 부검사장 1명·법원 부원장

---

7 국가체제개혁위 외, 『중국 개인 사영경제 조사』, 군사의문출판사, 129쪽.

1명·공안국 부국장·재정국장·교통국장, 성관진장(城關鎭長), 여성 부현장의 남편 1명 등]가 "18형제"로 "의형제"를 맺고서, "결의서"에 다음과 같이 적고 있다. "3월의 따뜻한 봄날, 복숭아꽃이 만발할 때, 18명의 형제가 함께, 예의를 갖추어 말한다. 윗사람을 존경하고 아랫사람에게 양보하며, 형제로 서로 부르며, 관직을 따지지 않는다. 어려운 일이 생기면 서로 도와주며, 빈부의 차이를 따지지 않는다. 항상 형제간의 큰 정을 생각하여, 사소한 일로 다투지 않는다. '느슨함'에서 '긴밀함'으로 바꿔, 의형제 맺음의 도리를 대대로 전한다. 오늘 관련된 일을 함께 논의하여 이 규정을 정하니, '명백지(明白紙)'라고 한다."

권력 상품화도 좋고, 권력 자본화도 좋지만, 그것의 기초는 권력의 사유(私有), 즉 공공권력을 개인의 이익을 도모하기 위한 권력으로 바뀌었다는 것이다. 과거에 "국가의 최고 권력을 탈취한 사람[절국대도(竊國大盜)]"이라는 말이 있었다. 그것은 전체적으로 보자면 공공권력을 훔치는 것을 가리킨다. 현재 권력을 사유화 시키는 사람은 부분적인 권력을 훔치는 것으로, 본질적으로 국가 최고 권력을 훔치는 것과 무슨 차이가 있는가?

권력 자본화는 만약 제지를 가하지 않는다면, 사회주의 시장경제가 권력 시장경제로 변할 것이다. 바로 수하르토(Suharto) 시대의 인도네시아가 그러했다.[8]

권력 네트워크와 권력장(權力場)

사회학적 상식에서는 사회적 지위가 비슷한 사람들 사이에 더 많은 교

---

8 양지성, 「권력 시장경제의 교훈」, 『30년 허둥』, 147~148쪽.

제가 존재하고 있다고 한다. 이것은 사회적 교제의 기본 법칙이다. 중국은 사회 전환 시기의 사회적 교제에 이 기본 법칙에 어긋나는 특징이 하나 있다. 즉 다른 집단의 사람들과 밀접하게 교제하는 것으로, 필자는 이런 현상을 자신의 지위를 넘는 사회적 교제라고 부른다. 예를 들면 사유기업주가 가장 밀접하게 교제하는 사람은 그들과 사회적 지위가 아주 다른 사회 구성원인 각급 정부 관리이다. 관리들도 사유기업주와 교제하고 싶어 한다. 이러한 현상은 어떻게 나타나게 된 것일까? 관리들 입장에서는, 이것이 권력 자본화에 필요한 것이고, 사유기업주 입장에서는, 사회 자본을 축적하는 데 필요한 것이다. 관리는 그들 수중에 있는 권력 자본을 사유기업의 "주식을 사는 것"에 이용할 수 있고, 그는 이 기업의 "이익 배당"을 받을 수 있다. 당연히 이것은 결코 단순한 의미의 "주식을 사고", "이익 배당"을 받는 것이 아니며, 그 형태는 여러 가지이다.

정치적인 안전을 고려해서, 대부분의 경우에 관리들 수중의 권력 자본은 그 본인이나 그 자녀에 의해 화폐자본으로 전환되는 것이 아니라, 중개를 통해서 이루어진다. 이 중개는 마치 "돈세탁"과 같은 것으로, 그의 불법 소득을 합법화시킨다. 사유기업주는 아주 자연스럽게 권력 자본을 화폐 자본으로 바꾸는 매개가 된다. 관리의 권력 자본은 먼저 사유기업주의 사회 자본으로 바뀌었고, 심사 경제조건 하에서는, 사유기업주 수중의 사회 자본이 또 화폐 자본으로 바뀌었다. 자본증식 이후, 관리과 사유기업주는 모두 "이익 배당"을 받을 수 있었다. 그래서 폭로된 부패 관리 주위에는 모두 한 무리의 뇌물을 준 사유기업주가 있었다.

사회 전환 시기에 시장의 힘과 행정의 힘은 모두 자원을 배치하는 작용을 했으며, 총명한 사유기업주는 동시에 이 두 분야를 운용할 수 있었다. 한편으로 그들은 행정 권력을 장악한 관리들과 폭넓은 관계를 맺어, 최대한 정부의 이 "드러나는 손"을 이용했다. 다른 한편으로는 그들은 눈치 빠르게 시장의 기회를 잡아, 시장이라는 "드러나지 않은 손"을 잘 이용했다. "드러나는 손"을 이용하는 데에는 사회적 관계에 의지하고, "드러나지 않는 손"을 이용하는 데에는 재능과 배포·용기에 의지했다. 그래서 이 두 분야에서 성공을 거두기만 하면, 사유기업주는 출세를 할 수 있었다.

사회학자 리루루(李路路)는 1993년 전국 사유기업의 조사 데이터를 활용해서, 사유기업주의 사회적 관계를 분석했다.(표5-2 참조)

표5-2 전체 조사된 사유기업주 중에서 친척과 친구의 분포(%)[9]

	사유기업주의 친척	사유기업주의 친구
직업:		
기관·사업 단체 간부	44.1	53.9
성진 단체 보통 직원	11.9	13.6
군인	4.5	1.1
자영업자	33.0	18.2
농민	5.1	8.1
기타	1.4	5.1
직무:		
무 직무	46.4	38.4
기관·사업 단체 책임자	36.1	45.0
기관 간부	11.0	11.6
향진·촌 책임자	4.1	2.1
국유·집체기업 도급업자	2.4	2.9

표에서 알 수 있듯이, 사유기업주가 가장 밀접하게 교제한 친구와 친척 중에는 그 직업이 간부인 사람이 가장 많고, 그 다음이 자영업자이다. 동시에 이러한 친구와 친척 중에서 각종 직무를 맡은 사람이 각각 3분의 2와 2분의 1이다.

조사된 생산액이 가장 높은 30%의 사유기업주 중에서, 그 교제가 가장 밀접한 친구와 친척으로는, 간부의 비중이 더 컸다. 이것은 권력을 잡고

---

9 리루루(李路路), 「사회자본과 사영기업가」, 『사회학연구』, 1995년 제6기.

있는 사람과의 밀접한 관계가 성공의 중요한 요인이라는 것을 설명해 준다. (표5-3 참조)

표5-3 생산액이 가장 높은 30%의 사유기업가의 친척과 친구의 관계(%)[10]

	사유기업주의 친척	사유기업주의 친구
직업:		
기관·사업 단체 간부	49.5	62.0
성진 단체 보통 직원	17.6	16.6
군인	1.5	0.4
자영업자	4.9	8.7
농민	26.5	12.2
직무:		
무 직무	43.5	30.0
기관·기업과 사업 단체 책임자	38.4	51.9
기관 간부	10.8	11.5
향진·촌의 책임자	5.4	3.4
국유·집체기업 도급업자	1.2	2.7
장교	0.8	0.4

사유기업주와 간부의 밀접한 관계는 그의 경영에 필요한 것이다. 예를 들어 조사에서 대출을 받은 적이 있는 사유기업주 중에서 그 친구와 친척 대부분은 기관·기업이나 사업 단체의 간부라는 것을 발견했다.

만약 사유기업주와 관리 사이의 교제가 권력 자본이 화폐 자본으로 바뀌는 색채를 성향을 띠고 있다고 말한다면, 다른 사회 역할 간의 교제도 권력에게 빌붙고 이익을 교환하는 성향이 있다고 말할 수 있다.

류징밍(劉井明)은 장시(江西) 성 한 진(鎭)과 여섯 향(鄕)의 향촌 간부의 사회적 교제에 대해 조사한 적이 있다. 그는 향촌 간부 사이에 회의나 보고 등 업무상 교제를 제외하고, 또한 많은 사적인 교제와 업무상 교제가 서로 뒤섞인 교제가 있음을 발견했다. 촌 간부와 향진 간부의 윗사람과의 개인적인

---

10 리루루(李路路), 「사회자본과 사영기업가」, 위의 책.

교제에는 주로 세 가지 방면이 있다. 촌 간부가 주도하는 술자리의 모임. 향진 간부에게 선물을 주고, 향진 간부를 위해 사적인 일을 처리한다. 조사된 6개 촌은 향진 소재지에 각자의 "거래 식당"이 있어서, 촌 간부가 향(鄕)으로 가서 회의를 할 때 회식 장소로 활용되었으며, 회식 때 향진 간부들도 초청받아서 참석했다. 촌 간부가 향진 간부에게 선물을 주는 것은 흔히 볼 수 있는 현상으로, 선물을 주는 것은 향 간부의 수중에 있는 권력 자원을 교환하기 위해서이다. "설이나 명절·관혼상제·집 건축"은 선물을 보낼 기회이다. 가족계획을 주관하는 부 진장(鎭長)의 아들이 결혼하면, 전 향 29개의 행정촌 중에서 16개의 촌에서는 촌 지부와 촌 위원회의 명의로 축의금을 보내왔고, 28개 촌의 촌 간부가 개인 명의로 축의금을 보내왔다. 향진 간부는 촌 간부와 교제가 비교적 적었는데, 교제를 한다면 일반적으로 어느 마을에 가서 택지를 달라고 할 때이다.[11] 이 조사에서 보면, 어떤 촌 간부는 향진 간부에게 예속되어 있었다. 그들은 당연히 촌민이 위탁한 대리인이지만, 실제 상황은 오히려 그들의 위탁인에게서 벗어나 있었다. 이러한 비정상적인 상황이 생겨난 원인은, 그들이 명실상부하게 선거로 뽑힌 것이 아니고, 그들이 재직할 수 있을지의 여부를 향진 간부가 주재했기 때문이다. 이러한 상황은 향진뿐만 아니라, 국가기관에도 여전히 존재한다. 중앙의 어떤 부서 인사국장의 아들이 결혼하면, 크게 연회를 열고, 선물을 보내는 사람이 끊이지 않는다. 그중 일부는 그가 발탁했고, 또 그에게 발탁되고 싶어 하는 사람도 있다.

현재 많은 사람들은 "사회적 관계도 자원이다"라고 말한다. 사회학자들은 이미 오래전에 "사회 자본"의 개념을 제기했다. 프랑스의 사회학자 피에르 **부르디외**(Pierre Bourdieu, 1930~2002)는 어떤 개인이 "체제화 된 관계 네트

---

11 『중국 농촌 관찰』, 1998년 제2기.

워크"에 대한 점유를 통해 획득한 실제나 잠재적인 자원의 집합체를 "사회 자본"이라는 말로 대신 지칭했다(1986). 중국 학자들은 사회 자본이 형식상으로 보면 바로 "사회적 관계 네트워크"[장치쯔(張其仔)]이고, "개체가 사회 연계를 통해 희소한 자원을 흡수하고 이로써 이익을 얻는 능력"[벤옌제(边燕杰)]이라고 생각했다. 현대 중국에서는 한 가지 일을 성공적으로 처리할 수 있느냐는, 그 사람이 얼마나 재능을 갖고 있느냐에 있지 않고, 권력을 가진 중요한 인물과 관계를 갖고 있느냐에 달려 있다. 1980년대 말, 남방의 어느 도시에서 성 위원회 서기의 운전사를 시 위원회 부서기 자리에 임명한 적이 있다. 그것은 그 운전자가 신망이 높아서가 아니라, 그가 성 위원회 서기와 바로 통하는 관계였기 때문이었다. 어떤 사람은 성 위원회 서기의 학교 친구였는데, 한 기업이 그를 통해 성 위원회 서기와 친분을 맺고 싶어 했다. 또 어떤 사람은 장관의 친척으로, 그를 찾아가 선물을 주는 사람도 있었다. 고위층과 관계를 맺으려는 것은 사유기업주뿐만 아니라, 일부 현·시정부도 고위층과의 관계가 필요하다. 한 지역 경제가 발전하려면, 중앙 각 부서와 위원회를 부지런히 드나들어야 한다. 최근 몇 년간, 설날 때마다, 많은 지방 정부들은 모두 중앙기관에게 설맞이 용품을 보내 우정을 다지거나, 연줄을 대어, 앞으로 프로젝트 심사 허가나 자금 승인 때 특별히 신경 써 주기를 바란다. 권력관계 네트워크는 자원 배분에 있어서 중요한 작용을 한다.

필자는 이전에 발표한 글에서 "권력장(權力場)"에 대한 개념을 제시한 적이 있다. "물리장(物理場)"처럼 "권력장" 역시 하나의 에너지 장으로, 당연히 사회 에너지를 가리킨다. 권력·재부·성망은 모두 사회 에너지이다. 그리고 권력이라는 이 사회 에너지의 분포는 "장(場)"과 가장 유사하다. 즉 권력 중심의 에너지가 가장 강하고, 중심에서 밖으로 확장되면, 에너지 경사도가 점차 감소한다. 권력 핵심으로부터 가까울수록, 에너지는 강해지고,

권력 핵심으로부터 멀어질수록 에너지는 약해진다. 권력의 장은 동심원과 비슷하며, 동심원은 평면도(平面圖)이다. 만약 평면도를 3차원으로 그리면, 곧 하나의 권력 피라미드가 된다. 각 사회의 구성원은 모두 "권력장"의 어떤 에너지 층에서 생활하고 있다. 중국의 개혁은 계획경제 시대의 "권력장"을 제거하지 못했다. 원래 있던 "권력장"의 기초 위에 경제시장이 세워졌다. 이렇게 "권력장"의 고(高)에너지 위치에 있는 사람들과 저(低)에너지 위치에 있는 사람들이 거래를 하면, 반드시 전자(前者)가 이기고, 후자(後者)는 지게 된다. 불공평한 거래는 바로 이렇게 발생한다. 한 가지 재미있는 일화가 있다. 어떤 기술적 성과에 대해 여러 해 동안 아무도 관심을 갖는 사람이 없었다. 그런데 한 회사가 이 기술을 손에 넣은 후에, 이것이 어느 고위층 자제의 특허기술이라고 발표하자, 주문이 밀려들기 시작했다고 한다. 왜 이러한 효과가 생길 수 있었을까? 이 회사는 이 상품을 "권력장"의 저에너지 위치에서 고에너지 위치로 옮겼기 때문이다. 이 상품과 관계를 맺은 구매자는, 아마도 모(某) 자제와 관계를 맺을 수 있고, "권력장"의 최고층에 들어갈 수 있을 것이다.

제6장

성망 지위의 분층

사회에서 어떤 사람들은 존경과 흠모의 대상이 되어 본받을 만한 인물로 추앙받을 수도 있지만, 또 어떤 사람들은 경시당하거나 무시당하는 것을 볼 수 있다. 이러한 두 가지 극단 사이에, 또한 여러 층차의 중간 상태도 존재한다. 본 장에서 성망 지위의 분층을 이해할 수 있다.

성망이란 무엇인가?

성망(어떤 경우 명망이라고도 불린다)은 어떤 사람의 사회적 지위에 대한 다수의 주관적 견해로, 사람 사이의 상호작용에서 나타난다. 일상생활 속에서, 사람과 사람 사이의 교제가 다른 사람에 대한 능력·인품·영향력 등 방면에 평가를 유발하고, 많은 사람의 종합평가가 바로 평가받는 사람의 성망이 된다. 성망이 높은 사람은 호소력·사회 영향력이 있어서, 많은 사람들이 그에게 내심 깊이 탄복할 수 있고, 순종적으로 그의 의견을 청취할 것이다. 성망이 낮은 사람이 성망이 높은 사람을 따르는 까닭은 대다수 상황에서 어떤 원인을 말하지 못하고, 단지 보이지 않는 감화력이 있다고 느끼기 때문이다. 실제로 그들은 성망이 높은 사람의 판단력이 자신보다 낫고, 그들을 따르는 것이 자신에게 유리하다는 것을 알고 있다. 성망에서 생기는 순종과 권력의 강제 하의 복종의 차이는 전자는 자발적인 것이고, 마음속에서 나오는 복종이라는 점이다.

성망은 그것이 갖고 있는 권력이나 재산과 관련이 있지만, 재부나 권력과 완전히 같다고는 할 수 없다. 만약 그렇지 않으면 하나의 독립된 지표가 될 수 없다. 권력 지위가 높거나 재부 지위가 높은 사람의 성망 지위가 오히려 매우 낮은 경우도 있다. 성망은 한 사회의 심리 지표로, 많은 사람의 심리적 느낌이다. 한 사람의 성망은 그가 종사하는 직업과 관련이 있다. 또한 그의 학식과 경력·품행·품격·기질과 관련이 있으며, 또 사회 행위와 생활방식과 관련이 있다(예를 들어 주택 유형·거주 지역 등). 성망 등급은 또한 그의 손윗사람과 일정한 관련이 있다. 예를 들어 다른 조건이 동일한 상황에서, 명문귀족 출신의 사람은 성망이 좀 더 높다.

또 어떤 사람은 조소 섞인 말로 한 사람의 성망이 높고 낮음은 그가 갖고 있는 "관중"(요즘 말로 "팬"이라고 하면 더욱 적절하다)이 얼마인지 봐야 한다고 주장한다. 이 말이 다소 비웃는 투로 들릴 수도 있지만, 일리가 있는 말이다. 1,000만 명이 좋아하는 독자를 가진 작가는 그 성망 등급이 분명 100만 명이 좋아하는 독자를 가진 작가보다 위에 있을 것이다. 마찬가지로 배우는 관중(팬)이 많을수록, 교사는 학생이 많을수록, 엔지니어는 연구 성과가 더 널리 보급될수록, 그들의 성망은 더 높다. 유명한 사람은 늘 다른 사람의 주의를 끌고, 많은 "팬"을 갖고 있다. 그래서 지명도가 높은 사람은 성망이 높다(당연히 이것은 좋은 명성을 가리키며, 악명은 그 안에 넣지 않는다). 만약 재부가 유형자산이라면, 성망은 곧 무형자산이다.

사회학자들은 계층을 연구하면서, 일반적으로 직업 성망이라는 구체적인 개념으로 광범위한 성망 개념을 대체한다. 직업 성망은 특정 사회발전 역사 시기의 사람들의 직업에 대한 사회 심리적 평가를 반영했다. 직업 성망은 개인의 성망에서 파생된 것이다. 사회생활에서, 사람들 상호간에 상대방의 문화 수준이나 소득·가정 배경·생활방식·교제 활동 등을 모두 이해할 수는 없다. 이때 직업은 개인 성망을 가늠하는 중요한 표지가 된다. 직업은 한 사람의 소득과 교육 수준을 가늠할 수 있고, 또한 어느 정도 한 사람의 권력과 소득을 반영한다.

직업 성망은 어떤 직업의 사회적 지위 우열에 대한 사람들의 견해이다.

이 견해는 이런 직업의 종합적 요소로 이루어진 것이다. 사람들은 모종의 직업이 매우 근사하고, 영예로우며, 이런 직업이 곧 성망이 높다고 생각한다. 직업 성망은 그 직업이 필요로 하는 지식 수준·사회적 책임과 관련이 있다. 또한 그 직업의 경제적 소득·사회적 영향 범위와 관련이 있다.

직업 성망은 사회 조사를 통해 얻어진 것이다. 미국의 사회학자 조지 S. 카운츠(George Sylvester Counts, 1889~1974)는 1925년 최초로 직업 성망 조사를 실시했다. 중국 직업 성망 연구는 비교적 늦게 시작되어, 1980년대가 되어서야 이 분야에 대한 실증적인 연구가 진행되었다.

직업 성망 조사는 우선 과학적인 설문지와 과학적인 조사 방법을 설계하고, 각각의 피조사자들로 하여금 당시 가장 대표적인 일부 직업(예를 들면 100 종류를 뽑아냄)에 대해 하나씩 점수를 매기도록 하면, 사람들마다 점수가 다를 것이다. 동일한 직업에 대해 어떤 사람은 점수가 높고, 어떤 사람은 점수가 낮다. 과학적인 데이터 처리를 거쳐, 개개인의 견해를 반영하여, 각 직업의 총 평점을 도출한다. 이 총 평점에는 각각의 피조사자들의 채점이 모두 작용을 한다. 전체적인 조사 결과는 당시 사람들의 각종 직업에 대한 견해를 나타낼 수 있다. 많은 국가에서 정기적으로 직업 성망 조사 결과를 발표한다. 그 결과는 취업 선택과 임금 기준의 확정·노동력 시장의 거시 조정에 대해 모두 지도적 역할을 하고 있다.

사람들이 직업 성망을 평가하는 표준은 직업 자체의 객관적인 조건 이외에도, 사람의 주관적인 요소 중, 문화 전통·가치관과 밀접한 관계가 있다. 그중 어떤 기준은 때와 장소에 따라서 변화하지 않는 것이 있다. 어떤 평가 기준은 시대에 따라 다르고, 지역에 따라 달라서 차이가 있는 것도 있다. 만약 직업의 사회에 대한 공헌이나 직업의 성실과 도의(道義)적 특징 등의 표준을 중시하면 일반적으로 바뀔 리가 없다. 그래서 과학자나 대학교수·대법관·의사 등과 같은 직업은 미국이든 중국이든, 개혁 이전이든, 개혁 이후든, 모두 성망이 높은 직업이다. 사회의 전환은 직업 지위의 변화를 야기하며, 또한 사람들의 가치관의 변화를 불러와서, 사람들의 몇몇 직업 평가 표준에 대해서도 변화가 생긴다.

직업 성망 평가 표준의 변화

사회 전환기에 사람마다 가치관의 변화 속도와 정도가 다르고, 일부 직업에 대한 견해도 다소 다를 수 있다. 직업 성망 조사를 할 때, 이 때문에 모순적인 직업 평가가 나타난다("표준 차"로 표시한다). 그러한 조사에서 표준 차가 큰 직업은 사람들 평가의 의견 차이가 크다는 것을 나타낸다. 예를 들어 패션모델이나 유명 가수의 표준 차는 매우 크다. 여기서 주목할 만한 것은 1998년 선전(深圳) 직업 성망 조사에서, 정부 관리의 표준 차도 매우 높았다는 점이다(정부 관리는 22.4815이고, 유명 가수는 22.3451이다). 이것은 관료 사회의 부패 때문에, 대중들의 관리라는 직업에 대한 견해에도 큰 차이가 있다는 것을 설명한다. 개혁 이래로, 사람들의 직업 성망에 대한 평가 표준은 다음과 같이 변화가 있었다.

첫째, 정치적 대우를 중시하던 것에서 경제적 수입을 중시하는 것으로 바뀌었다. 예를 들면 과거 군수공업 부문의 직무는 "기밀"로 하는 직업에 속해, 정치적으로 믿을 만한 인재라야 담당할 수 있었다. 당시, 이 직업에 종사할 수 있는 사람은 정치적 우월감을 가졌고, 사람들의 부러움을 받았다. 그러나 지금은 이러한 분야가 사람들에게 냉대를 받고 있으며, 일부 임금이 높은 직업이 더 중시를 받고 있다. 과거에는 개인 자본에 의지하여 생활하는 사람들의 사회적 성망이 매우 낮았지만, 지금은 사유기업주가 높은 성망을 갖게 되었다.

둘째, 체제 안에서 중시되던 것이 체제 안팎으로 함께 중시되는 것으로 바뀌었다. 개혁 이전, 국유 직장의 직업 성망이 집체 직장의 직업 성망보다 높았다. 전통체제의 핵심에 가까워질수록, 그 직업의 성망은 갈수록 높아졌다. 중국 개혁이 우선 체제 밖을 개혁하고, 나중에 체제 안을 개혁하기 때문에, 체제 안의 직업은 소득이든지 아니면 활력이든지 체제 밖의 직업보다 못했고, 체제 안의 직업은 더 이상 체제 밖의 직업보다 높지 않게 되었다.

셋째, 권력의 등급을 중시하는 것에서 직업의 사회적 영향을 중시하게 되었다. 과거 중앙 기관의 직업 성망이 성급(省級) 기관의 직업 성망보다 높았고, 성급 기관의 직업 성망은 현급(縣級) 기관의 직업 성망보다 높지만, 현재 이러한 관념이 약화되기 시작했다. 중앙기관이든지 지방기관이든지, 소득이 높고, 사회에 공헌을 하고, 사업에서 성공을 하면, 모두 사람에게 중시를 받았다.

넷째, 개혁 이전은 관본위(官本位) 사회로, 관직의 높이가 성망에 가장 중요한 원천이었다. 행정 등급이 높은 직업은 그 성망이 높다. 사회가 다원화된 이후, 성망의 근원이 다양화되었고, 어느 직장에서든지 성공하기만 한다면, 그의 성망은 높아질 수 있다.

다섯째, 산업구조의 개선 때문에, 일부 신흥 직업의 지위가 올라가고, 일부 전통적인 직업 지위가 내려갔다. 1998년 선전 직업 성망 조사에서 제4위를 차지한 직업은 IT엔지니어로, 그 성망이 변호사나 의사보다 높았다. 그렇지만 1990년대 초의 직업 성망 조사에서 사람들은 아직 그런 직업들은 알지 못했었다. 전통 사회에서 "재봉사"는 하급의 직업이었으나, 지금은 의상 디자인의 예술 수준이 높아졌기 때문에, 재봉사는 의상 디자이너가 되었다. 1988년 선전 조사에서, 100여 종의 직업 순위 중, 의상 디자이너가 24위를 차지했고, 요리사가 49위를 차지했다.

베이징 지역에서 1985년, 1990년, 1997년 세 차례 시행한 직업 성망 조사를 비교해 보면 대체로 개혁 이래 직업 성망의 변화를 살펴볼 수 있다.

표6-1 베이징 시 3차 직업 성망 조사 비교(상위 20위까지의 직업 변화)

순위	1985년의 직업 순위	1990년의 직업	1997년의 직업
1	교수	작가	과학자
2	경제학자	교수	대학교수
3	화가	엔지니어	엔지니어
4	작가	물리학자	물리학자
5	변호사	의사	의사
6	물리학자	대학교사	경제학자
7	기자	화가	사회학자
8	의사	변호사	법관
9	영화감독	민항(民航) 조종사	조종사
10	대학교사	경제학자	검사
11	엔지니어	기자	변호사
12	아나운서	아나운서	건축사
13	조종사	농학자	장교
14	운동선수	영화감독	대학보통교사
15	국영기업 공장장	운동선수	은행장
16	농학자	국영기업 공장장	통역가
17	민주당파 책임자	가이드	음악가
18	세관 직원	민주당파 책임자	작가
19	영화배우	스튜어디스	화가
20	가이드	세관 직원	코치

위 표에서 알 수 있듯이, 일부 직업, 예를 들면 과학자·교수·의사는 세 차례 조사에서 모두 성망의 순위가 매우 높지만, 일부 직업은 경제의 시장 화에 따라 계속 지위가 떨어졌다. 예를 들면, 국유기업 공장장은 1985년에

15위에서 1990년에는 16위, 1997년에는 20위 이하로 떨어졌다. 사회 법치화 수준이 제고되었기 때문에, 과거 20위 밖에 있던 법관이 8위로 상승했다. 기자의 직업 성망은 1985년에 7위를 차지했지만, 1990년에는 11위로 떨어졌고, 1997년에는 다시 21위로 내려갔다. 이것은 개혁 초기에 뉴스 여론이 해방 의식과 개혁 추진에 중요한 작용을 했기 때문에, 그 당시 기자의 직업 성망이 매우 높았지만, 1990년대 중반 이후에, 일부 기자가 "황금 쇠사슬"에 영혼이 걸려, 돈의 노예가 되어, 뉴스 보도에 객관적인 공정성을 잃어버렸다.

2009년, 베이징에서 새로 직업 성망 조사를 진행했다. 상위 10위에 오른 직업은 모두 고급 지식인이나 비교적 높은 전문적 기술이나 기능(예를 들면 비행이나 의료·공학 기술·음악)을 갖고 있는 직업으로, 사람들이 지식과 전문 기능에 대한 인증도가 매우 높았다. 과학자와 사회학자는 여전히 1위와 7위를 차지했다. 1998년에 공포된 조사 결과와 비교하면, 2009년의 조사 결과는 새로운 상황을 보여주고 있다. 첫째는 성망이 비교적 높은 법률 종사자, 예를 들면 법관과 검찰관 직업 성망 순위가 상위 10위 밖으로 떨어졌다. 이것은 심각한 사법 부패와 관련 있으며, 최고법원의 부원장도 탐관이 되었다. 둘째는 일부 직업의 상승과 하락의 폭이 매우 크다는 것이다. 순위 상승폭이 가장 큰 세 개의 직업은 자영업자(個體戶)로 29위로 상승했고, 대중가수는 26위로 상승했으며, 외자기업 임원은 22위로 상승했다. 순위 하락폭이 가장 큰 세 개 직업은 보험회사 사원이 30위, 간호사가 21위, 컴퓨터 판매상이 19위로 떨어졌다. 보험회사 사원은 순위가 91위로, 이것은 아마도 평소 "번거로운 것을 귀찮아하지 않는" 보험 업무 마케팅과 관계있어서, 사람들의 이 직업에 대한 평가에 영향을 주었다. 셋째는 국가기관의 국장이나 처장의 성망이 모두 비교적 크게 올라, 각각 12단계와 9단계가 상승했다. 뿐만 아니라 전체 직업 성망 순서의 앞자리에 올랐다(14위와 23위).

세관원은 33위에서 16위로 올랐다. 개혁 전반기 "관본위"가 뚜렷이 약화되었지만, 최근 몇 년간, "관본위"가 명백히 강화되었다. 성망의 변화가 이것과 서로 관련이 있다. 넷째, 농민 집단의 직업 성망에 분화가 나타나, 도시로 가서 장사를 하는 농민의 성망이 매우 빠르게 상승했다. 1997년의 92위에서 2009년의 76위로 상승하여, 심지어 매표원과 보험회사 사원을 뛰어넘었다. 도시로 가서 노동을 하는 농민은 1997년에는 순위가 94위였으나, 2009년에는 90위로 역시 상승했다. 다섯째, 경제 금융 분야의 직업 성망이 전체적으로 상승했고, 부동산업자의 직업 성망은 중간 정도 위치에 있다. 비록 최근 몇 년간 부동산이 인기가 있었지만, 부동산업자의 직업 성망은 오히려 여전히 중간 정도에 위치했다. 2009년의 조사에서는 46위로, 1997년에 비해 8단계 상승하여, 성망을 얻는 것이 결코 그 경제 소득과 서로 부합하는 것은 아니다. 대표이사, 대·중소기업 공장장이 거의 20위로 상승했다. 공장장의 성망이 오른 것은 최근 몇 년 동안 기업 내부(특히 국유 대형기업) 경영 간부의 임금이 대폭 오른 것과 관계가 있다.

직업 성망은 지역과 관련이 있다. 다른 지역의 사람들은 가치 성향·직업관에서 차이가 있을 수 있다. 1990년 베이징과 광저우, 두 개의 도시에서 동일한 잣대와 동일한 방법을 채택하여 한 차례 직업 성망 조사를 진행했는데, 일부 직업에 대한 두 곳의 평가 차이가 매우 컸다. 예를 들면, 사영 기업주는 베이징에서 54위를 차지했지만, 광저우에서는 21위를 차지했다. 청부업자는 베이징에서 77위, 광저우에서 46위를 차지했다. 이것은 전통적인 착취 관념에 대해 베이징 사람이 광저우 사람보다 인상이 더욱 깊다는 것을 설명해 준다. 간호사 직업은 베이징에서 39위이고, 광저우에서는 59위를 차지했다. 이것은 베이징 사람이 광저우 사람보다 사회 공헌에 대해 더욱 중시하고 있으며, 광저우 사람이 소득을 더욱 중시한다는 것을 설명하고 있다. 상사(商社)의 매니저는 베이징에서 27위이고, 광저우에서는

13위를 차지해, 광저우 사람이 베이징 사람보다 더 비즈니스를 중시한다는 것을 설명한다. 장관은 베이징에서 10위, 광저우에서 2위를 차지했고, 국가 기관원은 베이징에서 39위, 광저우에서 22위 차지했다. 광저우 사람은 베이징 사람보다 관리(官吏)를 더 중요시한다. 이것은 베이징 사람이 관리를 많이 보는 것과 관련이 있으며, 또한 광저우의 정치 분야 개방이 경제 개방보다 낮음을 반영하고 있다. 개혁 개방이 심화됨에 따라서, 베이징과 광저우의 최근 직업 조사는 이러한 차이가 명백히 축소되고 있다.

현재 중국의 직업 성망 상황

1996년 말에서 1997년 초까지, 사회학자 리창은 베이징 시에서 한 차례 직업 성망 조사를 진행했다. 조사표에 중국의 직업 구조를 반영하는 100여 종의 직업을 선택했다. 조사표에서 요구사항으로 제시한 것은 "당신의 마음속에 있는 각종 직업 지위의 고하에 근거하여 종합적으로 평가하여, 아래의 직업에 점수를 매기세요"이다. 이번 조사는 베이징 시 주민의 직업 분포 비례에 의거하여, 유효 샘플 468개를 완성했으며, 그중, 남성이 56%, 여성이 44%를 차지했다. 연령 구조는 18~29세가 9%, 30~39세가 21%, 40~49%가 22%, 50~59세가 18%, 60세 이상이 30%를 차지했다. 조사 결과는 미국의 사회학자 노스(C. C. North)와 하트(P. K. Hatt) 계산공식을 채택하여 환산치를 계산했다.

표6-2 1997년 베이징 직업 성망 조사표(이 표에는 상위 30위까지의 직업만 열거)

순위	직업	성망 점수	순위	직업	성망 점수
1	과학자	88.95	16	통역사	73.40

2	대학교수	86.37	17	음악가	72.74
3	엔지니어	82.97	18	작가	72.27
4	물리학자	81.94	19	화가	71.45
5	의사	79.98	20	코치	71.33
6	경제학자	79.23	21	기자	71.22
7	사회학자	78.57	22	편집자	71.00
8	법관	78.25	23	TV프로그램 진행자	70.64
9	조종사	76.84	24	아나운서	70.39
10	검사	76.82	25	운동선수	69.27
11	변호사	76.58	26	국가기관 국장	69.19
12	건축사	74.96	27	회사 대표이사	68.71
13	장교	74.95	28	영화감독	68.44
14	대학보통교사	74.94	29	초중등학교 교사	68.31
15	은행장	74.47	30	패션 디자이너	67.39

상하이의 상황이 베이징과 약간 다른 것은, 상하이의 조사 시간이 베이징보다 2년 후이고, 아마도 두 도시의 관념 차이가 있기 때문일 것이다. 1999년 1월, 사회학자 치우리핑(仇立平)은 상하이의 50여 종 직업에 관한 설문조사를 진행했으며, 그 결과는 표6-3과 같다.

표6-3 1999년 상하이 직업 성망 조사 점수와 순위

순위	직업	점수	순위	직업	점수
1	대학교수	93.4	21	유명 가수	55.2
2	과학자	91.4	22	물자관리 간부	54.8
3	변호사	85.8	23	연기자	52.2

4	음악가	83.8	24	회계사	50.4
5	기업 공장장 매니저	83.0	24	판매원	50.4
6	프로그램 진행자	81.8	25	버스기사	46.0
7	당정기관 지도자	81.0	25	기술 노동자	46.0
8	의사	77.2	26	택시기사	43.4
9	엔지니어	75.4	27	비서	42.0
10	기업 당위원회 서기	70.0	28	원양어선 선원	41.4
10	과학 연구원	70.0	28	요리사	41.4
11	기자	68.4	28	가전제품 수리공	41.4
13	사유기업주	65.0	29	전기 기술자	36.6
14	공안 정법 간부	64.8	30	자영업자	35.0
15	초중등학교 교사	64.2	30	판매원	35.0
15	중개인	64.2	31	보육사	34.2
16	은행직원	63.2	32	호텔리어	29.4
17	상공 세무 간부	60.0	33	건축 노동자	28.8
18	부동산 업자	59.4	34	이발사	26.6
18	외국무역회사 직원	59.4	35	방직 노동자	24.4
18	외자기업 직원	59.4	36	농민	16.8
19	민정 직원	57.4	37	보모	5.0
19	기관 직원	57.4	38	환경미화원	2.8
20	직업군인	55.4	39	잡역부	2.0

1998년 4월, 선전대학(深圳大學) 법학대학 사회조사부가 한 차례 직업 사회 성망 설문조사를 시행했다. 이 조사는 세그먼트(segment) 무작위 표본 추출법을 채택하여, 선전 시 뤄후(羅湖)와 푸텐(福田)·난산(南山)·옌톈(鹽田)·바오안(寶安)·룽강(龍崗) 여섯 개 지역에서 무작위로 1,000개의 가정을 뽑아, 선전대학의 학생이 조사원이 되어, 직접 가정을 방문하여 설문조사를 실시

했다. 그들은 선전 시의 직업 분포 특징과 결합시켜, 설문지에 비교적 대표성이 있고 보편적 의미가 있는 100여 종의 직업을 설계하여, 피방문자가 각 직업에 대해 점수를 매기도록 요구했으며(최고 100점, 최저 1점), 아울러 점수를 매긴 주요 이유에 대해 물었다. 이 조사는 모두 1,000부의 설문지를 배부하여, 733부의 유효 설문지를 회수했다. 컴퓨터에 숫자를 입력한 후, Spss for Windows7.0 소프트웨어를 사용해서 처리 분석했다. 분석 결과는 표6-4를 참고할 수 있다.

표6-4 선전 시 1000여 종 직업 성망 순위(1998년 4월 조사 결과)

순서	직업	평균점수	표준 차
1	과학자	87.2431	15.0160
2	대학교수	83.1534	14.2239
3	중학교 교사	77.6406	15.2096
4	IT엔지니어	77.5818	15.3647
5	만화가	77.3020	16.6412
6	변호사	77.2629	17.7590
7	건축사	77.1341	16.1077
8	의사	76.7880	18.8019
9	조종사	76.6154	17.4133
10	통역사	76.5900	30.3747
11	음악가	76.1882	16.0534
12	대학보통교사	76.0569	14.7715
13	유치원 교사	75.6022	15.8486
14	작가	75.4523	17.0916
15	전기 엔지니어	75.1889	15.2370
16	경제학자	74.9922	16.3996

17	법관	74.8454	18.7373
18	소프트웨어 개발자	74.7377	16.7843
19	운동선수	74.6045	16.7392
20	검사	74.3553	18.6035
21	은행장	74.1184	19.2761
22	프로젝트 플래너	74.0502	15.8872
23	방송 사회자	73.9228	15.9163
24	패션디자이너	73.8048	16.6656
25	소방관	73.4165	18.1095
26	회계사	73.3589	15.6556
27	연구사	73.1935	15.9863
28	편집자	72.8444	16.3029
29	사회복지사	72.5667	18.1264
30	회계사	72.4333	16.7045
31	방송국 아나운서	72.4274	16.3519
32	통계사	72.4219	16.0720
33	회사 임원	72.4031	17.2633
34	컴퓨터 공학	72.3346	15.8248
35	스튜어디스	71.4073	16.8737
36	기자	71.4426	17.6405
37	코치	71.4319	17.0942
38	공예미술사	71.2758	16.5357
39	심리 상담 전문가	70.9417	19.1144
40	환경미화원	70.9406	20.2306
41	장교	70.6811	10.0947
42	농업기사	70.6424	17.5090
43	기술자	70.6089	17.6312
44	회사	70.4040	16.8300

45	은행원	70.2231	16.6323
46	실내디자이너	69.9300	16.7225
47	감독	69.5706	18.3266
48	인적자원 팀장	69.4085	18.7019
49	요리사	69.1295	17.1242
50	간호사	69.1133	17.2511
51	선원	68.8492	17.4349
52	공증인	68.3629	19.1726
53	상공 행정관리원	68.1953	20.1594
54	수공예사	67.9326	17.7741
55	상담원	67.8317	18.1919
56	아트디렉터	67.7213	16.8757
57	실내장식 디자이너	67.6143	17.4936
58	공안 간부와 경찰	67.5895	21.4926
59	호텔리어	67.4006	17.0127
60	공무원	67.3601	22.4815
61	외자기업 중국 직원	67.2895	18.0103
62	농민	67.0374	22.2338
63	세관 직원	67.0083	20.6825
64	병사	66.9721	19.8794
65	배우	66.5773	20.0735
66	소규모 자영업 사장	66.5512	20.6799
67	일반기관 간부	66.2653	17.4437
68	사서	66.2563	17.9513
69	패션디자이너	66.2102	19.1542
70	우체국 직원	66.1322	18.8276
71	세무원	66.1107	20.9695
72	미용사	66.0886	18.1058

73	부동산	66.0139	18.1823
74	시장조사 연구원	65.6908	17.9734
75	여행 가이드	65.9176	17.1413
76	프리랜서	65.6434	18.3388
77	대리상	65.3484	18.5401
78	경비원	64.7648	17.6167
79	자동차 정비 기능사	64.7626	17.6224
80	비서	64.6515	17.6995
81	철도 승무원	64.5147	18.3285
82	공공기관 직원	64.1662	18.0588
83	건축가	64.0531	18.9925
84	증권 매니저	63.9246	19.5351
85	가이드	63.7725	18.1657
86	유명 가수	63.4330	22.3451
87	여성 교환원	62.8774	18.5487
88	레지스터	62.6788	18.4960
89	자영업	62.6465	20.5683
90	보험직원	62.6122	19.1608
91	중매인	62.4958	18.7918
92	배관공	62.3113	20.4429
93	근로자	61.34358	18.7612
94	증권 분석사	61.3106	22.5398
95	택시기사	61.0586	18.7528
96	직업 주식투자자	59.2825	20.6788
97	판매원	58.7256	20.0998
98	보안요원	56.9332	22.9603
99	가정부	55.9048	21.4598
100	유흥업소 접대부	23.3157	25.6735

2007년 7월에 발표한 선전 시 100대 직업 성망 최신 순위는 1998년과 비교하면 일부 새로운 변화가 있다.

새로운 조사에서 성망 점수가 가장 높은 상위 10위 직업은 다음과 같다. (1) 과학자, (2) IT엔지니어, (3) 대학교수, (4) 소프트웨어 개발자, (5) 건축사, (6) 조종사, (7) 초중등학교 교사, (8) 통역, (9) 대학보통교사, (10) 변호사. 성망이 가장 낮은 10가지 직업을 낮은 순서대로 열거하면 다음과 같다. (1) 판매원, (2) 보안요원, (3) 보모, (4) 직업 주식투자자, (5) 미용사, (6) 택시기사, (7) 종업원, (8) 증권 분석사, (9) 철도 승무원, (10) 보험직원. "유흥업소 접대부(三陪小姐)"는 100대 직업 성망 중에서 가장 끝에 있다.

IT엔지니어는 1998년의 4위에서 단숨에 2위로 도약했고, 이것은 "인터넷 시대"가 직접 반영된 것이라고 해야 할 것이다. 1998년에 18위를 차지했던 소프트웨어 개발자는 2007년 조사에서는 급속하게 순위가 4위로 뛰어올랐다. 건축사의 직업 성망은 1998년의 7위에서 2007년의 5위로 올랐다. 초중등학교 교사의 성망치 순위는 7위이다. 2007년과 1998년을 비교했을 때, 상승폭이 비교적 큰 직업은 (1) 프리랜서가 23위에 오르고, (2) 농민이 22위, (3) 출납원이 18위, (4) 증권업 매니저·중매인·공안 간부와 경찰·장교가 함께 16위에 올랐으며, (5) 감독·심리 상담 전문가가 함께 15위에 올랐고, (6) 소프트웨어 개발자가 14위에 올랐다.

프리랜서의 상승폭이 가장 큰 이유는 중국이 오랫동안 시행한 "직업 작가제도"가 작가 창작의 독립성과 자유성을 제한한 것과 관계가 있다. 최근 몇 년 동안, 일부 체제 밖의 자유 작가들이 좋은 작품을 내놓자, 프리랜서 또한 비교적 두둑한 수입을 얻었다.

1999년 7~8월, 중국사회과학원 사회학 연구원 쉬신신(許欣欣) 박사는 전국 63개 도시에서 16세 이상 2,599명의 도시 주민을 대상으로 표본 설문조사를 진행했다. 설문지에는 69개 직업을 골라, 피조사자들로 하여금 각자의 주관적인 생각에 따라 각 직업에 대해 점수를 매기도록 했다. 각 사람들은 직업의 가치를 다섯 개의 등급으로 나누어, 순서에 따라 "최고 좋은 직업(100점)", "비교적 좋은 직업(80점)", "보통 직업(60점)", "비교적 좋지 않은 직업(40점)", "가장 좋지 않은 직업(20점)"으로 나누었다. 조사 결과를 모아서, 각 직업의 평균점수를 내고, 이에 따라 중국 직업 성망 보고서를 만들었다.(표6-5 참조)

표6-5 1999년 중국 도시 주민 직업 성망 조사 견본: 2,599명[1]

순위	직업	성망 점수	표준 차	순위	직업	성망 점수	표준 차
1	시장	92.9	13.71	36	대기업 회계사	73.4	14.54
2	정부 장관	91.4	13.85	37	당정 기관 일반간부	73.3	15.24
3	대학교수	90.1	13.39	38	개인 첨단기술 기업 고용자	73.3	15.57
4	컴퓨터네트워크 엔지니어	88.6	14.08	39	증권회사 직원	72.4	14.75
5	법관	88.3	13.94	40	가이드	71.7	14.10
6	검사	87.6	13.90	41	사립학교 교사	71.5	14.92
7	변호사	86.6	13.39	42	당정 기관 소형차 기사	70.1	17.70
8	첨단기술 기업 엔지니어	85.8	13.50	43	문화 자영업자	68.2	15.91
9	당정 기관 지도자 간부	85.7	16.60	44	보험회사 직원	67.5	15.83
10	자연과학자	85.3	15.12	45	기업과 사업 단위 정치공작 간부	66.8	15.70
11	통역사	84.9	14.62	46	자영업자	65.7	16.64
12	세부 관리자	84.9	16.15	47	삼자(二資)기업 직원	65.4	15.09

---

1   쉬신신(許欣欣), 「직업평가와 업종 선택 추세로 본 중국 사회구조 변천」, 『사회학 연구(社會學研究)』, 2000년 제3기.

13	사회과학자	83.9	16.26	48	간호사	64.1	14.46
14	의사	83.7	14.38	49	요리사	60.6	16.73
15	컴퓨터 소프트웨어 디자이너	83.6	15.77	50	택시기사	59.5	15.43
16	작가	82.5	16.22	51	집배원	59.1	15.55
17	기자	81.6	15.67	52	버스기사	58.5	14.94
18	부동산 경영개발상	81.5	15.72	53	지역사회 서비스 요원	56.6	16.27
19	국유 중대형 기업 공장장·매니저	81.3	16.43	54	주식회사 노동자	53.2	15.76
20	투자회사 매니저	81.1	15.79	55	장의사	53.0	22.32
21	노래하는 배우	80.1	19.51	56	호텔리어	52.6	16.80
22	편집자	79.7	14.33	57	상점 판매원	50.8	15.84
23	아나운서	79.5	15.83	58	버스 매표원	48.7	15.52
24	은행원	79.1	14.85	59	국유 중·대기업 노동자	47.4	18.17
25	개인기업주	78.6	16.24	60	환경미화원	45.5	18.54
26	영화배우	78.2	19.53	61	농민	44.7	20.74
27	스튜어디스	78.0	15.87	62	향진 기업 노동자	44.3	18.04
28	공상 관리원	77.3	15.41	63	식당 종업원	43.5	16.67
29	컴퓨터 시스템 관리원	77.2	15.73	64	국유 소기업 노동자	43.5	17.61
30	국립 중학 교사	77.1	14.38	65	개인기업 노동자	43.2	18.31
31	광고디자이너	76.7	14.02	66	협동기업 노동자	42.7	18.11
32	경찰	76.2	18.00	67	자영업 고용인부	37.7	18.83
33	기계 엔지니어	76.0	14.29	68	가정부	36.9	17.48
34	국유 기업 공장장	75.9	16.11	69	건축업 노동자	34.9	17.86
35	운동선수	74.7	17.09				

위 표에 따르면, 상위 21위를 차지한 직업은 모두 80점 이상을 받았다. 또한 "노래하는 배우"의 표준 차(19.15)가 비교적 큰 것을 제외하고, 나머지 20개 직업의 표준 차는 모두 13~16.6 사이로, 중국 도시 주민이 이러한 직업에 대해 공통된 인식이 매우 높다는 것을 설명한다. 이러한 직업의 공통된 특징은 정치적 권위와 과학적 지식·복잡한 직업 기능·비교적 높은 소득이다. 이 밖에 일부 직업은 시대적 상징을 갖춘 신흥 산업이다.

과학자의 순위가 여러 차례 조사에서 상위권을 차지했지만, 최근 조사에서는 최상위권에 들지는 못했다. 이것은 일부 과학자들이 대중의 믿음을 저버리고, 종종 허위로 날조된 행위가 이미 "학술적 부패"라는 이름으로 불릴 정도로 범람했기 때문이다. 일부 과학자들은 작은 성과라도 있으면 지나치게 추커세워져, 일찍부터 리더 자리에 발탁되어, 산더미처럼 과학자나 원사[院士: 학술원(아카데미) 회원. 과학 발전에 크게 이바지한 학자들에게 해당 학계에서 주는 높은 명예 칭회] 등의 감투를 썼다. 결국 온종일 각종 회의나 보고, 접대에 다니느라 바빠서, 매우 잠재력이 있던 연구 분야가 황폐해졌다. 어떤 사람은 직설적으로 언론에 자주 얼굴을 내미는 "과학자"라는 사람이 너무 많아서, 누가 진짜 과학자인지 구분할 수 없게 되고, 중국에 진정한 과학자가 부족하다고 말한다.

최근 몇 차례 성망 조사에서 관리가 상위에 올랐고, 심지어 1위를 차지하기도 했다. 이것은 중국의 "관본위(官本位)" 역사나 현상과 관련이 있다. 참고로 독일 사람들은 2003년 조사에서,[2] 의사를 1위로 꼽았고, 정부 관리를 고등학교 교사와 기자 다음으로 뽑아서, 13위를 차지했다.

---

2 DW-WORLD. DE(독일의 소리방송국), 2003년 4월 13일.

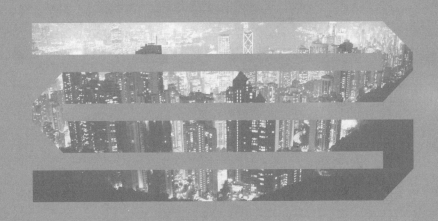

제7장

가장 방대한 계층─농민

국가통계국이 공포한 데이터에 따르면, 2008년 말까지, 중국 농촌 총인구는 7억 2,135만 명으로, 전체 총인구 13억 2,802만 명의 54.32%를 차지했다.* 그중 농촌 취업인구는 5억 2,025만 6,000명으로, 전국 총 취업인구 7억 7,480만 명의 67.1%를 차지했다. 농촌에서 농업·임업·목축·어업에 종사하는 인구가 2억 8,363만 6,000명으로, 향촌 취업자 5억 2,025만 6,000명이 차지하는 비중이 54.5%였다.** 중·대도시가 모두 "광역시 체제"를 시행했기 때문에, 성진 인구 중, 농업인구가 상당히 큰 비중을 차지하고 있어서, 농민은 여전히 중국 최대의 사회집단이다.

* 국가통계국 편찬, 『2009년 중국통계개요』, 중국통계출판사, 38쪽.
** 중화인민공화국 농업부, 『중국농업 60년 통계자료』, 중국농업출판사, 2009, 5쪽.

개혁 이전의 농민

개혁 이전 농민의 상황은 한마디로 가난하고, 굶주리며, 신체적 자유가 없는 사람이라고 개괄할 수 있다.

그렇다면 어느 정도로 가난했을까? 1978년 전후, 신화사 국내부 농촌팀이 기자를 파견하여 농촌 상황을 조사한 적이 있다. 1979년 전국의 농민 평균소득이 가장 높은 곳은 산시(山西) 성 뤼량(呂梁) 지역으로 70위안이었고, 2위는 룽둥(隴東), 칭양(慶陽)으로 64.86위안, 3위는 옌안(延安) 지역으로 57.2위안, 4위는 위린(榆林) 지역으로 52위안, 5위는 간쑤(甘肅) 성 핑량(平涼)으로 47.6위안, 가장 낮은 곳은 구위안(固原)과 딩시(定西)로 모두 36.8위안이었다.[1] 농업부 인민공사 관리국의 통계에 따르면, 1978년 집단으로부터 분배되는 전국 농민 1인당 연평균 소득은 겨우 74.67위안이었다. 그중 2억 명에 달하는 농민의 연평균 소득은 50위안도 되지 않았다. 1억 1,200만 명의 사람들은 매일 겨우 11전의 돈을 벌었고, 1억 9,000만 명의 사람들은 매일 13전의 돈을 벌었으며, 2억 7,000만 명의 사람들이 매일 14전의 돈을 벌

---

1 천다빈(陳大斌), 『배고픔이 일으키는 개혁(饑餓引發的變革)』(베이징: 중공당사출판사), 1998, 17쪽.

었다. 상당히 많은 농민들은 1년 동안 아무리 고생해도 돈을 벌지 못할 뿐 아니라, 오히려 생산대(生産隊)에게 빚을 졌다. 또 하나의 사람들이 깜짝 놀랄 만한 통계가 있다. 1978년 전국의 3분의 2의 농민들 생활수준이 1950년대 보다 못하고, 3분의 1의 농민들 생활수준이 1930년대보다 못했다는 사실 이다.

대다수 농민 가정은 찢어지게 가난하여, 집 안에는 벽만 덩그러니 있을 정도였고, 농민들은 거지처럼 누더기 옷을 입고 있었다. 1978년 신화사 선 쭈룬(沈祖潤) 기자가 안후이(安徽) 성 딩위안(定遠)·펑양(鳳陽)·자산(嘉山) 등지를 취재한 결과는 매우 참혹했다. 펑양 현 상위 다섯 개 생산대는 열 가구 중에서 네 가구는 대문이 없었고, 세 가구는 탁자도 없었으며, 68명 중에 서 40여 명은 솜바지가 없었다. 한국전쟁에 참전한 적이 있는 스청더(史成 德)는 자식이 일곱 명에, 식구가 열 명이나 되었지만, 겨우 이가 빠진 그릇 세 벌만 있었다. 바로 당시 펑양에서 유행하던 화고(花鼓) 노래 가사와 같았 다. "진흙 집, 진흙 침대, 진흙 통가리 속에 양식이 없네. 하루 세 끼 멀건 죽을 마시고, 정월에 집을 나서 기근을 피해 돌아다니네."

중화인민공화국 성립 이후, 농업의 축적물에 의존하여 공업화 실현을 재 촉하는 전략을 시행했다. 공업을 발전시키기 위해서는 거액의 자금이 필 요했는데, 그 자금은 어디에서 왔을까? 결국 농업에 의존할 수밖에 없었 다. 공업 분야의 노동자들이 밥을 먹어야 하는데, 양식은 어디서 왔을까? 농업에 의존해야 했다. 일용 공산품을 발전시키는 데 필요한 원료는 어디 에서 왔을까? 농업에 의존해야 했다. "농업은 국민경제의 기초"로, 솔직히 말하면, 바로 농민들이 앞에서 말한 각종 무거운 부담을 지도록 했다. 농 업이 공업건설의 자금을 축적하는 주요 방식은 바로 농공업 제품의 "협상 가격차"이다.

그렇다면 "협상 가격차"란 무엇인가? 바로 농산물과 공산품을 교환할 때, 농산물의 가격이 그 가치보다 낮고, 공산품의 가격은 그 가치보다 높아서, 교환을 통해 농민의 일부분 노동 성과가 보수도 없이 공업으로 바뀌는 것을 말한다.

실제로 "협상 가격차"는 일종의 "간접세(暗稅)"이다. 농민은 국가에 식량으로 내는 현물세인 "직접세(明稅)"를 낼 뿐만 아니라, 농산물을 파는 동시에, 또 "간접세"를 내게 된다. 1953년에 양식 일괄구매 일괄판매를 실시한 이후, 농민이 생산한 양식은 일률적으로 국가가 정한 가격에 따라 국가에 팔았다. 다시 말하자면, 1953년 이후부터, 농민들은 줄곧 "협상 가격차"의 박탈을 감당하고 있었다. 1976년 재식농업(plantation)의 "직접세"와 "간접세"가 함께 더해져, 세율이 20%를 넘어섰다. 그런데 1952년에 재식농업의 세율은 겨우 7%였다.

국가는 농공업 생산품의 "협상 가격차"를 통해 도대체 농촌에서 얼마나 많은 재부를 갖고 갔을까? 전문가들이 여러 가지 각도에서 계산을 한 적이 있다. 그중 최고 추정액은 7,000억 위안이고[니우뤄펑(牛若峰), 1992], 최저 추정액은 4,481억 위안[쉬충차이(徐從才)·선타이지(沈太基), 1993]이었다.

"협상 가격차"의 박탈, 생산 능률의 저하로 모든 인민공사는 평균 2,715만 9,000위안의 재산만 남게 되고(만약 토지재산권을 빼면 겨우 534만 위안), 모든 생산대의 단체 누적 평균은 1만 위안도 안 되었다. 그리고 모든 농가 소유 평균 재산은 550위안을 넘지 않았다.[2]

농민은 식량을 재배했지만, 항상 배불리 먹지 못했다. 1953년부터 식량 일괄구매 일괄판매가 시행된 후, 중국 농민들은 줄곧 절반은 굶고 절반만 배가 불렀다. 1958년부터 1962년까지, 중국에서 기아로 죽은 수천만 명의 사람 대부분은 농민이었다. 1978년 전국 농민 연평균 식량은 겉곡식

---

2 탕젠런(唐健仁), 「중국 농업정책 개혁시스템 고찰(中國農業政策改革系統考察)」, 『농업경제문제(農業經濟問題)』, 1992년 제9기.

124kg이었다. 필자의 고향인 후베이 성 동부의 식량 생산지는 매년 두 계절 동안은 벼와 한 계절 동안은 보리를 재배할 수 있는 곳이지만, 당시에는, 매년 춘절이 지나면 곧 식량 기근이 들었다. 봄갈이를 하는 바쁜 계절에 농민들은 겨우 묽은 죽만 먹을 수 있었다. 농민들은 "한번 입으로 불면 파도가 세 층, 한번 마시면 아홉 도랑이 생긴다"는 말로, 이 죽이 얼마나 묽은지를 묘사했다. 장년 노동자의 1년 양식이 벼 200kg도 되지 않는다. 이러한 벼에서는 겨우 150kg 정도의 쌀만 나왔고, 하루 평균 대략 400g밖에 되지 않았다. 이것이 힘든 육체노동자들의 모든 열량 공급원으로, 그들에게 식용유와 돼지고기는 사치품이었다. 부녀자와 아이들은 1년에 겨우 100kg이 넘는 벼만 제공받았다. 아이들의 식사량은 성년보다 적지 않아서, "애송이 소년이 어른 먹어 죽인다"는 말이 있을 정도였다. 만약 온 가족 평균 매일 250g의 쌀이 있었다면, 농민들은 정부에 대해 감지덕지했을 것이다. 바쁘게 하루 농사 일이 끝나면, 농가에서는 보통 매일 두 끼만 먹었고, 저녁에는 어쩔 수 없이 주린 배를 잡고서 일찍 잠자리에 들었다.

경직된 관리 제도는 농민이 굶주리는 원인 중 하나였다. 모든 생산대는 어떤 농작물을 심을지 상부에 승인을 받아야 했다. 상부에서는 현지 상황을 이해하지 못하고, 자주 터무니없는 명령을 내려, 농민들을 헛고생시켰다. 농민이 매일 무엇을 하고, 어느 땅에서 일하는지를, 모두 생산대장이 처리하도록 했다. 매일 아침 시골 마을 어귀 나무 아래에 집합해서 대장이 일을 할당해 주기를 기다렸다. 일을 배분하는 데 있어서는 똑같은 대우를 받아서, 노동 효과나 개인의 수익은 관계가 없었다. 그래서 농업생산 효율은 떨어지고, 식량 생산량은 매우 낮았다. 효율이 떨어진 집체노동은 그들을 먹여 살릴 수 없었지만, 그렇다고 다른 활로를 찾으러 갈 수도 없었다. 집체노동에 참가하는 것 이외에, 그들은 자신의 뜻대로 노동을 해서 먹을 것을 찾고 소득을 높일 수 없었다.

개혁 이전에는 세 가지 수단으로 농민을 확실하게 토지에 묶어두었다. 첫째는 농민조직이고, 둘째는 경제정책, 셋째는 호적제도였다. 농촌조직은 바로 "집체화"이다. 초급 농업생산 합작사에서 고급 농업생산 합작사로, 다시 인민공사로 형태가 변했지만, 모든 농민은 하나의 엄밀한 조직에서 노동하고 생활했다. 경제정책은 주로 일괄구매 일괄판매였다. 농산물은 전부 국가가 갖고 가버리고, 농민의 모든 생활필수품은 배급표로 공급되었다. 식량 배급표, 기름 배급표, 직물 배급표, 고기 배급표, 계란 배급표, 담배 배급표…… 등이 없으면 사람들이 살아갈 수 없었다. 이러한 배급표는 행정 관할 지역에 따라 관할 지역 안의 사람들에게 배분되고, 자신이 속한 행정 관할 지역을 떠나면, 이러한 배급표를 얻을 수 없었다. 호적제도는 인구의 이동을 막았다. 이 세 방법이 결합하여 하나의 굴레를 구축했고, 농민을 고향에 단단히 가두어 두었다. 하나의 "높은 벽"을 구축하여, 농민을 도시 문밖에서 막았다. 도시 호구와 농촌 호구는 하늘과 땅 차이의 대우를 받았다. 도시 호구를 가진 사람은 "상품으로 거래되는 식량(商品糧)"을 먹었다. "상품량(商品糧)"이라는 것은 국가가 정해진 양으로 성진 주민과 기타 식량 생산에 종사하지 않는 주민에게 공급하는 식량을 말한다. "상품량"의 가격은 그 가치보다 낮고, 그 속에는 "협상 가격차"가 있을 뿐만 아니라, 또한 국고보조금도 포함되어 있었다. "상품량"을 먹는 것은 일종의 특별한 신분을 의미하며, 그들은 도농 간 격차의 유리한 측에 처해 있었다. 또한 의료나 양로 등 복지를 누릴 수 있었다. "농업 호적에서 비농업 호적으로 전환(農轉非)"하는 것은 농민의 간절한 소망이었고, "농촌을 떠나 호적을 도시로 옮기는 것(跳農門)"은 농촌 청년의 출구였다. 그 당시 "호적을 도시로 옮겨 가는 길"은 단지 두 가지의 매우 비좁은 통로가 있었다. 즉 대학에 진학하는 것과 군에 입대해서 간부로 발탁되는 것이었다(일반 병사들은 제대하면 여전히 원래 고향으로 돌아와야 했다).

개혁 이전에 모든 농민은 집체 규정의 틀 안에서 활동했으며, 그들의 행위는 모두 엄격한 규범의 제어를 받았다. 농민은 의, 식, 주를 통제받았을 뿐만 아니라, 노동과 여가생활까지도 모두 통제를 받았다. 조직은 농민이 의존하는 생존의 모든 것을 통제하고 있었다. 예를 들면 호구(戶口), 식량 배급표, 직물 배급표, 여행증명서 등이다. 개혁 이전에는, 절대 다수 중국 농민의 평생 생활 반경이 100km가 안 되었다. 당시 농민들은 정부가 국민이 알아야 할 필요가 있다고 생각해서 제공하는 정보 이외에, 외부세계에 대해 아는 것이 극히 적었다. 배불리 먹고 따뜻하게 입도록 요구하는 것 말고는 더 이상 요구가 없었다. 게다가 "계급투쟁을 강령으로 삼는", 끊임없는 정치운동이 더해져, 농민들은 감히 어떠한 "탈선행위"를 할 수가 없었다.

개혁 전의 중국 농촌은 하나의 동질적이고 균등한 사회였다. 하나하나의 지역을 갖고 말하자면, 동질적이고 동일한 구조의 "유사체(類似体)"로, 공사(公社)-생산대대(生産大隊)-생산대(生産隊)-농민으로 구성되었다. 광둥 성의 한 공사와 산시(山西) 성의 공사는 비록 천 리나 떨어져 있지만, 그 조직구조와 생산방식은 거의 비슷했다. 이 두 공사에서 뽑아서 임명한 두 농민은 생활 방식이 그다지 차이가 나지 않았다.

개혁 이전의 농촌은 또한 다음과 같이 계급을 구분했다. 지주(地主)·부농(富農)·상중농(上中農)·중농(中農)·하중농(下中農)·빈농(貧農)·고농(雇農)이다. 그러나 실제로 이러한 계급은 1949년 이전의 계급으로, 토지개혁 이후에는 이러한 계급의 경제적 기초가 이미 소멸되었다. 모든 사람들은 신중국 성립 이전의 계급 상황을 일종의 정치적 신분으로 고정시켜, 그들이 신정권에 대한 정치적 태도를 판단하는 데 사용했다. 또한 이러한 판단을 근거로 그들에 대한 대우로 보답했다. 개혁 이전에는, 어떠한 계층 성분이든지 모두 기아와 빈곤 속에서 허덕였다. 그러나 빈·하중농의 정치적 지위는 비교적 높았고, 지주와 부농은 피독재의 지위에 있어서, "단지 잠자코 있는 것

만을 허락되고, 함부로 지껄이거나 행동하는 것이 허용되지 않았다". 정치
운동을 하기만 하면, 바로 그들을 끌어내어 "살아 있는 표적"으로 삼아 비
판했다.

농민 분화의 제도적 기초

농촌에서, 가족 단위 농업생산 책임제(家庭聯産承包責任制)가 확립되고, 인민
공사가 해체되면서, 계획경제체제에서 시장경제체제로 바뀌자, 농민과 농
촌, 농업에 심각한 변화가 생겼다.

농촌에서 가족 단위 농업생산 책임제는 1979년에 시작하여, 1984년에
전면적으로 확대되었다. 이러한 제도는 국가와 집체, 개인 3자 간의 이익
관계가 매우 뚜렷하고, 농민의 적극성이 전례 없이 고조되어, 식량 총생산
량이 대폭 제고되었다. 1984년 전국 식량 총생산량은 4억 731만 톤에 달
했고, 1978년에 비해 1억 254만 톤이 증가하여, 33.6% 증가했다. 이 6년
동안 전국에서 증산된 식량은 1957년부터 1978년까지 21년 동안 증가한
식량과 맞먹었다. 1984년 전국의 목화 총생산량도 1978년의 2.89배에 상
당했다.

가족 단위 농업생산 책임제는 생산력을 해방시켰을 뿐만 아니라, 농민
자신을 해방시켰다. 과거 농민들은 집체에 단단히 매여서, 토지를 떠날 수
없었다. 그러나 현재 농민들은 계약에 따라 책임지고 경작하는 밭(責任田)의
일을 끝내고 나면, 남는 시간은 자유롭게 쓸 수 있다, 현지에서 다른 일에
종사할 수 있었고, 또 고향을 멀리 떠나 돈을 벌기 위해 갈 수도 있었다. 과
거 간부들은 농민의 생산 노동이나 의식주, 사회적 교제, 가정생활 등 모
든 방면을 관리하려고 했을 뿐만 아니라, 심지어는 부부의 성생활(산아제한)

도 관리했다. 개혁 이후, 간부들의 관리 범위는 과거보다 줄어들었고, 농민들은 더 많은 자유를 얻었다.

농민 스스로가 만든 가족 단위 농업생산 책임제는 또한 각종 배급표를 취소하고 물질적 조건을 만들었다. 식량이 많아지자 배급표가 작용을 하지 못하게 되었고, 식량 배급표가 점차적으로 폐지되었다. 식량과 부식이 많아지자, 정부에 주고 남은 것은 시장에 가서 팔 수 있어서, "상품량"보다 가격이 조금 더 비싼 "고가의 식량(高價糧)"이 생겼다. "고가의 식량"이 생기자, 식량 배급표도 가격이 생겼다. "고가의 식량"과 "상품량"의 가격 차이였다. 처음에 한 근(斤)에 30전짜리 배급표가 나중에는 한 근에 10전짜리 배급표가 되었다. 식량 배급표는 또한 다른 형식으로 교환할 수 있었다. 예를 들면 식량 배급표를 계란으로 바꾸거나, 알루미늄 합금 주전자나 다른 물건으로 바꿀 수 있었다. 그렇지만 식량 배급표의 가격이 계속 하락했다. 원래 10근의 식량 배급표를 계란 한 근과 바꿀 수 있었지만, 나중에는 식량 배급표 20근, 30근으로 계란 한 근을 바꾸어야 했다. 식량 배급표 가격이 떨어지는 속도는 농촌 개혁성과의 측량 정도였다. 식량이 갈수록 많아지자, 식량 배급표는 가치가 없게 되었다. 식량 배급표의 가격이 0까지 떨어질 때, 식량 배급표를 폐지할 조건이 성숙되었다. 1991년, 광둥, 저장, 상하이 등 지역에서 잇달아 식량 배급표를 폐지했고, 1992년 말, 국무원이 1993년 1월 1일부터 전국적으로 식량 배급표를 폐지한다고 선포했다. 기타 여러 가지 배급표도 연이어 폐지되었다.

인민공사가 해체되고, 배급표제가 약화되자, 많은 농민들이 도시로 들어갔다. 소도시로 가서 상공업에 종사하는 많은 농민들과 투자를 해서 공장을 세운 업주 및 향진 기업이 영입한 일부 인재들은 소도시 호적에 올릴 수 없어서, 생산경영과 생활에 매우 큰 곤란을 겪었으며, 도시 관리에도 매우 많은 번거로움이 있었다. 1980년대 후기 이래로, 각 지역은 소도시 호적제도 개혁을 모색했다. 1990년대 중기에 이르러, 29개 성, 자치구, 직할시는 다양한 수준으로 개혁을 진행했다. 전국에 각기 다른 부류의 440만 명이 소도시에서 호적을 올렸다. 그러나 도시에 들어온 많은 농민들 중에서 이처럼 호적에 올릴 수 있는 사람은 여전히 극소수였고, 상주 거주지와 상주 호구 등기가 일치하지 않는(人戶分離) 현상이 보편적이었다.

농촌 상품경제의 발전도 농민 분화의 중요한 조건이었다. 상품경제는 과거에 부르주아 계급을 만드는 온상이었다. 상당히 오랜 기간 동안, 농촌의 상품생산과 상품교환은 엄격한 제한을 받았다. 국가로부터의 일괄구매, 일괄판매는 도시에서 식량 일괄판매를 시행하는 것뿐만 아니라, 농촌의 모든 공산품도 국가에 의해 "일괄판매"되었다. 개인이 장사를 하는 것은 곧 자본주의를 하는 것이었다. 1960년에서 1970년대까지 농촌의 대부분은 상품 교환이 없었다. 농민들 수중에는 화폐조차도 없어서, 식량은 그들의 "등가 교환물"이었다. 농사를 짓는 것이 그들의 유일한 직업이었다. 개혁 개방 이후, 농촌에는 각종 시장이 발전하기 시작했고, 농민은 더 이상 단순한 농업 노동자가 아니었다.

농촌산업 구조의 조정은 과거의 단순한 재배하고 기르는 것에서 공업, 상업, 서비스업 등 다양한 산업으로 발전했고, 농업 노동자들은 각 업종의 노동자로 분화되었다.

농민의 분화

중국의 농촌개혁은 농촌 고유의 사회 패턴을 깨뜨렸고, 30년 지속되었던 통합모델이 새로운 사회역량에 의해 해체되었다. 농민·농촌 조직·농촌 기층정권 등은 모두 급격한 분화와 새로운 조합이 생겼다. 농촌의 인간관계, 사회적 풍조, 농민의 정신적 면모 등도 심각한 변화가 생겼다.

우선 농민 집단이 분화하기 시작했다. 과거에 농촌은 빈농·하중농·중농·부농·지주로 농민을 다른 집단으로 구분하여, 정치적으로 다른 대우를 했다. 현재는 이런 신분 구분이 이미 없어지고, 아래의 새로 출현한 새로운 이익집단으로 대체되었다.

첫째는 농업 노동자이다. 그들은 토지를 도급 맡아서, 재식업(栽植業)과 양식업에 종사한다. 농업 수입은 가계소득의 주요한 원천이다. 농·임·목축·어업에 종사하는 인구는 대략 3억 명으로, 거기에 그들이 부양하는 인구를 더하면, 대략 4억 5,000만 명이 된다. 그들이 농촌 주민의 주체이다.

둘째는 농민공이다. 그들은 일 년 내내 공장이나 광산 혹은 상점에서 2차 산업 또는 3차의 노동에 종사한다. 임금은 그들 수입의 주요 원천이다. 그들의 호적은 여전히 농촌에 있고, 농촌에 집이 있으며, 또한 토지를 도급받는다. 그들은 도시의 정식 노동자가 받는 무상의료보험과 노동보험 혜택을 받지 못하며, 도시 근로자들의 각종 보조금을 받을 수 없다. 2008년 초, 이런 농민공(도시에 들어와 일을 하고 향진 기업에서 일을 하는 사람)은 2억 4,000만 명으로 추정된다.

셋째는 농촌 지식인이다. 농촌에서 교육·과학기술·의료 위생·문화 예술에 종사하는 지식인은 대략 1,000만 명 정도이다. 그들은 농촌의 봉급생활자이다.

넷째는 개인 노동자와 자영업자이다. 2007년 전국 농촌의 자영업자는 1,057만 호로, 종사 인원은 2,186만 7,000명이다.[3] 그중 절반의 자영업자는 도소매업과 요식업에 종사한다.

다섯째는 사유기업주이다. 그들은 자신의 생산수단을 소유하고 있고, 상

---

3 『중국 사영기업 연감(2006. 6~2008. 6)』, 213쪽.

당한 숫자의 노동자를 고용하고 있다. 자율적 경영을 하고, 스스로 손익에 책임을 진다. 그들 중 재산 정도에 따라 각각 10만 위안급·100만 위안급·1,000만 위안급·1억 위안급으로 나눈다. 고용 인부는 10여 명에서 수천 명까지 차이가 있다. 2007년 중국 농촌 사유기업은 171만 4,500호로, 투자자 수는 416만 4,800명, 고용인부는 2,255만 6,100명이고, 등록 자본금은 2조 7,752억 5,000만 위안이었다. 농촌 사유기업의 수가 전국 사유기업 수의 31.11%를 차지했다.[4] 그들 중에 대부호는 농촌에 매우 큰 영향을 끼친다.

여섯째는 농업경영 대부호이다. 생산수단을 갖고 있다는 측면에서 보자면, 그들은 사유기업주와 비슷하지만, 그들은 여전히 재식농업과 양식업에 종사하고 있다. 예를 들면 각 지역에 최근에 출현한 양계 대부호, 양돈 대부호, 영농 대부호 등이다. 그들은 현지 농민들과 밀접한 관계를 갖고 있다. 양식 대부호는 일반적으로 회사가 농가를 가입시키는 방식을 채택하여, 한 가구가 부유해지면, 또 대량의 농가가 소득이 올라가도록 이끌어 나간다. 어떤 지역의 농업 명인은 농민의 자발적 유상 원칙을 통해, 분산된 토지를 집중해 규모 있는 경영을 했다. 1990년대 중반 이후, 이런 대부호가 더욱 많아졌으며, 어떤 지역에서는 "대농원[장원(莊園)]"이 출현하기도 했다.

일곱째는 향진 기업 관리자이다. 향진 기업의 공장장·매니저·부서 간부와 공급 판매원은 경제적으로 비교적 부유하고, 정치적으로도 지위가 있었다. 20세기 말, 그들 중 일부는 향진 기업을 사들여 사유기업주가 되었다.

여덟째는 향촌 간부이다. 그들은 농촌의 관리자이다. 향진 기업이 정부와 기업을 구분하지 않았기 때문에, 이러한 향촌 간부들이 농촌의 정치와 경제 대권을 장악하고 있어서, 그들의 소득이 매우 높았다. 당연히 이것은

---

4 위의 책, 212쪽.

향진 기업이 비교적 발달한 곳, 특히 집단으로 부를 이룬 곳을 가리킨다. 어떤 향촌 간부는 본인의 임금은 결코 높지 않지만, 자녀와 친척을 내세워 현지에서 가장 돈을 잘 벌 수 있는 일을 하여, 어떤 때에는 "가족그룹(家族集團)"이 출현하기도 했다. 일부 농촌에서는 가장 부유하고, 가장 실력 있는 사람이 사유기업주가 아니라, "가족그룹"이었다. 하지만 빈곤 지역의 상황은 다소 달랐다.

상술한 여덟 가지 유형의 사람들은 실제로는 여덟 가지 다른 이익집단이다. 과거에 단순한 농업노동자가 상술한 여덟 가지 이익집단으로 분화된 이후, 농촌의 빈부 차이가 급격히 커졌다. 후자의 네 종류 사람의 소득과 사회적 지위는 전자의 네 종류 사람보다 훨씬 더 높았다.

농촌 노동력에 대해 말하자면, 농촌 구조의 변화 때문에 과거 단순하게 농업에 종사하던 농민이 다음의 여러 가지 업종의 종사자로 분화되었다. 즉 농·임·목축·어업, 향진 공업, 건축업, 교통 운송업, 도소매 무역과 요식업, 기타 업종이다.

표7-1 농촌 노동력이 다른 직업에서의 분포(당해 연말 수)[5]

연도	농·임·목·어업		공업		건축업		교통운반창고 및 체신업		도소매무역 및 요식업		기타 비농업 업종	
	절대수(만 명)	%	절대수(만 명)	%	절대수(만 명)	%	절대수(만 명)	%	절대수(만 명)	%	절대수(만 명)	%
1980	29808.4	93.6	916.3									
1985	30351.5	81.9	2741.0	7.40	1130.1	3.05	434.1	1.17	462.6	1.25	1945.8	5.25
1986	30467.9	80.2	3139.3	8.39	1308.6	3.44	506.1	1.33	531.8	1.40	2036.1	5.35
1987	30870.0	79.2	3297.2	8.45	1431.3	3.67	562.5	1.44	606.9	1.56	2232.5	5.98

5 2004년 이전은 매년 『중국통계연감』을 참고했고, 2004년 이후는 중화인민공화국 농업부 편찬 『중국농업 60년 통계자료』 5쪽을 근거로 했다. 표에서의 백분비는 저자가 계산했다.

1988	31455.7	78.5	3412.8	8.52	1525.5	3.80	607.3	1.52	657.1	1.64	2408.3	6.01
1989	32440.5	79.2	3255.6	7.95	1501.8	3.67	614.2	1.50	652.4	1.59	2474.3	6.04
1990	33336.4	79.4	3228.7	7.69	1522.8	3.62	635.3	1.51	693.2	1.65	2593.1	6.17
1991	34186.3	79.3	3267.9	7.58	1533.8	3.56	655.0	1.52	722.8	1.68	2726.7	6.33
1992	34037.0	77.7	3468.2	7.92	1658.8	3.79	706.3	1.61	813.7	1.86	3117.6	7.12
1993	33258.2	75.1	3659.0	8.27	1886.8	4.26	799.9	1.81	948.8	2.14	3703.1	8.37
1994	32690.3	73.2	3849.5	8.62	2057.3	4.61	908.3	2.03	1084.3	2.43	4064.5	9.10
1995	32334.5	71.8	3970.7	8.82	2203.6	4.89	983.0	2.18	1170.4	2.60	4379.7	9.72
1996	32260.4	71.2	4018.5	8.87	2304.3	5.09	1027.6	2.27	1261.5	2.79	4415.7	9.75
1997	32434.9	70.6	4031.3	8.76	2372.7	5.15	1057.8	2.30	1381.5	3.00	4683.9	10.2
2000	32797.5	68.4	4108.6	8.57	2691.7	5.61	1170.6	2.44	1751.8	3.65	5441.9	11.3
2001	32451.0	67.3	4296.0		2797.4		1205.4		1864.5		5614.6	
2002	31990.6	66.3	4505.6		2959.0		1259.1		1996.8		5815.8	
2003	31259.6	63.8	4937.1		3201.1		1328.2		2059.2		6185.9	
2004	30596.0	61.6	5438.9		3380.5		1475.9		2701.6		6102.4	
2005	29975.5	59.5	6011.5		3653.2		1567.3		2937.7		6242.0	
2006	29418.4	57.7	6531.2		3879.7		1627.2		3099.3		6421.1	
2007	28640.7	55.8	7386.6		4250.1		1731.3		3359.9		6067.1	
2008	28363.5	54.5	7720.5	14.8	4450.7	8.55	1619.6	3.11	3800.0	7.30	6070.9	11.7

* 주(注): 공업 노동력은 촌과 촌 이하의 공업 노동력을 포함함.

위 표에서 농업 노동력은 전체 농촌 노동력 중 차지한 비중이 1980년의 93.6%(1981년의 비중이 94.0%로 가장 높다)에서, 2008년의 54.5%로 떨어졌으며, 비농산업이 차지하는 비중은 계속해서 상승하고 있음을 알 수 있다. 개혁 30년 동안, 거의 절반의 노동력이 비농산업으로 옮겨갔다. 이것은 농업 산업이 개선된 결과라고 할 수 있다.

농민의 소득 상황

국가통계국이 발표한 데이터에 따르면, 개혁 개방 이래, 농촌 주민 가정 1인당 평균 순소득이 매년 증가하고 있다고 한다. 경상가격(current price)에 따르면, 1978년에 133.6위안이고, 2008년에는 4,760.6위안이다. 불변가격(constant price)에 따라 계산하면, 2008년은 1978년의 7.93배에 상당한다.

개혁 개방 30년 이래로, 농민소득은 매년 증가폭이 달랐으며, 소득증가 속도는 국가 정책과 관계가 있었다. 국가통계국 데이터에 따르면, 1984년 이전에는 농민소득이 비교적 빠르게 증가했다. 1978년부터 1985년까지는, 농가 1인당 평균소득의 연평균 증가 속도를 명목 가격(公稱價格, nominal price)으로 계산하면 16%이고, 통화 팽창 요소를 제거한 후에는 13%였다. 그러나 "구오계획(九五計劃: 1995년 9월 28일 중국 공산당 제14기 5중 전회에서 통과된 중국 사회주의 시장경제 하의 첫 번째 중장기 계획을 가리킴)"이래로, 농민 소득의 증가는 완만해지고, 증가폭도 성진 주민의 소득 증가폭에 비해 크게 낮아졌다. 1997년부터 2003년까지 7년 동안, 성진 주민의 소득이 매년 평균 8% 증가했지만, 농민의 1인당 평균소득은 매년 평균 4% 증가했다. 이 때문에 도시와 농촌 주민 간의 소득격차는 계속적으로 확대되었다. 2003년 이후, 국가가 공개적으로 일부 농업지원 정책을 시행하여, 농민의 소득증가 속도가 상대적으로 제고되어, 2004년에는 6.8%, 2005년에는 6.2%, 2006년에는 7.4%, 2007년에는 9.5%, 2008년에는 8%가 되었다.[6]

1997년부터 2003년 사이에, 농민 소득 증가가 완만한 첫 번째 원인은 농민의 소득이 몇 년 동안 소득이 증가하지 않았을 뿐만 아니라, 오히려 소득이 감소했기 때문이다. 중국 농민 소득이 농업 부분에서 가장 높았던

---

6 국가통계국 편찬, 『2009년 중국통계개요』, 중국통계출판사, 109쪽.

시기는 1997년이었다. 그 해 평균이 1,276위안에 달했지만, 1998년부터 2003년까지는 한 해도 이 수준에 도달한 적이 없었다. 1996년부터 2001년까지, 성진 주민의 1인당 평균 가처분소득은 이 5년 동안 평균 2,020위안 증가했지만, 각 사람들이 식량과 식물 기름·육류·야채에 지불한 돈은 2001년이 오히려 1996년에 비해 1인당 평균 131.2위안 감소했다. 이러한 배경에서, 농민이 농업에서 소득을 증가시킨다는 것은 매우 어려웠다. 따라서 반드시 비농업 산업이나 성진으로의 이전을 고려해야 했다.

그러나 과거 몇 년 동안 큰 희망을 걸었던 향진 기업의 생산이나 생산액, 이윤과 세금이 모두 증가했지만, 취업은 오히려 크게 증가하지 않았다. 1996년, 중국 향진 기업 중 근로자의 총 수는 1억 3,508만 명으로, 2002년까지 취업 수준이 줄곧 1996년의 그 지표에 도달한 적이 없었다. 2003년에는 다소 증가하여, 1996년보다 63만 명이 증가했다. 이것은 향진 기업이 과거 7년 동안 거의 일자리를 늘리지 않았다는 것을 의미한다. 줄곧 2008년까지, 향진 기업의 취업자 수는 겨우 1억 5,451만 명으로 증가했다.

농민의 소득 증가가 완만한 것은 제도와 정책 방면의 원인이 있다. 개혁 개방 이전의 제도와 정책이 만든 불합리한 상황을 제쳐 두고서라도, 개혁 개방 이후 일부 제도와 정책이 농민소득에 불리한 영향을 초래했다. 첫째, 정부가 농촌에 대해 세금을 지나치게 많이 거두고, 적게 투자했다. 1978년부터 1994년까지 16년 동안, 정부가 농업 세비를 통해 가져간 농업 잉여가 약 1조 3,000억 위안이지만, 정부가 같은 기간 농업에 투자한 금액은 겨우 3,700억 위안에 그쳤다. 16년 동안, 농민은 매년 1인당 평균 811위안을 부담했고, 이것은 1979년 이전의 5.2배이다. 마찬가지로 같은 시기에, 농공업 제품의 "협상 가격차"를 통해, 전국 농업 분야에서 얻어진 것이 대략 1조 5,000억 위안에 달했다. 둘째, 1979년부터 1997년까지 도시는 농촌으로부터 토지 징용을 통해 수 만억 위안을 갖고 갔는데, 어떤 사람은 10조 위안이라고도 한다. 셋째, 농민이 누리는 교육자원이 도시보다 훨씬 낮았다. 이 때문에 농민들은 고소득 단계에 진입할 기회조차 얻을 수 없도록 했다.[7] 넷째, 적지 않은 농가에 아픈 사람이 있어서 극도로 빈곤해졌다. 유엔개발계획(UNDP)의 2005년 「인류 발전 보고서」에서는 "중국이 위생 체제의 사회화 개혁을 시행하고 있기 때문에, 70~80%의 농촌 인구가 의료보장을 받지 못한다. 이로 인해 수천수만 명의 영유아와 농촌 인구 등 소외계층이 부득이하게 사망하게 된다"고 했다. 이 자료에서는 2004년 전국 공공위생에 쓰인 총비용이 모두 4,300여 억 위안으로, 정부가 590억 위안을 투입했고, 그중 84%는 도시에 쓰였으며, 전국 인구의 70%를 차지하는 농촌 지역에는 겨우 16%만 썼다고 밝혔다.[8]

개혁 개방 과정 중, 농민 소득은 다음의 몇 가지 특징으로 나타났다.

농촌의 다른 업종 종사자 사이에 소득격차가 커졌다: 개혁 개방이 과거 단순한 농업 노동자를 여러 가지 유형으로 분화시켰고, 다른 유형 사이의 소득이 서로 달랐다. 그중 단순히 재식농업에 종사하는 농업 노동자의 소득이 가장 낮았고, 사유기업주의 소득이 가장 높았다. 향진 기업 관리자와 향촌 간부도 농촌의 고소득 계층에 속했다.

농가 간의 소득격차가 크게 벌어졌다: 국가통계국 조사에 따라, 가정 소득에 따라 농민을 다섯 그룹으로 나누고, 최고소득 그룹의 연 순소득과 최저소

---

7 사오빙런(邵秉仁), 「명확하게 두 가지 목표 다섯 가지 사실을 처리한다(明確兩個目標辦好五件實事)」, 『중국 개혁』, 2005년 제12기.

8 장루이(張銳), 「"신농촌 건설"의 경제학적 분석("新農村建設"的經濟學解讀)」, 『중국 개혁』, 2005년 제12기에 실림.

득 그룹을 비교하면 다음과 같다.

표7-2 농촌 주민 최고소득 그룹과 최저소득 그룹의 차이[9]

연도	2002	2003	2004	2005	2006	2007	2008
최저소득 그룹 (만 위안)	857	866	1,007	1,067	1,182	1,347	1,500
최고소득 그룹 (만 위안)	5,903	6,347	6,931	7,747	8,475	9,791	11,290
고/저(배)	6.89	7.33	6.88	7.26	7.17	7.27	7.53

표의 데이터는 국가통계국 농촌조사팀 방문조사의 결과이다. 그러나 실제 농촌의 대형 사유기업주와 향진 간부는 조사에 응했을 리가 없기 때문에, 표에 열거된 소득격차는 실제상황보다 작을 것으로 추정된다.

다른 소득 수준의 가정 경제의 상황을 분석하기 위해서, 아래에서 국가통계국의 "소득에 따라 5등분으로 구분한 농촌 주민 가정 기본상황"을 인용했다.

표7-3 소득에 따라 5등분으로 구분한 농촌 주민 가정 기본상황(2008년)[10]

항목	저소득 가구	중 저소득 가구	중등소득 가구	중 고소득 가구	고소득 가구
평균 매 가구 상주인구	4.54	4.32	4.07	3.76	3.37
평균 매 가구 노동력	3.02	2.98	2.80	2.77	2.52
평균 1인당 노동력 부담 인구	1.50	1.45	1.41	1.36	1.31
평균 1인당 총소득	3,072.26	4,264.10	5,764.93	7,930.94	14,895.39
현금소득	2,278.92	3,329.75	4,753.67	6,856.99	13,845.05
평균 1인당 총지출	3,839.10	4,167.26	5,099.34	6,563.41	11,215.51

---

9 국가통계국 편찬, 『2009년 중국통계개요』, 중국통계출판사, 120쪽.
10 위의 책, 341쪽.

현금지출	3,187.37	3,508.96	4,434.46	5,888.86	10,577.59
평균 1인당 순소득	1,499.81	2,934.99	4,203.12	5,928.60	11,290.20
임금성 소득	528.66	1,095.21	1,686.69	2,494.84	4,525.14
가정 경영 소득	781.15	1,580.11	2,169.31	2,945.41	5,512.62
재산성 소득	30.75	45.95	81.53	132.93	524.28
전이성 소득	159.25	213.72	265.58	355.42	718.16

성(省) 사이의 농민 소득격차가 확대되었다: 개혁 개방 이래로, 도농 주민 소득 격차가 확대되었을 뿐만 아니라, 중국 내 각지 농민 간의 소득 차이도 갈수록 커졌다. 2000년, 농촌 주민의 지니계수가 0.4296[중앙정연실(中央政研室)·농업부 농촌 고정 관찰점 판공실. 2001]에 달했고, 아시아 최고 수준이었다. 그중 성 사이의 격차가 큰 것이 주요 원인이다. 성 사이의 소득격차가 커지는 주요 원인은 각 성의 비농산업, 특히 향진 기업의 발전에 있어서 차이가 있기 때문이다. 동남 연안의 각 성은 비농산업이 빠르게 발전했고, 서남부 각 성의 비농산업은 발전이 느렸다. 다시 말해서, 농촌의 비농산업은 특히 향진 기업 발전수준의 차이로, 지역 간 수입격차를 벌리는 주요 원인이 되었다.

표7-4 농민 1인당 평균 순소득 최고와 최저 두 지역 비교[11] 위안/인(人)·년(年)

연도	2000	2002	2004	2005	2006	2007	2008
전국 총계	2,253.4	2,475.6	2,936.4	3,254.9	3,587.0	4,140.4	4,760.6
상하이	5,596.4	6,223.6	7,066.3	8,247.8	9,138.7	10,144.6	11,440.3
구이저우	1,374.2	1,489.9	1,721.6	1,877.0	1,984.6	2,374.0	2,796.9
고(高)/저(低)	4.07	4.18	4.10	4.39	4.60	4.27	4.10

---

11 과거 몇 년간 『중국통계개요』.

농가 소득구조에 변동이 생겼다: 농촌 개혁 이래로, 농민의 소득구조에 뚜렷한 변화가 생겼다. 첫째, 실물소득과 화폐소득에서 실물소득의 비중이 감소되고, 화폐소득의 비중이 증가했다. 둘째, 집단소득과 가계소득에서는 가정 경영 소득의 비중이 증가하고, 집단 경영 소득의 비중이 감소했다. 셋째, 가정경영 소득과 기타소득에서 가정 경영 소득의 비중이 감소하고, 외지로 나가 일해서 버는 소득 비중이 높아졌다. 넷째, 가정 경영 소득에서 농사 이외의 소득 비중이 증가하고, 농사를 통해 얻은 소득의 비중이 감소했다.

표7-5 농촌 주민 총소득 구성12

연도	총소득(%)	임금성 소득 (%)	가족 경영성 소득 (%)	재산성 소득 (%)	전이성 소득 (%)
1978	100.0	58.2	35.6		6.2
1980	100.0	49.0	40.3		10.7
1985	100.0	13.2	81.8		5.5
1990	100.0	14.0	82.4		3.6
1991	100.0	14.5	81.7		3.8
1992	100.0	16.0	80.1		3.9
1993	100.0	14.6	81.2	0.5	3.7
1994	100.0	14.7	80.6	1.6	3.1
1995	100.0	15.1	80.3	1.8	2.8
1996	100.0	16.1	79.6	1.5	2.8
1997	100.0	17.3	78.8	0.8	3.1
1998	100.0	19.1	76.3	1.0	3.5
1999	100.0	21.1	74.0	1.1	3.8

---

12 국가통계국 농촌사회경제조사총대 편찬, 『2004년 중국 농촌가계조사연감』(베이징: 중국통계출판사), 2004. 2006년부터 2008년까지 데이터는 이 몇 년의 『중국통계개요』에서 인용했다.

2000	100.0	22.3	71.6	1.4	4.7
2001	100.0	23.3	70.3	1.4	4.9
2002	100.0	24.4	69.0	1.5	4.6
2003	100.0	25.6	68.5	1.8	4.0
2006	100.0	25.6	68.5	2.0	4.8
2007	100.0	27.6	65.2	2.2	5.0
2008	100.0	27.7	64.2	2.2	5.9

1980년 이전의 임금성 소득은 주로 생산대(生産隊)에서의 노동 점수(工分: 勞動工分)를 가리키며, 1980년에서 1990년까지의 임금성 소득은 주로 향진 기업에서 얻은 임금이고, 1990년대 이후 임금성 소득은 주로 외지로 나가 일한 임금을 가리킨다. 가정 경영성 소득은 농업·임업·목축업·공업·건설 업·수송업·상업 등을 포함하고 있다. 재산성 소득은 이자·소작료 등을 가 리키며, 전이성 소득은 비가정 인구가 보내 온 소득 등을 가리킨다.

표7-6 농촌 거주민 평균 매 사람의 연간 순소득 중 현금 소득액[13]

연도	순소득(%)	현금 순소득(%)	실물 순소득(%)
1978	100.0	41.9	58.1
1980	100.0	49.3	50.7
1985	100.0	63.1	36.9
1990	100.0	64.1	35.9
1991	100.0	66.0	34.0
1992	100.0	64.9	35.1

---

13 국가통계국 농촌사회경제조사총대 편찬, 『2004년 중국 농촌가계조사연감』, 2004. 2007년과 2008년 데이터는 통계국이 최근에 발표한 것에서 갖고 옴.

1993	100.0	62.0	38.0
1994	100.0	64.8	35.2
1995	100.0	62.6	37.4
1996	100.0	63.3	36.7
1997	100.0	67.2	32.8
1998	100.0	67.3	32.7
1999	100.0	69.6	30.4
2000	100.0	73.2	26.8
2001	100.0	73.9	26.1
2002	100.0	76.7	23.3
2003	100.0	81.4	18.6
2006	100.0	85.6	14.4
2007	100.0	85.6	14.4
2008	100.0	85.6	14.4

　　농민 소득 중 화폐소득 비중이 상승했다는 것은, 농촌이 자연경제 상태에서 벗어나, 시장경제로 진입했음을 의미하며, 농가의 생산과 생활이 외부세계와 더욱 밀접한 관계가 생겼다는 것을 표시하고 있다. 외지로 나가 일하는 소득의 비중이 해마다 높아지는 것은 농민이 토지에만 의지해서는 생계를 유지하기 어렵다는 것을 설명한다. 다시 말해서, 현재 보유하고 있는 토지로는 이미 이렇게 많은 농업 인구를 먹여 살릴 수 없다는 것을 말한다. 21세기에 들어서, 평균 매 가정에 한 사람이 외지로 나가서 일을 하고 있다.

농민 소득을 결정하는 거시경제 분석

2008년, 전국 농업 총생산액이 GDP에서 차지하는 비중이 9.33%가 안되며,[14] 농촌의 농업 취업자가 전국 취업자 중에서 차지하는 비중이 38.7%를 넘었다.[15] 이렇게 많은 사람이 겨우 10%가 안 되는 재부를 창조하니, 농민이 어떻게 굶지 않을 수 있겠는가? 항구적인 이익으로 보자면, 농민 소득을 제고시키는 관건은 농업 취업자 수를 줄이고, 비농산업을 발전시키는 것이다. 하지만, 근본적으로는 농민소득이 제자리걸음 하고 나아가지 못하는 것을 해결하는 관건은 첫째가 비농산업을 발전시키는 것이고, 둘째가 밖으로 농업 노동력을 전이하는 것이다. 여기서 말하는 비농산업은 농촌의 비농산업을 가리킬 뿐만 아니라, 또한 전체 국민경제에서 비농산업의 비중을 가리킨다. 국민경제에서 비농산업 수입의 비중을 제고하는데 어째서 농민소득을 제고해야 하는 것일까? 여기에는 약간의 거시적인 분석이 필요하다.

가설(假說): 전국 모든 주민의 1년 총소득의 합을 M_A로 하고, 농업(식품가공과 판매업 포함) 취업자 수를 L_A로 하며, 비농업 취업자 수를 L_N, 농업 노동자 1인당 평균소득을 P_A, 비농업 노동자 1인당 평균소득을 P_N이라고 함.

규칙: $M_A = L_A P_A + L_N P_N$

---

14 『2009년 중국통계개요』 124쪽에 농업 총생산액 수치가 있고, 19쪽에 GDP 수치가 있다.

15 국가통계국 수치에 따르면, 전국 총 취업인구가 7억 7,480만 명이고, 농촌의 농·임·목·어업 취업인구가 2억 8,363만 6,000명이다. 거기에 도시 외곽의 농·임·목·어업 인구를 추가하면, 전국에 농·임·목·어업에 종사하는 인구는 3억 명이 넘는다.

농업에서 얻은 총소득인 L_AP_A는 전국 소비자가 음식물에 대해 지출하는 것과 같기 때문에, 전국 소비자의 지출과 소득이 같다고 가정하면, 바로 다음과 같다.

$$L_AP_A = (L_AP_A + L_NP_N) \times 엥겔지수$$

엥겔지수를 e로 하여 환산하면, 다음과 같은 결론을 얻을 수 있다.

$$P_A = \frac{P_NL_N}{L_A} \times \frac{e}{1-e}$$

엥겔지수는 주민의 식품 소비가 전체 소비에서 차지하는 비중이다. 위의 식에서 엥겔지수가 일정할 때, 농업 노동자 1인당 평균소득(P_A)과 전국 비농업 총소득(L_NP_N)이 정비례하고, 농업 취업자 수(L_A)와는 반비례한다는 것을 알 수 있다. 혹은 비농업 취업자 수와 농업 취업자 수의 비율(L_N/L_A)이 커질수록, 농업 노동자의 1인당 평균소득이 점점 높아진다는 것을 알 수 있다. 왜냐하면 농업 인구가 줄어들수록, 농업 총소득 분배에 참가하는 사람의 수가 점점 적어져, 각 사람이 분배받을 수 있는 몫은 점점 커지기 때문이다. 비농업 인구의 소득이 높아질수록, 농산품을 구입하는 데 쓰는 지출은 점점 커져서, 농민 전체가 얻는 소득이 점점 많아진다. 이로부터 공업과 농업의 소득 격차를 줄이려고 한다면, 반드시 전 사회 비농업 취업자 수를 늘이고, 농업 취업자 수를 줄여야 한다는 것을 알 수 있다. 선진 국가에서는 직접 농업생산에 종사하는 노동력의 비중이 1991년에 미국이 2.2%, 영국이 1.9%, 프랑스가 5.0%, 캐나다가 3.1%, 일본이 6.1%였다. 그러나 중국은 오히려 50% 이상에 달했다. 이 숫자에서 보면, 중국의 농업 노동자 비중이 지나치게 크고, 농민 소득이 낮은 근본적인 원인이라는 것을 알 수 있다.

이 공식은 엥겔지수가 변하지 않는다고 가정했지만, 실제로는 생활수준이 높아짐에 따라서, 엥겔지수는 하락할 것이다. 엥겔지수가 하락하면, 식품에 대한 수요가 곧 감소하고, 농업 총소득도 떨어질 것이다. 그렇다면 전체 사회에서 농업에 종사하는 데 필요한 노동력이 더욱 적어진다.

이 공식에서 농업 노동자는 식품의 생산·가공·영업에 종사하는 사람을 포함하지만, 거기에는 비식품 생산에 종사하는 농민은 포함되지 않는다(예를 들어, 목화솜 재배자).

총 인구 중에서 농업 인구의 비중을 줄이는 것은, 농민 소득을 높이는 근본적인 출구이며, 또한 전체 국가 경제·사회발전 수준을 높이는 관건이다. 그리고 도시화 수준을 높이는 것이 농업 인구의 비중을 감소시키는 주요 부분이다.

그렇지만 도시화는 길고 지루한 역사의 과정이다. 우리는 도시화가 농촌의 심각한 모순을 완화시킬 때까지 기다릴 수는 없다. 사회를 조화롭게 하기 위해, 가장 시급하게 처리해야 할 일은 정책과 제도의 불합리함으로 조성된 농민의 저소득 문제를 바꿔야 한다.

농민 부담

농민 부담이 과중한 것은 중국 농촌의 매우 첨예한 문제 중 하나이다. 1995년, 후베이 성의 한 농민이 과중한 부담을 이기지 못해 자살한 사건이 장쩌민 총서기의 큰 주목을 받았다. 그러나 2년 뒤 다시 후베이 성에서 똑같은 자살사건이 일어났고, 이와 유사한 사건이 다른 지방에서도 발생했다. 후베이 성 위원회 농공부의 한 간부는 신화사 기자에게, 농민들이 과중한 부담 문제 때문에 그들을 직접 찾아와서 청원한 것이 1년에 1만여 명이고, 설 전날에도, 세 건의 고충을 들어야 했다고 토로했다. 지(地)·시(市)·현(縣)을 찾아가 민원을 제기한 농민의 수는 이보다 훨씬 더 많다.

국가의 명문 규정에는 농민이 "삼제오통(三提五統: 세 가지 공제, 다섯 가지 통일 징수)"의 여덟 가지 비용을 부담해야 하고, 모두 합쳐서 농민 순소득의 5%를 초과할 수 없도록 했다. 그러나 허난 성 농촌 조사팀 통계에 따르면, 1995년 성 전체 농민 부담 총량이 농민 1인당 평균 순소득의 7.1%를 차지했으며, 성 신방국(信訪局: 청원·진정 담당 부서)과 성 농감판(農監辦: 농촌 정책에 대한 관리 감독과 농민의 민원 처리 부서)에서 접수한 농민들의 청원만 1,899건에 이른다고 한다. 허난 성 췌산(確山) 현에서는 1995년 7월 4일부터 8월 3일 한 달 동안, 잇달아 열세 차례나 농민이 지구 위원회와 행정 관서를 찾아가 민원을 제기한 사건이 발생했는데, 총 인원수가 4,000여 명에 달했다. 규모가 가장 큰 것으로는 한번에 600여 명의 농민들이 50여 대의 트랙터를 몰고 지구 위원회로 몰려와 항의를 했다. 1996년 한 분기에, 헤이룽장(黑龍江) 성 농민이 제기한 민원이 급격히 늘었고, 4월 한 달만 해도 각 지역 농민들이 성 정부를 찾아가 제기한 민원이 73차례나 되었다. 현수막을 내걸고, 청사 입구를 막는 사건이 심심찮게 일어났다. 농민이 상급 기관을 찾아가 민원을 제기하는 것은 첫째는 농민 부담이 과중하다는 것을 호소하는 것이고, 둘째는 촌 간부가 부정부패하고, 먹고 마시며, 제멋대로 생산을 지휘하는 것을 알리려는 것이다. 1998년 8월, 산시(陝西) 성 쯔저우(子洲) 현 페이자완(裴家灣) 향은 1만 2,688명의 농민이 연명으로 향 정부가 농민의 부담을 가중시킨다고 고소하여, 전국을 떠들썩하게 했다.

농민이 감당한 부담은 두 가지가 포함되어 있다. 첫째는 세금, 두 번째는 비용이다. 세금은 바로 농업세로, 농림 특산물세·도축세·경작지 점용세·자영업자의 공상세 등이다. 비용은 바로 각종 요금으로, 요금은 다시 의무적인 것과 비의무적인 것으로 나뉜다. 의무적인 요금은 바로 "삼제오통"이다. 인민공사가 없어지고 난 후, 향급 정권은 경제적으로 의지할 곳이 없어졌고, 국가 재정도 부양할 힘이 없었다. 따라서 농촌 학교 설립과 산아제한, 군인·열사의 가족이나 상이군인 등에 대한 지원, 민병 훈련, 교통 등 다섯 가지 항목에 필요한 비용을 향 단위에서 자발적으로 해결하도록 허가했다. 이것은 바로 "오통(五統: 다섯 가지 통일 징수)"이다. 그 밖에 촌급 조직이 준비금과 공익금, 관리비를 떼어 놓을 수 있도록 허가하여, 촌급 간부의 사례비와 촌급 공익사업에 사용했다. 이것이 바로 "삼제(三提: 세 가지 공제)"이다. 그렇지만 법정 비용 이외에도, 불법적으로 제멋대로 비용을 받는 것도 있었다. 제멋대로 비용을 받는 명목도 아주 많아서, 향촌 간부의 필요에 따라 결정했다. 비용 항목이 적게는 수십 개, 많게는 수백 개가 되었다. 사람들은 공공연히 "첫째 세금은 가볍고, 둘째 세금은 무겁고, 셋째 비용, 넷째 비용은 끝도 없다(一稅輕, 二稅重, 三費四費無底洞)"라는 말을 했다. 세금과 비용을 납부하는 것 외에도, 또 "양공(兩工)"이라고 부르는 의무공과 축척공의 노역을 부담해야 했다. 정부 당국은 전국 각 농민이 담당하는 "양공(兩工)"의 숫자가 1994년에 16.4개, 1999년은 18.0개라고 발표했다.[16] 20세기 말에 이르러, 모든 농민은 학령 미달의 아이로부터 이미 노동 능력을 상실한 노인까지, 모두 1년에 200위안 이상의 세금과 비용을 부담해야 했다.

왜 농민 부담이 최근 몇 년 동안 갈수록 더 무거워졌을까?

첫째, 향촌 간부가 너무 많았다. 산시(山西) 성의 일부 늙은 농민들은 신중국 성립 초기에, 향 정부는 겨우 간부 5~6명만 있었지만, 농업 합작화 시기에는 8~9명이 있었고, 1958년 대약진 운동 때에는 15~20명으로 증가했고, 1980년대 후기에는 50~60명이나 되었다고 했다. 1990년대 후에는, 중간 정도 규모의 향촌에 100명, 큰 향촌에는 200~300명이 있었다.

---

16 『경제연구 참고자료』, 2001년 제24기.

관련 부서 통계에는 전국 향급 부양 인원이 870만 9,000명이고, 향촌 평균 약 200명이라고 했다.[17]

헤이룽장 성 창우(昌五) 진의 조사에 따르면, 1948년 이 진[당시에는 "다섯 구(區)"로 나누어져 있었다] 기관 직원들은 20명이 넘지 않았고, 직원 수와 관할의 인구의 비율이 1:1,050명이었다고 한다. 1958년 인민공사가 세워진 후, 기관의 사람 수는 30명으로, 직원 수와 관할인구 비율은 1:842명이었다. 1968년에 혁명위원회가 세워진 후, 기관 직원은 40명으로, 직원 수와 관할하는 인구의 비율은 1:647명이었다. 1984년 진(鎭) 인민정부가 세워지고 나서 진 기관 직원은 55명, 직원과 관할인구의 비율은 1:620명이었다. 1994년 기구 편제를 78명으로 확정했으나, 실제 인원수는 124명으로, 46명이 편제를 초과했다. 설령 호구가 없는 상주인구를 추가하더라도, 직원과 관할하는 인구의 비율은 1:322명이었다. 124명의 직원 중에서 계약제 간부는 12명이고, 노동자의 신분으로 간부를 맡은 사람은 8명이며, 농민의 신분으로 간부를 맡은 사람이 27명이었다. 이 47명의 비정식 편제 인원 모두는 현지에서 임금을 지불해야 했다.[18] 정식 편제 인원도 재정에 의지하는 것으로는 부족해서, 현지에서도 일부를 내놓아야 했다. 이 밖에, 촌급 간부 중 몇 명은 또한 임금 보조금을 받는 사람이 있었다. 이 돈은 전적으로 촌에서 지불했으며, 농민들의 몫으로 돌아갔다.

향진 간부의 씀씀이도 예전보다 훨씬 커졌다. 어떤 향은 소형 자동차, 휴대폰이 있었고, 또한 각종 접대비도 있었다. 이처럼 향진 기업이 발달하고, 단체 소득이 비교적 많은 지방은 재정에서 부족한 부분은 집단의 소득

---

17 위의 책.
18 왕야린(王雅林), 「농촌 기층의 권력구조와 그 운영 메커니즘 — 헤이룽장 성 창우 진의 개별연구(農村基層的權力結構及其運行機制 — 黑龍江省昌五鎭的個案研究)」, 『중국사회과학』, 1998년 제5기.

에서 보충했고, 향진 기업 발달하지 못한 지방은 부족한 지출을 어쩔 수 없이 농민에게 부담시켰다.

둘째, 상급 각 주무부처가 "지표를 달성하도록" 요구했다. 지방 간부를 심사할 때 정치 업적으로 평가했다. 정치 업적은 주로 간부가 일을 할 때 어떤 큰일을 했는지, 몇 가지의 어려운 공사를 했는지에 관한 것이었다. 그래서 일부 간부는 정치 업적을 극대화하기 위해, 농민들이 감당할 수 있는 능력을 고려하지 않고, 제멋대로 농민에게 자금을 모아서, 큰 공사를 하고, 프로젝트를 시작했다. 국가의 일부 부서도 단편적으로 정치 업적을 추구하여, 농민이 감당할 수 있는 능력을 고려하지 않고, 현실에 전혀 맞지도 않는 "지표 달성"(어떤 일은 언제까지 어떤 기준을 달성해야 한다) 활동을 벌였다. 후난 성 형양(衡陽) 현을 예로 들면, 청소년 문맹을 없애고 9년제 의무교육을 보급하는 두 가지 목표에 도달하기 위해, 겨우 8만 제곱미터에 붕괴 위험이 있는 건물을 개조하는 데 2~4억 위안을 투자하려고 했다. 이 항목을 위해 전 현에서 1인당 평균 240위안 이상의 자금을 모았다. 다른 방면으로, 전 현의 재정 소득이 1억 5,000만 위안이고, 가용 재력이 겨우 7,700만 위안이지만, 전 현의 1만 1,568명 교직원의 기본임금은 6,000만 위안이 필요했다. 그래서 중앙정부가 비록 명문으로 농민 부담을 농민 소득의 5%를 초과할 수 없도록 규정했지만, 향촌 간부는 여전히 온갖 방법을 다 써서 이 한도를 깨려고 했다. 농민소득을 허위 과장 보고하는 것은 지방에서 흔히 사용하는 방법이다. 소득이 과장된 이후에, 부담이 비록 5%를 초과하지 않지만, 부담해야 하는 절대 수는 여전히 커졌다.

셋째, 원래 정부 재정에서 감당해야 하는 경비를 오히려 농민들이 부담해야 했다. 농촌 공공시설과 의무교육 경비는 정부의 재정에서 지출되어야 하지만, 현재 오히려 현급 재정과 향급 재정에게 맡겼다. 그런데 향급 재정은 어쩔 수 없이 이를 농민에게 할당했다. 예를 들어 향 총괄 비용 중

70~80%를 교육 지출에 사용했는데, 그중 대부분은 교사 임금으로 지불되었다. 의무교육은 당연히 정부의 의무였지만, 이제는 농민의 의무가 되었다.

농촌에서 모아진 각종 자금의 일부분은 도로를 건설하거나 학교를 세우는 등 농촌 공공시설 건설에 쓰였다. 하지만 도시에서는 이러한 공공시설을 정부의 돈으로 건설했다. 농민이 세금을 냈으면, 정부는 마땅히 농촌을 위해 공공시설을 제공해야 한다. 그러나 중국 농촌에서는 상당 부분의 공공시설을 농민이 낸 돈으로 건설해야 한다. 이것은 도농 분할이 재정 부분에 그대로 드러난 것으로, 중국의 재정은 여전히 도시 재정이었다. 농민이 국가 재정소득에 공헌했음에도 불구하고, 일부 농촌 공공시설의 투자에 국가 재정 지출이 미치지 못하고 있다.

농민의 실제 부담이 중앙이 규정한 한계를 훨씬 초과했고, 또한 농민의 수용능력을 넘어섰기 때문에, 농민들이 납부를 거부하고(拒交), 납부에 항거하고(抗交), 납부를 미루는(緩交) 현상도 보편적으로 존재한다. 어떤 현은 비용과 세금을 거두지 못하고, 정부 재정도 지급되지 않아서, 간부와 교사의 임금도 지급하지 못하는 경우도 발생했다. 돈이 있으면서 비용과 세금을 내지 않는 사람은 주로 다음의 세 종류 사람이다. 하나는 성·현·향의 각급 간부의 가족이나 친족이다. 다른 하나는 과거에 촌(村)이나 사(社)의 간부였다가, 나중에 면직당한 사람이다. 또 다른 하나는 예전부터 법을 위법하고 죄를 저질러 처분을 받은 적이 있는 사람과 현지 불량배나 악질 토호이다. 쓰촨의 한 진장(鎭長)이 신화사 기자에게 다음과 같이 억울한 사정을 호소했다. "현재 곳곳에 채무를 진 대부호들이 있습니다. 그들은 돈이 있어도 갚지 않습니다. 게다가 현금 다발을 꺼내어 뿌리면서, '내가 일부러 안 갚는 거야!'라고 말합니다. 간부는 부들부들 떨 정도로 화를 냅니다. 이런 사람은 많은 사람들에게 영향을 줍니다. 다른 사람들도 '우리가 안 내는 것이 아니라, 당신이 누구누구의 돈을 받아내면, 우리도 바로 냅니다'라고 합니다." 일부 지방은 납부에 항거하는 사람에 대응하기 위해 "흉악한 사람"을 조직하여 강제 징수에 나서기도 했다. 이러한 "흉악한 사람" 중에는 건달이나 불량배가 적지 않았고, 그들은 기회를 틈타 농민을 억압했고, 이 때문에 자주 참혹한 사건이 발생했다.

후난(湖南) 성의 한 현급 간부가 말했다. "현재 농촌에서 가장 심각한 문제는 간부와 대중의 모순이다. 이 모순은 또 대금 회수 문제에 집중되어 있다." 농민의 부담을 덜기 위해서 2003년부터 국가는 "수수료를 세금으로 바꾸는(費改稅)" 개혁을 시행했다. 즉 갖가지 요금을 없애고 적당히 세수를 높였다. 2004년 이후 국가는 3년을 나누어 점차적으로 농업세를 없앴다. 이 두 정책은 농민의 부담을 줄이는 데 확실히 효과가 있었다. 그러나 "수수료를 세금으로 바꾸는" 것은 국가가 재정을 부담하여 원래 "삼제오통"에 의지하여 유지되던 비용을 지불해야 할 필요가 있었다. 국가 재정의 보조금은 한계가 있고, 향촌 정부를 운영 유지하고, 의무교육에 필요한 경비를 충족시키기에는 부족했다. 농업세가 철폐된 이후, 기층 정권의 입장에서 보자면, 또 하나의 소득 출처가 줄어들었다고 할 수 있다. 만약 국가 재정이 의무교육의 비용을 책임지지 않고, 향진 행정 체제 개혁을 시행하지 않는다면, 기층 정권과 의무교육의 비용은 여전히 농민의 몫으로 전가될 것이다.

농민과 토지

이것은 매우 오래된 화젯거리이다. 여기에서 소개하는 것은 인민공사가 해체되고 난 후, 농민과 토지의 관계이다.

가족 단위 농업 생산 책임제가 시행된 후에, 농민과 토지의 상황은 어떠했나? 1997년 9월부터 11월까지 전국 농촌 고정 관찰점 판공실이 관찰점 조직의 317개 촌에 대한 조사를 진행했으며, 조사 주제는 "농촌 토지 종합 상황"이었다. 조사 결과 99%의 촌이 토지 가족 단위 농업생산 경영을 시행한 것으로 나타났다. 도급 형식은 두 가지로, 하나는 인구와 노동력에 따라 평균적으로 농경지를 분배했다. 이러한 형식은 조사 대상 촌의 70.7%를 차지했다. 다른 하나는 "양전제(兩田制: 토지 집단 소유제와 가족 단위 농업 생산 책임제를 견지한다는 전제하에, 집체 토지를 구량전과 책임전으로 나누는 토지 제도)"를 시행했다. 즉 구량전(口糧田)은 사람 수에 따라 균등하게 나누고, 책임전(責任田)은 노동력에 따라 분배했다. 이러한 형식은 조사한 촌의 29.3%를 차지했다.

농촌 토지 소유권 주체도 여러 가지 상황이 있었다. 39.6%의 촌 토지 소유권은 행정촌에 속했고, 44.9%의 촌 토지 소유권은 촌민 소조(小組)에 속했고, 14.7%의 촌 토지 소유권은 촌민 소조와 행정촌이 공유했다. 나머지 0.8%는 기타 상황이 있었다.

국가는 1984년 토지 도급 기간을 일반적으로 15년 이상으로 해야 한다고 규정했다. 그러나 인구의 이동과 경작지의 변화, 경작 구조의 조정과 토지 규모 경영 등의 원인 때문에, 적지 않은 지방이 자주 조정을 했다. 위에서 말한 조사 결과에는 80%의 촌이 도급 경작지를 조정한 적이 있다. 1980년대 초 이래로, 두 번 이상 조정한 촌이 66.04%를 차지했으며, 일부 촌은 네다섯 번을 조정했다.

조사 결과, 21세기에 들어와서 토지 가족도급 경영의 비율이 94.2%에 이른 것으로 나타났다. 다수의 조사 대상 마을은 토지 대여 현상이 있었다.[19]

농촌은 토지 가족 도급 경영을 시행한 이후, 많은 새로운 모순들이 생겨

---

19 국무원 발전연구센터, "사회주의 신농촌 건설 추진 연구" 과제조, 『신농촌조사-전국 2,749개 마을을 가다(新農村調査-走進全國2749個村莊)』, 〈중국사회학망(中國社會學網)〉, 2010년 1월 25일.

났다. 첫째는 농촌 토지의 재산권이 다소 모호해졌다. 농촌 토지는 농촌 집체 소유로, 이것은 중국 농촌의 기본 제도와 정책이며, 또한 법률의 형식으로 확립되었다. 그렇지만 결국 어느 집체의 소유인지는, 각지의 견해와 방법이 일치하지 않았다. 생산대가 해체되고 난 이후, 이 "집체"는 행정촌인지 아니면 자연촌인지? 토지 소유권 주체가 어떻게 소유권을 행사할 것인지? 이 문제 역시 매우 모호하며, 각 지역마다 방법도 완전히 달랐다. 조사에서는 촌 간부의 5분의 1이 토지는 국가 소유로 속해야 된다고 생각했고, 촌 간부의 4.1%는 이 문제에 대해 잘 모르겠다고 대답했으며, 촌 간부의 8.1%는 농민 개인의 소유가 되어야 한다고 했고, 촌민 집체 소유가 되어야 한다고 대답한 사람은 겨우 66.1%를 차지한 것으로 나타났다. 또한 많은 피조사 촌은 농촌 토지가 마땅히 농민이 소유해서 영구적으로 사용해야 한다고 생각했다.[20]

　토지 재산권이 분명하지 않기 때문에, 토지를 이전하거나 집중될 때 자주 분쟁이 발생했으며, 토지 소유권과 관련된 지세와 토지세 제도도 매우 혼란스러웠다. 둘째는 토지 경영 사용권의 거래제도가 완전하지 못해서, 대부분 행정수단을 채택하여 조정했는데, 이것이 경작지의 도급 경영권을 불안정하게 했다. 이러한 불안정은 다시 농가 간 자발적인 원칙 하의 유상 이동에 영향을 주었다. 셋째는 토지 경영 규모가 자질구레하게 되었다. 전국적으로 보면, 2005년 10월 31일까지, 전국 경작지 면적이 18억 3,100만 무(畝)로, 1인당 경작지 면적이 이미 10년 전의 1.59무에서 1.4무로 감소했고, 세계 평균 수준의 40%밖에 안 되었다.[21] 농업 종사자 1인당 평균 경작지 면적이 매우 작고, 토지가 작고 쪼개져 있어서, 경영 규모를 매우 비경제적으로 만들었다. 소규모의 토지 경영이 만들어낸 농업 자급성의 경제

20 위의 책.
21 국토자원부 2006년 공포, 신화사, 2006년 4월 11일 보도.

활동과 대규모의 상품 생산 간에 첨예한 모순이 출현했다. 넷째는 토지자원의 부족으로, 경작지가 계속 감소되었다. 토지의 비농화 추세는 통제하기 힘들어, 농업 경작지 면적이 대량으로 감소했다.

토지 문제 역시 농촌에서 빈번하게 모순이 발생하는 초점으로, 그중 유달리 토지 수용 문제가 부각되었다. 땅을 빼앗긴 255명의 농민 중에서, 186명의 농민이 토지가 수용당하는 것을 원하지 않았다. 이는 전체 수의 72.2%를 차지한다.[22] 2,749개 마을에 대해 통계를 낸 결과 촌민이 상부기관을 찾아가 민원을 제기한 마을의 비율이 28.9%로 나타났다. 지역별로 나누어 보면, 동부에서 민원을 제기한 비율이 가장 높아서 32.5%이고, 서부가 그 다음으로 27.6%, 중부가 가장 낮은 24.8%였다.[23]

비농산업의 발전과 도시로 들어와 일하는 것이 증가함에 따라서, 농민 생존에 있어서 토지의 중요성이 점차 떨어졌다. 국무원 발전연구센터 과제팀이 전국 2,749개 마을을 대상으로 조사한 바에 따르면, 각 촌의 평균 30세 이하 청장년 노동력은 299명으로, 그중 동부가 323명이고, 중부는 260명, 서부는 298명이었다. 농촌 청장년 노동력의 취업 구성을 살펴보면, 1년 내내 외지로 나가 일을 하거나 혹은 현지에서 비농업에 종사하는 노동력은 마을 평균 154명으로, 그중 동부가 182명, 중부가 120명, 서부가 144명이었다. 농촌 청장년이 외지로 나가 일하거나 현지에서 2차, 3차 산업에 종사하는 비율은 평균 54.12%로, 모든 노동력의 전이율 47.9%보다 다소 높았다.[24]

---

22 항저우행정학원 주밍펀(朱明芬)이 주관한 성(省) 사회과학 기획과제: 『도시화 발전과정 중 두드러진 돌발성 집단충돌과 그 방비 ─ 도시 주변 지역사회를 사례로(城市化進程中凸現的突發性群體衝突及其防范—以城市邊緣社區爲例)』, 〈중공망(中公網)〉, 1997년 12월 4일.

23 국무원 발전연구센터, "사회주의 신농촌 건설 추진 연구" 과제조, 『신농촌조사─전국 2,749개 마을을 가다』, 〈중국사회학망〉, 2010년 1월 25일.

24 위의 책.

농민들에게 토지는 생존의 보장일 뿐만 아니라, 또한 마땅히 그들의 재산(비록 그들은 아직 재산권을 얻지는 못했지만)으로, 대량의 노동력이 농업에서 옮겨져 나간 이후에도, 그중 대다수 사람들은 결코 도급 맡은 토지를 포기하지는 않았다. 농업 노동력의 이동은 단일 노동력의 이동으로, 다른 가족 구성원들은 여전히 농촌에 남아 있었다. 건장한 노동력은 밖에서 돈을 벌고, 부녀자나 노인은 집에서 농사를 짓는 것이 보편적인 형상이다. 온 집안이 도시로 간 농민도 도급 맡은 토지를 포기하는 것이 아니라, 도급권을 다른 사람에게 빌려주었다. 상당히 많은 농가들에게 토지는 여전히 생존의 기본적인 보장이었다.

도시화의 가속과 공업 건설 용지의 증가에 따라, 공업과 도시 건설로 농민과 땅을 다투는 문제가 갈수록 첨예해졌다. 도시 건설과 공업 건설의 주도자는 각급 정권과 대기업으로, 그들에 비해 농민은 소외계층이어서, 농민들은 자신의 토지를 보호할 방법이 없었다. 21세기에 들어서, 전국에서 땅을 빼앗긴 농민이 4,000만 명에서 5,000만 명 사이로, 여전히 매년 200여만 명이 증가하고 있다. 그들은 "농사를 지으려고 해도 땅이 없고, 출근을 하려 해도 일자리가 없으며, 최저생활 보장에도 배당된 것이 없어서", 생활이 매우 곤란했다. 1급 시장(시장 증권이나 분양 주택을 처음으로 발행하거나 판매하는 시장)에서는, 계획경제의 수단으로 농민의 토지를 수용했다. 단지 몇 년 동안의 생산량에 따라 땅값을 지불했지만, 농민의 발전과 양로·의료보장은 고려하지 않았다. 2급 시장(중고 시장)에서는, 완전히 시장경제의 원칙에 따라 거래하여, 땅 한 무에 수십 만, 수백 만 위안에 팔았다. 그러나 어떤 지방은 토지 수용 보상금을 부당하게 사용하여, 심지어 모 간부의 수중에 떨어지기도 했다. 토지 수용 과정에서 관료와 상인들이 결탁하여 개인적으로 토지의 이익을 나누는 부패 현상을 피할 수 없었다. 이 때문에, 토지를 잃은 농민들의 항의가 여기저기서 일어나면서, 대규모 충돌이 끊임없이 발생했다. 이것은 이미 사회통합에 영향을 끼치는 중요한 도화선이 되었다. 후난의 자허(嘉禾), 쓰촨 쯔궁(自貢), 허난 정저우, 장쑤(江蘇) 우시(無錫), 쓰촨 한위안(漢源), 광시 난닝(南寧), 산시(陝西) 시안(西安), 허베이 딩저우(定州), 베이징 순이(順義), 광둥 산웨이(汕尾) 등지에서 모두 심각한 집단 충돌이 발생했다. 이러한 충돌은 언론매체를 통해 국내외에 널리 알려졌다.

과거에 농민들은 자연적으로 토지와 연계되어 있다고 생각했지만, 실제로는 수십 년의 합작화로 농민의 토지에 대한 감정이 이미 날이 갈수록 메말랐고, 토지 농가 생산 책임제가 시행되면서 토지에 대한 농민의 새로운 관심이 생겼다. 그러나 이것은 단지 농민이 농업에 종사하는 것이 유일한 살길인 상황에서 나타나는 관심이었다. 일단 그들이 더 높은 이익이 있는 직업을 발견하게 되면, 그들에게 토지는 의지할 곳이 아니라 굴레가 되었다. 대량의 농민들이 토지에서 벗어나려는 것은 경제·사회발전의 필연적 추세이다. 중국의 도시화가 가속화되고 있어서, 수억의 농민들이 토지와 농촌을 떠나 도시로 옮겨 가려고 한다. 그러나 농민이 도시로 옮겨 가는 과정에는 위험이 있고, 토지는 여전히 그들의 생존을 보장하고 도시로 진출하는 데 기초이다. 만약 토지가 진정으로 농민의 재산이라면, 마땅히 이 재산을 현금화할 수 있어야 하며, 또한 현금화한 재산을 갖고서 도시로 갈 수 있어야 한다. 이렇게 도시로 간 농민은 어느 정도의 생존보장을 받을 수 있을 것이다.

그렇지만 토지를 농민의 재산으로 만드는 것은 결코 그렇게 간단하지가 않다. 똑같은 토지지만, 도시 교외와 멀리 떨어진 지역, 발달한 지역과 낙후된 지역은 토지의 가치가 하늘과 땅 차이다. 이러한 차이는 토지 소유자가 만든 것이 아니라, 그 지역 경제발전의 정도와 현지의 투자환경과 밀접한 관련이 있다. 그리고 이것은 또 정부의 거시정책, 그 지역 정부의 투자와 밀접한 관련이 있다. 도시 근교 농민은 이미 토지 값이 오른 혜택을 누렸다. 많은 도시 근교 농민은 이미 토지 값 상승에 따른 "수입으로 살아가는 사람"이 되었고, 그들의 소득은 성진 주민들보다 높다. 도시 근교 농민도 결국 농민 중의 일부분이다. 그래서 크게 제한을 가하지 않는 범위 내에서 농민들로 하여금 토지의 재산권을 누리도록 하고, 도시 근교 농민들이 더욱 큰 이익을 누릴 수 있도록 할 수만 있다면, 농민공을 시민의 자본금이 되도록 제고시킬 수 있을 것이다. 쑨중산(孫中山)은 일찍이 거시정책의 변동과 정부의 주위환경에 대한 투자로 조성된 토지 상승의 수익은 토지 소유자의 손에 들어가서는 안 된다고 주장했다. 이 부분의 수익은 마땅히 누구에게 돌아가야 할까? 마땅히 어디에 사용되어야 할까? 필자는 당연히 전체 농민의 소유가 되어야 하며, 도시로 가는 농민의 주거와 사회보장 등의 문제를 해결하는 데 사용되어야 한다고 생각한다. 최근 몇 년간 많은 도시 정부가 도시 근교 토지로 부가 수익을 거두었지만, 그 이익을 도시로 온 농민들에게 사용하지 않았다. 이 문제는 마땅히 해결되어야 한다.

중국은 농민이 너무 많아서, 소득이 높아질 수가 없으며, 그 많은 농민들이 갖고 있는 땅이 너무 자질구레하게 나누어져 있어서, 규모화 된 경영을 실현할 수 없다. 만약 농민공이 도시에서 이미 상대적으로 안정된 직업을 갖고, 아이들이 도시에서 학교에 다닐 수 있다면, 그들은 농촌의 토지를 양도하려고 할 것이다. 마땅히 농민이 토지를 양도하도록 정책적 조건을 만들어, 그들이 현금을 갖고 도시로 가서, 도시 근교에 대지를 장만하여, 집을 짓는 데 사용할 수 있도록 해야 한다. 현재 농민공은 몇 년 동안 일한 소득으로 고향의 자연 부락에 집을 짓는다. 이것은 도시화의 방향에 부합하지 않으며, 현재 지은 집은 얼마 지나지 않아서 아마도 또 철거해야 할 것이다. 마땅히 그들이 성진에 가까운 지방에 집을 짓도록 장려해야 하며, 그러기 위해서는 곧 토지 치환(置換) 정책이 필요하다.

농민의 문화생활

오늘날의 농민들은 밭을 갈고 파종할 때 사이갈이하고 김을 맬 필요가 없고, 퇴비를 만들거나 거름을 줄 필요가 없다. 농약과 화학비료의 사용으로, 농민의 노동 강도가 크게 줄어들었고, 일부 지방은 모내기와 수확에 기계를 도입했다. 따라서 농민의 여가시간이 많아져, 더욱 많은 시간을 문화 활동에 투자해야 하지만, 오히려 농민의 문화 활동은 매우 부족하다. 다음에서 우선 농민의 1인당 평균 문화 소비의 지출 현황을 살펴보자.

표7-7 농민 가정 문화교육 오락 용품과 서비스 연간 지출(위안)[25]

연도	2001	2002	2003	2004	2005	2006	2007	2008
지출	192.6	210.3	235.7	247.6	295.5	305.1	305.7	314.5
총 소비지출의 비중	6.9	7.2	7.8	7.2	7.2	6.8	6.0	5.3

위 표에서의 비용은 또 교육비 지출을 포함하고 있으며, 소비 총지출의 5.3~7.8%를 차지한다. 성진 주민의 이 방면 지출 비중이 13% 정도인 것을 보면, 농민의 문화 지출이 얼마나 적은지를 알 수 있다.

국무원 발전연구센터 과제조가 2,749개 부락을 조사했는데, 53%의 부락이 최근 몇 년 동안 공공문화 오락 활동이 있었다고 한다. 2005년에 각 촌에서 평균 5.36차례 영화를 상영했고, 극단 연출이 1.68차례 있었다. 조사 결과, 마을의 문화시설이 보편적으로 떨어지고, 도서실이 있는 촌의 비율이 25%이고, 촌에 문화센터가 있는 비율은 29.4%, 촌에 컴퓨터가 비치된 비율은 39.9%를 차지했다. 특히 중서부지역의 촌은 문화와 복리시설이

---

25 『2008년 중국통계개요』와 『2009년 중국통계개요』.

취약했고, 도서실을 갖고 있는 비율이 각각 평균 17.2%와 18.2%이고, 문화센터를 보유한 비율도 각각 22.1%와 20.1%였다. 동부지역은 80%가 넘는 촌이 모두 사무용 컴퓨터를 갖추고 있었지만, 중서부 마을에 컴퓨터를 갖춘 경우는 겨우 10%에 불과했다.[26]

농촌 공공문화의 낙후 때문에, 농촌은 "다섯 가지가 많아지는(五多)" 현상이 출현했다. 첫째는 도박하는 사람이 증가했고, 둘째는 봉건적인 미신을 믿는 사람이 증가했고, 셋째는 종교를 믿는 사람이 많아졌고, 넷째는 생트집을 잡아 소동을 부리거나 사회 치안을 어지럽히는 사람이 많아졌고, 다섯째는 학생들이 중퇴하는 경우가 많아졌다.

농촌에 도박이 만연한 것은 필자가 직접 목격한 적이 있다. 1996년 5월, 우리 일행은 쓰촨 이빈(宜賓)에서 차를 타고 청두로 갔었다. 도중에 지나가는 마을마다 도로 양쪽에 많은 집 안에 마작 탁자가 놓여 있는 것을 볼 수 있었다. 동행한 사람 말에 따르면, 그곳에서의 마작은 일반적인 오락 활동이 아니라, 돈을 건 도박이라고 했다. 내가 일부러 통계를 내보니, 200미터의 길 양 옆에, 마작 테이블이 30여 개 넘게 있어서, 충격적인 풍경으로 기억된다.

설사 중국 정부가 50년 동안 문맹퇴치 운동을 벌이고, 2000년에 이미 기본적으로 문맹이 사라졌다고 선포했지만, 중국의 문맹은 오히려 부단히 증가하고 있다. 권위 있는 매체의 보도에 따르면, 중국의 문맹 통계 수치는 세계 2위라고 한다. 2002년 유네스코의 통계에 따르면, 15세 이상의 중국인 중에서 결국 8,500만 명이 기본적으로 글자를 모른다는 것이다. 이것은 중국인 15명 중에서 한 명은 글자를 모른다는 것을 의미한다.[27]

---

26 국무원 발전연구센터, "사회주의 신농촌 건설 추진 연구" 과제조, 『신농촌조사-전국 2,749개 마을을 가다』, 〈중국사회학망〉, 2010년 1월 25일.
27 〈신화망(新華網)〉, 2006년 9월 4일.

2000년부터 2005년까지, 중국의 성인 문맹자 수는 8,700만 명에서 1억 160만 명으로 늘어, 33%가 증가했다. 또한 언론에서는 문맹이 증가하기 전이라 하더라도, 중국 문맹은 이미 전 세계 문맹의 11.3%를 차지한다고 지적했다.[28] 문맹의 75% 이상은 농촌에 있다. 농촌 빈곤 낙후지역에서, 빈곤 때문에 문맹이 생기고 다시 문맹에서 빈곤이 야기되며 이미 악순환이 되었다.

2004년 이후, 중앙정부가 "양면일보(兩免一補: 중국 정부가 의무교육 과정에 있는 농촌의 빈곤 가정 학생들에게 시행하는 보조 정책으로, 잡비와 책값을 면제해 주고, 기숙사 생활비를 보조해 주는 것)" 정책을 점차적으로 시행하여, 의무교육 과정의 농촌 가정의 교육 부담이 크게 줄어들었다. 전체 조사 대상 촌 중에서, 이미 45.4%의 촌이 잡부금을 전액 면제하고 있었다. 27.7%의 촌은 부분적으로 학생들에게 무료로 교과서를 제공하고 있었으며, 16.1%의 촌은 모든 학생들이 교재비를 면제받았다. 25.9%의 촌은 단지 일부 기숙생들이 생활 보조를 받고 있었고, 12.7%의 촌은 모든 기숙생들이 생활 보조를 받고 있었다. 교육의 질도 이미 농촌 주민 교육에 있어서 우려하는 선결문제가 되었다. 76.9%의 촌은 새 농촌을 건설하는 데 교육 방면에서 가장 시급하게 해결해야 할 문제가 교육의 질을 보장하는 것이라고 생각했으며, 23.7%의 촌은 교사 양성을 강화함으로써 이 문제를 해결해야 한다고 생각했다.[29] 뛰어난 교사 자원이 지나치게 대도시와 개발지역으로 집중되어, 농촌교사의 규정된 인원이 오랫동안 모자란 상태에 있다.

28 〈중청재선(中靑在線)-청년(靑年)〉 참고, 『중국 문맹퇴치 운동 50년: 문맹은 여전히 계속 증가한다(中國掃盲運動五十年: 文盲仍在不斷增加)』.

29 국무원 발전연구센터, "사회주의 신농촌 건설 추진 연구" 과제조, 『신농촌조사-전국 2,749개 마을을 가다』, 〈중국사회학망〉, 2010년 1월 25일.

농민은 어떠한 조직 속에서 생활하는가?

토지 가족 단위 농업 생산 책임제의 시행과 인민공사의 해체에 따라서, 전통체제의 농민에 대한 구속도 해제되었다. "지금이 과거보다 자유로워 졌다!"라는 말은 농민이 가장 인상 깊게 받은 느낌 중 하나이다.

그렇지만 농민은 사회인의 하나로, 항상 외부세계와 연계해야 하고, 이러한 연계는 항상 사회조직의 도움을 받을 필요가 있다. 현재의 중국 농민의 생활은 어떠한 조직의 틀 속에 있는가? 전반적인 상황은 과거 전통적인 정식 조직이 점점 쇠락하고, 새로운 정식 조직은 아직 건강하게 발전하지 않아서, 일부 비정식 조직, 심지어 비합법적인 조직이 되살아나고 있다. 농민과 정식 조직은 날이 갈수록 멀어지고, 비정식 조직과 더욱 가까워졌다.

푸단대학(復旦大學) 우충환(吳從環) 교수의『현대 중국 농촌 기층조직 조사연구(當代中國農村基層組織調查研究)』[30]에서 사례 보고서를 제출했다.

우 교수는 안후이 성 동부의 차오탕(曹塘) 촌을 조사했다. 차오탕은 1인당 평균소득이 안후이 성에서 중간 정도 수준으로, 그 사회 형태는 전형적인 중국 농촌 지역에 속해서, 동부 연안 지역과 다를 뿐만 아니라, 서부 지역과도 다르다. 차오탕 촌의 농민은 아래의 몇 가지 조직 속에서 각각 생활한다.

촌민자치조직: 이 조직은 촌민대표회의와 촌민위원회, 전체 촌민 대회를 포함하고 있다. 이론적으로, 촌민위원회와 생산대대는 단순히 명칭만 바꾼 것이 아니라, 촌민위원회의 출현은 권력(권리) 분배의 혁신적 의미를 갖

30『중국농촌관찰』, 1998년 제4기.

고 있다. 그래서 권력(권리) 분배의 혁신은 바로 사회 시스템 발전의 동력이다[주유훙(朱又紅)·난위쯔(南裕子). 1996]. 그러나 현실 상황은 이론과 너무 동떨어져 있다. 차오탕 촌 촌민대표회의는 일찍이 1983년·1988년·1990년 세 차례 열린 적이 있고, 1983년 이후 더 이상 전체 촌민대회를 연 적이 없으며, 1990년 이후 촌민대표대회도 한 번도 열린 적이 없었다. 촌 위원회 주임은 선거로 뽑는 것이 아니라, 향 정부에서 임명했고, 또한 향 정부에 대해 책임을 졌다. 1993년 임명된 촌 위원회 주임 역시 차오탕 촌 사람이 아니었다. 이렇게 촌민위원회는 향 정부의 연장기구가 되었고, 이미 더 이상 법률이 부여한 촌민자치조직이 아니었다.

향진 주재조직: 이것은 당 지부·공청단(共靑團)·중화전국여성연합회(婦聯) 등을 가리킨다. 이러한 조직은 향진의 같은 부류 조직의 지부 기구이다. 당 지부는 주로 농촌에서 당의 정책과 방침, 노선을 책임지고 관철하며 집행한다. 그러나 1996년 6월 이래로, 차오탕 촌은 당 지부 서기를 맡을 사람이 없었고, 당 조직은 유명무실한 상태에 처했다.

종족(宗族) 조직: 현재 차오탕 촌의 종족 조직은 점점 부흥하는 형세를 보인다. 그러나 종족 조직은 표면적인 조직 형식이 결여되어, 일이 생기면 연장자와 협의하며, 그 원칙은 주로 다음과 같다. 첫째, 상호부조의 원칙. 종족 조직 내부 개개인이나 가정에 곤란이 생기면, 모든 종족이 공동으로 협의한다. 둘째, 공동 대처의 원칙. 종족 조직의 이익이 외부와 모순이 생길 때, 공동으로 대처한다. 셋째, 내부 중재의 원칙. 종족 조직 내부에 모순이 생겼을 때, 연장자가 소통을 진행하여 중재하며, 내부적으로 해결한다.

일반적으로, 종족 형성의 표지는 일부 집단으로 거주하는 남성 혈연관계가 있는 사람들이 족장을 세우고, 집안 규칙을 제정한다. 그러나 종족 조직과 집안의 규칙(家規)과 법도(家法)는 일반적으로 비밀에 부쳐 공개하지 않기 때문에 조사하기가 어렵다. 조사자는 보통 결정적인 활동으로 측정한다. 예를 들면, 계보를 고치거나 사당을 짓는 것이다. 모든 조직에서 이 두 가지 활동은 반드시 지도자가 있어야 하며, 계보 중에도 집안의 규칙과 법도의 내용이 있을 것이다. 다른 연구자의 보도에 따르면, 종족 재건 현상이 전국 각지에서 출현했다고 한다. 장시 성 성 위원회 연구실 샤오탕뱌오(肖唐標) 등이 장시에서 조사한 결과, 장시 농촌 각 성씨 중에서, 60% 이상은 이미 종족을 재건한 것으로 결론을 내렸다. 장쑤 성 쉬저우(徐州) 퉁산(銅山) 현 인자오창(殷昭强)의 조사에 따르면, 그곳의 대다수 성씨는 이미 계보를 만들었거나 만들고 있으며, 종묘도 어느 정도로 회복되고 있는 것으로 나타났다. 어떤 가족은 종묘를 회복하고 난 후에, 전문적으로 제사 지내는 기구를 설립했다. 저장(浙江) 성 이우(義烏)·우이(武義)·둥양(東陽) 등 시현(市縣)의 마오(毛)·러우(樓)·탕(湯)·진(金) 등 성은 모두 계보를 고쳤다. 러우 씨 종족이 계보를 고치는 데 족장 1명과 11명의 연장자가 주관했다. 어떤 촌은 계보를 고친 후에, 족장과 방장(房長)이 종족의 권한을 행사하기 시작했으며, 창난(蒼南) 현의 장난(江南) 지구에는 사당이 1,000여 곳이 있다. 이 지역은 1980년부터 1991년까지 총 2,000여 차례 무력충돌이 있었다. 저장 성은 1990년 1/4분기에 26건의 종족 간 무력충돌이 있었다. 그중 100명 이상이 관련된 것이 15건, 1,000명 이상이 관련된 것이 2건이나 있었다. 후난 성 웨양(岳陽) 시의 6개 현은 대략 3분의 1의 촌에 종족 조직이 만들어졌는데 예를 들면, "청명위원회(淸明委員會)", "가족위원회(家族委員會)", "족노회(族老会)" 등이다. 후난 성에서는 1978년부터 1989년까지, 12년간 100명 이상이 관련된 무력충돌이 수천 번 이상 일어났고, 사상자도 6,000여 명이나 되었다. 1991년 5월, 잔장(湛江) 쑤이시(遂溪) 현 황루(黃路) 진에서 왕씨 종친과 양씨 종친 간에 수천 명이 무기를 갖고 다투는 싸움이 일어나, 기관총과 사제 총이 동원되어, 7일 동안이나 계속되었다.[31]

종법 조직: 여기서 가리키는 것은 종교와 의술·무술(巫術)·무술(武術)을 하나로 융합한 미신 색채가 비교적 농후한 문회(門會) 조직이다. 1980년대 후기 이래로, 한동안 사라졌던 종법 조직이 다시 조용히 일어났으며, 또한 갈수록 점점 심해지는 형세였다.

표7-8 1997년 차오탕 촌 종법 조직 개황

명칭	성립 시기	참여 인원	대상	범위	종지
형제회	–	6명	사회 엘리트	구역 초월	모임 안은 모두 형제
동문회	1992	48명	청년 위주	본촌 위주	상부상조
미꾸라지파	1993	71명	청소년	본촌 조직	복은 함께 누리고 환난은 함께한다.

현재, 차오탕 촌 3개 문회 조직은 모두 비밀로 했다가 공개된 상태이다. 표에서는 젊은 사람은 종법 조직에서 매우 큰 비중을 차지하고 있다는 것을 알 수 있다.

종교 조직: 차오탕 촌 종교 조직은 최근 몇 년 동안 빈번한 활동을 하고 있으며, 참가자는 중노년 층이 많고, 또 젊은 사람들도 있다. 합법적인 종교 조직이 있을 뿐만 아니라, 또한 비합법적인 종교 조직도 출현했다.

---

31 샤오탕뱌오(肖唐標), 「농촌 종족 중건 보편성 분석(農村宗族重建普遍性分析)」, 「중국농촌관찰」, 1997년 제5기.

표7-9 1997년 차오탕 촌 종교 조직 개황

명칭	성질	창립 시기	인원수(명)	인원 구성
기독교 1	합법	1988~	30~50	중노년
천주교	합법	1990~	30~50	중노년
불법 종교	불법	1993~1995	분명하지 않음	중청년
기독교 2	합법	1988~	30~50	중노년

차오탕 촌의 기층조직은 대략 위에서 서술한 다섯 가지 유형으로, 그들은 하나가 없어지면 다른 하나가 성장해서, 농민들은 이러한 조직 환경 속에서 생활한다.

과거 농촌사회는 주로 행정 통합조정에 의해 그 질서를 유지했다. 공산당·공산주의 청년단 조직체계와 행정 권력체계, 중화전국여성연합회·민병(民兵) 등 군중 조직은 이러한 통합 조정 메커니즘 중의 세 가지 중요한 역량이었다. 인민공사의 해체, 농민과 집체경제 유대의 약화는 행정 권력체제로 하여금 과거의 통합적 역량을 잃어버리게 했다. 다른 두 가지 통합 역량도 기본적으로 원래의 효력을 잃어버렸다. 농촌의 공산당·공산주의 청년단·중화전국여성연합회·민병 등 조직은 거의 마비된 상태였다. 중국 공산당 당원과 중국 공산주의 청년단 단원·민병은 1년 내내 3분의 1에서 절반의 사람들이 외지로 일하러 나가서, 각종 활동을 벌이기 매우 어려웠다. 중화전국여성연합회의 주요 임무는 산아제한 계획을 중점적으로 관리하는 것으로, 민병은 거의 훈련을 하지 않았다.

촌민자치조직은 원래 통합조정 임무를 완성할 수 있었지만, 많은 지방의 촌민조직이 느슨해지고 마비된 상태에 있다. 일부 지방 향진 정부는 선거를 조작하여, 농민은 그것에 대한 열정을 상실했다.

전통적인 조직이 해체되고, 기층 당 조직이 마비되며, 또 일부 촌민자치조직이 다시 농민들의 열정을 상실하게 했다. 이 때문에 종족 조직, 종법 조직, 종교 조직이 그 틈을 타서 일어났다. 정당한 희망이 정상적인 길을 통해 실현될 방법이 없자, 비정규적인 길이 조심스레 생겨났다. 이러한 비공식적인 조직도 일부 사회적 기능을 집행했다. 촌민은 일이 생기면 공식적인 조직을 찾아 가지 않고, 자신이 소속된 비공식적인 조직을 통해 해결 방법을 찾았다. 향촌 공식 조직의 쇠락과 비공식적인 조직의 부흥은 한 가지 문제의 두 가지 측면이다.

그렇지만 비공식적인 조직은 법률적 절차에 따라 만들어지고 행동하는 것은 아니다. 이렇게 원래 법률 의식이 결핍된 촌민의 법률 의식이 더욱 약화되었다. 비공식적인 조직은 촌민의 문제를 해결할 때도 법에 의거하여 일을 처지지 않아서, 자주 사회 치안을 어지럽혔다. 비공식적인 조직의 존재는 기층에 원래 존재하던 모순을 더욱 복잡하게 만들었다. 각각의 비공식적인 조직 사이에 발생하는 격렬한 모순을 해결할 수 없을 때, 무력 다툼 등 폭력 충돌을 피하기 어려웠고, 기층 사회 안정이 파괴되었다.

농촌 간부

현(縣) 이하의 중국 농촌은 누가 관리하고 있는가? 1905년 과거제도가 취소되기 전, 신사(紳士) 계급은 농촌의 진정한 통치자였다. 그들은 재부와 지식을 갖고서, 농촌의 자치 규약을 제정했다. 그들은 전반적으로 유학(儒學) 교육을 받은 적이 있었기 때문에, 이 자치 규약의 문화·법률적 가치는 봉건 통치를 수호했다. 그들은 지방에 대한 실제 통치의 힘을 빌려서, 자신의 이익을 유지 발전시키고 또한 지역사회의 이익을 보호했다.

과거제도가 없어진 후, 농촌의 뛰어난 인재들은 도시로 흘러 들어갔고, 신사로 선출된 사람의 자질이 크게 떨어졌다. 악질 토호(惡覇)나 현지 불량

배(地痞) 등과 같은 부류의 사람들이 중국 기층 권력의 중심을 점유하여, 민국(民國)시대와 국민당 정부의 권력 기초가 되었다. 향촌 권력의 부패와 타락은 민국시대 중국 농촌의 불안정 원인 중 하나였다. 신중국 성립 후, 토지 개혁 때, 이들 "악덕 지방유지"들을 철저히 농촌 권력 중심에서 정리했다.

신중국 성립 이래, 향촌 정권은 중국 공산당의 기층조직 손안에서 통제되었다. 당 지부 서기들은 잇따라 토지 소유제 개혁에 적극적인 사람과 합작화에 적극적인 사람, 인민공사에 적극적인 사람으로, 그들은 농촌에서 중국 공산당을 대표하는 지도자였다. 물론, 이 집단도 좋은 사람과 나쁜 사람이 섞여 있었다. 그러나 중국 공산당이 강대한 영향력이 있고, 중앙정권의 힘이 강력했기 때문에, 그들은 상급에서 부여한 권력과 직책을 행사하여, 국가의 각 정책이 농촌에 실현되도록 했다. 이러한 집단 중 일부 제멋대로 못된 짓을 하는 사람이 계속해서 제거되었지만, 그래도 끊임없이 계속 생겨났다.

가정 생산량 도급제는 절대 다수 지방의 집체경제를 와해시켜, 원래의 농촌 기층조직이 경제적으로 의탁할 곳을 잃어버렸다. 인민공사의 해체가 생산대로 하여금 제도적 기초를 잃어버리게 했다. 많은 지방의 기층 당 조직은 마비 상태가 되었다. 쓰촨 성의 한 조사보고서에 농촌 당 지부의 상황이 잘 나타나 있다.

첫째, 노령화로 후계자가 없다. 펑제(奉節) 현 1만 6,751명 당원 중에서, 50세 이상이 당원 전체 수의 75.4%를 차지하며, 그중 60세 이상이 30%를 차지했다. 적지 않은 촌의 당원이 "머리가 희지 않으면, 이빨이 빠졌고, 걷는데 지팡이가 없으면 안 되었다." 청년 농민으로 입당(入黨)하는 열성분자의 숫자가 줄어들고, 발전 가능성이 있는 농민 당원의 숫자도 줄어들었다.

둘째, 문화 수준이 낮아서, 새로운 상황에 적응할 수가 없다. 쓰촨 성 궁

㈜ 현 농촌 당원 중, 초등학교 이하 문화 수준의 사람이 66.59%를 차지하고, 어떤 촌은 10여 명의 당원 중에 중학생 수준의 교양을 갖춘 사람이 한명도 없었다. 당원의 문화 수준이 이렇게 낮아서, 새로운 시대 농촌의 지도자로서의 역량을 갖추기 매우 어렵다.

셋째, 당원으로서 선봉이 될 만큼 모범적인 역할을 못해서, 대중들 사이에 위신을 상실했다. 펑제 현 13개 향(鄉)의 103명 당원에 대한 조사를 한결과, 겨우 7명의 당원만이 기한 내에 당비를 납부했다. 소수 당원은 사심이 너무 커서, 수중의 권력을 이용하여 집체 토지를 불법으로 빼앗고, 친척이나 친구를 좋은 자리에 배정하고, 산아제한을 어기고 자식을 낳거나, 공금을 가로채고, 미신을 믿고, 많은 사람을 모아서 도박을 했다.

넷째, 사상을 통일하기가 어렵고, 행동을 관리하기가 어렵다. 상당히 많은 당원의 믿음이 확고하지 않다. 펑제 현에서 조사를 받은 103명의 당원 중 55.6%의 사람이 "사회주의 깃발이 중국에서 오랫동안 갈 수 있을까"를 걱정했다. 당원 간부가 대량으로 외지로 나가 일하고, 농촌 당 조직은 힘이 없고 해이해져, 일부 지방의 농촌 기층정권을 진공 상태로 만들었다. 이러한 상황에서, 일부 기층정권은 건달이나 불량배·악질 토호로 전락했다. 그들은 수중의 권력을 기반으로 사람들을 억압하고, 마을 사람들을 마구 짓밟았다. 이것은 농촌 사회의 중요한 불안정 요소 중 하나이다.

건달이 아닌 사람이 정권을 잡은 다수의 지방도, 간부와 대중의 모순이 매우 첨예했다. 간부와 대중 간에 모순이 생긴 것은 간부의 자질이 낮은 이유를 제외하고도, 촌급 간부의 직책과 관련이 있다.

촌급 조직의 존재는, 사실상 촌민 자치의 요구가 아니라, 향진 일급 정권의 "말단"이다. 촌급 조직은 주로 향진 정부의 임무를 집행하고, 아울러 향진 정부로부터 권력자원을 얻는다. 향진 간부의 주요 업무는 식량을 거두고, 돈을 수납하고, 산아제한계획을 실현한다[농민들은 그것을 "식량을 요구하고(要

糧), 돈을 요구하며(要錢), 목숨을 앗아간다(要命)"라고 부른다]. 그들은 양쪽에서 모욕을 당해서, 돈을 받을 때도 모욕을 당하거나 얻어맞을 때도 있고, 재정을 받지 못해도 균형을 맞출 방법이 없었다. 농촌에 돌발적인 사건이 생겼을 때, 그들은 항상 공격 대상이다. "두 눈을 뜨면, 불을 끌 때까지 바쁘고", "책임전(責任田)은 황폐해지고, 밭은 온통 원망이다". 촌 간부가 업무 중의 곤란에 대해 원망을 많이 품고 있지만, 그러나 일부 농민들은 간부 일이 맡기 어려운 것은 사실이지만, 간부를 맡고 싶지 않은 사람은 없다고 생각한다. 촌 간부의 신분은 비교적 사회적 지위가 높고, 어느 정도의 권력과 보수가 있다. 일부 집체경제가 발달한 지역에서는, 촌 간부 자리는 많은 사람들이 노리는 "부수입이 짭짤한 보직"이다. 그래서 향촌 선거에서, 자주 뇌물선거나 부정행위를 하는 상황이 출현했다.

촌 당 지부 서기는 촌급 권력 피라미드의 꼭대기에 있어서, 진정한 "촌의 우두머리"는 촌민위원회 주임이 아니라, 당 지부 서기이다. 일반적인 상황에서, 촌 당 지부 서기는 촌민위원회 주임이 승진해서 된 것으로, 촌민위원회 주임은 촌민 소조장(小組長) 또는 민병 중대장(連長)이 승진해서 된 것이다. 민병 중대장은 촌민 소조장 혹은 단(團) 간부가 승진해서 된 것이다. 당 지부 서기는 이미 권력이 꼭대기에 올라서, 더 이상 오를 곳이 없기 때문에, 지부 서기의 임기는 매우 길다. 그의 권력은 안정성이 있을 뿐만 아니라 또한 누적성이 있다. 촌 당 지부 서기는 향진 당위원회 입후보자 명단을 뽑아, 향진 당위원회에서 촌으로 사람을 보내 조직 전체 당원들이 표결하여 통과시킨다. 표결을 통과한 명단은 향진 당 위원회가 정식으로 비준하고, 다시 사람을 촌 당원 대회에 파견하여 정식으로 선포한다. 촌민위원회 주임은 촌 당 지부로부터 입후보자를 뽑아, 촌민대회에 넘겨주어 거수로 표결을 통과시키고, 다시 촌 당 지부에 의해 분담을 결정한다. 최근 몇 년간, 많은 지방 촌 당 지부 서기와 촌민위원회 주임을 한 사람이 겸임했다.

향진 간부는 전문대학이나 종합대학 졸업생·도시 호구를 가진 제대한 군대 간부 중에서 나왔고, 부분적으로 우수한 촌 간부 중에서 초빙했다. 향진 간부 중에는 본 고장 사람이 비교적 많았고, 그들은 국가 간부의 월급과 복리 대우를 누렸다.

향진 간부는 공무원 계열에 속하는 전임 간부(그중 계약제 채용 간부는 제외)로, 촌 간부와는 다르고, 그들은 공무원이 아니다. 호구(戶口)의 성질로 보면, 그들은 농민으로, 보통 농민의 신분으로 약간의 토지를 얻었고, 매월 정부로부터 일을 받지만, 촌 집체로부터 받는 보조금 이외에, 그들은 반드시 자신의 토지에서 일을 해야 했고, 어떤 촌 간부는 마트 같은 것을 열어 소득을 늘였다. 경제가 발달한 지역에서는, 촌 간부의 연 수익이 십 몇 만 위안 또는 그보다 더 많기도 했다.

향촌 정권을 유지하는 운영 수입원에 대해서 중국 역사상 줄곧 좋은 해결책이 없었다. 봉건사회에서는, 국가 재정 역량이 부족한 등의 원인 때문에, 국가 정권이 단지 현 단위만 설치할 수 있었다. 향촌(鄕村)은 국가의 부양이 필요 없는 향신(鄕紳)이나 가족에 의해 관리되거나, 혹은 국가와 향신·가족의 일정 정도 수준의 절충적 조합을 모색했다. 민국시대에는, 향촌의 보갑제도[保甲制度: 봉건왕조시대부터 내려온 사회 통치 수단으로, 가장 본질적인 특징은 '호(戶, 가정)'를 사회조직의 가장 기본단위로 삼았음]에서는 관원이 적고, 들어가는 돈도 매우 적어서, 농민들에게 각종 비용과 노동력을 징수하여 유지했다. 농업 합작화 이후, 특히 인민공사화 이후에는 집체경제의 존재가 향촌 정권의 경비를 집체경제에서 부담하도록 했다. 경비의 자금원이 있으면, 향촌 정권기구는 팽창의 기초가 있게 된다. 개혁 개방 이후에, 집체경제가 와해되고, 이미 크게 팽창한 향촌 정권은 지출 방면에 의지할 곳이 없어져서, 부득이하게 농민에게 분담시켰다. 그러나 이때의 기구는 보갑제도 때보다도 훨씬 방대하여, 농민의 부담은 필연적으로 보갑시대보다도 컸다. 설사 부담이 매우 크다고 하더라도, 향진 단위의 재정 곤란을 해소하기 어려웠고(예를 들면 후난 성 85% 이상의 향진 정부가 재정 적자와 부채를 갖고 있었다), 어쩔 수 없이 농민의 분담을 좀 더 가중시킬 수밖에 없었다. 이것은 중국 농촌 간부와 대중의 모순이 첨예해지고, 기층정권이 불안정한 주요 원인 중 하나이다. 2003년 "비용을 세금으로 바꾸고(費改稅)"그 후 농업세를 취소한 이후, 기층정권의 경비 출처는 더욱 어려워졌다. 2005년 9월, 필자가 간쑤(甘肅)성 퉁웨이(通渭) 현 이강(義崗) 진을 취재한 결과, 이곳 진에 2,100명의 사람이 있는데, 진 간부가 82명이고, 따로 임시 직원이 7명, 치안 공동방위 대원이 3명이 있었다. 연간 행정직원의 월급이 모두 110만 위안(교사 월급은 포함되지 않고, 현 재정에서 지출함)이고, 판공비 지출이 10만 위안이었다. 촌 단위에서 당 지부 서기·촌민위원회 주임·문서 담당자가 1년에 보조금을 각각 1,800위안을 갖고 갔다. 전체 진에 모두 50여 명이 있으니, 총 10여만 위안을 지출해야 했고, 과거에는 이 10여만 위안이 부가금에서 지출되었지만, 지금은 징수하지 않고, 온전히 재정에서 지출했다. 2004년, 이 진의 재정소득이 77만 위안(농업세 소득이 70만 위안, 기타 소득이 7만 위안)으로, 손익분기에서 4, 50만 위안이 적자였다. 현재는 농업세가 감면되고, 또 비용을 받을 수 없어서, 진에는 어떠한 수입원도 없다.

주목할 만한 것은, 현재 중국 농촌에서 향촌 간부·향촌 사유기업주·향촌 신용조합·양곡 수매소·토지 관리기구·공안 사법기구 등 기관의 지도자가 점점 강력한 하나의 집단을 형성했다는 점이다. 그들은 농민에 대해 비용을 받고, 벌금을 부과하고, 토지 하청을 주며, 토지 수용비의 분배, 산아제한 지표의 분배 등 권력을 장악하고 있다. 그들은 지위가 있고, 경제적인 힘이 있어서, 농민들은 그들을 겉으로는 공경하는 척하지만 멀리한다. 일부 지방에서는 이 집단이 자신들의 이익을 유지하기 위해, 위로는 중앙정부의 정책에 대해 저항을 하고, 아래로는 농민을 가혹하게 착취했다. 중앙정부는 토지 도급을 30년 동안 변하지 않도록 요구하여, 농민들에게 장기간 토지 경영권을 보장하도록 했지만, 그렇게 되면 그들이 토지 발주권을 잃어버리게 되기 때문에, 단기 도급과 빈번한 조정에만 열을 올렸다. 농민 소득을 보장하기 위해, 국가가 양곡 수매 보호 가격을 제정했지만, 그들은 보호 가격에 따라 양곡을 수매하지 않고, 오히려 보호 가격을 이용해서 국가 양곡 수매 대부금과 재정보조금을 몰래 얻어갔다. 중앙정부는 촌급 재무를 공개할 것을 요구했지만, 그들은 거짓으로 공개했고, 중앙정부는 직접 촌 위원회 구성원들을 선출하도록 요구했지만, 그들은 거짓 선거를 하거나 아예 직선제 보이콧을 하거나……. 이 사람들과 농민들의 모순은 매우 첨예하며, 향촌 충돌의 중요한 기폭점이다.

농민의 민주의식이 높아지고 있다

농민의 민주의식은 촌민위원회의 선거에서 잘 나타나고 있다.

농촌의 생산대가 해체된 후, 일부 지방은 사회 관리의 필요에 적응하기 위해 자발적으로 자치기구를 조직했다. 1980년 말, 광시(廣西)의 이산(宜山)·뤄청(羅城) 두 현의 농민들은 새로운 기층조직인 촌민위원회라는 것을 만들었다. 그 기능은 정부가 사회 치안을 유지하는 것에 협조하고, 후에 점진적으로 경제 방면으로 확장해 나가는 것이었다. 이와 동시에 허베이·쓰촨 등지에서도 유사한 조직이 출현했다. 대중들이 이것을 실천하는 과정에 만든 것들은 신속하게 최고권력기구의 중시를 얻었다. 1982년 12월, 제5기 전국인민대표회의에서 통과된 신헌법은 촌민위원회의 법률적 지위를 인정했다. 1984년에 인민공사를 없애고 향(鄉)을 세웠으며, 생산대를 없애고 촌민위원회를 건립했다. 1987년 11월 23일, 전국인민대표회의 상무위원회가 〈중화인민공화국 촌민위원회 조직법(시행)〉을 통과시킴에 따라서 촌민위원회는 정식으로 법률적 근거를 마련하게 되었다.

촌민자치조직은 인민공사 시기의 생산대대에서 변화 발전된 것이지만, 이론적으로 말하면 생산대대와는 본질적으로 다르다. 〈촌민위원회 조직법〉 규정에 따르면, 촌민위원회는 하나의 자치조직으로, 향진 정부가 촌민위원회의 업무를 지도하고 지지하는 것이지, 이끌고 나가는 것은 아니다. 이것은 촌민위원회가 자신의 내부 업무를 결정할 수 있는 권리가 있으며, 독립된 법인의 지위를 갖고 있다는 것을 의미한다. 촌민위원회라는 법인 구조의 위탁인은 전체 농민이고, 그것의 대리인은 촌민위원회 주임 등 일련의 직위의 조합이다. 대리인은 위탁인의 선거로 생겨나며, 선거 방식은 전체 선거권을 가진 촌민들이 참여하는 직접선거 방식이다.

〈중화인민공화국 촌민위원회 조직법(시행)〉은 이미 10여 년 넘게 시험적으로 시행되었고, 전국 60% 이상의 농촌이 모두 초보적으로 촌민자치제도를 확립했다. 1998년에 이르러 전국에 90만 2,000개의 촌민위원회가 생겼다. 그중 두 개 성(省)은 몇 개의 생산대에 설치된 것을 제외하고, 나머지는 모두 "몇 개의 자연촌을 관리하는 곳"(즉 원래의 생산대대)에 세워졌다. 촌민위원회 선거는 이미 규모를 갖추었으며, 촌민대표제도가 점차 보급되어, 촌 업무의 공개와 민주적 관리가 점차 널리 시행되고 있다. 농민은 촌민대표회의 제도와 촌민자치규정·"해선(海選: 정식 선거 전에 전체 선거권이 있는 촌민들이 무기명 투표로 촌민위원회 후보자를 선출하는 것)"·"함선(函選: 외지로 나간 근로자가 우편으로 투표하는 방식으로 선거에 참가하는 것)" 등의 민주적 방식을 만들었으며, 어떤 지방은 입후보자가 경선 연설을 발표하여, 촌민 선거의 열기를 뜨겁게 만들었다.

촌민이 직접 자신의 대리인을 선거하는 것은 중국의 민주주의 발전 과정에 있어서, 중대한 의의를 갖는다. 중국이 민주제도를 건립하려면, 우선 국민들의 민주적 소양을 높여야 한다. 촌민이 직접 선거하는 것은 곧 중국

인구의 대다수를 차지하는 농민들로 하여금 민주주의를 실천해 보는 훈련이며, 중국 농민이 민주주의를 학습하는 대학교이다. 중국의 촌민자치제도는 전 세계의 주목을 끌었다. 1996년, 영국의 전(前) 수상 마거릿 대처가 베이징에서 열린 중국경제포럼 연차총회에서 행한 연설에서, 중국의 촌민자치제도를 높이 평가했다. 1998년, 미국 클린턴 대통령이 중국을 방문했을 때, 중국에서의 첫 일정이 바로 시안(西安)에 가서 촌민의 직접선거를 참관하는 것이었다.

농민이 경제적 자주권을 가진 후에, 민주주의에 대한 요구도 따라서 강렬해졌다. 일부 집체경제가 발달한 지역은, 촌민들의 민주주의에 대한 요구가 더욱 강렬했다. 그들은 직접선거를 통해 불만스러운 간부를 "끌어 내리고" 싶어 했고, 믿을 만한 사람을 촌장의 자리에 추천하려고 했다. 많은 지방의 실천을 통해, 농민이 스스로의 민주적 권리를 행사할 열정과 능력이 있다는 것을 증명했다.

농민은 선거에 많은 관심을 가질 뿐 아니라, 또한 선거 중의 불합리적인 방법을 더 이상 그대로 내버려두지 않고, 상급기관을 찾아가 고소하는 방식을 통해, 자신의 민주적인 권리를 쟁취하고 보호했다. 랴오닝(遼寧) 성을 예로 들면, 1998년 촌민위원회 선거 기간에 성(省) 안에서 직접 상급기관을 찾아가 시정을 요구한 것이 150차례나 되고, 찾아간 사람 수는 지난 5년을 합친 것과 같다. 상급기관을 찾아가 시정을 요구한 농민들의 선거정책과 절차에 대한 이해 수준은 담당자들을 깜짝 놀라게 했다. 촌민의 진정 때문에, 랴오닝 성 각급 민정 부서가 찾아내 처리한 위법선거 사례가 687차례나 되었다. 이는 지난 선거 때 처리한 수(40차례)를 훨씬 초과했다.[32]

1998년 11월 4일, 제9기 전국인민대표회의는 〈중화인민공화국 촌민위

---

32 『중국경제시보(中國經濟時報)』, 1998년 11월 13일.

원회 조직법〉을 통과시켰고, 촌민자치를 더욱 법제화했다. 현재 언론계가 촌민 선거의 현황에 대해 높게 평가했지만, 실제 상황은 중국 농민이 민주주의에 이르기 위한 노정은 여전히 매우 요원하다. 〈중화인민공화국 촌민위원회 조직법(시행)〉이 시행된 지 10여 년 동안에, 많은 지방에 〈중화인민공화국 촌민위원회 조직법(시행)〉을 위반한 사건이 대량으로 생겼다. 어떤 곳은 공공연히 촌민위원회를 취소하고, 따로 향진의 지소(支所)—관리위원회—를 설립했다. 어떤 곳은 행정명령을 사용하여 민선 촌민위원회 간부를 해임시키거나 전부 임명제를 채택하여 조종하고, 선거를 훼손하는 상황이 자주 발생했다. 또한 소수 지방은 명문 집안이나 악한 세력이 촌민위원회를 장악했다. 〈중화인민공화국 촌민위원회 조직법〉을 공포한 후, 일부 지방 정부는 촌민이 이 법률에 따라 촌 간부를 파면하는 것을 허락하지 않아서, 이 때문에 격렬한 집단사건을 일으켰다.

진정한 촌민자치는 마땅히 농민에 의해 촌의 1인자를 뽑는 것이다. 현재 촌의 1인자는 당 지부 서기로, 촌민위원회 주임은 단지 당 지부 서기의 지도하에 있는 2인자에 불과하다. 그리고 당 지부 서기는 상급 당 위원회에서 확정했다. 그래서 많은(어떤 사람은 50% 이상이라고 하고, 또 어떤 사람은 70% 이상으로 추측함) 촌민 선거가 향진이 당 지부 서기의 조종으로 이루어진 거짓 선거라고 주장했다. 어떤 지방[예를 들면 안후이 성 펑양(鳳陽)]은 촌민이 촌 당 지부 서기를 추천하는데, 이것은 촌 당 지부의 독단적인 처사를 피하기 위해서이다. 그러나 이것은 논리적으로 결코 사리에 맞지 않는 것으로, 비당원이 어떻게 당 내의 지도자를 만드는 데 간섭할 수 있는가?

농촌 민주주의와 파면이 장애에 봉착한 것은, 중국에 장기간 형성된 봉건사상과 관련이 있고, 향진 간부가 행정 명령에 익숙한 것과 관련이 있고, 또한 촌민자치조직의 기능과도 관련이 있다. 현재, 촌민위원회는 한편으로 향진 정부가 할당한 돈과 식량·산아제한계획[농민들은 그것을 "곡식을 거두고 분담금을 할당하며, 자궁을 긁어내어 분만을 촉진한다(收糧派款, 刮宮引産)"고 말한다]처럼 농민의 이익과 직접 충돌이 생기는 임무를 완성해야 하고, 다른 한편으로는 또 농민의 이익을 대표하고 집체경제를 발전시켜, 농민을 이끌어 "적극적으로 중산층이 되도록" 해야 했다. 하지만 촌민위원회는 이러지도 저러지도 못하는 처지에 있다.

"곡식을 거두고 분담금을 할당하며, 자궁을 긁어내어 분만을 촉진하는 것"은 농민들의 미움을 사는 일이다. 만약 촌민에게 맡겨서 스스로 선거를 하도록 하면, 이 일에 매우 적극적인 간부는 낙선될 가능성이 매우 크다. 그렇지만 이것은 바로 향진 정부가 요구하는 촌민위원회의 역할이었다. 이 임무를 완성하도록 보장하기 위해서, 향진 정부는 늘 선거를 조종하거나 아예 농민이 선거를 못하게 했다. 이렇게 되면, 원래 선거에 대해 적극적이던 농민들은 선거 조작으로 우롱당한 후에, 선거에 대한 열정을 잃어버리게 된다. 해학적인 농민은 항상 선거 때 장난스러운 태도로 선거를 주관하는 상급 기관을 희롱하여(예를 들면 투표 용지에 죽은 사람, 외국인 혹은 아이의 이름을 쓴다), 엄숙한 선거를 웃음거리로 만든다.

랴오닝 성 조사에 따르면, 대다수의 선거 위반 사건은 집체경제가 비교적 발달한 지방에서 생긴다고 한다. 이러한 지방의 촌 간부의 연 소득은 적게는 몇 만 위안이고, 많게는 10여만 위안이다. 어떤 사람은 부수입이 짭짤한 이 보직을 쟁탈하기 위해, 갖가지 위법적인 수단을 쓰는 것을 마다하지 않는다.

어떤 지방에서는 아예 직접선거를 촌민 대표가 집행하는 간접선거로 바꾸어버렸다. 왜냐하면 간접선거가 직접선거보다 훨씬 제어하기 쉽기 때문이다. 이렇게 되면, 법률이 촌민에게 부여한 직접선거 권리는 전 세계가 주목하고, 전국이 기대를 가졌던 민주적 훈련이 공염불이 된다. 당연히 직접선거를 간접선거로 바꾸는 데에는 기술적인 원인이 있다. 그것은 하나의 자연촌에서 살고 있지 않은 수천 명의 사람을 함께 모아서 민주적인 결정을 하도록 해야 한다는 점이다. 실제로는 단순히 모여서 회의하는 것조차도 어렵다. 이런 상황은 "행정촌"에서 비교적 보편적이다. 왜냐하면 행정촌은 여러 개의 자연촌으로 조성되어 있기 때문이다.

농민 문제의 응어리

1990년대 중반, 중앙정부는 명확하게 "농업·농촌·농민", 즉 "삼농(三農)" 문제를 제기하면서 농민 문제를 단독으로 열거했다. 농민 문제는 각 방면의 높은 관심을 불러일으켰다.

개혁 개방 이래로, 중앙정부는 농민 문제를 매우 중시했다. 다년간, 매년 중국 공산당 중앙위원회의 1호 문건은 농촌에 관한 것이었고, 매년 중앙정부의 첫 번째 회의에서는 농촌 업무에 대해 토론했다. 중국은 줄곧 농민 문제를 중시했다. 20세기 중국의 두 차례 중대한 사회 변혁은 모두 농촌으로부터 시작되었다. 중화인민공화국은 "농촌이 도시를 에워싸는" 최종 성과이며, 중국의 개혁 개방 역시 다른 형식의 "농촌이 도시를 에워싸는" 것이었다. 이것은 역사의 우연이 아니다. 중국의 정치가·학자 및 기타 중국의 운명에 관심을 가진 모든 사람이 농민 문제를 중시하는 이유는, 중국 농민이 인구에서 차지하는 비중이 가장 크고, 또한 오랜 기간 동안 중국은 농업국이었고, 오늘날에도 농업은 여전히 국민 경제의 기초이기 때문이다.

그렇다면 농민의 문제는 무엇인가? 농민 문제의 응어리는 무엇인가?

단순한 측면에서, 농민 문제는 농민의 소득이 낮은 문제와 농민 부담이 큰 문제, 농촌의 남는 노동력의 거취 문제를 가리킨다. 그러나 이렇게 말하면 단지 단편적으로만 문제를 논한 것일 뿐, 결코 문제의 본질을 언급한 것은 아니다.

비교적 깊이 있는 측면에서, 중국의 농민 문제는 곧 농민이 너무 많고, 농민이 전체 인구에서 차지하는 비중이 지나치게 크다는 것이다.

앞에서 농민 소득에 대해 분석하면서 이미 언급했는데, 비농업 인구의 비중이 너무 작아서, 식품을 구매하는 총 가치는 작지만, 이 부분 총 가치의 분배에 참여하는 사람들이 너무 많다. 이것이 농민 빈곤의 주요 원인이다.

칭화대학 타이후이(泰暉) 교수는 다음과 같은 재미있는 말을 한 적이 있다. "우리는 늘 세계 경지의 7%로 세계 인구의 21%를 먹여 살린다고 스스로 긍지를 느끼지만, 오히려 다른 부분은 거의 언급하지 않는다. 그것은 전 세계 40%의 농민이 겨우 7%의 '비농민'을 '먹여 살린다'는 것이다. 그래서 농민 문제의 해결책은 바로 농민의 수를 줄이는 것이다. 다시 말해 대량의 농민들을 비농산업으로 옮겨 가도록 하는 것이다."

그렇다면 얼마의 농업 노동력을 옮겨 가도록 해야 하는가? 1997년, 농업·임업·목축업·어업에 종사하는 노동력은 3억 2,435만 명이었다. 농촌은 얼마의 노동력이 필요한가? 인구 증가와 경지 감소를 고려하면, 1952년 전국 경지 면적은 16억 7,000만 무로, 농촌 노동력은 1억 8,400만 명으로, 평균 각 노동력이 담당하는 경지 면적은 9무였다. 1997년 전국 경지 면적은 16억 2,000만 무로, 1952년의 노동 생산율에 따르면, 필요한 노동력은 1억 8,000만 명이고, 1억 4,000만 명은 남는 노동력이다. 시간이 이미 반세기가 흘러, 농업 노동력 생산율은 크게 올라, 전 세계 평균 각 노동력이 부담하는 경지 면적은 24.25무(1979년 수치)이다. 이 기준에 따라 계산하면, 16억 2,000만 무 경지에 겨우 6,680만 명이 필요하고, 남는 농업 노동력은 2억 5,700만 명이다. 만약 선진국 농업 노동 생산율에 따라 계산하면, 중국의 농업 잉여 노동력은 더욱 많아질 것이다. 당연히 이것은 농업·임업·목축업·어업에 종사하는 노동력을 계산한 것이다. 실제 농사짓는 노동력을 계산하면, 농업 잉여 노동력은 상술한 숫자보다 좀 더 작지만, 세계 평균 농업 노동력 생산율에 따라 계산하면, 역시 2억 이상은 있어야 된다.

2억이 넘는 농민이 비농산업으로 바뀌는 것을, 단시간 내에 해결 할 수 있는 것은 아니다. 중국은 아직 2억이 넘는 농민을 비농업 산업으로 받아들일 수 없다. 개혁 개방 이후, 향진 기업이 1억의 노동력을 받아들였지만, 동시에 다시 1억 명의 노동력이 새로 생겼다. 다시 향진 기업이 농촌의 남는 노동력을 받아들이라는 것은 매우 곤란하다. 그래서 농촌의 잉여 노동력을 비농업으로 전이시키는 것은 상당히 긴 역사적 과정이다. 이 과정은 도시화 과정과 관련이 있다.

2008년, 중국 도시화 비율은 45.68%로, 가속화 단계에 있다. 중국사회과학원이 추정하기로, 빠른 도시화 발전 과정은 2013년쯤에 끝이 나고, 그 이후에는 도시화 성장이 점차 느려진다고 한다. 2015년이 되면, 중국 도시화 비율은 52.28%가 되고, 2020년은 57.67%, 2030년은 67.81%, 그리고 68% 정도가 아마도 미래 20년 중국 도시화의 정점으로, 그 후 도시화 수준은 비교적 긴 시간 동안 이 수준을 유지할 것이다. 만약 2030년에 67.81%의 도시화 비율을 완성하려고 한다면, 앞으로 매년 도시화 비율이 거의 1% 가까이 올라야 하는 것을 의미하고, 매년 1,400여만 명의 사람들이 도시로 옮겨 가는 것과 같다.[33]

매우 넓은 의미로 말하면, 농민 문제는 농민의 사회적 지위 문제이다. 신중국 성립 이후에, 농민이 공업화의 원가를 담당했지만, 공업화 성과의 성대한 잔치를 즐길 때, 오히려 농민의 자리는 없었다. 〈중화인민공화국 노동법〉 안에는 농민이 빠져있고, "중화인민공화국 노동과 사회보장부"에서도 농사짓는 농민의 지위를 보장하지 않았다. 농민이 도시로 가서 일을 하

---

33 중국사회과학원, 「거시경제 청서(宏觀經濟藍皮書)」, 『개혁내참(改革內參)』, 2010년 제16기, 49쪽.

면, 단지 도시 사람들이 원하지 않는 힘들고, 더럽고, 서툴고, 피곤하고, 위험한 일만 할 수 있다. 농민은 도시 주민과 평등한 지위를 얻을 수 없었다. 명백히 이 평등한 지위는 국가가 줄 수 없는 것이며, 줄 능력도 없다. 농민들도 도시에서 도움을 기대하지 않고(원래 수십 년 동안 농업이 공업을 위해 자금을 축적했으니, 공업이 현재 농업에게 '되갚는 것'이 당연하지만, 지금의 공업은 아직 그런 능력이 없다), 그래서 스스로의 개혁을 통해 도시 주민들이 누리는 특권이 의미를 잃도록 했다. 예를 들어, 농촌 개혁의 성과로 "상품 식량"이 도시 주민의 특권에서 사라진 것이 바로 명백한 증거이다.

분명한 것은 농민 문제가 몇 년 안에 해결될 수 있는 것이 아니고, 비교적 긴 역사적 과정이 필요하다는 것이다. 농민 문제는 농민을 대상으로 해결할 수 있는 것은 아니다. 또한 농촌 범위와 농업 범위 안에서 해결 할 수 있는 것도 아니고, 중국의 현대화 발전과정과 밀접한 관계가 있다.

농민 문제를 언급하자면 반드시 전체적인 것에 대한 관념과 역사적 관념이 있어야 하며, 더욱이 현대화의 사유가 필요하다. 그렇지 않으면, 농민 문제를 강조하고, "농업을 중시(重農)"하면 할수록, 농민을 더욱 곤경으로 밀어 넣게 될 것이다.

제8장

도농 과도계층—농민공(農民工)

농민공은 독립적인 특징을 가진 사회집단이지만, 아직은 독립적인 사회계층이라고 할수는 없다. 그들은 촌민에서 시민으로, 농민에서 노동자로 넘어가는 과도 계층이다.

개혁 개방 이래로, 농민공이 부단히 증가했다. 국무원 연구실 과제조에 따르면, 2004년 도시에 가서 일하는 농민과 향진 기업에서 일하는 농민이 2억 명으로, 그중 도시에서 일하는 농민이 1억 2,000만 명이라고 했다.[*] 농민공의 규모는 계속 확대되어, 2000년에서 2005년까지, 매년 600만~800만 명 증가했으나, 그 이후 성장률이 매년 둔화되었다. 국가통계국의 최신 조사에서는 2008년 말, 전국에서 6개월 이상 일용직 근로를 하는 농민공이 2억 2,500만 명이고, 그중 향진을 뛰어넘어 옮겨 다니는 농민공이 1억 4,000만 명이라고 했다.[**]

오늘날, 많은 직종에서 농민공이 주력이 되었다. 건축업에서 농민공이 종사자의 82.7%를 차지했고, 정원 환경위생 노동자의 80%가 농민공이다. 주강 삼각주·장강 삼각주의 요식 서비스업 종사자 중에서 70~90%가 농민공이다.[***] 또 제5차 전국인구조사 통계에 따르면, 전국에서 2차 산업 종사자 중에서 농민공이 57.6%를 차지했고, 그중 가공 제조업이 68%, 건축업이 80%를 차지했다고 한다. 전국 3차 산업 종사자 중에서는 농민공이 52%를 차지했고, 도시건축·환경보호·가사 관리·요식 서비스업 종사자의 90%가 모두 농민공이다.

농민공은 방대한 사회집단이면서, 또한 공통적이면서도 다른 계층과는 다른 특수한 이익을 갖고 있는 집단으로, 중국의 경제와 사회에 거대하고 깊은 영향을 주고 있다. 그들이 공정한 사회적 지위를 얻을 수 있을 것인지의 여부와 그들의 권익이 보장을 받을 수 있을 것인지는 조화로운 사회를 만드는 데 중요한 조건이다.

[*] 국무원 연구실 과제조, 『중국 농민공 조사보고』, 중국언실출판사, 2006, 〈서언(序言)〉, 2쪽.
[**] 차이팡(蔡昉), 「어떻게 도시화를 깊이 있게 할 것인가」, 『재경』, 2010년 제10기, 32쪽.
[***] 건설부 조사조, 「농민공이 도시건설에 대해 제기한 새로운 요구(農民工對城市建設提出的新要求)」.

농민공 집단의 출현

 농민이 대량으로 농업과 농촌에서 비농업과 도시로 옮겨 간 것은, 한 국가가 농업사회에서 공업 사회로, 전통사회에서 현대사회로 전환하는 데 필연적인 현상이다. 중국 사회가 바로 이러한 변화 속에 있으며, 이것은 중국 농민공이 출현하게 된 역사적 배경이다. 다시 말해서, 20세기 말 20년부터 21세기 초 20년까지의 근 반세기 동안, 중국의 2억이 넘는 인구는 농촌에서 도시로 이동했다. 이것은 중국이 현대화하는 데 필연적으로 거쳐야 하는 역사적 과정을 실현한 것이다. 구체적으로 말해 중국 농민공 집단이 생겨난 것에는 세 가지 원인이 있다. 첫째, 농촌 노동력의 대량 과잉이고, 둘째, 도농 경제 격차와 지역 경제 격차의 확대이며, 셋째, 농민이 자유롭게 이동할 수 있는 조건이 생겼기 때문이다.

 전 세계 평균 농업 노동 생산율에 따라 중국 농경지에서 필요한 노동력과 실제로 존재하는 노동력을 계산하면, 농촌 잉여 노동력이 2억 5,700만 명이나 된다. 대량의 농촌 잉여 노동력은 끊임없는 이동을 통해 그들의 사실상의 실업적 지위에서 벗어나, 중국의 거대한 유동 인구 집단을 형성했다. 그 주력은 장강 중상류 지역의 10여 개 성으로부터 왔는데, 그 이유는 이 지방이 땅은 적고 사람이 많으며, 경제도 낙후되었기 때문이다.

도농 간 경제 격차는 농민공 계층이 출현하게 된 두 번째 원인이다. 계획 경제 시대에는 도농 간 격차가 매우 컸었고, 개혁 개방 이래, 도농 간 격차는 여전히 확대되었다. 도농 간 격차 이외에도, 동남부 연안과 내륙의 경제 격차 확대도 내륙 농민공이 주강 삼각주와 장강 삼각주로 흘러 들어가도록 했다. 이 점에 대해서는 이미 제4장에서 따로 분석했다.

도시와 농촌을 갈라놓았던 "철제 울타리"가 느슨해진 것이, 유동 인구가 생겨난 세 번째 조건이다. 계획경제 시대에도 도농 간 격차가 매우 컸었지만, 농민은 농촌을 떠나 도시로 들어갈 수가 없었다. 그 당시 절대 다수의 중국 농민은 평생 동안 활동 반경이 100km를 넘지 않았다. 인민공사의 해체는, 농민이 제도에서 벗어날 수 있도록 해주었다. 결핍 경제(shortage economy)의 소멸과 배급표 제도의 폐지는 유동 인구에게 생활 담보를 제공했다. 뒤따라서 온 것이 호적제도라는 "철제 울타리"가 완화되어, 오랫동안 도시문명을 갈망하던 농민이 물밀듯이 도시로 몰려 들어가도록 했다.

앞에서 서술한 세 가지 조건 이외에도, 농민이 외지로 나가 일하도록 한 또 다른 원인은 적지 않은 곳에서 농사를 지어서는 수입을 얻지 못할 뿐만 아니라, 때로는 손해를 보기도 했기 때문이다. 후베이 성 젠리(監利) 현 치판(棋盤) 향을 예로 들면, 2000년에 농사를 맡아서 지을 사람이 없어 농사를 포기한 비옥한 토지가 42만 9,809무로, 전체 경지 면적의 90.5%를 차지했다. 농사를 포기한 것은 노동력이 대량으로 밖으로 빠져나간 것과 관련이 있었다. 그렇다면 왜 농민이 농사를 짓지 않고 외지로 나가서 일을 하는 것일까? 세금 부담이 너무 무겁고, 곡물가격 또한 낮아서, 농사지어서 번 소득으로 각종 세금과 비용을 지불하는 데 부족했기 때문이다. 농사 전문가 리카이밍(李开明)은 1999년 18.3무의 땅에 농사를 지어, 1만 8,000근의 곡식을 수확했으며, 1근에 0.35위안에 팔아서, 6,300위안의 소득을 얻었다. 화학비료와 농약·종자 등 원가 2,928위안을 지불하고, 3,385위안의 세금과 비용을 내어, 모두 6,313위안을 지출했다. 1년을 고생해도 여전히 손해를 보게 된다. 하물며 농사 전문가도 이런 상황인데, 다른 농민들의 손해는 더욱 컸다. 농민이 얼마의 세금과 비용을 내느냐는 논밭에 할당되는 것으로, 토지가 수익을 가져오지 못할 뿐만 아니라, 오히려 부담을 가져와서 토지를 버리고 외지로 도망가는 것도 매우 자연스러운 것이었다.[1] 2003년 이후, 농업세를 없애고 각종 비용에 대해 제한하는 것이 생겼지만, 그러나 외지로 나가서 일하는 것과 비교하면 농지의 비교 이익은 현저히 낮았다.

농민공은 농촌에서 도시로 갔을 뿐만 아니라, 또한 미개발 지역에서 경제 개발지역으로 흘러들어갔다. 그중에 광둥 성으로 유입된 농민공이 가장 많았다. 광둥 성 공안국이 필자에게 소개한 바에 따르면, 1994년, 광둥 성 외지 노동력은 1,200여만 명으로, 그중 성 내에서 현 사이에 이동한 것이 600여만 명이고, 다른 성에서 660여만 명이 유입되었다. 2004년 광둥 성에서 현 지역으로부터 이동해서 반년 이상 일한 농민공이 2,200만 명이고, 그중 다른 성에서 온 사람이 1,600만 명이었다. 만약 거기에 반년 이하로 일한 사람을 포함시키면 2,000만 명이나 된다.[2] 광둥 성 정치협상회의 특별주제 조사연구팀의 연구보고서에 따르면, 광둥 성 외지 유입 노동자 자녀는 매년 27만에서 30만 명으로 증가하고 있으며, 총수와 증가폭이 모두 전국 수위를 차지하는 것으로 나타났다. 광둥 성 성장(省長) 황화화(黃華華)는 양회(兩會)에서, 둥관 한 개 도시만 하더라도 매년 5만 명의 외지 노동자 자녀의 진학 문제를 해결해야 하고, 재정 부분에서 15억 위안을 투입

---

1 리창핑(李昌平), 『나는 총리에게 진실을 말한다』, 광명일보출판사, 3쪽, 62쪽.
2 국무원 연구실 과제조, 『중국 농민공 조사보고』, 중국언실출판사(中國言實出版社), 2006, 432쪽.

해야 한다고 발표했다. 그 밖에도, 광둥은 매년 60여만의 농민공이 도시에서 영구적으로 거주할 수 있는 주거 문제를 해결해야 한다. 일용직 인구의 수가 이미 현지 상주인구의 6분의 1에서 5분의 1로, 현지 상주 취업인구의 3분의 1에 상당한다. 경제가 발달한 주강 삼각주에서는 농민공의 비율이 이미 현지 노동력과 같아졌거나 심지어는 초과했다.

대량의 청년 농민이 고향을 떠나는 것은 경제적인 이유를 제외하고도, 또 바깥세상을 경험하고, 새로운 출로를 찾기 위해서이다. 농민이 농촌에서 도시로 가는 것은 그들이 새로운 사회적 위치와 사회적 지위를 획득하는 중요한 수단이다.

노동력 과잉, 도농 간 격차 확대, 농사 수지 적자, 새로운 생활에 대한 유혹은 대량의 농촌 노동력을 도시로 몰리도록 했다. "농민공의 도시 유입 현상"은 개혁에 있어서 농민의 또 하나의 자발적인 창조이다. 마치 향진기업이나 "농가 세대별 생산책임제"처럼 "농민공의 도시 유입 현상" 역시 정부 관리들이 당초 예상하지 못한 것이었다. 그러나 이러한 창조는 소수의 선지자가 설계한 것이 아니다. 무수한 농민의 이익에 대한 스스로의 체험이자, 객관적인 형세에 대한 자각적인 반영이며, 생존 상태에 대한 본능적인 선택이었다. "농가 세대별 생산책임제"와 마찬가지로, 일단 많은 농민들이 몸소 체험하는 가운데 본능적으로 선택하게 되면, 이러한 선택은 가로 막을 수 없게 된다. 농민의 이러한 선택의 발전은 중국 농민의 문제를 해결하는 데 중요한 출로가 될 것이며, 장차 중국 도시화를 위해 중국 자신의 길을 개척해 나갈 것이다.

매년 설날이 막 지나고, 수천만에 달하는 농민들은 친척이나 친구를 찾아볼 겨를도 없으며, 또한 집에서 정월 대보름을 즐겁게 보내지도 못한다. 간단한 짐을 꾸려서, 친지들에게 인사하고는 서둘러 도시로 모여든다.

1993년 설날 이후, 각 신문에서는 큰 기차역에 사람들이 몰려 북새통을 이루고 있다고 잇달아 보도했다.

신화사 충칭 1993년 2월 x일 보도: 음력 정월 초하루부터 초아흐레까지, 충칭 기차역 일일 수송 여객은 8,000명에서 3만 5,000명으로 급증했고, 아직도 충칭에 체류하고 있는 여행객이 3만 2,000명이나 있다. 역장은 기자에게 올해 설 운송 기간에 충칭 역을 떠난 "쓰촨 출신 노무자(川軍)"가 100만여 명에 달한다고 했다.

신화사 상하이 보도: 안후이(安徽)·장쑤(江蘇)·장시(江西) 등지의 농촌 출신 노동자가 파도처럼 상하이 푸둥(浦東)으로 몰려든다. 연일 상하이 철도국 관내 승객 수가 폭증하여, 벙부(蚌埠)·난징(南京)·난창(南昌)·상하이 등 주요 기차역 및 진푸(津浦)·후닝(沪寧)·저간(浙赣)·잉샤(鷹厦) 등 주요 간선이 잇달아 위급상황을 알렸다. 기차역이 감당하지 못할 정도로 붐벼서, 상하이 역의 팔뚝 굵기만 한 철제 난간이 사람들이 밀고 당겨서 여섯 가닥이나 끊어졌다.

정월 초하루부터 12일까지 광저우로 가는 사람이 120만 명 이상에 달했으며, 베이징–광저우 노선의 열차 운행도가 온통 뒤죽박죽이 되었다.

정월 초아흐레, 5만 명의 승객들이 청두에 머무르고 있는데, 이들은 모두 광둥·베이징·상하이·신장(新疆) 등지로 일자리를 찾아가는 농민들이다.

정월 초하루에서 초아흐레까지, 우창(武昌) 역의 여객 수송량이 11만을 넘어서, 사상 최고 수준을 돌파했다.

여기에 보도된 것은 덩샤오핑이 남방을 시찰한 후 첫 번째 춘절의 모습이다. 그 해에, 전국적으로 농민공의 전체 숫자가 6,300만 명으로 증가했다. 춘절 후의 "민궁차오(民工潮: 농촌 출신 노동자가 넘쳐나는 현상)"가 몇 년 전에 비해 더 많아졌다. 그러나 이처럼 붐비는 상황은 해마다 있었던 일이다. 1995년, 필자는 후난(湖南)으로 취재를 간 적이 있다. 렁수이장(冷水江) 역에서 기차 객실안이 너무 붐벼서, 승강구에서 객실로 들어갈 수가 없었기 때문에, 기차에 타려는 사람들을 열차 창문 밑에서 엉덩이를 받쳐서 객실로 들어가도록 밀어주면, 30위안의 사례금을 받을 수 있다는 것을 알게 되었다.

21세기에 들어서, 농촌 인구의 도시 유입 현상은 여전히 활발했다. 2002년 2월 17일(정월 초엿새), 신화사 저우성원(鄒聲文) 기자는 농민공과 함께 충칭 기차역부터 베이징 서역(西站)까지 4,000리를 기차로 여행하면서 절절히 감동적인 글을 썼다.

충칭은 쓰촨 동부 출신 농촌 노동자가 쓰촨을 빠져나가는 첫 번째 역이다. 2월 17일, 표를 사기 위해 기다리는 농촌 출신 노동자가 기차역 앞 광장을 가득 매우고 있다.

슝젠민(熊建民)·슝젠핑(熊建平) 형제는 손으로 짠 울룩불룩한 자루 세 개를 들고, 베이징으로 일하러 가기 위해 대합실에서 T10번 열차를 기다리고 있다.

당일 아침 6시에 그들은 고향인 린수이(鄰水)에서 충칭으로 가는 시외버스를 탔다. 린수이는 쓰촨 광안(廣安)에 속하고, 전체 현의 인구 93만 중에서 80여만 명이 농민으로, 17만 명은 1년 내내 외지로 나가 일한다.

젠민은 겨우 스물세 살이지만, 벌써 광둥·푸젠·상하이로 가서 일한 적이 있다. 작년 하반기부터 줄곧 베이징 퉁저우(通州)의 한 건축공사 현장에서 철근 묶는 일을 했었다.

남동생 젠핑은 열여섯 살로, 작년 7월 초에 중학교를 졸업하고, 줄곧 집에만 있었다. 가정 형편상 그를 고등학교에 보내기는 어려움이 있었다. 집에는 땅이 많지 않아서, 그가 농사를 지을 필요는 없었기 때문에, 반년 동안 아무 일도 하지 않았다. 그래서 집에서는 젠핑에게 형을 따라 베이징에 가서 일하도록 결정했다.

정월 초닷새에, 온 가족이 그 두 사람을 현 정부 소재지까지 배웅했다. 어머니는 가는 길 내내 신신당부를 했고, 아버지는 짐을 들고서 아무 말도 하지 않았다. 베이징이 매우 춥다는 말을 들어서, 그의 부모는 젠핑에게 여덟 근짜리 무거운 솜이불을 가져가도록 했다.

열차가 매우 혼잡해서, 젠민은 통로에다 짐을 놓아두었다. 수시로 사람들이 두 형제의 몸을 밀치곤 했다. 젠핑이 최대한 안으로 기대자, 옆에 앉아 있는 사람이 다시 힘껏 바깥으로 그를 밀쳤다. 젠민은 아무렇지 않은 듯이, "몇 년 전에 광둥 갈 때 기차에서는 화장실도 갈 수 없었다"라고 말했다.

기차가 출발하자, 젠민은 그가 막노동했던 경험을 말하기 시작했다. "일용직 근로자들은 월급 못 받는 것이 제일 두려워요. 재작년에 광둥에 가서 일하면서, 연말이 되었는데도, 사장이 돈을 안 주는 겁니다. 결국에는 수십 명이 함께 찾아갔지만 소용이 없었어요. 저희도 방법이 없었죠. 사장이 일용직 근로자들을 손보려면, 자기가 하고 싶은 대로 할 수 있는 것 아닙니까?"

젠민은 오른손 식지가 한마디 없었다. 작년에 상하이의 한 플라스틱 공장에서 일할 때 기계에 잘려 나갔기 때문이다. "우리 아버지가 소식을 듣고는, 제 정신이 아니었어요. 제가 젊은 나이에 불구가 될까 봐 걱정하셨죠. 일용직 근로자들은 산업 재해를 당할까 늘 걱정해요."

철근을 묶는 일은 중노동이라서, 젠민은 젠핑이 그 일을 감당할 수 있을지 걱정이 되어, 베이징에 도착하면 다른 일자리를 소개해 줄 생각이다. "만약 그게 안 되면, 어쩔 수 없이 우리 두 형제가 함께 근무하면서, 서로 잘 돌봐줘야겠죠."

20세기 말 이래로, 중국의 중·서부 농촌에서 노동력 있는 가정은 거의 대부분 한 명씩 외지로 나가 일을 했다. 일용직은 농민 가정의 중요한 생존 수단이다. 따라서 외지로 나가 일하는 사람이 없는 가정은 생활이 매우 곤란했다.

농민공의 기본상황

중국인민은행이 2,654명의 농민공을 대상으로 표본 조사한 바에 따르면, 남성이 73.7%를 차지하고, 그 비율이 2005년에 비해 1.5% 높아졌다고 한다. 연령대는 18~50세가 93.7%를 차지하여, 2005년에 비해 1.4% 떨어졌다. 성별 구성을 보면, 연령이 높아짐에 따라, 남성이 농민공 중에서 차지하는 비율이 현저히 높아졌다. 구분해서 보자면, 18세 이하가 39.7%를 차지하고, 18~30세가 66.1%, 31~50세가 84.3%, 50세 이상이 92.5%를 차지했다.[3] 국무원 연구실 과제조 조사를 보면, 2004년의 농민공 중에서 중학생 학력 수준이 66%를 차지했고, 각종 기능훈련을 받은 적이 있는 사람이 24%를 차지한 것으로 나타났다.[4] 최근 몇 년 동안 농민공의 전체 학력 수준이 높아졌지만, 여전히 중학교 이하의 학력이 대부분이다. 조사 대상인 농민공의 학력 수준이 고등학교와 그 이상 학력의 사람이 24.5%를 차지하여, 지난해에 비해 3.9% 높아졌다. 중학교와 그 이하 학력의 비율이 가장 높아서, 75.5%를 차지했다.[5] 농민공이 훈련을 받은 보급률이 여전히 다소 낮은 편이지만, 전년에 비해 제고되었다. 조사에서는 현지 정부 혹은 고용기관의 훈련을 받은 비율은 17.7%이고, 자비로 훈련에 참가한 것이 25.7%이지만, 조사에서 여전히 56.5%의 외지로 나간 농민공들은 훈련을 받은 적이 없거나 파악이 되지 않는 것으로 나타났다. 농민공의 취업은 여전히 주로 친척이나 친구가 소개한 것이 68.65%를 차지했고, 정부나 노동부서 조직이 노동력을 공급한 것이 7.91%, 고용기관이 직접 채

---

3 중국인민은행 조사통계사 과제조, 「농민공 노동력 가격수준 모니터링 보고」, 「중국금융」, 2008년 제3기.
4 국무원 연구실 과제조, 『중국 농민공 조사보고』, 432쪽.
5 중국인민은행 조사통계사 과제조, 「농민공 노동력 가격수준 모니터링 보고」, 앞의 책.

용한 것이 9.42%를 차지했다.[6]

농민공의 취업은 여전히 장강 삼각주와 주강 삼각주 등 연안지역이 대부분으로, 각각 31.9%와 28.2%를 차지했다. 농민공이 환발해(環渤海) 지역에서 취업하는 비율이 여전히 높지 않아서, 겨우 7.3%에 불과했다. 2005년·2006년 2년 동안 조사 결과를 비교해 보면, 서부지역 성내 취업이 현저히 증가하는 추세를 보여, 전년에 비해 8.1% 증가했고, 주강 삼각주 지역과 장강 삼각주 지역은 모두 정도의 차이를 보이며 내려갔다. 농민공의 취업은 집체 혹은 사영기업을 위주로 하며, 또한 비율이 상승하고 있다. 조사 결과, 농민공이 있는 기업의 성격이 집체 혹은 사영인 경우가 75.9%를 차지하며, 전년에 비해 3.4% 증가했다.[7]

국무원 연구실 과제조 조사에 따르면, 2004년의 농민공 취업 현황은 제조업이 30.3%, 건축업이 22.9%, 사회 서비스업이 10.4%, 숙박 요식업이 6.7%, 도소매업이 4.6%를 차지했다. 동부로 가서 일하는 경우에는 제조업 분야에 근무하는 비율이 비교적 커서, 37.9%에 달했다.[8]

외지로 나가 일하는 농민은 농경지를 반환하지 않고, 대부분의 사람들이 가족을 데리고 가지도 않았다. 그들은 밖으로 나가 일하는 것이 목적으로, 돈을 벌면 집으로 송금했다. 그들은 돌아갈 집이 있었다. 그래서 중국 농촌 인구의 도시 유입 현상은 서방의 몇몇 국가의 공업화 시기("양이 사람을 잡아먹는" 시대)에 토지를 잃어버린 농촌의 "난민 유민 현상(難民潮)"은 아니었다.

농민공의 직종 분포는 도시의 각 업종에 분포하고 있다. 예를 들면 건축·하역·운수·환경미화·가정 보모 및 요식·소매·방직·의류·금속·야금·화학공업 등 소기업이다. 그러나 업종에 관계없이 그들이 하는 일은 모

---

6 위의 책.

7 위의 책.

8 국무원 연구실 과제조, 『중국 농민공 조사보고』, 5쪽.

두 가장 고생스럽고, 가장 힘들고, 가장 더럽고, 가장 위험한 일이다. 한 보고서에서 농민공이 도시 90% 이상의 과중한 육체노동을 부담한다고 지적했다. 『발전도보(發展導報)』가 2001년에 실시한 설문조사에서 다음과 같은 결과가 나왔다. 매주 5일을 일하는 사람이 8.4%, 6일 일하는 사람이 18.1%, 7일 일하는 사람이 73.5%를 차지했다. 매일 8시간 일하는 사람이 55.5%를 차지했고, 9~12시간 일하는 사람이 35.3%를 차지했으며, 13시간 이상 일하는 사람이 9.2%를 차지했다. 최신 조사 결과는 매주 업무시간이 60시간 이하의 사람이 63.6%를 차지해, 전년보다 2.9% 높아졌지만, 그중 매주 업무 시간이 40시간 또는 그 이하의 사람이 겨우 7.3%를 차지했다.[9]

1990년대, 다른 성에서 농민공이 대량으로 유입된 경제 발달 지역은 일자리 찾기가 쉽지 않았다. 1993년, 광둥 포산(佛山)으로 들어온 농민 출신 노동자 중에서 할 일이 없거나 적절하지 않은 직업을 찾는 사람이 10만 명에 달했으며, 포산 시내 지역에만 만여 명이 있었다.[10] 1990년대 중기부터 후기까지는 경기가 침체되어 일자리 찾기가 더욱 곤란했다. 최신 조사에서는 65.3%의 농민공이 일자리를 찾기가 보통이거나 비교적 쉽다고 응답했으며, 34.7%의 농민공은 일자리 찾기가 비교적 어렵거나 매우 곤란하다고 응답했다. 그중 4.4%의 농민공은 외지로 나가 일자리 찾기가 매우 어렵다고 응답했다. 연령 구조로 보면, 50세 이상의 농민공의 취업은 상대적으로 어려워서, 일자리 찾기가 비교적 곤란하거나 매우 곤란하다고 생각하는 비율은 48.8%에 달했다. 50세 이하의 농민공의 취업은 상대적으로 쉬워서, 일자리 찾기가 비교적 곤란하거나 매우 곤란하다고 생각하는 비율은 34.2%였다. 외지로 나가 일자리를 찾는데 어려움이 있는 농민공 중에서, 일하기 곤란하다고 생각하는 주요 원인이 학력이 비교적 낮아서(34.9%)와

---

9 중국인민은행 조사통계사 과제조, 「농민공 노동력 가격수준 모니터링 보고」, 앞의 책.

10 양하이판(楊海盤), 「외래노동력 유동 상황분석과 대책」, 『포산 연구(佛山研究)』, 1994년 제5기.

기술이 부족하기 때문이라고 생각했으며(34.3%), 나이가 너무 많기 때문인 것과 사회적 네트워크가 없기 때문이라고 생각한 것이 11.4%와 12.3%였다.[11] 주강 삼각주와 푸젠 성 동남부·저장 성 동남부 등은 가공 제조업이 밀집된 지역으로 2004년부터 노동력이 부족하기 시작했다. 노동력 부족이 심각한 곳은 주로 "위탁가공·녹다운(knockdown) 수출·견본 제품 가공·보상무역(三來一補)"에 종사하는 노동 밀집형 기업으로, 제혁·완구 제조·전자 조립·플라스틱 제품 가공 등 업종이다. 노동사회보장부가 2004년 9월 말에 공포한 〈농민공 부족에 관한 조사보고서(關於農民工短缺的調查報告)〉에 임금 대우가 장기간 오르락내리락하고, 노동권익이 제대로 보장되어 있지 않으며, 기업의 고용 속도가 확장되고, 경제성장 모델이 변혁에 직면하는 등 여러 가지 원인이 일부 지역에 농민공의 부족을 초래했다고 밝히고 있다.[12] 2009년 "농민공 부족" 현상은 더욱 심각했다. 학계에서는 "농민공 부족"의 원인에 대해 다른 견해를 내놓았다. 첫째, 농민공에 대한 낮은 대우와 불안정 때문이고, 둘째, 최근 몇 년간 농민의 부담 감소·노동 강도 하락·소득 제고로 외지로 나가려고 하지 않았기 때문이며, 셋째, 이미 상당한 비율의 농촌 노동력이 이미 외지로 옮겨 가 노동력 자원이 감소했기 때문이다. 또 일부 학자들은 "농민공의 부족"은 "거짓 문제"라고 주장했다. 즉 실제로 존재하는 문제가 아니라는 것이다. 중국 농촌에는 이동이 필요한 2억 명의 노동력이 있고, 도시 안에 그렇게 많은 취업이 필요한 노동자가 있는데, "농민공 부족" 현상이 나타날 리가 없다는 것이다.

도시로 간 농민공은 직업분화를 거쳐, 실제로는 이미 세 개의 다른 계층으로 나누어졌다. 극소수는 상당한 생산수단을 점유하고, 아울러 다른 사

---

11 중국인민은행 조사통계사 과제조, 「농민공 노동력 가격수준 모니터링 보고」, 앞의 책.
12 「중국 농민 출신 노동자의 결핍 조사보고 발표: 네 가지 원인이 농민 출신 노동자의 결핍을 초래한다」, 「중국청년보」, 2004년 9월 9일.

람을 고용하는 업주가 되었고, 비교적 적은 수는 소량의 생산수단을 점유하고서 자신을 고용한 자영 상업자가 되었다. 가장 많은 것은 완전히 노동력을 파는 노동자이다. 이 계층의 분화는, 일부는 도시에 들어온 이후에 생겼고, 일부는 도시에 들어오기 전에 선행조건이 있었다. 예를 들면 건축 도급업자는 농촌에 있을 때의 사회적 신분이 일반 농민보다 높았다. 그는 한 무리의 농민들을 데리고 도시로 가서, 도시에서 만들어놓은 사회적 연줄을 이용하여 공사를 하청 받았으며, 이윤을 분배하는 과정에서 도급업자의 소득은 일반적으로 농민공보다 훨씬 더 많았다. 요식업에 종사하는 것도 농민공이 업주로 발전하는 하나의 방법이다. 일정한 자금을 모아서 상가를 임대하게 되면, 그는 가게 주인이 되고, 일부 일용직 노동자를 고용하게 된다.

신세대 농민공

농민공 집단에서 25세 이하의 사람이 차지하는 비율이 갈수록 커진다. 사회학자 리페이린(李培林)의 조사 결과에는 18~24세의 농민공이 2006년에 14.6%를 차지했지만, 2008년에는 37.7%를 차지했다고 한다.[13]

초기에 도시로 간 농민공과 비교하면, 신세대 농민공은 이미 새로운 면모를 갖고 있다. 10여 년 전, 그들은 손으로 짠 배낭을 메고 도시로 갔지만, 신세대 농민공은 여행용 가방을 끌고 도시로 간다. 10여 년 전, 그들은 수백 위안의 월급에 매우 만족했지만, 신세대 농민공은 1,000여 위안의 일에도 크게 흥미를 느끼지 못한다. 10여 년 전, 농민공은 임금의 대부분을

---

[13] 리페이린(李培林)·리웨이(李炜), 「최근 몇 년간 농민공의 경제 상황과 사회태도」, 『중국사회과학』, 2010년 제1기.

고향으로 보냈지만, 신세대 농민공은 단지 일부분만 고향으로 보내준다.

중국런민대학은 2010년 동계방학 동안 116명의 학생을 조직하여, 방학 때 고향으로 돌아가 설문조사와 심층 인터뷰 방식으로, 전국 28개 성·자치구·직할시의 1,595명의 신세대 농민공을 조사했다. 이들 농민공은 최대 1980년생부터 최소 1996년생으로, 평균 연령이 23세였다.

이 조사에서는[14] 최근 3개월 농민공의 월평균 소득이 1,728위안에 달하며, 연간 총소득은 대략 2만 736위안으로, 1년 전과 비교해서 확실히 증가되었음이 드러났다. 그러나 그들이 고향으로 송금하는(가지고 돌아가는) 돈은 1인당 평균 5,779위안으로, 겨우 연소득의 27.9%를 차지했다. 신세대 농민공의 소비 관념과 가치관은 이미 매우 큰 변화가 생겼다. 그들의 지출은 이전에 비해 다원화되었다. 가정에 의무를 다하는 것 이외에 도시생활의 소비에 더 많이 사용하려고 했다. 도시생활을 즐기는 것 또한 그들이 추구하는 바가 되었다. 초기 농민공은 소득의 고저로 일을 선택했지만, 신세대 농민공은 직업을 선택할 때 소득과 자신의 장점을 발휘할 수 있는 곳, 즉 업무 환경을 중시한다.

아버지 세대와 비교하면, 신세대 농민공은 가족에 대한 걱정을 덜 한다. 비록 60.1%의 신세대 농민공이 이미 농사를 짓지 못한다고 말했지만, 그러나 상당히 많은 세대는 여전히 토지를 도급 맡고 있다. 그중 가장 많은 사람은 100무를 도급 맡고 있으며, 1인당 평균 4.7무의 땅을 도급 맡고 있다. 가정소득에서 조사 대상 신세대 농민공의 2009년 가정 평균소득은 3만 4,050위안으로, 가장 많은 가정은 50만 위안에 달했다.

신세대 농민공의 눈에 "도시인"의 표준은 "안정적인 일을 갖고 있는 것"과 "도시 안에 집을 소유하고 있는 것", "도시호구를 갖고 있는 것"이다.

---

14 황충(黃沖)·리타오(李濤), 「조사 결과는 신세대 농민공이 저소득 일에 흥미가 없다고 말한다」, 『중국청년보』, 2010년 4월 6일.

"농민공이 도시 사람이 될 수 있을까"라는 질문에 50.7%의 농민공은 "완전히 가능하다"라고 대답했고, 다른 37%의 농민공은 "가능성이 있다"고 했다. "자기 신분에 대한 평가"를 묻자, 41.7%의 조사 대상자는 자신이 "도시 사람이 아니다"라고 대답했으며, 28%의 조사 대상자는 "잘 모르겠다"고 했다. 단지 7.1%의 조사 대상자만이 자신이 "도시 사람이다"라고 대답했다. 또한 조사에서는 농민공이 비록 이미 도시생활에 습관이 되었지만, 이따금 심리적으로 동의하지 않고 각종 차별을 받을 수도 있다는 것을 발견할 수 있었다. 70%의 신세대 농민공은 자신이 "도시에 살고 있는 주민의 지위와 차이가 있다"라고 생각했다.

궁유즈자(工友之家)의 총간사이자 신궁런예술단(新工人藝術團) 단장인 쑨헝(孫恒)**15**은 "농민공"이라는 단어는 본래 신분의 불평등을 의미한다고 보았다. 그리고 "나는 이 단어가 언젠가는 없어질 것이며, 우리는 마땅히 신주민(新居民)·신시민(新市民)·신궁런(新工人)이라고 부르는 것이 더욱 적합하다고 본다"고 했다. 최근에 등장한 농민공 정책에 대해 쑨헝과 그 주변의 노동자들은 모두 잘 알고 있었고, 또한 농민공이 진정한 도시인으로 바뀔 수 있는 희망이 있다고 느꼈다. 그는 "우리가 당장에 모든 것을 해결하라고 요구하지는 않는다. 그렇지만 어느정도 한 가지씩 계획을 내놓으며 점진적으로 해결해 나가야 하지 않겠습니까? 모두에게 어느 정도 희망을 줘야 소속감을 느낄 수 있습니다"라고 했다.

---

15 쑨헝(孫恒): 1975년 산시(陝西) 안캉(安康)에서 태어났으며, 1998년 베이징에 와서 일을 했다. 짐꾼과 외판원·길거리 가수·외지 노동자 자녀학교(打工子弟學校) 음악교사 등의 일을 한 적이 있다. 2002년 5월 1일, 전국에서 처음으로 외지 노동자 아마추어 문예단체인 〈다궁칭녠예술단(打工靑年藝術團)〉을 창설하여, 노랫소리로 고함치고, 법률로 권익을 옹호하며, 꾸준하게 노동자를 위해 100여 차례의 공연을 했다. 2002년 11월 공익기관인 "궁유즈자(工友之家)"를 창설했으며, 자원봉사자를 조직하여 외지 노동자 집단을 위한 각종 문화교육과 양성의 공익활동을 펼쳤다. 2004년 9월, 다궁칭녠이수퇀출판사가 첫 앨범인 〈천하의 외지 노동자는 한 가족이다〉를 발표하여, 처음으로 문예의 방식으로 외지 노동자 집단을 대표하여 자신의 목소리를 내었고, 사회 각계의 호평을 얻었다.

"도시에 남을 것인지 아니면 고향으로 돌아갈 것인지"에 대한 질문에는, "그때그때 사정을 봐서 결정한다"라고 선택한 사람이 38.2%이고, "장기간 도시에 거주하기를 희망한다"와 "도시 호구를 취득하여 도시 주민이 된다"를 선택한 사람이 모두 27.5%를 차지했다. 그리고 "충분히 돈을 벌면 고향으로 돌아간다"와 "최대한 빨리 고향으로 돌아간다"를 선택한 사람이 모두 23.2%를 차지했다. 앞으로 주택에 대한 의향을 묻는 질문에는 "고향으로 돌아가 집을 짓는다"와 "고향의 성진으로 돌아가 집을 산다", "대도시에서 돈을 모아 집을 산다"라고 선택한 사람이 대략 각각 3분의 1을 차지했다. "도시 사람과 결혼할 생각을 해본 적이 있느냐"는 질문에 48.9%의 신세대 농민공이 생각해 본 적이 없다고 했고, 겨우 28.2%의 사람만이 생각해 본 적이 있다고 했다. 또 22.8%의 농민공은 "잘 모르겠다"고 대답했다. 실제로 신세대 농민공이 농촌으로 다시 돌아가 농사를 짓는 것은 불가능하다. 그들은 중학교를 졸업하고서, 농사를 지어본 적이 없고, 또 지을 줄도 모른다. 농촌 인구가 증가하기 때문에, 그들이 농사지을 땅도 없다. 전체적으로 말하자면, 그들이 고향을 떠나 도시로 들어온 것은 곧 돌아갈 수 없는 강을 건넜다는 의미이다.

　2010년 초, 신세대 농민공이 대략 1억 명으로,[16] 1990년 이후 출생한 농민공 대부분은 외동아이다. 그들은 농촌에 대해 아버지 세대와 같은 애틋함이 없다. 신세대 농민공은 구세대의 농민공과는 달리 정신적으로 요구하는 바가 있다. 그들은 도시에 대한 이상을 품고 있으며, 또한 쉽게 이룰 수 없는 도시 주민의 현실과 마주하고 있다. 이상과 현실의 충돌은 그들을 고통스럽고 방황하게 만들었다. 그들은 농촌 사람의 시각으로 도시를 바라보면서도, 또한 도시인의 시각으로 농촌을 본다. 그들은 심리적으로 갈

---

16 중앙재경영도소조 판공실 부주임 탕런젠(唐仁健) 대담.

피를 잡지 못하면서 갈등하고 있다. 그들의 심리적 인내력은 구세대 농민보다 떨어진다. 구세대 농민들처럼 그렇게 차별이나 배척을 견딜 수가 없다. 만약 도시가 그들을 받아들이지 않으면, 그들은 도시의 부조화 요소가 될 것이다. 신세대 농민공에 대해, 성진은 효과적인 조치를 취해 서서히 그들을 받아들여야 하며, 도시의 건설자가 되도록 해야 할 것이다. 이와 반대로, 만약 그들을 거절하거나 배척하면 매우 큰 사회적 문제를 불러일으킬 수 있다. 중국 청소년연구센터의 조사에 따르면, 중국 일부 대도시에서 신세대 농민공의 범죄율이 상승 추세를 보이는 것으로 나타났다. 범죄를 저지른 신세대 농민공 중에서, 74.7%가 범죄 전에 고정된 일이 없거나 안정된 소득이 없었다. 68.4%의 응답자는 범죄가 "일시적 충동"에서 비롯되었다고 한다. 생존 공간의 제한과 교육의 부족은 이미 신세대 농민공의 범죄율이 높아지는 중요한 원인이 되었다. 이처럼 어쩔 수 없이 고향을 등지고 떠난 젊은이들이 낮은 임금과 높은 집값·냉정한 인간관계를 마주하게 되면, 이로 인해 그들은 도시에 희망이 없다고 느끼게 된다. 그중에 심리적으로 취약한 사람은 스스로 목숨을 끊는 경우가 많다.

농민공의 소득과 생활

중화전국총공회 2007년 설문통계 결과에서는,[17] 농민공의 2006년 연간 1인당 평균 급여소득이 1만 2,734.35위안이고, 1인당 월 소득은 1,061.2위안으로 나타났다. 2007년 5월, 농민공의 월평균 급여는 1,210.92위안으로, 2006년 월 소득에 비해 14.1%로 증가했고, 2002년

---

17 중화전국총공회연구실 편찬, 『2007년 전국 근로자 집단 상황 조사 데이터 분석 보고서』, 제4기, 2007년 9월 6일.

근로자 집단 상황을 조사(9개 도시 조사)했을 때 농민공의 월 소득 844.14위안에 비해 43.45%가 올랐으며, 물가요인을 제하고 나면, 매년 5.48% 증가했다. 최근 몇 년 동안 급여가 오른 농민은 70.9%를 차지했고, 이는 성진 노동자에 비해 11.3%가 높다.

중화전국총공회 2007년 조사에서는, 비록 최근 몇 년 동안 농민공의 급여가 비교적 빨리 증가했지만, 이전 몇 년 동안 급여 표준금액이 지나치게 낮았기 때문에, 현재 농민공의 급여 수준은 여전히 낮은 편이라고 했다. 주로 다음의 상황에서 나타났다.

첫째는 농민공과 성진 노동자 급여의 차이가 컸다. 농민공의 월평균 급여가 성진 노동자(1,520.27위안)의 79.7%에 상당한다. 고소득 구간에서 성진 노동자가 차지하는 비율이 농민공에 비해 확실히 높았다. 월 소득이 2,000위안 이상인 성진 노동자는 18.9%이지만, 농민공은 겨우 7.6%이다. 저소득 구간에서는 반수 이상(52.4%)의 농민공이 월 급여가 1,000위안보다 낮았고, 성진 근로자 중 월 소득이 1,000위안이 안 되는 사람은 41.1%를 차지했다. 2006년, 농민공 1인당 평균 연간 급여소득(1만 2,734.35위안)이 국가통계국이 공포한 2006년 성진 근로자 평균 급여(2만 1,001위안)의 60.6%에 상당한다. 그중 75%의 농민공은 2006년 연간 급여소득이 1만 5,000위안 이내로, 이 75%의 농민공 중 61.1%의 농민공은 1만 2,000위안 이하이고, 월평균 소득이 1,000위안이 안 되며, 연간 급여소득이 5,000위안보다 낮은 사람이 10.9%에 달했다.

둘째는 대부분의 농민공 급여가 사회 평균 급여 수준보다 낮았다. 농민공 중 급여가 국가통계국이 공포한 2006년 사회 평균 급여(1750.1위안/월)보다 낮은 사람이 84.1%에 달했다. 이것은 대부분 농민공의 급여소득 수준이 비교적 낮은 것을 나타낸다.

셋째는 소수 농민공 임금이 현지 최저임금 수준보다 낮았다. 경제가 발달한 베이징과 상하이를 예로 들면, 두 도시는 각각 6.92%와 5.25%의 농민공 임금이 현지 최저임금 수준보다 낮았다. 농민공이 초과근무를 했을 때 받아야 하는 초과수당을 제외한 후, 표준작업시간(매주 40시간을 일함)의 세후 임금과 현지 최저임금 기준을 비교하면 그 비율은 더욱 커져서, 베이징 시는 22.7%, 상하이 시는 10.9%였다.

넷째는 농민공이 규정시간을 초과하여 시간외 근무하는 문제가 심각했으며, 규정된 업무시간 내 임금이 성진 노동자와 비교하면 차이가 컸다. 농민공에게 초과근무 현상은 보편적으로 존재했으며, 1인당 평균 주당 근무시간이 52.44시간으로, 법정 기준을 1시간 반 이상 초과했다. 주당 근무시간 40시간을 초과하는 농민공이 76.3%를 차지했다. 성진 근로자 평균 주당 근무시간이 44.46시간으로, 시간 초과 비율이 42.2%였다. 농민공의 규정 근로시간 내의 급여는 겨우 성진 근로자의 67.5%에 상당했다.

사회학자 리페이린의 조사 결과로는 2008년 농민공 업무시간이 56.2시간이지만, 성진 근로자 주당 업무시간은 47.4시간으로, 농민공의 주당 업무시간이 성진 근로자에 비해 9시간이 많았다. 2006년과 2008년은 대략 3분의 1의 농민공 주당 업무시간이 60시간 이상이었다.[18]

리페이린의 조사에서는 2006년과 비교해서 2008년 농민공의 월평균 임금이 921위안에서 1,270위안으로 높아져 38%가 올랐다. 2006년에 거의 80%의 농민공 임금이 1,000위안 이하였으나, 2008년에는 월 소득이 1,000위안 이하의 농민공은 53.9%를 차지했다. 농민공의 임금 증가는 성진 근로자들보다 빨랐다. 그럼에도 불구하고 농민공의 월평균 임금은 겨우 성진 근로자의 76.3%에 상당했다.[19]

---

[18] 리페이린·리웨이, 「최근 몇 년간 농민공의 경제 상황과 사회태도」, 『중국사회과학』, 2010년 제1기.

[19] 위의 책.

2010년 신화사 기자가 조사한 바로는 앞에서 조사한 결과보다 더 비관적이었다. 선전의 일부 기업은 10년 전의 "수공업 공장"에서 공업단지를 소유하고, 생산라인을 갖춘 대형의 현대화된 기업으로 발전했지만, 근로자들의 임금은 여전히 10년 전의 수준에 머물러 있다. 선전 바오안(寶安) 구에 위치한 일본 투자기업인 첨단 정밀회사는 함석집에서 시작해서 지금은 자산이 3억 위안인 기업으로 성장했지만, 노동자의 임금은 함석집일 때와 거의 비슷하다. 32세 천더린(陳德林)의 2002년 월급이 700위안이었지만, 2010년에도 겨우 1,000위안 정도였다. 선전 시 총공회 왕퉁신(王同信) 부주석은 기자에게 연안지구의 가공기업 대부분은 정부가 규정한 최저임금 기준을 벽에 붙여두고서 "기본급"을 정한다고 말했다. 임금 수준이 낮기 때문에, 농민공은 잔업을 해서 소득을 높일 수밖에 없으며, 따라서 초과수당이 전체 소득의 대부분을 차지했다. 좀 더 돈을 벌기 위해서는 노동자들은 계속해서 잔업을 해야 했다. 어떤 노동자는 3년 동안 휴가를 보낸 적이 없다고 한다. 기업에서는 노동자가 자신의 임금에 대해 발언권이 없으며, 사장이 주는 대로 받아갈 수밖에 없다.[20]

2004년 장쒀 성『신화일보』에서 한 쑤베이(蘇北) 남성의 가계부를 보도한 적이 있다.[21] 발췌하면 다음과 같다.

수입: ① 매일 사장이 2.5위안의 아침 식사비 지급, 총 105위안. ② 1월 2일 사장이 42일간의 임금 933위안 지불. ③ 2월 15일 하루 임금 25위안을 벌다. 수입 총계: 1,063위안.

지출: ① 매일 아침 식사비 1위안에서 1.5위안, 총 42.5위안. ② 딸에게

---

20 신화사 기자 장차오샹(張朝祥)·우쥔(吳俊), 「기업이윤은 배로 증가하고, 농민공의 소득은 오른 것을 볼 수가 없다」, 『신화매일전신』, 2010년 4월 14일 판.
21 『신화일보』, 2004년 2월 18일.

시외전화 5번, 매번 1에서 2분, 총 7.9위안. ③ 설 쇠러 고향가기 전 딸에게 중학교 1학년 수학 학습지 1권 구입, 8위안. ④ 1월 3일 집에 가는 차표, 43위안. ⑤ 설 쇠는 데 생선 구입, 7.5위안. ⑥ 돼지고기 10위안. ⑦ 제사용 황표지, 2위안. ⑧ 설맞이 이발, 1위안. ⑨ 빨래세제 등 생활용품, 10위안. ⑩ 딸 금년 신학기 개학, 학교에 학비 360위안, 기숙사비 100위안, 단체 급식비 100위안 납부, 밀 74근(작년 집의 비축 양식. 금년의 소득이 아님)을 지불 후, 다시 17위안을 학교에 충당하고 남은 26근 밀 비용으로 납부함, 학교에 납부한 금액 합계 575위안, 제초제 구입, 80위안, 올해 2월 14일 난징으로 오는 차비, 50위안. 총지출 836.9위안.

수입과 지출을 결산하면 한두 달 동안 남는 것이 226.1위안뿐이다. 겨우 생계를 유지하는 데에 쓰고, 가족을 부양하기가 쉽지 않다.

중화전국총공회 2007년 조사에서, 농민공 내부 소득의 차이가 현저하게 나타났다.[22]

다른 업종의 농민공 임금소득의 차이가 현저하다. 업종을 살펴보면 농민공 임금소득이 가장 높은 세 가지 업종 순서는 채광업·건축업·정보 전송 컴퓨터 서비스와 소프트웨어업으로, 2006년 1인당 연평균 임금소득은 각각 1만 5,985.51위안·1만 4,595.88위안·1만 4,006.45위안이었다. 제조업이 4위를 차지하여, 1인당 평균 1만 3,593.64위안이었다. 임금소득이 가장 낮은 세 가지 업종은 모두 3차 산업에 집중되어 있다. 그 순서는 공공관리와 사회조직, 교육, 수리·환경과 공공설비 관리업으로, 연간 임금소득은 겨우 7,188.24위안·7,904.51위안·8,080.06위안이었다. 3차 산업 농민공 1인당 평균임금은 1만 940.43위안으로, 2차 산업의 겨우 79.5%에 상당했

---

22 중화전국총공회연구실 편찬, 『2007년 전국 근로자 집단 상황 조사 데이터 분석 보고서』, 제4기, 2007년 9월 6일.

다. 3차 산업이 속한 각 업종은 정보·컴퓨터 서비스와 소프트웨어업을 제외하고, 농민공 임금소득이 일반적으로 비교적 낮았다. 2차 산업 중의 전력·가스와 물 생산과 공급업 농민공의 1인당 평균도 겨우 8,000여 위안이었다. 농민공 임금소득이 최저인 4개 업종(공공관리와 사회조직, 교육, 수리·환경과 공공설비 관리업, 전력·가스와 물 생산과 공급업)은 오히려 통상 사회적으로 고소득 업종이라고 여겨졌다. 이것은 이러한 업종 중에서 농민공과 정식 근로자 간에 매우 큰 소득격차가 존재하고 있음을 나타낸다.

다른 집단의 농민공 임금소득 격차가 현저했다. 여성 농민공의 연간 임금소득은 1만 742.93위안으로, 남성 농민공의 겨우 77.1%에 상당했다. 26~50세의 농민공 임금소득이 비교적 높아서, 25세 이하의 농민공보다 26.1%가 높으며, 51세 이하의 농민공보다 12.5%가 높았다. 다른 유형의 기관에 근무하는 농민공의 소득 차이는 현저했다. 기업에서 일하는 농민공 소득이 기관이나 사업 부문에서 일하는 농민공보다 확실히 높았으며, 1인당 평균 연간 소득이 1만 2,984.9위안으로, 기관이나 사업부문의 농민공보다 각각 30.9%·55.9% 높았다. 가장 낮은 것은 사업부서로, 겨우 8,329.18위안이었다. 기관이나 사업부서의 정식 직원 임금은 기업보다 훨씬 높았다. 기업의 성격을 보면, 농민공 임금소득이 가장 높은 회사는 외국인 기업과 대만·홍콩·마카오 투자기업이었고, 그 다음은 혼합소유제 기업과 국유 기업이었다. 3자의 차이는 그다지 크지 않아서 농민공의 1인당 평균 연소득은 1만 4,000위안 정도였다. 사영(민영)·개체 기업과 기타 기업은 비교적 낮아서, 농민공 1인당 평균 연소득이 1만 2,000위안 정도였다.

그 밖의 중국인민은행의 조사에 따르면, 농민공의 임금소득은 지역별로 차이가 뚜렷하며, 아울러 더 확대되는 추세로 밝혀졌다. 지역별로 농민공 월평균 임금이 높은 순서대로 나열하면, 장강 삼각지역(1,352.5위안)·환발해 지역(1,192.9위안)·기타 지역(1,155.2위안)·주강 삼각지역(1,127.4위안)·본성(本省.

1,048.3위안)이었다. 장강 삼각지역 농민공의 소득이 가장 높을 뿐만 아니라, 기타 지역과의 격차가 한층 더 벌어지고 있었다.[23]

필자는 선전을 취재한 결과, 선전에서 일하는 외지 농민공의 소득이 층차가 나누어진다는 것을 알았다. 건축 도급업자가 공사를 도급받은 후, 다시 줄줄이 하도급을 주고, 가장 마지막에는 길거리에서 임시 직공을 잡아서 일을 시킨다. 이 가장 마지막 계층의 임금이 가장 낮다. 이 계층은 "임시 거주증[잠주증(暫住證)]"이 없고, 새로 선전에 온 사람이다. 선전에는 임시 거주증이 없는 사람이 매우 많기 때문에, 임시 직공을 구하기는 매우 쉽다. 농민공의 소득은 또 도시로 온 연한과 관련이 있다. 도시에 온 시간이 오래된 사람이 막 도시로 온 사람보다 소득이 높다.

노동수입이 가정 총소득에서 차지하는 비율은 더욱 상승했다. 2005년과 2006년 평균적으로 각 농민공 가정 노동소득이 가정 총소득에서 차지하는 비중이 68.1%와 70.6%였다. 농민공 중 다수의 사람은 수년 동안 모은 돈을 갖고 고향으로 돌아가 좋은 집을 지었다. 2006년 각 농민공 가정이 집을 짓는 데 사용한 평균 지출은 5,245위안에 달했다. 각종 항목의 지출에서 29.1%를 차지했으며, 식품이나 의복·교통지출 비율을 초과하여 각 항목 지출의 으뜸을 차지했다.[24]

농민공의 노동은 매우 고생스럽고, 생활은 매우 고되다. 최근 몇 년 동안 농민공의 상황이 개선되었지만, 1990년대 농민공의 상황을 잊을 수 없다. 포산(佛山) 시 공상행정관리국 팡지순(方繼順) 국장 등이 『포산 연구(佛山研究)』라는 잡지에 발표한 「포산 개체 사영경제 중 외지 노동자 현황(佛山個體私營經濟中外來工現狀)」이라는 글은 그 해 외지 노동자의 상황을 상세히 묘사하

---

23 중국인민은행 조사통계사 과제조, 「농민공 노동력 가격수준 모니터링 보고」, 『중국금융』, 2008년 제3기.

24 위의 책.

고 있다.

　고용된 외지 노동자의 노동시간은 길다. 시내 지역 조사에서 보면, 10시간 일하는 사람이 20%, 12시간 일하는 사람이 60%, 14~16시간 일하는 사람이 20%를 차지했고, 보편적으로 국가가 규정한 공휴일은 없다. 노동 소득은 적고, 복리 대우는 낮다. 조사에서 고용된 외지 노동자 임금은 전적으로 업주에 의해 결정되는 것을 알 수 있다. 가공·제조업의 대부분은 성과급제를 시행하고 있었으며, 보통 사장이 한 끼 식사를 책임지고, 월 임금은 150~1,000위안 정도였다. 비수기 때는 한 달에 겨우 몇 십 위안을 벌기도 했다. 3차 산업의 대부분은 시급제(時給制)를 시행하고 있으며, 월 임금은 200~600위안 정도이다. 외지 노동자의 임금은 현지인보다 3분의 1 이상 적었지만, 노동의 강도는 세고, 지저분한 직종에 종사했다. 어떤 업주들은 상습적으로 그들의 급여를 질질 끌고 주지 않거나 떼어먹는 경우도 있었다. 그렇기 때문에 노동 분쟁이 자주 발생하여, 시의 작년 노사 분쟁 발생 건수가 142건이었다. 어떤 업주들은 가불제를 채택하여, 임금의 70%만 선지급하고, 나머지는 연말 배당금으로 지불하거나 계약 만료 시에 지불하기도 했다. 실질적으로 노동자의 임금을 자기자본으로 유용하는 셈이다. 어떤 외지 노동자는 중도에 직장을 옮기면 보증금을 돌려받지 못하기도 했다. 어떤 업주는 작업량은 늘리면서 임금은 올리지 않았다. 심지어 외지 노동자를 속여, 무료로 숙식을 해결해 주고는 임금을 안 주는 업주도 있었다. 대다수의 외지 노동자는 노동보험과 의료보장이 없어서, 일단 산재가 발생하면, 바로 해고하는 업주도 있었다. ……장차(張樁) 진의 어떤 개인이 운영하는 우의 공장은 200제곱미터가 넘는 공장 안에 겨우 창문 두 개와 16인치짜리 천장형 선풍기 네 대만이 설치되어 있고, 본드 냄새가 진동을 했다. 사영기업 대부분은 허름하게 지어졌거나 임시로 간이 공장을 임대하여 사용하기 때문에, 방풍 시설·오염방지 시설·방화 시설이 모두 열악하다. 외지 노동자들은 일반적으로 고용주들에게 의지하여 숙식을 해결했으며, 그 숙식 환경은 매우 형편없었다.

필자는 1994년 캉유웨이(康有爲)의 고향인 광둥 시차오(西樵)를 취재했을 때, 직접 농민공의 열악한 노동환경을 목격했다. 이런 가내 수공업 형태의 직물공장은 10여 제곱미터의 좁은 벽돌집에 전동벨트 직기 네 대를 설치해서 작업을 했다. 근로자들이 기계 사이의 좁은 통로로 다닐 수밖에 없어서, 자칫 잘못하다가는 벨트 안으로 빨려 들어갈 것 같았다. 벽돌로 만든 공장 벽은 손가락 굵기의 균열이 있었고, 직기의 소음에 귀가 멀 정도였으며, 온갖 먼지 때문에 숨 쉬기조차 힘들었다. 나와 함께 방문했던 원로 경제학자 왕줘(王琢)는 사장을 찾아가 "이런 작업환경에서 사고라도 나면 어떻게 합니까?"라고 말했다. 그러자 사장은 "직물공장이 이렇지 않은 곳이 어디 있습니까? 다른 사람들한테 가서 물어보세요!"라고 대답했다. 주강 삼각주의 한 공장에서 만난 도색공은 보호 장비를 전혀 갖추지 않은 채 도색을 하고 있었다. 그는 "저도 매일 이런 유독가스를 마시면 서서히 자살하는 행위라는 것을 알지만, 이런 일자리 기회를 얻기도 어려워요. 수입이 다른 직종보다 더 좋거든요. 제가 안 하면 금방 다른 사람이 할 겁니다"라고 말했다.

비록 최근 몇 년 동안 상황이 다소 개선되기는 했지만, 농민공의 처지는 여전히 상당히 열악하다. 전국에 산재로 불구가 된 사람이 대략 70만 명에 달하며, 그중 대다수는 농민공이다. 농민공 근로자 수가 비교적 많은 석탄 채굴업에서는 매년 사고로 6,000여 명의 사상자가 발생한다.[25]

취재 중에 일부 업체나 업주들이 숙소를 제공하는 것 이외에, 대부분의

---

25 국무원 연구실 과제조, 「중국 농민공 조사보고」, 12쪽.

노동자들은 도시와 농촌 경계지에 거주한다는 것을 알게 되었다. 낮은 단층집에 좁은 골목, 하수도도 없고, 지저분한 화장실, 겨울에는 난방기도 없고, 여름에는 에어컨도 없는 그야말로 "빈민굴"이다. 이것은 도시 주민들과 비교해도 주거 조건이 열악할 뿐만 아니라, 그들의 고향집과도 비교하기 어려울 정도이다.

농민공은 얼마 되지도 않는 임금조차도 자주 업주들에게 체불된다. 정확한 통계는 아니지만 2004년 11월 전국 농민공의 체불임금이 총 1,000여억 위안이라고 한다. 2005년 9월, 필자는 전국 주요 빈곤 지역인 간쑤 성 퉁웨이(通渭) 현을 취재하고서, 이 현 출신으로 외지에 나가 일하는 농민이 체불당한 임금이 전체 현 농민의 1인당 연평균 순소득의 10분의 1에 상당하다는 것을 알게 되었다. 저장 성이 900여 개의 기업을 대상으로 조사한 결과, 농민공 1인당 평균 1,500위안 이상의 임금을 체불당한 것으로 밝혀졌다. 어떤 지방의 사장은 낮에 체불된 임금을 지급하고서, 밤에 다시 사람을 시켜 빼앗아 오기도 했다. 2004년 11월 2일, 광저우 시 주하이(珠海) 구에서 놀랍게도 사장이 30여 명의 보안 요원을 시켜 25명의 임금을 독촉하는 노동자를 쇠몽둥이로 참혹하게 구타하는 사건이 발생했다. 허난 성 인민대표대회 기간에, 정저우에서도 100여 명의 폭도들이 흉기를 들고 임금 지급을 요구하는 노동자들에게 달려가, 닥치는 대로 때리고, 찌르는 "임금 체불 유혈사건"이 발생했었다. 어떤 근로자는 자신의 피 같은 돈을 돌려받기 위해, 부득이하게 건물에서 뛰어내리겠다며 사장을 협박하기도 했다. 2004년 8월 14일, 『신화일보』는 8월 1일부터 4일까지, 장쑤 성 창저우(常州)에서 임금 체불 사건이 세 건이 있었다고 보도했다. 그중 한 건은 4명의 노동자가 60미터의 타워크레인 위로 올라가, "돈을 못 받으면 절대 내려가지 않는다"라고 시위를 했다.

사회적 지위가 이처럼 낮고, 극도로 빈곤에 처한 농민공의 임금이 대량으로 체불된다는 것은 커다란 사회적 치욕이다. 이런 상황은 농민공에 대한 전 사회의 동정을 불러일으켰을 뿐만 아니라, 임금을 체불한 사장에 대한 공분을 불러일으켰다.

2003년 10월 24일, 원자바오 총리가 충칭 시 윈양(雲陽) 현 런허(人和) 진 룽취안(龍泉) 촌 10조(組)를 방문하여 농민들을 만났다. 그 당시 마을에서 "대담하기로 소문난" 여성인 슝더밍(熊德明)이 "지도자를 만나면 함부로 입을 놀리지 마라"는 경고도 잊어버리고, 그녀의 남편이 현(縣) 정부 소재지 신축 건설현장에서 일할 때 도급업자가 오래도록 임금을 체불한 일을 총리에게 말했다. 원자바오 총리는 진지하게 "이 일은 내가 반드시 현 장관에게 말해서, 체불된 농민의 돈을 돌려받도록 하겠소"라고 말했다. 농촌 여성의 말 한마디가 "하늘"에 통해, 총리가 관심을 갖자 "즉각 효과가 나타났다." 그날 저녁 11시, 슝더밍은 상급 간부가 보내온 1년여 체납금 2,240위안을 받았다. 이 일은 곧 주요 뉴스가 되었고, 슝더밍은 2003년도 중국 경제에서 중대한 영향을 끼친 인물로 선정되어, CCTV에 초청되고 대중에게 모습을 드러냈다.

원 총리는 단지 슝더밍 일가의 밀린 임금만을 받아 주었다. 다른 수천수만 명의 임금을 되돌려 받기 위해서, 국무원 관련 부서는 연이어 〈국무원 판공청이 도시 진출 농민의 취업 환경 진일보 개선에 대한 통지[국무원 판공청 발행(2004) 92호]〉, 〈노동과 사회보장부 판공청·건설부 판공청·중화전국총공회 판공청이 농민공 임금 지불상황 특별조사활동 전개에 관한 통지[노사청 편지(2004) 368호]〉, 〈중화인민공화국 노동과 사회보장부 중화인민공화국 건설부 건설영역 농민공 임금 지불관리 임시조치〉, 〈「건설 분야 농민공 임금 지불관리 임시조치」에 관한 통지[노사부 발행(2004) 22호]〉, 〈미지급 농민공 임금 문제 해결에 관한 통지[노사부 발행(2005) 23호]〉 등의 공문을 하달했다.

정부와 사회의 노력으로 최근 몇 년 동안 농민공의 임금 체불 현상은 기본적으로 억제되었다. 그러나 여전히 체불 현상은 존재하고 있으며, 건설·채광 등의 업종에서 비교적 심각하다. 5%의 농민공이 임금을 체불당했고, 이것은 성진 근로자에 비해 0.7%가 높다. 그중 80%가 체불 시간이 3개월 이내이고, 2%는 13개월 이상 체불을 당했다.[26]

필자의 조사에 따르면, 임금 체불이 가장 많은 곳은 건설회사이다. 그렇다면 왜 건설회사가 임금 체불이 가장 많은 것일까? 건설회사의 생산능력은 시장의 요구보다 크고 경쟁이 매우 치열해, 시공 프로젝트를 따내기 위해서 통상적으로 건설회사가 건축자재 비용과 임금을 우선 대신 지불했고, 건축물이 준공된 이후에는 갑측이 자주 체불하거나 심지어 건설회사가 사전에 대신 지불한 돈을 상환하지 않았다. 이렇게 건설회사가 도급업자의 돈을 체불하고, 도급업자는 농민공의 돈을 체불하게 된다. 이 채무 사슬의 근원은 시공사이다. 시공사는 대부분 국가와 지방 재정의 공급 단위이기 때문에 농민공의 임금을 체불한 원천은 주로 국가 재정이다. 특히 일부 계획에 들어 있지 않거나 혹은 재정 예산을 초과한 "이미지 공사"나 "기관장 공사"는 체불된 전도금이 더욱 많았다. 북방의 모 도시는 대형 "이미지 공사"를 벌려, 건설회사의 전도금을 상환할 수 없었기 때문에 여러 건설회사가 파산했다. 파산한 건설회사가 농민공에게 임금을 지급했을 리가 없다.

끊을 수 없는 고향을 그리는 마음

도시로 간 농민공의 집은 여전히 농촌에 있다. 즉, 그들의 "뿌리"가 여전

---

26 중화전국총공회연구실 편찬, 『2007년 전국 근로자 집단 상황 조사 데이터 분석 보고서』, 제4기, 2007년 9월 6일.

히 농촌에 있다는 것이다. 멀리 농촌에 있는 가정은 그들 정서의 귀착점이다. 산 좋고 물 맑은 고향은 그들 마음의 지주이다. 일하는 곳에서 멀리 떨어져 있는 농촌에는 그들의 가족애가 있고, 그들의 땅이 있으며, 그들의 생활습관이 있다. 물론 그들도 간절히 도시나 발달한 지역의 영구 주민이 되고 싶어 하지만, 그것은 대다수 사람들에게는 단지 아름다운 꿈이다. 농민공의 유동(流動)은 주로 새로운 직업을 찾기 위한 유동이 아니라, 고향과 일하는 곳 사이의 유동이다. 그들 중 대부분은 일하는 곳이 상대적으로 고정되어 있다. 어떤 사람은 광둥에서 여러 해 지냈고, 어떤 사람은 베이징에서, 또 어떤 사람은 상하이에서 여러 해 지냈다. 철도부서 통계에 따르면, 농민공은 철도에 대해 두 가지 특징적인 스트레스를 갖고 있다. 하나는 명절성이고, 다른 하나는 계절성이다. 80% 이상의 농민공은 모두 집으로 돌아가 설을 쇠려고 하며, 40%가량의 농민공은 수확기에 고향으로 돌아가 농사일을 하려고 한다.

농민공이 도시로 가서 취직한 소식은 주로 자기 친족과 친구(몇 년 일찍 도시로 일하러 간 고향 사람, 도시에서 일하는 고향 사람이나 친척)를 통해 듣는다. 그들과 가장 가까운 친구는 함께 와서 일하는 고향 사람이다. 그들 대부분은 고향 사람·친구와 함께 일하고, 숙식을 함께한다. 병이 나거나 어려움이 생길 때는 고향 사람이나 친척의 도움을 받는다. 그들은 도시로 간 이후에도 명실상부하게 도시 사회에 융합되기 힘들며, 도시 사람들을 친구로 사귈 수도 없다. 물론 도시로 들어가서 개인 상공업에 종사하는 일부분의 사람들은 사회 교제 범위가 약간 광범위하다.

농민공의 "뿌리"는 고향에 있다. 그들은 대부분 고향 사람에게 의존하여 취업 정보 출처나 첫 일자리의 획득·어려움을 당했을 때 도움을 받지만, 도시 사람의 그들에 대한 편견이 더해져, 사람들의 상식과 상반되는 현상이 생겼다. 그것은 그들이 고향에서 멀리 있지만, 그 혈연이나 지연 관계는 약화되지 않을 뿐만 아니라, 오히려 고향에 있을 때보다 더 깊어진다는 것이다. 그런 까닭에 어떤 도시에서는 같은 고향 사람이 한데 모여 사는 취락이 출현했고, 어떤 지방에서는 농민공이 향우회를 조직하기도 했다. 그러나 이 혈연·지연관계의 끈끈함이 결코 그들이 도시의 영구 주민이 되고자 하는 열망과 추구를 배제하지 않았다. 만약 그들이 단지 막노동꾼으로 도시의 일원이 될 수 없을 때, 이러한 추구는 약해진다. 그들 내부의 분화에 따라 그들의 지위가 높아질수록, 자금 축적이 많아지고, 이러한 추구는 더욱 강렬해진다.

장사를 위주로 하는 베이징에 온 원저우 사람들은 동향(同鄕)의 조직화에 대한 필요가 매우 강렬했다. 장사꾼들은 서로 교류하면서 도움을 줄 필요가 있었기 때문에, 그들은 적극적으로 베이징 거주 동업자들 조직(在京行商同業公會)을 만들고자 했다. 동시에 그들은 또한 자녀 교육이나 의료구호·직업훈련 등과 같은 다양화된 공공서비스가 필요했다. 바로 이러한 요구가 최초로 분산된 상태에 처한 원저우 상인들을 혈연과 지연 관계의 연결로 함께 모여 사는 형태로 발전하게 되었다. 베이징 남쪽에 점차적으로 농민공의 촌락이 형성되었고, 이 저장 촌(浙江村)은 사회학자의 매우 흥미로운 연구 대상이 되었다. 자료에 따르면, 1983년 저장 성 러칭(樂淸) 현 출신의 농민공 상인 6명이 우선 여기에 정착했다. 베이징 시장의 거대한 유혹 때문에 원저우 사람들이 자신들과 뜻이 맞는 사람들을 끌어들이고, 친척 관계를 이용해서 친구들을 불러들였다. 1990년대 후반에 이곳은 이미 5만 명이 넘는 저장 사람들이 모여 사는 상업 중심이 되었다. "저장 촌"의 큰 특징 중 하나는 원저우 상인이 주체가 되는 "촌민"들이 원래 고향에서의 생활방식을 "저장 촌"에 거의 그대로 옮겨 놓았다는 점이다. 이곳에서는 비즈니스 연계 유형이 원저우와 비슷할 뿐만 아니라, 유치원·초등학교·진료소까지도 원저우 방식으로 건립했다. 원저우 러칭 출신으로 베이징에 온 사람들 중에는 3,000~4,000명의 기독교 신자가 있었는데, 그들은 고향에 서와 마찬가지로 가정 예배에서 깨달은 "형제" 혹은 "자매" 역시도 원저우 기독교 조직의 위임을 받고 파견된 사람들이었다. 초기의 저장 촌은 비교 적 혼란스럽고 "촌" 내의 치안과 위생에 모두 문제가 있었다. 1995년 베이 징 시 정부가 "저장 촌"에 대한 정비작업에 들어가 그 면모를 크게 바꾸어 놓았고, 1990년대 말에는 이곳에 대형 의류도매센터가 들어섰다.

농민공 가운데 그 수가 많지는 않지만 "걸출한" 인물들이 있다. 그들은 비교적 일찍 도시로 가서 도시 안에서 상당한 사회적 관계를 만들었다. 어 느 정도의 경제력도 있고, 고향 사람들 중에서 나름대로 명망이 있었다. 1998년 6월 1일자 『중국경제시보(中國經濟時報)』에 이 "걸출한" 인물들의 역 할에 대한 분석 기사가 실렸다. 첫째는 직업 중개와 신용보증의 역할을 한 다. 베이징에 온 300여만 명의 외래인구 가운데 17%가량은 건설 일용직 무리 형식으로 도시로 들어왔으며, 12%가량은 정부 부서의 노동력 공급 경로로 들어왔다. 그 나머지는 모두 고향 사람·친척과 친구의 소개로 왔 다. "연줄이 있는" "걸출한 인물"은 직업을 소개하는 중에 중요한 중개와 보증 역할을 한다. 둘째는 고향 사람의 보호·중재와 "마무리"의 역할을 한 다. "걸출한 인물"들은 도시 안의 파출소·동사무소 및 농민공의 본적의 관 련 부서와 비교적 친하다. 만약 그의 영향력이 미치는 범위 내에 있는 어떤 사람이 "일을 저질러" 파출소에 구류되었으면, "걸출한 인물"이 생색을 내 며 그를 책임지고 꺼낼 줄 수 있다. 만약 그가 "상황을 분명히 알고 있는" 고향 친구가 부적절한 일을 저질렀으면, 파출소가 "걸출한 인물"에게 통지 를 해서, 고향 친구가 규칙을 어겨서는 안 된다고 경고할 것이다. 당연히 이러한 고향 사람들 중 일부는 상점이나 식당의 종업원이고, 일부는 다른 "걸출한 인물"의 고향 사람들의 종업원이다.

외지로 나간 농민공은 고향 경제에 중대한 영향을 끼친다. 그들의 용역 수입은 가정과 농촌경제를 지탱하고 있다. 농업부 정보에 따르면, 2002년 전국 농민이 외지로 나가 일해서 번 총수입이 대략 5,278억 위안이고, 집으로 부치거나 갖고 돌아온 것은 대략 3,274억 위안이라고 했다. 이 숫자에 따르면, 농민공들은 62.03%의 소득을 고향으로 송금하거나 갖고 돌아온다. 쓰촨 성은 외지로 나가 일하는 농민의 수가 가장 많은 성이다. 2004년 전체 성의 1,490만 농민이 외지로 나가서 일했다. 이는 전체 성 노동력 인구의 38.2%를 차지한다. 전 가족이 밖으로 나가 일하는 농민은 200만 가구에 달하며, 전체 성 농가의 10%를 차지했다. 외지로 나가 일한 용역 수입은 576억 위안으로, 전년도에 비해 25.2%가 증가했다. 2005년 상반기 은행과 우체국을 통해 쓰촨 성 농민공의 용역 수입이 농촌으로 송금된 것이 287.4억 위안이다(은행카드 등의 방법으로 송금된 것은 포함하지 않음). 전년도 같은 기간에 비해 134억 위안 순증가(純增加) 되어서 88%가 늘었다.[27] 농업부 농촌경제 연구센터 연구팀 조사 결과, 농민공이 가져오거나 송금한 돈이 농민 가정 총수입에서 차지하는 비율이 쓰촨 성이 43.3%이고, 안후이 성이 38.6%를 차지했다고 한다. 2005년 9월 필자가 간쑤 성 딩시 지역 퉁웨이 현을 취재한 결과, 2004년 말의 표본조사에서 외지로 나가서 일하는 사람들의 연평균 수입은 4,575위안이고, 왕복 차비 264위안과 일하는 기간의 생활비 1,018위안을 제외하고도, 여전히 3,000위안이 남는다는 것을 알게 되었다. 2004년 외지에서 일한 소득이 농민 1인당 평균 순소득의 28.5%를 차지했다. 현 위원회 서기인 정훙웨이(鄭紅偉)는 현재 퉁웨이에는 인구가 46만 명으로 10만 가구가 있으며, 대체로 가정마다 한 명은 외지로 나가서 일을 한다고 했다.

농민공은 외지에서 돈을 벌어 돌아왔을 뿐만 아니라, 시야도 넓히고 기

---

27 쓰촨(四川) 성 연구조(調研組), 「쓰촨 성 농민공 양성 업무 강화 보고서(四川省加强農民工培訓工作調研報告)」, 「중국 농민공 조사보고」, 중국언실출판사, 2006.

술을 배웠다. 어떤 사람들은 고향으로 돌아온 뒤 스스로 창업을 했다. 한 조사에 따르면, 외지로 일하러 나간 100명 중에서 4명은 집으로 돌아와서 창업을 했다고 한다. 한단(邯鄲) 시 노동부서가 제공한 현황에 따르면, 전체 시에 이미 8,000여 명의 농촌 청년이 외지에 나가 일을 하면서 기술을 배워, 고향으로 돌아온 후에 고효율 농업의 선도자가 되었고, 또 어떤 사람은 공업에 종사하거나 상점을 열기도 했다고 한다. 쓰촨 성은 고향으로 돌아와 창업하는 농민공이 더욱 많다. 그들은 이미 쓰촨 성 농촌 경제발전을 촉진시키는 중요한 역량이 되었다.

기본적으로 끊을 수 없는 고향을 그리는 마음은 어찌 할 수 없음에서 나왔다. 그들은 여전히 농민 신분으로 도시는 단지 그들의 노동만 받아들이고, 그들의 인생은 받아들이지 않으며, 그들이 노동으로 헌신하는 곳에서 현지인들과 동등한 지위를 얻지 못하기 때문에, 할 수 없이 고향을 자신이 평생 기댈 곳으로 삼았다.

농민공의 공헌과 보상의 비대칭

농민공은 고향 경제에 공헌을 했을 뿐만 아니라, 일하는 현지 경제발전과 주민생활에도 중요한 기여를 했다. 추산에 따르면, 외래 노동자의 광둥 GDP 기여율은 25% 이상에 달한다.[28] 대략적으로 계산하면, 2005년 농민공이 국가에 제공한 재정소득은 3,300여 억 위안으로, 국가 재정 총소득의 10% 정도를 차지한다.[29] 베이징 시 재정소득의 최소한 5분의 1은 농민공

---

28 『신화매일전보』, 2002년 2월 22일.
29 커인성(柯寅生), 「국가재정의 농업에 대한 지원과 농민의 공헌 중 어느 것이 큰가?」, 『개혁내참(改革內參)』, 2007년 제26기.

이 이룩한 것이다.

사회 경제발전의 측면에서 보면 농민공의 잉여노동이 현지의 재부를 만들었고, 그들의 소비가 현지의 번영을 촉진시켰다. 도시생활에서 농민공의 공헌은 각 도시 가정과 관계있으며, 각 도시 주민과 관계가 있다. 오늘날 일부 대도시는 농민공이 떠나고 나면, 현지 사회생활이 멈춰버릴 것이다. 이 점은 베이징에서 가장 확연히 드러난다. 만약 농민공이 전부 철수하면, 베이징 가정은 보모가 없어서 시민들은 아침을 먹을 수도 없고, 야채를 살 수도 없다. 거리에는 쓰레기를 치울 사람도 없고, 가정의 시설이 고장 나도 수리를 부탁할 곳도 없으며, 대량의 식당이 문을 닫고, 건설 현장은 전부 일을 중단해야 한다. 다시 말해, 베이징 시는 죽은 도시가 될 것이다.

공헌과 보상은 본래 대칭이 되어야 하지만, 현실은 그렇지 않다. 원래의 도농 격차는 농민이 도시에 가서 일을 하기 때문에 사라진 것이 아니라, 오히려 도시로 갖고 들어가서 계속해서 시민과 농민공 사이에 격차가 생겼다. 도시는 농민공에 대해 "경제적으로는 받아들이지만, 사회적으로는 배척했다." "경제적으로 받아들인다"는 것은 시장과 도시생활의 필요로 어쩔 수 없이 그렇게 된 것이다. "사회적으로 배척한다"는 것은 원래의 체제가 만들어 낸 것이다. 도시계획은 농민공의 주택과 자녀교육·의료위생 등 도시 공공인프라에 포함시켜야 할 필요가 있는 것들을 고려 대상에 넣지 않았다. 이 때문에 일련의 도시생활의 파티에는 농민공의 자리가 없었다. 농민공은 도시에서 생활하고 일했지만 도시 주민의 각종 권리를 누리지 못했다. 직업선택에서 도시 주민과 경쟁할 수 없었을 뿐만 아니라, 또한 주택이나 의료·노동보험·취업의 안정성·아이들의 진학과 일련의 도시 서비스 방면에서도 모두 도시 주민과 비교가 되지 않았다. 도시로 가서 큰돈을 번 소수의 상공업자를 제외하고, 대다수의 농민공들은 도시에서 여전히 열외의 국민이었다. 농민공과 성진 근로자 사이에는 명백한 차별이 존재한다. 2004년 40개 도시를 조사한 결과, 노동계약 체결률이 겨우 12.5%이고, 보험 가입률은 12.9%밖에 되지 않으며, 의료보험 가입률을 10%, 양로보험은 겨우 15%였다.[30] 최근 조사에서는 다소 개선되는 모습을 보였는데, 중국인민은행 조사에서 다음과 같이 언급했다. 본 조사 결과에서 38.2%의 농민공이 노동계약을 체결하여 전년도에 비해 5%가 올랐지만, 여전히 61.8%의 농민공은 노동계약 체결에 대해 모르거나 체결하지 않은 것으로 나타났다. 어떠한 사회보험에도 가입하지 않은 농민공이 48.5%를 차지했다.[31] 후난과 쓰촨·허난 성 등의 표본조사에 따르면, 농민공의 월 실제 노동시간은 성진 근로자보다 50% 많지만, 소득은 성진 근로자의 60%가 안 된다고 한다.[32] 농민공은 자신의 노동조합이 없고, 도시에서 매우 소외된 지위에 처해있다. 최신 조사에서 중국 농민공 중에서 거의 70%의 사람이 도시에 3년 이상 거주했으며, 39%의 사람은 이미 8년이 넘은 것으로 나타났다. 비록 그들은 통계적 의미로 이미 도시인구이며, 중국의 46%의 도시화 비율을 촉진시켰지만, 많은 사람들은 도시호구가 없다. 호적 통계학에 따르면, 중국의 비농업인구는 겨우 33%이다. 이것은 대다수 농민공이 도시의 서비스와 사회보장을 누리지 못하고 있음을 의미한다.[33]

농민공은 도시에서 대체할 수 없는 중대한 공헌을 했지만, 도시 주민들은 오히려 그들에 대해 편견을 갖고 있다. 시내버스에서 어떤 운전기사는 지저분한 옷을 입은 외래 농민공을 무시하고, 시민들은 항상 교통 혼잡과 절도 증가·도시 미관의 지저분함 등의 문제를 농민공과 결부시킨다. 이러

30 국무원 연구실 과제조, 『중국 농민공 조사보고』, 13쪽.
31 중국인민은행 조사통계사 과제조, 「농민공 노동력 가격수준 모니터링 보고서」, 『중국금융』, 2008년 제3기.
32 위의 책, 12쪽.
33 차이팡, 「어떻게 도시화를 깊이 있게 할 것인가」, 『재경』, 2010년 제10기, 32쪽.

한 문제의 존재는 농민공의 잘못이 아니라, 도시 기반 시설과 도시 관리가 과다한 외래 인구의 요구를 따라가지 못해서이다.

현지 노동부서는 늘 외지 노동자가 현지의 취업 기회를 차지하여, 현지의 취업 부담을 가중시켰다고 불평하고 있다. 포산 시 양하이판(楊海盤)이 다음과 같은 글을 적었다.

일부 기업은 눈앞의 이익에서 출발하여, 저렴한 노동력을 사용하기 위해 각종 방법과 핑계로 우리 시의 성진과 현지 농촌의 남아도는 노동력을 들어오지 못하게 막는다. 그리하여 원래 취직 환경이 여유가 있는 우리 도시를 오히려 취업이 어려운 집단을 부단히 확대시켰고, 도농 미취업자 수를 끊임없이 증가시켰다. 작년 통계에 따르면 시내 지역 성진 미취업 인원과 미취업 근로자가 4,494명에 달했다. 1988년 말의 1,101명보다 3배 더 증가했으며, 미취업률은 0.65%에서 2.45%로 상승했다. 전 도시 농촌 잉여 노동력 중에 취업을 원하는 인원수 역시 1988년 말의 1만 6,980명에서 1993년 말의 4만 1,300명으로 2.43배 증가했다. 더욱 지적해야 할 것은, 현재 우리 시는 개혁 과정 중에 이미 대량의 잉여 인원이 생겼고, 전 시현(市縣) 이상 기업의 잉여 인원이 대략 직원 총수의 15%가량, 즉 10만 명을 차지하고 있지만, 그러나 현재 수익이 많은 기업의 취업 일자리를 외래 노동자들이 차지하고 있다는 점이다. 일부 이 도시의 미취업자들은 다음과 같이 불평한다. "우리 밥그릇을 외지 노동자들이 모두 빼앗아 가버렸습니다. 홍콩이나 자본주의 국가 같은 곳에서도 현지 노동자의 취업 우선권을 보호하는 법률이 있는데, 설마 우리 같은 사회주의 국가가 못한단 말입니까?"**34**

---

34 양하이판, 「외래노동력 유동 상황분석과 대책」, 『포산 연구』, 1994년 제5기.

양하이판의 글은 주강 삼각주 노동관리 부서의 견해를 반영한 것이다. 왜냐하면 현지 노동력 취업 문제를 해결하는 것이 자신들의 책임이기 때문이다. 광둥 농촌에는 400만의 잉여 노동력이 있고, 광둥 성진은 또 67만 명의 새로 증가하는 노동력을 배치해야 할 필요가 있다. 광둥은 비록 비교적 부유하지만 북부지역에는 여전히 상당히 많은 빈곤 가정이 있기 때문에, 현지 노동력을 배치하는 문제는 자연히 현지 노동부서에게는 상당히 큰 스트레스를 준다. 이러한 원인 때문에 삼각주 일부 지방에는 다음과 같은 게시판이 붙어 있다. "상급기관의 지시를 받아 다른 성의 농민공을 쓰지 않습니다". 그러나 노동부서의 견해가 결코 노동자를 쓰는 기업의 견해를 대표하지는 않는다. 일부 기업들은 다른 성의 더 많은 농민공이 광둥으로 오기를 희망한다. 그렇게 되면 노동력의 소비자 시장을 유지할 수 있어서, 더 값싼 노동력을 얻을 수 있기 때문이다. 그 밖에도 다른 성 농민공이 광둥 성 농민공보다 자질이 뛰어나다. 왜냐하면 광둥에서 자질이 뛰어난 노동력은 모두 "장사치(生意仔)"나 "수완꾼(世界仔)"이 되어서, 남아 있는 사람은 다른 성의 농민공보다 못하기 때문이다.

경제발달 지역과 대도시는 노동력 시장이 세 집단으로 나누어진다. 현지 노동력과 외지 성진 주민·외지 노동자이다. 이 세 종류의 사람은 취업 기회와 종사하는 업종·임금 대우 및 생산 중에서의 분담과 지위가 서로 다르다. 현지 노동력은 일반적으로 경지를 하청 주고, 주택을 임대하고, 자영업 혹은 사적으로 상공업을 경영하거나 혹은 현지의 인사 관계가 필요한 일에 종사한다. 공장장이나 기업 관리자·통관사·보관원·보안요원은 대부분 현지 사람이다. 현지 주민은 그 지역의 토지와 산업의 소유자이며, 또한 토지 보조금을 받을 수 있다. 외지 성진 인원은 비교적 높은 과학기술 문화 수준과 사회 경험을 갖고 있으며, 그들은 기술 업무와 관리 업무·기타 "화이트칼라" 업무에 많이 종사하고 있다. 그러나 농촌에서 온 농민공은 절대 다수가 생산현장에서 일을 하는데, 고통스럽고, 더럽고, 지치고, 위험한 일은 모두 외래 농민공이 한다.

농민공의 자녀 교육

국가통계국 쓰촨 성 농조대(農調隊)의 1차 주제 조사 결과, 성 전체 최근 몇 년간 관련 표본조사 데이터를 결합시켜 추산하면 외지로 나간 만 명의 농민공에게는 6~16세에 처한 4,000명의 자녀들이 있었으며, 그들은 마침 의무교육을 받는 잔류 자녀(留守子女)이고, 1,000명의 자녀는 그 부모를 따라 도시로 가서 의무교육을 받는 것으로 나타났다. 2005년 쓰촨 성 전체 농촌 잔류 자녀의 총수는 600만 명이고, 부모를 따라 도시로 가서 공부하는 자녀는 140만 명이었다. 농민공의 규모가 해마다 점차 증가하는 추세에서 농촌 잔류 자녀의 수가 매년 27만 명이 더 증가했으며, 부모를 따라 도시로 간 자녀의 수는 매년 6만 명 증가했다. 농민공의 잔류 자녀 규모가 계속 확대되었기 때문에, 농촌의 일부 초중학교는 재학생의 대부분이 잔류 자녀였다. 조사에서 일반 농촌학교는 농민공 잔류 자녀의 비율이 70%에 달했고, 일부 지방은 심지어 85%에 달하는 것으로 밝혀졌다.[35] 전문가들은 2009년에 의무교육을 받을 단계의 아동 중에서, 2,000여만 명이 도시로 일하러 가는 부모를 따라 도시로 갔으며, 5,000만~6,000만 잔류 아동이 부모와 떨어져 있는 것으로 추측했다. 이 7,000만~8,000만 아동의 성장은 사람들의 관심을 끌었다. 중화전국부녀연합회(婦聯), 전국심계호계열활동조위원회(全國心系好系列活動組委會)가 며칠 전 처음으로 『농촌 잔류 아동 가정

---

[35] 국가통계국, 「쓰촨 조사: 체제 장애를 없애, 농민공 자녀교육 문제를 해결하다」, 2005년 8월 10일.

교육 활동조사 분석 보고서(農村留守兒童家庭教育活動調查分析報告)』를 발표했다. 보고서에는 현재 내륙 농촌 잔류 아동이 5,800만 명에 달했으며, 14세 이하가 대략 4,000만 명이라고 했다.

부모를 따라 도시로 간 농민공의 자녀가 합당한 교육을 받을 수 있을까? 그들은 중국의 의무교육법이 부여하는 권리를 누릴 수 있을까? 이 문제를 해결하기 위해 국가교육위원회 기초교육사(基礎敎育司)는 일찍이 1996년에 『성진 유동 인구 적령기 아동 소년 취학 방법(시행)』을 인쇄 배포했다. 동시에 베이징 펑타이(豊臺) 구·상하이 쉬후이(徐匯) 구, 텐진 허베이구(河北) 구, 선전 뤄후(羅湖) 구, 저장 이우(義烏) 시, 허베이 랑팡(廊坊) 시 등 여섯 개 시(구)를 선정해 시행해 보았다. 1996년 하반기에 국가교육위원회 해당 부처가 국제연합아동기금(유니세프)의 지지 하에 앞에서 말한 여섯 개 지역에 대해 표본 조사를 진행했다. 모두 3,644가구의 표본 가구를 조사하여 회수된 설문지가 3,612부이고, 그중 유효 설문지는 1,936부였다.

여섯 개 시행 지구는 모두 5만 5,047명의 유동인구 적령기 아동·소년이 있었고, 그중에 이미 5만 2,882명이 입학을 했고, 입학한 사람의 수가 그 전체 수의 96.02%를 차지했다. 그러나 학부형이나 후견인이 직접 입학서류를 써서 입학한 비율은 94.34%였다. 조사자가 보기에는 입학률이 94.34%에서 96.02% 사이로 볼 수 있지만, 94.34%에 더 가깝다고 생각했다.

교육부의 이번 조사에 따르면, 이 여섯 개 지구 초중등학교의 재학생 중에서 외래 유동 인구의 자녀가 평균 12.05%를 차지한 것으로 나타났다. 즉 11명 학생 가운데 한 명은 해당 지역 정식 호적이 없이 학교에 다니는 학생이라는 것이다. 그중에 베이징 펑타이가 5.75%를 차지했고, 상하이 쉬후이는 8.69%, 텐진 허베이는 16.00%, 선전 뤄후는 41.84%, 저장 이우는 6.06%, 허베이 랑팡이 1.26%를 차지했다.[36]

이 조사 결과가 낙관적이기는 하지만 시행 지역에 있어서 보편성이 떨어진다. 다른 지역에 있는 많은 농민공의 자녀들은 교육의 기회를 얻지 못하고 있다. 농민공은 도시에서 사회의 기층이다. 그들은 도시 외곽의 농촌과 경계지점에 살거나 혹은 거주가 일정하지 않아서, 그들의 자녀가 도시에서 입학하여 의무교육을 받는 데 매우 큰 장애가 있다. 첫째, 호적제도가 가로막혀 있어 입학 수속이 번잡하여, 시골처럼 그렇게 쉽게 입학해서 공부할 수 없다. 둘째, 자신의 경제적 능력이 한계가 있어 도시 공립학교의 비싼 등록금을 낼 수가 없다. 따라서 많은 사람들이 쉽게 입학할 수 있는 사립학교를 선택하거나 아예 자녀들을 방치해 진학을 못하게 된다. 2000년 말, 베이징 시만 하더라도 9만 5,000명의 농민공의 자녀가 정규학교 밖으로 배척당했다.[37] 고액의 비용과 차별 때문에 일부 도시는 외래 노동자들이 부득이하게 스스로 "근로자 자녀 학교(民工子弟學校)"를 세우기도 했다. 이러한 학교는 교사 자원과 교학 조건이 매우 열악하며, 또한 현지 교육 행정부서의 승인조차도 받지 못해 "비인가 학교"가 된다.

교육은 균등한 기회를 얻는 중요한 조건이다. 농민공의 자녀가 도시 노동자의 자녀보다 교육의 기회가 적다면, 그들의 다음 세대 역시 낮은 사회적 지위에 처할 수밖에 없게 된다. 과거 몇 년간의 "양회(兩會)"에서나 각종 언론매체에서는 모두 농민공 자녀의 입학문제에 대해 강렬한 목소리를 내었다. 최근 몇 년 중앙정부는 각 지방정부가 도시 농민공 자녀의 입학문제에 대한 해결책을 내놓도록 여러 차례 훈령을 내려 요구했으며, 또한 공립학교 위주로 학생을 입학시키고 유입지 정부가 그 책임을 지도록 했다. 그러나 중앙의 이러한 정책은 매우 실현시키기 어렵다. 각 지방 재정은 유입

---

36 「중국 부분 지역 유동인구 적령아동 소년 입학 상황 조사보고서」, 『교육연구』, 1997년 제9기.
37 류톈스(劉天時), 「성장, 도시의 변두리에서(成長, 在城市邊緣)」, 『남방주말(南方週末)』, 2000년 12월 27일.

아동의 교육비용을 부담하기를 원치 않거나 부담할 방법이 없다. 고등학교나 대학에 진학하려면 여전히 시험제도나 호적제도 문제와 상관이 있기 때문이다. 각 지역마다 우수한 교육 자원의 보유량이 다르다. 우수한 교육 자원은 현지 재정을 몇 년간 지원한 결과로, 현지 주민이 독점적으로 누리는 이익을 외지인들이 함께 누릴 방법이 없다. 중앙정부가 농민공 자녀의 입학 문제 해결에 관한 정책을 하달한 후, 각 지역은 이에 상응하는 농민공 자녀의 현지 수용 기준을 제정했다. 그러나 각 지역이 농민공 자녀들의 입학 문턱을 낮출 때에는 항상 다른 지역의 눈치를 봤다. 문턱을 너무 낮추면 사람들이 너무 많이 몰려들어 감당하기 어려운 부담이 되지는 않을까 걱정했기 때문이다.

설사 도시의 공립학교에 진학하더라도, 도농 간의 격차는 농민공 집단의 자녀들이 크게 심적 스트레스를 받도록 만든다. 그들의 가정은 도시의 변두리에 있고, 그들의 심리도 비주류화 되어 있다. 쓰촨 성의 조사에서 나이가 어린 아이들은 철이 없어서 영향을 적게 받지만, 나이가 다소 많은 아이들은 도시의 같은 또래와 비교하면, 확실히 조숙하고 열등감이 있고 실의에 빠져 있는 것으로 나타났다. 농민공의 자녀들은 항상 자진해서 자신을 도시 속의 낮은 지위 집단으로 분류한다. 아울러 이러한 집단과 동질감을 가지며, 이 집단 속에서 스스로 폐쇄시킨다. 자녀를 데리고 도시로 가서 공부를 시키는 농민은 대부분 도농 가장자리에 저렴한 방을 공동으로 임대해서 살거나 혹은 공사장 간이숙소에서 살면서 작은 식당이나 점포를 열어서 낮에는 장사를 하고, 저녁에는 문을 닫고 점포 안에 널빤지를 깔고 잠을 잔다. 자녀들은 이러한 "집"에서 학습 환경을 언급할 수도 없다. 이들과 도시 아이들의 학습조건은 하늘과 땅 차이이다.

최근 몇 년간 대량의 농촌 노동력이 외지로 나가 일함에 따라 농촌에 잔류한 유동 아동이 사회문제로 부각되었다. 중국런민대학 조사에서 고향에 남겨진 아이들 중에서 농민공의 자녀는 75.8%를 차지하는 것으로 밝혀졌다.[38] "2009년 농촌 잔류 유동 아동 가정교육 관심 활동 발대식"에서 현재 중국 농촌의 잔류 아동 수는 대략 5,800만 명이고, 그중 14세 이하의 아동 수는 4,000여만 명이라고 공포했다.[39] 각 지방 정부와 지역사회·비정부조직은 잔류 아동에 대해 관심과 사랑 속에서 많은 일을 했다. 예를 들면 "잔류 아동의 집(留守兒童之家)", "학부형 대리 학교(代理家長學校)", "유동 아동 서비스 센터(流動兒童服務站)"를 건립했다. 그러나 이들 대부분은 매우 수준이 떨어지고 형식에 그쳤다. 잔류 아동에 대한 가장 크고 근본적인 문제는 아버지의 정이 결여된 것과 이 때문에 야기된 심리적인 문제이다. 쓰촨 성 허장(合江) 현 중화전국여성연합회가 잔류 아동과 외지에 나가 있는 가족이 전화통화를 하는 이벤트를 한 차례 가졌다. 이벤트 중에 다른 학교에서 온 9명의 14세 이하 어린 친구들이 전화로 멀리 외지에 나가 있는 가족과 "친밀한 접촉"을 나누었다. 9명의 아이들은 온 얼굴이 눈물범벅이 되고, 모두 멀리 있는 가족들을 그리워하여 현장에 있던 사람들의 가슴을 뭉클하게 했다. 쓰촨 성 취(渠) 현 싼반(三板) 향 중신얼샤오(中心二校)는 잔류 자녀들의 아버지에 대한 정이 결핍되어 있는 문제를 해소하기 위해, "한 통의 집안 편지, 두 세대의 진실한 감정"이라는 이벤트를 펼쳤다. 학교 전체에서 외지에 나가 일하는 부모님들께 부친 잔류 학생의 편지가 600통이었지만, 결국 겨우 110여 통의 답장을 받아서, 17%를 차지했다. 많은 잔류 자녀들은 자신의 부모가 외지에서 일하고 있다는 것만 알았지, 구체적인 주소를 몰라서 편지를 쓰고도 발송하지 못했다.[40]

---

38 『중국청년보』, 2010년 4월 6일.

39 〈신화사 베이징〉, 2009년 5월 26일[리페이(李非) 기자].

40 국가통계국, 「쓰촨 조사: 체제 장애를 없애, 농민공 자녀교육 문제를 해결하다」, 2005년 8월 10일.

국가통계국 쓰촨 성 농조대(農調隊) 연구 조사에서 잔류 아동이 다음과 같은 문제에 직면해 있다는 것을 발견했다.

(1) 가정이라는 중요한 교육 환경이 결핍되어 있다. 많은 부모들이 장기간 외지에 나가 일하고 장사를 해서, 심지어는 여러 해 동안 아이들과 만나지 못했고 자녀와 교류하기도 매우 어려웠다. 따라서 자녀들은 심리적으로 외롭고, 쓸쓸하며, 위축되어, 괴팍한 성격이 되었다. 조사에서는 67.5%의 잔류 자녀가 부모가 외지로 나간 것이 자신의 학습에 불리한 영향을 끼친다고 생각하고 있었다. 학교의 많은 교사들도 잔류 학생의 심리적 특징을 보면 그 심리나 성격·지능·행동 습관 등이 모두 정상적인 가정의 학생들과는 다른 특징을 갖고 있다고 말했다. 예를 들면 소심하고, 제멋대로 하고, 성격이 괴팍하고, 공포감을 느끼며, 습관적으로 다른 사람을 방어하는 등이다. 전문적인 조사에서는 다른 사람과 잘 어울리지 않고, 혼자 지내는 것을 좋아하는 잔류 학생이 25.5%를 차지했다.

(2) 조부모나 외조부모가 (외)손자, (외)손녀를 부양하여 노인들이 힘에 부친다. 조사에서 조부모나 외조부모가 잔류 자녀를 돌보는 것이 70%를 차지했다. 윗세대의 문화 수준이 보편적으로 낮은 편이고 또한 늙고 병들어서, 통상 효과적으로 아이들의 공부를 지도할 수가 없다. 조사에서 26%의 잔류 자녀는 학습에 불리한 영향을 끼치는 가장 주요한 원인으로 공부할 때 아무도 지도해 주는 사람이 없다가 1위를 차지했다. 또한 29.5%의 잔류 학생은 공부할 때 문제에 부딪히면 물어볼 사람이 없는 것으로 나타났다. 이 밖에 노인들은 종종 더욱 쉽게 방임하고 엄하게 가르치지 않아서, 아이들의 나쁜 학습과 행동습관이 비교적 두드러지게 만들었다. "세대차"가 객관적으로 존재하기 때문에 아이들과 할아버지 세대 간에는 소통이 쉽지 않고, 잔류 학생의 인격교육이나 도덕적 습관의 양성·심리적 건강 등 방면에 대한 교육 관리 책임을 다하기가 어렵다.

(3) 학교가 학부모와 소통하기 어려워 교육의 괴리가 심각하다. 학부모가 외지에 나가 있어서 학교가 학부모와 소통할 수 없고, 심지어는 학생의 숙제에도 학부모의 확인이 없으며, 학생의 동태를 이해하지 못하고 상호작용이 부족하여 공동으로 다음 세대를 교육하는 데 불리했다. 학부모회의 때 전체 반 학생의 학부모가 회의에 참석해도 항상 3분의 1이 되지 않았고, 또한 참석자의 대부분이 할아버지나 할머니였다.

(4) 잔류 학생들의 학업 성적이 보편적으로 낮다. 연구조사에서 잔류 학생들의 학습이 보통이거나 비교적 떨어진다가 61%를 차지했다. 자신의 학업 성적이 비교적 낮은 첫 번째 이유가 "공부하는 데 아무도 가르쳐주는 사람이 없어서"라고 답한 학생들이 39%를 차지했다. "생활하는 데 아무도 돌봐주는 사람이 없어서"가 두 번째 이유로 23%를 차지했으며, "마음을 터놓고 말할 사람이 없어서"가 세 번째 이유로 13.5%를 차지했다. 학습의 곤란·교제의 곤란·사회적 유혹 등의 이유 때문에, 잔류 학생이 학업에 싫증을 느끼고 무단결석을 하거나 퇴학하는 등의 현상이 자주 발생했다.

(5) 잔류 학생이 죄를 짓거나 시달림을 당하는 고위험 집단이 된다. 효과적인 보호가 부족하기 때문에 잔류 자녀들이 쉽게 범법자들의 대상이 되거나, 동시에 쉽게 잘못된 길로 들어서 범죄자의 길을 가게 된다. 조사 중에 각 지역마다 모두 이와 관련된 흉악 범죄들이 보고되었다. 많은 학교들은 일부 잔류 학생들이 구속을 덜 받기 때문에 제멋대로의 산만한 습관이 길러지고, 시간관념이 없어서 항상 늦거나 무단결석을 하며, 피시방이나 오락실에 가는 것을 좋아한다고 했다. 심지어 일부 아이들은 낮에는 학교에 가지 않고 저녁에는 집으로 돌아오지 않는 부랑자가 되었다.

농민공에 대한 관리

어떤 사람이 "역대 왕조는 모두 유민(流民)의 손에 망했다"라는 글을 쓴 적이 있다. 이러한 평가는 사람들에게 농민공의 도시 유입 현상에 대해 공포심이 생기도록 한다. 사실 이것은 역사적 사실에도 위반되며 또한 중국의 현실에도 부합하지 않는다. 모두가 다 알다시피 "역대 왕조"가 결코 모두 유민의 손에 망한 것은 아니다. 오늘날과 가장 가까운 청(清) 왕조가 그렇다. 하물며 현재의 농민공은 역사상의 유민과는 다르다. 그들은 난민이 아니라 농촌에 돌아갈 집이 있다. "역대 왕조는 모두 유민의 손에 망했다"는 경계(警戒) 사상을 갖고 있기 때문에 1990년대 초 농민공에 대한 관리는 경계와 통제였다. 당시의 경계와 통제는 어느 정도 근거를 갖고 있었다. 그것은 농민공의 범죄율이 현지 주민보다 높다는 것이다.

1994년 필자는 농민공의 관리 문제로 포산 시 공안국과 선전 특구 공안국을 방문한 적이 있다. 포산 시 공안국의 통계로는 전체 범죄자 중에서 외지 인구가 80%를 차지하고, 발생한 형사사건 중에서 외지인이 범죄를 저지른 것이 80%를 차지했다. 따라서 포산 각급 정부에 외지인 관리기구인 외래 인구 관리 판공실이 설치되어 있었다. 관리 인원 편제가 외래 인구의 1,000분의 1에서 1,000분의 1.5까지 차지했지만, 실제 인원은 그 숫자를 초과했다. 공장에서 일하는 농민공의 관리는 노동력을 사용하는 기업이 해결했다. 관리의 중점과 난점은 임대주택으로, 임대주택은 농촌에 매우 분산되어 있어서 범죄자들이 그곳에 숨고, 장물을 숨기며, 많은 사건이 임대주택에서 발생했다. 포산 공안국은 "3무 인원"(직장·경제적 소득·고정된 거주지가 없음)에 대해서는 관리가 어려우며, 포산 시 지역에만 수천 명 이상이라고 주장했다. 그들은 스스로 움집을 짓고 쓰레기를 줍거나 날품팔이로 생활을 했다. 포산 시 한 간부는 "쓰레기통 하나가 한 사람을 먹여 살릴 수 있습니다. 또 어떤 사람은 하수도 쇠뚜껑을 깨뜨려 팝니다"라고 했다. 1992년부터 1993년까지 포산 시내 1,300여 개 맨홀 뚜껑이 도난당했고, 그 가치가 20여만 위안이다. 이 때문에 공안부서가 특별히 이런 좀도둑을 단속, 검거한 적이 있다.

관리 비용은 농민공 자신이 부담했다. 외지 사람들은 각자 매월 1.2위안의 치안 관리비를 납부했으며, 포산 시의 이 항목 수입은 1년에 1,260만 위안으로 사람을 고용하여 관리하는 데 사용했고, 수입보다 지출이 많았다. 고용된 사람 역시 외지 사람으로 매월 500위안 월급에 또 제복과 교통수단·주택·의료 등 비용을 지급했다. 노동 서비스 부문과 가족계획 부문·환경위생 부문·사법공증 부문은 모두 외지 노동자에게 비용을 받았다. 이 방면에 있어서 외지 노동자의 경제적 부담은 매우 심했으며, 어떤 부서는 비용만 받고 책임을 지지 않았다.

업무 단위가 있는 외래 인구에 대해 "노동력을 사용하는 측이 책임을 진다"는 관리 방법을 시행하여, 신분 등록·고용계약·임시 거주증 처리 등을 기업에서 모두 책임졌다. 정부가 기업을 감독하고 기업은 농민공을 관리했다. 각 공장의 관리 수준은 들쭉날쭉했다. 일부 기업은 관리를 핑계 삼아 농민공의 자유를 제한하고 농민공의 권익을 손상시켰다. 예를 들면 "임시 거주증" 등 증명서는 사장이 일괄 관리하여(공안국 규정에는 임시 거주증은 반드시 휴대해야 한다고 했다), 노동자도 자유를 잃어버렸다.

1994년 4월 13일, 선전 시 공안국의 펑후이중(彭惠忠) 처장은 필자에게 선전의 외래 인구 관리 문제에 대해 소개했다. 1993년 선전의 상주 인구는 87만 1,000명[바오안(寶安) 구를 포함]이었고, 임시 거주 인구가 238만 6,000명이었다. 공안국은 선전에서 반년 이상 일하는 사람은 임시 거주증을 발급받아야 하고, 반년 미만은 임시 거주 신고 카드를 발급받을 것을 요구했다. 임시 거주증을 소지하고 있어야 특구에 들어갈 수 있었지만, 외래 인구가 너무 많았기 때문에 제대로 관리가 될 수 없었다. 1993년 말과 1994년 초의 통계에 따르면 각종 형사(刑事) 사범 중에 93%가 외지인이었다. 일부 기업은 "임시 거주 인구 관리비"를 포탈하기 위해서(임시 거주자 1명당 납부하는 각종 비용이 모두 480위안에 달하여, 기업은 이 돈을 내고 싶어 하지 않았으며, 또한 임시 거주 증을 발급받고서 노동자가 이직해 버릴까 두려워했다), 사람을 많이 채용하고서는 적게 보고했다. 1993년 임시 거주증을 발급받은 사람이 73만 명이었고, 따로 20여 만 명은 임시 거주증을 발급받지 않았다. 그리고 30만 명은 파출소에 등록조차 하지 않았다. 농민공이 임시 거주증을 발급받고 난 이후에 이직해 버리는 것을 방지하기 위해서, 공안국은 한 직장의 임시 거주증을 갖고서 다른 직장에 가서 일하는 것을 불법으로 규정했다.

몇 년 전, 일부 도시에서는 농민공을 관리한다는 구실로 농민공의 권리를 침범했다. 이것은 농민공을 수용하고 송환하는 부분에서 매우 두드러지게 나타났다. 추이촨이(崔傳義)·판야오궈(潘耀國) 두 사람이 120명의 합법적인 직업과 생활 수입원·고정 주거지가 있는 농민공을 대상으로 조사했다. 그중 일찍이 수용된 적이 있는 사람이 19명으로, 그 총수의 15.9%를 차지했다. 그들의 친척과 그들이 알고 있는 농민공이 수용된 적이 있는 사람은 59명이었다. 그 밖에 부모가 외지에서 일하는 182명의 초중학생에 대한 조사에 따르면, 그 친척이 수용된 것이 24명으로 13%를 차지했다. 베이징 시는 1999년 연간 모두 14만 9,359명을 수용했고, 대략 외지 상경 근로자의 5%를 차지했다. 상하이 시는 1997년에 10만 명을 수용했고, 이후 몇 년간은 꾸준히 증가했다. 농민공이 수용된 원인은 "세 가지 증명서"가 완전하지 않았기 때문이다. "세 가지 증명서"는 신분증·임시 거주증·노동 취업증을 가리킨다. 어떤 사람은 "세 가지 증명서"가 있다고 해도 휴대하지 않으면 수용 대상이 되었다. 일반적으로 대규모 수용 활동 이면에는 상부에서 지시한 수용 인원 지표가 있었다. 수용 인원 지표를 채우기 위해 "세 가지 증명서"가 있는 사람도 수용을 당했다. 어떤 집행자는 심지어 농민공의 임시 거주증을 찢어버린 후 다시 수용하기도 했다. 대규모 수용 활동은 설과 명절을 지낼 때와 중대한 행사 전야에 이루어져서, 전국이 경사스러운 날이나 전통 명절날이 일용직 근로자들에게는 오히려 안절부절못하는 날이 되었다. 홍콩 반환·마카오 반환·유니버시아드·인민대표대회와 정치협상회의 등과 같은 중대한 행사의 전야에 모두 한 차례의 대규모 수용이 고조에 달했다. 수용당하는 사람들은 도시 변두리로 보내져 걸러졌다. 이것은 실제로는 변형된 노동 개조로, 그들은 자주 맞거나 변칙적인 체벌을 당했다. 이처럼 농민공에게 매우 불공정한 방법은 조화로운 사회를 만드는 데 역행하는 것이다.

최근 몇 년간 필자는 각 지방이 원래의 방범적 관리의 교훈을 받아들여, 방범적 관리를 서비스성 관리로 바꾸었다는 것을 알게 되었다. 즉 관리의 중점을 농민들을 위한 서비스에 둔 것이다. 그 서비스는 주로 아래의 몇 가지 방면이다. 첫째는 취업 서비스이다. 취업 서비스는 취업훈련과 취업소개·노동계약 관리로 나누어진다. 훈련은 주로 내보내는 지방 정부 조직에서 진행했다. 둘째는 사회보험 서비스이다. 근로자를 쓰는 기업을 독촉하여 농민공을 위해 각종 보험을 만들었다. 셋째는 교육 서비스이다. 농민공의 자녀를 위해 교육을 받을 수 있는 조건을 만들었다. 넷째는 치안과 호적 관리를 서비스 안에 포함시켰다. 다섯째는 위생보건과 가족계획 서비스이다. 방범적 관리가 서비스성 관리로 바뀐 것은 겨우 하나의 시작으로, 여전히 매우 많은 방면에서 미흡한 점이 있다. 농민공을 가장 많이 내보내는 쓰촨 성을 예로 들면, 2004년 농민공의 양성에 쓴 돈이 겨우 6,100만 위안이었나. 외지로 나간 농민공 1인당 평균 4위안으로, 훈련의 범위와 질을 가히 짐작할 수 있다. 보험 서비스와 교육 서비스의 상황은 이 책에서 이미 소개했듯이 수준이 매우 낮았다.

중국 공산당 중앙위원회가 2010년 1호 문건에서 사회보험 방면에서 "장차 기업과 안정적인 노동관계를 형성한 농민공을 성진 근로자의 기본 의료보험에 포함시키고", "농민공이 포함된 성진 기업 근로자의 기본 양로보험 관계가 변경될 때 계속 연결될 수 있는 방법을 서둘러 구체화한다"고 규정했다. 앞 조목은 농민공이 장기적으로 성진에 머무를 수 있는 여지를 남겨두었고, 뒤 조목은 농민공이 다른 지역으로 옮겨 다닐 때 사회보험이 지속되는 문제를 해결했다. 1호 문건은 "공립학교를 위주로 하고, 받아들이는 지역이 주체가 되어 농민공 자녀의 입학 문제를 해결하는 정책을 구체화할 것"을 재차 강조했다. 거주 부분은 문건에서 "다방면·다형식으로 농민공의 주거 조건을 개선하며, 자격을 갖춘 도시가 직업이 안정적이고 아울러 일정 연한을 도시에서 거주한 농민공에 대해 점차적으로 성진 주택 보장 체계에 포함시킬 것을 장려하도록" 요구했다. 1호 문건은 또 "신세대 농민공 문제를 해결하는 데 주력해야 한다고" 제기했다.

최근 몇 년 사회 각 방면에 농민공의 생존 조건을 개선해야 한다는 목소리가 나왔기 때문에, 정부 또한 노력을 기울여 농민공의 상황이 다소 개선되었다. 사회학자 리페이린이 2008년에 조사한 결과에는 생활 상황 개선에 대한 평가가 농민 집단이 가장 높았고, 그 다음이 농민공, 맨 마지막이 성진 근로자였다. 그러나 "당신이 생각하기에 중국의 사회집단 간에 이익 충돌이 존재한다고 생각하느냐?"는 질문에 "반드시 격화될 것이다"와 "아마도 격화될 것이다"의 비율이 성진 근로자가 47.3%, 농민공이 48%, 농민이 27.3%를 차지했다(2006년 조사에서 이 3개 집단의 비율은 54.4%, 38.8%, 31.5%였다).[41]

---

41 리페이린·리웨이, 「최근 몇 년간 농민공의 경제상황과 사회태도」, 『중국사회과학』, 2010년 제1기.

농민공의 발전 추세

중국은 농업 노동력의 비중이 지나치게 높기 때문에 농업 노동력의 비농산 제조업으로의 전향은 역사적 임무이다. 농민이 점차적으로 시민이 되어가는 것은 이 역사적 임무를 완성하는 주요 방식이다. 바로 농민공의 이러한 방식은 2억이 넘는 농업 노동력을 향진 기업과 도시의 근로자로 바꾸어 놓았다. 1979년부터 2009년 사이에 농업 노동력이 전 사회 노동력에서 차지하는 비중이 80%에서 40%로 떨어졌다. 향진 기업 근로자 수가 취업자 전체 수에서 차지하는 비중은 1978년의 76.31%에서 2008년의 61.01%로 떨어졌다. 농촌 인구가 전체 인구에서 차지하는 비중도 1978년의 82.08%에서 2008년의 54.32%로 떨어졌다. 즉 2008년의 도시화 비율이 45.7%로, 개혁 개방 30년 동안 중국의 도시화 비율이 27.8% 올랐다.

유엔인간정주계획(UN-HABITAT)이 발표한 『세계 도시현황 보고서』에서 최근 200년간, 세계 도시화 추세는 부단히 가속화되었다고 지적했다. 1990년 세계 평균 도시화 수준은 47%로, 선진국 평균 도시화 수준은 75%이고, 개발도상국 평균 수준은 37%였다. 유엔인간정주계획에 따르면 세계 도시화 수준이 2025년에는 61%에 달할 것으로 예측했다.

최근 몇 년간, 농민공은 다음과 같은 몇 가지 추세를 보였다.

첫째, 농민공의 규모가 여전히 계속 확대되지만, 그러나 증가 속도가 점차 안정되어 가는 추세이다. 농민공의 규모가 여전히 계속해서 확대되는 것은 아직도 대량의 농업인구가 성진으로 옮겨 가야 할 필요가 있기 때문이다. 『2008년 중국도시 경쟁력 청서: 중국도시 경쟁력 보고서』는 중국 도시화 발전에 대해, 2030년에는 도시화 비율이 65% 이상, 도시 인구가 10억 명 정도에 달할 것이라고 예측했다.[42] 중국은 "인구배당(Demographic dividend: 노동인구 숫자의 증가에 따른 경제적 혜택)"이 감소하는 추세가 출현했기 때문에, 농민공 규모의 확대에도 영향을 받았다. 2002년부터 2009년 사이에 중국 노동연령인구 증가량이 해마다 점차 줄어들어서, 1,511만 명에서 665만 명으로 줄어들었다. 이 두 연도에 성진에 새로 증가된 취업자가 각각 859만 명과 1,020만 명이고, 외지 농촌노동력은 각각 2,071만 명과 459만 명이었다. 명백히 새로 증가한 취업이 이미 노동력의 증가량을 초과했다.[43] 노동연령인구 성장이 갈수록 느려져서, 2002년 이래로 평균 매년 성장률이 겨우 1%로, 2015년에는 성장이 멈추거나 마이너스 성장으로 돌아설 것으로 예측된다. 전통적인 의미에서의 "인구배당"은 이것으로 사라졌다. 전문가들은 2015년 외지로 이동하는 농촌 노동연령인구의 숫자(730만)가 도시의 수요량(696만)을 보충하기에 부족하며, 그 후 노동연령인구의 마이너스 성장이 나타나, 총인구 마이너스 성장에 비해 10년은 앞당겨질 것이라고 주장했다. 이 때문에 노동력 수요공급 관계에 변화가 발생하여, "노동력 부족(用工荒)"의 근본 원인이 될 것이다.[44]

표8-1 농민공과 성진 취업자의 수와 증가 속도[45]

	농민공 성진 취업		성진 취업	
	인원수(만)	연간 성장률(%)	인원수(만)	연간 성장률(%)
2001	8,399	7.0	23,940	3.4
2002	10,470	24.7	24,780	3.5
2003	11,390	8.8	25,639	3.5
2004	11,823	3.8	26,476	3.3

42 『중화공상시보(中華工商時報)』, 2008년 3월 31일.

43 차이팡, 「노동력 수요공급의 새로운 구도를 구하다(求解勞動力供求新格局)」, 『신세기주간(新世紀周刊)』, 2010년 제14기.

44 차이팡, 「"농민출신 노동자 부족" 현상: 원인과 정책 함의 분석」, 『개방도보(開放導報)』, 2010년 제2기.

45 위의 책.

2005	12,578	6.4	27,331	3.2
2006	13,212	5.0	28,310	3.6
2007	13,697	3.7	29,350	3.7
2008	14,041	2.5	30,210	2.9
2009	14,500	3.3	31,312	3.6

국무원 발전연구센터 과제조의 조사에서 74.3%의 촌이 자신들의 촌에서 외지로 나가서 일할 수 있는 청장년 노동력은 이미 모두 나갔다고 생각하고 있으며, 겨우 4분의 1의 촌만이 아직 도시로 나갈 만한 청장년 노동력이 남아 있다고 생각하는 것으로 나타났다. 또한 대부분 마을의 간부들은 나갈 수 있는 농촌 청장년 노동력은 이미 나갔다고 생각했다. 과제조는 청장년 농촌노동력의 전이율에 대해 추가 조사를 한 결과, 거의 3분의 1의 촌 청장년 노동력 전이율이 모두 80% 이상이라는 것을 발견했다.[46] 조사에서 중서부 농촌은 아직 직업이 없어서 전이할 수 있는 청장년 노동력이 있는 것으로 나타났다. 조사 결과 일이 없어서 집에 있는 청장년 노동력은 전국 평균 각 촌에 48명으로, 17.82%였다. 그중 동부가 실업률이 가장 낮아서 11.3%이고, 중부가 그 다음으로 20.42%, 서부의 실업률이 가장 높아서 26.06%였다. 이러한 상황은 각 지역 농촌 노동력은 노동시간에서 여전히 과잉현상이 존재하고 있고, 전체적으로 중서부가 전이할 수 있는 노동력이 비교적 많음을 분명히 나타낸다.[47]

둘째, 농민공이 "철새형"에서 "이동형"으로 바뀌었다. 공업노동도 하면서 농업노동도 하는 것(亦工亦農)에서부터 전적으로 농사 이외의 직업에 종

---

46 국무원 발전연구센터 "사회주의 신농촌 건설 추진 연구" 과제조, 「신농촌조사 − 전국 2,749개 마을을 가다」, 〈중국사회학망〉, 2010년 1월 25일.
47 위의 글.

사하는 것으로 바뀌었다. 오랫동안 농민이 외지로 나가 일하는 것에는 주로 두 가지 형태로 나타났다. 하나는 "철새형" 유동으로, 즉 농민이 외지로 나가 일하는데, 1년을 주기로 도농과 지역 사이를 왕래한다. 다른 하나는 "겸업형" 유동으로, 즉 농촌 노동력이 농한기를 이용하여 계절적으로 외지에 나가 일하는 것이다. 조사에서는 농민이 외지로 나가 일하는 것에 새로운 징조가 나타났다. 첫째는 완전히 농업생산에서 벗어나 1년 내내 외지에서 일하는 농민공이 이미 비교적 큰 비율을 차지했다. 둘째는 전 가족이 외지로 나가 일을 하는 것이 점차 증가하고 있다. 조사 결과를 보면, 전 가족이 외지로 나간 노동력이 전체 노동력의 비중에서 평균 5.29%를 차지했으며, 동부가 4.71%, 중부가 4.99%, 서부가 6.61%였다.[48] 국무원 연구실 과제조 조사 결과는 2004년 전 가족이 외지로 나간 농민공이 2,470만 명이었다. 국가통계국 최신 조사에 따르면 2008년 말, 외지에 나가 취업한 농민공 중에서 전 가족이 외지로 나간 농민공은 2,859만 명으로, 12%를 차지했다.[49] 경제발전 수준이 비교적 높은 동부지역은 전 가족이 외지로 나간 비율이 가장 낮았지만, 서부지역은 전 가족이 외지로 나간 비율이 가장 높았으며, 1년 내내 외지로 나간 노동력 중 이미 3분의 1이 전 가족이 외지로 나갔다. 이번 조사에서 갈수록 많은 농촌 노동력이 "공업노동도 하면서 농업노동도 하는 것"에서 "전적으로 비농업에 종사하는 것"으로 바뀌고 있으며, 취업 겸업성이 약화되고 있음을 보여준다. "철새식" 유동에서 이동식 유동으로 바뀌어 전이의 안정성이 강화되었다. 도농 간 쌍방 유동에서 도시로 유입되는 것으로 바뀌어, 성진에 정착하는 농민공이 점차 증가하고 있음을 나타내었다.[50] 2004년 쓰촨 성의 200여만 호 농민공이 전 가족

---

48 위의 글.
49 차이팡, 「어떻게 도시화를 깊이 있게 할 것인가」, 『재경』, 2010년 제10기, 32쪽에서 재인용.
50 국무원 연구실 과제조, 『중국 농민공 조사보고』, 2쪽.

이 외지로 나갔다.

선전 당대 사회관찰연구소(深圳當代社會觀察研究所) 류카이밍(劉開明) 소장의 조사에 따르면 가정화 이민이 현재 농민공 이동의 주요 유형으로 나타났다. 선전·둥관 등 농민공의 집결지에는 심지어 마을 전체가 모두 복제되어 온 취락을 볼 수 있으며, 제2의 농촌 사회 생활권을 형성했다. 선전 바과링(八卦嶺) 공업구 부근에는 후난 핑장(平江)의 한 마을 사람이 모두 거기에 살고 있으며, 그곳은 핑장 말이 통용어다. 선전에는 1,000여 개 내륙 마을의 "복제품"을 찾아볼 수 있다. 그렇지만 집과 아이들은 농민공 "가정화" 이전 과정에서 뛰어넘기 힘든 고개이다. 현재 "가정화" 이민의 농민공은 대부분 도시 변두리의 "작고 보잘것없는 집"에 살고 있으며, 여러 가지 방식으로 대도시에서의 생활 원가를 낮추며 산다. 설령 겨우 300위안의 월세라도 농민공은 흔히 몇 가구가 함께 산다.[51]

셋째, 농민공의 이동 방향은 여전히 동부지역과 중·대도시 위주이지만, 점차적으로 중서부지역과 중소도시로 확산되고 있다.

이 장의 일련의 소개에서 알 수 있듯이, 농민공 집단이 도시에 출현했기 때문에, 중국 도시가 "이중 도시(Dual City)"가 되었다. "이중 도시"의 일원은 원래의 도시 주민이고, 다른 일원은 농촌에서 도시로 와서 일하는 농민이다. 이 두 개의 사회집단은 사회적 지위가 다르고, 직장과 노동의 보수도 다르고, 생활방식도 다르다. 그들의 이익 추구와 사유방식도 다르다. 농민공은 도시에서 없어서는 안 되는 중요한 역량 있는 존재가 되었지만, 도시주류에 융합될 수 없었고, 할 수 없이 가장자리 지위에 놓여 도시 사회의 하류층에 자리 잡았다. 두 개의 다른 사회집단이 같은 도시의 처마 밑에 있으면서, 매우 불공정하게 아주 불평등한 사회적 지위에 처해 있다. 이 처

---

51 「중국 농민공 유동 "가정화" 이동 추세 출현하다」, 〈신화사 선전〉, 2010년 3월 13일[정톈훙(鄭天虹)·황하오위안(黃浩苑) 기자].

마 밑은 매우 불안전하며, 더욱이 조화로움을 말할 수 없게 된다. 우리는 길고 지루한 도시화로 이 모순을 해결하도록 기다릴 수 없으며, 반드시 제도상·정책상으로 조치를 취해야 한다. 신속하게 "이중 도시" 속의 매우 불평등한 상황을 없애서 농민공에게는 사회 공정을, 도시 주민에게는 안전을 가져다주어야 한다.

농민공은 도시 주민이 되돌릴 수 없는 대세가 되었다. 수억 명의 농민들이 순조롭게 도시에 진입할 수 있도록 하기 위해서는 마땅히 다음과 같이 해야 한다.

(1) 도농 일체화 취업 체계를 구축한다. 성진을 중시하고 농촌을 경시하며, 시민을 중시하고 농민을 경시하는 취업 관념과 관련 정책을 철저하게 바꾸어야 하며, 농업 내부·농촌구역과 농민의 도시 취업을 함께 국가취업계획에 포함시켜 분류하여 시행한다.

(2) 농민공의 권익 보장 제도를 완벽하게 한다. 전 사회에 권리 앞에 모든 사람이 평등하고, 기회 앞에 사람이 평등하며, 도농 간에 모든 사람이 평등하다는 이념을 수립해야 한다. 농민공에 대한 각종 차별과 제한 정책을 한층 더 정리하고 폐지하며, 농민공에 대한 납입금과 변형된 요금을 강력하게 제지한다. 조속히 농민공의 권익을 보호하는 정책을 공포하고, 중점적으로 농민공의 산업재해와 의료·실업·양로 등 4대 보험의 부족 문제를 해결한다.

(3) 농민공 공급지역과 수용지역에서 농민공 양성을 강화한다. 더 많은 농촌의 여유 노동력이 옮겨 가기 전에 일정한 지식과 기능 훈련을 받도록 한다. 농민공 수용지역은 옮겨 온 농민공을 잘 관리하여 전문적인 기능훈련을 시킨다. 특히 노동력을 사용하는 기업이 농민공을 훈련시키는 적극성을 충분히 발휘하도록 해야 하며, 정책과 자금 면에서 어느 정도 지원을 해야 한다.

(4) 농민공의 호적 문제를 적절하게 해결해야 한다.

(5) 농민공의 도시에서의 주거 문제를 점진적으로 해결해야 한다.

(6) 농민공의 관리와 서비스에 대해 개선해야 한다.

만약 농민공이 도시에서 안정된 생활을 하며 즐겁게 일할 수 있으면, 농민공의 이익을 손상시키지 않을 수 있다는 전제하에서 자발적인 방식을 통해 그들로 하여금 농촌의 토지를 포기하도록 하여, 그들의 농촌에서의 "탯줄"을 영원히 잘라 진정한 도시민이 되도록 해야 한다. 만약 이러한 일을 잘 해낸다면, 농민공은 그가 양도한 토지에서 이익을 얻어 도시에서 정착할 수 있는 자본으로 삼을 수 있다. 농촌 토지는 또한 집중 경영을 할 수 있어서 농경지의 분산화 문제를 해결할 수 있다.

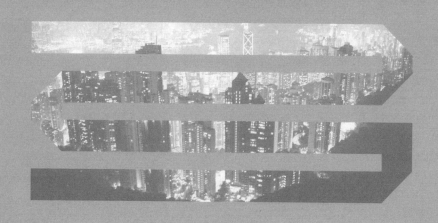

제9장

개혁 진통을 참아내는 노동자(工人)

과거에 "노동자 계급"이라는 단어는 정치적 의미를 띠고 있었다. 이 계급에 속한 사람들은 "지도자 계급"의 정치적 지위를 갖게 되었다는 것을 나타낸다. 과거, 정치적으로 오랫동안 억압을 당한 지식인들은 개혁 개방 이후 1980년대 초, "노동자 계층의 일부분"으로 간주되었다. 이것은 지식인들의 정치적 지위가 올라갔다는 것을 의미했기 때문에, 당시 지식인들은 이를 두고서 한동안 매우 흥분했었다. 통상적으로 말하는 노동자계급은 기업에서 일하는 집단을 가리킨다. 사실상, 기업의 근로자는 관리 간부·기술자·현장 노동자로 나눈다. 엄격한 의미의 노동자 계층은 당연히 노동력을 팔아 살아가는 집단으로, 그중 대부분은 현장 노동자들이다. 그들은 체력과 노동기술에 의지해 직접 노동 생산도구를 사용하여 물질생산에 종사하거나 서비스를 제공한다. 우리는 이를 통상적으로 블루칼라 계층이라고 부른다. 사회과학기술 수준이 향상됨에 따라 기업의 화이트칼라 인원의 비중이 증가한 반면, 직접 작업에 참가하는 노동자의 비중은 감소했다. 그래서 관리 간부 역시 경영자 계층으로 분화되고 있다.

현대 중국 농민공은 사실상 노동자 계층이지만, 그러나 호적제도 등의 제한으로 그들의 신분은 인정을 받지 못하고 있다. 이에 관해서는 제8장에서 소개를 했다. 이 장에서는 농민공 이외의 노동자 집단에 대해서만 언급하겠다. 전국총공회의 몇 차례 조사에서 기업의 근로자를 제외하고, 기관·사업 단위(事業單位)의 근로자도 조사 대상에 포함시켰는데, 그들은 여전히 노동자 계층이라는 정치적 개념의 범주를 쓰고 있다.

노동자 계층이 직면한 제도변화

개혁 개방 이래, 중국의 노동자 계층은 변화가 매우 심한 계급이었다. 이러한 변화는 제도의 변화 때문에 야기된 것으로, 그중에서도 특히 노동제도의 변화가 영향을 끼쳤다.

경제체제 개혁 이전 노동제도의 특징은 이론적으로는 노동자가 생산수단의 주인이고, 노동력은 상품이 아니며 시장에 들어갈 수 없다고 강조했으며, 관리상으로는 노동 취업이 고도 집중·일괄수주 일괄배치의 관리 모델을 실행하는 것이다.

이러한 관리 모델은 다음과 같은 특징을 갖고 있다.

행정 역량을 이용하여 노동력 자원을 배치한다: 경제체제 개혁 이전의 공장은 기업이 아니라 단지 생산 작업장에 불과했다. 국가계획위원회는 공장의 "기획과"이고, 국가상업부는 "판매과", 국가의 재무부는 "재무과", 국가의 노동부는 공장의 "노동과"였다. 공장 내부에 설치된 상응하는 과(科)·실(室)은 상급 정부 기관의 관련 부서의 계획을 실현시키기 위해 설치된 것에 불과했다. 노동 관리 역시 마찬가지였다. 노동부서가 모든 기업·사업 단위에 의해 균일하게 근로자를 배치했고, 국가가 취업이 필요한 모든 사람들을 도맡아 배치했다. 대학교와 전문대학·중등 전문학교·직업 기술전문학교 졸업생, 전역 제대 군인, 중·고등학교 졸업생, 노동개조·노동 재교육 해제 인원 등을 모두 국가가 배치했다. 각 생산 기관이 사람을 채용하려면 반드시 노동부서의 통일된 계획·통일된 허가를 거쳐야 했고, 기업은 생산 확대를 위해 자체적으로 증원할 수가 없었으며, 또한 생산을 줄이기 위해 멋대로 감원할 수도 없었다.

종신 취업으로 유동성이 매우 적다: 행정적 방법으로 노동자를 균일하게 기업에 배치한 후, 다시 고정 노동자의 형식으로 노동자와 기업이 평생토록 고정 노동관계를 유지하도록 했다. 한번 배치되면 평생 동안 고정되었다. 일단 한 공장에 노동자로 배치되면 평생 그 공장에서 평생을 일할 준비를 했다. 개혁 이전에는 공장이 합병되거나 이전하는 것을 제외하고는 90% 이상의 근로자들이 한 공장에서 젊어서부터 늙을 때까지 일을 했다. 설령 범법행위를 해서 옥살이를 하더라도 형기를 채우고 석방된 후에는, 일반적으로 다시 원래의 공장으로 돌아와 배치되었다. 기업은 생산경영의 필요에 따라 노동력의 수량과 구조를 조절할 수 없었고, 노동자는 개인의 기호와 특기에 따라 직업과 직장을 선택할 수 없었다.

완전고용: 사회주의는 모든 사람들이 할 일이 있고 먹을 밥이 있다고 강조한다. 그러나 사실상 세 사람의 일을 다섯 사람이 하고 세 사람의 밥을 다섯 사람이 먹는다. 이것은 당연히 성진 호구를 가진 사람을 가리킨다. 공장에서 남아도는 인원이 대략 근로자 전체 수의 3분의 1을 차지한다. 농촌은 노동력의 저수지로 도시경제가 어려워지면 근로자들을 농촌으로 보냈다. 1961년에서 1962년까지 2,000여만 명의 근로자를 농촌으로 보냈지만 심각한 후유증이 생긴 후에는 더 이상 보내지 못했다. "문화대혁명" 중에는 "우리도 두 손이 있으며, 도시에서 놀고먹지 않는다"라고 말했지만,

여전히 농촌으로 도시의 취업 모순을 옮겼다. 개혁이 시작된 이후의 임시 직공·농민공의 저수지는 여전히 농촌에 있었다.

임금은 국가에서 일괄 등급 결정을 하고 일괄 조정한다: 기업 이윤의 전부를 나라에 바치고, 기업의 모든 지출은 국가가 지불했으며, 임금 역시 국가에서 지불했다. 임금과 기업경제의 이익과는 상관이 없었다. 1950년대에 8급 임금제를 시행했지만, 1957년 이후 임금 등급이 기본적으로 변동이 없었다. 몇 년에 한 차례 전국적인 범위에서 일괄적으로 임금을 조정했고, 매번 일부 사람만 임금이 올랐다.

취업·분배·보험의 3자합일: 공장에 들어가면 바로 국가가 정한 등급에 따라 소득을 분배하고 의료·양로보험이 생긴다. 취업·분배·보험은 모두 노동자가 취업한 직장 안에서 해결되었다.

이러한 채용 제도는 계획경제와 상응하며 또한 계획경제체제의 중요한 구성 부분이다. 이 제도는 당시 노동자 계층 상황을 결정했다. 그들은 생활이 안정되었고, 실업에 대한 걱정이 없으며, 생·로·병·사를 모두 정부가 책임졌다. 공장에 들어가면 평생이 보장되었다. 기업 내부의 소득 차이가 크지 않아서, 공장장의 평균임금이 노동자 평균임금의 세 배 정도에 달했다. 그러나 노동자는 일을 선택할 권리가 없었다. 노동관계에서 어느 한쪽이 다른 한쪽에게 복종하는 것이 전제였다. 어떤 직장·어떤 업종·어떤 부서에 배치되는지, 얼마의 임금을 받는지, 어떤 보험을 누릴 수 있는지는 모두 매우 강력한 지령성을 갖고 있었다.

실업에 대한 걱정이 없고, 그들 옆에 그들의 밥그릇을 빼앗으려고 기다리고 있는 실업대군들이 없기 때문에 노동의 효율이 매우 낮았다. 필자가 1975년 톈진의 일부 공장을 조사하면서 8시간의 일을 4시간에 할 수 있으면 훌륭한 노동자라는 것을 알게 되었다. 그들에게 약간 "귀족 노동자"의 느낌이 있더라도 당연히 "가난한 귀족"이었다. 국유기업은 불필요한 인원

이 많이 있었지만 오히려 임시 직공을 대량으로 고용했으며(도시로 들어온 농민
과 일시적으로 정식 직업을 찾지 못하는 미취업 인원), 게다가 임시 직공의 비중이 갈수록
커졌다. 이런 상황은 1980년대 말까지 계속 이어졌다. 공장의 고되고 피곤
하며 위험한 일은 모두 임시 직공과 농민공이 했다. 일부 공장에서는 농민
공은 땀을 흘리며 일을 하고, 정식 직원은 선풍기 옆에 앉아서 잡담하는 장
면을 볼 수 있었다. 계획경제체제가 일부 게으름뱅이를 양성했다.

계획경제 시대에는 비록 노동자와 간부의 임금격차가 매우 크지 않았지
만 그것이 결코 노동자와 간부가 평등하다는 것을 나타내지는 않는다. 그
때는 사회 재부 분배에 있어서 노동자 역시 유리한 지위에 처해 있지 않았
다. 권력이 있는 사람이 재부 분배에 있어서 우세를 갖고 있었다. 이러한
우세는 주로 임금에서 나타나지 않고 집이나 의료·상품 공급 등의 방면에
서 나타났다. 관리들의 생산수단에 대한 통제권은 사실상 소유권이었다.
그들은 이런 소유권을 기반으로 각종 특권을 누렸다. 20년 일한 5급 노동
자의 가정은 일반적으로 1인당 평균 3제곱미터 정도 되는 평수의 방에 살
수 있었으나, 처급 간부는 방 세 개짜리 아파트에서 살 수 있었다.

당시 이론적으로는 노동자 계층을 지도자 계급이라고 강조했고, 노동
자 계층의 주인공 지위를 강조했다. 이런 강한 사회 여론은 노동자의 사회
적 성망에 유리했다. 많은 노동자들도 이것을 스스로 자랑스럽게 생각했
고 정치적 우월감을 갖고 있었다. 그러나 사회재부의 분배와 기업의 중대
한 일에 대한 발언권에 있어서 노동자들은 결코 주인공이 되지 못했다. 단
지 "문화대혁명" 후기에, "노동자계급 지도자 일체"라는 구호 아래 학교와
문화기관의 "공선대(工宣隊)"에 들어간 멤버들은[정식 명칭이 "공인 마오쩌둥 사상 선전
대(工人毛澤東思想宣傳隊)"로, 실제로 직장에 들어간 지도자 집단을 대체했다], 진정으로 약간의
주인공 느낌을 느꼈을 것이다. 그렇지만 좋은 시절은 그리 오래가지 않았
고, 1, 2년 후 그들은 다시 원래의 노동자 자리로 돌아갔다. 그러나 "계급

투쟁을 중심으로 하는" 시대에 노동자 계층은 정치적 부담이 없어서, 당시 사회에서 존재하던 대량의 "독재정치 대상" 앞에서, 그들은 남보다 한 수 위인 것처럼 보였다.

계획경제 조건 하에서 노동자가 받는 임금은 충분하지 않았다. 임금은 노동력 재생산의 가치였다. 즉 노동자 본인과 그 가정의 물질적 문화생활 물자를 유지하는 가치로서, 마땅히 의·식·주·행·교육·의료 등 방면의 비용을 포함해야 했다. 일괄수주(책임) 일괄분배의 노동제도 하에서, 본래는 임금의 일부에 속하는 집·교육·의료·양로 등의 비용을 국가가 모두 공제해서, 다시 국가가 그들에게 평생을 보장해야 한다. 그러나 국가 경제 효율성이 너무 낮기 때문에, 정부가 일괄 책임진다고 말하지만, 실제로는 책임을 지지 않았다. 이 때문에, 거주 조건이 매우 열악하고, 생활의 질이 매우 떨어져, 많은 사람들이 수십 년을 일해도 집 같은 집 한 채도 없었다.

1985년 상하이 시내 지역에는 180만 가구가 있었다. 국가에서 발표한 기준에 따르면, 89만 9,800가구가 극빈 가정으로, 그중 1인당 평균 집의 면적이 4제곱미터보다 작은 집이 21만 6,000가구였다. 24만 3,000가구는 주택 환경이 좋지 않았다(성인인 아들과 딸이 같은 방을 사용함).[1] 이것은 그래도 7, 8년 개혁을 실행하고 난 뒤의 상황으로, 개혁 이전보다는 다소 개선된 것이다.

필자는 개혁 이전에 톈진에서 많은 노동자의 가정을 취재한 적이 있다. 3대가 10제곱미터의 좁은 단칸방에서 부대끼며 사는 상황은 매우 흔했다. 밤이 되면, 이미 성년이 된 손자는 다락방으로 올라가고, 나이가 많은 할아버지, 할머니와 성인이 된 손녀는 바닥에서 잠자리를 펴고, 중년의 부부는 같은 방의 침대에서 잤다. 이러한 상황은 1980년대 중반까지 큰 변화가

---

1 1988년 10월 14일자 상하이 『해방일보(解放日報)』.

없었다. 1972년 필자가 톈진의 와이어로프 공장을 조사했다. 이 공장에는 6~9명의 식구가 13제곱미터 이하의 집에서 사는 가구가 82가구이고, 3대가 한 방에서 사는 가구가 29가구, 결혼 후 방이 없는 가구가 47가구, 집 없이 결혼한 가구가 8가구, 붕괴 위험이 있어 수리가 필요한 가구가 7가구나 되었다. 이러한 거주 조건에서, 야근을 하는 노동자는 낮에 잠을 잘 수가 없었다. 신중국 건국 초기, 톈진 1인당 평균 집의 면적은 3.8제곱미터였고, 1972년 1인당 평균 집 면적은 3제곱미터였다. 1950년대 초 노동자를 위해 만든 가건물식 임시 주택은 1980년대까지 사용되었고, 어떤 사람은 1990년대까지도 살았다(줄곧 20세기 말까지, 톈진의 붕괴 위험 가옥을 개조할 때, 이 임시 가건물을 개조했다). 이 혼잡하고 허름하며 더러운 가설 건물 안에, 집집마다 밥을 하는 알탄 난로가 1미터 넓이의 공동 통로 안에 매우 길게 나열되어 있었다. 각 집마다 화장실이 없었고, 주거 지역 중앙에 공동화장실이 있었다. 더러운 물이 흘러넘치고, 악취가 진동을 했다. 여름에는 통로의 온도가 39도까지 올라, 중년 부녀자는 너무 더워서 웃통을 드러내고, 음식을 만들었다. 이것은 필자와 필자의 동료가 톈진 퉁러우(筒樓) 부근의 노동자 주거지에서 직접 목격한 광경이다. 『관자·목민(管子·牧民)』편에서 "곳간이 가득차면 예절을 알고, 입고 먹는 것이 풍족해야 영욕을 안다(倉廩實則知禮節, 衣食足則知榮辱)"라고 했다. 이처럼 열악한 환경 속에서, 부녀자들은 부끄러움을 생각할 수도 없었다.

노동자들의 주거 조건이 열악했을 뿐만 아니라, 작업환경 또한 매우 열악했다. 1972년 9월 14일 톈진 노동위생방치원(勞動衛生防治院)이 필자에게 다음의 자료를 제공했었다.

톈진 시 981개 공장의 3만 7,720명에 대한 불확실 통계에 따라, 네 가지 작업(규소·납·벤젠·수은)에 종사하는 노동자로부터 다음과 같은 결과를 얻었다.

납 흡입	343명
벤젠 중독	39명
백혈구 감소	86명
수은 중독과 수은 흡입	134명

톈진의 건전지 공장 수은 전지를 만드는 작업현장에서 일하는 125명의 노동자 대부분이 수은 중독이 되어, 한때 생산이 중단되기도 했다. 톈진 훙웨이(紅衛) 구두공장·스웨(十月) 구두공장은 벤젠 중독이 매우 심각했다. 톈진 화학공장 주위 1,500미터 내 공기 중 수은 함량이 국가 기준을 넘었으며, 전기분해 작업장에서 일하는 85명 중 76명이 수은을 흡입하여, 전체 수의 79%를 차지했다.

노동자의 작업환경이 이처럼 열악한 것은, 국가의 빈곤이 그 원인 중 하나이다. 비록 노동 위생 부서와 노동조합이 수차례 호소했지만, 국가는 환경을 정비할 돈이 없었다.

말로는 국가가 정기적으로 균일하게 임금을 조정한다고 했지만, 실제로는 1963년 이후 임금은 거의 동결되었다. 1978년, 공장의 생산 제1선의 70% 이상은 2급 노동자로, 월급이 41.5위안이었다. 다른 기타소득이 없으면, 이런 소득으로는 겨우 최저생계 수준만을 유지할 수 있었다. 근로자들 집에는 어떠한 재산도 없어서, 말 그대로 "무산계급"이었다. 손목시계·자동차·재봉틀과 같은 기본 생활용품은 도시 주민들이 꿈에도 바라는 "세 가지 가정용품(三大件)"이었다. "사인방(四人幇)"이 물러난 후 임금을 조정하기 시작했지만, 몇 년 간격으로 일부 사람의 임금을 올리는 방법은 많은 폐난이 있었다. 승급의 비율을 확정하는 데 실제로 얼마의 사람이 승급해야 하는지에 따라 확정하는 것이 아니라, 국가의 재정 능력에 따라 확정했다. 국가가 얼마를 내놓을 수 있느냐에 따라서 사람을 승급시킨 것이다.

이렇게 확정된 비율과 실제 승급이 필요한 사람의 수는 매우 큰 차이가 있었다. 모두가 어렵게 잡은 승진과 임금 조정의 기회를 잃어버리고 싶지 않아서, 매번 임금을 조정할 때면 갈등이 대단히 첨예했다. 어떤 사람은 영화 제목으로 임금의 몇 단계를 평했다. 사상동원단계는 〈침묵하는 사람(沈默的人)〉으로, 누구도 의사를 표명하지 않는다. 명단을 발표하기 전은 〈격전의 전야(激戰前夜)〉로, 모두 어떻게 경쟁상대를 누를지 방법을 생각하고 있다. 1순위부터 3순위 사이는 〈생사격투(生死搏鬪)〉로, 싸우고 치고 박고 자살하고 살해하는 사건이 대부분 이때 발생한다. 국가소유제의 상황 하에서, 임금은 원래 노동자와 국가의 경제관계이다. 임금을 조정하는 것은 마땅히 국가와 노동자 사이의 관계를 조정하는 것이지만, 매번 임금을 평가하여 결정하는 것이 오히려 노동자 간에 서로 쟁탈하는 관계로 바뀌었다. 국가와 노동자 사이의 모순을 노동자 사이로 옮겼고, 이것은 명백히 매우 불합리한 것이다.

행정 역량으로 노동력 자원배치, 완전고용과 전국 균일 임금조정은 시행과정에서 갖가지 어려움을 만났고, 여러 가지 좋지 않은 결과를 만들었다. 또한 이처럼 좋지 않은 결과가 끊임없이 쌓여서, 첨예한 사회적 모순을 조성했다. 계획경제체제가 시장경제체제로 바뀔 때, 이러한 고도로 집중된 일괄책임 일괄분배의 노동취업제도 역시 반드시 그에 따라 변화가 생길 것이다.

시장경제체제 하의 노동취업제도는 어떤 특징이 있을까? 그것의 가장 근본적인 특징은 노동력이 상품이라는 것이다. 그 파생된 특징은 다음과 같다.

기업에는 고용 자주권이 있어서, 기업 경영의 필요에 따라 합리적으로 노동력을 확충하거나 감축하려고 한다. 얼마를 고용할 것인지는 기업 경영의 필요에 따라 결정하며, 최종적으로는 시장이 얼마의 상품이 필요한 가에 따라서 정해진다.

노동자는 노동 보수가 높고 근무 조건이 좋은 기업을 선택할 권리를 갖고 있고, 기업은 노동기술이 뛰어난 노동자를 선택할 권리를 갖고 있다. 쌍방이 선택을 확정한 후에는 노동자와 고용 기관이 노동계약서를 체결하고, 계약서를 통해 쌍방의 권익을 보장한다.

임금은 노동의 가격이고, 이런 가격은 기타 상품의 가격과 마찬가지로, 노동력 시장의 수요 공급 관계에 의해 결정된다. 엄격히 말하자면, 이런 시장의 수요 공급 관계에 의해 확정된 가격은 기업의 경제효율과 관계되어서는 안 된다. 그러나 만약 노동력의 공급이 수요를 초과하면, 기업이 하라는 대로 따라야 한다. 경제적 효익이 낮은 기업이 되면, 임금이 낮아진다. 이렇게 하면 곧 노동자의 이익을 대표하는 노동조합과 기업 경영자가 게임을 진행할 필요가 있다.

노동력은 시장에서 경쟁하고, 경쟁은 노동자로 하여금 일자리를 소중하게 여기도록 하여, 노동의 효율을 높인다. 경쟁은 또한 노동자가 자신의 노동 기술을 높이는 데 노력하도록 촉진시킨다. 그러나 노동력에 대한 수요 변화 때문에 노동자들은 일자리를 잃을 수도 있다. 실업은 노동력 예비군을 만들어내어, 근로자들에게 경쟁 스트레스를 준다. 실업노동자는 마땅히 국가가 제공하는 최저생계 보장을 받아야 한다.

중국의 노동제도 개혁은 기업개혁의 기초 위에 제기된 것이므로, 다른 기타 항목의 개혁보다 늦다. 1986년 6월 15일의 성장(省長) 회의에서 정식으로 노동제도 개혁이 제기되었다. 이 회의에서 국영기업의 노동계약제 시행·직공 모집 제도 개혁·규율 위반 노동자의 해고·근로자 실업보험 등 네 가지 규정을 토론했다. 노동력을 상품으로 삼은 것은 여전히 1992년 이후의 일이다.

개혁은 이미 과거 국가가 취업을 책임지고, 기업이 노동자를 책임지는 방법을 바꾸어 놓았으며, 보편적으로 노동계약제를 시행했다. 국가노동부 통계에 따르면, 1997년에 이르러, 전국 성진 기업 중에서 노동계약제를 시행하는 노동자는 1억 728만 1,000명에 달해, 같은 조건의 노동자 총수의 97.5%를 차지했다. 농촌 집체기업에서 노동계약제를 시행하는 취업 인원은 1,795만 8,000명으로, 사영과 개인 기업이 노동계약제를 시행하는 취업 인원은 714만 9,000명이었다.

당연히 노동력 시장화는 한 번에 완성되는 것은 아니며, 오랜 시간 동안 과도기를 거쳐야 한다. 이 중대한 변화가 노동자 개개인에게 적용될 때, 그들은 이 때문에 각종 정신적 어려움과 생활의 고초를 경험하며, 또한 노동자 집단의 분화를 불러일으킨다. 이 밖에도, 국유기업이 시장경제로 나아갈 때 어려움을 겪기 때문에, 계획경제의 조건 하에서 고생을 겪었던 노동자들은 또 일부 개혁의 비용을 부담해야 하며, 이것이 다시 국유기업 노동자를 더욱 힘들게 했다.

노동제도 개혁은 이런 계획경제체제 하에 타성이 심한 국유기업 노동자들을 위기로 몰아넣었지만, 위기는 또한 이 계급을 활성화시키고, 그들에게 새로운 생명력을 부여했다. 그러나 중국에서는, 노동력의 공급이 심각하게 수요를 초과했고, 노동력이 소비자 시장에 달려 있기 때문에, 말은 쌍방 선택이지만, 실제로는 보통 노동자에게는 어떤 선택의 자유도 없고, 단지 시장의 배치에 따라 맡겨지고, 자본의 배치에 맡겨질 수밖에 없다. 기업 경영자는 노동자를 해고할 권리를 갖고 있는데, 이것은 개혁 전후 최대의 변화이다. 바로 이 변화가 노동자와 기업 관리자를 두 개의 다른 이익 계층이 되도록 했다. 또한 이 변화는 노동자들이 기존에 누리던 안정된 생활을 잃어버리게 하여, 취업-실업-재취업의 불안에 처하도록 만들었다. 그러나 관리자가 노동자를 해고하는 권리는 시장논리에 부합하는 것이다. 이 점에서 말하자면, 노동자 계층은 자연적으로 사회주의를 지지하고 자본주의를 반대한다. 수십 년 동안 사회주의가 제공해 주던 취업보장을 잃어버린 후에야, 노동자들은 비로소 안정된 직업의 소중함과 시장의 냉정함을 깨닫게 되었다.

중국 노동자 계층은 고용제도의 개혁에 직면한 것 이외에도, 또한 다음의 몇 가지의 노동자 이익에 영향을 끼치는 중대한 사회변동에 직면했다.

소유제의 변화: 전체 국민 소유제가 절대 우세를 차지하는 것에서 여러 종류의 소유제가 공존하는 것으로 옮겨 가, 비국유 경제가 중요한 역량이 되었다. 대량의 노동자가 사유기업과 외자기업으로 진입했는데, 만약 국유기업에 여전히 약간의 "사회주의의 따스한 향기"가 남아 있다고 한다면, 사유기업에서 노동자는 이미 진정한 고용 노동자가 되었다.

분배 원칙의 변화: 단순히 노동에 따른 분배에서 생산요소에 따른 분배로 변했다. 자금과 토지·주택·기술 등과 같은 이런 생산요소는 모든 이윤 분배의 요소가 되었다. 노동력은 단지 분배에 참가하는 생산요소 중 하나일 뿐, 노동자 계층은 노동력을 제외하고, 더 이상 다른 생산요소는 없었다.

산업구조의 변화: 제조업을 위주로 주체적으로 발전하는 것에서 3차 산업과 조화롭게 발전하여, 3차 산업의 비중이 높아졌다. 기술 집약의 신흥 산업이 점차적으로 일부 전통 산업을 대체하고, 관리자와 기술자의 지위가 상승했지만, 단지 체력과 간단히 기능을 조작하는 노동자의 지위는 점점 낮아졌다.

노동자는 갖가지 불리한 지위에 처했고, 게다가 중국 특유의 개혁 방법은, 노동자들이 더욱 많은 개혁 비용을 부담하도록 했지만, 오히려 갖고 가는 개혁의 수익은 더 적었다. 그래서 개혁이 30년 가까이 진행된 오늘날, 노동자 집단 속에서 "사회 공정"을 외치는 목소리가 매우 강력하다.

노동자 계층의 기본 상황의 변동: 국가통계국 발표에 따르면, 2008년 말, 전국 근로자 수는 1억 1,515만 4,000명으로, 당정 기관 공무원과 사업 단위 직원을 빼고 나면, 기업 취업자 수는 7,591만 4,000명이다.[2] 기업에서 일하는 엔지니어 기술자와 관리자 800만 명을 빼고 나면, 육체노동자는 모두 6,791만 4,000명이다. 국가통계국의 "근로자(職工)"는 단지 성진 단위의 근무자를 가리키며, 향진 기업의 근로자나 사영기업의 근로자·성진 개인 사업자 중의 시간제 근로자나 명예 퇴직한 인원은 포함되지 않는다. 2008년, 향진 기업의 근로자가 1억 5,451만 명이고, 사영기업 시간제 근로자는 5,856만 6,000명이며, 성진 개인 사업자 중 시간제 근로자는 5,600만 명으로(이 세 부분 근로자 중 관리자와 전문기술자 3,000만을 빼고 나면, 남는 육체노동자는 대략 2억 3,907만 6,000명이다), 여전히 원래 직장과 노동관계를 유지하고 있는 실직·명예퇴직자가 1,200만 명 있다(그중 육체노동자는 대략 800만 명이다). 이러한 통계국 "근로자" 이외의 숫자를 더하면, 모두 3억 1,599만 명의 육체노동자가 있다. 그중 2억 3,500만 명의 노동자는 모두 농민공이다. 그렇다면 전통적 의미의 블루칼라는 8,099만 명으로, 개략수로는 8,000만 명이다.

2007년 5월에서 6월까지, 중화전국총공회는 한 차례 전국적인 표본조사를 실시했다. 전국에서 베이징·산시(山西)·헤이룽장·상하이·장쑤·저장·안후이·허난·후베이·광둥·쓰촨·윈난·산시(陝西)·간쑤·신장 등 15개 성을 선택하여 진행했다. 조사 샘플 총량은 4만 2,000부로, 모범 데이터가 전체를 대표하기 위해서, 농민공과 성진 근로자의 실제 비율에 따라서, 농민공과 성진 근로자에 대한 가중 처리를 한 후, 전국 근로자 집단의 전체 상황을 추론했다. 그들이 채택한 농민공과 성진 근로자의 실제 비율은 46 : 54이다.[3]

---

2 『중국통계연감 2009』, 124쪽, 등록 유형과 세부 업종에 따른 근로자 인원수 구분.
3 중화전국총공회 연구실 편찬, 『2007년 전국 근로자 집단 상황 조사 데이터 분석 보고서(2007年 全國職工隊伍狀況調査數據分析報告)』, 제1기, 2007년 8월 29일.

2002년과 1997년, 1992년, 1986년, 1982년에도 중화전국총공회에서 이와 유사한 조사를 한 적이 있다. 몇 차례의 조사를 비교해 보면, 근로자 집단의 변동 상황을 알 수 있다.

중화전국총공회 2007년 조사에서, 근로자 집단 평균 교육을 받은 연한이 11.48년(2002년에는 11.94년이었다. 평균 교육을 받은 연한이 줄어든 원인은 농민공의 비중이 높아지기 때문으로, 2007년 중학생 수준의 농민공이 43.9%를 차지했다[4])으로, 중학교와 그 이하의 근로자가 35.3%를 차지하고, 고등학교(직업고등학교)와 중등 전문학교(중등 기술학교)가 38.9%를 차지하며, 전문대학(고등 직업 기술학교)과 그 이상이 25.8%를 차지했다. 교육 수준이 중등인 근로자가 가장 많아서, 30.7%를 차지했고, 그 다음은 고등학교(실업계 고등학교)로, 26.7%를 차지했다. 이 둘의 비중을 합치면 모두 57.2%를 차지한다. 중화전국총공회가 조사한 "근로자" 속에는 화이트칼라가 포함이 되어 있기 때문에, 전문대학 이상은 기본적으로 화이트칼라이다. 블루칼라 중에 중학교의 비중이 이 수치보다 높다. 기술등급이 없는 노동자가 전체 노동자에서 차지하는 비중이 70.9%이고, 기술등급이 있는 사람이 29.1%를 차지했다. 기술등급이 있는 노동자 중에서, 초급 기능공은 45.5%를 차지했고, 중급 기능공은 38.2%, 고급 기능공은 12.1%, 공인 기사(고급 기사를 포함)가 4.2%를 차지했다.[5]

노동자의 종교 신앙에 관해, 중화전국총공회가 2007년에 조사한 결과는, 조사자 중에서 신앙이 없고 어떤 종교도 갖고 있지 않은 노동자가 86.4%를 차지했고(2002년 조사에서는 이 비율이 93.2%였다), 각종 종교 신앙을 가진 노동자가 13.6%를 차지했다(2002년 조사에서는 6.8%였다). 2002년부터 2007년까지 5년 동안, 종교 신앙을 가진 근로자의 비중이 6.8% 상승했다. 종교와

---

4 중화전국총공회 연구실 편찬, 『2007년 전국 근로자 집단 상황 조사 데이터 분석 보고서』, 제2기, 2007년 8월 30일.

5 위의 책.

신앙을 가진 근로자 중에서, 불교를 믿는 사람이 7.1%이고, 도교를 믿는 사람이 0.2%, 이슬람교를 믿는 사람이 0.9%, 기독교를 믿는 사람이 1.2%, 천주교를 믿는 사람이 0.2%, 기타 종교를 믿는 사람이 4.0%를 차지했다.

공유제를 주체로 하는 다각 경제 요소가 공동 발전하는 구도가 형성됨에 따라서, 국유·집체기업 중에서 취업자 수가 해마다 감소하고, 기타 경제 요소 기업 중에서의 취업 인원이 해마다 증가했다. 각종 경제 요소 취업 인원의 비중에 뚜렷한 변화가 발생했다.(표9-1 참조)

표9-1 전국 성진 근로자 취업 인원 각종 경제유형 구성변화(%)[6]

연도		1978	1990	1995	2000	2007	2008
취업 인원 총계(만 명)		9,541	17,041	19,040	23,151	29,350	30,210
국유기관	인원수	7,451	10,346	11,261	8,102	6,424	6,447
	비중(%)	78.1	60.7	59.1	35.0	21.9	21.3
성진 집체기관	인원수	2,048	3,549	3,147	1,499	718	662
	비중(%)	21.5	20.8	16.53	6.47	2.45	2.19
기타 기관	인원수		164	894	2,011	4,882	5,084
	비중(%)		0.96	4.70	8.69	20.4	16.8

표9-1에서 볼 수 있듯이, 1995년 국유기관 취업 인원수가 가장 많아서, 1억 1,261만 명에 달하며, 2007년과 2008년에 이르러, 국유기관의 취업 인원이 6,400여만 명으로 감소하여, 4,800여만 명이 줄어들었다. "기타 기관"은 사유기업과 외국인 투자 기업(外商投資企業), 주식회사를 가리킨다. 1990년대 중기부터 현재까지의 20여 년간, 4,000만 명에서 5,000만

---

6 국가통계국 편찬, 『2009년 중국통계개요』, 중국통계출판사, 43쪽. 국가통계국의 통계 조건이 다소 작은데, 중화 전국 상공업자 연합회(工商聯)의 조사에 따르면, 2007년 전국 사영기업 고용인 수가 5,856만 6,000명에 달한다고 한다.

명이 다른 소유제 사이에서 유동이 생겼다. 중화전국총공회가 2007년 조사한 결과에 따르면, 기업단위 근로자 중, 국유기업(국유 지분 우위기업을 포함)이 33.4%를 차지하고, 집체기업이 8.0%, 사영(민영)과 개체기업이 41.0%, 외국상사와 대만·홍콩·마카오 투자기업이 9.3%, 혼합 소유제 기업이 6.1%, 기타 유형의 기업이 2.2%를 차지했다.[7] 중화전국총공회와 국가통계국의 통계 접근 방식이 다르기 때문에, 통계 수치에 차이가 있다.

산업구조의 조정에 따라, 근로자의 취업 구조 또한 뚜렷하게 변화가 발생했다. 대량의 근로자가 산업 간에 유동이 생겨, 1차 산업에서의 취업이 상대적으로 감소하고, 2차와 3차 산업에서의 취업이 상대적으로 증가했다.(표9-2 참조)

표9-2 전국 3차 산업 종사 인원의 구조변화[8]

연도		1978	1990	1995	2000	2007	2008
취업 인원 총계 (만 위안)		40,152	64,794	68,065	72,085	76,990	77,480
1차 산업	인원수	28,318	38,914	35,530	36,043	31,444	30,654
	비중(%)	70.5	60.5	52.2	49.8	40.8	39.6
2차 산업	인원수	6,945	13,856	15,655	16,219	20,629	21,109
	비중(%)	17.3	21.4	23.0	22.5	26.8	27.2
3차 산업	인원수	4,890	11,979	16,880 19,823	24,917	25,717	5,084
	비중(%)	12.2	18.5	24.8	27.5	32.4	33.2

표9-2에서 볼 수 있듯이, 1차 산업의 종사 인원은 1978년의 70.5%에서

---

7 중화전국총공회 연구실 편찬, 『2007년 전국 근로자 집단 상황 조사 데이터 분석 보고서』, 제1기, 2007년 8월 29일.

8 국가통계국 편찬, 『2009년 중국통계개요』, 중국통계출판사, 43쪽.

2008년에는 39.6%로 낮아져, 30.9%가 줄어들었다. 2차 산업의 종사 인원은 1978년의 17.3%에서 2008년에는 27.2%까지 상승하여, 9.9%가 증가했다. 3차 산업의 종사 인원은 1978년의 12.2%에서 2008년에는 33.2%로 상승하여, 21%가 증가했다. 중화전국총공회가 2007년에 조사한 결과는, 1차 산업 근로자가 1.7%를 차지했고, 2차 산업의 근로자는 46.6%, 3차 산업 근로자는 51.7%를 차지했다. 성진 근로자는 3차 산업에 더 많이 집중되어 있고, 농민공은 2차 산업에 더욱 많이 집중되어 있었다. 성진 근로자는 3차 산업에서 67.1%를 차지했고, 2차 산업에서는 겨우 31.4%를 차지했다. 농민공이 2차 산업에서 차지하는 비율은 64.3%이고, 3차 산업에서는 겨우 33.7%를 차지했다.[9]

노동자 계층의 소득현황의 새로운 변화

중화전국총공회 근로자 소득분배 주제 조사 연구팀이 2009년 10월부터 12월까지, 전국 10개 도시 5,000명 기업의 근로자를 대상으로 설문조사를 했으며, 30여 차례의 좌담회를 개최했다. 피조사 근로자 월평균 화폐소득이 2,152위안으로, 국가통계국이 공포한 2009년 상반기 성진 근로자 평균 임금(2,440위안)의 88%이다. 그중, 월 소득이 2,440위안보다 낮은 근로자가 피조사 근로자의 73.3%를 차지한다. 근로자 인원수에 따라 다섯 등급으로 나누어 근로자 임금을 관찰하면, 근로자 인원수 20%를 차지하는 저소득조(組) 월 소득은 1,150위안 이하로, 그 월평균 임금은 겨우 725위안이다. 경제가 비교적 발달한 베이징, 상하이 등지는 임금소득이 현지 평균임금보

---

9 중화전국총공회 연구실 편찬, 『2007년 전국 근로자 집단 상황 조사 데이터 분석 보고서』, 제2기, 2007년 8월 30일.

다 낮은 근로가 비율이 각각 93.2%와 90.8%나 된다. 절대 다수의 보통 근로자의 임금이 공포한 근로자의 평균임금과 차이가 매우 크다.[10] "베이핑쥔(被平均: 어쩔 수 없이 평균이 되다)"은 인터넷에서 네티즌이 국가가 발표한 "평균소득"에 대해 불만 섞인 표현으로, 중화전국총공회의 조사에서 충분한 근거를 찾을 수 있다.

중화전국총공회의 이번 근로자 소득조사에도, 기업에서 일하는 일선 노동자의 임금소득이 확연히 낮아서, 저소득 근로자가 차지하는 비율이 큰 것으로 나타났다. 일선 근로자 월평균 소득은 1,749위안으로, 단지 전체 피조사 근로자 월평균 소득 2,152위안의 81.2%를 차지한다. 사영기업과 집체기업 근로자의 임금도 낮았다. 이번 조사에서, 사영기업과 개체기업 근로자의 월평균 소득은 1,811.4위안이고, 집체기업 월평균 소득은 1,241.5위안이었다(국가통계국이 조사한 2008년 전국 성진 사영기업 근로자의 월평균 임금은 1,707.1위안이었다). 집체기업 근로자의 월평균 소득은 1,241.5위안이다. 국유기업 간의 차이 또한 매우 분명한데, 국유 대형기업은 특히 국유 독점기업 근로자의 소득이 비교적 높았지만, 성(省) 직속 이하 국유 중소형 기업 근로자의 소득은 낮았다. 중화전국총공회의 이번 조사에서, 근로자 월 소득이 가장 높은 것은 가장 낮은 것의 3.4배였다.

중화전국총공회 2007년 조사에서, 월급이 500위안 이하의 비중이 가장 큰 것이 노동자로, 월급이 3,000위안 이상의 비율이 가장 작은 것도 노동자인 것으로 나타났다.(표9-3 참조)

---

10 중화전국총공회 근로자 소득분배 주제 조사 연구팀, 「기업 근로자 소득분배에 존재하는 다섯 가지 두드러진 문제」, 『개혁내참』, 2010년 10기.

표9-3 다른 근로자 집단 임금소득 분포 현황[11]

	500위안 및 그 이하	501~700 위안	701~ 1,000위안	1,001~ 1,500위안	1,501~ 2,000위안	2,001~ 3,000위안	3,001위안 과 그 이상
노동자	10.2%	14.3%	31.0%	26.1%	11.9%	5.2%	1.3%
전문 기술자	3.5%	5.1%	20.4%	27.7%	20.6%	15.4%	7.3%
기업과 사업 단위 일반관리자	3.5%	5.8%	19.2%	29.4%	21.2%	14.9%	6.0%
기업과 사업 단위 중간관리자	2.3%	3.3%	13.2%	21.9%	22.5%	21.3%	15.5%
기업과 사업 단위 고위관리자	2.6%	1.3%	8.4%	16.3%	16.3%	28.2%	26.9%
공무원	1.3%	1.6%	13.1%	27.3%	23.3%	21.0%	12.4%
기타	22.6%	19.9%	30.9%	15.4%	6.6%	3.5%	1.1%

　노동자 임금 수준이 낮은 것은 임금 성장이 완만한 것과 관련이 있으며, 다른 근로자 집단 중에서, 노동자의 임금 성장이 가장 완만하다. 중화전국총공회의 2007년 조사에서 5년 이래로 임금이 오르지 않은 노동자는 26.7%를 차지하며, 이것은 각 집단 중에서 비율이 가장 높은 것이라고 밝혔다.(표9-4 참조)

표9-4 다른 근로자 집단 임금 증가 시간 현황[12]

	2007	2006	2005	2004	5년 이래로 임금이 오른 것이 없음
노동자	29.9%	33.3%	6.7%	3.4%	26.7%

---

11 중화전국총공회 연구실 편찬, 『2007년 전국 근로자 집단 상황 조사 데이터 분석 보고서』, 제3기, 2007년 9월 3일.
12 위의 책.

전문기술자	29.6%	39.4%	9.2%	4.3%	17.5%
기업과 사업 단위 일반관리자	29.6%	38.5%	9.9%	5.0%	17.0%
기업과 사업 단위 중간관리자	29.6%	40.6%	9.6%	6.1%	14.1%
기업과 사업 단위 고위관리자	24.9%	45.8%	8.9%	4.4%	16.0%
공무원	28.8%	57.3%	7.4%	2.6%	3.9%
기타	25.4%	29.0%	6.4%	3.6%	35.6%

　　보통 노동자는 임금 수준이 낮고 성장이 느릴 뿐만 아니라, 임금 성장 금액도 비교적 낮았다. 중화전국총공회가 2007년에 조사한 바에 따르면, 임금이 오른 적이 있는 근로자 중에서, 가장 최근에 오른 임금의 평균 금액이 187.23위안이고, 평균 증가폭은 13.7%로 나타났다. 그중에서, 보통 노동자 평균임금 증가는 146.56위안으로, 증가폭은 12.7%이며, 평균수준보다도 낮다. 일반 관리자와 고위층 경영자 임금 평균 증가 금액은 각각 219.63위안과 555.02위안으로, 증가폭도 각각 13.3%와 18.8%이다. 그 증가한 임금의 금액은 각각 보통 노동자의 1.5배와 3.78배이다. 각 집단 중에서, 노동자의 임금 증가폭이 가장 낮으며, 증가 금액도 가장 적다.[13]

　　국가통계국 자료에 따르면, 2008년 업종별 임금격차가 계속 확대되어, 20개 업종 분류 중에서 고저 소득격차가 4.77배였다. 그리고 독점 업종과 기타 업종의 실제 소득격차가 5~10배에 달했으며, 일부 국유기업 경영 간부의 급여가 지나치게 높은 것으로 나타났다. 국유자산관리위원회(國有資産管

---

13 잡지 『염황춘추(炎黃春秋)』 2010년 제4기에 「인재를 말살하는 부적절한 합격」이라는 글을 발표한 후, 많은 편지를 받았으며, 그해 "부적절한 합격자"에게 강렬한 공감을 불러일으켰다.

理委員會)의 데이터에 따르면, 2004년부터 2007년까지, 국자위 감독하의 중앙기업 경영 간부의 평균 연봉이 각각 35만 위안과 43만 위안, 47만 위안, 55만 위안으로, 연간 14%가량 성장했다. 중화전국총공회 조사팀이 2006년부터 2008년까지 상하이 증권시장 중국인 대상 주식(A股)에 대해 조사해 보니, 국유주가 자본금을 차지하고 있는 비중이 50%가 넘는 상장회사가 모두 208개였다. 연간 보고서에서는, 2006년부터 2008년까지, 고위층 경영자의 연봉이 각각 25만 4,238위안·34만 6,613위안·38만 1,865위안이고, 이러한 상장회사 근로자의 몇 년간 임금 평균치가 3만 7,833위안·2만 5,675위안·2만 3,470위안이라고 분석했다.[14] 경영 간부의 임금은 보통 근로자 임금의 6.72배·13.5배·16.27배에 상당한다.

국유 독점 기업의 고위층 경영자는 임금이 높을 뿐만 아니라, 또한 판공비가 특히 높다. 시노펙 그룹(Sinopec Group)의 전(前) 최고경영자·이사장이었던 천둥하이(陳東海)는 매일 직무 소비가 4만 위안에 달했다.[15] 그의 하루 판공비는 보통 노동자의 2년 임금과 맞먹는다. 비록 천둥하이가 모든 고위층 경영자의 판공비 수준을 대표할 수는 없지만, 그러나 국유와 국유지분 우위기업의 고위층 경영자의 판공비가 매우 높은 것은 보편적인 현상이다.

중화전국총공회의 몇 차례 조사에 따르면, 2002~2009년까지, 7년간 근로자 임금이 107.52%로 올라, 연평균 10.98% 증가했으며, 물가 요인을 제외한 후에도, 연평균 8.18% 증가했고, 같은 시기 GDP가 연간 10.13% 올랐다.[16]

이 때문에, 근로자 소득이 GDP에서 차지하는 비중이 내려갔다. 국가

---

14 중화전국총공회 근로자 소득분배 주제 조사 연구팀, 「기업 근로자 소득분배에 존재하는 다섯 가지 두드러진 문제」, 『개혁내참』, 2010년 10기.
15 위의 책.
16 위의 책.

통계국의 데이터에, 노동자 보수가 GDP에서 차지하는 비중이 1995년 이래로 이미 12.7% 하락했다고 나타났다. 2007년까지, 중국 노동자 보수가 GDP에서 차지하는 비중은 이미 45.1%에 이르렀으며, 영국과 미국·브라질 등의 나라는 거의 10년의 평균 노동자 보수가 차지하는 비율이 대략 60%·68%와 50%였다. 노동자 보수가 GDP에서 비중이 지나치게 낮은 것은 바로 노동자에게 채무를 빚지고 있는 것이다.

중화전국총공회 조사팀의 조사에서, 75.2%의 근로자가 현재 사회 소득분배가 불공평하다고 생각하는 것으로 나타났다. 61%의 근로자는 "보통 노동자의 소득이 지나치게 낮은 것"이 현재 사회 소득분배의 최대 불공평이라고 생각했다.[17]

중화전국총공회가 2009년 5월에서 6월까지 전국 1,000명의 근로자를 대상으로 조사한 결과, 14%의 근로자가 임금을 체불당하고 있는 것으로 밝혀졌다. 저장 성 노동감찰총대(勞動監察總隊)의 통계에 따르면, 2008년 전체 성내에서 임금을 체불한 채 도주한 사건이 모두 527건으로, 3만 3,600명의 근로자가 연루되어 있으며, 모두 1억 3,500만 위안의 임금이 체불되어 있었다고 했다. 그 밖에도 인력자원사회보장부 통계에 따르면, 2009년 1월, 전국에서 임금체불로 인해 일어난 50인 이상의 집단사건이 1,150건에 달하며, 연루된 근로자가 14만 명으로, 금액이 10억 500만 위안에 달한 것으로 나타났다. 광둥 성은 2008년 임금체불과 관련된 돌발사건 6,695건을 처리했으며, 연루된 노동자가 77만 8,500명이었다.[18]

1997년의 상황은 사영기업 근로자의 소득이 국유기업보다 높았지만,[19] 근래의 상황은 역전되었다. 국가통계국 관계자의 소개에 따르면, 예비조

---

17 위의 책.
18 위의 책.
19 「1997년 전국 근로자 집단 상황 조사통계 데이터 분석(3) – 소득분배 상황」.

사에서, 2008년 전국 성진 사영기관 취업자 평균임금이 1만 7,071위안으로, 겨우 현행 노동임금 통계제도 평균임금의 58.4%에 상당한 것으로 나타났다.[20] 전국 공상연(工商聯) 조사에 따르면, 2008년 사영기업 근로자 평균 연봉이 국유기업의 근로자에 비해 8,208위안이 낮고, 양자를 비교하면 1:1.45로, 2년 전에 비해 차이가 더 커졌다.[21]

최근 몇 년, 노동자의 의료보장과 양로보험은 지난 몇 년에 비해 개선된 부분이 있지만, 그러나 여전히 매우 낮은 수준이다. 아래의 표에서 알 수 있듯이, 성진 근로자 중 68%만이 의료보장을 받으며, 23.7%의 사람은 완전히 개인이 의료비용을 부담한다. 그리고 농민공은 겨우 39.3%만이 의료보장을 받으며, 46.4%의 사람은 완전히 개인이 의료비를 부담한다. 기업의 유형에서 보면, 고용기관이 의료보험료를 납부하는 근로자의 비율이 외국 상사와 대만·홍콩·마카오 투자기업이 가장 높아서 72.9%이고, 사영(민영)·개체기업이 가장 낮아서 31.3%로, 양자의 차이가 41.6%나 있다.

표9-5 근로자 의료보장 상황[22]

	의료보험 가입	완전히 개인 부담	기관과 개인이 분담	모른다
전체 근로자	52.9%	35.7%	7.6%	3.8%
성진 근로자	68.0%	23.7%	6.3%	2.0%
농민공	39.3%	46.4%	8.8%	5.5%

조사 결과에서 2007년, 전체 응답 근로자 중에서, 소속 기관이 양로보

20 『공인일보(工人日報)』, 2009년 10월 28일[리슈링(李秀玲) 기자].
21 「제8차 전국사업기업 표본조사 데이터 분속 종합보고서(개요)」, 『중화공상시보』, 2009년 3월 26일.
22 중화전국총공회연구실 편찬, 「2007년 전국 근로자 집단 상황 조사 데이터 분석 보고서」, 제7기, 2007년 9월 14일.

험을 납부해 주는 것이 55.8%를 차지했고, 그중 성진 근로자가 70.6%로, 2002년(68.6%)과 비교하면 확실히 상승한 것으로 나타났다. 양로보험은 중국에서 가장 광범위하게 영향을 미치는 것으로, 보험 가입자 수가 가장 많은 사회보험이다. 농민공으로서 양로보험에 가입한 사람의 수가 명백히 증가했다. 조사에서, 직장에 취업한 농민공 중에서, 42.6%의 농민공이 소속 직장에서 그들의 양로보험료를 납부해 주었으며, 성진 근로자와 비교하면 여전히 어느 정도 격차가 존재하지만, 2005년 국무원 연구실 조사 보고서에서 인용한 농민공 보험 가입 데이터(15% 정도)와 비교하면 매우 크게 높아진 것으로 나타났다.

다른 성질의 기업 중에서, 외국 상사와 대만·홍콩·마카오 투자기업과 국유기업이 양로보험에 가입 상황이 가장 좋아서, 가입 수준이 각각 76.2%와 73.6%에 달했고, 집체기업은 52.5%였다. 사영(민영)·개체기업에서는, 근로자 양로보험 가입률이 겨우 36.9%였다. 기업 근로자, 특히 사영(민영)·개체기업 근로자의 양로보험 가입 상황은 극히 저조했다.

"주인공" 지위의 상실

앞에서 말한 바와 같이, 정치체제 개혁 이전에는, 비록 "노동자계급이 생산수단의 주인"이라는 구호가 매우 요란했지만, 생산 제일선의 산업노동자에게는 경제적으로든 아니면 정치참여 방면에서든지, 모두 "주인공"이라고 말하기 어려웠다. 개혁이 진행되고 30년 뒤, 노동자들은 자신들의 주인공 지위에 대해 스스로 인징하는 것이 더욱 적어졌다.

개혁 이래의 기업과 관련된 각종 정책 문서에서는, 모두 대중민주주의(Mass Democracy), 노동자 참여 관리를 견지하고 시행하는 각종 조항을 담고 있었다. 노동자대표대회 제도(職工代表大會制度)는 노동자가 민주 관리에 참여하는 주요한 방법이었다. 일부 비교적 잘하고 있는 기업은 노동자의 절실한 이익과 관련된 중요한 문제에 있어서, 예를 들면 기업 생산 경영 등 중대한 정책이나 단체계약의 체결과 변경·노동자와 기업의 노동관계 해제 등은 모두 노동자대표대회의 토론·심사·가결을 거쳤다. 일부 기관은 또한 노동자대표대회를 통해 기업 책임자에 대해 민주적인 심의를 진행하기도 했다. 노동자대표대회는 각기 다른 수준에서 민주적인 관리나 민주적인 감독·노동자의 합법적 권익을 보호하는 작용을 했다.

그러나 상당히 많은 기업에서 노동자대표대회의 형태가 유명무실했다. 저장 성 자싱(嘉興) 시의 조사에서는, 노동자대표대회가 기업의 정책결정과 노동자 권익을 보호하는 방면에서 매우 큰 작용을 할 수 있다고 생각하는 사람이 8.6%를 차지했고, 아무런 작용을 할 수 없다고 생각하는 사람이 44.6%를 차지한 것으로 나타났다. 1998년, 광시쫭족자치구 당위원회가 100개의 중대형 국유기업의 1,100여 명의 노동자를 대상으로 한 조사에서, 노동자대표대회가 매우 큰 작용을 했다고 생각하는 사람이 6.3%를 차지했고, 어느 정도 작용을 하고 있다고 생각하는 사람이 42.7%, 보통이라고 생각하는 사람이 6.5%, 그다지 크게 작용하지 않는다고 생각하는 사람이 30.9%, 전혀 아무런 작용도 하지 않는다고 생각하는 사람이 13.2%를 차지한 것으로 나타났다. 조사에서는 기업 관리 과정 중에 정책결정의 민주화 수준이 높지 않고, 상당히 많은 기업 지도자는 노동자의 건의에 대해 중시하지 않는 것으로 나타났다. 일부 노동자는 상실감을 갖고 있으며, 상당한 부분의 노동자는 소득이 낮은 것에 대해 불만을 갖고 있었다. 1997년 중화전국총공회가 근로자 상황을 조사한 데이터에서는, 4.1%의 사람이 1992년 이래로 노동자의 말단부서에서의 주인공 지위가 크게 올랐다고 생각했으며, 29.4%의 사람은 약간 올랐다고 생각했고, 23.6%의 사람은 변화가 없다고 생각했으며, 15.8%의 사람은 다소 내려갔다고 생각했고, 9.3%의 사람은 매우 내려갔다고 생각했고, 17.8%의 사람은 모르겠다고 대답했다. 주인공의 지위가 올랐다고 생각하는 사람은 1992년에 비해 12.5%가 하락했다. 2002년의 중화전국총공회 노동자 조사에서, 노동자대표대회에 대한 반응은 1997년 조사에 비해 나아져, 35.5%의 응답자들이 비교적 좋거나 매우 좋다고 대답했고, 46.8%가 보통이라고 대답했으며, 17.7%는 좋지 않거나 매우 좋지 않다고 대답했다.

베이징 시가 1997년에 조사한 바로는, 노동자가 주인공 지위에 대한 확신을 갖고 있는지에 대한 평가에서 5년 전에 비해 7%가 하락했다. 랴오닝 조사에서는, 기업 노동자가 주인공 지위에 대한 명확한 태도를 갖고 있는 것이 기관과 사업 부문보다 훨씬 낮아서, 10%나 차이가 나는 것으로 나타났다. 상하이 시 총공회가 1997년에 무작위 추출 방식을 채택하여, 1,045개 말단부서와 그곳의 6,100명 노동자에 대한 설문조사를 실시하여, 표9-6과 같은 결과를 얻었다.

표9-6 상하이 노동자의 기업에서의 지위 조사 데이터(%)[23]

비교적 충분한 주인공의 지위를 누림	부분적으로 누리고 있지만 완전지는 않음	이론적으로는 주인공이지만 사실상은 노동자	고용 노동자	정확히 모름	기타
20.7%	22.3%	46.1%	3.3%	7.1%	0.5%

2002년 상하이 시 조사에서는, 주인공 지위에 대해 인정하는 것이 1997년에 비해 더욱 낮아졌다. "당신은 현재 노동자의 직장에서의 지위가 어떻다고 생각하느냐"는 물음에, 지위가 충분하다고 대답한 사람은 겨우 14.5%를

---

23 상하이 시 총공회 연구실, 「1997 상하이 단체상황 조사보고서」, 396쪽.

차지했고, 부분적으로 향유하고 있다고 대답한 사람이 22.7%, 이론적으로는 주인이지만 실제로는 노동자라고 대답한 사람이 45.3%를 차지했다.[24]

　1980년대, 국가는 부단히 기업에 대해 권력을 넘겨주고 이윤을 양보했다. 이것은 장기간 자주권이 없던 기업에게는 필요한 것이었다. 그러나 기업의 법인 관리 구조가 아직 구축되지 않았을 때. 국가가 권력을 넘겨준 것은 단지 경영자의 손 안에 준 것이지, 기업이라는 법인의 손에 들어가지는 않았다. 법인은 마땅히 하나의 완벽한 제도에 의해 보장된 조직 구조이지만, 경영자는 하나의 자연인이다. 기업에서, "라오쌴회(老三會)"[25]의 감독 기능은 약화되었지만, "신쌴회(新三會)"의 감독 작용은 아직 구축하지 않았다. "신쌴회"와 "라오쌴회"의 마찰은 다시 원래부터 미약했던 감독 기능을 더욱 약화시켰다. 그래서 경영자의 권력이 기업 내에서 상호제어가 결핍되고, 기업 밖에서의 감독이 결여되어, 그가 마음대로 기업의 재산을 지배할 수 있게 되었고, 노동자의 권한을 처분하는 것도 과거보다 훨씬 커졌다. 적지 않은 기업에서 최고책임자가 결정하면 그만으로, 다른 임원진들은 마치 많은 별이 달을 에워싸듯이 최고책임자를 둘러서서 맴돌았다. 기업의 경영활동에 대해, 노동자는 발언권을 갖기 매우 어려웠다. 21세기에, 다수의 기업에서 경영자 한 사람이 결정하는 상황이 더욱 심해졌다.

　경영자가 노동자의 운명을 주재하는 상황에서, 많은 노동자들은 신문 잡지나 여론에서 "주인공"이라든지 "전심전력으로 노동자 계층에 의지하자"라는 쓸데없는 말에 반감을 나타내었다. 일부 근로자들은 노동자가 주인이라고 말하는 것은 "노동자에게 높은 감투를 씌우는 것이다"라고 생각했다. 어떤 근로자는 "전심전력으로 노동자 계층에 의지하자는 것은 단지 구

---

24 상하이 시 총공회, 『2002년: 상하이 시 근로자 집단 상황 조사』, 내부자료 준인증 제058호, 4쪽.
25 "라오쌴회(老三會)": 당위원회(黨委會)·공회(工會)·관리위원회(管委會). "신쌴회(新三會)": 기업관리위원회(企業管理委員會). "신쌴회"는 주주총회(股東會)·이사회(董事會)·감사회(監事會)이다.

호일 뿐으로, 종이로 바른 등은 밝아 보이지만, 속은 텅 비어 있다"고 말했다. 1996년 8월 서북지역 모 성(省)의 총공회 조사에서, 응답 근로자 중 64%가 "노동자가 국가와 기업의 주인공이라는 표현법은 실제 상황과 맞지 않고", "노동자는 주인공이 아니라 보통 노동자다"라고 생각하는 것으로 나타났다. 청두 시 심리스강관 공장 부근의 사거리에 강철 파이프 위에 의기양양한 두 남녀 노동자가 서 있는 조각상이 있다. 작가의 원래 의도는 노동자 계층의 드높은 투지를 표현하려고 했으나, 옆에서 보면, 강철 파이프는 동그라미로, 마치 숫자 "0"처럼 생겼다. 청두 사람들은 이 조각상이 "노동자 계층은 0과 같다"는 것을 표현한 것이라고 말한다.

상하이의 일부 기업을 대상으로 한 조사에서, 노동자가 갈수록 자신을 "보통 노동자", "피관리자"의 지위에 두고, 그들이 공장장이나 매니저를 부를 때 "사장"이라고 부르는 것으로 나타났다. 일부 노동자는 거리낌 없이 조사자에게 말했다. "우리는 권력도, 사회적 연줄도, 대학 졸업장도 없습니다. 소득도 낮고, 중노동을 하며, 또 늘 실직할까 걱정하며, 우리를 존중하는 사람도 없습니다." 어떤 노동자는 "자식들은 꼭 대학을 보낼 겁니다. 절대 자식들은 더 이상 노동자가 되게 할 수는 없습니다"라고 했다. 상하이 시 총공회는 일찍이 직업 선택에 대해 조사를 한 적이 있는데, 결과적으로 노동자의 선택 비율이 가장 낮은 것으로 나타났다. 노동자들은 어쩔 수 없이 자신이 고용 노동자의 지위라는 것을 받아들이고 있었다.

과거에는 인민대표 중 노동자의 비율을 노동자가 주인 역할을 하는 하나의 지표로 삼았다. 개혁 이래, 전국인민대표대회의 대표 중에서, 노동자 대표 비율이 갈수록 줄어들었다.(표9-7 참조) 제9기 전국인민대표대회에는 노동자 대표의 비율이 발표되지 않았고, 제10기 전국인민대표대회에서 발표되기로는 노동자 대표와 농민 대표가 차지하는 총비율이 18.46%로, 노동자 대표의 비율이 이미 10% 이하로 떨어진 것으로 추정된다.

표9-7 전국인민대표대회 중 노동자 대표 비율[26]

횟수	제5기	제6기	제7기	제8기	제10기
노동자 대표 비율	26.7%	14.9%	12.4%	11.2%	10% 이하

　민주제도 하에서, 대표의 수는 선거에 결정적인 영향을 준다. 중국에서 노동자는 아직 선거를 통해서 지도자의 인선과 정책에 영향을 주지 않는다. 그래서 노동자 대표의 비중이 얼마인가는 실질적으로 의미가 없다. 상당수의 노동자들은 그들이 기업의 결정에 대해 영향력이 없다고 생각한다. 일부 기관의 지도자는 농민공의 참여 관리에 대해 배척하는 성향을 갖고 있다. 중화전국총공회 2007년 조사 데이터에서는, 15%의 기업과 사업 단위 고위층 관리자 혹은 책임자가 "근로자는 단지 일하고 돈 버는 데 필요하고, 기업이나 사업 단위의 관리에 참여할 필요가 없다"고 생각하는 것으로 나타났다. 16.8%의 기업과 사업 단위 고위층 관리자 혹은 책임자는 "근로자들을 기업이나 사업 단위의 관리에 참여하도록 하는 것은, 기업이나 사업 단위의 효율을 떨어뜨릴 뿐이다"라고 생각했다. 비공유제 기업 중에서, 39.6%의 근로자가 소속 기관에 노동자(대표)대회 제도가 만들어져 있지 않다고 했으며, 29.9%의 근로자는 소속 기관에 공장 업무 공개제도가 시행되지 않는다고 했다. 기업과 사업 단위 응답 근로자 중에서, 43.9%의 근로자는 자신이 소속된 기관의 경영 관리에 대해 의견을 나타내거나 바람을 전달하지 않는다고 했다. 그중 비공유제 기업이 차지하는 비율이 더욱 높았다.[27]

---

26 「근로자 사회참여 문제 연구」, 『1997년 전국 근로자 집단 상황 조사 연구 보고서』, 제8기, 제10기 대표 비율은 전국총공회가 제공한 것이다.

27 전국총공회 연구실 편찬, 『2007년 전국 근로자 집단 상황 조사 데이터 분석 보고서』, 제10기, 2007년 9월 20일.

상당히 많은 노동자들은 "주인공"은 사회주의 이데올로기 중의 정치적 개념이라고 생각했다. 시장경제체제에 들어선 이후에는, 사실에 근거하여 노동자의 사회적 지위를 인정하려고 했다. 노동자(工人)는 노동력 시장에서 노동으로 소득을 얻는 사람들이다. 노동자로서 자발적으로 시장경제에 적응해야 한다. 30여 년의 개혁을 거치면서, 근로자의 시장의식·경쟁의식·효율 관념은 확실히 강화되었다. 상하이 시 총공회의 2002년 보고서에서는 다음과 같이 말하고 있다. 1992년 노동자 집단에 대해 조사할 때에는, 대다수 근로자들은 기업과의 사이가 "한번 그 기업에 들어오면 끝까지 가는" 관계라고 생각했다. 1997년 조사 때에는, 22.8%의 근로자가 만약 지금의 직업에 만족하지 못하면, 다시 직업을 선택할 수 있다고 했다. 2002년 조사에서는, 35세 이하의 근로자 중 27.8%만이 회사를 옮긴 적이 없다고 했으며, 68%의 근로자는 지금의 직장에서 일한 지 겨우 1~3년밖에 되지 않는다고 했다. 바꾸어 말하자면, 그들은 결코 현재의 직장을 자신의 기업으로 보지 않으며, 더 나은 개인의 발전 기회를 찾는 데 치중하고 있다는 것이다.[28]

국유기업 노동자가 개혁의 진통을 감내했다

개혁엔 반드시 진통이 따른다. 이런 진통은 국유기업이 가장 심하고, 국유기업의 노동자는 더욱 많은 개혁의 진통을 감내했다.

국유기업의 진통은 다음의 세 가지 방면에서 비롯되었다. 첫째는 역사의 부담을 소화해야 했다. 둘째는 과거의 불합리한 산업구조와 소유제 구조

---

28 상하이 시 총공회, 『2002년: 상하이 시 근로자 집단 상황 조사』, 내부자료 준인증 제058호, 4쪽.

를 조정하려면, 반드시 파산·합병·자산 재편성이 있었다. 세 번째는 비국유경제와의 경쟁에서, 국유기업은 열세에 처했다. 이 세 가지 방면은 모두 국유기업 근로자 자신의 이익과 밀접한 관련이 있다.

1995년쯤, 국유기업이 짊어진 역사적 부담은 세 가지로, 지나치게 높은 자산 부채율(86%), 과도한 잉여 인원(대략 총인원의 3분의 1), 학교나 병원 등과 같이 마땅히 사회가 맡아야 할 일을 기업이 부담해야 하는 것이다. 이 세 가지 큰 짐을 소화해야 함으로써 기업은 커다란 역경을 겪었다. 잉여 인원 문제를 해결하려면, 반드시 "인원을 줄여 효과를 높이는 것(減員增效)"을 해야 했다. 1995년 이후, 중앙정부는 "인원을 줄여 효과를 높이는 것"을 국유기업 개혁의 중요 정책으로 삼았다. "인원을 줄여 효과를 높이는 것"을 실현하려면, 반드시 일부 노동자들이 일자리를 잃어야 했다. 1995년, 국유 경제 기관의 근로자는 1억 955만 명이었다. 인원을 줄여 효과를 높이는 것을 통해, 2002년에 근로자는 6,924만 명으로, 4,031만 명이 줄어들었다.[29] 국유기업을 떠난 4,000여만 명 중, 일부는 다른 소유제 기관에서 일자리를 찾았고, 상당히 많은 사람들은 실직자가 되었다.

"매단공령(買斷工齡: 근무 연한을 돈으로 계산하여 일시불로 받고 퇴직하는 것)"은 근로자를 국유기업에서 퇴직시킬 때 보편적으로 시행하는 방법이다. 21세기에 들어서, "매단공령"으로 인해 노동자의 불만을 불러일으켜서, 어떤 지역·일부 기업에서 대규모의 집단사건이 발생했다. 이 문제는 이미 사회 화합과 사회 안정에 영향을 끼치는 도화선이 되었다. 필자는 일찍이 「돈으로 사려고 해도 끊지 못하고, 통제하려 해도 어지럽다(買不斷, 管還亂)」[30]라는 제목의 글을 발표한 적이 있다. 그 내용을 요약하면 다음과 같다.

---

29 국가통계국 편찬, 『2004년 중국통계개요』, 중국통계출판사, 41쪽.
30 양지성, 「돈으로 사려고 해도 끊지 못하고, 통제하려 해도 어지럽다(買不斷, 管還亂)」, 『30년 허둥』, 220~272쪽.

"매단공령"이라는 것은, 바로 근무 연한에 따라, 일회성으로 실직 근로자에게 목돈을 보상해 주는 것으로, 그 뒤로는, 그와 기업의 관계가 끊어져, 의료나 양로·교육·주택 및 기타 모든 것은 기업과 상관이 없게 된다. 매년 근무 연한에 따라 보상금액이 얼마인지는, 기업의 현재 상태와 지불 능력과 연관이 있다. 성과가 좋은 기업은 조금 많고, 성과가 좋지 않은 기업은 좀 적었다. 일반적으로는, 20년을 근무한 노동자는 2만 위안 정도를 받을 수 있었다. 기업의 관점에서 볼 때, "매단공령"은 인원을 줄여 효과를 높이는 비교적 간단하게 시행할 수 있는 방법이지만, 실제 상황은 상당히 복잡했다. "매단(買斷)"의 가격이 얼마인지? 계획경제 조건 하에서, 노동자가 받는 임금은 충분하지 않았다. 이론적으로, 임금은 노동력 재생산 가치이며, 또한 노동자 본인과 그 가정의 물질문화 생활을 유지하는 데 필요한 생활필수품의 가치로서, 마땅히 의·식·주·행·교육·의료 등 방면의 비용을 포함해야 한다. 당연히 이것은 일정한 노동 생산율 조건 하의 사회 평균수이고, 다른 사회 조건 하에서 신축성 또한 매우 크다. 일괄책임 일괄배치(統包統配)의 노동제도 하에서, 본래는 마땅히 임금의 일부분에 속하는 주택이나 교육·의료·양로 등 비용을 국가가 공제해서, 다시 국가가 그들에게 평생을 보장해 주어야 한다. 그러나 당시 국가 경제의 효율이 너무 낮았기 때문에, 정부가 책임을 진다고 말했지만, 사실상 책임을 지지 못해서, 다년간 노동자의 생활의 질은 매우 떨어져, 수십 년을 일해도 번듯한 집 하나 없었다. 지금 노동자와 기업은 관계를 끊고, 과거 국가에게 집중되었던 것과 주택이나 교육, 의료, 양로 부분에 사용하려고 약속했던 그 돈을 노동자에게 돌려주어야 한다. 매단공령에서, "매단(買斷)"의 가격은 바로 노동자가 재직한 기간으로, 이론적으로는 임금과 실제 임금의 차이의 총계이다. 이 돈의 액수는 어마어마하다. 수년간 국가의 투자 이익이 좋지 않고, 국유기업의 경영 이익도 낮았기 때문에, 이론상 모아온 그 임금의 차액은, 실제로는 존재하지 않는다. 국가는 단지 지금의 재정에서 돈을 내줄 수 있다. 즉 오늘의 재정을 이용해서 과거의 묵은 빚을 갚는 것이다. 그렇지만 오늘의 재정은 노동자에게 돈으로 보상할 능력이 없다. 통상적인 방법은 국유자산을 현금화하여 보상 자금으로 하지만, 그러나 많은 국유기업이 현금화할 수 있는 자산을 내놓지 못하고 있다.

매단공령은 다년간 그와 밀접히 관계하던 기업을 단칼에 베어버려, 국가는 상환능력이 없게 될 뿐만 아니라, 노동자가 감정적으로도 받아들이기 어렵게 했다. 일단 집단사건이 발생하면, 통제하려고 하면 할수록 더욱 혼란스러워진다. 그래서 어떤 사람은 남당(南唐)의 후주인 이욱(李煜)의 사(詞)에서 두 글자를 고쳐, 매단공령의 상황을 표현했다.

"돈으로 사도 끊지 못하고 통제하려 해도 어지러워지니, 이 이별의 슬픔이여, 이별은 더욱 가슴 끝 저미는 이별이로다.(買不斷. 管還亂. 是離愁. 別是一般滋味在心頭.)"

그렇습니다. 수십 년 동안, 늙은 노동자와 기업의 운명은 이미 한 몸처럼 이어져, 그들은 줄곧 "공장을 집으로 여겨왔습니다". 지금 그들은 집과 철저히 관계를 끊으려고 합니다. 생활 보장의 걱정을 제외하고, "이별의 슬픔(離愁)"의 느낌도 견디기 어렵다. 아마도 매단공령을 통해 불필요한 인원을 일회성으로 기업을 떠나게 하는 것은 결코 좋은 방법이 아닌 것 같다. 노동자에게 적절한 직장을 찾아 주지 않고, 안일하게 노동자를 사회로 밀어내어서는 안 된다. 개혁의 비용을 단지 노동자만 부담하도록 할 수는 없으며, 기업이나 정부·사회 각각이 모두 개혁의 비용을 부담해야, 사회가 안정될 수 있다.

인원을 줄여 효과를 높이는 것은 마땅히 기업행위이다. 정부가 인원을 줄여 효과를 높이자는 구호를 제기하는 것은 잘못된 행위이다. 노동자를 위해 더욱 많은 취직의 기회를 제공하는 것은 정부가 마땅히 해야 할 책무인데, 어떻게 정부가 기업의 인원감축을 호소하는가? 이처럼 잘못된 정부의 행위는 이중 배역의 난처함 때문이다. 정부는 사회 관리자이면서, 또한 기업 소유자이다. 소유자로서, 반드시 인원을 줄여 효과를 높여야 하지만, 사회 관리자는 마땅히 더욱 많은 취직의 기회를 제공해야 한다. 현재 기업의 개혁은 이미 심화되어, 정부는 마땅히 정부가 해야 할 일을 해야 한다. 기업은 인원을 줄여 효과를 높이고, 정부는 최대한 감원된 노동자를 위해 많은 취업의 기회를 만들어야 한다. 정부가 수로를 파고, 기업은 물을 담고, 수로가 완성되면 물은 흐르게 된다. 수로가 파지지 않은 채 물을 담으면, 반드시 물은 범람하여 홍수가 생길 것이다.

중화전국총공회의 2002년 조사에서, 매단공령 인원 중, 직장에서 경제적 보상을 해서 완전히 현금으로 지급한 것이 82.2%를 차지했고, 어떠한 보상도 받지 못한 것이 12.5%를 차지했다. 경제적 보상을 받은 사람은 평균 1년 근무 연수에 1,126.67위안을 받았다. 다시 말해서, 20년 근무 연한의 노동자에게는 2만여 위안을 주고, 기업과의 모든 관계를 끊고, 이후의 양로와 의료 보장은 모두 스스로 해결해야 한다는 것이다. 어떠한 보상도 받지 못한 노동자는 더욱 비참했다.

여러 해 동안, 국유경제의 구도는 매우 불합리했다. 1997년 데이터에는, 3조 위안의 영업성 국유자산이 30만 개의 상공기업에 분포되어 있었다. 지나치게 광범위하게 분포돼 있었고, 너무 분산돼 있었다. 그래서 모든 기업이 하나하나씩 잘하기가 불가능하면서도, 또 그럴 필요도 없어서, 단지 전체적으로 국유경제를 잘 처리할 수밖에 없었다. 전체적으로 국유경제를 잘 처리한다는 의미는 국유기업에 대해 전략적으로 개편한다는 뜻이다. 전략적으로 개편하는 내용은 다음의 것을 포함하고 있다. 첫째, 전선(戰線)을 축소하고 중점을 강화하여 일부 국유기업을 국가 경영으로부터 불필요한 영역으로 반드시 퇴출시킨다. 둘째, 합병·재조직·경매·파산을 시킨다. 셋째는 국유경제의 주주권을 다원화한다. 이처럼, 국유기업은 하나의 대조정·대개편·대혼란의 과정을 거치려고 한다. 일부 노동자는 자산의 움직임에 따라 옮겨가고, 일부 노동자는 장차 일터를 잃어버릴 것이다. 자산의 재편은 표면적으로는 재산의 재편이지만, 실질적으로는 대량의 국유기업 근로자의 이익의 변동, 심적인 동요, 정신적 불안, 감정의 변화를 수반한다. 국유기업의 민영화 과정에서, 원래의 기업 지도자들은 사장으로 변했고, 원래의 노동자들은 고용 노동자가 되었다. 지도자와 피지도자의 관계가 얼음처럼 차가운 노사관계로 바뀌었다. 기업 재편 후, 그래도 남아 있을 수 있는 사람은 운이 좋은 편으로, 상당히 많은 사람이 "매단공령" 등의 형식을 통해 사회로 밀려났다. 이 거대한 전환 속에서, 노동자의 운명을 기업 경영자가 마음대로 좌지우지하게 되었다.

무거운 역사의 부담을 짊어진 국유기업과 비국유기업의 경쟁으로, 대량의 기업이 해마다 적자가 났다. 1995년 국유기업 40%가 적자가 났고, 1996년 상반기에는 50%가 적자가 났다. 1996년 1분기는 국유기업이 처음으로 순 적자가 생겼고, 국가는 국유기업으로부터 한 푼도 가져오지 못했을 뿐만 아니라, 오히려 수십 억 위안의 손해를 봤다. 1997년에는 다소 흑자가 있었지만, 1998년에 다시 국유기업은 순 적자를 기록했다. 적자가 완전히 기업의 책임은 아니며, 더욱이 근로자의 책임도 아니지만, 적자 기업 근로자의 이익은 오히려 실제적으로 영향을 받았다. 적자 기업이 근로자의 임금을 체불하는 현상이 갈수록 심각해졌다. 전국총공회의 통계연보에 따르면, 근로자의 임금을 체불하는 기관은 1990년의 9,920개에서 1997년에는 4만 5,874개로 증가했고, 연관된 근로자 수는 1990년의 87만 9,000명에서 1997년에는 1,146만 명까지 증가했다. 중화전국총공회의 2002년 조사에서는, 조사 대상의 7.5%가 임금을 체불한 것으로 나타났다. 조사 대상의 1%는 1년 동안 임금을 체불하였으며, 임금이 체불된 근로자의 45.1%가 국유기업에 있었다. 적자 기업의 의료비는 종종 정산을 받지 못했다. 중화전국총공회의 1997년 조사에서, 응답자 중 16.9%가 현재까지 직장에서 그들의 의료비를 정산해 주지 않고 있으며, 그 금액이 평균 692위안이라고 했다.

국유기업은 대량의 감원을 거친 후, 부담이 크게 줄어들었으며, 대형 독점기업에 대해 국가는 다시 저렴한 자원 가격과 갖가지 우대정책을 주었다. 이 때문에 2004년부터 시작해서 규모 이상의 대기업 이윤이 대폭 상승했다. 1998년 규모 이상의 기업이윤 총액은 겨우 1,458억 위안으로, 2004년에는 1조 1,929억 위안으로 늘었고, 2007년에는 2조 2,951억 위안, 2008년에는 2조 4,006억 위안에 달했다.[31] 이들 대기업의 근로자 소득이 일부 올라서, 독점 업종과 비독점 업종 근로자 소득 차이가 크게 나게 되었다. 그러나 독점 업종 내부에서, 근로자의 소득은 관리자보다 훨씬 낮았는데, 특히 경영 간부의 소득은 기업 내부 소득 차이가 갈수록 커졌다.

만약 적자 기업의 근로자 이익이 손해를 입었다고 말한다면, 실직한 근로자의 처지는 더욱 동정을 자아낸다.

표9-8 성진 등기 실업자 수와 실업률[32]

연도	2000	2001	2002	2003	2004	2005	2006	2007	2008
실업자 수 (만 명)	595.0	681.0	770.0	800.0	827.0	839.0	847.0	830.0	886.0
실업률 (%)	3.1	3.6	4.0	4.3	4.2	4.2	4.1	4.0	4.2

31 국가통계국 편찬, 『2009년 중국통계개요』, 중국통계출판사, 140쪽.
32 위의 책, 46쪽.

국가통계국의 이 실업 수치는 아마도 작은 편일 것이다. 중화전국총공회의 2002년 조사에 따르면, 조사 대상 적령기 노동 인구(남 60세 이하, 여 55세 이하) 중에서, 18%가 일자리가 없었고(국가통계국이 공포한 4.0%의 실업률보다 훨씬 높다. 아마도 이해의 차이를 이용하여 다른 해의 실업률을 바로잡을 수 있을 것이다), 이런 일자리가 없는 사람은 주로 전통적인 업종에 분포되어 있었고, 72.5%는 국유기업과 집체기업의 분류 인원이다. 그들은 문화 수준이 낮은 편이며, 연령도 높은 편이어서, 재취업이 곤란했다. 만약 18%의 비율을 전국으로 추산하면, 3,400여만 명이 일자리가 없다는 것이다.

국가는 실직한 근로자 문제에 대해 여전히 매우 중요시하고 있다고 말할 수 있다. 1998년부터, 중국 공산당 중앙위원회는 실직한 근로자의 생활보장과 "재취업" 문제를 논의하기 위해 특별회의를 개최했다. 온 나라가 근로자 "재취업"을 중대한 사회 프로젝트로 간주하여, 각급 정부와 전 사회가 모두 조치를 취했다. 우선 실직한 근로자의 기본적인 생활을 보장할 방법을 생각했다. 실업구제가 아직 완전하지 않은 상황에서, 일부 자금을 모아서 살아나갈 방도가 없는 실직 근로자를 도와주었다. 이런 자금은 정부나 기업·사회가 공동으로 부담했다. 일부는 생산 자구 기지를 조직하여, 근로자들이 곤란을 해결할 시장을 만들고, 지역사회 서비스센터를 설립하는 등이었다. 각지에서 이미 "재취업"을 돕는 정책이 수천 건이 실시되었다. 스스로 직업을 모색하는 실직 근로자에게는 세금이나 사업자등록·장소 임대료 등 방면의 특혜를 주었다. 소액 저당 대출을 제공하여 지원해 주는 등 갖가지 방법으로 실직자의 "재취업"을 도왔다. 각지에 "재취업 서비스센터"를 세워, 실업 구제나 취업훈련·새로운 일자리를 찾는 임무를 집중적으로 담당했다. 상하이 시의 재취업 서비스센터는 이미 77%의 실직 후 구직자들을 재취업시켰다. 2002년 중국 공산당 제16차 전국대표대회가 열리기 전, 중국 공산당 중앙위원회는 다시 한 차례 재취업 문제를 논의하기 위해 특별회의를 열었고, 일부 정책을 정식으로 시행하여, 실직 재취업에 대해 지지력을 한층 더 강화했다.

시장경제가 비교적 발달한 일부 지역과 초대형 도시에서는, 활로를 모색할 길이 비교적 많아서, 국가는 부양할 수 없더라도 시장이 먹여 살릴 수 있었다. 2002년, 필자가 상하이에서 만난 한 택시 기사는, 실직한 지 5년이 되었고, 아내도 실직했다고 한다. 이 몇 년 동안 그는 네다섯 번이나 일을 바꾸었고, 지금 운전하는 차도 다른 사람 소유지만, 그럭저럭 살아갈 수 있다고 했다. 수도인 베이징은 실직한 근로자의 상황이 좀 나은 편이다. 시장경제가 발달하지 않은 지역, 특히 산업이 단순한 광산지역은 활로를 모색할 길이 매우 적어서, 실직 근로자의 처지가 처참했다. 1998년 필자가 시안 출장에서 들은 바로는, 산시(陝西)의 모 탄광지역의 어떤 실직 근로자는 사료로 주린 배를 채운다고 한다.

직장을 잃은 것이 그들의 생활에 얼마나 영향을 끼쳤을까? 전국총공회가 근로자들이 실직한 이후 생활비 출처 통계를 밝혔다. 26.2%는 가정의 다른 구성원의 소득에 의지했고, 25.35%는 원래 직장의 실직 보조금에 의지했으며, 15.2%는 임시로 고용되어 일을 했고, 9.1%는 자영업을 했으며, 7.25%는 친척이나 친구의 원조에 의지했다. 6%의 사람은 원래 있던 저금에 의지하고, 4.3%의 사람은 빚을 내어 생활했다. 1.7%의 사람은 사회보장 구제금을 받아 생활했고, 기타 출처에 의지해서 살아가는 사람이 4.95%를 차지했다. 2002년, 랴오닝 성에서 조사한 바에 따르면, 조사 대상 137명의 실직 근로자 중, 월 소득이 100위안 이하인 사람이 111명이었다. 신화사 기자가 동북지역의 어느 도시를 조사해 보니, 지방 재정이 어려워서, 국가가 규정한 실직 근로자 생활 보조를 시행할 수 없는 것으로 나타났다.

생활 빈곤은 단지 실직 근로자들이 직면한 일부분에 지나지 않는다. 상하이 시 총공회의 설문조사에서, 실직 근로자들은 또한 매우 큰 정신적 심리적 스트레스를 받고 있는 것으로 나타났다. 실직자에게 가정에서의 지위에 어떤 변화가 생겼는지 물었을 때, 37.1%가 "원래보다 낮아졌다"고 대답했고, 24.7%가 "변화가 없다", 29.2%가 "잘 모르겠다"고 대답했다. "부부 중 누군가가 비교적 장기간 실직을 한다면 부부간의 감정에 영향을 미치겠느냐?"는 질문에 25.9%가 "그렇다"라고 대답했으며, 40.6%는 "아마도 경제 등의 문제 때문에 부부간의 감정에 영향이 있을 것이다"라고 대답했다. "그다지 영향을 미치지 않을 것이다"와 "영향을 미치지 않을 것이다"라고 대답한 것이 합쳐서 17.3%를 차지했으며, 15.1%는 "잘 모르겠다"고 대답했다. 설문조사 결과는 실직이 근로자의 가정 관계에 비교적 심각하게 영향을 미치고, 근로자에게 큰 정신적 스트레스를 야기시킨다는 것을 보여준다. "부모 중 누군가가 실직한다면 아이들에게 열등감이 생기지 않을까?"라는 질문에, 33.4%가 "그럴 것이다"라고 대답했고, 35.3%가 "아마도 그럴 것이다"라고 대답했다. "그렇지 않을 것이다"라고 대답한 경우는 겨우 6.2%에 불과했다. 실직 근로자는 보통 자신은 적게 먹고 아껴 쓰더라도, 결코 아이들의 생활수준은 떨어지는 것을 원치 않아서, 조심스럽게 아이들의 자존심을 지켜나가지만, 사실상 실직 근로자 자신의 자존심은 이미 상처를 받았다.

상하이 총공회가 실직 근로자의 재취업 어려움에 대해 조사를 했는데, 역시 근로자가 정신적으로 큰 스트레스를 받고 있는 것으로 나타났다. "재취업의 가장 큰 어려움은 무엇인가?"라는 질문에, 첫째는 "높은 연령"(59.6%)이고, 둘째는 "광범위한 사회적 연줄이 없다"(18.4%)이고, 셋째는 "특기가 없다"(15.0%)로, 이러한 어려움은 근로자 자신이 해결할 수 없는 것으로, 반드시 심리적 스트레스를 초래할 것이다.[33]

필자가 2000년 동북지역을 취재하면서 매우 놀랄 만한 상황을 알게 되었다. 생활의 어려움으로 인해, 일부 실직한 젊은 여성 근로자들이 부득이하게 나이트클럽에서 술시중을 든다는 사실을 알게 되었다. 매일 저녁 그녀들의 남편은 자전거로 그녀들을 나이트클럽으로 실어다 주었다. 부인이 술시중을 들 때, 남편은 문밖에서 쪼그리고 앉아 기다렸다. 동북 사람들은 미국 애니메이션의 제목을 빌려서 문밖에서 기다리는 남편을 "닌자 거북이"라고 불렀다. 이들 "닌자 거북이"의 마음이 얼마나 고통스러운지는 짐작해 볼 수 있다.

생활이 빈곤하고, 정신적 스트레스가 크면, 반드시 근로자의 건강에 영향을 준다. 1997년 전국 노동자 조사에서, 조사 대상 근로자 스스로 건강상태가 양호하다고 생각하는 사람이 54.9%를 차지했고, 보통이라고 생각하는 사람이 42.0%, 몸이 약하고 병이 많다는 사람이 3.1%를 차지한 것으로 나타났다. 그러나 실직한 근로자가 건강 상태가 양호하다고 대답한 사람은 겨우 43.5%를 차지했으며, 47.9%가 보통이라고 했고, 8.6%는 몸이 허약하고 병이 많다고 대답했다.

사유기업과 외자기업의 노동자

만약 농민공을 포함한다면, 오늘날의 외자기업과 사유기업에서의 블루칼라 취업 비중이 블루칼라 전체 비율에 60% 이상을 차지한다.[34] 사유기업 노동자의 특징은 노동력을 팔아, 고용주에게 자신의 잉여 노동을 주며, 일

---

33 싱하이 총공회 연구실, 『1997 상하이 근로자 집단 상황 조사 보고집』, 19쪽.

34 전국총공회 2007년 조사 결과는 비공유제 기업 중, 농민공이 74.7%를 차지했고, 성진 근로자가 25.3%를 차지했다고 한다.(『2007년 전국 근로자 집단 상황 조사 데이터 분석 보고서』, 제2기) 여기서 말하는 성진 근로자는 기관과 학교·각종 사업 단위 취업 인원을 포함한다. 성진에서 비공유제 기업 안의 블루칼라 인원 비중은 최소한 50% 이상이다.

은 보장이 없고, 고용주가 언제든지 해고할 수 있다는 점이다. 이론적으로는, 정치상 노동자와 고용주는 평등하며, 노동자와 고용주의 사회적 신분은 서로 바뀔 수 있고, 단지 조건만 된다면, 개인의 노력을 통해 오늘의 노동자가 장차 고용주가 될 수도 있다. 그러나 실제로는 고용 노동자에서 고용주가 되는 경우는 매우 드물다.

2007년, 전국 사유기업 노동자의 수는 5,856만 6,000명에 달했다.[35] 그런데 1992년 말, 사유기업 노동자 수가 겨우 201만 5,000명이었다.[36] 이것은 사유기업 노동자 수가 빠른 속도로 증가했음을 보여준다. 이들 노동자들은 어디에서 온 것일까? 1990년대 중반, 전국 사유기업 조사에서, 사유기업 노동자 부친의 직업이 80% 이상은 농민인 것으로 나타났다. 다시 말해서, 고용 노동자들 대부분이 농촌에서 왔다는 것이다. 그들 대다수는 고향을 등지고 온 농민으로, 1년 내내 가족과 함께 생활할 수 없었다.

표9-9 고용 인부(생산 노동자) 부친의 직업 분포(%)[37]

기술자	지도 간부	사무원	상업 서비스	생산 운송	농민	자영업자	사유기업주	기타
3.1	0.0	3.1	0.0	3.1	81.3	6.3	0.0	3.1

표9-9에서 볼 수 있듯이, 지도 간부와 사유기업주·상업 서비스 직원의 자녀는 생산 제1선에서 고용 노동자로 일하는 사람이 없으며, 농민의 자녀가 81.3%를 차지했다. 21세기에 들어와, 농민공이 주체가 되는 상황은 여전히 큰 변화가 없었다. 상하이 총공회가 2002년 3개구 46개 대·중·소형

35 「중국 사영기업주 계층 성장의 새로운 단계, 새로운 상황, 새로운 문제(中國私營企業主階層成長的新階段新情況新問題)」, 《사회 청서(社會藍皮書)》, 『2009년: 중국사회 형세 분석과 예측(2009年: 中國社會形勢分析與豫測)』에서 옮김, 344~356쪽.

36 『중국 사영경제연감』(1978~1993), 117쪽.

37 『중국 사영경제연감(1996년 판)』, 169쪽.

사유기업에 근무하는 9,611명의 근로자의 출신을 분석해 보니, 그중 외지 근로자와 본 도시 농민공이 근로자 총수의 77.14%를 차지하는 것으로 나타났다.[38] 2007년 전국 근로자를 조사한 결과, 농민공 대부분은 비공유제 기업에 있는 것으로 나타났다.

노동자는 기본적으로 법정 노동시간에 따라서 일을 할 수 없었고, 초과근무가 비교적 많았다. 기업의 성질로 보면, 사유기업이 초과근무가 가장 보편적이면서 시간도 가장 길다. 1인당 주 근무시간이 53.16시간으로, 매주 거의 하루 반을 초과근무하여, 대략 80%의 근로자가 주 근무시간이 40시간을 초과했다. 국유기업은 상대적으로 나은 편이지만, 역시 절반의 근로자가 주 근무시간이 40시간을 초과하여, 1인당 평균 주 근무시간이 46.14시간이다. 사유(민영)·개체기업 근로자가 초과근무 수당을 받지 못하는 문제가 가장 두드러졌다. 초과근무를 하는 근로자 중에서, 31.3%의 기업 근로자는 법률이 정한 기준에 따라서 초과근무 수당을 받았지만, 사유(민영)·개체기업 근로자 중에는 겨우 23.0%가 받았고, 국유기업(국유 지분 우위 기업을 포함)·집체기업·혼합소유제 기업·외국상사 및 대만·홍콩·마카오 투자기업의 근로자 중에는 각각 35.2%·30.6%·32.2%·50.8%가 수령했다. 외국상사 및 대만·홍콩·마카오 투자기업은 법에 따라 초과근무 수당을 지급하는 상황이 가장 양호했지만, 그러나 또한 절반의 근로자만이 충분히 법률에서 규정한 액수대로 초과근무 수당을 받을 수 있었다.[39]

사유기업 고용자(雇傭者)의 노동 조건은 열악했다. 중앙정책연구실 등의 기관이 1990년대 중반에 조사한 바에 따르면, 고용자의 근무조건이 국유기업보다 훨씬 못한 것으로 나타났다. 노동 보호를 위한 투자가 부족했고,

---

38 상하이 시 총공회, 『2002년: 상하이 시 근로자 집단 상황 조사』, 내부자료 준인증 제058호, 234쪽.
39 중화전국총공회 연구실 편찬, 『2007년 전국 근로자 집단 상황 조사 데이터 분석 보고서』, 제5기, 2007년 9월 10일.

생산 설비가 빈약했으며, 가공기술이 낙후되어 있었으며, 보호설비도 부족했다. 특히 광산업과 방직업·기계 가공업·화공업 등의 업종은 근무 환경이 더욱 열악하여, 자주 산업재해 사고가 발생했다. 조사된 수치는 아래와 같다.[40]

1. **장소**: 92.7%의 고용자는 고정된 작업장이 있고, 7.3%의 고용자는 고정된 장소가 없다.

2. **고온**: 10.2%의 고용자는 고온 환경에서 일하며, 12.7%의 작업장에는 냉방 설비가 되어 있다.

3. **분진**: 15.3%의 고용자는 분진 상해를 입었고, 8.9%의 작업장에만 방진 시설이 있다.

4. **소음**: 21.0%의 고용자는 강렬한 소음에서 일하며, 방음 설비가 있는 작업장은 겨우 4.0%를 차지한다.

5. **유독가스**: 4.0%의 고용자는 유독가스가 있는 환경에서 일하며, 그중, 겨우 4.8%만 방독 통풍이나 격리 설비가 있다.

6. **기타 위험**: 8.6%의 고용자는 작업장에 기타 위험이 존재한다고 했다. 예를 들면 기계 상해 등이다.

최근 몇 년 동안, 사유기업의 노동조건은 전체적으로 보면 개선되었다고 할 수 있지만, 여전히 상당 부분의 노동자가 열악한 환경에서 작업을 하고 있다. 특히 소형 사유기업 중에서도 작은 광산업이 심각하다.

고용자는 산업재해를 당한 후에, 상당히 많은 사람들이 마땅히 받아야 할 치료와 보상을 받지 못하고 있다. 허난 성 신미(新密) 시에 있는 28세의

---

40 『중국 사영경제연감(1996년 판)』, 172쪽.

노동자 장하이차오(張海超)는, 2004년 6월부터 정저우 전둥나이모재료유한공사(振東耐磨材料有限公司)에 출근했다. 3년여 후 몸이 피곤하여 병원을 찾았는데, 진폐증이라는 진단을 받았다. 다른 병원의 진단 결과로는 직업병의 배상시 법률적 증거로 삼을 수 없기 때문에, 회사는 책임을 회피하려고, 장하이차오에게 업무 기간 동안의 자료 제공을 거절했다. 장하이차오는 매우 오랜 시간동안 회사의 책임을 증명할 도리가 없었다. 여러 차례 상급기관에 진정을 하고, 심지어 회사와 충돌이 생긴 후, 신미 시 책임자와 신방국(新放局)의 협조로, 마침내 2009년 5월 정저우 직업병 방치소(防治所)에서 진료를 했고, 진단 결과는 "무 진폐 0+기 합병 폐결핵"으로, 폐결핵 진료를 받도록 건의 받았다. 장하이차오 일가는 이 진단 결과를 받아들일 수가 없었다. 따라서 진상을 밝히기 위해서, 2009년 7월, 부득이 정다이(鄭大一)부속병원을 찾았고, 의사의 만류에도 불구하고 "가슴을 열어 폐를 검사하기로" 결심했다. 그는 비장한 행동으로 거짓말을 폭로하고자 했다. 사실, 장하이차오는 "가슴을 열어 폐를 검사하기" 전에, 정다이 부속병원의 의사로부터 "흉부 투시 X선 사진으로나, 육안으로 금방 당신이 진폐증이라는 것을 알 수 있습니다"라는 말을 들었다.

외자기업의 고용노동자들의 작업 환경은 그래도 나은 편이지만, 인간미가 부족하여, 노동자는 기계적인 노예가 되었다. 냉정하고 긴장된 작업 환경은 노동자들을 참을 수 없도록 만들었다. 대만 사업가 궈타이밍(郭台銘)이 운영하는 폭스콘(富士康)은, 세계 "주문자 생산 방식(OEM)의 왕"이라 불린다. 주문자 생산 제품은 모두 보급률이 높은 첨단기술 제품으로, 예를 들면 전 세계에서 가장 유행하는 애플의 아이폰(iphone)과 아이패드(ipad)이다. 그들은 중국 대륙의 저렴한 노동력과 토지 자원을 이용하여, 국제적인 브랜드의 대량 주문을 획득했지만, 그 부가가치는 매우 낮았다. 이런 주문자 생산 방식의 기업은 반드시 저비용·고효율·정시 납품을 유지해야만, 살아남을 수 있다. 이 회사는 초과근무로써 제품의 원가를 낮추거나, 혹은 휴식시간을 이용하여 출고 목표를 달성한다. 임금은 현지 규정의 최저임금인 900위안을 기본급으로 삼는다. 만약 초과근무를 하지 않으면, 아예 돈을 벌 수가 없다. 모든 근로자들은 "임의 초과근무 보증서"에 서명을 해야 했다. 노동자들은 산업재해를 입어 휴식할 수 있는 사람을 부러워했다. "누가 내 다리를 걷어차서 5분의 휴식시간과 바꿀 수 있으면 정말 좋겠어요"라든지, "기계 앞에서 서서 8시간 동안 벌서고 있으면, 물건이라도 떨어뜨려 허리를 굽혀 주우면, 정말 계속 물건을 떨어뜨리고 싶어요. 계속 서 있을 필요가 없으니까. 1분이라도 누울 수 있다면, 그건 엄청난 행복이지"라고 말한다. 근무할 때에는 8시간을 반드시 주의력을 집중해서 기계와 바짝 붙어 있어야 한다. 기계의 노예가 되어, 약간이라도 느슨해지면, 관리자의 질책을 받게 된다. 폭스콘의 노동자들은 매일 출근·퇴근·잠자기·출근·퇴근·잠자기를 반복한다. 사회생활이나 개인적인 시간이 거의 없어서, 같은 기숙사에 살고 있는 사람의 이름조차도 서로 잘 모른다. 한 노동자는 "우리는 견딜 수 없을 정도로 피곤하고, 스트레스도 엄청 큽니다. 7초에 한 단계를 완성해야 하는데, 그건 고도의 집중력을 요구하여, 쉬지 않고 일해야 합니다. 우리는 기계보다도 일하는 속도가 더 빨라요"라고 했다. 폭스콘에서는 2010년 상반기에 연속해서 12건의 근로자 투신 자살사건이 발생하여, 한때 중국 전역을 충격에 빠뜨렸다. 『남방주말(南方週末)』 기자가 조사한 바로는, 작업의 강도와 초과근무 시간·임금과 복지를 갖고서 말한다면, 폭스콘은 결코 "착취 공장"이라고 불리지 않을 것이라고 했다.[41] 기계가 인간을 소외시키는 상황이, 외자기업에서는 특별한 현상이 아니라는 것을 알 수 있다.

---

[41] 『남방주말(南方週末)』, 2010년 5월 13일 제1판.

노동자 계층과 사회화합

기업에서 화합은 주로 노동자와 자본의 충돌을 완화시키는 것으로, 노동자와 경영 관리자 사이에는 비교적 화목한 관계가 있다. 2007년 전국 근로자 조사에서, 경영 관리자와 일반 근로자 관계를 화목하게 하는 데 영향을 미치는 원인으로 주로 "경영 관리자와 일반 근로자 소득 및 복리 대우의 격차가 지나치게 크고", "경영 관리자가 일반 근로자에 대해 존중이 부족하며", "경영 관리자가 일반 근로자의 어려움에 대한 관심이 부족하다"가 각각 67.2%·59.1%·54.2%로 나타났다. 그중 "경영 관리자와 일반 근로자 수입 및 복리 대우의 격차가 지나치게 크다"의 비율이 가장 높았다. 상세한 것은 표9-10에 나타나 있다.

표9-10 응답 근로자가 생각하는 회사 경영 관리자와 일반 근로자의 관계가 원만하지 못한 주원인[42]

회사 경영 관리자와 일반직원의 관계가 원만하지 못한 주 원인	비율(%)
1. 경영 관리자와 일반 근로자 소득 및 복리 대우의 격차가 지나치게 크다.	67.2
2. 경영 관리자가 일반 근로자에 대해 존중이 부족하다.	59.1
3. 경영 관리자가 일반 근로자의 어려움에 대한 관심이 부족하다.	54
4. 서로 소통 경로가 부족하다.	50
5. 일반 근로자는 민주적인 참여 권리가 없다.	36.4
6. 일반 근로자가 경영 관리자의 노동 공헌에 대한 이해가 부족하다.	15.3
7. 기타	14.8

중화전국총공회가 2007년 근로자를 조사한 바로는 많은 근로자들

---

[42] 중화전국총공회 연구실 편찬, 『2007년 전국 근로자 집단 상황 조사 데이터 분석 보고서』, 제9기, 2007년 9월 18일.

이 "소득분배의 극심한 격차", "취업난", "심각한 부패현상"이 사회의 화합에 영향을 끼치는 가장 심각한 3대 문제라고 생각했다. 근로자들에게 "당신이 생각하기에 아래 열거한 어느 문제가 사회화합에 가장 심각한 영향을 끼치는가?"라고 물었을 때, 전체 12개 항목 중 "소득분배의 극심한 격차", "취업난", "심각한 부패현상"이 상위 3위에 올라서, 각각 55.9%·49.2%·40.0%를 차지했다. "진찰하고 치료받는 비용이 높고", "방값이 갈수록 비싸지며", "자녀 교육비가 비싸고", "사회보장이 완벽하지 못하다" 등 문제가 바짝 그 뒤를 따른다.

중화전국총공회 2007년 조사에서도 어떻게 근로자를 환기시켜 조화로운 노동관계와 조화로운 사회의 적극성을 추진하고 세울 것인가에 관해서, 응답 근로자의 대답은 주로 세 가지 방면으로 집중되는 것으로 나타났다. "노동자 임금을 인상해야 한다"가 84.6%를 차지했고, "노동자의 일자리를 보장해야 한다"가 57.6%를 차지했으며, "노동자의 사회보장 수준을 제고해야 한다"가 56.8%를 차지했다.

계약성 노동제도에서, 노동자는 마땅히 노동계약을 통해 자신의 이익을 보장받아야 한다. 엄격하게 계약을 집행하는 것은 노사화합의 중요한 근거이다. 그러나 오히려 많은 노동계약 문제가 존재한다. 주로 다음의 몇 가지 방면에서 그 문제가 드러난다.[43]

첫째, 여전히 상당 부분의 노동자들이 고용업체와 노동계약을 체결하지 않았다. 2007년 중화전국총공회가 조사한 결과로는, 55.1%의 피조사 근로자가 고용업체와 노동계약을 체결한 것으로 나타났다. 그중 성진 근로자는 노동계약과 초빙계약을 체결한 비율이 각각 54.8%이고, 농민공이 노동계약을 체결한 것은 55.5%를 차지하는 것으로 조사되었다.

---

43 중화전국총공회 연구실 편찬, 『2007년 전국 근로자 집단 상황 조사 데이터 분석 보고서』, 제 12기, 2007년 9월 28일.

둘째, 노동계약이 잘 이행되지 않는 경우가 상당히 많다. 2007년 중화전국총공회 조사에서, 노동계약이 완전히 잘 이행될 수 있다고 생각하는 근로자는 35.9%를 차지했다. 기본적으로 충분히 이행될 수 있다고 생각하는 근로자는 50.8%를 차지했다. 그중 농민공이 노동계약이 완전히 이행될 수 있다고 생각하는 비율은 37.8%이며, 기본적으로 이행될 수 있다고 생각하는 비율이 49.0%를 차지했다. 성진 근로자는 노동계약이 완전히 잘 이행될 수 있다고 생각하는 근로자가 35.9%를 차지했고, 기본적으로 이행될 수 있다고 생각하는 비율이 50.8%를 차지했다.

셋째, 체결한 노동계약이 규범에 맞지 않고, 노동계약이 형식적으로 치우친다. 조사 데이터에 따르면, 노동계약을 체결할 때, 회사와 협상한 후 체결하는 근로자가 50.7%를 차지했다. 그중, 성진 근로자와 회사와 협상한 후 체결한 것이 42.4%를 차지했다. 2002년 전국 근로자 집단 상황 조사 때의 85.3%와 비교하면 절반 정도 낮아졌다. 상당히 많은 부분의 계약서 내용이 노동자와 협상을 하지 않았고, 단지 고용주 측의 의향만을 반영했다. 국유기업(국유 지분 우위기업 포함) 근로자가 회사와 협상한 후 체결한 비율이 가장 낮아서, 45.7%를 차지했다. 기업이 일방적으로 노동 기준량을 확정한 것이 52.4%를 차지했다. 조사에 따르면, "노동계약을 해제하거나 중지하는 것"이 성진 근로자와 회사가 노동쟁의를 일으키는 두 번째 원인으로 밝혀졌고, "노동 보수" 다음이다.

넷째, 노동계약 기한의 단기화 상황이 심각하다. 노동계약의 단기화는 어느 정도 근로자의 직업 안정감과 기업에 대한 소속감에 영향을 끼쳤다. 조사 데이터에서는, 노동계약을 체결한 근로자 중에서, 노동계약 기한이 1년 이내인 근로자가 44.3%를 차지했다. 1년 이상 3년 이하는 21.3%, 3년 이상은 16.0%, 하나의 특정한 업무를 완성하는 것을 기한으로 하는 것이 1.2%, 고정된 기한이 없는 것이 17.1%를 차지하는 것으로 나타났다.

근로자의 권익이 효과적인 보장받기 어렵기 때문에, 항상 노동쟁의가 일어나고 심지어 사회적 충돌이 생긴다.

1997년과 2002년 전국 근로자 상황 조사에서, 노동 보수는 노동쟁의를 유발하는 가장 직접적이고 보편적인 원인으로 나타났다. 그 밖에도, 기업 제도개혁·노동 고용·근무시간·휴식·휴가·노동계약의 체결 해제 변경 중지·보험 복리·노동 보호 등 역시 노동쟁의를 일으키는 주요 원인이다. 2007년 중화전국총공회 조사에서, 기업의 근로자 12.7%가 근무하는 회사와 노동쟁의가 발생한 적이 있다고 말한 것으로 나타났다. 그중 집체기업이 가장 높아서 13.2%이고, 사유(민영) 기업과 개체 기업이 13.1%, 기타가 13.0%이다. 국유기업(국유지분 우위기업 포함)이 12.7%이고, 외자기업과 대만·홍콩·마카오 투자기업이 11.7%를 차지했다.[44]

2008년 상하이 시 노동쟁의 중재 기관이 접수한 노동쟁의 사건이 6만 4,580건으로, 2007년에 같은 기간에 비해 119.1% 증가했다. 1995년 〈노동법〉을 실시할 때의 25배 이상에 상당한다. 칭푸(靑浦)·바오산(寶山)·진산(金山)·펑셴(奉賢)·푸둥(浦東)·난후이(南滙) 등 지역 사건은 작년 같은 기간의 3배 또는 그 이상에 달했으며, 작년 같은 기간의 최고로 3.6배에 달했다.

노동쟁의가 발생한 고용회사를 살펴보면, 3위를 차지한 것이 각각 사유기업과 주식제 기업·외자기업 등의 비공유제 기업이다. 사유기업에서 발생하는 노동쟁의 중재 사건이 접수된 수의 39.3%를 차지하고, 사건 수가 작년 같은 기간에 비해 122.2% 증가했다. 주식제 기업은 접수 수의 26.7%를 차지하고, 사건 수는 작년 같은 기간에 비해 160.3% 증가했다. 외자기업과 대만·홍콩·마카오 기업이 접수한 수가 21.3%이고, 사건 수는 작년 같은 기간에 비해 110.5% 증가했다.

---

44 위의 책.

노동쟁의를 일으키는 원인을 보면 노동보수·경제적 보상금 쟁의가 총량의 거의 60%를 차지했다. 그중, 노동보수 쟁의가 접수된 수의 49.7%를 차지하여, 작년 같은 기간에 비해 182.8%가 증가했다. 경제적 보상금 쟁의는 접수된 수의 17.2%를 차지하여, 작년 같은 기간에 비해 162% 증가했다.[45]

노동쟁의가 일단 격화되면 집단사건이 되고, 더 나아가 심각한 충돌로 발전한다. 2003년 8월의 한 자료에서, 노동쟁의 사건이 매년 30~40%의 속도로 증가하며, GDP의 증가 속도보다 훨씬 높다고 했다. 2002년 노동쟁의 사건의 수는 1995년의 5.6배로, 연관된 노동자 또한 5배 증가했다. 가장 두드러진 문제는 고용주가 노동자의 임금을 체불, 착복, 깎는 것이었다. 이러한 문제는 기업 내부에 중재 시스템이 결핍되어 있기 때문으로, 다음과 같은 문제가 자주 초래되었다. 첫째는 집단적인 돌발 사건이 증가했고, 둘째는 노동쟁의가 심각한 소송으로 가는 경향이 나타났다. 다른 연구 자료에서는, 1999년 단지 선전에서 발생한 대규모 파업이 적어도 100건 이상 있었다고 했다. 통계에서, 2004년 1월부터 7월까지 광둥성 노동부가 처리한 집단적 돌발 사건이 540건에 달하며, 5만 7,300명이 연루되어, 전년 동기 대비 각각 15.4%와 17.7% 증가했으며, "금년은 아마도 1,000건을 돌파할 것"이라고 발표했다. 최근 몇 년간, 노동자 파업 사건이 자주 발생했다. 2010년 5월에만, 거의 20건이 발생했다.

4월 29일~5월 초, 우시(無錫) 니콘 노동자가 중독사건 때문에 연일 파업.

5월 4일, 난징 신쑤(新蘇) 초전기 회사 노동자 파업.

5월 4일, 산둥 완타이얼몐(萬泰二棉) 노동자 파업.

---

45 상하이 시 인력자원과 사회보장국, 『상하이 시 2008년 노동쟁의 상황분석』, 〈신화사 상하이〉, 2009년 2월 24일[가오루(高路) 기자].

5월 5일~ 11일, 선전 바이다우진(百達五金) 합성수지 공장 2차 파업.

5월 12일, 장쑤 이정(儀征) 화학섬유 설비공정 회사 유지보수 노동자 연일 파업.

5월 14일~6월 1일, 허난 핑딩산(平頂山) 핑몐(平棉) 그룹 노동자 공장 문을 가로막고 파업.

5월 17일~6월 1일, 포산 난하이(南海)의 혼다자동차 부품 제조 유한회사 파업.

5월 18일~21일, 다퉁(大同) 싱후어(星火) 제약공장 근로자 및 가족 1만 명 이 3일 동안 길을 막다.

5월 19일~21일, 쿤산 국영 진강(錦港) 그룹 노동자 수백 명이 3일 넘게 파업 지속.

5월 19일, 쑤저우 웨이쉰(維訊) 노동자 연속으로 몇 일간 파업.

5월 23일, 충칭 치장(綦江) 기어(gear) 공장 노동자가 과로사하여 몇 일간 파업.

5월 25일, 둥관 후먼(虎門) 진 200명의 택시 기사가 파업, 함정 단속에 항의.

5월 27일, 윈난 훙허저우(紅河州) 13개 현·시 버스기사 파업.

5월 27일, 베이징 글로리아 프라자 호텔(凱萊大酒店) 근로자 파업.

5월 28일, 한국 현대의 공급업체·베이징 싱위(星宇) 자동차 회사 파업.

5월 28일, 란저우 비닐론(vinylon) 공장 일선 노동자 파업.

5월 30일, 둥관 창핑(常平) 진 약 100대의 택시 기사 파업, 불법 "자가용 영업" 항의.

6월 1일, 선전 서커우강(蛇口港), 옌톈강(鹽田港) 컨테이너 기사 "수문 입장 료"에 불만 파업.

여기서 주목할 만한 것은, 현재 파업의 최전선에 "1980~90년대" 이후에 출생한 신세대 노동자들이 나서 있다는 점이다. 그들은 휴대폰 문자 메시지와 웹 메신저(QQ)로 파업을 할 때 주요 연락 방식으로 삼는다. 베이징 대학 사회학과 궈위화(郭于華) 교수는 "이 세대 농민공은 현대 정보기술을 알고 있어서, 사회의 불공정에 대해 그들의 아버지 세대보다 잘 인지한다"고 주장했다.

파업은 노동자가 권익을 옹호하는 정상적인 행위이다. 즉 노동자의 기본 권리인 셈이다. 노사 쌍방이 평등하게 협상해야지 타협을 할 수 있고, 파업이 발전하여 심각한 사회적 충돌까지 확대되지 않을 것이다. 어떻게 평등하게 협상하고, 어떻게 타협할지, 이 때문에 진정 노동자의 이익을 대표하는 노동조합 조직이 필요하다.

누가 노동자의 이익을 대표하는가?

정치체제 개혁 이래, 원래 의미의 노동자 계층에 분화가 생겨, 이익이 다소 차별이 있는 다른 집단이 되었다. 그러나 노동력을 파는 노동자 집단으로서의 특징은 더욱 명확해졌다. 국유기업·사유기업·외자기업에 있든지, 육체노동을 팔든지 아니면 정신노동을 팔든지, 그들은 공동의 문제에 직면했고, 공동의 이익을 갖고 있었다.

누가 그들의 이익을 대표하는가?

고도 집중·일괄책임 일괄배치의 체제 하에서, 노동자 계층은 표면적으로는 생산수단의 주인이고, 국가가 직접 기업을 관리한다. 노동자의 생·로·병·사는 모두 기업에서 책임진다. 노동자와 기업의 이익은 일치한다. 당연히 이것은 단지 이론일 뿐이다. 이러한 이론에서 출발하여, 정부는 노동자의 이익을 대표하고, 노동조합과 정부는 한 몸이고, 노동조합은 정부의 의지를 집행하는 것을 자신의 임무로 삼는다.

개혁 개방을 거치면서, 일괄책임 일괄배치의 노동 체제는 이미 해체되었고, 과거 행정적인 것을 기초로 삼은 노동 규범은 이미 효과를 잃어버렸다. 노동자 계층 고유의 이익 보장(이러한 보장은 낮은 수준의 것이다)은 이미 점차 사라졌지만, 그러나 새로운 시장경제 원칙을 기초로 하는 노동규범(즉 계약을 기초로 하는 규범)은 아직 완전히 만들어지지 않았다. 노동조합은 여전히 행정의 부속이었고, 마땅히 노사 쌍방 간 중립자의 역할을 해야 할 기층 정부는 중립을 지킬 수 없었다. 그래서 노동자 계층의 이익은 매우 쉽게 침해를 받았다. 노동자의 불리한 지위는 구체적으로 아래의 몇 가지 방면에서 드러났다.

1. 소비자 시장에서의 노동력의 공급 초과가 심각하다. 대량의 잉여 노동력이 취업하기를 원해 노동자가 노동력 시장에서 매우 불리한 지위에 처하도록 했다. 국유기업은 수만을 헤아리는 남는 인원이 점차 분리되어 나와 다시 취업하고, 성진은 매년 수천만 명의 새로 늘어난 노동력이 취업이 필요했다. 또한 농촌의 수억 명을 헤아리는 여유 노동력이 시장에서 저가 경쟁자가 되었다. 상품은 소비자 시장에 나와 구매자의 지배를 받으려 했고, 노동력 또한 이러했다.

2. 국유기업 중에서, 기업이 어려움에 처하고, 국가는 투자할 힘이 없어서, 노동자가 부득이하게 개혁의 비용을 부담해야만 했다. 시장경제는 국유기업이 자주적으로 경영하고, 손익을 스스로 책임지기를 요구하여, 경제적 이익을 중심으로 삼았다. 그리고 국가는 또 국유기업이 안정된 근로자 집단의 사회적 책임을 부담하도록 했다. 이것은 무거운 역사의 짐을 짊어진 국유기업에게 있어서는, 매우 하기 힘든 것이었다. 모순 속에 낀 근로자들은 매우 불리한 지위에 처했다. 기업이 남는 인원을 분리시키는 것

은 대세의 흐름이지만, 그러나 사회보장이 또 이루어지지 않아서, 이 모순 또한 노동자를 불리한 위치에 처하게 했다.

3. 전통 제도 밖에서 새로 발전하기 시작한 취업 기관(예를 들면, 사유기업과 외자기업) 중에서, 많은 기관은 시장경제에서 반드시 필요로 하는 규범의 노동 제도가 부족했고, 노동자의 이익은 제도적으로 보장을 받지 못했다. 지방 정부는 지방 GDP의 증가와 재정 수입의 측면에서 고려하여, 노동자와 기업이 모순이 생겼을 때, 자주 기업의 편을 들었다. 노동자 자체가 조직적이지 못하여, 조직이 없는 노동자는 조직이 있는 기업을 상대하기가 매우 어려웠다. 노동 모순에서, 손해를 보는 것은 오직 노동자뿐이었다.

이상 갖가지 요소는 현재부터 앞으로 상당히 긴 기간 내에, 중국의 노사 쌍방의 역량 대비가 심각하게 균형을 잃는다는 것을 분명히 말해준다. 노동자의 이익은 매우 쉽게 침해를 당한다. 이것은 사회 전환기에 처한 중국 노동자 문제의 민감한 부분으로, 사회 조화에 영향을 주는 민간한 문제이기도 하다.

노동자 이익이 보장받지 못하는 이 냉혹한 사실은 노동조합의 개혁을 요구받고 있으며, 노동조합은 마땅히 노동자의 이익을 위한 진정한 대표가 되어야 할 것이다. 지금 존재하는 노동조합은 표면적으로는 노동자 스스로의 조직이지만, 그러나 오히려 기업의 당 위원회의 지도하에 일을 하며, 또한 정부의 명령을 집행하려고 한다. 노동자 조합의 이러한 상황은 노동자와 정부·기업의 이익이 완전히 일치하는 것을 전제하는 것이다. 계획경제체제가 해체된 이후, 상황은 이미 변화가 생겼다. 노동자와 기업은 노사 쌍방으로, 이익이 일치하는 방면이 있고, 또한 불일치하지 않는 방면도 있다. 정부와 기업도 관계를 끊었다. 노동자와 기업 그리고 정부는 이미 과거의 "삼합일(三合一)"에서 각각의 다른 이익 주체로 변했다. 기업의 이익은 이윤을 최대화하는 것이고, 노동자의 이익은 임금과 복리를 최대화하는 것이며, 정부는 전체 국면과 장기적인 이익을 대표하여, 노사 쌍방의 목표를 서로 조화롭게 만드는 것이다. 그러나 노동조합은 과거의 그런 "삼합일"의 지위가 현재까지는 아직 변화가 없어서, 노동조합을 매우 난처하게 한다. 노사 충돌이 발생했을 때 노동조합이 정치적인 태도가 분명하게 노동자 편에 설 수가 없다. 이대로 계속 나간다면 노동자 마음속에서 설자리가 없을 것이다. 사회의 위기가 출현했을 때, 만약에 노동조합이 노동자의 이익을 대표하지 못한다면, 노동자는 다시 자신들의 조직을 만들 것이고, 그때에는 매우 골치 아프게 된다.

노동조합은 마땅히 계획경제체제의 틀에서 나와서, 시장경제체제에서 새롭게 자신의 위치를 확립해야 한다. 기업과 정부·노동자 세 이익 주체가 분리되는 상황에서, 노동조합은 마땅히 확고하게 노동자 이익의 대변인이 되어야 한다. 최근 2년 동안, 중화전국총공회가 노동자의 권익 보호를 최우선으로 삼았다. 이러한 업무의 생각 방향은 노동자들로부터 매우 환영을 받았다. 그러나 현재의 환경에서, 노동자 이익의 대변인이 되려는 것은 말처럼 쉬운 것이 아니다! 노동조합은 정부와 기업·노동자 삼자 이익의 틈새에 끼여, 일하기가 매우 어렵다. 그래서 노동조합 간부는 항상 "노동조합, 노동조합, 누가 해도 힘들다"라고 말한다.

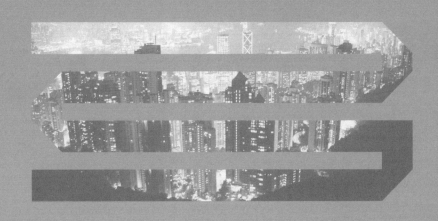

제10장

역사의 귀환자—사유기업주

사유기업주란 기업의 전 자산 혹은 대부분을 개인이 소유하며, 고용 노동을 기초로 하고, 자본 소득을 위주로 하는 사람을 가리키며, 개혁 이전에는 자본가로 불렸다. 현재 중국에서 흡인력과 자극성이 강한 호칭이다.

　사유기업주를 "흡인력이 강하다"라고 말하는 이유는 그 단어가 재부와 모험을 의미하고 있고 있으며, 또한 전력을 다해 투쟁하는 것을 의미하고 있기 때문이다. 일부 사유기업주들이 최근 몇 년 동안 큰 부자가 되었는데, 어떤 사람은 이를 부러워해 마지않고, 어떤 사람은 불공평하다고 화를 내기도 하며, 어떤 사람은 자신도 부자가 되고 싶어 안달이 났지만 한편으로는 본전을 날릴까 봐 걱정한다. "자극성이 강하다"라고 말하는 이유는 사유기업주의 출현과 과거 오랫동안 받들어져 왔던 교과서가 그처럼 서로 조화롭지 않아서, 한 걸음씩 발전할 때마다 격렬한 비평과 끝없는 우려를 동반했기 때문이다.

　이 호칭에 지나치게 강한 자극성이 있기 때문에, 중국의 신문 잡지에서는 "사유기업"이라 하지 않고 "사영기업" 혹은 "민영기업"이라 하는데, 그것은 "사유"라는 이 두 글자를 피하기 위해서이다.

징과 북소리 가운데에서 사라지고, 논쟁 소리 가운데에서 회귀하다

사유재산이라는 것은 노예사회에서 출현했다. 수천 년의 발전과정 속에 유럽에서는 자본주의 제도라고 불리는 개인 자본을 기초로 하는 제도가 생겨났다. 마르크스가 "백년도 되지 않는 자산계급 통치 하에서 이루어진 생산력이 과거 모든 시대에 만들어진 총 생산력보다 더 많고, 더 크다."고 말한 것처럼 강력한 격려 제도로, 사회 생산력 방면에 전대미문의 발전을 이루었다.

그러나 이러한 개인소유제를 기초로 하는 제도는 재부를 가져왔을 뿐만 아니라, 경제위기·빈부격차·금전지상(만능주의)·양심과 인격의 상품화 등의 심각한 사회문제도 함께 가져왔다. 이러한 사회문제는 당시 사람들의 깊은 우려를 자아냈다. 『태양의 도시(The City of the Sun, Civitas Solis)』[이탈리아 철학자 톰마소 캄파넬라(Tommaso Campanella, 1568~1639)가 1602년 옥중에서 이탈리아어로 쓴 사회주의적 저서이자 유토피아론의 고전. 1623년 프랑크푸르트에서 출판. "태양의 도시"는 생산수단의 사유화가 폐지된 후 노동이 모든 시민의 권리가 되는 이상사회], 『유토피아』, 『자본론』 등 후세에 전해지는 작품에서도 이와 같은 우려가 충분히 나타나 있다.

영국인 토머스 모어(Thomas More, 1478~1535)는 『유토피아』에서 사유제 폐지와 상품 거래를 없애는 것이 사회의 병을 근본적으로 고칠 수 있는 유일한 처방이라고 했다. 그의 뒤를 이은 생시몽(Saint-Simon, 1760~1825), 로버트 오언(Robert Owen, 1771~1858), 푸리에(François Marie Charles Fourier, 1772~1837) 등도 이런 생각을 받아들였고, 더 나아가 일부분 사회주의의 시험을 진행했다.

마르크스주의자도 역시 이러한 이상을 받아들였으며, 또한 사회주의가 공상을 과학으로 바꾸어 놓았다고 주장했다. 『공산당 선언』에 "……공산당원은 한마디로 자신의 이론을 개괄하면 사유제를 없애는 것이라고 할 수 있다"[1]라고 되어 있다. 사유제를 없앤 후에는 어떻게 할 것인가? 상품 생산을 없애고, 계획경제를 실행하는 것이다.

중국의 혁명은 마르크스주의의 기본 이론이 중국에 실천된 것이다.

중국 공산당이 대도시를 접수했을 때, 이미 관료자본과 매판자본을 몰수하여, 사회주의 국유경제의 가장 첫 단계에 진입했다. 1949년, 아주 빈약한 공업 기초 위에, 국유공업의 비중은 26.2%이었고, 집체공업이 0.5%, 민관합작경영이 1.6%, 사유공업이 48.7%, 개인수공업이 23%를 차지했다.[2]

1949년 이후, 국유기업은 사유기업에 제품을 가공·발주하거나 사유기업의 제품을 총판매·구매하여 사유기업을 국가 자본주의에 포함시켰고, 동시에 사유기업을 통제했다. 1952년 "삼반(三反: 반부패·반낭비·반관료주의)"과 "오반(五反: 반뇌물·반탈세·반국가 재산편취·반부실 공사·반국가 경제정보 절도)" 운동으로 사유기업에 대한 규제가 한층 더 강화되었다. 이로 인해 국유공업의 생산액 비중은 높아졌고, 사유공업은 낮아졌다.

이 기간에 국가는 식량·면화·연료용 유료 및 면사·무명 등 중요한 물자에 대해 "일괄수매 일괄판매"를 시행하여, 사유기업의 활동 공간은 날이

---

1 중화인민공화국 마르크스 레닌 저작 편역국 편, 『마르크스 엥겔스 선집』 제1권, 인민출판사, 1972, 265쪽.
2 국가통계국 편찬, 『1986년 중국통계개요』, 중국통계출판사, 49쪽.

갈수록 줄어들었다. 당시의 사유기업 중 3분의 2가 방직공업으로, "일괄수매 일괄판매"로 원료구입과 상품판매 이 두 가지를 한꺼번에 통제하여, 그들을 완전히 국가의 통제 하에 두었다. 동시에 정치적으로도 자산계급은 착취계급으로 분류되어 그들의 자식조차도 부끄럽게 느끼는 큰 압박에 직면해 있었다.

사유기업은 경제와 정치적인 면에서 극도로 어려운 지경에 처해 있었지만, 그들에게는 다른 출구가 없었다. 이 때문에 국가가 공사합영(公私合營)을 호소하자마자, 그들은 바로 적극적으로 호응했지만 그들의 심정은 고통스러웠다. 어떤 사람은 대낮에 길거리에서 징을 치고 북을 두드리며 사회주의에 진입한 것을 축하했지만 저녁에는 아내와 함께 머리를 감싸 쥐고 통곡했다. 사회주의 개조가 완성된 후의 1957년에, 전국 소유제 공업 생산액이 공업총생산액에서 차지하는 비중이 53.8%였고, 공사합영 공업은 26.3%, 사유공업은 겨우 0.1%만 차지했고, 도시와 농촌 개인수공업은 0.8%를 차지했다.[3]

개혁 전인 1978년에는 사유기업이 이미 중국에서 자취를 감췄다.

오랫동안 공산주의 교육을 받은 대중들에게 공유제로 사유제를 대체하는 것은 매우 기뻐해야 할 큰일이었다. 그래서 공유제가 승리할 때마다 늘 징을 치고 북을 두드리며, 위세가 드높은 경축 퍼레이드를 펼쳤다.

경제 기준 수가 비교적 작고 경제구조가 비교적 간단할 때에는 계획경제로 충분히 일부 큰일들에 국력을 집중해서 할 수 있다. 그래서 계획경제를 시행하는 국가들은 초기에 모두 비교적 빠른 속도로 발전한다. 그러나 경제규모가 커지고, 경제구조가 복잡해지면, 계획경제체제의 문제가 드러난다. 그러한 근본적인 문제는 경제 운용 움직임을 장악할 만한 어떠한 "능

---

3 위의 책, 49쪽.

력자"도 없다는 것과, 나아가 이러한 움직임에 근거하여 이것을 "계획"해 나갈 수 없다는 것이다. 다시 말해 중앙의 계획기관에 의해 기업이 무엇을 생산할 것인지, 어느 정도를 생산할지, 어떻게 생산할지 결정되는데, 이것은 기술적으로 실행가능성이 떨어진다. 그래서 소련·동유럽의 국가들도 어쩔 수 없이 계획경제를 포기하고 시장경제의 길로 돌아섰다. 계획경제와 국가소유제는 동전의 양면과 같다. 계획경제가 이루어지지 않으면 국가소유제도 방법을 바꿀 수밖에 없다. 그래서 이 국가들이 사유 경제로 방향을 바꾸어 다시 돌아가는 현상이 출현했다.

소유제로 보면 중국 개혁의 과정은 개혁 전 20년의 역과정이다. 과거 20여 년은 사유경제가 점차 사라지는 시기였고, 개혁의 20년은 사유경제가 점차적으로 회귀하는 시기였다. 그러나 현재 중국의 사유기업과 1956년 이전의 사유기업은 혈연적 관계가 없다. 중국이 사유경제로 회귀하게 된 이유가 최초에는 심각한 취업 문제에 의해 나왔다.

1980년대 초, "문화대혁명" 중에 농촌으로 간 지식 청년들이 잇달아 한꺼번에 도시로 돌아와서 그 기세를 막을 수 없는 큰 흐름이 되었다. 그러나 도시에는 그렇게 많은 사람들을 받아들일 정도의 일자리가 없었기 때문에 갈등이 생겼고, 일부 지방에서는 저항이 일어나기도 했다. 도시로 돌아온 지식 청년들은 "우리는 일자리가 필요하다!", "우리는 먹고 살아야 한다!"라는 구호를 외쳐 많은 사람들의 동정을 받았다. 취업은 당시 중국 전 사회에서 매우 심각한 문제였다.

개혁 이전의 방법에 따르면, 취업은 정부의 노동부서에서 책임지고 사람들에게 일자리를 분배했다. 당시 사람들이 선호하는 일자리 순서는 첫 번째가 국영공장, 두 번째가 국영상업, 세 번째가 집단공장을 꼽았다. 그러나 수천만 명이나 되는 청년이 한꺼번에 도시로 돌아오자, 정부는 국영과 집단 상공업에 그들을 배치할 방법이 없었다. 이에 정부는 한편으로는 각 부서에 집체기업을 설립하게 하여, 도시로 돌아온 청년들을 배정했고, 또 한편으로는 도시로 돌아온 청년들이 스스로 직업을 구하도록 호소했다. 스스로 직업을 구하게 한다는 것은 원래 체제 내 그들의 직업은 없었지만, 살 길을 열어 줄 수밖에 없어서, 그들로 하여금 개인 상공업에 종사하게 하는 것을 말한다. 그 당시 공상관리부는 개인 영업증(個體營業證)을 대량으로 발급했다. 각 향진 정부는 또한 가능한 그들에게 필요한 것들을 제공했으며, 언론에서도 자영업자의 사회적 공헌에 대해 대대적으로 선전했다. 짧은 2, 3년 동안 자영업자는 크게 번성했다. 도시로 돌아온 청년 이외에, 과거 각종 이유로 국유기업에서 배척된 사람들(예를 들면 해고된 공직자·노동을 통해 개조되어 석방된 사람) 역시 이 행렬에 들어가게 되어, 이 집단에서 가장 대담하고, 활동적인 사람들이 되었다.

수천수만의 자영업자 중에서 대다수의 사람은 의식주를 해결했을 뿐만 아니라, 많은 사람들은 국영기업 직원보다 수입이 훨씬 많았다. 그중 일부는 몇 년 안에 부자가 되었다. 업무의 확장에 따라 일손이 갈수록 바빠져 그들은 직원을 고용하기 시작했고, 자영업자에서 사유기업주가 되었다.

현실은 이론을 매우 당혹스럽게 한다. 1980년, 베이징의 권위 있는 경제 연구 기관이 현실 문제에 대해 열 가지 이론적인 난제를 제기했다.

첫째, 전통적 이론에서 보면 사회주의 사회에서 개인은 생산수단을 점유할 수 없지만, 지금 개인이 생산수단을 점유하기 시작했다. 이러한 새로운 상황에 대해 제한해야 할 것인지 아니면 격려해야 할 것인가?

둘째, 전통적 이론에서 보면, 사회주의 사회에서는 개인이 직원을 고용하는 것을 허락하지 않지만, 현재 개인이 직원을 고용하는 현상이 대량으로 나타났다. 이러한 현상을 어떻게 해석해야 할 것인가?

셋째, 사회주의는 착취를 없애는 것을 의미하지만, 지금도 착취현상이 여전히 출현한다. 이를 허락해야 할 것인지 아니면 단속해야 하는가? 만약 허락한다면 어느 정도가 적당한 것인지?

넷째, 어떤 곳에서는 군중이 자금을 모아 공장을 차려 주식배당을 실행하고 있다. 전통적 이론에서 보면, 이것은 자금에 따른 분배이다. 사회주의 조건에서 이런 종류의 분배형식의 존재를 허락하는지?

다섯째, 과거 우리는 개인 기업주를 자본가로 간주하여, 과거의 자본가를 없앴는데, 지금은 다시 개인 기업주가 나타나고 있다. 현 단계에서 사유기업주의 계급속성과 정치태도를 어떻게 볼 것인가? 등이다.

이런 것들은 명백히 이론의 문제일 뿐만 아니라, 현실과 원래 갖고 있던 의식 형태의 충돌이다.

1980년대 초기에는 이러한 전통적 이론과 위배되는 민감한 문제에 대해 국가의 정책도 매우 미묘했다. 직원 고용 문제에 관해서, 1981년 국무원이 공포한 〈성진의 비농업 개인경제에 대한 정책규정(城鎭非農業個體經濟若干政策規定)〉과 1983년의 〈성진의 비농촌 개인 상공업에 대한 규정(城鎭非農村個體工商業若干規定)〉에는 개인 상공업자는 한두 명의 보조원을 둘 수 있고, 수습생은 최대 네다섯 명을 넘지 않아야 하며, 모두 합해 일곱 명까지 고용할 수 있도록 규정했다. 왜 일곱 명까지 고용할 수 있도록 했는가? 아이러니하게도 마르크스의 저서에 이러한 제한이 있기 때문이다. 100년이 지난 오늘날 기업의 기술 수준·노동 생산율·기업 자본의 유기적 구성에 이미 근본적인 변화가 생겼고, 마르크스의 이 말이 오늘날 기업이 얼마나 많은 사람을 고용하는 것이 합리적인가 하는 문제에 대해 대답할 수 없다는 것은 상식이 있는 사람이라면 누구라도 알 수 있다. 당시 사람들은 한편으로는 마르크스의 이론을 초월하면서, 다른 한편으로는 온갖 방법을 동원해서 여전히 마르크스에게서 이런 초월에 대한 근거를 찾으려고 했다. 왜냐하면 마르크스에게서 그 근거를 삼을 수 있는 글을 하나라도 찾기라도 한다면 바로 정치적 위험을 줄일 수 있었기 때문이었다.

덩샤오핑과 후야오방(胡耀邦)은 대표적인 인물 한 사람을 사례로 들어서 사람들의 걱정을 해소시켰다. 그것이 바로 "사쯔과쯔(傻子瓜子)"이다.

"사쯔과쯔"의 사장인 녠광주(年廣久)는 안후이(安徽) 성 우후(蕪湖) 사람이다. 그는 일찍부터 개인 행상을 시작해서 처음에는 과일을 팔다가 나중에는 호박씨나 땅콩 등 볶은 식품을 팔았다. 그와 그의 두 아들은 집에서 수박씨를 볶아서 바구니에 담아 들고 다니며 팔거나, 노점에 벌려놓고 팔았다. 그는 씨 볶는 기술 연구에 온 힘을 쏟아 전념해서 결국 "사쯔과쯔"라는 식품 브랜드를 만들어냈다. 게다가 그는 경영 수완이 좋아 날이 갈수록 사업이 커졌고, 과쯔의 일일 생산량이 몇 십 근에서 200여 근으로 늘어났고, 월 영업 수입이 1만 위안에 이르렀다. 당시의 자영업자 중에서 "고소득 농가"가 되었다. 당시 녠광주가 계속 사업을 확장하려면, 두 가지 선택을 할 수 있었다. 하나는 개인경제 연합체로 발전하는 것이었고, 다른 하나는 직원을 고용하는 것이었다. 녠광주도 합작경제의 길을 고려한 적이 있었지만, 각 방면의 경제적 이익 관계를 처리하는 데 복잡했고, 사유기업을 운영하는 것이 상대적으로 간단했다. 그는 1981년 9월부터 직원을 고용하기 시작했다. 당시 겨우 네 명을 보조원으로 고용했지만, 여전히 일은 그와 그의 아들 둘, 세 사람이 했다. 이 무렵 사람들은 마음속으로 마지못해 이런 상황을 받아들였다. 사업이 발전하면서 직원 수가 점점 늘어나 1983년 초에는 103명이 되었다. 거기에 그의 아들이 운영하는 분점까지 더하면 직원 수는 모두 140여 명으로, 일일 과쯔 생산량 만 근에 월 영업액도 60여만 위안이나 되었다. 한 자영업자가 이처럼 큰 규모의 사영기업으로 성장하는 데 겨우 2년밖에 걸리지 않았다. 녠광주가 이처럼 빨리 발전할 수 있었던 것은 사영경제가 큰 활력을 갖고 있었던 외에도, 그가 업종을 잘 선택한 영향도 컸다. 과쯔는 국가 경제나 국민 생활과 관계가 없었기 때문에 계획경제가 관여할 여지가 없었다. 또한 국가경제의 틈새이기도 했다. 그럼에도 불구하고 그의 고속 성공은 여전히 여러 방면에서 논란과 비판을 야기했다. 당시 많은 사람들은 곱지 않은 시선을 보내면서 그에게 조치를 취하라고 요구했다. 덩샤오핑은 이 사실을 알고서 "건드릴 수가 없다. 만약 조치를 취하게 되면 사람들은 아마도 정책이 바뀌었다고 말할 것이다"라고 말했다. 후야오방도 한 차례 담화를 통해 매우 확고하게 녠광주를 지지했다.

과쯔 씨 한 알의 무게가 막중했다. "사쯔과쯔"에 대한 덩샤오핑 등의 지지는 원래의 사고방식에 얽매이지 않는 사람들에게 일부 문제들을 고민하게 했다.

마르크스가 말한 자본의 축적은 "한 끝은 재산의 축적이고, 다른 한 끝은 빈곤의 축적이지만", 녠광주의 재산 축적은 결코 사람들을 빈곤하게 하지 않았고, 오히려 그가 고용한 노동자의 수입이 국영기업의 노동자의 수입보다 훨씬 더 많았다.

녠광주는 결코 노동자들의 잉여가치를 모두 점유하지 않았다. 1982년을 예로 들면, 이해에 "사쯔과쯔"가 만들어낸 국민소득 중에 녠광주의 개인 소득과 직원의 임금, 국가에 내는 세금의 비율이 각각 44.6%, 12%와 43.33%였다.

녠광주의 사유기업 설립은 사회에 아무런 악영향을 가져오지 않았을 뿐만 아니라, 오히려 좋은 영향을 많이 끼쳤다. 그의 경제력으로 장쑤 성·저장 성·상하이의 시장을 타개했다. 그의 도전과 주도로 우후에 갑자기 한꺼번에 60개에 가까운 과쯔 기업이 생겨났고, 과쯔 판매량도 3,000만 근에 이르러 "과쯔 도시(瓜子城)"로 불렸다. 전국 각지에 과쯔 가공 붐이 일어나 남쪽부터 북쪽까지 "잉춘과쯔(迎春瓜子)", "커우부리(口不離)", "하오츠라이(好吃來)", "아판티(阿凡提)" 등 셀 수 없을 정도의 새로운 제품이 한꺼번에 생겨나 큰 산업이 되었다.

이러한 사실은 우리에게 사유경제가 결코 과거에 말한 것처럼 그렇게 위험하지 않다는 것을 알려 주었다.

작은 씨앗 한 알이 오히려 뜻밖에 큰 영향을 주는 힘을 만들어냈다. 사람들은 "사쯔과쯔"에 대한 중앙정부의 태도에서 용기를 얻어 활발하게 사유기업을 발전시켰다. 거의 30년간 사라졌던 사유기업이 중국에서 다시 새롭게 출현하였다. 맹렬하고 빠르게 발전하는 기세, 강한 생명력은 사람들의 관심과 논쟁·흥분과 불안을 불러일으켰다. 사유기업 대응에 있어서 "성자성사(姓資姓社: 경제특구를 설치하고 개혁 개방을 실시하는 것이 사회주의인가 아니면 자본주의인가)"의 논쟁이 꼬리를 물고 일어나 1990년대 중반까지 지속되었다.

사유기업에 대한 국가의 정책은 점점 완화되어 갔다.

1988년 헌법개정안에서 "사영경제는 사회주의 공유제 경제의 보완이다"라고 규정했다.

1989년 국가공상국(國家工商局)과 국가통계국의 통계에 민간경제 항목이 정식으로 국가경제 생활 속에 선보였다.

1997년 중국 공산당 제15차 전국대표대회에서 "비공유 경제는 중국 사회주의 시장경제의 중요한 구성 부분이다"라고 제기하여, 사유경제가 국유경제와 동등해지기 시작했다.

1999년 제9기 전국인민대표대회 2차 회의에서 헌법개정안이 통과되어, 사유경제는 국유경제와 집체경제와 동등한 지위와 대우를 얻게 되었다.

2004년 〈헌법〉 개정안에 "공민의 합법적 사유재산은 침해받지 않는다", "국가는 법률규정에 의거하여 공민의 사유재산권과 상속권을 보호한다"라고 규정했다.

2005년 국무원은 어떠한 기관이나 개인은 비공유제 기업의 합법적인 재산을 침해할 수 없으며, 비합법적으로 비공유제 기업재산의 귀속관계를 바꾸어서는 안 된다고 법령으로 명문화했다.

2007년에는 〈물권법〉을 공포했다. 〈물권법〉은 사회주의 시장경제 실행과 모든 시장 주체의 평등한 법률적 지위와 권리 보호를 기본원칙으로 하여, 국가·단체·개인의 물권 전체에 대해 인정하고 평등하게 보호하는 것이다. 이때 공유제가 주체가 되고, 여러 소유제 경제가 공동으로 발전하는 기본경제 제도 속에서 국가는 법으로 사유기업주의 사유 재산과 국가·단체의 공공재산의 법률적 지위는 평등하다고 규정했다.

사유경제 정책이 매번 완화될 때마다 걱정과 격렬한 논쟁이 수반되었다. 일부 전통적인 의견을 따르는 사람들은 사유경제가 발전하면 국유경제가 위축되어 나라가 흔들리는 현상이 생길까 걱정했다. 그렇지만 사영경제의 발전이 없으면 시장경제는 없을 것이라고 주장하는 사람들이 더 많았다. 시장경제를 하지 않는 것은 옛날로 돌아가는 것이며, 뒤로 물러나면 더 이상의 활로가 없다.

급부상한 계층

중국 사회에서 사유기업이 다시 공개적으로 출현한 것은 1987년이었으나 대부분 비교적 사업하기 좋은 시기였던 1988년과 1989년에 세워졌고, 1989년이 되어서야 사유기업이 단독으로 등록하기 시작했다. 정책에서는 고용 직원이 8명 이하를 "개인 상공업자(個體工商戶)"라 했고, 8명 이상을 "사유기업"이라고 규정했다. 단독 등록 이전에 사유기업은 "개인 상공업자"에 포함되어 있었다. 예를 들면 1988년 전국 개인 상공업자 수는 1,452만 7,068개로, 영업액은 119억 700만 위안이었다. 그 속에 얼마나 많은 사유기업이 있었는지는 알 수 없다. 1989년 말 등록된 사유기업의 수는 9만 581개이며, 별도로 개인 상공업자가 1,247만 1,900개가 있었다. 1993년 말 사영기업은 법률 문건에서 사영기업이 아니라 사유기업으로 바뀌었다.

이렇게 바뀌자 소유제의 개념이 명확하게 드러났다.

1990년대 중반 이전 정치적 압력·대출 특혜·세금 특혜 등 여러 원인으로 많은 사유기업이 다른 소유제 형식으로 등록했고, 몇몇 사유기업은 "붉은 모자"(국영·집체), "서양 모자"(삼자기업), "작은 모자"(개체기업)라는 딱지가 붙었다. 그 때문에 많은 "육가" 기업(六假企業: 가짜 국영·가짜 집체·가짜 외자·가짜 학교 운영 공장·가짜 장애 병자·가짜 지식 청년)이 생겨났다. 중국 사영경제연구회 부비서장 리신신(李欣欣)은 각 성의 일치된 보고와 관련 부서의 표본조사에 의하면 "육가" 기업이 실제 등록된 개인기업보다 3배에서 10배가 많다고 소개했다. 또 국가공상행정관리국 표본조사에 따르면 중국 향진 기업 중 83%가 사유기업이라고 한다.[4] 중국 사영경제연구회 비서장 이위안정(羿遠錚)은 공상국과 중화 전국 상공업자 연합회가 각각 다른 지역을 조사한 것에 따르면 등록 사유기업과 미등록 사유기업의 비율이 1:2에서 1:10까지 고르지 않다고 소개했다. 향진 기업의 명의로 등록된 사유기업은 향진 기업 총수의 83~86%를 차지하고 있다.[5] 20세기 말에 들어서, 사유기업이 법률상 평등한 지위를 획득함에 따라 정책 환경 또한 크게 개선되었다. 이 때문에 많은 사유기업은 재산권을 명확하게 할 것을 요구했고, "붉은 모자"를 내던져 버리고 원래의 모습으로 돌아갔다.

사람들이 어떻게 논쟁했는가에 상관없이 경제체제 개혁 이래로 중국의 사유기업주 집단은 여전히 끊임없이 확대되었으며, 경제력도 빠르게 증강되어, 20세기 말에는 이미 사람의 수도 많고, 강력한 실력을 갖춘 단체가 되었다. 표10-1에서 상황을 알 수 있다.

---

4 『중국 사영경제연감(1994년 판)』, 71쪽.
5 『중국 사영경제연감(1996년 판)』, 112쪽.

표10-1 전국 사유기업 발전상황[6]

연도	기업 수 (만 호)	증가율(%)	근로자 (만 명)	증가율(%)	등록 자금(조)	증가율(%)
1993	23.8	71.2	372.6	60.7	680.5	207.6
1995	65.5	51.6	956.0	47.4	2,621.7	81.1
1998	120.1	25	1,709.1	26.7	7,198.1	40
2002	263.83	20.0	3,247.5	19.7	2.48	35.9
2003	328.72	24.8	4,299.1	32.3	3.53	42.6
2004	402.41	22.4	5,017.3	16.7	4.79	35.8
2005	471.95	17.3	5,824.0	16.1	6.13	28.0
2006	544.14	15.3	6,586.4	13.1	7.60	23.9
2007	603.05	10.8	7,253.1	10.1	9.39	23.5
2008	657.42	9.0	7,904.0	9.0	11.74	25.0

* 설명: 표에서 과거의 기업 수는 지부 기관의 수량을 포함하고 있음.

2007년 전국 사유기업은 551만 3,000개였다. 동시에 사유기업주는 1,396만 5,000명으로, 고용 직원 수는 5,856만 6,000명에 달했다. 등록 자본 금액이 1억 위안을 넘은 기업의 수는 겨우 총 기업수의 0.1%를 차지했고, 등록 자본 금액이 100만 위안이 되지 않는 기업은 75.8%를 차지했다. 전체적으로 보자면, 현 단계의 중국 사유기업은 경영 규모가 작고, 자본의 유기적인 구성도 낮아서, 각 기업 평균 종사 인원이 겨우 13.2명에 불과하다.[7]

2007년 말에 이르러서야, 전국 사유기업 등록 자본금 총액이 9조 3,873억

---

6 황멍푸(黃孟復) 주편, 『중국 민영경제 발전보고서 2008~2009』, 사회과학문헌출판사, 2009, 58쪽.
   1993~1998년 데이터는 『중국 사영경제연감(2006. 6~2008. 6)』 212쪽에서 발췌.
7 「중국 사영기업주 계층 성장의 새로운 단계, 새로운 상황, 새로운 문제」, 《사회 청서》, 『2009년: 중국사회 형세분석과 예측』에서 옮김, 344~356쪽.

1,000만 위안에 이르렀고, 기업의 평균 등록 자본 금액은 170만 3,000위안
이었다. 등록 자본 금액이 100만 위안이 넘는 사유기업은 133만 6,000개로,
전체 사유기업 가운데 24.2%를 차지했다. 표10-2에서 볼 수 있듯이 대기업
의 자본금은 소기업보다 빠르게 증가했고, 재부가 대기업에 집중되는 경향
이 있었다.

표10-2 2007년 말 액수에 따른 중국 사유기업 등록 자본 분포 상황[8]

등록 자본	기업 수(만 호)	기업 점유 비중(%)	전년대비 등록 자금 증가율(%)
100만 위안 이하	417.7	75.8	
100만 위안~500만 위안	94.4	17.1	9.6
500만 위안~1,000만 위안	21.1	3.8	13.2
1,000만 위안~1억	17.5	3.2	31.0
1억 이상	0.5734	0.1	35.1

중화 전국 상공업자 연합회(全國工商聯)가 2009년 8월 19일에 공포한 바에
따르면 2008년 민영기업 500개의 자산 총액이 2조 8,250억 700만 위안으
로, 평균 56억 5,000만 위안이며, 작년 동일한 시기와 비교해 12.42% 늘
어났다고 한다. 고정자산 총액은 8,303억 6,300만 위안으로, 평균 16억
6,100만 위안이고, 전년도 대비 14.03% 늘었고, 순이익 총액은 1,640억
7,100만 위안이라고 했다.[9]

중국 사유경제의 발전과정에는 몇 차례 고조기(高潮期)가 나타났다. 이 몇
차례 고조기는 모두 정치가 느슨해진 결과였다. 첫 번째 고조기는 1985년
으로, 1984년 12기 중국 공산당 중앙위원회 전체회의에서 사회주의 상품
경제의 발전을 제시했다. 과거 오랜 동안 논쟁해 왔던 "상품경제를 발전시

---

8 위의 책.

9 『신화매일전신(新華每日電訊)』, 2009년 8월 20일, 제6판.

킬 것인가?"에 대한 정치적 결론을 내려, 사유경제의 발전에 용기를 북돋아 주어서 개인 상공업자(당시에는 사유기업에 대한 통계가 없었다)가 매우 빠르게 발전했다. 두 번째 고조기는 1992년 덩샤오핑의 남방담화(南方談話)와 중국 공산당 제14차 대회였다. "성자성사(姓資姓社: 중국의 개혁 개방이 사회주의 길이냐, 자본주의 길이냐는 논쟁)"의 비난이 억압을 받아, 사유경제의 발전을 위한 느슨한 정치 환경이 만들어졌다. 세 번째는 중국 공산당 제15차 대회로, 소유제 개혁 방면이 다소 느슨해졌다. 사유경제의 발전을 위해서 정치 환경이 더욱 느슨해졌고, 이어서 직장을 그만둔 대량의 노동자들이 재취업을 해야 했기 때문에 사유경제 발전의 필요성이 제기되었다. 그러나 세 번째 고조기는 느슨한 정치 환경이 있었지만 경제적으로 불경기를 만났기 때문에 1992년처럼 그렇게 사유경제가 번창하지는 못했다. 국민경제가 "통화긴축"으로 나아간 후, 21세기까지 사유경제의 발전 속도는 다시 빨라지기 시작했다.

2003년 말까지 창업 기간이 5년 이하인 기업이 32.9%를 차지했고, 6년에서 10년까지가 42.3%, 10년 이상 된 기업은 24.8%를 차지했다. 즉 조사 대상 기업 중에서 창업한 지 6년 이상 되는 기업이 67.1%를 차지했다. 창업 연수의 중간치는 7년이다. 몇 차례의 조사에 의하면 사유기업 경영 연수가 6~20년에 집중되어 있고, 평균 경영 연수는 1993년의 5.91년에서 2003년의 7년으로, 1.09년이 증가했으며, 경영 연수가 1~5년 된 기업만이 뚜렷하게 감소했다. 이것은 사유기업의 생명력과 안정성이 어느 정도 증가하고 있다는 것을 보여준다.

1999년 이후 일부 공유제 기업들이 사유기업으로 바뀐 점은 특히 주목을 끌며, 사유경제를 위해 신선한 피를 주입했다. 2002년 제5차 중국 사유기업 표본 조사 때 조사된 3,258개의 사유기업 중에서 개조를 통해 형성된 사유기업은 모두 837개로, 전체 조사 기업의 25.8%를 차지했다. 이를 "토박이" 사유기업과 비교하면, 개조를 통해 만들어진 사유기업은 출발점이 앞섰고 규모도 컸으며, 비교적 양호한 조직 기초를 갖고 있었다. 2004년의 제6차 조사에서는 조사 기업의 18.3%가 국영·집체에서 사유기업으로 바뀐 것으로 나타났다. 이를 근거로 추정하면 300만 5,500개 사유기업 중 약 55만 개가 개조를 통해 만들어진 기업이라고 판단된다. 그 밖에 6.3%의 사유기업은 이미 국유기업을 합병 또는 매입했으며, 또한 10.2%의 사유기업이 국유기업을 합병하거나 매입하려고 준비 중에 있었다.

사유경제가 국민경제에 끼치는 영향이 날이 갈수록 커지고 있다.

취업은 현재 중국이 당면한 가장 첨예한 문제 중 하나이다. 1995년에서 2000년까지 전국에 1억 3,402만 명의 새로운 사회노동력이 증가했지만, 국유기관과 집체기관의 종사자 수는 4,807만 명이 감소했다.[10] 2000년 전국 평균 각 기업주의 등록 자본은 33만 7,500위안으로, 자신을 제외하고 6.1개의 취업 일자리를 만들었다. 1990년부터 1999년까지 사유기업 취업 인원은 평균 매년 33.67% 증가했고, 같은 시기 국유기관과 집체기관의 종사자 수는 매년 평균 2.06%와 7.78%[장호우이(張厚義), 2001] 줄어들었다. 2008년 말 개인 사영기업에 취업한 인원은 7,904만 명에 이르렀고, 그중 투자자가 1,507만 3,600명, 고용 직원이 6,396만 2,000명으로, 전년도에 비해 540만 명이 늘어났다.[11] 하지만 2008년 국유기관 취업 인원은 6,162만 명밖에 되지 않았다.[12] 이것은 단지 사유기업의 취업 인원수의 77.9%에 상당한다. 이러한 사실은 이미 사유경제를 발전시키는 것이 취업 문제를 해결하는 중요한 출로임이 증명되었다.

국가 세수에 대한 사유기업의 공헌이 해마다 증가하면서, 2008년 이후

---

10 국가통계국 편찬, 『2001년 중국통계개요』, 중국통계출판사.
11 황명푸 주편, 『중국 민영경제 발전보고서 2008~2009』, 58쪽.
12 국가통계국 편찬, 『2009년 중국통계개요』, 중국통계출판사, 43쪽.

사유기업이 차지하는 세수는 이미 전국 세수 총액의 비중의 10%를 넘었다.(표10-3 참조)

표10-3 국가 세수에 대한 민영경제의 공헌 단위: 억 위안[13]

시기	전국 국가 세수 총계 (%)	사유경제 세수 총계 (%)	사유경제 세수 점유비율 (%)
2000년	11,855.78	414.42	3.5
2005년	30,308.78	2,715.96	9.0
2006년	36,949.59	3,505.22	9.5
2007년	49,449.29	4,771.51	9.6
2008년	57,862.39	5,873.68	10.2
2009년 1분기	14,063.90	1,441.82	10.3

* 설명: 세수 수입에는 농업세와 관세가 포함되지 않았고, 세관이 거두는 부가가치세와 소비세는 포함.

수출은 중국 경제발전의 중요한 동력이다. 최근 사유경제의 수출이 큰 폭으로 증가하여, 사유경제의 수출액이 2009년에 이미 전국 수출 총액의 4분의 1에 근접했다.(표10-4 참조)

표10-4 사유기업 수출입 상황 단위: 억 달러

	2000	2005	2006	2007	2008
사유 수출입 총액	37.7	1,662.1	2,435.8	3,476	4,564.8
사유 수출입의 전국 수출입 점유 비중	0.8	11.7	13.8	16.0	17.8
사유 수출액	23.8	1,122.3	1,707.6	2,475	3,260.3
사유 수출의 전국 점유 비중	1.0	14.7	17.6	20.3	22.8

지역적으로 보면 어떤 곳은 사유경제가 빠르게 발전하고, 어떤 곳은 시

---

13 황명푸 주편, 『중국 민영경제 발전보고서 2008~2009』, 11쪽.

장 성장 정도가 높으며, 어떤 곳은 경제가 활력이 있었다. 1997년 이래, "통화긴축"으로 중국 전역의 경제가 그다지 좋지 않았지만, 저장 성은 오히려 전국에서 주목을 받았다. 그 이유는 저장 성이 사유경제의 비중이 가장 컸기 때문이다.

사유경제는 더 이상 공유경제의 "보완"이 아니라, 국민경제의 중요 구성 부분이 되었다. 사유기업주도 당당히 하나의 중요한 사회적 역할을 맡게 되었다.

그들은 어떤 사람들인가?

사유기업주는 어떤 사회적 부류에서 전환된 사람들인가?

1980년대 초 자영업에 종사했던 사람들은 대부분 도시로 돌아온 청년과 별다른 직업이 없었던 사람들이었다. 간부 중에서 이 계층에 들어간 사람은 극히 적었지만, 정치적 위험이 줄어들고 진입 "문턱"이 높아짐에 따라(자금·경영능력·사회관계), 전문기술자와 간부의 비중이 상대적으로 늘어났다. 국가인사부서의 추정에 따르면 1992년부터 1993년까지 2년간 "장사꾼"으로 전환한 전국 행정직원이 60만 명이라고 한다.[14] 아래 표에서 1992년 성진(城鎭)에서 전문기술자와 간부가 34.2%를 차지했고, 농촌에서는 21.1%를 차지했다. 1995년 조사 결과에서는 성진에서 전문기술자와 간부가 37.2%를 차지했고, 농촌에서는 22.8%를 차지했다.(표10-5와 표10-6 참조)

---

[14] 『중국사회과학』, 1994년 제6기, 102쪽.

표10-5 도농 사유기업주 개업 전(前) 원(原) 직업 분포(1992년 말 상황)15

원 직업	전문기술자 (%)	각급 간부 (%)	노동자 (%)	상업 서비스업 인원(%)	군인 (%)	농민 (%)	자영업 (%)	기타 (%)	합계 (%)
성진 기업주	12.1	22.1	25.2	7.6	1.2	17.2	9.2	5.5	100
농촌 기업주	4.1	17.0	11.6	2.7	0.7	53.5	6.1	4.1	100

표10-6 도농 사유기업주 개업 전(前) 원(原) 직업 분포(1994년 말 상황)16

원 직업	전문 기술자 (%)	기관 사업 간부 (%)	기업 간부 (%)	노동자 (%)	군인 (%)	상업 서비스업 인원 (%)	농민 (%)	전문 예술인 (%)	자영업 (%)	기타 (%)	무직 (%)
성진 기업주	13.0	8.9	15.3	18.8	0.6	6.5	11.0	8.1	10.5	2.5	4.8
농촌 기업주	5.5	4.0	13.3	16.4	0.7	2.1	31.7	10.5	10.0	4.0	1.7

농촌에서 간부 이외에 대다수의 사유기업주는 일반 농민들과는 다른 이력을 갖고 있었다. 예를 들면 향진 기업에서 일을 했거나, 운송업을 한 적이 있거나, 장사를 한 적이 있거나, 군대에 갔다 왔거나, 외지에 나가서 일을 한 적이 있었다. 그중에서 향진 기업의 공장장이나 구매 담당, 마을 간부의 경력이 상당히 큰 비중을 차지했다. 그들은 교제 범위가 넓고 박학다식할 뿐만 아니라, 정보가 빠르며 상당한 사회적 관계를 갖고 있었다. 게다가 그들 본인들도 두뇌 회전이 빨라서 농촌의 "능력자"라고 할 수 있었다.

2008년 전국사유기업 제8차 조사에서 창업 전에 당정 기관과 사업 단위에서 일한 적이 있는 사람은 조사자의 18%를 차지했다. 그중 일반 간부였던 사람은 38.6%, 과급(科級) 간부는 22.1%, 현처(縣處)급 간부는 5.6%, 청국

---

15 『중국 사영경제연감(1994년 판)』, 118쪽.
16 위의 책, 158쪽.

(廳局)급 간부는 3.1%, 기술 간부는 17.2%, 교사는 13.4%를 차지했다. 기업에서 일한 적이 있는 사람은 전체 조사자의 18.2%를 차지했고, 농촌에서 일한 적이 있는 사람은 13.5%를 차지했다. 그중 촌(村) 간부는 26.2%를 차지했다. 권력자원과 기술자원으로 보면, 그들이 창업하기 전 지위가 비교적 높은 원래 직업 가운데 국가급 간부·기업 책임자·농촌간부가 모두 46.6%를 차지했고, 각종 기술자는 14.6%, 기업 공급 판매인이 9.0%, 자영업자가 8.5%, 기업 직원·노동자가 13.4%, 순수 농민이 5.6%, 기타 일에 종사하는 사람이 0.7%, 직업이 없거나 실업자가 1.6%를 차지했다.[17] 이것은 창업 전 어떠한 권력자원·기술자원과 일정한 경제자원이 없는 사람이 차지하는 비중이 19.7%임을 나타내고 있으며, 그리고 2006년의 조사에서는 이 비중이 28.6%에 달했다. 사회적 지위가 비교적 낮은 사람이 경영자가 되기는 이전보다 더 어려워졌다.

사업에 뛰어들기 전에 남다른 배경을 가진 사람의 경영 효과가 뛰어났다. 전국 사유경제의 제3차 조사(1997년 말부터 1998년 초까지)에 의하면, 사업에 뛰어든 간부는 사회자원의 점유에 우위를 차지하고 있어서 창업 자본이 평균치의 1.8배였고, 순이익은 평균치의 1.9배였다. 반면에 전문기술자가 설립한 사유기업은 판매액·순이익과 자본 증가율 모두 평균 이하였다.

사유기업주는 어떤 사람들일까? 성별로 따지면 남성이 절대 다수를 차지하고 있지만, 여성의 비율도 다소 늘어가는 추세이다. 1989년 이전에는 남성이 88.7%를 차지했으며, 1990~1994년에는 87.3%, 1995~1999년에는 85.9%, 2000~2004년에는 83.7%, 2005년 이후에는 79.3%를 차지했다.[18] 나이로 보면 그들은 비교적 젊어서, 전체적으로 1990년대 후반이 1990년대 초반보다 연령이 더 낮아졌다.(표10-7 참조)

---

17 『중국 사영경제연감(2006. 6~2008. 6)』, 34쪽.
18 위의 책, 34쪽.

표10-7 2008년 조사한 사유기업주 나이 분포[19]

나이(세)	30이하 (%)	31~35 (%)	36~40 (%)	41~45 (%)	46~50 (%)	51~55 (%)	56세 이상 (%)
사람 수 (%)	4.6	9.6	18.5	27.2	15.2	15.3	9.5

2008년 조사에서는 조사자의 평균 나이가 44.4세로, 2006년 조사 결과와 비교하면 거의 변화가 없다.

"중국 사유기업 연구 과제팀"은 1997년 말과 1998년 초의 조사에서 나이와 기업자본의 관계를 연구했는데, 기업의 자본 규모와 나이는 기본적으로 비례한다는 사실을 발견했다. 조사자 1,947개의 사유기업 중 30세 이하의 자본은 96만 5,000위안이고, 30~40세의 자본은 283만 3,000위안이며, 40~50세의 자본은 321만 8,000위안이었다. 그리고 50세 이상의 자본은 356만 1,000위안이었다.

표10-8 사유기업주 문화 수준[20]

문화수준	문맹 (%)	초등 (%)	중학 (%)	고등 (%)	전문계 고교 (%)	중등전문학교 (%)	전문대학 (%)	대학 (%)	대학원 (%)
1993년 조사	1.0	9.9	36.1	26.3	2.7	6.9	11.7	4.9	0.6
1995년 조사	0.3	8.2	34.9	28.9	2.9	6.7	13.1	4.5	0.8
1997년 조사	0.3	6.4	31.4	41.7			19.5		0.7
2000년 조사	0.2	2.7	19.6	39.2			35.0		3.4

---

19 위의 책, 32쪽.
20 제2차·제3차·제4차 중국 사유기업 표본조사.

사유기업주의 문화 수준은 계속해서 높아지고 있다. 표10-8과 10-9에서의 데이터에서 알 수 있듯이 2000년부터 2008년까지 중학교 문화 수준 이하의 기업주의 비중이 13.5% 하락했고, 전문대학과 전문대학 이상은 23.4% 늘어났다. 2007년에는 전문대학과 전문대학 이상의 사유기업주는 이미 61.8%에 이르렀다.

표10-9 사유기업주 문화 수준 분포[21]

조사년도	초등 이하 (%)	중학 (%)	고등·중등전문학교 (%)	전문대학 (%)	대학 (%)	대학원 (%)
2008년 조사	0.9	8.1	29.3	26.9	22.2	12.7
2006년 조사	1.5	12.6	36.6	31.7	13.1	4.5
2004년 조사	1.7	12.9	33.6	31.1	15.0	5.7
2002년 조사	2.2	17.4	41.6	33.0		5.8

1998년 3월 필자는 광둥 성 난하이(南海)에서 사유기업주들을 취재한 적이 있다. 1990년대 초에 만났던 사유기업주와 비교하면 나이는 적었지만 문화 수준은 높았으며, 사고방식도 새로웠다. 취재 후 필자가 「90년대 새 경영자」[22]라는 기사를 썼는데, 내용의 한 부분을 발췌하면 다음과 같다.

　　30여 세의 황궈취안(黃國權)은 포산(佛山) 시에 있는 커신다(科信達)라는 기업의 사장이다. 그는 방송통신대학을 졸업하고는 다시 시안자오퉁대학(西安交通大學) 공업기업 자동화 전공을 수료했다. 그의 회사는 도자기 생산 설비를 제조했다. 일반적으로 시장의 수요가 부족하다고 느끼는 상황에서도 그는 전력

21 「2008년 제8차 전국사영경제 표본조사 데이터 분석 보고서」, 『중국 사영경제연감(2006. 6~2008. 6)』, 33쪽에 실려 있음.
22 양지성, 「90년대 새 경영자(九十年代新老板)」, 『30년 허둥』(287~288쪽)에 실려 있음.

을 다할 뿐만 아니라, 매주 닷새는 잔업을 했다. 1992년 3만 위안으로 사업을 시작한 그는 적지 않은 시행착오를 겪은 끝에, 1995년 11월에서야 이 업종으로 전환하여 현재 수천만 위안의 자산을 갖게 되었다. 그는 자신의 성공 경험을 "네 가지 기본 원칙"으로 귀납했다. 첫째는 신용을 중시하고, 둘째는 기업을 "직원의 생존과 발전의 낙원"이 되도록 경영하는 것이고, 셋째는 직원·협력자·무역 파트너에게 충분히 보상해 주는 것이며, 넷째는 직원이 기업의 발전을 방해하지 않도록 하는 것과, 기업도 직원의 발전에 영향을 끼치지 않도록 하는 것이다. 황궈취안은 말을 느릿하게 하지만 두 눈에는 늘 생각이 가득찬 듯했다. 그는 "큰 물결이 모래와 자갈을 쓸어내듯이 80년대의 민영기업가중 아직 발전하고 있는 사람은 많지 않습니다. 90년대의 민영기업가 대부분은 새로 시작한 사람들입니다. 80년대의 민영기업가 대부분은 "농사를 짓던" 농민들이었지만, 90년대에 성공한 사람들 대부분 교양이 있는 착실한 사람들이었습니다. 80년대와 90년대 기업가들은 사고방식과 경영방식이 모두 달랐습니다"라고 했다. 그는 또 루쉰(魯迅)의 말을 인용하여 다음과 같이 말했다. "땅위에는 본래 길이 없었습니다. 걸어가는 사람이 많아지면 곧 길이 되는 것입니다. 이것이 80년대의 상황이었습니다. 사실 땅 위에는 길이 있었습니다. 걸어가는 사람이 너무 많아져서 길이 없어졌습니다. 이것이 90년대의 상황이었습니다. 현재 업종을 선택하는 데에는 이성적이어야 하고, 모색 가운데 새로운 길을 찾아야 합니다."

90년대의 새로운 경영자에게는 새로운 풍격이 있다. 내가 만난 경영자들은 대부분 30세 전후의 사람들이었다. 그들은 동남아 금융위기에 관심을 갖고 있고, 하버드대학교 교재를 읽고, 정부사업 보고서 행간에서 사업의 기회를 찾고 있었다. 그들은 나에게 인민폐가 평가절하 되느냐? 이자율이 내려가느냐? 등과 같은 핵심적인 문제를 질문했다.

뤄치쿤(羅啓坤)는 서른 살이 채 안 되어 보이는, 큰 키에 해맑은 얼굴을 한 전형적인 미남이었다. 그는 캉유웨이(康有為) 고향 부근의 샤오탕(小塘) 진에 유리 제품 공장 두 곳을 세워 장식용 조명기구를 생산하여 미국으로 수출하고 있다. 필자는 그와 함께 그의 공장을 참관했다. 공장의 면적은 70무(畝)이고, 공장 건물은 모두 새로 지어졌으며, 직원이 900여 명이었다. 직원의 월수입은 600위안에서 2,500위안이었다. 그는 멀리 있는 공사현장을 가리키며 저기가 새로 짓고 있는 공장이라고 했다. 자기 사업의 발전과 900여 명의 취업 문제를 해결한 것에 대해 스스로 자랑스러워했다. 뤄치쿤의 아버지는 본래 광저우에 있는 유리공장의 직공이었다. 80년대에 공장을 떠나 몇몇 친구들과 동업하여 회사를 차렸지만, 발전이 더뎠다. 뤄치쿤은 아버지의 경영방식이 낡았다고 생각하여 아버지를 떠나 스스로 따로 회사를 차렸고, 실적이 아버지를 넘어섰다. 그는 동남아의 화폐가치가 평가절하 된 후, 그의 미국 바이어는 주문 물량의 절반을 동남아로 방향을 바꾸었다고 말했다. 그는 새로운 시장을 개척하고 있는 중이며, 이미 큰 진전이 있다고 했다. 필자는 그와의 이야기 중에 그가 아시아 금융위기에 대해 잘 알고 있었을 뿐만 아니라, 위기 속의 풍파를 자신의 경영과 연결시킬 수 있다는 것을 발견했다.

2007년 전국 사유기업주 가계 총수입의 중간 값은 12만 5,000위안이고, 평균 수입은 45만 9,000위안이었다. 10만 위안인 사람이 가장 많았으며, 8.3%를 차지했으며, 가계 총수입이 20만 위안인 사유기업주는 6.2%를 차지했다. 2007년 사유기업주의 연봉의 평균치는 19만 2,500위안이고, 100만 위안을 넘는 기업주는 얼마 되지 않았다.(표10-10 참조)

표10-10 2007년 사유기업주의 연봉 수준[23]

연봉(만 위안)	조사자 총수에서 차지하고 있는 비중(%)
5	9.5
6	4.5
10	12.3
20	5.2
30	2.0
50	1.1
100	0.5

위의 표에서 나타난 사유기업주의 수입이 결코 그들의 실제 수입 상황을 반영했다고 할 수는 없다. 왜냐하면 그들 개인과 가정의 소비지출이 가끔 기업 생산경영과 같이 섞여 있기 때문이다. 가령 개인과 가정 소비지출을 더하면, 그들의 수입은 표에서의 숫자보다 훨씬 많아진다.

사유기업주의 개인 수입 증가는 비교적 빠른 편이다. 2006년 제7차 전국 사유기업조사에서 2005년 사유기업주의 개인 평균수입은 18만 6,000위안(급여·배당금 포함)으로 나타났고, 2008년 제8차 전국 사유기업조사에서 2007년에는 22만 7,000위안으로 22%가 증가한 것으로 나타났다. 2005년 연간 수입이 11만~50만 위안인 사람이 22.6%에 달했고, 100만 위안을 넘는 비율은 3.5%였다. 2007년 연간 수입이 11만~50만 위안인 사람이 30.9%에 달했고, 100만 위안을 넘는 비율은 4.6%였다.[24] 분명히 전국 사유기업주 조사에서 권력에 힘입어 돈을 번 "홍정상인"은 포함되지 않았고, 그들의 수입은 위에 말한 숫자보다 훨씬 많았다.

---

23 『중국 사영경제연감(2006. 6~2008. 6)』, 34쪽.
24 위의 책, 35쪽.

그들은 어떻게 돈을 벌었을까?

사유기업주는 어떻게 돈을 벌었을까? 독자들에게 구체적인 인상을 남기기 위해 먼저 대표적인 인물을 몇 명 소개하겠다.

류용하오(劉永好), 1951년생으로 쓰촨 성 신진(新津) 사람이다. 중화 전국 상공업자 연합회 부주석이며, 시왕(希望)그룹 회장이다. 1994년 『포브스』지에서 선정한 중국대륙 사유기업 제일 갑부로, 1997년 세계 500대 대부호 중에 219위에 올랐으며, 총 재산은 8억 달러이다. 신문 잡지에서는 1997년 류(劉)씨 일가의 총 자산이 10억 위안이 넘으며, 1997년 그룹의 매출액은 60억 위안이라고 보도했다.

류씨는 형제가 네 명이 있다. 큰형 류용옌(劉永言)은 1945년생으로 청두전신공정대학(成都電迅工程大學)을 졸업해 모 국영공장의 전산센터에 취직했다. 둘째인 류용싱(劉永行)은 1948년생으로 청두사범 전문학교를 졸업해서 신진 현 교육국(敎育局)에 취직했다. 셋째 류용메이(劉永美)는 1950년생으로 천(陳)씨 집안에 양녀로 가서 천위신(陳育新)으로 이름을 바꾸었고, 쓰촨농학원(四川農學院)을 졸업하여 현(縣)의 농업기술자가 되었다. 넷째 류용하오(劉永好)는 성의 방송통신대학을 졸업해서 중학교 교사가 되었다. 1982년 8월 그들은 1,000위안의 자금을 모아 시계와 자전거를 파는 자영업을 시작했다. 그 후에 닭과 채소도 판매하고 토마토를 심어서 팔아보기도 하고, 양돈업도 해보았지만 모두 실패했다. 모두가 의기소침해 있었을 때 큰형인 류용옌이 메추라기를 길러보자는 제안을 했고, 사육에 성공해서 처음으로 1인당 180위안씩의 이익을 나누어 가질 수 있었다. 류용옌은 180위안으로 다시 500마리의 메추라기를 구입했고, 셋째 천위신은 자신의 집에 메추라기 양식장을 만들었다. 둘째 용싱은 기술과 관리를 책임졌고, 넷째 용하오는 오로지 영업에만 전념했다. 1984년 위신은 다니던 직장을 그만두고 메추라기 양식장에만 전념했다. 그 이듬해 융싱도 공직을 사직했고, 융옌과 융하오도 1986년과 1987년 하던 일을 그만두고 함께 일을 도와, 류씨 형제의 재산이 1,000위안에서 1,000만 위안으로 늘어났다.

그 후 메추라기 사육에 대량의 고품질 사료가 필요하다는 것에 착안하여 그들은 1989년에 자체적으로 고효율의 사료를 개발하여 생산했다. 이 사료는 돼지 사육에 더 도움이 되었다. 쓰촨 성의 주요 산업 중 하나가 돼지 사육이라는 점을 고려하여, 그들은 사업의 방향을 사료산업으로 확대하여 "시왕(希望)"이라는 이름의 사료공장과 사료연구소를 세웠다. "시왕" 사료는 쓰촨에서 단기간에 급성장했다. 1991년 말부터 그들은 각자의 재산을 모두 투자하여 25%씩 주식을 나누어 가졌고, 신진 모델을 전국에 확산시켰다. 1992년에 류씨 형제는 회사 안팎으로 나누어 싸워 나갔다. 안에서는 천위신이 본사를 지키며 자금을 담당했고, 융옌은 기술을 책임지고 산업 다원화 전략을 모색했다. 밖에서는 융싱과 융하오가 10여 개의 성과 시, 자치구에서 27개의 지사를 확충했을 뿐만 아니라, 그 해 모든 지사가 순이익을 기록했다. 이렇게 되자 류씨 형제는 전국적으로 유명한 사료왕이 되었다. 2000년 시왕그룹의 연간 매출액은 10억 달러가 넘었다. 류융하오는 민성(民生) 은행의 최대주주가 되었으며, 1998년 "신시왕(新希望)"이 선전 증권거래소에 상장되어 순자산 총액이 12억 위안이 되었다.

리사오화(李曉華), 1956년생으로 베이징 사람이다. 그가 이끌고 있는 화다(華達)그룹은 28개의 기업을 보유하고 있으며, 해외에도 8개의 회사가 있다. 그의 재산은 4억 위안이 넘어서 소행성에 자신의 이름을 붙이는 데도 돈을 썼다.

1968년 리사오화는 베이다황[北大荒: 원래는 헤이룽장 성 넌장(嫩江) 유역·헤이룽장 곡지·싼장(三江) 평원 등의 광대한 황무지를 가리킴. 지금은 중국의 주요 곡식 생산지의 하나임]에 가서 지식청년이 되었고, 후에 허베이 성으로 가서 농민이 되었다. 2년 후 베이징으로 돌아와서 보일러공과 요리사를 했다. 이때는 개혁 개방 초기로 리사오화는 자그마한 장사를 시작했다. 1980년대 초 리사오화는 광저우 수출 상품 박람회에서 미국산 청량음료 기계 샘플을 보고, 그 자리에서 가진 돈 3,000위안으로 기계를 구입하여 베이징으로 돌아왔다. 무더운 여름이 다가오자 그는 청량음료 기계를 갖고 베이다이허(北戴河) 해수욕장으로 가서 여름 한철에 10여만 위안을 벌었다. 이듬해 여름이 되자, 그는 그 기계를 고가에 팔아버리고 비디오방을 경영하여 100만 위안을 벌었다. 1980년대 중반에는 가정용 전기제품을 판매하여 많은 이익을 남겼으며, 1985년 국내에서의 장사를 그만두고 일본으로 건너가 일하면서 공부했다. 1년 후 그는 "101"이라는 중국산 모발 재생 샴푸의 일본 판매권을 획득하여 한 병당 5달러에 수입한 것을 일본에서 100달러에 판매하여 몇 년간 수억 위안의 자산을 축적했다.

1990년대 초 리사오화는 일본에서 번 수억 위안의 자본을 갖고 홍콩으로 갔다. "천안문 사태"의 영향으로 홍콩의 부동산 가격이 폭락하자, 그는 전 재산을 털어 선분양(先分讓) 건물을 사들였다. 6개월이 지나자 덩샤오핑의 남순강화(南巡講話)로 홍콩의 경제가 다시 활기를 띠어 빌딩 가격이 크게 올랐고, 선분양 건물을 팔아 큰돈을 벌었다

2년 후 그는 동남아시아를 현지 조사하러 갔는데, 마침 말레이시아의 한 고속도로 입찰 공고가 났다. 사람들은 "고속도로에서 멀지 않은 곳에 큰 유전이 있다"는 불확실한 정보에 확신을 갖지 못하고 투자를 주저했지만 그는 과감히 3,800만 달러로 개발권을 사들였다. 5개월 반 후 유전이 있다는 것이 사실로 증명되자, 그의 재산 가치가 다시 크게 늘어났다.

몇 차례의 투자 성공으로 그가 이끌고 있는 화다그룹의 자산은 이미 40억

위안을 넘었고, 여러 업종으로 사업 영역을 넓혀 16개국과 지역으로 확장했다.

스위주(史玉柱), 1962년생으로 안후이 사람이다. 1980년 저장대학(浙江大學) 수학과에 입학하여 졸업 후 안후이 성 통계국에 배치되어 근무했다. 1986년 선전대학 대학원에 들어가 경영학 석사를 취득했다. 이 기간에 그는 M-6401 배경화면 조판 인쇄시스템 소프트웨어를 개발했다. 석사학위를 받은 후 그는 공직을 그만두고 스스로 마련한 4,000위안을 갖고 홀로 선전으로 뛰어들었다. 그는 톈진대학(天津大學) 선전커마오(深圳科貿) 발전회사의 컴퓨터 업무를 하청 받았고, 계약금으로 받은 4,000위안으로 『컴퓨터 세계(計算機世界)』라는 잡지에 그가 만든 소프트웨어의 판매 광고를 했다. 15일 후 3명의 고객이 1만 5,820위안을 송금해 왔고, 한 달 후 다시 10여만 위안을 받았다. 그러자 그는 다시 모든 자금을 광고에 투입했고 4개월 후 3,100여만 위안을 벌었다.

이때 스위주는 몇 사람을 데리고 다시 선전대학 컴퓨터 실험실로 돌아가 그가 번 돈을 제품 업그레이드에 재투자했다. 그는 5개월 동안 비공개 개발을 통해 완전히 새로운 M-6402 문자 처리 소프트웨어를 출시했고, 자신의 회사를 설립하는 데 착수했다.

1991년 스위주는 선전에서 주하이(珠海)로 이사하여, 주하이에서 쥐런(巨人) 신기술회사를 설립했다. 그 해 10월 스위주는 각 지역에 있는 컴퓨터 판매상에게 쥐런인터페이스 카드 10개를 사면 회사가 주하이에서 열리는 쥐런인터페이스 카드 체인점 판매회의의 왕복 여비를 제공하겠다고 광고하여 많은 컴퓨터 판매상들의 주목을 끌었다. 그는 이 회의를 위해 10만 위안을 썼지만, 전국의 주요 컴퓨터 판매상과 쥐런의 관계가 일반적인 사업관계에서 공동으로 시장을 개발하고, 공존 공영하는 이익 공동체로 바뀌는 계기가 되었다.

3년이라는 짧은 시간 동안 스위주는 창업 삼단뛰기를 완성했다. 4,000위안의 자금으로 자신의 기술 성과를 광고하여 판로를 열었고, 초기에 얻은 이윤으로 제품을 업그레이드했으며, 기본 자금을 운용하여 전국적인 판매망을 구축했다. 이 삼단뛰기는 한 개인을 백만장자에서 억만장자로 바꾸어 놓았다.

1994년 봄, 필자와 몇 명의 경제학자들은 쥐런기업의 초청으로 주하이를 방문한 적이 있었다. 당시 그는 스스로 사유기업이라고 말하지 못했고, 집체기업의 간판을 내걸고 있었다. 우리들은 그에게 반드시 재산권을 명확하게 해야지 절대로 모호해서는 안 되며, 쥐런의 초기 자본은 스위주 개인의 것이고, 쥐런이 개발한 주요 제품의 지적재산권 역시 그 개인의 것이라고 자문해 주었다. 쥐런기업은 마땅히 스위주의 개인 회사이다.

1990년대 중반 생물공학 분야에 대한 투자 실패로 쥐런다샤건설(巨人大厦建設)이 곤경에 처했으며, 쥐런그룹의 지위도 급격히 추락하여 부채가 산더미처럼 쌓였다. 스위주는 다시 회사를 재정비하여 부채 상환에 노력했고, 현재는 이미 재기하여 15억 달러의 자산으로 2009년『포브스』세계 500대 부자에 그의 이름을 올려놓았다.

장다중(張大中), 1948년 9월생으로 베이징 사람이다. 전문대학을 졸업했으며, 그의 어머니 왕페이잉(王佩英)은 당시 주류와 맞지 않은 정치적 주장을 발표하고, 또 "문화대혁명" 중에 전국적으로 류사오치(劉少奇)를 타도할 때 "류사오치 만세"를 외치다가 1970년 총살형을 당했다. 1980년 누명이 벗겨져서 600위안의 위로금을 받았는데, 그는 이 600위안으로 사업을 시작했다. 자기 집 주방을 작업장으로 삼아, 일용잡화점에서 중간 크기의 번철과 방직공장에서 폐 베틀 북과 전선·전등 소켓·플라스틱 관 등 부품을 구입하여 보기에 예쁘고 값이 싼 스탠드 60대를 만들어 자유시장에서 팔아 160위안을 벌었다. 얼마 되지 않은 이 160위안이 바로 훗날 베이징 가전제품 판매의 선두 기업—"다중전기(大中電器)"의 첫 번째 사업이었다. 후에 그는 친구의 직장에 전자부품들이 방치되어 있는 것을 발견하고는 그 부품들을 사서 소형 가전제품을 만들어 상점에 보냈는데, 의외로 고객들의 반응이 좋았다. 그는 당장 소자 100세트를 구입해서 집에서 조립했다. 한 달 후 제품을 완성하여 모두 팔았다. 계속해서 다시 소자 200세트를 사서 두 번째 생산을 시작했다. 하루에 10여 시간을 일하며 사장 겸 기술자, 영업사원의 일을 했다. 그는 자전거를 타고 베이징의 크고 작은 소자공장을 뛰어다녔고, 구할 수 있는 모든 전문 간행물을 구입했다. 그 속에서 품질·원가·이윤·가격 등 여러 방면에 관한 지식들을 익혔고, 생산과 경영 방면의 경험을 쌓았다. 1989년 초 그의 확성판 가공사업이 어느 정도 규모가 갖추어지자, 생산·공급·판매 결합의 문제를 고민하기 시작했다. 그는 베이징 시단(西單) 부근에 10제곱미터의 집을 임대하여, 음향소자를 파는 "다중음향공사(大中音響公司)"를 정식으로 개업했다. 1990년 다중음향공사는 아시안게임 공사 입찰에 참가했다. 기술·공정·무역의 종합적인 발전 및 판매·시공·서비스 삼위일체의 우세에 힘입어 단번에 낙찰되었으며, 그의 회사는 낙찰 받은 회사 가운데 가장 규모가 작았다. 1992년 덩샤오핑의 남순강화 후, 시장경제가 활기를 띠어 다중음향공사의 연간 매출액도 1,000만 위안을 돌파했다. 이해 장다중은 작은 가게를 대형 할인마트로 바꾸기로 결정했다. 1993년 7월 베이징 위취안로(玉泉路)에 영업 면적 4,000제곱미터의 "다중음향기자재성(大中音響器材城)"을 열었다. 장다중은 국민들의 생활수준 향상으로 가전제품의 수요도 갈수록 커질 것이라고 판단했다. 얼마 후 장다중은 음향 기자재만을 판매하는 매장을 모든 종류의 가전제품을 판매하는 대형 할인마트로 바꾸었다. 위취안로의 음향기자재성 면적을 1만 제곱미터로 확장하여 2만여 종의 가전제품을 판매했다. 1998년 6월은 다중전기회사의 영업액이 처음으로 1억 위안을 돌파하는 전환점이었다.

위취안로 모델이 성공한 이후, 장다중은 바로 종합 정리하였고, 아울러 표준화와 모식화(模式化)를 진행하여 체인점을 열었다. 2000년 "다중전기"는 6개로 발전했고, 2001년에는 12개로 늘어, 매출액은 9억 위안에 달했다. 2002년 회장부터 일반 직원에 이르기까지 등에 "당신을 위해 서비스하는 것이 가장 아름답다"라고 인쇄된 푸른색 조끼를 입고 업무를 보았다. 이것이 다중맨(大中人)의 핵심 이념과 이미지가 되었다. 2003년 다중전기는 32곳으로 늘어나 베이징 가전제품 시장 매출액의 50%를 차지했고, 2004년 체인점 경쟁이 치열해지면서, 이익은 갈수록 줄어들었다. 그래서 장다중은 가전제품 체인점의 치열한 전쟁터를 떠나기로 결정하고, 2007년 장다중은 36억 위안의 가격으로 다중전기를 황광위(黃光裕)에게 팔았다. 약 7억 위안의 소득세를 납부한 후 정식으로 "다중투자유한공사(大中投資有限公司)"를 설립하여 가전제품 체인점에서 금융업으로 진출하는 아름다운 변신을 시도했다.

루쥔슝(盧俊雄), 1995년 『포브스』 부자 순위 차트에 들어갔다. 중국 부자 13위로 당시 그는 겨우 27살이었고, 개인 재산은 2억 위안이었다. 그는 우표 수집으로 사업을 시작했다. 1980년 그는 바이윈(白雲) 호텔에서 화교에게만 판매하는 책을 사서 길거리에서 팔다가 붙잡혀 파출소에 구금당했다. 부모는 진상을 알고서 그에게 말했다. "아무리 가난해도 이런 짓은 하지마라. 너한테 우표 세 장을 줄 테니, 우표를 수집해 보거라!" 그는 이것을 계기로 우표 거래시장에 뛰어들었다. 홍콩달러로 10달러 하는 우표 한 장으로 광고비를 마련하여 잡지에 작은 광고를 냈고, 예상대로 홍콩과 영국 마니아들의 눈길을 끌어 돈을 좀 벌었다. 1985년 그는 화난(華南)사범대학에 입학하기 전에 벌써 우표로 8,000여 위안을 벌었다. 대학 2학년 때 그는 자비로 우표 수집 신문 2,000부를 발간하여 400~500부의 통신구독 신청을 받았다.

1989년 루쥔슝은 600위안을 들여서 우표 수집 잡지에 5종의 우표 수집품을 광고하여, 한 달 만에 30여만 위안어치를 팔아 10여만 위안의 이익을 남겼다. 1989년 7월 그는 학교를 떠나 화룽(華隆) 회사를 설립했고 마침 좋은 기회를 만났다. 그때 이미 그가 만든 『화난 우표 신문(華南郵報)』의 발행부수가 5만 부나 되었으니, 즉 5만 명의 고객을 확보하고 있었다. 1991년은 중국 내 우표 거래시장의 최절정기로, 우표 가격이 5배 이상 올랐다. 루쥔슝은 이 기회를 놓치지 않고, 가장 높은 가격에 갖고 있던 우표를 모두 팔아버렸다. 이어서 1996년 6월, 그는 홍콩 반환 기념우표를 대리 예약 판매하여 2,000여만 위안의 예약 판매액을 올렸다.

1991년 루쥔슝은 처음으로 부동산업에 뛰어들었다. 당시 그는 집을 살 만한 능력이 없었지만 대신 아이디어를 갖고 있었다. 우선 헌 집을 사서 몇천 위안의 계약금을 치른 후, 홍콩 신문에 구매자를 찾는 광고를 냈다. 그런 후 다시 구매자로부터 인테리어 도면을 받아 대신 내부 장식을 하고 전화를 설치하여, 1제곱미터당 800위안의 헌 집을 2,000위안에 팔 수 있었다. 1992년 그는 중산로(中山路)에 180여 개의 매장을 갖춘 백화점을 임대해서 23일 만에 전부 세놓아 단번에 1,000여만 위안의 임대료를 받았다. 또 인구가 밀집한 시화로(西華路)에 1,000여 제곱미터의 무지개 패션 쇼핑 광장을 새로 지어 수천만 위안의 청약 보증금을 받았다. 이 후 그는 부동산 중개·부동산 개발·상품 무역·상점 모집·낡은 건물 매매 등의 사업으로 단시간에 2억 위안의 재산을 가진 부자가 되었다.

루쥔슝은 친구들에게 자신이 돈을 벌게 된 중대한 비밀은 한마디로 이야기하면 "인적 네트워크"라고 했다. 또 "세상이 크다면 크지만 작다면 작을 수 있다. 사람마다 모두 인적 네트워크를 갖고 있어야 한다. 많은 친구들은 주위를 빙빙 돌고 있다. 찾아야 할 사람은 늘 안에 있고, 처리해야 할 일은 처리할 수 있다"라고 했다. 또 한 가지 중대한 비밀은 바로 그의 뒤에 브레인 집단이 있다는 것이다. 그들은 모두 퇴직했지만 여전히 영향력이 있는 지도자급 간부들이었다.

그렇지만 1998년 6월 15일 루쥔슝이 당시 법인 대표로 있었던 화룽자오야(華隆兆亞) 투자발전공사가 215만 위안의 빚을 갚지 않아 광둥중급인민법원 공고(1998년 1호)에 세 번째 채무자로 명단에 올랐다. 이 일로 그의 상업적 명성은 크게 실추되었다. 과거에 그를 성공으로 이끈 아이디어와 인적 네트워크로 다시 자신의 상업적 명성을 회복할 수 있을까?

류옌린(劉延林), 촨후이(川惠)그룹 회장으로 매스컴에서는 그의 자산이 1억 위안 이상이라고 발표했다. 1995년 국가공상행정국이 공포한 500개 사유기업 순위 차트에서 촨후이그룹은 196위에 올랐다.

1981년 류옌린은 돼지 장사로 첫 사업을 시작했지만 본전을 다 까먹고 빚만 산더미같이 남았다. 빚쟁이를 피해 광저우로 간 그는 벽돌공장에서 벽돌공으로 고생스럽게 일해 5,000위안을 벌었다.

류옌린의 두 번째 사업은 후이저우(惠州) 단수이(淡水) 진에 20만 위안 가치가 되는 벽돌공장이 2만 위안에 매물로 나왔다는 소문에서 시작되었다. 류옌린은 다른 세 명의 동업자를 설득하여 벽돌 공장을 인수해서 그가 사장을 맡았지만, 몇 개월 후 부채가 눈덩이처럼 커지자, 동업자들이 반목하여 법정까지 갔다. 법원은 벽돌공장은 류옌린이 소유하고 동업자들에게 1년 내에 원금을 돌려주라고 판결했다. 6개월 후 광둥의 경제가 급속도로 발전하자 건축자재 값이 올랐고, 연말에 류옌린은 10만 위안의 이윤을 남겼다. 1988년 말 벽돌공장은 모두 200여만 위안의 이익을 남겼다.

부동산은 중국 일부 신 부자들이 사업을 일으키는 중요한 업종이었다. 1989년 류옌린은 단수이에서 1제곱미터당 17위안 하는 시 중심 땅을 수만 무(畝) 구입했다. 1990년 3월 후이양(惠陽) 신도시가 단수이로 옮겨가자 "80년대에는 선전을 보고, 90년대에는 후이저우를 보자"는 여론 속에서 땅값이 1제곱미터당 2,000위안으로 올랐고, 금싸라기 땅은 1만 위안까지 폭등했다. 류옌린은 자기가 쓸 몇 곳만 남겨놓고 땅을 모두 팔아 2,000배 이상의 이익을 남겼다. 얼마 후 후이저우의 경기가 침체되었다. 류옌린이 제때에 땅을 처분하지 않았었다면 오늘날처럼 갑부가 되지 못했을 것이다.

위에서 소개한 갑부들의 일화를 통해 그들이 모두 힘든 과정을 거쳤고, 그들의 성공 요인은 개혁 개방이라는 큰 환경, 그리고 개인의 담력과 식견·불요불굴의 정신의 덕이라는 것을 알 수 있었다. 그들은 특히 운명의 신 덕택으로 변화무상한 시장에서 성공을 거둔 극소수의 행운아였다.

중화 전국 상공업자 연합회와 중국사회과학원 등 기관이 1993년과 1995년 두 차례 표본 조사한 데이터를 보면, 사유기업주 재부의 출처는 주로 정당한 경영 수입으로 창업할 때의 자금 출처와, 창업 이후 자금 조직 형식에서 다음과 같은 결론을 냈다.

표10-11 사유기업 창업 시 자금 출처(1995년 조사)[25]

자금 출처	가업 계승 (%)	원래 노동축적(%)	주식 부동산 수익(%)	해외 투자 (%)	지인 대출 (%)	단체 대출 (%)	은행 대출 (%)	신용사 대출 (%)	개인 대출 (%)	기타 (%)	합계 (%)
주요 출처	6.2	56.3	0.4	1.8	16.3	1.6	5.1	6.7	4.7	0.8	100.0
2차 출처	3.0	20.0	1.3	1.8	36.9	3.5	8.8	11.3	12.3	0.9	100.0
3차 출처	3.0	14.1	1.5	1.3	17.4	7.1	11.5	12.2	30.9	1.0	100.0

---

25 『중국 사영경제연감(1996년 판)』, 146쪽.

합계	12.2	90.6	3.2	4.9	70.0	12.2	25.2	30.2	47.9	2.7	
순위	6	1	9	8	2	6	5	4	3	10	

표10-11에서 사유기업의 창업자금은 주로 본인의 노동과 경영 적립이었다. 이것은 1993년 조사와 일치한다는 것을 알 수 있다. 조사 기업 중 55.5% 이상이 창업할 때 은행과 신용사의 대출을 받았지만, 1993년 조사에는 25%의 기업만이 은행과 신용사의 지원을 받았었다.

1980년대 말과 1990년대 초기에 은행 대출이자는 시장이자보다 훨씬 낮아서, 은행에서 대출을 받으면 시장이율과 은행 고시이율 간의 차액을 남길 수 있다. 그 당시 자금이 부족해서 은행과 신용사로부터 대출을 받을 수 있는 사유기업주는 대개 고위층과 사회적 관계가 있는 사람으로 그들 사이에 금권거래는 피하기 어려웠다. 어떤 사유기업은 장기간 대출을 상환하지 않고 은행 자산을 마치 개인 자산처럼 여겼다. 분명히 이렇게 할 수 있는 기업주가 세력이 미미한 소사유기업주일 리가 없었다. 표10-12는 대출을 받은 적이 있는 사유기업주의 사회적 배경 상황을 나타낸 표이다.

표10-12 대출을 받은 사유기업주와 친척 및 친구 지위 배경 분포[26]

	성진 국유 집체기관 간부(%)	농촌간부 (%)	비국유 집체 기관 간부(%)	노동자 (%)	농민 (%)	기타 (%)
친척 지위	41.7	3.1	18.9	9.1	20.1	7.1
친구 지위	52.8	1.8	26.4	5.2	3.6	10.3

이론적으로 말하면 사유기업주의 수입은 노동 수입과 비노동 수입으로 나눌 수 있다. 노동수입은 경영관리 활동에 종사한 보수를 가리킨다. 이러

---

26 리루루(李路路), 「사유기업 배경과 기업 '성공'」, 『중국사회과학』, 1997년 제2기에 실려 있음.

한 경영관리는 숙련노동으로 그 수입은 단순노동보다 훨씬 많다. 국가에서 사유기업주의 임금은 노동자 임금의 10배 이내에서 확정할 수 있다고 규정했다. 비노동 수입은 자산을 기반으로 취득한 수입으로, 위험수입과 노동자 잉여가치를 포함하고 있다. 마르크스주의 이론에서 잉여가치는 착취수입이라고 생각했다. 사회주의 초급단계에서 국가는 이 부분의 착취수입을 승인하고 보호했다. 비노동 수입 중에 상당수의 기업에 존재하는 탈세행위와 같은 일부 불법적인 수입이 포함되어 있다. 사회학자 다이젠중(戴建中)은 1989년부터 1998년까지 사유기업의 탈세액이 2,700억 위안에 이른다고 추산했다.[27] 또한 일부 수입은 합법과 불법 사이에 있어서 "회색수입"이라고 부를 수 있었다. 이것은 그들이 전환기에 정책적인 빈틈을 이용하여 큰돈을 버는 것을 가리킨다. 금권거래를 통해 얻은 "임대료"는 대부분 회색수입에 해당한다.

표10-13 사유기업 거래활동의 주요 방식[28]

거래방식	국가계획 포함	정식 거래시장	인간관계 이용	호혜 수단을 이용하여 판로를 엶	농민	기타
호수(%)	2.1	39.4	26.8	31.7	20.1	7.1

표10-13의 데이터에서 정식 시장거래가 차지하고 있는 비중이 비교적 높지만, 그러나 주도적 지위를 차지하지는 않고 인간관계와 호혜 수단이 58.5%를 차지하고 있음을 보여주고 있다. 그 사이에는 대량의 금권거래가 존재하고 있으며, 또한 권력이 자원배치에 상당히 중요한 작용을 하고 있다. 이러한 작용은 규범에 맞지 않으며, 돈과 권력의 교환을 위해 아주 큰 공간을 남겨두었음을 보여주고 있다.

---

27 다이젠중(戴建中), 「현 단계 중 중국 사영기업주의 연구」, 『사회과학연구』, 2001년 제5기.
28 『중국 사영경제연감(1996년 판)』, 155쪽.

여기서 지적할 필요가 있는 것이 사유기업주에 대한 표본조사는 단지 일부 보통의 사유기업주의 상황만을 반영한다는 점이다. 권력 배경이 있는 사유기업주들을 포함시킬 수도 없으며, 또한 그들이 조사를 받아들일 리도 없었다. 위에서처럼 자신의 재산 축적 과정을 공개할 수 있는 부자들을 "공개된 부자"라고 한다면, 상당수의 부자들은 자신들이 어떻게 재산을 모았는가에 대해 공개할 수 없다. 공개할 수 없는 이유는 그들의 재산 출처가 매우 정당한 것이 아니거나 아마도 비합법적이기 때문일 것이다.

필자는 일찍이 만청(晩淸) 시대 "홍정상인(紅頂商人)" 후쉐안(胡雪巖)의 상황을 빌려 오늘날의 현실을 분석한 글에서, 오늘날 권력을 빌려 돈을 번 상인을 현대판 "홍정상인"이라고 지적한 적이 있다.[29] 그 글에서 후쉐안은 고위직의 권력을 이용해 많은 부를 축적했다. 그는 부패한 봉건정치와 후진적 상품경제가 교배해서 생긴 기형적인 태아이며, 권력과 돈의 사생아라고 지적했다. 현대판 "홍정상인"은 갖고 있는 권력체계를 이용하여 국가의 재산을 개인의 재산으로 바꾸어 놓았다. 그들은 계획경제의 정치체제와 규범적이지 못한 시장경제가 교배하여 생긴 기형아이자 또한 권력과 돈의 사생아였다. "홍정상인" 모두가 "고위 관리"인 것은 아니다. 그들은 아마도 이전에 "고위 관리"였거나 아니면 권력의 남은 것을 이용할 수 있거나 혹은 "고위 관리"와 동맹을 맺어 "고위 관리"의 권력을 이용하여 돈을 벌고, 아울러 함께 나누는 사람들이었다. 이 책 제4장의 〈중국의 양극: 신흥부자와 신 빈민〉에서 "홍정상인"이 개혁의 각 단계에서 어떻게 재산을 축적했는지에 대한 상황을 소개했기 때문에 여기서 장황하게 늘어놓지 않겠다.

현대 중국의 사유기업은 대개 두 부류로 나눌 수 있다. 하나는 정당한 방법으로 경영하여 사업을 일으킨 기업주(이 중 극소수만이 갑부가 되었다)이고, 또 다

---

29 양지성, 「시장경제에서 불필요한 "홍정상인"」, 『경제사회 체제비교』, 1997년 제2기.

른 하나는 권력에 기대어 사업을 일으킨 "홍정상인"이다. 당연히 이 두 부류의 경계선이 매우 분명하지는 않다. 금권거래의 사회적 환경이 있었기 때문에, 전자의 사람은 가능한 조건에서 아마도 최대한 관리의 권력을 이용하여 돈을 벌었을 것이다. 현대 중국 사유기업주 전체에서 "홍정상인"은 소수이지만, 어느 정도 권력관계를 이용한 사람은 결코 소수가 아니다. 대형 사유기업에서 "홍정상인"의 비중은 더욱 크다. 현대사회에서 기업을 설립하는 데 권력관계를 이용하지 않으면 한 발자국도 움직일 수가 없다. 최근 적발된 관리 부패사건 중 부정부패 공직자 주위에는 모두 그들에게 뇌물을 준 사유기업주들이 있었다.

금권거래에는 비용이 들어야 한다. 다수의 작은 사유기업주에게는 금권거래의 기회가 많지 않으며, 그들은 주로 정당한 방법으로 사업을 한다. 금권거래가 불평등한 경쟁을 조성하기 때문에 그들의 정당한 경영에 불리하다. 그래서 사유기업주는 금권거래에 대해 불만을 가졌다. 제2차 사영경제 표본조사에서 사유기업주는 금권거래를 가장 심각한 사회문제로 꼽았다.

사유기업주의 경영

"홍정상인"은 행정 권력에 의지하여 돈을 벌기 때문에 경영에 있어서 은밀한 부분이 많다. 따라서 여기에서는 일반 사유기업주의 상황만 소개하고자 한다.

사유기업을 운영하는 데 초기에는 경영 형식에 있어서 다음의 몇 가지 상황이 있었다.

첫째, 개인이 집체기업을 하청 받거나 임대해 점차적으로 사유기업으로 발전시킨 경우이다. 하청 초기에 일부 지방에서는 당시 경영이 매우 어려운 집체기업을 "내팽개치듯이" 개인에게 떠맡겼다. 도급자는 집체기업에 정해진 금액의 적립금·감가상각비 또는 관리비를 낸 후, 나머지 이익을 전부 자기가 가져갔다. 도급자는 직원을 고용할 수 있었고, 기업의 생산 방향과 경영 방식을 바꿀 수 있었다. 몇 년 후, 기업에서 개인의 재산이 절대 우세를 차지하여 실질적인 사유기업이 되었지만, 명의상으로는 여전히 집체기업이었다. 20세기 말에 이르러서야 "홍정상인"을 떨쳐버리고 진정한 사유기업이 되었다.

둘째, 개인 혹은 가족 단독출자 경영의 기업이다. 이러한 기업은 도농 자영업자 또는 가족기업의 기초 위에서 발전했다.

셋째, 공동경영의 기업이다. 2인 이상이 공동출자·공동경영·공동손익을 부담했다. 이러한 기업은 일반적으로 모두 합작경제 속에 포함된다.

넷째, 주식을 공모하여 경영하는 사유기업이다. 기업주 개인이 상호 지분 출자를 하거나 혹은 사회에서 주식을 공모하거나 또는 친지와 친구들이 출자하여 주주가 되며, 이사회에서 경영자를 추천하거나 대주주가 경영을 책임진다. 푸젠 성의 진장(晉江)과 저장 성의 원저우(溫州)에 이러한 기업들이 비교적 많다.

다섯째, 중외합자의 사유기업이다. 외국 자본과 국내의 개인 자본이 결합하여 설립된 기업이다. 이러한 기업은 대부분 연해지역이나 화교가 비교적 많은 지역에 분포되어 있다.

여섯째, 기술 성과를 바탕으로 설립한 사유기업이다. 예를 들면 후난 성의 위안다쿵탸오(遠大空調) 유한공사와 같은 경우로, 기술 혁신에 의지하여 25개의 특허를 갖고 있다. 제품 각 항목의 지표가 국제적 수준에 도달하거나 초과하여 1997년 생산액 30억 위안을 실현했고, 국가에 1억 위안의 세금을 납부했다.

위에서 말한 방법으로 기업을 설립한 후, 독자적으로 사유기업의 형식으로 시장에 나가 분투했다. 초기에는 대부분 수공업이나 상업·요식업·서비스업에 종사했고, 나중에는 공업·교통운수·식품가공·부동산·통신·금융·광업·건축자재 등 여러 업종으로 발전했다.

사유기업주 중에는 과거 사회에서 버려진 사람들이 적지 않았다. 초기에 정부는 그들에게 "스스로 활로를 찾으라"고 했다. 이른바 "스스로 활로를 찾으라"는 것은 구체제 내에서는 그들의 활로가 없고, 다만 공산주의의 관용에 의지해서 국영경제가 미치지 않는 외딴 곳에서 그들에게 생계를 도모할 자리를 내주는 것을 말한다. 처음에 그들은 국영기업에 매우 들어가고 싶어 했지만 그들에게는 그런 기회가 없었고, 어쩔 수 없이 길거리에서 노점을 차려 놓고 장사를 할 수 밖에 없었다. 아무도 그들이 뜻밖에 일확천금을 거머쥘 좋은 기회를 얻을 줄은 예상치 못했다. 이 기회는 상품경제의 불모지에 상품경제를 대대적으로 발전시켰다. 불모지에서 그들은 선구자였기 때문에 아주 수월하게 우위를 점했고, 광활한 공간을 얻을 수 있었다. 상품경제가 대대적으로 발전했기 때문에 그들은 양호한 환경과 정책적 지원을 받을 수 있었다. 더 중요한 것은 그들이 구체제 밖에서 성장했다는 점이다. 구체제의 구속을 받지 않았고 오히려 구체제가 무너져 가는 혼란 속에서 크게 우위를 차지했다.

사유기업의 자산 증식 속도는 매우 빨랐다. 원저우 시 위원회 정책연구실이 1996년에 조사한 바에 따르면, 일반 사유기업 50개의 초기 자본금은 483만 7,800위안이고, 기업의 평균 초기 자본금은 9만 6,700위안이었다. 그중 기업주 자기자본금은 295만 1,800위안이고, 기업의 평균 초기 자본금은 5만 9,000위안이었다. 1990년부터 1992년 3년간의 발전을 통해 50개 기업이 새로 증식한 자산(각종 채무 제외)은 1,133만 5,500위안이었다. 새로 증식한 기업의 평균 자산은 22만 6,700만 위안으로, 연간 자산 증식률은 56.6%였다. 18개 백만장자 기업의 초기 자본금은 모두 합쳐서 655만 7,000위안으로, 초기 자본금은 평균 36만 4,300위안이었다. 그중 기업주의 자기 자본금은 281만 7,000위안이었다. 5년 4개월의 발전을 통해 18개 사유기업이 새로 늘어난 재산은 3,722만 3,000위안으로, 평균 206만 7,900위안이 새로 늘었고, 연간 재산 증식률은 67.7%였다.[30]

그렇다고 중국의 모든 사유기업이 순조로웠던 것은 아니었다. 시장의 불안전성·격렬한 경쟁 상황에서 강자는 남게 되고 약자는 도태되며, 흥망성쇠가 교차했다. 통계에 의하면 사유기업 10% 정도는 휴업 상태이고, 약 30%는 이러지도 저러지도 못하고 있으며, 20%는 겨우 손익분기점을 맞추고 있고, 40%는 어느 정도 이익을 많이 내고 있었다.[31] 매년 상당한 규모의 사유기업들이 도태되고 있다. 1997년 같은 경우 등록이 취소된 사유기업 수가 8만 601개에 달하며, 그 당시 전체 사유기업의 8.39%에 해당된다.[32] 2008년 금융위기의 영향을 받아 사유기업이 가장 발달된 저장 성에서 2만 9,200개의 기업이 등록 취소되었으며, 전년도 대비 4.62% 늘어났다. 그중 사유기업의 등록 취소가 가장 크게 상승하여 전년도 대비 10.99% 증가했다. 민영기업이 경영부실 등의 원인으로 등록이 취소된 이외에 갑작스런 도산·기업주 도주 등 극도의 이변 현상이 나타났다.[33] 허베이 성에 2008년 규모 이상의 사유기업 1,274곳이 생산을 중단했고, 관련 근로자는 13만 1,092명이었다. 규모 이하의 사유기업 1만 3,959곳이 생산을 중단했고, 관련 근로자는 38만 6,328명이었다.[34]

사유기업은 다년간 경영에 있어서 여러 가지 어려움에 직면해 왔다. 첫

---

30 정다중(鄭達炯), 『사유기업주·백만장자와 노동자 소득 상황으로 본 사회 소득차이 변화』.

31 중국 사영경제연구회 회장 리딩(李定), 『중국 사영경제연감』, 1994.

32 『공상은행관리국통계휘편 1997』, 62쪽.

33 황명푸 주편, 『중국 민영경제 발전보고서 2008~2009』, 293쪽.

34 위의 책, 246쪽.

번째 어려움은 차별 대우를 받는 것이었다. 차별 대우로 인해 경영 범위가 제한을 받았으며, 일부 영역에 진입할 수도 없었고, 은행으로부터 대출 받기도 어려웠다. 두 번째 어려움은 정부 부서의 행위가 효과를 얻지 못하는 것이다. 세 번째 어려움은 시장이 규범화되어 있지 않고 신용이 나빠서, 조심하지 않으면 속거나 사기를 당할 수 있다는 것이다. 사유기업의 경영 과정은 기업·시장과 정부 3자 사이에서 어려움과 고통으로 발버둥치는 과정이다. (표10-14 참조)

표10-14 사유기업주 경영상 어려움의 주요 원인[35]

	정책 제한 (%)	시장 경쟁 (%)	관련 부서의 애먹임(%)	기업 자체 원인 (%)	기타 (%)
원자재 구매	19.7	63.6	1.5	15.2	4.5
제품 판매	7.6	89.0	3.4	5.1	2.5
생산용 전기 획득	42.9	2.4	31.8	4.5	18.2
생산용 토지 확장	48.8	22.0	22.0	15.9	4.9
기술자 모집	13.6	20.3	0	45.8	8.5
관리자 모집	14.3	25.0	28.6	8.9	7.1
교통 운송	7.7	0	33.3	16.7	20.8
자금 획득	63.2	5.7	5.2	16.6	2.0

20세기 말에 이르러 상황이 다소 호전되었지만, 정부 부서는 업무에 효과를 거두지 못했으며 시장의 신용 불량 문제는 여전히 매우 심각했다. 정부 부서의 문제에 관해서는 조금 뒤에 소개하고, 여기서는 먼저 대출의 어려움과 시장 신용 불량의 문제를 소개하겠다.

---

35 『중국 사영경제연감(1996년 판)』, 182쪽.

2004년에 진행된 제6차 전국사유기업 경제조사에서 대부분의 기업주는 그들 기업이 직면하고 있는 대출의 어려움을 복잡한 수속, 지나친 저당과 담보 조건, 너무 높은 대출 비용의 탓으로 돌렸다. 복잡한 수속은 은행의 대출 과정이 금융시장의 요구에 따라가지 못하고 있음을 말해준다. 지나친 저당과 담보 조건은 은행의 관련 조항에 상대방에게 불리한 조항이 있어 교섭과 협상이 용납되지 않음을 의미하고 있다. 대출 비용이 너무 높으면 은행 경영관리자의 "지대추구" 행위가 존재하여, 기업이 대출이자를 내는 것 이외에도 다른 "공공관계" 비용을 지불해야 한다는 것을 내포하고 있다.

제6차 전국사유기업 경제조사에서 기업 간의 지급 이행 지체가 날로 심각해지고 있는 것으로 나타났다. 피조사기업이 마땅히 받아야 할 상품 대금과 다른 기업에게 받지 못한 돈이 최고 30억 위안에 달했고, 피조사 기업이 다른 기업에게 지급하지 못한 상품 대금과 대출금이 최고 4억 위안에 달했다. "삼각 채무관계"로 표현되는 시장의 신용위기는 사유기업의 건전한 발전에 영향을 끼쳤다.

제8차 전국사유기업 조사에서 밝혀진 사유기업이 직면한 어려움은 다음과 같다. 원자재 가격상승과 인민폐 가치 상승으로 인한 수출기업의 정상 경영에 영향을 끼쳤으며, 수출 환급율 조정으로 수출기업의 이익이 감소했고, 원자재의 가격이 상승했다. 2008년 1월 1일 〈노동계약법〉이 실시된 후, 노동력 원가가 상승했고, 생산능력 과잉으로 부당경쟁이 생겨 가격하락이 생겼으며, 이윤이 감소하고…… 이러한 것들이 모두 사유기업주의 경영 능력과 경영 수준을 시험했다. 제8차 사유경제조사에서 시장의 환경 변화가 기업 경영에 중요한 영향을 끼쳤음을 보여준다.

신발 제조업을 예로 들면 중국은 전 세계 신발 제조 대국으로, 3만여 개의 신발 제조 공장과 600여만 명의 관련 노동자가 있다. 2007년 신발류 연간 생산량은 100억 켤레를 초과하여 전 세계 생산량의 60%를 차지했다.

완제품 수출은 81억 7,000만 켤레로, 전 세계 거래량의 73%를 차지했다. 생산력의 증가가 주문의 증가를 초과하여, 기업 간에 부당경쟁이 일어나고, 가격 전쟁으로 광둥의 5,000~6,000개의 신발공장 중 1,000여 개의 공장이 문을 닫았다.[36]

표10-15로부터 노동 비용 상승·원자재 가격 상승·과잉생산으로 야기된 부당경쟁의 영향이 가장 큰 것을 볼 수 있다.

표10-15 어떤 문제가 기업에 가장 크게 영향을 끼치는가?[37]

문제	영향(%)
노동 비용 상승	53
생산 과잉으로 조성된 부당경쟁	43
에너지 비용 상승	33
원자재 가격 상승	49
자금 곤란	23
세금과 비용 초과	24
인민폐 가치 상승	20
수출 환급금 인하	5

중화 전국 상공업자 연합회가 2009년 8월 19일에 공표한 연구 결과로는 금융위기의 충격과 시장 경쟁의 격화로 민영기업은 더욱 관리 수준 향상의 중요성을 인식하여, 매출액 상위 500대 기업은 회사 관리·조직 구조·품질 관리 등의 방면에 모두 비교적 크게 개선된 것으로 나타났다.[38] 첫째는 회사 관리 구조가 지속적으로 최적화되었다. 91%의 기업에서 중

---

36 『중국 사영경제연감(2006. 6~2008. 6)』, 24쪽.
37 위의 책, 24쪽.
38 〈신화사 베이징〉, 2009년 8월 19일.

대한 정책결정권이 이사회와 주주총회에 집중되었다. 둘째는 기술혁신 능력이 뚜렷하게 강화되었다. 2008년 민영기업 500개 중 160개의 기업이 중국의 유명 브랜드를 갖고 있었고, 150개 기업 제품을 "중국 명품"으로 평가받았으며, 245개 기업은 첨단기술기업으로 인정받았고, 320개 기업의 핵심기술은 자체적으로 개발했다. 셋째는 기업 관리 수준이 한층 더 향상되었다. 민영기업 500개 중 86.8%의 기업이 ISO9000계열의 국제품질 인증을 통과했고, 61.2%의 기업이 ISO4000인증을 통과했다.

사유기업주의 사회적 지위

경제적으로 보면 소수의 "홍정상인"을 제외하고, 절대다수의 사유기업은 소기업이다. 그들은 전체적으로 국민경제에 대한 영향이 갈수록 커졌지만, 그 개인을 보면 대부분 사회적 지위가 결코 매우 높지 않았다. 그렇지만 그들 자신들은 대부분 중간계층에 속한다고 평가한다.

아래에 1993년, 1995년, 1997년 세 차례의 전국 사영경제조사 데이터를 표10-16에 나열하겠다.

표10-16 세 차례의 전국 사유기업조사에서 반영된 사유기업주의 지위 변화[39]

	경제적 지위 평균급수	성망 지위 평균급수	정치 참여 지위 평균급수
1993년 조사 결과	4.5	4.0	4.6
1995년 조사 결과	4.5	4.2	5.1
1997년 조사 결과	4.7	4.4	5.3

* 급수가 클수록 지위는 낮다.

---

39 3년간의 자료는 『중국 사영경제연감(2006. 6~2008. 6)』에서 인용함.

세 차례의 조사 결과에서 사유기업주 자체 지위의 평가가 갈수록 낮아졌음을 알 수 있다. 1997년 경제적 지위는 1993년보다 0.2급, 성망 지위는 0.4급, 정치참여 지위는 0.7급 낮아졌다. 1995년이 1993년보다 낮아진 것은 그 당시 덩샤오핑의 병세가 위독해 정치적 전망이 불확실했고, 사회적으로 좌파가 다시 활개를 쳐서 「국가 안전에 영향을 끼치는 요소들」[속칭 "만언서(萬言書)"]이 바로 1995년에 널리 퍼지기 시작했기 때문이다. 그렇다면 어째서 제15차 대회 이후의 1997년 사유기업주는 자신의 지위가 낮아졌다고 생각한 것일까? 그 문제에 대해서는 연구가 필요하다. 필자가 보기에 1997년에 들어서 사유기업주 자신도 분화하고 있었으며, 그중 일부 사람은 천만장자·억만장자가 되었지만 다수는 현상유지 상태에 처해 있었고, 그 몇 년은 경기가 좋지 않았고, 많은 기업들이 경영에 어려움을 겪고 있었기 때문이라고 생각한다. 그리고 표본조사의 샘플로 단지 일반적인 기업을 선탁할 수밖에 없었다. 조사 샘플에 포함된 기업들은 천만장자·억만장자 앞에서는 그들의 지위가 당연히 상대적으로 낮을 수밖에 없었다. 2004년 〈헌법〉 수정안이 통과되고, 2007년 〈물권법〉이 공포되자, 사유기업주는 스스로 일부 변화를 감지했다. 이 때문에 자신들의 지위에 대한 평가도 다소 높아졌다. 표10-17에 제7차(2006년)와 제8차(2008년) 전국 사유기업 표본조사 데이터를 열거했다.

표10-17 사유기업주의 자신의 경제·정치·사회적 지위에 대한 평가[40]

지위 배열	경제적 지위(%)		정치적 지위(%)		사회적 지위(%)	
	제7차	제8차	제7차	제8차	제7차	제8차
1	1.3	1.6	1.5	1.4	1.8	1.5
2	4.2	3.5	5.2	3.5	3.6	4.3

---

40 「2008년 제8차 전국사영경제 표본조사 데이터 분석 보고서」, 『중국 사영경제연감(2006. 6~2008. 6)』, 38쪽.

3	9.9	10.7	12.0	10.1	11.9	10.5
4	9.0	13.6	11.3	11.6	12.1	14.4
5	21.2	27.1	26.0	21.6	26.6	25.7
6	15.7	18.6	18.1	15.1	18.7	18.7
7	9.7	10.6	9.4	10.1	10.3	10.3
8	11.8	9.6	9.55	11.7	8.8	8.7
9	7.0	3.1	2.9	7.6	2.3	3.8
10	6.3	1.6	1.0	7.3	0.9	2.1

제8차 전국 사유기업조사에서 사유기업주는 자신의 경제적 지위·정치적 지위·사회적 지위에 대해 중간계층(제5위와 제6위)에 속한다고 선택한 것이 가장 많으며, 비율은 45.7%·36.7%·44.4%에 달했다. 자신의 경제적 지위와 사회적 지위가 중간 이상(즉 제6위부터 제1위까지)이라고 생각한 사람이 75.1%에 달했고, 자신의 정치적 지위가 중간 이상(즉 제6위부터 제1위까지)이라고 생각한 사람은 다소 적지만, 그래도 역시 63.6%가 되었다. 이것은 사유기업주 대부분이 자신의 사회에서의 지위를 중등 수준으로 확정했음을 알 수 있다.

권력에 의지해서 돈을 번 "홍정상인" 이외에, 다수의 사유기업주의 성망 지위·정치적 지위와 그들의 재부는 그다지 서로 맞지 않았다. 경제적으로 사유기업주는 고소득 계층에 속하지만 그들의 정치적 지위와 사회적 성망은 경제적 지위보다 낮다. 여기서 지적해야 할 필요가 있는 것은 20세기 말과 21세기 초에 국유기업의 대규모 민영화로 인해, 대량의 사람들이 국유기업 경영자(사장·공장장)에서 사유기업주로 바뀌었으나, 그들이 원래 갖고 있던 정치적 지위·성망 지위가 내려가지 않고, 기업의 재산권이 재조정된 후, 그들의 재부 지위가 크게 높아졌다는 점이다. 이 때문에 일부 사유기업주들은 경제적 투자로 정치적 지위와 사회적 성망을 바꾸었다. 몇몇 사장들은 기부를 통해 대중매체의 주목을 받거나 혹은 정협위원이 되기도 했다. 그들은 비교적 강한 참정 의식을 갖고 있었다.

중국 공산당 산둥 성 위원회 통일전선부 연구실의 조사 보고서에 사유기업주의 강렬한 정치 참여 의식을 반영했다. 그들은 240명의 사유기업주에 대한 표본조사 결과, 사유기업주는 적극적으로 중국 공산당 참가를 요구하였다. 이미 48명이 공산당원이었으며, 또한 63명이 절실하게 가입을 요구했는데, 양자를 합치면 전체 인원수의 46%를 차지했다. 또한 일부 기업주들은 민주당파(民主黨派)에 참가하기를 적극적으로 요구했다. 사유기업주들은 정치적 안배에 대해 요구가 절실했으며, 정협위원·인민대표·중화 전국 상공업자 연합회 집행위원 선임에 대한 관심이 매우 농후했다. 왜 정치 참여 의식이 이렇게 강렬할까? 조사에서 22% 정도의 응답자는 경제적 힘이 더 강해진 이후, 정치적으로 후원자를 찾는 것은 말할 곳을 만들기 위함이라고 응답했고, 20% 정도는 의견을 발표할 곳을 찾고, 자신의 권익을 보호할 루트를 찾기 위한 것이라고 했다. 또 20% 정도는 정치적·사회적 직무를 맡음으로써 자신의 사회적 지위를 높이기 위해서라고 응답했고, 또 20% 정도는 어떤 직무를 맡음으로써 고객들에게 기업의 신용도를 높여 기업을 더 발전시키기 쉽도록 하기 위해서라고 밝혔다.[41]

적지 않은 사유기업주들이 인민대표대회 대표와 정치협상회의 위원의 대열에 진입했다. 2000년 전국인민대표대회 대표에 선임된 사람은 48명이었고, 성급 인민대표대회 대표에 선임된 사람은 372명이었다. 전국정치협상회의 위원에 선임된 사람은 46명이었고, 성 정치협상회의 위원에 선임된 사람은 895명이었다. 그리고 중화 전국 상공업자 연합회 집행위원에 선임된 사람은 183명으로, 그중 부주석이 3명, 상무위원이 46명이었다. 지방(시)과 현급 인민대표와 정치협상회의 위원에 선임된 사람은 더 많다.

---

41 『중국 사영경제연감(1997년 판)』, 191쪽

2002년의 표본조사에 의하면 사유기업주 중 35.1%가 각급 정치협상회의 위원이었다. 그 외에 그들 중 79%가 이미 각급 상공업자 연합회 조직에 가입했다. 2008년 상공업자 연합회 계통에 약 7만여 명의 민영경제인사가 각급 인민대표대회 대표와 정치협상회의 위원이 되었다.[42]

중국 공산당에 가입하는 것도 사유기업주가 정치적 지위를 높이는 하나의 수단이었다. 1990년 이래로 당의 조직부서는 사유기업주의 공산당 가입을 불허한다고 규정하고, 이미 공산당에 가입한 사유기업주에게는 탈당을 요구했다. 그러나 실제로는 사유기업주 중의 당원과 이 이후에 당원이 설립한 사유기업은 모두 저촉을 받지 않았다. 사유기업주 중의 당원 비율은 1993년 13.1%, 1995년 17.1%, 1997년 16.6%, 2000년 말 19.8%였다. 2003년에 공포한 "중국 제5차 사영기업 표본조사 데이터 및 분석"에서 2002년 말 조사기업 중 사영기업가 29.9%가 중국 공산당원이었다. 당원 비율이 지난번 조사 때보다 크게 높아진 주요 원인은 공유제 기업이 체제를 바꾼 후 당원 기업주가 대량으로 가입했기 때문이다. 조사 기업 중에서 국유와 집체기업에서 체제를 바꾼 기업의 수가 833개에 달했다. 그중 422개의 기업주가 체제를 바꾼 후 공산당원이 되어, 당원 총수의 13.1%를 차지했다. 조사 보고서에 따르면 "당원 사유기업주"의 입당 시점에서 본다면, 90% 이상은 모두 기업 설립 전 당 조직에 가입한 것으로 나타났다. 장쩌민(江澤民) 총서기의 2001년 "칠일(七一)" 담화에 사유기업주도 입당할 수 있다는 의미를 내포하고 있는 것도 어느 정도 영향을 끼쳤다. 그러나 "칠일" 담화 이후에 입당한 사영기업가는 조사자 중 겨우 16명으로 그다지 많지 않은 편으로, 당원 총수의 0.5%를 차지했다. 그 밖의 권위 있는 데이터에 의하면 개혁 30년 동안 30% 이상의 사영기업주가 중국 공산당에 가입

---

42 황멍푸 주편, 『중국 민영경제 발전보고서 2008~2009』, 32쪽.

한 것으로 나타났다.[43] 2008년의 표본조사 데이터에 의하면 사유기업주 중 공산당원의 비율은 33.5%였다. 당원 기업가 중 66.7%가 기업 당위원 또는 당 총지부·당 지부의 서기를 맡고 있는 것으로 밝혀졌다. 이번 조사에서는 205명의 중국 공산당원 기업주가 지방 각급 당위원회 지도자 기구에 들어가 전체 조사 당원 기업주의 14.9%를 차지했으며, 그중 성급 당 위원회 위원을 맡고 있는 사람이 4명이었다. 61명은 현과 향 두 정부의 부직(副職) 지도자를 맡았다. 이러한 관료이면서 기업인(亦官亦商)이고, 관료와 기업인 일체(官商一體)인 현상은 법률과 정책의 근거가 없고, 그 결과와 영향이 어떠한지는 진지하게 연구할 필요가 있다.[44]

조사에 따르면 사유기업주의 자선사업에 대한 중시도가 다소 높아진 것으로 나타났다. "제8차 전국 사영기업 표본조사"에서 조사 대상 중 기부행위를 한 기업이 86.7%를 차지하여, 제7차 조사보다 2.6% 높아졌다. 기부행위를 한 기업 중에서 기부금액의 중앙값(Median)이 6만 위안으로, 제7차 조사보다 20% 높아졌다.[45] 장쑤 황푸(黃埔)재생자원이용 공사 회장 천광뱌오(陳光標)는 11년간 기업을 운영하면서 사회에 11억 3,000만 위안을 기부하여, 연속 다섯 차례 중화자선기금상을 수상했다. 2008년 쓰촨 원촨(汶川) 대지진이 발생하자, 그는 120명의 사람과 60대의 중장비를 갖고 재해지역으로 달려가 막힌 도로를 뚫고 구조를 도왔다. 그는 꾸준하게 회사 이익의 절반을 사회에 환원해 왔다.[46]

사유기업주의 기부행위는 당연히 그들의 사회적 책임감과 애국심에서 나왔고, 객관적으로도 그들의 성망 지위를 높였다.

---

43 위의 책, 35쪽.
44 『중국 사영경제연감(2006. 6~2008. 6)』, 39쪽.
45 위의 책, 36쪽.
46 〈신화사 베이징〉, 2009년 4월 9일, 「천광뱌오: 평생 번 돈의 90%를 국가에 환원」.

사유기업주의 사회관계

사유기업주는 사회에서 고립된 것이 아니라서, 그들은 경영활동에서 사회적으로 다른 계층과 여러 가지 관계를 가질 수밖에 없다. 이러한 관계는 사유기업주의 생존과 발전 조건이자 또한 사유기업 발전의 제약이기도 하다.

사유기업주와 국유기업의 관계

국유기업은 사유기업의 중요한 거래 파트너이자 경쟁 상대이다. 사유기업은 국유기업으로부터 가공 발주를 받아 중·대형 국유기업 제품의 애벌 가공과 간단한 부품조립을 한다. 사유기업 원자재 조달과 제품 판매 및 서비스의 대상이 주로 국유기업이다. 사유기업의 기술자는 주로 국유기업에서 왔다. 시장화의 진척과 비국유경제의 발전에 따라 사유기업의 무역 파트너와 경쟁상대 중에서 국유기업이 차지하는 비중이 낮아지고 있지만, 여전히 중요한 무역 파트너이다.

1993년 전국 사유기업 표본조사 결과에서는 사유기업의 42.6%가 원자재를 국유기업에서 조달받았으며, 65.4%의 사유기업의 판매 및 서비스 대상이 국유기업이었다. 2년 이후인 1995년 조사 결과에서는 약간의 변동이 있었다. 사유기업의 판매 및 서비스 대상 중에서 정식 거래시장의 비중은 늘어난 반면에 국유기업의 비중은 줄어든 것으로 나타났다. 1996년 국유기업에서 원자재를 입하한 사유기업은 37.8%를 차지했고, 1997년 조사 결과에서는 사유기업의 판매 및 서비스 대상 중 30%만이 국유기업을 대상으로 하고 있는 것으로 밝혀졌다. 아래 표에서 알 수 있다.

표10-18 사유기업 원자재 입하 출처[47](1994년 조사)

원자재 입하 출처	국유기업	정식 거래시장	사유기업	기타	합계
기업 수(%)	42.6	44.7	7.2	5.5	100

표10-19 사유기업 제품 판매 혹은 서비스 대상(1994년 조사)

판매 서비스 대상	국유기업	민간 향진 기업	직접공급소비자	수출 혹은 대외서비스	기타
기업 수(%)	65.4	49.8	58	14	3.4

* 설명: 동일 사유기업의 판매 혹은 서비스 대상은 결코 단일한 것은 아니다. 조사 시 제한을 두지 않았기 때문에 각 항목 합계의 백분율이 100%를 넘는다.

표10-20 사유기업 입하와 판매 서비스 대상[48](1996년 조사)

거래대상	국유기업	사영 향진 기업	정식 거래시장	국외	기타
입하	37.8	17.3	41.8	2.4	0.8
판매 서비스	27.7	11.0	53.7	6.7	0.9

국유기업은 사유기업의 주요 무역 파트너일 뿐만 아니라, 사유기업의 관리인과 기술자도 주로 국유기업 출신들이다.

표10-21 사유기업 관리 기술자의 주요 출신[49](1994년 조사)

	국유기업	집체기관	학교 졸업	민영기업	농민	무직자	기타	합계
관리자(%)	36.4	17.6	3.6	8.1	18.0	13.3	2.8	100
기술자(%)	38.9	18.0	8.1	7.4	14.4	9.7	3.5	100
노동자(%)	9.7	7.8	6.9	3.0	41.6	28.7	2.2	100

47 『중국 사영경제연감(1994년 판)』, 140쪽.
48 『중국 사영경제연감(1996년 판)』, 154쪽.
49 『중국 사영경제연감(1994년 판)』, 139쪽.

표10-21에서 알 수 있듯이 사유기업 관리자의 36.4%, 기술자의 38.9%가 국유기업에서 온 사람들로 주요 출신 중 1위를 차지했다. 1995년의 조사 결과와 위에서 서술한 데이터는 다소 차이를 보인다. 관리자 44.2%와 기술자 47.5%는 공개 채용을 통해 들어옴에 따라 국유기업 출신의 비중이 줄어들었다(국유기업 출신 관리자는 12.6%, 기술자는 11.8%를 차지하고 있다). 그러나 공채를 통해 들어온 사람 중에서 적지 않은 사람들이 국유기업에서 퇴직한 사람들이었다. 이전의 사유기업 관리인재와 기술인재는 국유기업에서 "발굴해" 낸 사람들로, 1997년에는 5분의 2의 사유기업이 국유기업의 퇴직자를 받아들였다. 도시의 사유기업에서 모집한 퇴직자는 직원 전체 수의 11.5%를 차지했으며, 21세기에 들어서 이 비율은 더욱 높아졌다.

사유기업과 국유기업은 무역 파트너이면서도 경쟁 상대이다. 시장 경쟁에서 재산권 선명도와 시스템 유연성의 차이 때문에 국유기업은 사유기업의 상대가 되지 않는다. 이것은 국민경제에서 국유경제의 비중이 끊임없이 낮아지고, 사유경제의 비중이 계속 올라가는 중요한 원인이다.

마땅히 국유기업과 사유기업의 합작과 경쟁에서, 대부분 정당한 수단을 사용했다고 할 수 있다. 그러나 국유기업 재산권이 투명하지 않고, 각종 구속력이 약하고 힘이 없으며, 사유기업주 또한 온갖 수단을 다 쓰고 있어서, 정당하지 않은 수단을 쓰는 것이 매우 보편적이다. 국유기업의 책임자는 사유기업주와 안팎으로 결탁하여 상당 부분의 국유재산을 사유기업주의 손안으로 흘러가게 했다.

국유기업의 재산이 사유기업으로 이전된 경우 대부분 합법적인 계약을 통해 진행되었다는 사실은 매우 주목할 만하다. 거래 계약서에 국유기업 업무 담당자와 거래처가 서로 악의적으로 짜고 국유기업을 속여 사기를 쳤다. 1995년 국가공상부가 654만 5,598건의 계약서를 조사하여 요건 미달의 계약서 34만 8,864건을 적발했으며, 연루된 금액이 291억 6,000만 위안이었다. 위법 계약서를 적발한 것은 모두 1만 1,810건으로, 금액이 26억 2,000만 위안이고, 대부분 국영기업과 집체기업이 사기를 당했고, 혜택을 받은 곳은 사유기업 또는 개인에게 도급을 준 기업이었다. 국유자산 관리 부서가 제공한 자료에서 1985년부터 1995년 10년 동안 5,000억 위안 이상의 국유재산이 사라졌으며, 반 이상이 이러한 계약과 관련이 있는 것으로 나타났다. 기업을 임차하고 도급하거나 또는 매입할 때 도급 기준수·임대료와 가격이 낮아지도록 했다. 건축도급계약서에서는 고의로 도급가격을 올리고, 구매계약서에서 가격과 품질 면에서 국가가 손해를 보도록 했다. 또한 국유기업이 계약에 따라 자금·설비·상품을 지불하면 상대방은 오히려 계약을 이행하지 않는 경우가 상당히 많았다. 1995년 경제 계약 이행률은 겨우 40~50%에 지나지 않았다. 어떤 국유기업 업무 담당자는 고의로 계약 소송 시효를 상실한 후 다시 기소하거나 "자진해서" 패소했다. 국가공상국 추산으로 가령 약속 이행률을 10% 높이면, 국유와 집체기업은 연간 100억 위안의 손실을 줄일 수 있었을 것이라고 했다. 국유재산이 계약을 통해 사라진 후, 국유기업 내부의 업무 담당자와 계약자가 사라진 국유자산을 몰래 나누어 가졌다.

20세기 말과 21세기 초에 이르러, 사유기업은 국유 주식출자와 국유기업 매입 등의 자본 수단을 통해, 국유기업을 사유기업으로 바꾸었다. 분명히 저가로 국유기업을 살 수 있는 사람들은 늘 원래 국유기업의 공장장과 사장 또는 더욱 높은 권력 배경을 가진 인사들이었다.

사유기업과 정부 및 관리부서의 관계

사유기업의 경영과 발전에 영향을 가장 크게 끼친 것은 정부이다. 정부의 정책은 사유기업의 발전에 아주 거대한 영향을 끼치며, 또한 이미 정해진 정책 조건 아래에서 정부 각 부서의 행위는 사유기업의 경영과 발전에 매우 큰 영향을 끼친다.

사영경제가 가장 발달된 저장 성의 1995년 표본조사에 의하면 사유기업주가 경영 방면에서 문제에 부딪힐 때 가장 도움이 되는 루트는 정부였다. 자금의 어려움을 해결하려면 48.2%가 정부에 의지한다고 대답했다. 경영 규모를 확대하려면 59.6%가 정부에 의지한다고 대답했고, 권익에 손해를 당하면 36.1%는 정부를 찾아간다고 대답했다. 그리고 안전에 위협을 받으면 53.1%가 정부를 찾아간다고 대답했다. 이러한 부분에서 정부가 첫 번째 해결 루트이다. 같은 조사에서 사유기업주가 생산판매에서 어려움을 겪는 주요 원인은 정책 제한이라고 대답했다. 예를 든다면 자금 곤란의 원인 중 63.2%, 용지 곤란의 원인 중 48.8%, 전력 사용 곤란의 원인 중 42.9%가 정책 제한이었다. 일부 곤란의 주요 원인은 관련 부서의 심술이었다. 예를 들면 생산용 전력 사용의 어려움의 31.8%, 생산판매용 토지 확대의 어려움의 22%, 관리원 초빙의 어려움의 28.6%, 교통운송 어려움의 33.3%가 모두 관련 부서의 심술에서 기인했다. 이 원인이 각종 원인 중 첫 번째를 차지한다. 전국 사영 경제조사에서도 이와 같은 결론을 얻었다.(표 10-22 참조)

표10-22 경영상 사유기업주가 겪는 문제에 도움이 되는 루트[50]

	당정 지도자	정부 부서	자영업 협회	공상연합동업 조합	기타 경영자	친척	친구	기타영향력 있는 인물	법에 호소와 여론	새로운 시장을 찾아 제품을 바꿈	합계
자금 부족	3.0	48.2	0	2.3	3.0	10.2	26.2	3.7	0	3.4	100
부진	0.3	0.3	0	1.4	11.3	0.7	10.9	1.7	0	73.4	100
관리 곤란	5.3	17	0	9.9	17.7	5.7	27.7	8.2	0	8.5	100
기술 부족	2.0	7.1	0.3	6.8	27.6	4.1	31.6	10.5	0	10	100

---

50 『중국 사영경제연감(1996년 판)』, 182쪽.

규모 확대	13.6	59.6	0.4	4.3	3.2	1.1	5.7	2.9	0	9.2	100
권익 손해	9.4	36.1	1.3	9.8	0	0	0.3	0.3	42.8	0	100
안전에 위협을 받음	9	53.1	0	0.7	0	0	2.1	1.7	33.4	0	100
합계	42.6	221.4	20	35.2	62.8	21.8	104.5	29	76.2	104.5	700

정부의 정책과 정부 부서의 지지 또는 심술이 사유기업의 발전에 대해 지극히 중요한 작용을 하기 때문에, 정책에 대한 사유기업주의 관심도는 국유기업 공장장보다 더 높았다. 그들은 반드시 정부 관리와 관계를 유지해야 비교적 빠르게 정책 변동의 정보를 얻을 수 있었다. 그들은 또한 정부 관리와 긴밀한 관계를 유지해야 정부 부서의 지원을 얻을 수 있으며, 부서의 심술을 줄일 수 있었다. 조사 데이터에서 보면 사유기업주와 왕래가 가장 많은 친구는 기관 간부로, 사유기업주의 인적 네트워크에서 간부가 핵심임을 알 수 있다.[51]

정부 관리와 좋은 관계를 유지하려면 일정한 대가를 지불해야 한다. 사유기업주의 이윤분배에서 상당 부분은 이 방면에 쓰인다.

표10-23 1994년 사유기업 이윤분배 구조[52]

이윤분배	재생산	공익금	적립금	부담금	기부	소유자 권익	접대	기타
백분비	68.3	3.8	5.3	1.9	2.5	7.7	5.5	1.8
순위	1	5	4	7	6	2	3	8

표10-23에서 사유기업이 68.3%의 이익을 재생산에 투입했고, 2위를 차지한 것은 소유자의 권익이라는 것을 알 수 있다. 깜짝 놀랄 만한 사실은 접대에 사용된 이익이 5.5%로, 이익분배의 3위를 차지했다는 점이다

51 위의 책, 160쪽.
52 위의 책, 152쪽.

(1997년·1998년 조사에 나타난 접대비용 비율은 8.6%로, 연간 기업당 평균 지출액은 4만 3,000위안이었다). 이것은 단지 이익분배 측면에서 본 것으로, 원가에 들어간 접대비용은 아마도 더 많을 것이다. 이것은 사유기업이 돈으로 각종 관계를 연결하려는 것을 보여주는 것이다. 또 국가체제개혁위원회와 국가공상행정관리국의 1992년 조사에 의하면 사유기업이 지출한 각종 부과금·기부금·찬조비용은 순수입의 9.89%를 차지하고 있고, 조사 기업 중 8.4%의 기업은 이러한 지출이 순수입의 28%를 초과했으며, 이 부분 조사 기업의 평균 비중은 53%인 것으로 나타났다.[53] 이것은 사유기업이 아직도 사회적으로 각종 권력의 지배를 받고 있으며, 모든 사람이 먹고 싶어 하는 "먹을거리(唐僧肉)"가 되었음을 설명하고 있다. 또 이러한 상황은 경제적으로 부유하지만 정치·사회적 지위가 높지 않아서 나타나는 필연적인 상황이며, 사유기업주가 정치·사회적 지위를 높이려고 하는 중요한 원인이기도 하다.

"제8차 전국 사영기업 조사"에서, 2007년 조사 기업 중 비용·부과금·홍보비용 세 항목의 합계가 기업 매출액의 5.67%를 차지하여, 매출액에서 납세가 차지하는 비중(6.53%)과 비슷했다.[54]

각종 부과금과 비용 그리고 홍보비용 세 항목의 지출로 발생되는 부담은 확실히 가볍지는 않다. 이것은 사유기업과 정부 부서 사이의 이익관계에서 비교적 심각한 문제가 존재하고 있다는 것을 반영했다.

바로 이렇기 때문에, 사유기업은 정부가 법률을 보완하고 직능을 전환하는 것에 대한 기대가 매우 높다.

사유기업주와 고용 노동자의 관계

사유기업주와 고용 노동자 사이는 고용관계이다. 마르크스의 『자본론』

---

53 『중국 개체사영경제조사―경영·이윤·소득』, 99쪽.
54 『중국 사영경제연감(2006. 6~2008. 6)』, 31쪽.

은 바로 자본과 노동의 관계를 핵심적으로 설명한 책이지만, 마르크스의 『자본론』에는 고용 노동자로서 자신의 노동 이외에 아무것도 가진 것이 없고, 다만 노동력 시장에서 자본 소유자에게 노동력을 파는 것이라 했다. "원래의 화폐 소유자는 자본가가 되어 고개를 들고 앞으로 나아가고, 노동력 소유자는 노동자가 되어 그 뒤를 따른다. 한 사람은 만면에 웃음이 가득하여 웅대한 뜻이 넘쳐나고, 한 사람은 전전긍긍하여 위축되어 나아가지 않고, 마치 시장에서 자신의 가죽을 파는 것처럼 앞으로 다른 사람에게 무두질당하는 일만 남았다."[55]

중국 현대의 노동자는 마르크스가 말한 것과는 다소 차이가 있다. 그들 대부분은 농촌에서 왔고 의지할 땅도 있어서, 결코 아무것도 가진 것이 없는 사람들은 아니었다. 표본조사에 의하면 농촌이 집인 노동자는 가족 중 평균 2.3명이 농업에 종사하고, 도급한 땅이 평균 5.3무였다. 연간 농업 수입은 1,682위안이고, 부업 수입은 2,303위안이며, 외지에 가서 일한 연간 소득이 6,062위안으로, 전 가족의 수입은 1만 47위안이며, 1인당 평균 수입은 2,392위안으로, 동년 대비 일반 농촌가정의 1인당 평균수입보다 배가 많았다. 사유기업에서 아르바이트하는 노동자 한 사람의 1년 소득만 하더라도 3,600위안 이상으로, 전 가족이 농업에 종사하는 가정의 부업 수입에 상당한다.[56]

노동자 중 상당수는 고용주와 친척관계이거나 친구를 통해 소개받았다. 고용주는 당연히 그들의 친척을 중요한 위치에 배치했다. 그러나 노동자와 사유기업주의 관계가 매우 가까운 것은 대부분 소형 기업으로, 규모가 큰 기업들의 상황은 달랐다. 필자가 주장 삼각주에서 본 일부 사유기업의 노동자들은 대부분 내륙의 농촌에서 온 사람들로, 그들은 공원모집을 통

[55] 『자본론』 제1권, 인민출판사, 1975년 판, 200쪽.
[56] 『중국 사영경제연감(1996년 판)』, 173쪽.

해 주장 삼각주에 들어온 "외지 출신의 노동자"였다.

노사 쌍방에서 노동자는 불리한 지위에 있다. 사유기업주는 노동자에 대해 지나친 착취 상황이 존재하고 있으며, 임금이 낮을 뿐 아니라 또한 국가가 규정한 의료보험과 양로보험을 지불하지도 않는다. 여기에 대해서는 이책의 제8장과 제9장에서 이미 소개했기 때문에 다시 언급하지는 않겠다.

지나친 착취로 인해 사유기업주와 노동자 사이에 때때로 노사충돌이 발생했다. 그러나 극도의 개별적인 상황을 제외하고 노사충돌은 일반적으로 격렬한 대항 방식을 취하지 않고, 기업주가 고용인을 해고하거나 아니면 노동자가 따로 새로운 고용주를 찾는다.

20세기 중반의 조사에서 전체적으로 보면 현재 노사충돌 현상은 그다지 심각하지는 않다고 생각했다. 21세기에 들어와서 노사충돌이 심각하게 진행될 추세라는 것에 대해, 이 책의 제9장에서 이미 소개하였고, 제17장에서도 소개할 것이다.

중국 사유기업주의 발전 추세

앞에서 말한 것처럼 중국 사유기업주는 두 부류로 나눌 수 있다. 하나는 정당한 방법으로 경영하여 사업을 일으킨 기업주이고, 또 다른 하나는 권력에 기대어 돈을 번 현대판 "홍정상인"이다. 현대판 "홍정상인"은 점진적 개혁정책의 산물이며, 또한 정치체제 개혁이 경제체제 개혁보다 낙후되어 생겨난 결과이다. 이것은 마땅히 일종의 과도기적 형태이지만, 이 이익집단은 온갖 방법을 써서 그들의 지위를 공고히 하였고 아울러 기형적으로 발전했다. 이 이익집단은 정치체제 개혁을 반대하면서, 또한 시장을 이용해 자원을 배치하는 것을 반대했다. 전자는 그들이 의지하고 있는 특권을 잃게 될 것이고, 후자는 자금 세탁의 물질적 기초를 잃게 되기 때문이다. 그러나 만약 진정으로 정치체제 개혁을 실천했다면 시장은 건강하게 발전했을 것이고, 현재 권력에 의지하여 대부호로 집결된 "홍정상인" 집단은 분화가 있었을 것이다. 그들은 기댈 권력을 잃은 이후, 경영 능력이 없는 사람들은 장차 재산도 잃게 될 것이고, 경영 능력이 있고 변화할 수 있는 사람은 "홍정상인"에서 진정한 상인이 될 것이다.

권력에 의지하지 않고 돈을 번 사유기업주(사유기업주 중 대다수)들에게도 다음과 같은 변화가 생길 것이다.

소유제 방면에서 사유독자(私有獨資) 혹은 합영기업이 혼합소유제로 발전할 것이다. 전국 사유경제조사 자료에 근거하면 2005년 독자기업으로 등록한 사유기업은 21%였으며, 2008년에는 15.1%로 하락했다. 2005년 유한책임회사로 등록한 기업은 65.6%를 차지했고, 2007년에는 72.0%로 상승했다.[57] 일부 사유기업들은 상장회사가 되었다. 2007년 A증권시장에서 민영기업이 시장 전체를 차지하고 있는 비중은 14.87%이었다.[58] 발전 추세로 본다면, 개인자본·국유자본·법인자본·국외자본이 서로 융합되어 혼합소유제가 될 것이다. 규모가 큰 기업은 유한책임회사 또는 주식회사로 발전할 것이다. 사회 주식은 점점 비중이 더 클 것이며, 개인 혹은 가족의 주식 비중은 계속 감소할 것이며, 주주도 점점 분산될 것이다. 그러나 사유독자와 합영기업이 끊임없이 생겨나기 때문에, 전체 숫자로 보면 사유독자와 합영기업은 항상 다수를 차지할 것이다.

경영 업종 방면에서 소상업·소형 가공업은 국민경제의 각 영역과 업종으로 발전할 것이며, 반드시 국가가 독점하는 기업을 제외하고, 앞으로 모든 업종에 개인 자본이 들어가게 될 것이다. 이와 동시에 사유기업이 경영

---

57 『중국 사영경제연감(2006. 6~2008. 6)』, 13쪽.
58 위의 책, 228쪽.

하는 업종은 단일 업종에서 복합 업종으로 발전할 것이다. 제6차 전국 사유경제조사에서 사유기업이 경영하는 업종이 다원화 추세에 있다는 것을 발견했다. 조사 기업의 주 업종이 두 가지인 경우의 비율이 16.73%이고, 주 업종이 세 가지인 경우의 비율은 6.42%이었다. 조사 기업 중에서 4분의 1의 기업의 주 업종이 이미 다원화되었음을 말해 주고 있다. 경영 지역 방면에서는 동남 연해지역 위주에서 광활한 중서부지역으로 발전했고, 국내시장에 기반을 둔 것에서 국내와 해외 두 시장으로 발전했다. 이와 동시에 농촌에서 설립된 사유기업은 총본부와 생산경영지역이 점차 농촌과 소도시에서 대도시로 옮겨 갔다.

1990년대 초 사유기업의 발전이 비교적 빠른 곳은 동남 연해지역이었고, 서부지역은 속도가 좀 완만했다. 1990년대 후반에 이르러서야 서부지역의 발전 속도가 비교적 빨랐다. 1997년 서부지역의 사유기업은 이미 11만 4,700개에 달해 1996년보다 25.33% 증가했다. 같은 시기 동부지역은 15.03% 증가하는 데 그쳤다. 2007년 서부지역의 사유기업이 전국 사유기업의 전체에서 차지하고 있는 비율이 37.5%이었다. 서부지역의 사유기업은 아직도 아주 넓은 발전 공간이 남아 있다.

현재 소수의 사유기업을 제외하고, 절대다수는 국내에 발판을 구축하고 있다. 최근 일부 사유기업들은 해외로 진출하고 있다. 2008년 중국의 비금융권 기관이 해외에 직접 투자한 금액이 406억 5,000만 달러이다. 상무부의 2007년 통계 공보에 따르면, 해외 직접투자 중에서 국유기업이 차지하고 있는 비율은 19.7%이고, 유한책임기업이 차지하고 있는 비율은 43.3%이며, 사유기업은 11%를 차지하고 있다고 한다. 유한책임기업 중에서 상당 부분은 사유기업의 자본이다.[59] 앞으로 해외로 진출할 사유기업은 더

---

[59] 황명푸 주편, 『중국 민영경제 발전보고서 2008~2009』, 80쪽.

많아질 것이며, 내수형 기업에서 수출형 기업으로 발전하게 될 것이다. 국내시장에서 경쟁할 뿐 아니라, 해외시장에서도 경쟁할 것이다. 그러나 전체적인 숫자로 보면 국내시장에 근거하고 있는 기업이 여전히 절대다수를 차지하고 있다.

경영 규모에서는 규모의 경제로 발전하고 있다. 사유기업의 자본이 축적되고, 각종 자본이 상호 융합되고 시장 경쟁의 필요에 따라 일부 소기업들은 장차 규모의 경제를 향해 발전할 것이다. 그러나 어느 시대이든지 소기업은 여전히 다수를 차지하고 있다.

관리 방면에서 가족식·수공업식으로부터 현대적 기업제도로 발전했지만, 가족기업은 아직도 상당히 큰 비중을 차지하고 있다. 사유기업 발전 초기에는 주요 투자자와 관리자가 보통 하나로 합쳐져 "일인이역"을 맡았지만, 사정이 변화하고 있다. 2002년 조사에서는 기업주가 직접 경영권을 장악하고 있지만, 기업주 개인이 독단적으로 전횡하는 경향은 점점 감소하는 추세였다. 이사회와 기타 관리자의 역할이 마침 커지고 있으며, 조직 구조도 점차 개선되어 가고 있어서 권력구조에 어느 정도 변화가 생겼음을 보여준다. 기업의 중대한 정책결정에서 보면, 1993년에는 정책결정에 있어서 주요 투자자가 결정한 것이 63.6%이고, 이사회가 결정한 경우가 15.2%, 주요 투자자와 기타 관리자가 공동으로 결정한 경우가 20.7%를 차지했다. 그러나 2002년에는 이러한 상황에 뚜렷한 변화가 생겼다. 주요 투자자가 결정한 경우는 39.7%밖에 되지 않고, 이사회에서 결정한 경우가 30.1%, 주요 투자자와 기타 관리자가 공동으로 결정한 경우가 29.6%를 차지했다. 2008년에는 주요 정책결정권자가 독자적으로 결정한 경우가 34.6%를 차지했다. 이것은 사유기업이 점차 현대적 기업관리 제도로 전환하고 있지만, 제도가 확립되는 데에는 여전히 상당히 긴 시간이 필요하다는 것을 나타내고 있다.

표10-24 사유기업 중대 정책결정의 결정권 분포[60]

조사년도	본인	주주총회	이사회	기업 주요관리	기업 당조직	노동조합	직업 경영인
2008	34.6	20.2	23.6	20.8	0.2	0.4	0.1
2006	37.7	17.6	24.8	18.8	0.4	0.5	0.2
2004	34.5	18.7	26.3	19.9	0.4	0.2	

---

60 『중국 사영경제연감』(2006. 6~2008. 6), 18쪽.

제11장

울분이 깊고 넓은 계층─지식인

"백 년도 못다 살면서, 항상 천 년의 근심을 품고 사는구나(生年不滿百, 常懷千歲憂)." 지식인들은 사회에서 가장 걱정이 많은 계층이다. 그들이 걱정을 많이 하는 이유는 다른 사람보다 더 빠르고 더 깊게 사회문제를 볼 수 있는 통찰력을 갖고 있기 때문이다. 또한 그들은 이상과 현실의 충돌 속에 처해 있고, 권력과 진리의 마찰 속에 처해 있어서, 이로부터 갖가지 정신적 고통을 받고 있기 때문이다.

개혁 개방 30년 동안 중국 지식인들에게 어떤 변화가 있었는가? 중국 지식인의 현재 상황은 어떠한가? 앞으로 중국 지식인에게 어떤 변화가 생길 것인가? 본문에서 분석해 보았다.

지식인이란 무엇인가?

어떤 사람은 개혁 개방 30여 년 후, 중국에는 지식인 계층이 없을 것이라고 했다. 거기에는 두 가지 이유가 있다. 첫째는 관리들이 이미 지식화되었고, 새로 세워진 기업의 경영자 역시 문화 수준이 매우 높고, 이미 모든 계층에 지식인이 스며들어서 더 이상 독립된 지식인 계층이 없기 때문이다. 둘째는 지식인이 이미 전문기술자로 전환되었기 때문이다. 2002년 초에 출판된 사회계층에 관한 연구 보고에서 "지식인"은 "전문기술자"로 대체되었다. 지식인 계층이 없다고 말하는 중요한 이유는 개혁 개방 이후 지식인 계층의 분화였다. 그러나 이 이유는 설득력이 부족하다. 왜냐하면 개혁 개방 이래 지식인 계층만 분화한 것이 아니라, 노동자·농민계층에서도 모두 심각한 분화가 있었기 때문이다. 실제로 개혁 개방 이래, 진정으로 지식인의 특징을 대표할 수 있는 인문 지식인은 개혁 이전에 비해 훨씬 더 강해졌다. 지식인의 정의에 있어서도 의견이 일치하지 않는다.

지식인이란 무엇인가? 지식인은 행정 권력과 자본 지배 권력을 장악하고 있지 않으며, 전문적으로 지식혁신과 문화상품 창조·지식문화 전파에 종사하는 사람들이다. 지식은 그들이 발붙이고 살아갈 수 있는 근본이고,

지식은 그들이 생계를 모색하는 기초이다. 또한 지식은 그들이 사회를 위해 봉사하는 수단이다. 그들은 사회의 두뇌이고, 과학문화의 운반체이다. 현 시대에 민주제도에서 지식인은 가장 앞선 생산력을 대표하고 있고, 여론의 주도자이며, 사회의 대변인이다. 지식인의 지적 활동이 없으면 사회는 무지의 어둠에 처하게 되고, 지식인의 지적 활동이 없으면 사회는 영혼이 없을 것이다. 또 지식인의 지식 창조가 없으면, 사회의 생산력이 정체하여 앞으로 나아가지 않게 된다.

행정 관료가 비록 지식화 되었지만 그들을 지식인이라고 할 수는 없고, 단지 지식인 출신이라고만 말할 수 있다. 그들이 행정 관료의 자리에서 내려온 후에 지식인의 본래 모습을 회복할 수 있다. 지식인과 행정 관료는 다른 두 종류의 사람이다. 양쪽은 각자 다른 사회적 분업을 갖고 있으며, 다른 일의 방식과 사유방식을 갖고 있다. 행정 관료는 사회를 관리하고, 지식인은 사회를 연구하고 사회를 비판한다. 지식인의 사고는 반드시 시대를 앞서야 하며, 앞서지 않으면 사상의 혁신이 없고, 행정 관료의 사고는 시대를 앞서서는 안 된다. 시대를 앞서면 관료 사회에서 생존할 수 없다. 지식인의 사고는 당연히 성역이 없어야 하고, 현 정권 정책의 제한을 받지 않아야 한다. 그렇지만 관리의 사고는 관료체계와 일치해야 하며, 성역을 타파할 수 없다. 이론은 철저함을 요구하기 때문에, 지식인은 반드시 끝없이 탐색해야 한다. 정치는 타협을 요구하기 때문에, 관리는 반드시 적당한 시기를 봐서 물러나야 한다.

사회는 지식인을 필요로 하면서도, 우수한 행정 관료를 필요로 한다. 지식인과 행정 관료는 다른 각도에서 사회의 건강한 발전을 보장하고, 사회의 진보를 추진한다. 그들의 양호한 상호작용은 사회의 큰 행운이다.

지식인은 자연히 지식 수준이 높은 사람이다. 당연히 지식 수준이 높아야 지식인이라 할 수 있고, 사회 과학 문화 수준의 향상에 따라 끊임없이 높아졌다. 1950년대의 중국은 고등학교 문화 수준 정도만 있으면 지식인에 포함되었지만, 1990년대가 되어서는 최소한 대학교 문화 수준 이상이 되어야 지식인 대열에 낄 수 있었다.

중국에서 지식인(知識分子)은 외래어로, 이 단어의 의미는 대체로 중국 고대의 "선비(士)"와 비슷하지만 그러나 두 단어가 똑같다고는 할 수 없다. 지식인은 "선비"이지, "벼슬아치(仕)"는 아니다. "사(士)"는 행정 권력이 없지만, 후자인 "사(仕)"는 행정 권력이 있다.

서양의 지식인에 대한 이해를 보면, "지식이 있다"는 것은 단지 지식인의 필요조건으로 삼지만 충분조건은 아니다. 서양 사람들은 항상 지식인을 "사회의 양심"이라 부른다. 그들은 인류의 기본 가치(예를 들면, 이성·자유·평등·정의)를 옹호하는 사람으로, 한편으로는 이러한 기본 가치에 근거해 사회의 모든 불합리 현상을 비판하면서, 다른 한편으로는 이러한 가치의 실현을 추진하는 데 힘쓴다고 생각했다. 당연히 지식인은 먼저 어떤 지식 기능을 전문으로 하는 사람이어야 하며, 그들은 교사·저널리스트·변호사·예술가·문학가·엔지니어·과학자이다. 그러나 만약 지식이 있는 한 사람이 모든 관심이 시종 자신의 직업 범위 내에서 한정되어 있다면, 그는 여전히 "지식인"의 충분조건을 갖추지 않은 것이다. 지식인은 전문적인 부분에 헌신하는 것 이외에, 또한 배려의 정신을 갖추고, 국가·사회와 세계의 모든 공공 이해와 관련된 일에 관심을 가져야 한다. 또한 이런 관심은 반드시 개인의 이익을 초월해야 한다. 서양의 학자는 지식인에 대해 비록 일치된 정의가 없지만, 그러나 그들은 모두 분명히 지식인은 공통된 성격, 즉 정치 사회를 비판하는 직책을 갖고 있을 것이라고 확신하고 있다.[1]

지식인은 그 생계를 도모하는 것 외에, 선천적으로 사회의 가치 추세에

---

[1] 위잉스(余英時), 『선비와 중국문화』 상하이이인민출판사, 2003년 판.

관심이 있다. 그가 생계를 도모하는 것은 살아있는 사람으로서 필요한 것이다. 사회인으로서 그의 운명·그의 직업·그의 성과·그의 양심은 그로 하여금 반드시 사회에 대해 도의적 책임을 지게 한다. 그들은 글을 쓰려고 하고, 신문을 만들려고 하고, 시정(時政)을 비판하려 하고, 그들은 사회의식 형태를 자유롭게 선택하려 한다. 이런 것들은 모두 지식인 존재를 드러내는 필요한 것이며, 지식인이 사회에 대해 책임지는 방식과 수단이다.

공자는 "선비는 도에 뜻을 두어야 한다(士志於道)"라고 했다. 여기에서의 "선비(士)"는 "지식인"과 서로 통한다. "도(道)"는 그들 스스로 정확하게 여기는 가치규범이다. 선비는 "도덕과 정의를 중시하고, 벼슬을 경시하고(重道義, 輕王侯)", "빈천도 나를 옮길 수 없고, 부귀영화로 유혹해도 타락하게 할 수 없고, 위엄과 무력도 나를 굽힐 수 없다(貧賤不能移, 富貴不能淫, 威武不能屈)." 그들은 "시대의 병폐를 걱정하고 경계하며, 눈물을 흘리며 민심을 기록한다(疾首砭時弊, 擇漏書民情)." 비판정신은 지식인의 특징이다. 권위를 두려워하지 않고, 세속과 영합하지 않는 것이 지식인의 품격이다. "아침에 진리를 들어 깨치면, 저녁에 죽어도 한이 없다(朝聞道, 夕死可矣)"라는 말은 진리에 대한 지식인의 태도이다.

지식인이 "사회의 양심"이란 직책을 감당할 수 있는 까닭은 그들이 풍부한 학식을 갖추고 있는 것 이외에, 또한 그들이 독립적인 인격과 자유사상을 갖고 있기 때문이다. 여기에는 한 가지 전제 조건이 있다. 민주, 즉 지식인들이 자유롭게 생각하고, 자유롭게 견해를 발표할 수 있도록 보장하는 제도적 조건이다. 그런데 전제 조건 하에서는 이러한 의미상의 지식인은 생존하기 매우 어렵다. 그들은 권력의 의지로부터 굴복하여, 지식인 고유의 특징을 잃어버리거나 혹은 침묵하여 그 비판 작용을 발휘할 수 없다. 그러나 불복종하고, 비판 작용을 꾸준히 피력하는 사람은 단지 사라질 운명을 받아들일 수밖에 없다.

지식인은 하나의 계층이지만 그러나 독립된 계층은 아니다. 서양의 사회학자들도 지식인은 어떤 고정된 계층에 속하지 않으며, 이 때문에 그들은 그들의 "사상적인 신념"을 고수할 수 있다고 생각했다. 그러나 일반 사람들은 늘 개인 계급 배경의 한계에서 벗어날 수 없다. 이 견해는 또 맹자의 견해와 완전히 일치한다. "일정한 생업도 없으면서 변치 않는 마음을 갖는다는 것은 오로지 선비만이 할 수 있다. 백성은 일정한 생업이 없으면, 변치 않는 마음도 없다(無恒産而有恒心者, 唯士爲能. 若民, 則無恒産因無恒心)."**2** 그들은 "일정한 생업(자산)"이 없지만 오히려 "변치 않는 마음"이 있다(즉 당시의 "도덕", 또한 이상·추구·가치 규범이라고 이해할 수 있다). 그들은 지식의 의지가 있기 때문에 이 점은 지식인만이 할 수 있다.

당연히 "사회 양심"은 지식인 집단의 사회적 책임이고, 지식인 집단의 고결한 도덕적 추구라고 할 수 있다. 그러나 각 개체의 입장에서 보자면, 모든 사람이 "도에 뜻을 두고(志於道)", "사회 양심"의 책임을 질 수 있는 것은 아니다. 지식인 집단 중에도 명철보신(明哲保身)하는 사람이 있고, 권세를 가진 자에게 빌붙어 아부하는 사람이 있고, 영혼을 파는 사람이 대대로 많이 있었다. 그래서 "사회 양심"은 지식인의 가장 높은 경지이지, 지식인을 구분하는 기본 조건은 아니다. 만약 엄격하게 "도에 뜻을 두는 것"과 "사회 양심"으로 표준을 삼는다면 대부분의 지식인 신분에 있는 사람들은 지식인 집단 밖에서 배척을 당할 것이다. 그러나 "선비가 도에 뜻을 두고", "선비는 마음을 넓게 가져야 하고 의지는 굳세지 않으면 안 되며, 임무는 막중하고 갈 길은 멀기 때문이다(士不可以不弘毅, 任重而道遠)", "빈천도 나를 옮길 수 없고, 부귀영화로 유혹해도 타락하게 할 수 없고, 위엄과 무력도 나를 굽힐 수 없다(貧賤不能移, 富貴不能淫, 威武不能屈)", "천하 사람들의 근심에 앞서 내가

---

2 『맹자·양혜왕 상(孟子·梁惠王上)』.

먼저 근심하고, 천하 모든 사람들이 즐거워 한 뒤에 즐기리라(先天下之憂而憂, 後天下之樂而樂)." ……이런 숭고한 경지는 중국의 지식인에게 줄곧 영향을 끼쳤다. 특히 사회에 위기가 생겼을 때, 평소 겉으로 재능을 드러내지 않았던 지식인들이 용감하게 자신의 양심을 밖으로 드러내었다.

지식인은 이성(理性)을 중요시한다. 사리에 맞는 것이라면 그들은 믿고, 몸과 마음을 다해 뛰어든다. 그렇다면 무엇을 사리에 맞다고 하는가? 논리에 부합하는 것이다. 그러나 논리에 부합하는 이론이 반드시 진리는 아니다. 논리는 전제를 따지지 않는 것으로, 정확한 논리 사슬을 따르더라도 잘못된 결론을 내릴 수 있다. 지식인은 논리의 노예로, 이것은 그들의 약점이다.

중국의 "선비(士)"는 그 특유의 약점이 있다. 그들은 시작부터 사회의 지배자는 아니었고, 다만 사회 지배자를 위해 계책을 내놓은 사람이었다. 그들은 단지 "막료(師爺)"로, 정치가에서 벗어나 사회에서 독립할 수 없었다. 그들의 사상은 정치가에게 받아들여진 이후에야 비로소 현실로 변할 수 있었다. 문화는 지식인 개인의 재능으로, 그들은 이 재능에 의지해 자신의 사회적 지위를 높였다. 그러나 재능이 지위를 얻을 수 있을지의 관건은 권력자가 알아주느냐에 달려 있다. "자신을 잘 대우하여 준 은혜(知遇之恩)"는 그에게 가장 중요한 은혜였다. 그래서 권력자의 비위를 맞추는 것은 자신과 결부된 이익을 구동력으로 삼는 것이다. 그렇지만 이러한 사적인 이익을 위한 영합은 오히려 "군주에게 충성을 다하는" 허울을 덮어쓴 것과 같다. 중국의 "선비"는 독립성이 거의 없다. 이것은 서양 지식인이 사상 독립이나 인격 독립을 강조한 것과 많은 차이가 난다. 중국 지식인의 이런 나쁜 근성은 오늘날까지 유지되고 있고, 심지어 어떤 사람은 더욱 발전시키고 새롭게 창조했다.

통계상 사회 분석에서는 일반적으로 종사하는 직업으로 지식인을 확정한다. 과학자·엔지니어·학자·작가·신문기자·변호사·편집자·교사·문예 종사자·의사 등 비교적 고등 교육을 받은 후에야 종사할 수 있는 직업은 모두 지식인 대열에 포함된다.

현대 중국 지식인의 수와 직업분포

마오쩌둥은 1957년 3월 중국 공산당 "전국 선전 업무 회의에서의 연설(在全國宣傳工作會議上的講話)"에서 중국 지식인이 500만 명이 있다고 주장했다. 지금은 교육과 과학·문화사업의 발전에 따라 1957년에 비해 중국 지식인의 집단이 훨씬 방대해졌다.

제5차 전국 인구 센서스에 의하면 전국 총인구는 12억 6,581만 명이며, 그중 인구 10만 명마다 전문대학 이상의 교육을 받은 인구는 3,611명이다.(『중국통계연감』 2001, 93쪽) 이 추산에 따르면 전국에 전문대학 이상의 문화 수준을 갖춘 인구는 4,570만 명이다.

2007년 국유기업·사업 단위의 전문기술자는 2,801만 명으로(기업 77만 6,000명, 사업 단위 2,024만 6,000명), 그중 공학·농업·위생·과학 연구원은 약 971만 명이며, 교수 인원은 1,284만 명이다.(표11-1) 관련 분야의 추정에 따르면 현재 국유기관의 전문기술자는 전국 전문기술자 총수의 70% 정도를 차지하고 있다고 한다. 이를 근거로 계산하면 비국유기관을 포함한 전국 전문기술자 수는 4,001만 명이 된다. 문화 체육과 쇼 비즈니스 전문 기술자는 67만 7,000명이고, 공공 관리와 사회 조직 전문기술자는 44만 8,000명이며, 방송·TV·신문잡지·출판 등 업종의 편집인과 기자는 25만 으로, 이상 각 항목 합계는 4,138만 5,000명이다. 게다가 각종 업종에 분포된 지식인을 합치면 모두 대략 4,200여만 명의 지식인이 된다.

표11-1 국유기업 사업 단위 전문기술자 수(연말 수치)[3]

연도	총계	공학 기술자	농업 기술자	위생 기술자	과학 연구원	교수 인원
2000	21,650,807	5,551,098	670,105	3,371,966	274,506	11,783,132
2005	21,978,684	4,791,227	705,720	3,581,181	311,166	12,589,390
2006	22,298,171	4,893,672	701,930	3,612,091	326,728	12,763,750
2007	22,545,110	5,017,747	701,481	3,640,554	349,208	12,836,120
2008	23,098,880	5,176,798	15,774	3,888,273	368,655	12,949,380

대학과 고등학교 전임교사는 문화 수준이 비교적 높은 집단이다. 그 인원은 표11-2를 참조.

표11-2 대학과 고등학교 전임교사 수(만 명)[4]

연도	대학	고등학교
2006	67.7	139.2
2007	71.7	144.8
2008	85.6	148.0

현대 지식인의 사회적 위치

현대 중국 지식인의 사회적 지위 문제에 대해 두루뭉술하게 대답할 수 없는 것은 지식인 그 자체에 단계가 나누어져 있기 때문이다. 이런 단계는 학식 수준·업무 성과·전문 직책 등급 등으로 정해진다. 비교적 높은 단계

---

3 국가통계국 편찬, 『2009년 중국통계연감』, 중국통계출판사, 845쪽.
4 국가통계국 편찬, 『2008년 중국통계개요』, 중국통계출판사, 182쪽./『2009년 중국통계개요』, 187쪽.

의 지식인은 수입·성망·권력 세 방면에서 사회적으로 상당히 높은 위치에 있고, 중간 등급 지식인의 사회적 위치는 보통 이상 수준에 있다.

먼저 지식인의 재부 지위를 살펴보자. 지식인 중 절대다수는 큰 부자일 수가 없지만, 그렇다고 그들이 가난뱅이는 아니다. 그들의 임금은 직책의 고저에 따라 다르다. 직책이 높은 지식인의 임금은 사회에서 높은 임금 집 단에 속한다. 명목소득을 갖고 말하면 원로 교수의 임금이 정부 장관의 임 금보다 많다.

당연히 지식인의 수입은 임금만이 아니라, 소속 기관에서 주는 각종 임 금 외의 수입도 있다. 이것들은 모두 기관의 경제 상황에 따라 다르지만, 기본적으로 균등하게 지급한다. 지식인은 또 겸직 수익, 강의료·원고료· 자문료·고문료·비직무 발명의 기술이전비 등이 있다. 겸직 수익은 개인 의 지식·능력·성망에 따라 다르다. 겸직 수익은 실제로 재능과 학문이 있 고 성망이 있는 지식인에 대한 일종의 보상이다. 물론 이것은 종사하는 전 공의 차이에 따라 차이가 나는데, 예를 들면 경제 분야 전공의 겸직 수익은 비교적 높지만, 역사나 철학 분야의 겸직 수익은 비교적 낮다.

1980년대에 "동일한 업무 시간에 정신노동자의 수입이 육체노동자보다 못한(體腦倒挂)" 현상이 있었다. 즉 정신노동자의 수입이 육체노동자의 수입 보다 낮았다. 당시 "미사일을 만드는 것이 차 계란을 파는 것만 못하다"는 말이 있었다. 1990년대 이후, 이 문제는 점차 해결되었고, 학력이 높은 사 람과 전문기술자의 수입이 상대적으로 높아졌다. 1996년 성진 주민의 소 득 조사 결과를 분석해 보면, 고급 엔지니어와 그 직책에 상당하는 사람은 전체 수의 0.94%를 차지하고, 1인당 평균소득은 1만 2,047위안이었다. 이 는 각종 인원 중 가장 높다. 취업자 총수의 6.9%를 차지하는 엔지니어급 인원의 1인당 평균소득은 9,219위안이었다. 또 국가통계국이 발표한 자료 에 따르면 세대주의 문화 수준이 가정 소득과 정비례해서, 대학 문화 수준의 세대주 수입은 5,881위안이고, 전문대는 5,061위안, 중등전문학교는 4,612위안, 고등학교는 4,578위안, 중학교는 4,336위안, 초등학교 문화 수준은 3,938위안이었다.[5]

20세기 말에 재능과 학문이 있는 지식인의 수입은 노동자·농민·유동 노동자와 비교하면 고소득이었으며, 간부와 비교하면 비합법적 부수입을 넣지 않는다면 비슷하거나 오히려 조금 더 많았다. 사영 기업주·외국자본 기업 고용자와 비교하면 수입은 낮은 편이었지만, 사영 기업주와 외자기업 고용자 수는 매우 적었다. 그래서 지식인의 수입은 사회에서 중간 이상의 수준에 속했다. 그중에서도 일부 뛰어난 인물의 수입은 상당히 높았다. 그러나 과거의 일부 시기와 비교하면 수입 크기나 수입의 지위가 여전히 크게 낮았다. 칭화대학을 예로 들면 1960년대에 가장 높은 등급의 교수 월급은 320여 위안이었다. 그 당시 대학생의 한 달 구내식당 식사비가 12.5위안으로, 1급 교수의 월급이 25.6명의 대학생 생활비와 비슷했다. 2008년 대학생 한 명의 구내식당 식사비는 대략 600위안으로, 25.6명의 대학생의 생활비는 거의 1만 5,360위안이었다. 1956년 이전, 가장 높은 등급의 교수 임금은 320여 위안이었고, 그 당시 대학생 한 명의 구내식당 식사비는 10.5위안이었다. 1급 교수의 임금은 30여 명의 대학생 생활비와 비슷했다. 2008년 대학생 30명의 생활비는 1만 8,000위안은 되어야 한다. 항일전쟁 전의 칭화대학 교수 월급은 300위안에서 400위안으로, 최고가 500위안이었고, 동시에 각 교수들은 집 한 채가 있었다. 그 당시 교수의 최고 임금은 당시 대학생 구내식당 식사비의 120배 정도였다. 이 비율에 따라 계산하면 오늘날 교수의 월급은 4만 8,000위안은 되어야 한다. 이것도 집은 계산하지 않은 것이다. 현재 칭화대학 교수의 최고 수입(임금과

---

5 장카이(張凱), 『백성들의 소득이 얼마인지 아는가?』에서 인용, 『사회』, 1998년 제2기에 실려 있음.

^{학교에서 주는 보조금·수당을 포함)}은 1년에 10여만 위안으로 1950년대 수준과 비슷하지만, 항일전쟁 이전보다는 훨씬 낮다. 그렇지만 칭화대학 경영대학의 유명 교수들은 외부 강의로 상당히 높은 수입을 얻을 수 있으며, 그 수입은 아마도 항일전쟁 이전과 비슷할 것이다.

다시 지식인의 권력 지위에 대해 살펴보자. 필자가 여기서 가리키는 것은 행정 권력이 아니다. 지식인은 행정적 권력이 없다. 여기서 가리키는 것은 존 케네스 갤브레이스가 『권력의 분석』[6]에서 말한 "제약 권력(Conditioned Power)"이다. 권력은 바로 다른 사람을 복종하게 하는 것이다. 제약 권력은 폭력에 의한 강제가 아니며, 또한 돈으로 매수하는 것도 아니다. 교육·여론·이론을 통해 내면으로부터 사람을 복종하게 하는 것이다. 이 점에서 지식인은 특수한 우위를 차지하고 있다. 그렇지만 지식인의 이 권력이 영향을 끼칠 수 있을지는 지식인이 자유롭게 자신의 사상을 발표할 수 있는지에 달려 있다. 개혁 개방 이래로 정치적으로 느슨해졌고, 정치가 모든 것을 독점하고, 모든 것을 대체하는 상황에 변화가 있었기 때문에, 글을 발표하고, 저서를 출판하는 제한이 많이 느슨해져서 학자에게 보고서를 요청하는 사례가 갈수록 많아졌다. 그래서 사회에 대한 지식인의 영향이 개혁 이전보다 훨씬 커졌다. 작가·학자·기자·편집자 등의 제약 권력은 개혁 개방 이전보다 늘어났지만, 신중국 성립 전 일부 시대와 비교해 보면, 여전히 차이가 많이 난다.

지식인의 성망 지위는 사회 각 계층에서 비교적 높다. 개혁 개방 이래로 여러 차례 직업 성망 조사에서 상위 20위까지는 대부분 지식인의 직업이었다. 예를 들면 교수·과학자는 항상 상위 순위에 있었다. 그러나 지식인 중 기자와 같은 일부 직업의 성망은 하락했다. 그것은 오늘날 일부 기자들

---

6 존 케네스 갤브레이스, 『권력의 분석』, 타오위안화(陶遠華)·쑤스쥔(蘇世軍) 옮김, 허베이인민출판사, 1988.

이 진정으로 기자의 사회적 책임을 다하지 않았기 때문이다. 이 점에 관해서는 본문의 뒷부분에서 분석할 것이다. 그러나 총체적으로 말하자면, 지식인의 성망은 신중국 성립 이전의 일부 시대와 비교하면 여전히 많이 낮아졌다. 예를 들면 항일전쟁 전 칭화대학 교수의 성망은 오늘날의 칭화대학 교수가 도저히 따라갈 수 없을 정도이다.

지식인의 지위가 과거 일부 시대만 못한 것은 사회적 조건과 관련이 있다. 그러나 소홀히 할 수 없는 사실은 오늘날의 지식인 숫자가 그 시대의 사람 수보다 수천수만 배 많아졌다는 점이다. 특히 고위급 직책은 넘쳐난다. 1960년대 초 칭화대학 정·부교수 수는 108명이었지만, 1990년대에는 칭화대학 정교수 수가 2,000여 명이나 되었다. 또한 일부 칭화대학에 임용되지 못한 교수들은 지명도가 다소 낮은 학교로 옮겨 교수로 임용되었다. 가치 규율은 냉정한 것으로, 어떤 것이든지 너무 많게 되면 반드시 평가절하 된다.

사회적 상호제어가 부족하기 때문에, 지식인에 대한 직책 평가가 통제력을 잃어, 모든 분류의 사람들이 "지식과 학문이 있다"는 영광을 누리려고 했다. 지식인에 대한 모든 장려와 보상은 최종적으로 모두 전 사회 이익을 고르게 나누어 가지는 "공동식사(大鍋飯)"로 변했다. 일부 정규대학의 문에도 들어간 적이 없고, 학술 성과도 없는 사람들도 교수가 되었다. 1990년대 후반에 권력이 있는 사람은 대부분 고급 직책을 얻으려고 했고, 돈이 있는 사람은 대부분 고등교육기관의 졸업증서를 사려고 했으며, 여태껏 글을 써본 적이 없는 사람도 오히려 전문 서적을 저작했다. 일부 업무 능력이 떨어지지만, 관직을 꾀하는 능력이 강한 사람은 권력을 얻은 후, 먼저 자신에게 고위직책을 평가했고, 심지어 업무 능력이 강한 사람들보다 먼저 고위직책을 가지려고 했다. 그들은 자신보다 업무 능력이 뛰어난 사람을 비꼬면서 자신이 그들보다 직책이 높다고 과시했다. 1990년대 후기 중국 사회에는 "거리에 널린 게 교수들이고, 박사가 개보다 못한" 광경이 출현했다. 2007년 중국에서 박사학위를 갖고 있는 사람 수가 미국을 넘어, 전 세계 1위를 차지했다. 그러나 중국에서 가장 큰 박사 집단은 대학과 과학 연구 기관에 있지 않고, 관료사회에 있었다. 관리가 박사학위를 갖고 있으면 승진이 빨랐다. 그래서 관리는 온갖 방법을 써서 "재직 박사(在職博士)"를 하려고 했다. 일반 학생들은 오랫동안 고생스럽게 공부해야 박사학위를 받을 수 있지만, 관리 신분의 "재직 박사"는 비서가 대신 수업을 듣고, 다른 사람에게 논문 대필을 부탁해서, 수월하게 박사학위를 취득했다. 2009년 양회(兩會)에서 정치협상회의 위원이 "당 간부의 졸업장 부패" 현상을 강력하게 비판하여, 사회적으로 큰 공감을 불러일으켰다. 박사 지도교수와 관리는 사제관계가 맺어지면서 "윈윈(win-win)"할 수 있었다. 관리는 박사학위를 손에 넣고, 교수는 연구 프로젝트의 사업비를 얻었다.

직책 평가가 지나치게 범람하여, 이미 한 사람의 업무 능력과 지식 수준으로 판단하는 근거를 상실해 어쩔 수 없이 직책에서 벗어나, 새로운 방도를 마련해야 했다. 교수를 임용하고도 다시 "박사 지도교수(博導)"를 임명했으며(사실 외국에서는 부교수도 박사생을 받을 수 있었다), "박사 지도교수"의 임용이 엉망이 되자, 현재 일부 대학은 다시 원래 교수를 다른 곳으로 내보내고, 연간 보조금 10만 위안의 교수를 구했다.

인문 지식인의 고민

여기서 말하는 인문 지식인은 문화 지식인뿐만 아니라, 사회과학 연구에 종사하는 사람을 포괄해서 가리키며, 그들 대부분은 문과대학 졸업생이다. 과거 중국의 "선비"는 주로 인문 지식인이었다. 그 당시는 과학기술이 발달하지 않아서, 인문 지식인이 지식인 집단 중 절대다수를 차지했다. 중화인민공화국 성립 이후, 한동안 전통 문화를 부정하여 "국학"이 푸대접을 받았고, 마르크스주의로 모든 사회과학을 대체했고, 인문과학의 연구는 제한을 받았다. 경제건설을 위해 엔지니어와 자연과학 연구원을 대량으로 양성했고, 인문 지식인의 비중은 축소되었다. 지난 여러 차례의 정치운동에서 인문 지식인은 늘 비판의 대상이었고, "문화대혁명" 중에는 많은 사람이 박해를 받았다.

인문 지식인은 인문과학 분야에 종사하며, 어떤 사람은 사회과학이라고도 부른다. 그들의 연구 목적은 주로 인류사회의 여러 가지 문제를 해결하는 데 있다. 인문과학은 단지 정치목표와 경제목표를 실현하는 수단만이 아니라, 문화 자체가 바로 분산되고 편협하며 개인적인 민족 구성원 전체를 사상과 감정상 하나의 유기적으로 연결하는 힘이다. 일종의 정신적 힘이며, 숭고한 사업이다.[왕푸런(王富仁), 1999] 인문과학은 인류가 인류 자체의 조화를 구하고, 인류 자체를 다스리는 정신적 힘이다.

그래서 인문 지식인은 지식인의 특징을 가장 잘 대표할 수 있다. 그들은 문화의 창조자이다. 문화는 숭고한 것이기 때문에, 문화상품의 창조자 역시 숭고하다. 문화는 그들의 인격을 만들며, 그들의 인격 또한 그들의 문화를 창조한다. 자연과학 연구에 종사하는 일부 학자들도 사회와 문화에 관심을 갖고 있기 때문에, 자주 인문과학 성과를 발표하고, 문화상품을 창조하기도 한다. 그들은 자연과학의 사유방식과 지식 기초를 사용하여 인문과학의 견해를 제시하는데, 항상 새로운 길을 여는 창의성과 독특한 깊이가 있다. 유명한 인류학자인 페이원중(裵文中)의 소설은 일찍이 루쉰(魯迅)으로부터 찬양을 받았고, 루쉰이 편집한 『중국 신문학 대계(中國新文學大系)』에 수록되기도 했다. 식물학자인 차이시타오(蔡希陶)는 윈난(雲南)에서 식물 표본을 채집하면서 변방의 풍경과 인정이 짙은 소설을 썼다. 베이징대학

물리학과 딩시린(丁西林) 교수는 물리학과 연극 창작 두 방면에 모두 높은 성과를 거두었다. 수학자인 화뤄겅(華羅庚)·쑤부칭(蘇步靑)도 인문과학 분야에 많은 성과를 거두었다. 사회과학과 자연과학의 상호 협력은 자연과학 연구에 사고방식을 바꾸어 놓았을 뿐만 아니라, 여러 학문분야의 지식을 활용하여 사회문제를 해결할 수 있었다.

21세기에 들어서 인류는 과학기술이 비약적으로 발전했으며, 자연에 대응하는 능력이 점차 강해졌다. 그러나 반면에 인류는 갈수록 나약해져, 언제 자신이 만든 과학 기술적 성과 때문에 인류 자신을 파멸시킬지 모른다. 갈수록 똑똑해져 달에 발을 디딜 수 있게 되었고, 화성을 향해 비행체를 발사할 수 있게 되었지만, 갈수록 어리석어져 어떻게 지구에서 서로 평화롭게 공존해야 하는지를 모른다. 마치 처칠(Churchill)이 그의 회고록에서 "21세기가 되면 인류는 이미 자신을 파멸시킬 수 있는 힘을 가질 수 있지만, 그러나 도덕 방면에서는 어떠한 자부할 가치의 성과를 얻지 못한다"고 말한 것과 같다. 미국의 전 부통령 앨 고어(Al Gore)도 "인류는 분수에 지나치게 하느님과 자연의 권력을 가졌지만 하느님과 같은 그런 지혜는 없다. 이런 처지에 처한 인류는 매우 연약하며, 마치 어린이가 탄환을 장착한 총을 들고 있는 것과 같다"라고 말한 적이 있다. 인류에게는 자연과학만 있어서는 부족하며, 인문과학이 정말로 필요하다.

중국은 이미 시장경제체제를 선택했지만, 개인의 이익을 기초로 한 경제체제인 시장경제체제는 사람들의 재산 축적을 촉진시키는 엔진이라는 것을 잊어서는 안 된다. 그러나 이 엔진 자체에는 속도 제한기와 브레이크가 없으며, 그것의 안전은 다른 체계로 보장할 필요가 있다. 인문과학은 이 안전체계를 만들어낼 수 있다. 철학·사회학·법학·문학은 경제학의 시각과는 다른 가치 준칙을 제시하여, 순수 경제학적 시각의 부족함을 채울 수 있고, 도덕의 힘·이성의 힘·정신의 힘으로, "오직 이익만 추구하는(唯利是

圖"경제학을 제약하여 균형을 이루게 할 수 있다.

20세기 말에 들어서 중국 지식계에 재미있는 현상이 출현했다. 경제학자는 자유 경제를 주장했고, 사회학자와 인문학자는 사회 공정을 외쳤다. 이것은 바로 인문과학이 이미 경제 엔진에 대해 속도 제한과 교정을 시작했다는 것을 설명한다.

개혁 개방 이후 인문과학에 대한 연구가 중시되고, 인문 지식인 집단이 확대되기 시작했다. 1990년대 후기 중국의 사회과학 연구기구가 이미 사회과학원 체계·대학교 체계·실제 노동부의 사회과학 연구기구·당 간부학교 체계와 군대의 사회과학 연구체계 등 5개의 체계를 만들었다. 이 5대 체계에는 2,500여 개의 연구기구와 3만 5,000명 이상의 전임연구원이 있었고, 직원만 27만 명 이상이 있었다. 20세기 말에 또 새로운 신예부대가 출현했는데, 그것은 바로 민간 연구기구와 독립적인 개인 연구이다. 21세기에 들어서 다시 인문 지식인 집단이 다소 확대되었다.

개혁 개방 이래로, 중국의 사회과학 분야 연구에서는 일부 성과를 거두어, 개혁 개방과 경제·사회발전에 중요한 작용을 불러일으켰다. 그러나 냉정하게 말하자면 수만 명의 연구원이 많은 일을 하고 또 부분적인 성과를 거두었지만, 정신적 힘을 갖춘 중대한 성과는 거두지 못했으며, 중대한 이론에는 어떤 특별한 실적도 없었다. 그 이유가 무엇일까? 거기에는 많은 원인이 있지만 아마도 지식인의 사상적 독립이 결핍된 것이 가장 중요한 원인 중 하나일 것이다.

지식인은 사상의 창조 활동에 종사하며, 사상적 독립이 없이는 어떠한 성과도 거둘 수 없다. 중국의 선진(先秦) 춘추전국(春秋戰國) 시기는 중국 사상계에서 가장 찬란했던 시기였다. 제자백가가 서로 다투어 자기주장을 펴고, 학술적으로 활발한 논쟁을 벌였다. 당시 사상적 업적의 빛이 2천 년 후인 오늘날까지 밝게 비추고 있다. 오늘날 중국의 많은 사상들은 모두 그 당시에 기원을 두고 있다. 왜냐하면 당시의 지식인들은 어느 정도 사상적 독립이 있었기 때문이다. 그러나 이후 2천여 년은 지식인이 사상의 독립성을 잃어버렸다. 따라서 지식의 창조능력을 잃게 되고, 당시 세계에서 가장 앞선 중국문화가 이때부터 점차적으로 서양에 비해 뒤떨어지게 되었다.

지금까지 중국 지식인은 한 번도 사회의 지배 세력이 된 적이 없다. 그들은 단지 사회 지배자를 위한 참모가 되어 계책을 내놓았다. 참모 지위의 지식인은 권력에 예속되어 독립적인 인격을 갖기 어려웠으며, 또한 강대한 정신력을 가진 상품을 생산할 수 없었다. 오늘날, 이런 권력에 예속된 유전자는 아직도 많은 인문 지식인의 머릿속에서 작용을 하고 있다. 자신의 작품으로 권력을 가진 사람에게 아부하여 빌붙고, 높은 신분에 오르려는 지식인들이 많이 있다. 이런 원인 때문에, 일부 인문 지식인은 "이단의 길"을 걸었다. 이런 상황은 각 학문 분야마다 존재했다. 현대 현학(顯學)인 경제학 분야에도 나타난다. 1995년에 필자는 『경제일보』에 연속해서 5편의 글을 발표해서 이런 현상을 분석했다. 전체 제목은 "경제학의 이단"이고, "상주 경제학", "논증 경제학", "해석 경제학", "지도 경제학", "수입 경제학"으로 5편으로 나누었다. 글이 길지 않아, 그중 3편을 다음에서 인용함을 양해하기 바란다.

개혁 16년은 중국 경제학이 크게 번창한 16년이었다. 1970년대 말과 1980년대 초에 경제학계는 비정상적으로 활기를 띠었다. 당시 사람들은 중국 학술문화계의 상황을 논의할 때, "경제번영, 문예의 봄날"이라는 말로 묘사했다. 이런 번영의 상황은 16년 후인 지금까지 계속 지속되고 있다.

현대 중국 경제학의 역사적 공적은 무시할 수 없다. 개혁을 추진했고, 개혁을 이끌었다. 중국 경제체제가 계획경제에서 시장경제로 바뀌는 데 경제학계가 중대한 작용을 했다.

그러나 우리는 경제학이 전대미문으로 번영한 오늘날 사람 뜻대로 안 되는 부분이 있다는 것을 보았다. 나는 그것을 "경제학의 이단"이라고 부른다. 지금 하나하나씩 소개하면 다음과 같다.

상주(上奏) 경제학 – 경제학의 이단 1

7, 8년 전 필자는 국가기관 산하 한 연구기구의 청년 학자와 한담을 했는데, 그가 소개한 경제학계의 몇몇 상황에 놀라움을 금할 수 없었다. 알고 보니 일부 학자는 연구 제목을 선택하고, 연구 결론을 확정하고, 대책을 건의할 때 우선 중앙정부의 지도자가 어떤 문제에 가장 관심이 있는지, 어떤 의견을 가장 듣고 싶어 하는지를 추측한다고 한다. 그의 연구 목적은 중앙정부 지도자의 관심을 끌 수 있는 논문을 쓰기 위한 것이다. 당연히 그의 논문이 중앙정부 지도자의 회시(回示)를 받으면, 그것이 곧 연구의 최고 목적을 달성하는 것이라고 할 수 있다.

나중에, 필자가 다른 일부 학자들과 접촉해서 이야기를 나누어 보고서야 위에서 말한 상황이 개별적인 것이 아님을 알게 되었다.

필자는 이런 경제학을 "상주 경제학"이라고 부른다. 상주 경제학은 중앙정부 지도자의 의도를 추측하여 짐작하는 것을 출발점으로 하고, 중앙정부 지도자의 주목을 받는 것을 귀결점으로 삼는다.

경제 연구가 중앙정부 지도자의 경제정책 결정에 이론적 근거를 제공하는 것에는 아무도 비난할 일이 아니며, 마땅히 일부 학자들이 전문적으로 대책을 연구해야 한다. 전문적으로 대책 연구에 종사하지 않는 학자가 자기의 학술적 견해가 정부에 의해 받아들여지길 바라는 것 또한 정상적인 것이다.

그러나 상주 경제학은 결코 진정한 정책결정 연구가 아니다. 정책결정 연구는 과학이지만, 상주 경제학은 과학이 아니다. 그것은 일반적인 경제학 연구도 아니고, 또한 정책결정 연구와 같다고 속일 수도 없다.

상주 경제학은 현실을 벗어났다. 비록 현실 속에서 문제를 제기하고, 또 각종 현실 수치와 사실을 운용했지만, 그러나 이러한 현실적 문제는 그가 생각했을 때 지도자가 가장 관심을 기울이는 문제이며, 이런 현실 자료는 모두 그가 지도자의 의도를 헤아려 선택한 것으로, 모두 이 의도를 논증하기 위한 것이다.

상주 경제학은 비록 경제학 전문 용어와 명사로 가득 채워져 있고, 때로는 경제학적 분석방법을 활용했지만, 과학의 영혼과 진리를 추구하는 정신이 부족하다. 그것의 연구 결론은 사물의 이치를 깊이 연구한 결과가 아니라, 지도자의 의도에 영합하기 위한 것이다. 상주 경제학은 진리 추구를 목적으로 하지 않기 때문에 당연히 진리를 얻을 수 없다.

상주 경제학은 나라와 국민에 해를 끼친다. 그것은 지도자와 경제 종사자를 잘못 인도한다. 이러한 잘못된 인도는 과학적 명의, 과학적 형식, 과학적 언어로 진행되는데, 이로 인해 발생하는 피해는 아주 크다.

경제학자는 마땅히 독립된 인격과 강건한 기개를 가져야 한다. 진리 추구는 과학자의 가장 큰 목표로, 경제학도 예외는 아니다. 영합은 과학을 몰락하게 한다. 상주 경제학의 핵심은 영합에 있다.

만약 과학이 권력의 고분고분한 시녀가 된다면, 과학은 과학이 될 수 없다. 만약 권력이 과학 앞에서 머리를 조아리고 신하를 자칭한다면, 그 권력은 현명한 권력이다. 상주 경제학은 권력의 고분고분한 시녀이다. 이것은 과학을 욕되게 했고, 또 권력을 더럽혔다.

상주 경제학에 종사하는 사람들이여, 그대들이 일찍이 과학에 종사했던 사람들이라면, 권력의 보좌 아래 엎드려 있던 것에서 일어나 과학의 허리를 똑바로 펴고 당당하게 선포하라. 진리는 무엇보다도 높다고!

논증 경제학 - 경제학의 이단 2

경제학 연구 집단 중에 또 이단이 있는데, 그것은 바로 "논증 경제학"이다.

소위 논증 경제학이란 오로지 중앙정부 지도자의 연설에 대해 논증을 일삼는 것이다. 중앙정부 지도자가 어떤 견해를 제시했을 때, 그들은 즉시 경전에 있는 어구나 고사를 인용하여 이 견해가 어떻게 과학적이고, 어떻게 근거가 있는지를 말한다. 만약 지도자의 견해가 완벽하지 않고, 충분하지 않으면 연구자는 온갖 수를 다 짜내서 내용을 보충하고 이론을 다듬는다. 다시 말해서 지도자의 순간적인 생각과 단편적인 말을 이론화하여, 앞뒤 말을 그럴듯하게 둘러맞춘다. 그래서 논증 경제학을 또 "원학(圓學)"이라고도 한다.

"원학"을 "학(學)"이라고 부를 수 있는 이유는, 우선 연구자가 경제학의 경전 저서를 숙독하도록 요구하여, 비교적 풍부한 이론적 지식을 갖고 있으며, 비교적 높은 사변(思辨) 능력과 저작 능력을 갖고 있기 때문이다. 그러나 그들의 이런 지식과 능력은 진정한 과학 연구에 사용되는 것이 아니고, 지도자의 의견을 위해 겉으로 과학인 척 꾸미는 데 사용된다.

여기서 설명이 필요한 것은 "원학"의 일과 비서 업무가 서로 비슷한 점이 있다는 것이다. 그러나 비서 업무는 원학의 업무와는 근본적인 차이가 있다. 비서는 지도자의 의견에 이론적 근거를 더하고 다듬으며, 심지어 연설 원고를 대신 작성하여 지도자의 명의로 보낸다. 이러한 의견의 사회적 책임은 지도자에게 있다. 비서는 사리에 맞게 지도자를 위해 봉사하며, 그는 단지 지도자의 조수일 뿐이다. 그는 과학의 명의를 빌려 옆에서 논증을 하지는 않는다.

"원학"의 비애는 결코 지도자의 발언을 과학의 척도로 분석과 검증을 하는 것이 아니라, 분석을 하지 않은 지도자의 발언에 과학의 도장을 찍고, 일부 원래 진리가 아닌 것들을 진리로 여기며 판매한다는 데 있다.

"원학"은 단지 지도자의 발언에 과학의 색채를 칠하는 것이지, 그 자체가 과학은 아니다. 과학은 반드시 창조적이어야 하지만, "원학"은 창조가 있을 수 없다. 과학은 모험이 있으며, 진정한 과학 연구자는 반드시 진리를 위해 헌신하는 정신이 있어야 한다. "원학"은 어떠한 모험도 없으며, 지도자의 보호 우산 아래 눈앞의 안일만 탐내며 되는 대로 살아간다.

"원학" 또한 난처할 때가 있다. 과거 어떤 지도자가 무대 위에서 견해를 제기했는데, "원학"은 근거가 있게 그것이 어떻게 이치에 맞으며, 어떻게 과학적인지를 논증했다. 후에 그 지도자가 권세를 잃어 그의 견해가 비판받자, "원학"은 또 그럴듯하게 변명을 했다.

"원학"의 가장 근본적 문제는 과학 연구자가 반드시 갖추어야 할 독립적 사고가 부족하다는 것이다. 그의 두뇌는 지도자의 머리 위에 자라고 있으며, 그의 생각은 단지 지도자의 생각의 연장과 개선일 뿐이다.

과학자는 마땅히 독립된 인격을 갖추고 있어야 한다. 독립된 인격이 없으면 독립된 사고가 있을 수 없다. 독립된 사고가 없으면 과학이 없다.

해석 경제학 - 경제학의 이단 3

책에서만 살 길을 찾고, 실제의 경제학 연구에 향하지 않는 것을 "해석 경제학"이라고 한다. 이런 학자는 단지 권위 있는 저작에 대한 해석만 한다. 이런 경향은 개혁 이전에 비교적 심각했다. 최근에는 많이 줄어들었지만, 아직도 어느 정도 영향이 있다.

"해석 경제학"을 설명하기 위해, 필자가 먼저 한 단락의 말을 인용하겠다. 이 말은 몽테스키외(Montesquieu)의 『페르시아인의 편지(Lettres persanes)』에서 인용한 것으로, 이것은 한 사람(나)이 도서관에 성경과 관련된 저작들이 가득 있는 것을 보고, 도서관 관리 직원(그)과 한 대화이다.

"이것들이 모두 성경 주석가의 저작들입니다." 그가 말했다.

"정말 양이 많군요!" 나는 이어서 말했다. "틀림없이 이전에는 성경이 매우 어려웠을 것인데, 지금은 아주 분명해졌겠네요. 아직도 그 속에 의문이 있어서 토론할 것이 있는지?"

그는 대답했다. "그건 물어볼 필요도 없어요. 선량한 하느님! 아마도 책 속의 행수만큼이나 문제가 많을 것입니다."

"그렇습니까?" 나는 말했다. "그럼 이 작가들은 도대체 뭘 했습니까?"

그가 말했다. "이 작가들은 성경 속에서 믿어야 할 것을 찾지 않고, 오히려 그들이 믿는 것을 찾았죠. 그들은 털끝만큼도 성경을 교리의 경전으로 삼아 이러한 교리를 받아들이지 않았어요. 오히려 그들의 주장에 권위를 더할 수 있는 책으로 봅니다. 그래서 책 속에 담겨져 있는 모든 의미를 왜곡했고, 모든 장과 단락을 최대한 난도질했어요. 이건 땅덩어리와 같아서, 다른 종파의 사람들도 뛰어 들어갈 수 있어요. 마치 재물을 약탈하는 것과 같아요. 전쟁터와 같은 곳에서 그곳에서 적대 국가와 서로 만나서 싸우고, 적진으로 돌격하는 사람도 있고, 전초전을 벌이기도 합니다. 방식이 매우 다양하죠."

성경 주석가들에 대한 몽테스키외의 비판이 얼마나 통쾌한가! 여기에서 설마 우리 주위 사람들의 그림자를 보지는 못했는가?

1867년에 『자본론』이 세상에 나온 이래로 각종 인쇄본이 140여 종이나 되고, 주석본은 더욱 많았다. 중국에서만 하더라도 『자본론』을 연구하는 학회가 수백 개가 되고, 『자본론』을 연구한 전문서적이 20여 종이나 된다. 이 주석가들이 적지 않은 유익한 일을 했다는 점에는 의심의 여지가 없다. 그러나 분명히 몽테스키외가 비판한 경향이 있다. 필자가 『자본론』과 성경을 같이 동등하게 논하는 것은 아니다. 어떤 사람은 『자본론』이 노동자계급의 성경이라고 말하지만, 성경을 대하는 태도로 『자본론』을 대할 수는 없다. 우리는 마르크스 레닌주의에 대해 굳건히 지켜나가야 하며, 또 발전시켜야 한다고 말한다. 마르크스 레닌주의를 고수하고 발전시키려면 현실을 지향해야지, 경전 작가가 이미 낸 결론에서 출발할 수는 없으며, 생동감이 풍부한 사회현실에서 출발해야 한다.

중국에는 현재 얼마나 많은 현실적 경제문제가 있는가! 이것이 중국 경제학자가 생존을 의지하고 있는 비옥한 땅이다. 한두 개의 현실적인 경제문제를 진정으로 해결할 수는 사람이 있다면, 그는 바로 정말 대단한 경제학자가 될 것이다. 그러나 단지 책에서 살길을 찾고, 책으로 책을 논하는 경제학자들은 결국 칙칙한 서재에서 숨 막혀 죽을 것이다.

몇 년 전 학술계에 "권력을 좇는" 경향이 있었다고 한다면, 최근 몇 년은 학자 중에 다시 "이익을 좇는" 경향이 나타났고, 사람들은 이 경향을 두고서 "학자가 부호를 따라 다닌다"고 했다. 그들은 분명히 이익집단의 대변인이지만, 오히려 국민의 이익·대중의 이익이라는 라벨을 붙이려고 하고, 과학의 도장을 찍으려고 한다. 그들은 글을 발표하고 강연을 하면서, 늘 도덕적 한계선을 깼다. 기본적 사실을 부정하고 제멋대로 고치고 위조하며, 일반적인 논술과 논리를 준수하지 않고 제멋대로 되는 대로 말하며, 어떤 거짓을 밝히거나 사실을 증명하여 여러 가지 훌륭한 의론을 제기하는 것은 하지 않았다. 그들이 이렇게 하는 목적은 오로지 큰 부자에게서 케이크 한 조각을 나누어 얻기 위한 것이다.

권력을 좇든지, 이익을 좇든지, 모두 권세 있는 사람에게 아부하여 빌붙는 것이다. 이것은 지식인이 마땅히 가져야 할 품격은 아니다. 지식인은 권력자에게 아부하여 빌붙지 말아야 할 뿐만 아니라, 자발적으로 자기를 비주류화해야 한다고 생각한다. 소위 비주류화라는 것은, 곧 주류의 밖으로 독립하여, 객관적이고 냉정하며 초연한 태도를 유지하는 것이다. 사상가로서의 인문 지식인은 마땅히 명리를 추구해서는 안 된다. 반드시 자신의 사상을 위해 대가를 지불해야 하며, 자신의 생명조차도 희생할 수 있어야 한다. 오직 정의를 위해 뒤돌아보지 않고 진리를 추구하고, 진리를 위해 대담하게 헌신해야만이 강력한 정신이 갖추어진 상품을 만들어낼 수 있다. 어떤 사람은 항상 외부 환경이 좋지 않아서 좋은 상품이 나오지 않는다고 한다. 그것은 당연히 부인할 수 없는 사실이지만, 그렇다고 그 말이 모두 맞는 것은 아니다. 지금까지 후세에 전해진 진정한 작품은 대부분 열악한 환경에서 나왔다. 여태껏 대(大)사상가는 대부분 사회의 주류가 아니라 비주류 상태에 있었다. 신중국이 성립 이후 50여 년 동안, 지식인 집단에서 나온 몇 안 되는 출중한 인물 중의 하나인 구준(顧準)은 바로 매우 열악한 외부 환경에서 나온 사람이다.

21세기에 들어선 이후, 인문 지식인은 활기를 띠기 시작했다. 각종 사조(思潮)들은 모두 적극적으로 자신을 표현했다. 구좌파, 신좌파, 대중주의, 민족주의, 국가주의, 신유학, 신자유주의, 신권위주의, 민주사회주의[民主社會主義, democratic socialism: 민주체제 안에서 사회주의 운동의 정치 의식 형태를 진행하는 것으로, 사회민주당이 선양하는 자본계급 민주제도와 유사한 사회주의] 등은 모두 신문 잡지, 인터넷에서 의견을 발표했다. 이론 사상이 활기찬 것은 좋은 일이다. 그러나 어떤 사람은 논쟁 중에 이성을 잃고 상대방의 견해를 깊이 이해하지 않고 인식의 일치를 추구했으며, 함부로 욕을 한다든지 인신공격을 하는 조잡한 방법을 취해 언어폭력으로 자기와 다른 견해를 억눌렀다. 자신의 이론에 따라 중국의 발전 방향을 좌지우지하려고 했으며, 자신의 사상으로 중국의 미래를 만들고 싶어 했다. 만약 모두가 이런 사람들 같다면, 중국의 미래를 위한 개혁 방향에 대한 공감대를 만들기 어렵고, 중국 미래의 불확실한 요소가 증가할 것이다.

매스미디어 지식인의 난처함

엄격히 말하자면 매스미디어 지식인은 인문 지식인에 포함시켜야 한다. 왜냐하면 그들의 업무 대상이 자연계가 아니라 사회이기 때문이다. 그러나 그들은 일반 사회과학 종사자와 달라서, 그들이 종사하는 일은 대중 매체 일, 즉 언론 업무이다. 그들의 직업은 편집자, 기자, 평론가, 칼럼 작가, TV프로그램 진행자, 라디오 방송국 아나운서이다.

2008년 전국에는 9,821종의 정기간행물이 있었고, 총 인쇄 부수는 30억 2,000만 권에 달했다. 1,943종의 신문이 있었고, 총 인쇄 부수는 445억 3,000만 부이었다. 출판 도서는 30만 7,000종이고, 인쇄 부수는 68억 7,000만 권이었다. 라디오 방송국은 257개가 있었고, TV 방송국은 277개, 라디오 TV 방송국은 2,069개가 있었다.[7] 이것들은 매스미디어 지식인이 역할을 발휘하는 공간이며, 또한 다른 부류 지식인의 언론의 진지(陣地)이다.

전국에 얼마나 많은 대중매체 지식인이 있을까? 2002년 『신문기자(新聞記者)』 제6기에서 보도한 통계 숫자에 따르면 전국 뉴스 종사자는 75만 명으로, 그중 TV 방송 계통에 종사하는 인원은 45만 명이고, 신문 통신사 계통에 종사하는 인원은 30만 명이라고 한다. 이 뉴스 종사자 집단 중에서 25만 명이 편집기자이다. 그중 정급 직책이 3.3%를 차지했고, 부급 직책은 18.9%, 중급 직책은 40.7%를 차지했다. 그 이외에도, 신문·잡지·방송·TV는 언론계 이외의 지식인에게 글을 써달라고 하거나 프로그램을 만들어 달라고 요청하며, 그들이 비록 미디어 지식인이 아니지만 미디어 지식인의 일을 하고 있다.

보도 업무는 신성한 것이다. 마르크스는 1850년 11월 『1848년에서 1850년까지의 프랑스의 계급투쟁(Die Klassenkämpfe in Frankreich 1848 bis 1850)』에서 신문 잡지를 "국가의 세 번째 권력"으로 간주했다.[8] 마르크스가 말한 다른 두 가지 권력은 국가 원수와 국민의회이다. 이전의 1843년 초, 마르크스는 일찍이 신문 잡지는 마땅히 다스리는 자와 다스려지는 자 사이의

7 국가통계국, 『2009 중국통계연감』, 196쪽.
8 『마르크스 레닌 선집』 제1권, 인민출판사, 491쪽.

"제3의 요소"가 되어야 하고, 신문 잡지를 권력을 장악하는 자와 지배되는 자를 초월하는 제3의 견제의 힘으로 봐야 한다고 지적한 적이 있다. 근대 서양 국가는 언론 기구를 "제4의 권력"이라고 한다. 즉 입법·사법·행정 외의 권력이다. 신문 잡지는 사회 여론의 반영과 전파를 통해 일종의 무형의 거대한 정신력을 형성하여, 사회에 강대한 제약과 영향을 끼친다. 이러한 큰 역량은 심지어 사법·행정의 대권을 쥐고 있는 통치자 역시 저항할 방법이 없다.

1849년 2월 7일 마르크스는 법정에서 『신(新)라인 신문(Neue Rheinische Zeitung)』에 대한 고소를 반박할 때 다음과 같이 엄정하게 말했다. "신문 잡지의 사명은 사회의 수호자이고, ……곳곳에 있는 눈과 귀이며, 열정적으로 자신의 자유를 옹호하는 인민정신의 대변자이다." 마르크스는 대담하게 진리를 홍보하고, 진리를 고수하며, 어떤 상황이든지 흔들리지 않고 절대 굴복하지 않는 것이 뉴스 종사자가 반드시 갖추어야 할 최소한의 직업 자질이라고 했다. 마르크스는 또한 나쁜 세력과 돈 앞에서 끊임없이 흔들거리고, 심지어 원칙 없이 타협하는 신문 잡지 기고자를 "가장 절개가 없고, 가장 나약하고, 가장 멍청한 작가", "불쌍한 양서류 동물과 이중인격자"라고 꾸짖었다. 마르크스는 정치적인 상황에 따라 태도를 바꾸면서, 선전 방면에서 주위 관계를 너무 매끄럽게 처리하는 간행물을 매우 혐오했다. 그는 이런 신문 잡지는 "자기의 이성이나 관점도 없으며, 또한 자기의 양심도 없다"고 생각했다. 그들이 직업적 도덕을 생각하지 않는 까닭은 자발적으로 "황금 사슬과 정부 당국 사슬"을 받아들이는 데 있다고 여겼다.[9] 진실을 말하는 것은 지식인의 생명이고, 진짜와 가짜 지식인을 가리는 시금석이다. 언론에 종사하는 지식인들은 더욱 진실을 말해야 한다. 오늘날의 뉴스는 내일의 역사이다. 중국의 고대 역사가들은 "역사의 도덕(史德)"을

---

9 중화전국신문공작자협회가 편찬한 『신문 직업도덕』, 24~25쪽에서 인용.

강조했다. 그들은 역사를 편찬할 때 사관의 직책에 충실했고, 역사적 사실에 충실했으며, 선과 악을 반드시 기록했고, 반드시 있는 그대로 기록했다. 역사가의 지조를 지키기 위하여, 어떤 사람은 목숨까지도 아끼지 않았다. 중국 최초의 신문 잡지 평론가 왕타오(王韜)는『중국 땅에서 신문이 점차 성행하는 것에 대해 논함(論日報漸行於中土)』이라는 글에서 저널리스트는 인품과 덕성이 고상해야 하고, 기사를 쓰는 데 지론을 갖고 "마음을 반드시 바르고 성실하게 해야 한다"고 강조했다. 근대 신문 잡지 정론가 정관잉(鄭觀應)은『성세위언·일보(聖世危言·日報)』에서 다음과 같이 말했다. "집필자는 반드시 털끝만큼도 불공평해서는 안 되고, 몰래 부탁하는 사람에게는 완곡하게 거절하고, 뇌물을 주려는 사람에게는 가혹하게 거절해야 하며, 마음속에 티끌 하나도 없어야 한다. 오직 천하의 이해득실과 시비를 깨끗하게 보아야, 스스로 위대한 이론을 나타낼 수 있다."

중국의 매스미디어 지식인들은 개혁 개방 중에 큰 공헌을 세웠다. 특히 1970년대 말과 1980년대 초 뉴스 종사자는 성역을 타파하고 사상을 해방시키는 데 선봉 작용을 했다. 그 후, 그들은 끊임없이 여론을 통해 개혁이 더욱더 깊게 이루어지도록 추진했다. 그러나 중국 매스미디어 지식인의 현재 모습은 사람들의 뜻대로만 될 수 없었다. 계획경제체제에서 시장경제체제로 바뀌는 상황에서 언론은 시대의 수요를 따라가지 못했다. 언론개혁은 정치체계 개혁의 중요한 구성 요소로, 정치개혁이 정체하면 언론개혁도 반드시 정체된다.

1980년대 중반에 필자는 언론개혁의 핵심문제는 언론과 정치권력의 관계를 어떻게 처리하느냐에 있다는 글을 쓴 적이 있다. 당시 필자는 언론과 정치권력의 관계를 강성 연계·연성 연계·상대적 독립 세 종류로 나누었다. 언론개혁 이전은 강성 연계였다. 강성 모델의 언론에 대해 아래와 같이 서술했다.

강성 모델에서는 언론은 직접 정치권력을 대표해서 말하며, 언론은 정치권력의 부속물이다. 정치권력의 의지가 곧 언론의 의지다. 이런 모델에서 기자 행위, 독자 행위는 모두 정치권력의 통제를 받고, 언론의 사회적 효과 역시 왜곡을 받는다. 강성 모델에서 기자(편집자를 포함)의 행위에는 아래의 특징이 있다.

1. 바싹 뒤따른다(緊跟)

기자의 업무 성과는 정치권력에 바싹 뒤따를 수 있는지에 달려 있다. 권력의 의지는 곧 기자의 의지다. 권력이 같은 일에 대해 오늘 좋다고 말하면, 기자는 따라서 좋다고 말하고, 권력이 내일 나쁘다고 말하면, 기자는 따라 나쁘다고 말한다. 기자는 대부분의 에너지를 권력의 의도를 헤아리는 데 사용하며, 아울러 이 의도를 어떻게 바싹 뒤따를까를 궁리한다.

2. 안목이 좁다(近視)

기자의 시야와 사유·노동 투입은 일반적으로 권력 기구가 현재 중시하는 범위 내로 국한된다. 기자의 안목은 권력의 안목을 넘지 못하고, 기자의 생각은 권력의 사고를 깰 수 없다.

3. 관리화(官員化)

언론기구는 정부 기구이기 때문에 신문의 언론은 늘 권력 기구의 언론을 대표하고, 흔히 기자의 관리화와 특권화를 조장한다. 기자가 일단 관리화가 되면 마땅히 있어야 할 자질을 거의 다 상실하게 된다.

강성 모델에서 독자의 언론에 대한 접수 행위도 왜곡을 당한다. 그들은 신문을 권력의 목소리로 간주한다. "신문은 보이지 않는 사령관"[린뱌오(林彪)의 말]이라는 말이 바로 전형적인 표현이다.

강성 모델에서는 언론 내용에 자주 아래와 같은 문제가 나타난다.

1. 일률적인 여론

정치권력과 일치하지 않는 글을 발표할 수 없고, 오직 하나의 여론만 있다. 신문에는 하나의 목소리만 있고, 정치권력이 잘못을 저질렀을 때, 사회적으로 이 사실을 아는 사람은 많지만 신문에는 정확한 의견의 정보가 하나도 없다.

2. 보장받지 못하는 객관성과 진실성

만약 언론 사업이 권력의 고분고분한 시녀가 되면, 언론은 말할 만한 객관도 없고, 또한 말할 만한 진실도 없다. 강성 모델에서는 정치권력이 지지하는 사물에 대해 좋다고 말할 수밖에 없고, 나쁘다고 말할 수 없다. 정치권력에 반대하는 사물은 단지 나쁘다고 말할 수밖에 없으며, 좋다고 할 수 없다. 뉴스보도에서 사실을 꾸민 것은 아주 적지만, 권력의 의도에 영합하기 위해 점으로 면을 대신하고, 일부분으로 전체를 판단하는 상황은 비교적 많다. 만약 정국에 변동이 생기면, 언론은 반드시 안정과 단결을 선전해야 한다. 생산이 감소하면, 신문에서는 반드시 생산 상승의 대표적 모델을 선전할 것이다. 그래서 일부 세심한 독자는 신문은 반드시 부적정인 시각으로 보아야 한다는 규칙을 찾아내었다.

3. 날파람

정치권력이 일단 어떤 의도가 있으면, 모든 언론기관은 아무 생각 없이 떼거리로 움직여 같은 여론을 만들며, 같은 가락을 노래한다. 정치권력의 의도가 변하면, 언론은 또 따라서 다른 바람을 불러일으킨다.

4. 적은 정보량

진정한 언론은 많지 않다. 강성 모델에서 언론의 가치의 크기는 그 언론이 반영하는 권력 층차와 권력 중심으로부터 얼마나 떨어져 있느냐로 확정된다. 권력의 간섭 때문에 수많은 참된 뉴스들이 발표되지 못한다.

확실히 이러한 언론 사업은 사회에 좋은 영향을 끼칠 리가 없다. 그래서 필자는 이 글에서 신문개혁의 가까운 장래 목표는 "강성 연계"를 "연성 연계"로 바꾸는 것이라고 제시했다. 언론 개혁의 장기 목표는 언론과 정치권력이 상대적 독립 모델을 취하는 것이다. "상대적 독립 모델 하에서 기자는 자유롭게 정치와 정책을 비판하며, 시국을 분석할 수 있고, 법률이 유일하게 언론 자유를 정한다." 그러나 그때라 하더라도 여론은 마찬가지로 "다차원의 다원 모델"이어야 한다. 즉 언론매체는 다른 차원, 다른 창립 배경, 다른 독자층이 있다. 당 기관지가 있을 뿐 아니라 비당 기관지도 있고, 중앙 신문 잡지가 있을 뿐 아니라 지방 신문 잡지도 있다. 많은 사람이 관심을 갖는 신문 잡지가 있을 뿐만 아니라, 일부 사람만이 관심을 갖는 신문 잡지도 있으며, 정부 측 신문 잡지가 있을 뿐 아니라, 준정부와 민간 신문 잡지도 있다.[10]

개혁 개방 30여 년 이래로, 중국 여론 지식인의 상황에 뚜렷한 변화가 생겼다. "문화대혁명" 중에 일시적으로 유행했던 "사실이 정치를 위해 봉사하는" 방법은 버림을 받았다. 사실을 존중하는 것이 많아지고, 허위로 날조하는 것이 줄어들었다. 주관적이고 독단적인 것이 줄어들고, 객관적인 보도가 많아졌다. 여론의 감독이 강화되어, 사악함을 규탄하고, 부패를 폭로하고, 시대의 병폐를 비난하는 보도들이 나타났다. 진리를 고수하고, 용감하게 싸우는 기자들이 한꺼번에 나타났다. 많은 기자들은 취재 중에 위험을 무릅썼다. 심지어 개인의 생사까지도 돌보지 않아서, 일부 기자는 언론을 위해 소중한 생명을 바쳤다. 많은 기자들은 "문화대혁명" 때 "바싹 뒤따름", "눈치놀음" 위주의 업무방식을 바꾸어, 독립적으로 사고하고 적극적이고 진취적으로 언론 사업에 종사할 수 있어서, 기자의 책임감·사업정신이 강화되었다. 그러나 필자가 위에서 말한 강성 모델 조건 하의 여론 상

10 양지성, 「언론 부패를 논함」, 『신문기자』, 1997년 제4기에 실려 있음.

황은 여전히 근본적으로 바뀌지 않았다.

1990년대에 들어선 이후, 국가의 여론 관리에 변화가 생겼다. 그것은 바로 집권당의 대변인에 대해서는 더욱 엄격히 관리하고, 기타 신문 잡지에 대해서는 다소 느슨하게 관리하는 것이다. 학술성, 오락성, 봉사성의 신문 잡지에 대해서는 중앙정부의 정신을 명백하게 위반하지 않으면 관여하지 않았다. 이러한 신문 잡지들은 상당히 인기가 많았기 때문에 경제적 효과가 대단하여, 일부 당 기관지는 두 번째 장을 새로 열었다. 예를 들면 당 기관지인 『남방일보(南方日報)』는 『남방주말(南方週末)』을 만들었고, 중국 공산당 중앙선전부가 직접 관리한 『광명일보(光明日報)』도 『문적보(文摘報)』를 만들었다. 이런 당 직속이 아닌 신문 잡지와 당 기관지의 두 번째 장은 네 가지 기본원칙을 위반하지 않았지만, 비정부 측의 많은 목소리를 전파했다. 이런 신문 잡지에는 빈말, 상투적인 말, 원칙적인 말이 거의 없고, 대담하게 민중의 목소리를 반영할 수 있었다. 수십 년 동안의 "일률적인 여론"이 깨지기 시작했다. 일부 자유기고인들이 두각을 나타내었다. 자유기고인 중 많은 사람들이 진정한 여론 지식인의 태도로 일했다.

시장경제가 시행되고 난 이후, 상인들이 신문을 발행하기 시작했다. 상인들은 이익을 목적으로 신문을 발행했는데, 신문사가 곧 기업이었다. 저널리스트는 민감한 정치 문제를 다루지 않았다. 예를 들면 『명품 구매 안내(精品購物指南)』에서는 "유도하지 않고, 세속에 영합하지 않고, 서비스하지 않는다"는 방침을 제시했다. 유도하지 않는 것은 여론을 유도하지 않는다는 것으로, 정치를 이야기하지 않는 것이다. 엄격히 말하자면, 이러한 신문의 편집기자는 여론 지식인이 아니어야 한다. 그들은 마치 공장의 엔지니어처럼 단지 기업을 위해 경제 수입만을 창조한다.

여기서 지적해야 할 것은, 최근 들어 정부 당국의 여론 통제에서 정치와 사회문제에 대해서는 비교적 엄격하게 제한하고, 일부 저속하고 저질인 것에 대해서는 비교적 느슨해졌다는 점이다. 발행량을 늘리기 위해 일부 매스미디어는 사회적 책임을 포기하고, 정치 이야기를 하지 않으며, 오히려 거리의 저급하고 천박한 요구에 영합하여 지나치게 저속화되는 경향이 나타났다.

부패현상이 날로 널리 퍼지는 오늘날, 언론계에도 부패현상이 나타났다. 1997년, 필자는 「언론 부패를 논하다」는 제목으로 이 현상을 분석했다.[11] 사회의 부패 현상은 권력을 이용해서 사리사욕을 채우는 것이고, 언론계의 부패는 기사를 이용하여 사리사욕을 채우는 것이다. 일부 권위 있는 언론사는 "간판"으로 사리사욕을 채우려 했다. 즉 "유명 브랜드"를 사칭하면서 작은 직장에 나가 "수익을 창출했다." 기사든지 브랜드든지 모두 그것을 빌려 대중의 반응을 자아낼 수 있고, 사회적으로 영향을 끼칠 수 있다. 그래서 언론 부패의 특징이 대중의 반응으로 사리사욕을 채우려 하고, 또한 사회적 영향으로 사리사욕을 채우려 하는 것이다.

시장경제 조건에서 대중의 반응, 사회적 영향은 거대한 물질적 재산으로 바꿀 수 있다. 한 기업이 수천만 위안을 써 광고를 만드는 것은, 바로 대중의 반응을 얻기 위해서이다. 대중이 좋은 반응을 보이면, 시장을 얻을 수 있고, 돈이 끊임없이 들어온다. 그래서 권위 있는 언론사가 모 기업에 대해 발표한 뉴스 기사는 자화자찬한 광고에 비해 대중의 반응이 더 좋다. 기업의 입장에서는 돈을 써서 광고를 만드는 것보다 돈을 써서 기사가 보도되도록 하는 것이 더 효과적이다. 지면 광고 하나가 일반적으로 10만 위안 이상이지만, 기자와 비공식적으로 거래해서 기사를 내보내면 돈이 훨씬 적게 든다.

기업은 기자의 기사에서 사회적 영향을 얻으며, 아울러 사회적 영향에서

---

11 양지성, 「공업기술 진보의 동력과 저항」, 『30년 허둥』, 361쪽.

거액의 재부를 얻은 후, 그중 일부를 언론기관과 기자 개인에게 나누어 준다. 이렇게 하면 기업·언론기관과 기자 개인이 모두 이익을 얻는다.

그렇다면 누가 손해를 볼까? 언론기관의 권위와 이미지이다. 언론기관의 권위와 이미지는 무형의 재산이다. 이 재산은 누구의 소유인가? 총편집자의 것도 아니고, 기자의 것도 아니다. 당 기관지 입장에서 이 무형의 재산은 국가의 것이다. 한마디의 경제 전문용어로 표현하면 그것은 "국유자산"이다. 국유기업의 국유자산이 없어지는 것처럼, 국가 언론기관의 귀중한 "국유재산"도 끊임없이 썩어 문드러지고 있고, 끊임없이 어떤 개인 주머니 속의 재산으로 전환되고 있다. 국유기업의 "국유재산" 유실과 다른 점은 기업의 재산은 다 없어져 버리면, 기업이 무너져 버리지만, 언론기관의 "국유재산"은 다 없어져 버리면, 즉 다시 말해서 신문의 이미지가 철저히 나빠지더라도 날마다 기사를 보내야 하고, 또한 부정적인 사회 영향과 대중의 반응을 야기해야 한다는 것이다.

언론매체가 어떻게 돈의 노예로 전락했는가? 방식은 매우 많다. 첫째는 뉴스 게재 방송비를 받는 것이다. 즉 언론기관과 기업이 사전에 협상을 해서, 언론기관이 뉴스를 게재 방송하려는 기업에게 유상 "서비스"를 제공해 달라고 요구하고, 기업이 언론사에 얼마간의 보수를 지불하는 것이다. 소위 "서비스"라는 것은 기업의 요구에 따라 언제든지 기업이 원하는 내용의 기사를 보내는 것이다. 둘째는 광고 지면을 파는 것이다. 즉 전면 광고 가격을 제시하고 기업을 치켜세우는 기사를 게재한다. 셋째는 기업과 기자가 비공식적으로 거래하여, 기자가 기사를 보내면 기업은 기자에게 고액의 대가를 지불한다. 기자는 돈을 받은 후, 받은 돈의 일부를 기사 발송권을 가진 편집자에게 "뇌물"로 준다. 앞의 두 상황은 공개적인 것으로 수익은 언론기관 단체 소유가 되지만, 후자는 "검은 가방" 거래로, 개인에게 수익이 돌아간다. 앞의 두 종류에 대해서는 국가가 이미 공개적으로 금지를 시켰지만, 여전히 각종 변형된 형식이 있다. 후자는 현재 많이 쓰고 있는 추세이다. 취재와 편집이 하나로 이루어진 신문에서는 기자 스스로 기사를 쓰고, 스스로 발송하는데, 여기에 허점이 많다. 일부 개인에게 도급을 주는 특집과 TV프로그램은 가장 쉽게 비공식적으로 거래가 이루어진다.

당연히 일부 거래는 원고를 발송하고 돈을 받는 것이 아니라, 원고를 발송하는 사람과 홍보 부서가 장기간의 협력 관계를 맺어서, 원고를 보내기만 하면 이익이 언제나 있도록 되어 있다. 비록 당장에 명확한 경제적 보상을 해주지 않더라도, 훗날 언젠가는 그들이 필요할 때가 있을 것이다. 그래서 현재 어떤 신문은 "연줄 원고"가 특히 많다. 이러한 신문은 그 객관성과 공정성 역시 세일을 하므로, 신문의 질은 더 말할 나위가 없다.

20세기 말에 들어서, 언론 부패는 금전 거래 이외에도, 한 가지 새로운 형식이 생겼다. 어떤 지방 관리가 신문기자와 언론을 활용하여 승진의 수단으로 삼았다. 구체적인 방법은 여러 가지가 있다. 예를 들면 기자를 매수해 승진 경쟁 상대를 비판하거나 자신의 공적을 찬양하도록 하며, 기자의 특수한 신분과 특수 경로를 이용해 상급 지도자와 소통하여 관계를 맺는 등이 있다. 그 속이 더할 나위 없이 오묘하여 많은 과정들을 제3자는 알 방법이 없다. 당연히 이 수단들은 모두 간부의 이동과 같은 가장 중요한 시점에 사용된다. 일부 기자는 기꺼이 이 일을 하고, 일단 성공하면 상당히 많은 보수를 받는다. 보수가 반드시 돈은 아니며, 수익자가 관직으로 기자에게 보답할 수도 있다.

언론 부패는 어떻게 생기는가? 우선은 도덕적 상호제어의 약화이다. 개혁 전에는 신문을 단편적으로 무산계급 독재정치의 수단과 계급투쟁의 수단으로 삼았으며, "객관적 공정"을 자산계급의 것으로 간주하여 비판하고, 주관적 가치 판단으로 사건의 객관적 보도를 억누르고, 허황된 "총체적 진실"로 구체적 진실을 부정하며, 추상적인 "본질적 진실"로 볼 수 있는 현실의 진실을 부정했다. "문화대혁명" 기간에 언론매체는 비극적이고, 가증스러운 역할을 맡았다. 사람들이 "문화대혁명"의 그림자에서 빠져 나온 후, 마치 암실에서 햇빛 아래로 간 것처럼 눈으로 사물을 볼 수 없어서, 신문조차 "국민의 지혜를 열고, 시대의 병폐를 비난하고, 국민들을 선도하는" 이런 가장 기본적인 것조차도 잃어버렸다. 언론 업무는 신성한 후광을 잃어버렸고, 언론 종사자들은 직업의 자부심을 잃어 버렸다. 시장경제가 아직 규범화되지 않는 상황에서 돈의 유혹은 언론 종사자의 목에 "황금사슬"을 씌어버렸다. 그들은 원고로 사리사욕을 채워, 언론기관의 무형의 재산을 야금야금 자신 주머니의 돈으로 바꾸어 버렸다.

언론 부패의 심층적 원인은 관리 체제이다. 현재 당과 국가를 위해 말하는 신문에게는 국가가 결코 충분한 경비를 주지 않고 있다. 신문사 스스로 직접 "수익 창출"을 하도록 하고, 스스로 손익을 책임져야 해서, 언론기관의 책임자로서, 그가 직면한 가장 큰 스트레스는 경비 문제이다. 그래서 그는 어쩔 수 없이 "수익 창출"을 가장 중요한 위치에 두었다. 언론기관의 상여금 수준은 "수익 창출"과 어느 정도 연결이 되어 있다. "수익 창출"을 많이 할수록 직원들이 받는 혜택이 많아져서, 편집자나 기자 역시 "수익 창출"을 중요한 위치에 놓았다. 비록 위에서 "수익 창출"과 언론 업무를 분리시켜야 한다고 강조하지만, 실제로 구분하는 부서는 많지 않다. 언론기관은 특별한 수익 창출 수단이 없기 때문에, 스스로 손익을 책임지려면 너무 많은 것을 돌볼 겨를이 없어서, 광고 지면을 이용한 수익 창출이 가장 편리했다. 일부 경영이 아주 어려운 언론기관은 어쩔 수 없이 기자들에게 기업에 가서 돈을 요구하도록 부추긴다. 적극적으로 돈을 얻어 오도록 하기 위해서, 갖고 온 돈에서 개인이 20~30%, 심지어 더 높은 비율의 리베이트를 가져갈 수 있도록 했다.

필자가 모든 언론기관이 국가가 제공하는 경비에 의지한다고 주장하는 것이 아니다. 그러나 당과 국가가 직접 통제하는 언론기관에게는 "수익 창출"을 요구해서는 안 된다. "황실"의 대변인은 반드시 "황실의 양식"을 먹어야 한다. 사실 당과 정부 직속의 언론기관은 독점적 지위에 있어서, 그 광고수입이 매우 엄청나다. 대부분은 자신의 지출을 상쇄할 수 있고, 적지 않은 언론기관은 거액의 이윤을 남긴다. 설령 이렇더라도, 마땅히 수입과 지출 두 개의 선은 결탁할 수 없고, 더욱이 이윤을 책임지고 떠맡을 수 없다.

표11-3 1983~1999년 중국 각종 매체의 광고수입 상황(단위: 억 위안)

	1983	1985	1987	1989	1991	1993	1995	1997	1999
TV	0.16	0.87	1.69	3.62	10.00	29.44	64.98	114.41	156.1
신문	0.73	2.20	3.55	6.29	9.62	37.71	64.67	96.82	112.3
잡지	0.11	0.28	0.45	0.85	0.99	1.84	3.82	5.27	8.9
방송	0.18	0.26	0.47	0.74	1.41	3.49	7.37	10.57	12.5
총액	1.18	3.61	6.16	11.50	22.02	72.48	140.84	270.7	289.8

표11-3에서 볼 수 있듯이, 21세기에 들어선 이후 대중매체의 광고 수입이 대폭 증가했다. 2008년 중국 3대 전통 매체(TV·신문·잡지)의 광고시장 수입 총액은 5,203억 위안으로, 전년도에 비해 17% 증가했다. 광고 투자 총액에서 TV가 차지하는 비중은 83%이고, 신문과 잡지가 각각 15%와 2%를 차지했다. 중국 CCTV의 광고 수입이 1997년에 38억 위안, 1998년에 42억 위안, 1999년에 51억 위안, 2004년에 80억 위안, 2005년에 86억 위안, 2008년에 161억 위안이었다.

다수의 언론기관은 광고에 의지해 스스로 살아갈 수 있다. 비관영 신문이 생존하려면 광고가 있어야 하고, 광고가 있으려면 어느 정도 발행량이 있어야 한다. 발행량이 있으려면 객관성과 공정성이 있는 좋은 이미지가 있어야 한다. 이미지가 나쁜 신문은 대중들이 인정하지 않아서 생존할 수가 없다. 신문 경쟁에서의 관건은 보도의 질에 있다. 보도의 질은 또 언론 도덕, 언론 태도와 업무 수준에 달려 있다. 그래서 근본적으로 말하면, 신문의 경쟁은 언론의 도덕·언론의 태도와 업무 수준의 경쟁이라고 할 수 있다.

공평하게 경쟁하려면 신문의 발행량을 공표해야 한다(TV로 말하면 시청률). 광고의 효과와 신문의 발행량은 직접적인 상관관계가 있다. 신문의 발행량이 많을수록 광고의 효과는 좋아진다. 현재 광고주들은 신문의 발행량이 어느 정도인지 모른다. 발행량이 매우 적은 신문들은 광고원들을 고용해 50%의 리베이트로 광고를 끌어들인다. 기업은 모두 거액의 광고비를 책정하고 있다. 이 돈은 기업의 어느 누군가의 손에 움직이며, 이 광고비를 관리하는 사람이 바로 많은 광고원들의 "홍보" 대상이다. 광고원은 비공식적으로 그와 조건을 이야기하며, 이 조건이 바로 리베이트 비율이다(신문사가 광고원에게 리베이트를 주고, 광고원은 그중 일부를 기업 광고부서에 리베이트로 준다). 기업에서 광고비를 주관하는 사람은 항상 광고의 효과를 고려하지 않고, 누구의 리베이트 비율이 높은가에 따라 광고를 준다. 그 중간에 대량의 "검은 상자"가 거래되며, 이것 역시 언론 부패의 한 단면이다. 만약 모든 신문의 발행량을 공개하면 "검은 상자" 거래는 공개적인 거래로 변해, 신문의 공정한 경쟁에 유리할 것이다. 필자는 러시아의 신문 한 모서리에 당일 그 신문의 인쇄 부수가 적혀 있는 것을 보았는데, 이 방법도 참고할 수 있을 것이다.

언론 부패가 가장 본질적으로 드러나는 것은 진실을 말하지 않고, 진리를 이야기하지 않아서 언론매체의 객관적이고 공정한 기본 속성을 잃어버리는 것이다. 객관적이지 않고 공정하지 않은 것에 두 가지 원인이 있다.

하나는 막강한 권력의 억압이고, 다른 하나는 금전의 매수이다. 현재 중국 언론계는 한 명의 노예에 주인이 둘인 상태이다. 즉 권력의 노예이면서, 또한 돈의 노예이다. 한 명의 노예에 주인이 둘인 상태에서의 여론 지식인의 지위는 매우 난처하다. 그들은 권력의 명령에 따라야 하면서, 또 "재물신"의 비위를 맞추어야 한다. 두 주인의 틈새에서 생존해야 하는데, 어떻게 독립된 인격이 있을 수 있으며, 신성한 언론 사업을 만들 수 있겠는가? 그래서 최근 기자라는 직업의 사회적 성망이 아주 크게 하락했으며, 직업 성망 조사에서 피조사자가 기자 항목에 "허튼소리"라고 적기도 했다.

언론계가 "노예 하나에 주인이 둘"인 곤경에서 빠져나오려면, "일률적 여론" 시대가 남긴 여론 관리체제와 관리방식을 바꾸어야 한다. 경제체제 개혁이 이익 주체를 다원화시켜, 각종 이익 주체의 목소리가 모두 표현되어 나오기 때문에, 여론 또한 마땅히 다원화해야 한다. 이 다원화 여론은 다양한 매체 주체로 실현되어진다. 당 기관지는 반드시 엄격하게 당의 목소리를 전해야 하고, 당은 충분한 경비를 제공해야 한다. 정부 기관지는 곧 정부의 대변인으로, 정부에서 돈을 내야 한다. 그 광고 수입은 거저 얻을 수 없다. 그리고 민간의 목소리를 반영한 여론 도구는 사회를 향해야 하고, 시장에서 사회의 승인을 얻고, 시장 경쟁에서 생존과 발전을 해야 한다. 당연히 각종 다른 목소리는 모두 법률이 정한 범위를 넘을 수는 없다.

과학기술 지식인의 고달픔

과학기술 지식인의 특징은 주로 과학정신을 굳건히 지키는 방면에 나타난다. 과학정신은 일종의 진정한 실사구시(實事求是)의 정신이다. 미신도 없고, 맹종도 없으며, 어떠한 권위적 의견도 모두 실천 앞에서 검증받아야 한다. 과학정신은 일종의 두려움 없는 비판정신으로, 끊임없이 기존의 규칙과 확정된 견해를 지양하고, 끊임없이 기득권을 초월한다. 과학을 위해 길을 개척해 주기 위해, 그들은 용감히 세속과 권위에 도전한다. 과학정신은 진리에 대한 끝없는 추구이다. 진리를 추구하기 위해, 그들은 지칠 줄 모르며, 심지어 자신의 생명까지 바친다.

과학기술 지식인과 경제는 비교적 밀접하게 연계되어 있어서, 경제체제 개혁이 그들의 지위에 가장 큰 영향을 끼친다. 경제건설을 중심으로 삼는 방침 하에서, 과학기술 지식인의 지위는 마땅히 원래보다 높아야 하지만, 실제 상황은 반드시 그렇지는 않다.

과학기술 지식인은 두 부분으로 나눌 수 있다. 하나는 기술직에 종사하는 엔지니어이고, 다른 하나는 기초과학 연구에 종사하는 연구원이다. 기술개발에 종사하는 지식인은 대부분 기업에 있고, 과학 연구에 종사하는 지식인은 대부분 사업 단위에 있다. 이 두 부류 중에서 엔지니어의 수가 과학 연구원보다 훨씬 많다.

개혁 개방 이래로, 과학기술 지식인은 강렬한 충격을 겪고 있다.

1978년 덩샤오핑은 "과학기술이 제일의 생산력이다"라고 제기했다. 이로부터 "경제건설은 반드시 과학기술에 의지해야 하고, 과학기술은 반드시 경제건설을 지향해야 한다"는 방침을 집행하기 시작했으며, 사람들은 과거에 비해 더욱 과학기술을 중시했다. 그렇지만 1990년대 초기까지, 기업계에는 여전히 독특한 현상이 존재하고 있었다. 하나는 공업기술 수준이 매우 낙후되었고, 다른 또 하나는 많은 과학기술자가 할 일이 없어 허송세월을 보내고 있었다는 것이다. 1990년 필자가 조사한 바로는 기술개발 부서에서 일하는 3분의 1의 과학기술자가 임무가 없었다고 한다. 당시 톈진의 한 조사 자료에 의하면, 전국 시의 중년 과학기술자 중 22%만이 능력을 충분히 능력을 발휘했다고 밝히고 있다. 1988년 관련 부문 통계에 1만

738개의 중대형 기업에서 엔지니어는 158만 5,000명이고, 기술개발에 직접 종사하는 과학기술자는 총 인원의 23%만을 차지했으며, 나머지는 거의 과학기술 일에 종사하지 않는 것으로 나타났다. 중국처럼 과학기술 수준이 매우 낙후된 국가에서 지식 자원은 당연히 매우 희소한 자원이지만, 이 희소 자원이 오히려 대량으로 방치되어 있었다. 어째서 일까? 국유기업의 개혁이 느리게 진행되었기 때문이다. 1990년대 초, 기업은 여전히 이익을 봤지 손해를 보지는 않았으며, 자본을 잠식할 정도로 적자가 나도 파산할 수가 없었다. 공장장은 해직당할 걱정이 없었고, 직원은 직장을 잃을 염려가 없었으니, 누가 위험을 무릅쓰고 새로운 기술을 도입하려 했겠는가? 그래서 사회 여론은 기술의 중요성을 말했지만, 기업은 오히려 기술이 필요 없었다.[12]

1990년대 중반 이후, 국가는 기업에게 더 이상 과거처럼 그렇게 맡기지 않았고, 기업 개혁은 실제 행동으로 옮겨졌다. 기업 간의 경쟁은 갈수록 격렬해지고, 국유기업은 갈수록 어려워져서, 기업 파산이 현실로 나타났다. 일부 기업은 경쟁에서 이미 도태되는 위기에 처해졌다. 이때 다시 신 기술을 도입하려고 해도 이미 늦었다. 몇 년 전만 해도 엔지니어는 기업에서 할 일 없이 시간만 보내도, 생활이 보장되었지만, 현재 일부 기업에서는 생활조차도 문제가 되고 있다.

중국의 현행 임금제도에서 행정기관 간부는 근속수당이 있고, 교사는 근무연수에 따라 교사 근속수당이 있으며, 간호사도 근무연한에 간호 근속수당이 있지만, 유독 기업 근로자만 근속수당이 없다. 1994년 이후 행정기관이 공무원제를 시행했고, 기업은 노동계약제를 시행했다. 공무원의 대우는 점점 높아졌고, 노동계약제 하의 기업 근로자의 대우는 점점 낮아졌

---

12 『레닌 선집』 제1권, 인민출판사, 1980, 647쪽.

다. 만약 기업이 적자가 나면 기본임금조차도 보장되지 않았다.

개혁 개방 이전, 마오쩌둥이 지식인의 세계관은 자산계급의 것이라고 말했기 때문에 지식인은 "자산계급 지식인"으로 간주되어 괄시를 당했다. 1979년 덩샤오핑은 지식인을 노동자계급의 일부라고 제기해 오랫동안 무시당하던 지식인들이 기뻐했다. 경제체제 개혁 이후 기업의 엔지니어는 명실상부하게 "노동자계급의 일부분"이었다. 경제체제 개혁 이래로, 기업은 마치 한 척의 배처럼 개혁의 풍랑 속에서 분투했다. 어떤 기업은 어려움을 무릅쓰고 용감하게 나아가 급속도로 발전했고, 어떤 기업은 간신히 버티며 언제 어떻게 될지 알 수 없는 상태였고, 어떤 기업은 파산하여 각자 살길을 찾았다. 엔지니어는 노동자와 마찬가지로, 기업의 상황에 따라 그들의 처지가 정해졌다. 경제체제 개혁 이래 국유기업의 상황이 보편적으로 좋지 않았고, 그리고 엔지니어가 또 대다수 국유기업에 있었고, 그들이 기업 내의 노동자와 같이 개혁의 원가를 부담하고 있었기 때문에, 그 처지는 미루어 짐작할 수 있다.

그러나 노동자와 다른 것은 그들은 기술을 갖고 있다는 것이다. 자기의 기술을 이용하여, 상당수는 세 가지 경로로 불리한 자신의 처지에서 벗어났다.

첫째는 유동이다. 효익(效益)이 좋지 않은 기업에서 효익이 좋은 기업으로, 국유기업에서 비국유기업으로 이동하고, 내륙지방에서 연해지역으로, 기업에서 사업 단위나 정부기관으로 이동했다. 선전(深圳)이라는 신도시의 기술 핵심 인원들은 대부분은 내륙지방의 국유기업에서 이동해 왔다.

둘째는 기업자산 재조직과 도급 과정에서 사신이 기업에서 쌓은 오랜 경험과 전문적 기능에 의지해, 개인 또는 몇 명이 연합해서 기업을 도맡거나 기업 안의 한 작업장을 책임지고 떠맡는 것이다.

셋째는 자신의 기술적 성과를 이용해 민영기업이나 공동출자기업을 창립했다.

이 세 경로 중에 첫 번째 경로가 중요하다. 기업 엔지니어의 이동 목표는 첫째가 당정 기관이고, 둘째가 "삼자(三資: 중외합자, 중외합작, 외국독자)" 기업과 경영성과가 좋은 기업이다.

엔지니어에 대해 종합적으로 살펴보면, 이 세 가지 경로를 통해 곤경에서 벗어날 수 있는 사람은 대략 반 정도로, 나머지 반은 여전히 원래의 기업에서 퇴직할 때까지 고생을 참고 견딘다. 기업에서 퇴직한 고급 엔지니어의 퇴직금은 사업 단위에서 퇴직한 동급 직책 사람의 3분의 1에도 미치지 못한다. 기업에서 수석 엔지니어를 지낸 적이 있는 사람의 퇴직금은 국가기관의 환경미화원의 임금보다 낮다. 이런 불공정한 상황은 사회에서 광범위한 동정심을 야기했으며, 인터넷에서 이런 문제를 검색하면 0.076초 안에 86만 7,000개의 댓글이 나온다.

환경의 핍박과 개인의 환경에 대한 다른 태도 때문에, 경제체제 개혁 이래로 엔지니어의 지위는 매우 심하게 분화되었다. 어떤 사람은 민영기업주로 발전했는데, 그중 소수는 억만장자가 되었다. 어떤 사람은 외자기업에서 수입이 많은 사무직 직원이 되었고, 어떤 사람은 노동자처럼 아직 국유기업에서 운명의 배정을 기다리고 있다.

개혁의 진통은 기업의 엔지니어에게 먼저 생겼고, 몇 년 후 사업 단위에서 일하는 연구원들도 개혁의 진통에 직면했다. 계획경제체제에서 오랫동안 축적되어 온 갖가지 폐단은 과학 연구 단위를 매우 곤란하게 했다. 과학 연구 단위는 반드시 개혁을 해야 했지만, 과학 연구원은 개혁의 비용(예를 들어 일부 과학 연구원은 반드시 직장을 그만두어야 한다)을 부담해야 할 뿐만 아니라, 또한 자유로운 탐구 정신을 포기해야 했다. 게다가, 단기간 경제적 효익을 창출

해야 하는 스트레스를 감당하고 있으며, 규정된 일정한 시간 내에 반드시 성과를 내야 하는 스트레스도 감당하고 있었다.

예를 들면 어떤 단위의 개혁 방안 중에는 과학 연구원의 수익 창출 임무를 규정했고, 어떤 개혁 방안 중에는 과학 연구원에 대해 "2년에 한 차례 심사를 해서, 만약 성적이 만족스럽지 못하면 바로 그에게 다른 더 좋은 일자리를 찾으라고 한다"고 규정했다. 그렇다면 누가 나서서 평생 심혈을 기울여 연구할 필요가 있는 일을 하겠는가? 만약 단순하게 경제적 기준으로 지식의 가치를 따진다면, 그것은 과학의 인식 기능을 말살하는 것이다. 돈으로 다윈의 진화론이나 아이슈타인의 상대성 이론의 가치를 평가할 수 있겠는가?

지식창조 시스템을 구축하는 것은 바로 국민경제의 기초를 구축하는 것이다. 그러나 지식창조 시스템을 구축할 때, 완전히 경제적 머리로 사고할 수는 없다. 모든 과학 연구 과제나 모든 기초 연구 성과에 대해 "그것이 얼마나 큰 효익을 가져다 줄 수 있을까?"를 물어 볼 수는 없다. 과학발전에는 과학의 규율이 있고, 경제발전에는 경제의 규율이 있다. 만약 경제발전의 규율로 과학발전의 규율을 대체하면, 과학 연구원은 받지 않아야 할 고통을 받아야 할 것이다. 만약 기초연구에서 완전히 경제적 관점으로 과제를 확정하면, 그것은 아마도 과학을 말살하는 것일 수도 있다. 과학은 생산력에 혁명적 발전을 가져올 수 있고, 물질과 재부를 대폭 성장시킬 수도 있지만, 그러나 그것은 절대 공리주의가 추구하는 물질과 재부의 도구가 아니다.

중국 지식인의 역사적 운명

지식인이 정치사회를 비평하는 것을 사명으로 삼은만큼, 지식인과 정치

권력의 집행자(행정 관료) 사이에는 미묘하고 복잡한 관계가 생길 수 있다. 이 관계는 지식인의 운명에 영향을 미치고, 또한 행정 관료의 치국(治國) 수준과 명예에도 영향을 미친다.

수천 년 동안 중국은 왕권이 모든 것을 지배하는 사회였다. 왕권은 최고 권력이다. 지식인은 다른 사람들처럼 단지 왕권의 노예였다. 그러나 왕권의 합법성을 설명하고 왕권의 호소력을 높이기 위해 지식인은 항상 "도(道)"를 지키고, "성(聖)"을 보호하는 역할로 왕권에 사용되었다.

고대 중국에 선비는 "도"로써 위엄 있게 행동했다. 그들은 "도"로써 정치를 비평했고, "도"에 따라 정치사회 질서를 건립하려 했다. 그래서 중국 지식인은 처음부터 정치권력과 면대면의 관계가 발생했다. 춘추전국시대에 각 나라가 패권 다툼을 하는 국면에서, 폭력에만 의지하여 세워진 권력은 사람들에게 선망을 얻기 힘들었다. 따라서 "도"가 권력에 합법성과 호소력을 부여할 필요가 있어서, 왕들은 지식인을 비교적 존중했다. 그 당시 지식인과 군주의 관계는 스승(師), 친구(友), 신하(臣) 세 종류로 나누어진다. 제(濟)나라는 "직하선생(稷下先生)"을 설립했는데, 그 특징은 "직무를 맡지 않았으나 정무를 의논했다(不治而議論)"는 점이다. 그들은 관직이 없었으며, 단지 그 "도"로써 정치에 대해 의논했고, 그들은 "왕의 스승(王者師)"이었다. 선진(先秦) 시기의 일반 지식인은 모두 각 나라 왕에게 유세를 했다. 뛰어난 사람은 높은 벼슬을 얻을 수 있었고, 그렇지 못한 사람도 의식주를 해결할 수 있었다.

지식인은 "도"로써 위엄 있게 행동한 만큼, 성인의 말은 바로 그들의 근거였다. 순자(荀子)는 성인과 왕을 대등하게 두었다. 명(明)나라 말기의 학자는 "세력은 제왕의 권력이고, 이치는 성인의 권력이다(勢者, 帝王之權也, 理者, 聖人之權也)"라 하여, "이치"가 "세력"의 지위보다 더 높다고 생각했다. 그래서 "도"로써 "세(勢)"를 비평하는 것은 지식인의 본분이다. "천하가 흥하고 망하는 데는 한낱 필부에게도 책임이 있다(天下興亡, 匹夫有責)"와 "천하를 잘 다스리는 일을 자기의 책임으로 여긴다(以天下爲己任)"는 전통은 춘추전국시대에서 근대까지 줄곧 지식인의 몸에 유지되고 있다.

그러나 권력자의 입장에서 보면, 지식인이 옆에서 이러쿵저러쿵하는 것은 결코 유쾌한 일은 아니다. 당시의 정치상황을 비판하는 지식인은 권력의 핵심 원심력으로, 집중하고 통일하는 데 불리했다. 열국이 경쟁할 때에는 권력자들이 지식인을 어쩔 수 없이 이용하고 또 지식인들에게 끌려 다녔다고 한다면, 통일 정권을 수립하기 시작한 이후부터는 권력자가 지식인이 마음대로 정치상황을 비판하는 것을 용납하지 않았을 것이다. 진한(秦漢) 이후, "도"를 권력체계 속에 포함시키자, 권력의 의지에 따라 "도"를 해석했다. 진대(秦代) 이사(李斯)의 "사학 폐지(廢私學)"로부터 한대(漢代) 동중서(董仲舒)의 "백가를 폐지하고 유가만을 중시(罷黜百家, 獨尊儒術)"에 이르기까지, 언론의 자유가 통제를 받았고, 지식인이 자유롭게 각 나라로 이동하는 것도 금지되어, 지식인의 처지는 춘추전국시대보다 훨씬 어려워졌다. 진시황의 "분서갱유(焚書坑儒)"는 바로 지식인의 지위가 바뀌는 중요한 사건이었다. 그 뒤로 생존을 위해 다수의 지식인들은 권력의 부속물이 되었다.

"일정한 재산이 없는(無恒産)" 지식인은 그의 지식에 의지해서 생계를 도모할 수밖에 없었다. 그들은 생존이 곤란했다. 선진(先秦) 시대에도 그들의 생존은 쉽지 않았다. 이후의 시대에 그들의 생존에 대한 압력은 더욱 컸다. 그래서 "일정한 재산은 없지만 항구적인 마음을 가지는(無恒産而有恒心)" 사람은 단지 그들 중 출중한 소수뿐이었다. 또 일부 사람들은 "수단과 방법을 가리지 않고 세력을 따르거나(枉道以從勢)" 또는 "학문을 왜곡하여 세상 사람들의 환심을 사려고(曲學以阿世)" 했다. 다수의 사람들은 중간 정도 상태에 있었다. 그들은 "통달하면 천하를 구제하고, 궁하면 자기 자신의 수양에만 힘쓴다(達者兼濟天下, 窮則獨善其身)"는 인생철학을 갖고 있었는데, 생존의 압력 하에서 "자기 자신의 수양에만 힘쓸 수 있는 것(獨善其身)"도 쉽지 않았다.

춘추전국시대 이후의 2천 년 동안, 중국 문화의 주류는 줄곧 통치자의 합리성과 합법성을 설명하는 도구로 간주되었을 뿐, 백성들의 지혜를 개발하는 역할을 하지 못했다. 또한 민중들에게 정신적인 예속을 진행하는 족쇄가 되었는데, 이것은 지식인이 독립성을 잃어버린 것과 관계가 있다. 왜 지식인은 행정 권력 앞에서 독립성을 잃어버리는가? 이해 때문에 빚어진 결과이다. 한편으로 전제 군주가 사상을 자기 마음대로 움직이려고 다른 견해를 가진 사람들에게 잔혹한 박해를 가했다. 다른 한편으로는 환롱질하여 매수했는데, 수당(隋唐) 시대부터 과거제를 실행한 이후, 통치를 유지하는 유가 사상을 출세의 표준으로 삼았다. 이렇게 통치자의 생각에 따르는 것은, 자신의 안전을 보장받을 수 있을 뿐 아니라, 또한 부귀영화를 누릴 수 있다. 2천 년간 이해관계에 의한 핍박은 중국 문인을 권력에 순종하는 도구로 만들었다.

그래서 어떤 사람은 엄격한 의미로 말하면, 봉건사회에서의 중국은 독서인이 있었지만 서양에서 말하는 지식인과는 다르다고 할 수 있다. 그렇지만 불요불굴(不撓不屈)하게 당시 정치상황을 비판한 "사"가 중국 역사상 가장 암흑했던 시기에도 자취를 감추지 않았다는 점은 누구도 부인할 수 없다. 명대(明代)의 동림당(東林黨)이나 청말(淸末)의 "공거상서[公車上書: 청나라 광서 21년(1895) 캉유웨이(康有爲)가 량치차오(梁啓超) 등과 함께 베이징에 과거를 응시하러 올라온 선비 1,300여 명이 연명으로 광서제(光緖帝)에게 상서를 올려, 시모노세키조약의 체결을 반대하고, 천도하여 일본에 항거할 것을 제기하는 등, 변법(變法)을 요구한 사건을 가리킴]"처럼 지식인의 기질을 드러낸 인물과 사건이 실오리처럼 끊어지지 않았다. 바로 이러한 인물들의 이어짐은 중국 지식인 전통에서 밝게 빛나는 일면이 전해 내려온 것이다.

그러나 행정 권력의 직위에 있지 않은 지식인 대부분은 권력을 얻고 싶어 하는 갈망이 있었다. "입사(入仕)"는 중국 고대 지식인들이 한평생 추구하는 목표였다. 예로부터 "배우고 남은 힘이 있으면 벼슬을 하고(學而優則仕)", "학문을 하여 벼슬을 했다(讀書做官)", "입사"는 단지 부귀영화를 누리기 위해서가 아니었다. 왜냐하면 중국의 봉건사회에서 지식인이 사회에 영향을 끼칠 다른 수단이 없었기 때문에(당시 지식인은 사회에 영향을 미칠 수 있는 여론 도구가 없었다), 어느 정도의 권력을 가져야만 자신의 가치를 실현할 수 있었다.

왕권 전제사회에서 관리가 될 수 있는 사람은 지식인 중 극소수의 행운아뿐이었다. 캉유웨이(康有爲)의 분석에 따르면 일찍이 무술변법[戊戌變法: 변법자강운동(變法自彊運動)] 전에 전국에서 매년 100만 명이 "수재(秀才)" 선발 시험에 참가했지만, 합격률은 불과 1%였다. 3년에 한 번 치는 "거인(擧人)" 시험의 합격률은 0.1%이며, 3년에 한 번 치는 "진사(進士)" 시험의 합격률은 0.01%에 지나지 않았다고 한다. 진사에 합격해야만 관리가 될 수 있었다. 물론 "거인"에 합격한 후, 관직에 나아가지 않더라도 비교적 높은 사회적 지위를 가질 수는 있었다. 거인조차에도 합격하지 못한 사람들은 곤경에 허덕일 수밖에 없었다. 살 방법을 모색하는 것은 그들의 가장 기본적인 목표였다. 단지 소수의 사람들만 "빈천도 나를 옮길 수 없고, 부귀영화로 유혹해도 타락하게 할 수 없고, 위세나 무력에도 굴할 수 없다(貧賤不能移, 富貴不能淫, 威武不能屈)"는 정신을 실천할 수 있었다.

중국에서 참된 지식인이 출현한 것은 아편전쟁 이후이다. 이 시기에 탄쓰퉁(譚嗣同)처럼 "자신을 희생하여 인을 이루고, 목숨을 버리고 의를 좇는(殺身成仁, 捨生取義)" "선비"가 나타났다. 1919년의 "5·4운동(五四運動)"으로 "민주"와 "과학" 정신이 도입되어 중국의 "선비"는 처음으로 서양 지식인의 특징을 갖게 되었다. 1920년대부터 1940년대까지는 중국의 지식인에게 가장 휘황찬란한 시기로, 이 시기에 자유 지식인들이 대거 등장했다. 그들은 소득이 높았고, 또한 자유롭게 국내외를 다닐 수 있었으며, 자유롭게 당시 정치에 대한 견해와 비평을 발표할 수 있었다. 이러한 상황은 1940년대 말까지 계속 이어졌다.

지식인은 일정한 체제에서 생존하며, 체제는 그들의 운명을 결정짓는다. 고도로 집중된 계획경제체제에 맞추어 적응하는 것은, 고도로 집중된 의식 형태의 관리체제이다. 우리는 과거에 늘 "문학 사업은 마땅히 무산계급 전체 사업의 일부분이 되어야 하고, 통일되고 위대하며 또 전체 노동자계급의 선봉대가 가동한 사회민주주의 기계의 '기어와 나사'가 되어야 한다. 문학 사업은 조직적이고, 계획적이고 통일된 사회민주노동당 일의 한 구성 부분이 되어야 한다"[13]라는 레닌의 말을 인용했었다. 문학이 전체 정치목표의 "기어와 나사"가 된 이상, 문학과 기타 문화는 정치와 하나로 합쳐졌다. 문화에서 다른 견해는 정치적 반대파로, 이렇게 "무산계급이 반드시 상부구조 가운데 포함된 각 문화영역 중에서 자산계급에 대해 전면적인 독재정치를 실행해야 하는 것" 또한 필연적이었다. 비록 그 당시에 "학술 문제는 정치문제와 분리해야 한다"고 강조했지만, 수십 년 동안 한 번도 분리된 적이 없었다. 이러한 상황에서, 지식인은 독립된 사상을 가질 수 없었고, 또한 독립된 인격을 가질 수도 없었다. 문화를 "조직적이고, 계획적이고, 통일된" 정치목표의 한 구성 부분으로 만들기 위해 체제상 고도로 집중된 행정 관리를 실행했다. 이러한 체제는 소련에서 왔을 뿐만 아니라, 또한 2천 년 동안의 중국 전제사회에서도 역사적 유전자를 찾을 수 있다.

이러한 문화 체제는 "문화 관료 계층"에 의지해 집행된다. 문화 관료 계층은 권력자의 정치목표를 위에서부터 아래에 이르기까지 전체 문화 공간에 관철시켜, 각 지식인의 운명을 좌지우지한다. 문화 관료 중의 유력자도 본래는 지식인이다. 그들은 의식 형태를 관리하는 중임을 맡고 나서 더 이상 지식창조 일에 종사하지도 않았다. 그 자신도 사상 독립을 포기하

---

13 1967년 11월 6일 『인민일보』·『해방군보』·『홍기』 잡지사론: 「무산계급 독재정치 하에서 혁명 이론 지속」.

고, 전문적으로 지식인에 대한 사상 감독을 진행했고, 실질적으로는 지식인 상품의 공표권을 장악하고 있다. 문화 관료 계층은 정부의 문화를 관리하는 부서에 존재했을 뿐 아니라, 또한 각 문화 전문 지도자 자리에도 있으며, 지식생산의 제일선에서 감독한다. 그들 중의 대부분은 전공 방면에서 결코 아주 우수한 인재는 아니었지만, 그러나 권력층의 지지를 받아 각 전공의 학술 권위자로 추대되었다. 그들 스스로도 있는 힘을 다해 그가 장악하고 있는 공권력을 이용하여, 언급할 가치가 없는 "성과"의 사회적 반응을 적극적으로 확대시켜, 그를 저명한 "대학자", "학술 권위자"가 되도록 했다.

마오쩌둥은 말년에 진시황의 "분서갱유"에 대해 여러 차례 긍정적인 태도로 이야기한 적이 있다. 진시황은 단지 수백 명의 사람만을 묻었을 뿐이지만, 우리들은 진시황이 "묻었던(坑)" 것보다 훨씬 더 많이 묻는다고 생각했다. 이것은 사실대로 말한 것이다. 그래서 중화인민공화국 건립 초기에, 거의 모든 상층 지식인·학자 전문가들은 모두 자발적 또는 강요에 의해 자유사상과 독립된 인격을 포기하고, 철저히 회개하여 새 사람이 되었다. 이렇게 하지 않고 생명을 보전한 사람은 단지 량수밍(梁漱溟), 천인거(陳寅恪) 등 극소수 사람뿐이었다. 사상 독립을 포기한 대학자들은 그 후의 생애에서 대부분 중요한 학술적 업적을 남기지 못했다. 1990년대 말 지식계에서는 이 현상에 대해 반성하기 시작했다. 어떤 사람은 신중국 성립 초기의 "사상개조"를 중국 지식계의 타락이라고 간주하며, 량수밍, 천인거를 암흑 속의 한 줄기 빛이라고 했다. 또 어떤 사람은 계속해서 사상개조가 필요하다고 주장했다. 타락했다고 해도 좋고, 필요했었다고 해도 좋은데, 계획경제 체제와 서로 일치하는 문화 체제 하에서, 이러한 것들은 모두 중국 지식인들이 피할 수 없는 역사적 운명이었다.

문화대혁명 중 마오쩌둥은 "두 가지 기본 추정"을 갖고 있었다. 그것은 바로 17년 동안(1949년부터 1966년까지)의 교육전선은 기본적으로 피자산계급이 장악하고 있으며, 지식인의 기본적인 세계관은 자산계급이었다는 것이다. 그래서 지식인은 정치적으로 줄곧 개조 대상의 지위에 있었다. 문화대혁명 중에 지식인의 지위는 더 낮아져, 그들 스스로 "구린 아홉째(臭老九)"라고 조소하곤 했다. 즉 사회적 지위가 지주(地)·부농(富)·반혁명(反)·악당(壤)·우파(右)·자산계급(資産階級)·죽어도 뉘우치지 않는 주자파(走資派)·교육을 잘 받은 자녀의 뒤에 있었다. 1979년 3월에서야, 중국 공산당 중앙위원회가 문서를 발송하여, "두 가지 기본 추정"을 뜯어 고쳤다. 지식인을 "노동자계급의 일부분"이라고 인정하자, 당시 지식인들은 한껏 흥분했다. 그 당시 노동자계급은 하나의 정치적인 개념이었다.

개혁 개방 이래로, 많은 지식인들은 지도자 자리에 임명되어 행정 권력을 장악했다. 지식인과 관리의 관계에 새로운 상황이 출현했다. 지식인들이 관리가 된 후, 지위에 변화가 생겼을 뿐만 아니라, 사고방식·행동방식·대인관계 방식을 모두 바꾸어야 했다. 만약 바꾸지 않으면, 그는 관료사회에서 살아가기 힘들었다. 그래서 관리의 길로 나아간 지식인은 반드시 지식인만의 중요한 특징(이 책에서 필자는 그들을 또 다른 계층으로 구분했다)을 포기해야 했다. 이것은 제도가 결정한 것이다. 고도로 집중된 정치제도에서 행정관리는 선장이고, 지식인은 항해지식을 잘 알고 있는 승객이다. 지식인은 이 배가 너무 낡고 성능이 뒤떨어지며, 이 배의 항로가 최단거리가 아니고, 항해 속도는 너무 빠르거나 너무 느리며, 선상의 승객이 충분히 쾌적하지 않다는 등을 발견할 수 있을 것이다. 지식인의 이러한 견해는 아마도 정확한 것이겠지만, 그러나 선장은 이 낡고 낙후된 배를 운전할 수밖에 없다. 이것은 역사가 만든 현실로, 그가 이 현실을 바꿀 수는 없다. 항로는 당시의 사회적 합력(合力)에 의해 결정되는 것이지, 그의 주관적인 의향에 의해 받아들일 수는 없다. 그는 제한적 범위 내에서 지식인의 의견을 받아들일 수밖에 없으며, 낡고 낙후된 배의 문제에 대해 그의 마음속에서도 의견이 있지만, 승객들의 정서적 안정을 유지하기 위해, 그는 승객들과 함께 불평을 늘어놓을 수는 없다. 물론 그도 이 배에 문제가 있다는 것을 아는 사람이 승객에게 "이 배에 물이 샙니다"라고 말하는 것을 원치 않는다. 그는 심지어 본의 아니게 승객들에게 "이 배는 아주 성능이 뛰어나서 승객들을 찬란한 세계로 이르도록 보장할 수 있습니다"라고 말한다. 가령 어느 지식인이 큰 소리로 "배가 물이 새려고 합니다! 배가 침몰하려고 합니다!"라고 외치려고 하면, 선장도 조금도 봐주지 않고 권력을 행사하여, 그의 말할 권리를 빼앗을 것이다.

민주적 경향은 지식인의 고유한 특징이다. 지식인은 민주화의 추진력이다. 민주적 경향은 일종의 진보적 경향이다. 그러나 고도로 집중된 정치체제 하의 행정관리들은 적절하지 않은 민주적 운용이 사상적 혼란과 정치적 소란을 조성할 수 있다고 생각한다. 그래서 민주화의 진행 속도, 민주화의 정도를 장악하고 통제해야 할 필요가 있다. 당연히 통제권은 여전히 행정관리의 수중에 있다. 이 방면에서 행정관리는 늘 지식인과 충돌한다. 개혁 개방 이래로, 여러 차례 이러한 충돌이 발생한 적이 있다. 충돌은 지식인과 행정관리 쌍방 모두에게 피해를 준다. 지식인은 눈앞의 손해를 보고, 행정관리는 아마도 역사에 오명을 남길 것이다. 왜냐하면 지식인이 한 말은 몇 년 후에 아마 정확하게 증명될 것이고, 또 역사는 늘 지식인에 의해 기록되고 평가되기 때문이다.

행정관리는 강대한 조직을 근거로 삼는 반면에, 지식인은 미약한 한 개인에 불과하다. 지식인은 단지 "비판의 무기"만을 갖고 있지만, 행정관리는 오히려 "무기의 비판"을 사용할 수 있다. 그렇지만 진리를 말살하는 "무기의 비판"은 결국 "비판의 무기"에 의해 역사의 치욕의 기둥에 못 박힐 것이다. 강대한 행정관리는 반드시 미약한 지식인을 잘 대우해야 하며, 지식인의 말에 대해서도 너그럽게 수용해야 한다. 이것이 사회 조화의 중요한 조건이다. 바로 이 점에서 정치가의 수준과 매력이 가장 쉽게 드러난다.

그렇지만 모든 관리가 충분한 수준과 매력을 갖고 있는 것은 아니며, 이것은 지식인이 집중되어 있는 부서에 가장 잘 드러난다. 중국사회과학원 자오런웨이(趙人衛) 교수는 학술계의 지식인을 학학(學學)·학관(學官)·관학(官學)·관관(官官)으로 나누었다. 첫 번째 학학은 순수한 학자이고, 두 번째 학관은 일정한 관직이 있지만 학문을 제1순위에 두고, 아직은 학자의 특징을 잃어버리지 않은 사람이다. 세 번째 관학은 학자였지만, 지금은 관직을 제1순위에 놓아, 완전히 관리의 입장에 서서, 관리의 사고방식으로 지식인의 문제를 처리한다. 그들은 이미 학자의 특징이 없어졌다. 네 번째 관관은 순수한 관리로, 정부가 비학술계로부터 학술계에 투입하여 관리 업무에 종사하도록 하는 사람이다. 세 번째 관학이 가장 심각한데, 그들은 지식인이 네 번째 관관보다 낫다고 억압하고 공격한다. 또 어떤 사람은 개혁 이래로 과거의 "문외한이 전문가를 통제하는(layman control)" 상황이 바뀌었다고 생각하지만, "전문가"의 지도하에 지식인의 상황은 결코 개선되지 않았다. 왜냐하면 이러한 지도자가 지식인을 정리하는 데 가장 뛰어난 "전문가"이기 때문이다.

지금까지 수천 년 동안의 중국 지식인은 그들의 운명을 지배하는 행정 권력에서 벗어날 수 없었다. 앞으로의 지식인들은 행정 권력을 초월하여 행정관리의 영향을 받지 않을 수 있을까? 중국 지식인이 진정으로 독립된 인격과 독립된 사상을 가질 수 있을까? 과거에는 불가능했지만 앞으로는 가능할 것이다. 현재 이미 실마리가 나타났다. 먼저 정치체제 개혁에 희망을 건다. 정치체제 개혁은 정부 직능 범위를 축소시켜, 정부가 더 이상 모든 것을 포함하고, 모든 곳에 존재하는 것이 안 되도록 하는 것이다. 행정 관리의 권력은 제한을 받아, 그들이 지식인에 대해 "무기의 비판"을 행사할 수 없을 뿐 아니라, 또한 언론의 자유를 제한할 수도 없을 것이다. 언론 자유는 진정한 법률적 보장을 받을 것이며, "사람의 입을 틀어막으려는 것"은 중국 고대에도 인심을 얻지 못했으며, 앞으로는 더욱 인심을 얻지 못할 것이다.

서양의 일부 미래학자들은 정보사회에서 지식인은 가장 실력이 있고, 혁명적이고, 발전 전망이 있는 신계층이라고[다니엘 벨(Daniel Bell)] 생각하고 있다. 앨빈 토플러(Alvin Toffler)는 권력이동으로 지식인이 신세기의 통치 지위에 있을 것이라고 개괄했다. 그 근거는 거액의 재부를 창조하는 도구가 더 이상 기계와 공장·광산이 아니라, 컴퓨터와 정보이기 때문이다. 지혜와 지식은 장차 사회의 지배자가 될 것이며, 이러한 것들 모두 지식인이 소유하고 있고 지배하고 있다.

오늘날의 지식인 자신은 이미 살아갈 수 있는 기반을 갖고 있으며, 그들은 더 이상 "양상군자(梁上君子)"와 "가죽 위의 털"이 아니었다. 지식은 바로 중요한 재산이다. 지식인은 더 이상 "일정한 재산이 없는" 사람이 아니며, 그들은 선진적인 생산력의 대표이고, 그들의 지식은 부의 진정한 원천이 될 것이다. 정보사회에서 지식인은 행정 권력 장악을 통해 사회에 영향을 끼칠 필요가 없으며, 행정 권력을 통해 자신의 사회적 지위를 높일 필요가 없다. 그들은 정보의 중요한 창조자이고 전파자이다. 지식인 자신의 강대함은 그들로 하여금 독립된 인격과 자유로운 사상을 유지하고 사회에 대해 비판적인 태도를 갖도록 했다.

지식인은 "단위인(單位人)"에서 "사회인"으로 바뀌고 있다. 여러 해 동안 지식인은 모두 어떤 단위의 직원으로, 단위에서 월급과 집을 주고, 단위가 약값을 정산해 주며, 단위가 직책을 평가하고, 단위가 출장비를 정산하는 등 개인의 생존과 발전의 자원이 모두 단위의 지도자 손안에서 움직였다.

다른 것은 언급하지 않더라도, 당신이 만약 직장을 바꾼다면 단위는 집을 회수하여 당신은 머물 곳이 없게 될 것이다. 과거에 행정 권력은 지식인에 대한 압력을 대부분 단위를 통해 실시했다. 현재 이러한 상황은 바뀌기 시작했다. 집은 이미 개인의 사유재산이 되었고, 의료와 양로보험도 점점 사회화되었다. 수입은 직장 바깥에서도 얻을 수 있고, 능력도 직장 바깥에서 발휘할 수 있다. "단위인"이 "사회인"으로 바뀌고 있다. 과거에 만약 단위의 상사와의 관계가 좋지 않았다면, 국가의 은혜에 보답할 길을 잃어버릴 것이다. 현재는 진정한 재능과 건실한 학문이 있으면, 할 일이 없는 것을 걱정하지는 않는다. "하늘이 나에게 재주를 주었으니 언젠가 반드시 쓸 곳이 있을 것이고, 단위에서 쓰이지 않으면 사회에서 쓰인다."―이것은 이러한 지식인이 매우 기뻐하는 말이다. 이 점은 "단위인"이 "사회인"으로 바뀐 이후, 지식인의 독립성이 크게 증강되었다는 중요한 의의를 갖고 있다.

사회가 다원화되면서 지식인은 더 많은 선택을 할 수 있게 되었다. 과거의 지식인은 온전히 행정관리에 의지하여 관직을 받았으며, 관직을 얻기 위해 그들은 어쩔 수 없이 행정 계단에서 행정관리에게 머리를 숙이고 굴복할 수밖에 없었다. 지금은 관직 이외에, 또한 갈수록 많은 활로가 있다. 지식만 있으면 자기 가치를 실현시킬 수 있는 위치를 찾을 수 있다. "관본위(官本位)"는 반드시 시장에 의해 약화되고, 사회 분화에 의해 약화되어야 한다. 여기서 지적해야 할 점은 최근 몇 년, 어떤 단위는 "관본위"가 강화되는 추세로, 한 대형 언론기관의 규정처럼 직함 평가에 행정 직무가 있는 사람에게 "편향되어야" 하고, 관리가 되면 고급 직함을 평가할 수 있다는 것이다. 이것은 단지 사물이 소멸하기 전에 잠깐 왕성해지는 현상에 불과하며, "관본위"가 소멸해 가는 징조로, 그들은 소멸 전에 "최후의 만찬"을 가지려고 했다.

지식인은 지식이 있기 때문에, 선천적으로 시장경제 사회에 적응할 수 있는 능력을 갖추고 있으며, 생각을 바꾸기만 하면 그들은 새로운 체제 하에서 물고기가 물을 만난 것처럼 잘 적응할 수가 있다.

그러나 지식인도 너무 낙관적이어서는 안 된다. 시장경제체제로 들어선 이후, 지식인에 대한 행정관리의 통제가 이제 막 느슨해졌지만, 지식인에 대한 자본의 통제는 오히려 매우 빠르게 강화되었다. 지식인은 자본에서 벗어나기 힘들다. 그 원인은 첫째, 자금이 없으면 어떠한 기술성과도 상업화할 수 없으며, 책 한 권조차도 내기가 매우 어렵다. 둘째, 지식인 개인의 기술성과는 전공의 단일 기술로, 여러 종류의 단일 기술이 결합되어야 구체화된 제품으로 만들 수 있으며, 여러 종류의 기술 조합은 자본을 연결 고리로 삼아야 한다. 그래서 자본을 떠나서는 지식인은 한 발자국도 움직일 수 없다. 지식경제의 거품이 꺼진 이후, 세계 각지에 많은 "지식형 노동자(知本家)"는 자본가에 의해 무정하게 해고되었다. 지식인은 자본가 앞에서 하자는 대로 좌지우지당할 수밖에 없으며, 흥정할 만한 지위조차도 없다.

사회에는 정치 자원, 경제 자원, 지식 자원 이 세 가지 자원이 있다. 지식인은 지식 자원을 통제하는 주체이다. 그들의 운명은 그들과 다른 두 자원 주체와의 관계에 달려 있다. 지금까지 지식인은 정치권력의 통제를 받은 것이 아니라, 자본권력의 통제를 받았다. 단지 세 가지 사회자원의 주체가 우세를 상호 보완하고, 좋은 효과를 상호작용해야만, 지식인이 자기의 적당한 위치를 찾을 수 있다. 지식인은 다른 두 자원 주체의 노예가 되어서는 안 되고, 또한 다른 두 자원의 주체를 통제하겠다는 지나친 바람을 가져서도 안 되며, 기타 두 자원 주체의 동반자가 되어야 한다. 세 가지 사회자원의 주체의 상호작용은 지식인의 복음이고, 또한 사회 조화의 복음이기도 하다.

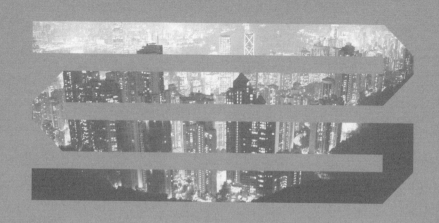

제12장

가장 욕을 많이 먹는 계층―
관리

관리는 간부라고도 부른다. 개혁 개방 이전의 간부는 당정 간부, 군대 간부, 사회단체
와 민중단체 간부, 사업 단위 간부, 기업 기관 간부 등 다섯 부분으로 구성되어 있었다.
개혁 개방 이후에 이 집단에 점점 변화가 생겼지만, 변화의 속도는 다른 계층에 비해 매
우 느렸다.

　사회 전환기에는 각종 사회적 모순이 뒤엉켜서, 군중들 속에 늘 원망의 말이 있었다.
"그릇을 받쳐 들고 고기를 먹고, 젓가락을 내려놓으면서 어머니를 욕하는데", 누구의 어머
니를 욕하는 것인가? 관리의 어머니를 욕했다. 더군다나 갈수록 관료들의 부패가 심해져,
대중들로부터 욕을 먹는 관리들이 더욱 많아졌다. 관리는 국가의 관리자이며, 중대한 사
회적 책임을 맡고 있기 때문에, 한 사람이 지도자 자리에 임명이 되기만 하면, 그는 공인이
되어 광범위한 비판과 지적을 받게 된다. 사회 전환기에는 사회적 모순이 비교적 많고, 사
람들의 의견 또한 일치하지 않아, 관리는 더 많은 비평과 지적을 받을 수 있다. 그래서 관
리는 오늘날 욕을 가장 많이 먹는 계층이라고 말할 수 있다.

세계 최대의 중국 관리 수

만약 누군가가 "세계 최고(The best of the World)"를 꼽는다면, 중국 관리의 수를 "세계 최고"에 넣을 수 있을 것이다. 어떤 사람은 베이징 시단(西單) 사거리에는 매 순간 서너 개의 지(地)·사(師) 급 간부와 10여 개의 현(縣)과 단(團)급 간부가 지나간다고 말한다. 이 말은 결코 과장된 말이 아니다.

개혁 개방을 실행한 이후, 중국은 1982년·1988년·1993년·1998년·2003년에 다섯 차례 기관 개혁을 단행했다. 매번 모두 기관을 간소화하고 불필요한 인원을 줄이는 데 목적이 있었지만, 일이 뜻대로 되지 않았다. 기관은 개혁하면 할수록 지나치게 방대해지고, 필요 없는 인원은 줄이려고 하면 할수록 인원이 늘어났다. 팽창-축소-재팽창의 나선식 확장이 형성되었다. 이 나선식 확장의 고리에서, 뒤의 확장이 앞의 확장보다 수량이 더욱 크고 세력이 더욱 맹렬했다. 뒤의 축소는 앞의 축소보다 한층 더 어렵고 힘이 없었다.

표12-1 30년간의 당과 정부기관 인원수의 변화 상황 (단위: 만 명)[1]

연도	1966	1979	1981	1982	1983	1984	1987	1988	1989	1996	2000
인원수	199.5	292.12	330.19	321.95	327.27	371.4	508.97	525.58	543.5	1,037.6	1,061.6

표12-1에 배열된 당과 정부 계통 간부 인원수의 변화 추세를 보면, 그 팽창이 가속 추세에 있음을 알 수 있다. 1966~1979년까지 13년 사이에 46.4%가 증가했고, 매년 평균 2.98% 증가했다. 1979~1989년까지 10년 사이에 86.1%가 증가했고, 매년 평균 6.41% 증가했다. 1989~2000년까지 11년 사이에 95.3%가 증가했고, 매년 평균 7.60% 증가했다. 국가통계국 수치에 의하면 2008년 말 당과 정부기관에서 일하는 사람은 1,249만 7,000명이었다(그중 중국 공산당 기관에서 일하는 사람은 56만 4,000명이고, 국가기관에서 일하는 사람은 1,193만 3,000명이다). 그 외에 인민정치협상회의와 민주당파에 9만 3,000명이 있었고, 민중단체에 23만 명이 있었다.

매번 기관을 개혁한 후, 정부기관과 인원은 아주 빠르게 원래대로 돌아갈 수 있었는데, 그 이유는 주로 행정기관 내부 사람의 통제 문제로, 기구 설치와 직능 변경은 행정 직원이 매우 큰 권력을 갖고 있었고, 행정기관 스스로 확정할 수 있었다. 그래서 입법기관의 구속을 받을 필요도 없었고, 외부의 구속력도 없었다.

1998년의 국가기관 개혁은 강도가 가장 높았다. 당시 중앙 각 부서 위원회 직속 사무국의 공무원이 1997년의 3만 4,000명에서 1만 7,000명까지 감소했고, 국무원 편제 인원이 47.5% 감소했다고 공언했다. 2003년 말 중국 공무원 총 인원수는 653만 6,000명이었다. 실제로 1998년의 개혁은 중앙 부서의 일부 업무기구가 행정 편제에서 사업 편제로 바뀌었다. 예를

---

1 1996~2008년의 숫자는 각 연도의 『중국통계연감』에 근거했으며, 그 이전의 숫자는 필자가 1990년 국가편제위원회를 방문하여 파악한 것임.

들면 각 부서 위원회의 정보센터·연구센터 등이 본래는 지도자의 정책결정을 보조하기 위한 기구로 오랫동안 줄곧 행정 편제였지만, 1993년 이후로부터 점차 사업 편제로 구분되었다. 그래서 국가 당정 기관에서 653만 6,000명의 공무원을 제외하고, 또 당정 업무에 종사하는 사업 편제 공무원 400여만 명이 있었는데, 그들은 여전히 "국가의 녹"을 먹는 "준 공무원"이었다. 1998년 때에 어느 정도 감원을 했다고 하지만, 재정적으로 보면 행정 지출은 인원이 감소된 만큼 감소하지 않았고, 오히려 원래보다 큰 폭으로 증가했다.

당정 기관 업무와 관련이 있는 사업 단위 이외에도, 중국에는 대량의 사업 단위가 있으며, 직원 수는 2,871만 명이다.[2]

당정 기관 직원과 사업 단위 직원은 모두 4,000만 명으로, 이러한 사람들을 부양하려면 재정이 필요하다. 중국 공산당 중앙당교 교수인 저우톈융(周天勇)이 미국 연방과 지방 정부의 표준에 따라 계산해 보니, 중국의 "국가 녹을 먹는" 사람은 7,000만 명으로 18명의 국민이 관리 한 사람을 부양한다고 한다고 했다.

위에서 말한 숫자가 여전히 중국 간부 인원의 전체는 아니다. 재정 분권 책임제 실시 이후 지방에 경제 자주권이 생겼고, 그들은 자기 자본으로 간부를 부양했다. 이를 "자체 편제" 혹은 "자비 간부"라고 불렀다. 통계 숫자 이외에 또 "차출 간부"가 있다. 그들은 기업에서 기관으로 차출되어 일하는 사람으로, 기업으로부터 임금을 받고 기관에서 간부 일을 했다. 2005년 9월 필자가 간쑤(甘肅) 성 퉁웨이(通渭) 현을 취재하면서 이 현 이강(義崗) 진의 총인구가 2,100명인데, 진 간부 82명을 제외하고 별도로 임시 고용원 7명과 치안 연방대원 3명이 있었다. 이 10명은 편제에 포함되지 않았지만 그

---

2 『중화인력자원과 사회보장연감』[업무 책(工作卷)], 2009년 판, 1238쪽.

들의 임금을 진 정부에서 지급해야 한다는 것을 알게 되었다. 지금 이 진의 직원 수는 인민공사 시기의 3.5배에 해당한다.

주목할 만한 것은 간부 집단이 확장되는 과정에서 지도 간부가 일반 간부에 비해 훨씬 빠르게 성장했다는 점이다. 1996년 필자가 후난 성을 취재하면서 94만 명의 안화(安化) 현에 지시(地市)급 간부 3명, 현·단(團)급 간부 100여 명, 과(科)와 국(局)급 간부 1,500여 명, 일반 간부가 500여 명이나 있다는 것을 알게 되었다. 현지의 한 정치협상회의 위원은 필자가 주관한 좌담회에서 "간부 집단은 군대식 장기와 같아서, 지뢰를 찾아내는 몇몇의 공병(工兵)을 제외하고는 전부 관리다"라고 말했다. 어떤 단위는 간부가 너무 많아서, 늘 자리 배치·물자 분배·차량 탑승·주택 등의 문제에 서로 의견이 대립된다. 최고책임자는 부(副)급 직위의 순서를 배열하는데 골치를 앓아서, 부득이 명단을 나열할 때는 장(張)씨를 앞에 배열하고, 회의할 때에는 리(李)씨를 앞에 앉히고, 보고회를 할 때에는 왕(王)씨가 먼저 보고하도록 했다.

위에서 말한 지도 간부의 숫자에는 아직 "x급 간부 직급에 맞먹거나", "x급 간부 대우를 받는" 인원수는 포함되지 않았다. 만약 이러한 사람들까지 포함한다면 현직 지도 간부의 인원수는 두 배가 될 것이다.

관리가 너무 많은 직접적인 원인은 기구의 분화이다. 기구가 많아지면서 관리의 수도 자연스럽게 많아졌다. 그러나 다른 측면에서 보면 기구가 분화된 원인 중 하나는 관리의 수가 너무 많기 때문이다. "신 때문에 사당을 세우는" 상황이 비교적 보편적이었다. 관리가 너무 많은 것과 기구의 분화는 서로 인과관계가 있다.

여러 해 동안, 중앙과 지방의 각 기관에서 기구의 등급을 제고하도록 요구하는 것은 막을 수 없는 추세가 되었다. 고(股)급은 과(科)급으로 승격하고, 과급은 부처(副處)급으로 승격하고, 처급은 부청(副廳)급으로 승격하고…… 기구가 승격하면 기구의 지도 간부의 임금과 등급 및 각종 대우도 따라서 올라간다. 기구 승격에 대한 요구가 거세져, 편제 관리부서는 "많은 사람이 한 사람의 정수리를 누르는" 것처럼 피동적 지위에 처했다. 1998년 기관 개혁에서 원래 부급이었던 기관들이 정급으로 승격했고, 각 성도 이러한 기구를 부청급에서 정청(正廳)급으로 승격시켰다.

기구가 중복되고 직능이 서로 비슷하여, 같은 부류의 업무를 몇 개의 부서가 나누어 관리하게 되었다. 이름을 알리고 자신들에게 유리한 업무는 모두 자신의 관할 범위에 속한다고 하고, 힘만 들고 좋은 결과를 얻지 못하는 일은 다른 부서에 미루었다. 어떤 현에는 농업을 관리하는 농업경제위원회(農經委)·농업국(農業局)·농업구획판공실(農業區劃辦)·농촌에너지판공실(農村能源辦)·다각 경영판공실(多種經營辦)·목화판공실(棉花辦)·담배판공실(煙葉辦) 등의 여러 직능이 겹치는 기구가 있다. 현 농업국 내에 설치된 기구도 다른 부서 내에 설치된 기구와 중복된다. 예를 들면, 농업국에는 여러 종류의 경영계(經營股)가 있고, 현 정부에는 또 다종경영판공실이 설치되어 있다. 이처럼 직능이 서로 같은 부서는 늘 일을 미루고 책임을 지지 않는다. 부서 간의 갈등 때문에 늘 업무 처리 과정에 "방해를 하고", "감시를 하며", 자기가 할 수 없으면, 상대방도 잘하지 못하도록 했다. 말단 부서는 의견이 맞지 않는 "시어머니"와 대면하여 딜레마에 빠져서, 끝없이 죽는 소리만 한다.

직능이 비슷하고 등급이 같은 부서 간의 책임 회피 문제를 해결하기 위해서는 이들 부서 위에 다시 조정 기관을 설치해야 했고, 더 나아가 관리의 수가 많아지게 했다.

기구가 많고 관리가 많으면 말단 부서는 골칫거리가 더 늘어난다. 한 가지 일을 처리하는 데도 수십 개 부서를 뛰어다니며, 수십 개의 도장을 찍는 것이 관례가 되었다. 게다가 기관 사이의 책임 회피와 책임 전가로 많은 일을 하기 어렵게 되었다. 상급의 지도자는 한 가지 일을 성사시키기 위해서는 어쩔 수 없이 통상적인 업무 절차에서 벗어나 직접 "안건을 결정한다." 비록 상급 지도자가 "직접 결정을 내리는" 방법도 있지만, 말단 부서는 온갖 방법으로 연줄을 대고, 로비를 해서 직접 지도자에게 "결재"를 청한다. 이처럼 처리하기 어려운 일에는 연줄을 대고, 연줄을 대면 댈수록 업무 절차는 더욱 혼란스럽게 되어, 일처리는 더욱 힘들어지는 악순환이 생기게 된다.

직접 최고지도자를 찾아가서 일을 성사시키는 효과적인 방법이 있는 이상, 최고지도자와 특수한 관계가 있는 사람은 특별한 도움이 될 수 있다. 그래서 일부 수행원, 운전기사, 비서, 자제, 애인을 지도자의 위치에 올려놓았다. 관리가 많아지면 과거보다 여유로워지는 것은 아닐까? 반드시 그렇지는 않다. 관리가 많아지면 그들 서로 간에 많은 일들이 "만들어진다". 한 부서가 일을 맡아서 처리할 때에는 문서를 내리고, 회의를 할 필요가 없었다. 그러나 한 가지 일을 몇몇 부서가 처리하면서, 서로 간에 주고받는 문서도 많아졌고, 회의도 잦아졌다. 정확한 통계는 아니지만 어느 도시에서 1997년 1월부터 6월까지 시(市)급 지도자가 참가한 회의만 400여 차례에 달했고, 참석한 지도 간부만 1,000여 명이라고 한다. 20개 부(部) 위원회와 임시 기구가 발행한 내부 신문 잡지·간략 보도·정보 자료를 합하면 100종류가 넘고, 가장 많은 부서는 여섯 종류에 달한다. 어느 성의 표본조사에 성(省)·지(地)·현(縣)의 지도 간부는 매년 3분의 1의 시간을 회의의 바다에 폭 "빠져" 있고, 성 위원회·성 정부의 주요 지도자는 매일 받는 문서 자료가 적어도 10만 자나 된다고 표명했다. 한 부서의 부직(副職)이 많을수록 그 부서의 직능은 분산되어, 각 부직은 책임지고 결정할 수가 없다. 따라서 상부가 일을 결정하기 위해 회의를 열면 최고책임자를 지명하여 참가하도록 해야 한다. 그러나 최고책임자는 "분신술"을 쓸 수가 없기 때문에, 어쩔 수 없이 여러 부직을 만들어 그를 대신해 회의에 가도록 한다. 회의에 참가한 사람이 결정을 지을 수 없으면, 돌아온 후에 다시 회의를 열어 전달하고, 연구해서 상부에 보고한다.

각 기구는 모두 사회적 기능을 완성하기 위해 설립한 것으로, 그 직원들은 마땅히 그 사회적 기능을 위해 일해야 한다. 그러나 인원이 너무 많으면 일부 사람들은 기구 자체를 위해 서비스하는 사람이 필요하다. 그 사람들은 결코 사회적 기능을 위해 일하는 것은 아니다. 추정에 따르면 각 기관에서 자체적으로 서비스하는 인원이 3분의 1 이상을 차지하는 것으로 보여 진다. 1990년대 이래로 어떤 사업 단위는 또한 스스로 돈을 벌어서 자신을 먹여 살려야 했는데, 일부 부서에는 세 부류의 사람이 있었다. 첫째는 이 부서가 담당하고 있는 사회적 직능을 집행하는 사람이고, 둘째는 물자 조달 관리 업무 인원이며, 셋째는 경영 인원으로, 그들은 돈을 벌어서 앞의 두 부류를 먹여 살렸다. 돈을 버는 것이 가장 중요하기 때문에 경영 인원 집단이 매우 방대했고, 진정으로 사회적 직능을 담당하는 사람은 3분의 1에도 미치지 못했다.

기구가 중첩되고 문서는 산더미처럼 쌓여 있어서, 기층의 상황을 재차 선별하고 보완 한 후에 상부에 보고될 즈음에는 대부분 원래와 다르거나 시한을 넘겼다. 이 때문에 일부 사업욕이 있는 지도자는 말단에 깊이 들어가 직접 일을 연구 조사하고 검사한다. 그러나 성(省)에서 간부가 내려가면 시(市) 간부가 수행하고, 현(縣)에 가면 현급 간부가 수행하여, 향진(鄕鎭)에 가면 상부에서 온 사람의 진용은 이미 엄청나게 방대해진다. 간부 한 사람이 내려가면 마치 눈덩이를 굴리는 것처럼 수행하는 사람이 갈수록 많아지고, 수행하는 사람들에게 포위되어 있는데, 어떻게 군중들과 접촉할 수 있겠는가? 상부의 부서가 많아서, 오는 사람마다 모두 수행하고, 보고해야 하며, 극진하게 대접해야 하므로, 말단은 죽을 지경이라고 아우성친다.

값싼 정부는 어디에서 찾을까?

100여 년 전, 마르크스가 열정적으로 파리 코뮌을 노래할 때, 코뮌이 정말로 "값싼 정부"를 세우고, 인민의 부담을 감소시킨다고 흥분해서 찬양했다. 현재는 기관의 분열과 필요 없는 인원이 지나치게 많기 때문에, 정부는 갈수록 "비싸졌다."

재정적으로 부양하는 인원과 공무 소비지출이 지나치게 많다. 차량 구입과 수리·휴대폰 구입 등의 지출이 갈수록 방대해져, 국가 행정 관리비용이 해마다 계속 대폭 증가하며, 행정을 유지하는 운영 원가가 갈수록 높아졌다.

표12-2 국가 행정 관리비 지출 상황(단위: 억 위안)[3]

연대	1976~1980	1981~1985	1986~1990	1991~1995	2000	2003	2004	2005	2008
1. 행정 관리 비용 지출	280.06	587.41	1,520.66	3,355.09	1,787.58	3,437.7	4,064.1	4,811.8	14,096.4
2. 국가 재정 총지출	5,282.44	7,483.18	2,865.67	24,387.46	15,886.50	24,649.9	28,360.8	33,708.1	62,592.66
1/2(%)	5.30	7.85	11.82	13.75	11.25	13.95	14.33	14.27	22.52
3. 국가 재정 총수입	5,089.61	7,402.75	12,280.60	22,442.10	13,395.23	21,715.3	26,355.9	31,628.0	61,330.35

* 주: 행정 관리 비용 지출에는 행정 관리 지출, 정당 단체 보조 지출, 외교 지출·공안 안전 지출, 법원 지출과 공안 검찰 사건처리 비용 보조가 포함되며, 국방 지출은 포함되지 않는다. 2008년 국가통계국은 "일반 공공 서비스 지출"은 9,795억 9,200만 위안, 외교 지출은 240억 7,200만 위안, 공공안전 지출은 4,059억 7,600만 위안으로, 이상 몇 항목 합계 1조 4,096억 4,000만 위안이라고 공포했다. 법원 지출과 공안 검찰의 사건처리 비용은 공포하지 않았다. 1993년 이전, 재정 수입 중에는 채무 수입이 포함되어 있었다. 2000년부터 재정 지출 중에 국내외 채무 이자 비용도 포함되었다. 만약 1조 5,886억 5,000만 위안 중에서 누계 내외의 빚(부채)의 이자를 제외하면, 행정 관리비의 지출이 총지출에서 차지하는 비중은 12.5% 정도가 된다.

---

3 각 연도의 『중국통계개요』, 2005년 이후의 『중국통계개요』에 행정 관리 지출 항목이 열거되어 있지 않음.

표12-2에서 행정 관리 비용 지출이 국가 재정 총지출에서 차지하는 비중이 해마다 증가하고, 행정 관리 비용 지출이 국가 재정 총수입에서 차지하는 비중도 해마다 증가하고 있음을 알 수 있다. 전문가들은 중국 각 관리기관의 자체 지출이 연간 재정 지출에서 적어도 30% 이상을 차지한다고 지적했다.[4]

위에서 말한 숫자가 행정 관리비의 전부는 아니며, 단지 이 부분의 행정 관리비에만 의지하면 턱없이 부족하다. 따라서 각급 행정기관은 각종 명목의 "수익 창출"을 해야 한다. 무엇을 "수익 창출"이라고 하는가? 그것은 행정 권력을 이용하여 마음대로 비용을 받아내고, 기업으로부터 비용을 받고, 제멋대로 벌금을 부과하는 것이다. 이 "세 가지 불법(三亂)"은 이미 사회의 공해가 되었다. 국가가 일찍이 수차례에 걸쳐 시정 명령을 하고, 각종 조치를 취해 "세 가지 불법"을 다스렸지만, 그럴수록 더욱 심각해졌다. 2003년 이후, 국가가 "비개세(費改稅: 행정성 수수료를 세금으로 바꾸는 개혁)"를 시행하여 세금 수입을 높이고, 비용 수취를 취소했다. 사실 "세 가지 불법"은 관리의 수가 너무 많아서 생긴 필연적인 결과로, 나타나는 현상만 고치고 근본을 다스리지 않으면 당연히 효과를 거두지 못한다.

인원이 늘어난 이후, 단순히 행정경비만 늘어난 것은 아니다. 사무용 건물과 차량의 증가 속도 또한 엄청났다. 행정 건물의 건설은 행정 관리비에서 나오는 것이 아니며, 차량도 일부분은 행정 관리비에서 나오는 것이 아니다. 북방의 어느 대도시는 "문화대혁명" 전에는 당정기관이 건물 한 동에 불과했지만, 지금은 시 위원회, 시정부, 인민대표대회 상무위원회, 정치협상회의가 각각 으리으리한 빌딩을 짓기 시작했다. 현재의 사무실 건물 면적은 20년 전보다 10여 배나 증가했지만, 여전히 사용하기에는 부족하다고 생각하여, 많은 부서가 높은 비용을 지불하고 밖에 사무실을 임대한다.

---

4 국가발전개혁위원회 주관, 『개혁 내부 참고』, 2010년 제16기, 38쪽.

전 재정부 장관 류중리(劉仲藜)가 재임 당시 세 가지 가장 골치 아픈 문제가 있었는데, 그것은 사람·자동차·모임이었다고 말한 적 있다. 관리와 모임이 너무 많았다. 차는 주로 승용차였다. 중앙 국가기관이 주관하는 공무 승용차의 부서 명문 규정은 다음과 같다. 정부급(正部級)과 상무부부급(常務副部級)은 전용차를 배정하고, 나머지 부부급(副部級) 간부는 일률적으로 차를 쓸 수 있게 보장하도록 시행한다. 차를 쓸 수 있도록 보장한다는 말은 곧 전용차를 따로 준비하지 않는 것으로, 차를 쓸 일이 있으면 기관 공공운송부가 반드시 차를 보내준다는 말이다. 그러나 실제로는 베이징의 국급(局級) 간부·지방의 과급(科級) 간부도 모두 전용차가 있었다. 1990년대 후반의 한 통계에 따르면 당시 350만 대의 공무용 차량에 매년 3,000억 위안을 썼으며, 이러한 관용 차량의 소비는 국방·과학기술 연구·농업·공중위생·교육 등 방면에 투입되는 국가 재정보다 훨씬 많았고, 또한 싼샤(三峽) 공정 세 개를 다시 건설하고도 남을 정도였다고 한다. 그래서 1996년 관용차 개혁 문제가 제기되었고, 1998년 국가가 정식으로 관용차 개혁을 추진했다. 그러나 10여 년간 관용차 개혁을 외치고 10여 년간 시험했지만, 전혀 진전이 없었다. 21세기에 들어서 관용차는 계속 급증했다. 2005년 관용차 보유량이 500만 대를 넘어섰고, 이 때문에 매년 5,000억 위안을 소모했다. 이 돈이라면 의료·교육·저소득 보장 방면의 문제를 충분히 해결할 수 있다. 그렇다면 어째서 관용차 개혁을 추진할 수 없는 것일까? 그것은 차를 타는 관리의 이익을 건드렸기 때문이다. 공용차를 개혁할 수 없는 것은 "공권력"에 대한 개혁이 없기 때문이다.

도로 운수 기업의 재무 분석에 따르면, 승용차 1만km의 운송 원가는 8,215.40위안이지만, 당정 기관과 사업 단위 승용차의 운송 원가는 5만 361위안으로 운수 기업의 6.13배에 해당한다고 한다. 운수 효율 면에서 보면 관용차 다섯 대가 겨우 렌터카 한 대에 상당한다.[5] 그렇다면 어째서 관용차의 원가가 이렇게 높을까? 그것은 관용차 사용이 이미 보편적 현상이 되었기 때문이다. 관용차가 3분의 1만이 공무에 쓰이고, 3분의 1은 관리의 집에서 사적으로 사용되며, 3분의 1은 운전기사가 개인적으로 사용한다. 낚시와 사냥·휴일 여행·부인 마중과 아이 배웅·물품 구입과 친구 방문·사적인 접대에 모두 관용차를 사용한다. 관용차가 개인 자산으로 변했고, 운전기사가 관리의 가정부로 변했다. 운전기사는 관리들의 불법적인 활동을 가장 잘 아는 사람으로, 비록 가정부이기는 하지만, 그를 기분 나쁘게 할 수는 없으며, 관리에게 운전해 주어서 얻는 이익이 적지 않았다. 단지 자신이 차를 쓰는 데 영향을 주지 않으면, 운전기사가 차를 이용해 개인적인 이익을 꾀해도 상관하지 않았다. 특히 행적이 나쁜 관리들은 운전기사들이 그들의 약점을 손안에 쥐고 있기 때문에, 그에게 몇 년 동안 차를 몰게 한 이후에는 어쩔 수 없이 만족할 만한 짭짤한 보직을 배정해 주었다. 최신 조사에 의하면 관리의 운전기사는 현대 중국에서 가장 중요한 범죄 집단 중의 하나이고, 탐관의 불법 활동에는 늘 운전기사가 개입되어 있다고 한다.[6]

관리 소득의 명암

관리의 임금은 규정에 명문화되어 있으며, 등급에 따라 임금이 다르다. 등급마다 최저임금이 있고, 재직 연한이 늘어남에 따라서 조금씩 올라가지만 최고 한도가 있다.

---

5 『광둥 지부 생활』, 1999년 제1기, 24~25쪽.
6 차이위가오(蔡玉高)·량쥐안(梁娟)·팡례(方列), 「지도자의 운전기사가 권력자원을 누려서 부패범죄 새 집단이 되다」, 신화사, 『반월담』, 2010년 제7기에 실려 있음.

관리의 임금은 얼마나 될까? 필자의 수중에 마침 1990년대 중기 중앙 직속 사업 단위의 다른 등급 관리 임금표가 있어서, 여기서 참고하도록 제공했다. 표12-3을 보자.

표12-3 직원 직무 등급 임금 기준표[7] (단위: 위안/월)

직원 등급	1	2	3	4	5	6	7	8	9	10	11	12	13	14	15
1급	968	1,043	1,118	1,193	1,285	1,377	1,469	1,561	1,653	1,745					
2급	711	767	823	879	950	1,021	1,092	1,163	1,234	1,305	1,376				
3급	496	538	580	622	673	724	775	826	877	928	979	1,030	1,081		
4급	392	419	446	473	500	535	570	605	640	675	710	745	780	815	850
5급	351	370	389	408	427	452	477	502	527	552	577	602	627	652	
6급	322	337	352	367	382	401	420	439	458	477	496	515	534	553	

표에서의 이 임금 기준은 이미 시대에 뒤떨어진 것이다. 21세기에 들어선 이후, 간부의 임금은 대폭 상승했다. 2004년 베이징 시의 월급 표준은 "3581"로, 즉 과급(科級)은 3,000위안, 처급(處級)은 5,000위안, 국급(局級)은 8,000위안이고, 성부급(省部級)은 1만 위안이었다. 다른 많은 성(省)도 베이징의 기준을 모방했다. 임금이 높고 매우 안정적인 것 이외에, 지도 간부는 매우 많은 분야에서 일반인이 얻지 못한 혜택을 누린다. 예를 들면 주택·차량 사용·의료·공무 소비 등이다. 이러한 혜택은 일반인이 돈으로도 사기 매우 어려운 것들이다.

관리들은 등급에 따라 주택 표준이 다르다. 지도 간부는 일반 간부보다 훨씬 더 넓고 편안한 곳에서 산다. 표12-4는 2000년 내부에서 파악된 표

---

7 〈인민망-시장보(市場報)〉, 2001년 11월 5일.

준이다.

표12-4 등급에 따른 관리의 주택 표준 [단위: 제곱미터(m²)]

계급	일반간부	과급	부처장급	정처장급	부국장급	정국장급	부부장급	정부장급
주택 기준	60~70	70~80	80~90	90~100	105~120	120~140	190~220	220~250

  1990년대 중반 이전, 베이징의 수많은 부서는 이 표의 기준에 도달하지 못했었다. 1998년 이후, 복리성 주택 배분을 중지하려고 했기 때문에, 각 부서는 서둘러 "최후의 만찬"을 준비하여, 중앙정부 및 중앙정부 직속 기관의 간부는 일반적으로 이 표준의 상한선까지 이르렀다. 일부 지급시(地級市)·현급시(縣級市)는 시장들을 위해 "관가(官街)"라고 불리는 몇 채의 작은 건물을 지었다. 개혁 개방 이전에는 주택이 국가의 소유로 행정 급수에 따라 분배하여 급이 높을수록 면적이 컸다. 노동자들에게 돌아오는 것은 겨우 낡고 오래된 작은 단층집뿐이었다. 그 당시에도 임대료를 받았지만, 임대료가 매우 낮아서 보수비로도 턱없이 부족했다. 집세가 낮았던 이유는 국가가 재정적으로 보조를 해주었기 때문이다. 거주자는 집세를 적게 내는 방식으로 이 보조금을 받았다. 예를 들면 100제곱미터에 사는 가정은 본래 방세로 1,000위안을 내야 하지만, 실제로는 50위안만 지불했다. 이것은 950위안의 수입을 얻는 것과 같았다. 행정 급수가 높은 사람일수록 더 많은 방세 보조 수입을 얻었다. 일반 노동자의 이 방면의 수입은 아주 적었다. 개혁 개방 전, 주택 분배는 매우 중요한 복리였기 때문에, 그래서 "복리성 주택분배"라 했다.
  1998년 국무원이 공포한 〈성진 주택제도 개혁을 더욱 심화시키고, 주택 건설을 가속화 시키는 것에 관한 통지[국발(1998) 23호 문건]〉에서 1998년 7월 30일 복리성 주택 분배를 중지하고, 주택 상품화를 전면적으로 시행한다

고 규정했다. 각 지역은 국유주택을 거주자에게 일시불로 팔았다. 거주자에게 판 가격은 시장가격보다 훨씬 낮았다. 1998년 베이징 시 중심지역의 시장 가격은 1제곱미터당 대략 6,000여 위안이었지만, 거주자에게 파는 가격은 1,450위안으로 1제곱미터당 가격 차이가 4,550위안이었다. 가령 120제곱미터 주택에 살았다면, 가격 차이는 54만 6,000위안으로, 그의 평생 임금보다 훨씬 더 많았다. 베이징 이외의 성진에서는 주택 매도가격이 더 낮았고, 가격 차이도 더 컸다. 1998년 7월 1일 이후, 일반 국민들의 주택은 확실히 상품화되었고, 부모는 평생 저축한 돈으로 자녀에게 집을 사 주었다. 부모가 능력이 없으면 자식들이 은행에 거액의 빚을 지고 "집 노예"가 되었다. 주택 구입은 일반 국민들에게 가장 무거운 부담이 되었다. 그렇다면 관리는 어떤가? "계획경제의 최후의 만찬"은 영원히 다 먹지 못한다!

2008년부터 2009년까지 필자의 집 부근에 걸어서 갈 수 있는 곳, 예를 들면 베이징 시커잔난(西客站南), 광안문(廣安門) 밖 일대에 새 주택 단지가 하나하나씩 세워졌다. 중앙 직속 건물도 있고, 국무원 기관도 있었다. 이러한 고급 신주택의 시장 가격은 1제곱미터당 2만 위안으로, "경제 적용 주택(經濟適用房)"의 가격(4,000여 위안)으로 공무원들에게 판다. 한 국장급 간부가 180제곱미터의 집(본래 국장급 간부의 주택 표준은 120~140제곱미터이지만 현재는 느슨해졌다)을 산다면, 거의 100만 위안의 차액을 얻을 수 있었다. "경제 적용 주택"은 저소득 가정에게 파는 주택으로 엄격한 심사를 거쳐야 하지만, 당정 관리들이 모두 경제 활용 주택을 살 수 있는 자격을 얻으리라는 것을 생각지도 못했다. 필자가 이러한 상황에 대해 글을 발표한 후에,[8] 사회적으로 매우 강렬한 반향을 불러일으켰다. 사실 필자가 본 것은 단지 빙산의 일각에

---

8   양지성, 「주택개혁의 유래와 현상」, 『염황춘추』, 2009년 제5기에 실려 있음.

지나지 않는다.

차량 방면에서 베이징 어느 부서의 국장급 간부는 아직도 전용차가 있으며, 지방을 가면 전용차를 사용하는 간부는 더욱 많다.

의료 방면에서 국장급 이상의 관리는 보건 혜택을 누리고 있다. 의료비를 모두 청구할 뿐만 아니라, 수준이 비교적 높은 의사와 좋은 의료 조건을 갖고 있어, 진찰받는 데 일반 사람들처럼 줄을 설 필요가 없다. 의료 개혁 후, 일반 국민들 중 49%가 병이 있어도 병원에 가지 않고, 29%의 사람들은 입원해야 하지만 입원을 하지 않으며, 국민 중 절대 다수를 차지하고 있는 농민들은 거의 어떠한 의료 보장도 받지 못하고 있다. 반면에 고급 간부의 의료 조건만은 끊임없이 향상되었다. 위생부 부부장 인다쿠이(殷大奎)는 국가가 투입한 위생 비용은 단지 20%의 사람들만을 위해 위생 서비스를 제공하고, 정부가 투입한 의료비의 80%가 단지 850만 당정 간부들이 누리도록 쓰이며, 그중 50만 명이 또 이러한 80% 중의 50%를 누린다고 지적했다. 즉 다시 말해서, 50만 명이 국가의 전체 의료비의 40%를 누린다는 말이다.

그 밖에도 중국 관리의 "판공비"가 너무 많다. 이른바 "판공비"는 공무용 차량 사용 이외에, 주로 그가 공무 출장·출국 혹은 하급 부서로 검사 차 나갈 때의 각종 대우를 가리킨다. 예를 들면 비즈니스 좌석을 타고, 5성급 호텔에 투숙하며, 호화스런 연회를 베풀고, 공금으로 여행하는 등이다.

중국 관리들에게 임금은 그들 수입의 전부가 아니며, 심지어 주요 부분도 아니다. 그들이 피우는 담배는 보통 "중화(中華)", "홍타산(紅塔山)", "싼우(三五)"로, 그들의 임금으로는 비싸서 피울 수도 없는 것들이다. 회사 개업식 때 참석해서 테이프를 끊거나, 상점의 현판을 적어주면 모두 적지 않은 사례금을 받는다. 설이나 명절 때, 관혼상제, 병에 걸려 입원했을 때 모두 누군가가 선물을 줄 것이다. 아랫사람이 그에게 일 처리를 부탁할 때도 "활동비"를 준다. 중국 관리의 회색수입은 누구도 분명히 말할 수 없다. 하얼빈에서 발생한 한 사건은 우리가 "회색수입"을 이해하는 데 도움을 줄 수 있을 것이다.

1995년 12월, 하얼빈 시 상무 부시장 주성원(朱勝文)의 집에서 모두 인민폐 200여만 위안어치의 금품이 발견되었다. 그를 조사하는 과정에 그는 「나의 회색수입에 관하여」라는 글을 썼다. 갖고 있던 모든 귀중품과 금전은 개업식, 설과 명절, 각종 경축 의식 때에 받은 사례금과 활동비로, 그는 이러한 것들이 비록 임금과 같은 정상적인 수입은 아니지만, 그렇다고 또 한 법에 어긋나는 것도 아니라고 생각하며, 마땅히 회색수입으로 보아야 한다고 주장했다. 주성원은 몇 차례 병원에 입원한 적이 있었다. 그 기간에 매우 많은 사람이 그에게 문병을 왔다. 어떤 사람은 꽃바구니를 보내왔고, 어떤 사람은 과일을 보내왔지만, 대부분은 돈을 보냈는데, 그 돈을 계산해 보니 30여만 위안 정도였다. 주성원은 적발되기 전에는 훌륭한 간부로 인정을 받았지만, 형을 선고 받은 후에 투신자살하여 많은 사람들의 동정을 받았다. 2001년 새로 부임한 안후이 성의 현 위원회 서기가 발을 삐어 며칠 입원했는데, 아랫사람들이 그에게 수십만 위안의 현금을 주었다. 그는 선뜻 받지도 못하고 또 돌려줄 수도 없어서, 부득이 현 재정 담당자에게 건네주었다. 일부 지방에서는 설과 명절에 하급자가 상급자에게 돈이 든 붉은 봉투를 준다(지금은 모두 카드를 사용한다). 과장은 국장에게 선물을 하고, 국장은 일부를 꺼내 현 위원회 서기에게 선물을 한다. 피라미드의 아래층에서 점차 위로 보내서, 피라미드 꼭대기에 있는 사람은 상당한 수량의 선물을 받는다. 하급관리가 선물을 보내는 것 이외에도, 개인기업주가 또 선물을 보내려고 한다.

대중의 마음속에서 관리는 고소득 계층이다. 관리의 이익은 명확한 것이어서, 노농(노동자와 농민) 대중은 간부 대열에 비집고 들어가고 싶어 하고, 일반 간부는 관리 대열에 비집고 들어가고 싶어 하며, 하급 관리도 온갖 방법으로 높은 자리를 향해 진군한다. 2005년의 다른 한 조사에서 조사 대상 7,000여 명의 당해 연도 대학 졸업생 중에서 정부기관을 선택한 사람이 37.6%로, 1등을 차지한 것으로 나타났다. 2005년 11월 26일에 2006년 국가공무원 시험이 있었다. 인사부 통계에 의하면, 전국 36만 5,000명이 이 시험에 참가하여, 참가 인원수가 전년도에 비해 47%가 증가했다고 한다. 이번에 모두 1만 282개의 일자리가 있었는데, 각 일자리마다 평균 35명이 경쟁을 했으며, 개별 일자리의 경쟁자가 2,000명을 초과했다. 2009년 공무원 모집 필기시험에 참가한 인원수는 104만 명으로, 각 일자리마다 평균 응시자는 85명으로, 가장 경쟁률이 높은 일자리는 4,080대 1이었다.[9]

관리의 소득이 투명하지 않기 때문에, 일부 탐관은 "비정규적인 것"에서 보호를 받고, 일부 청렴한 관리들도 여론의 압력을 받는다. 그래서 〈재산신고법〉을 시행해야 한다는 것이 이미 각계의 여론이 되었다. 모든 공직자는 반드시 재산의 규모·출처·증감 등을 포함한 그 보유 재산의 현황을 국가 감독기관에게 정기적으로 서면 보고해야 한다. 사람들은 이 법률을 "햇빛법(陽光法)"이라고 부르며, 이 법률은 이미 준비 중에 있다. 이 법률이 나오기 전에 전국인민대표대회 상무위원회가 일찍이 1988년에 횡령 뇌물 처벌 보충 규정을 만들어, "거액 재산 출처 미확인 죄"라는 새로운 죄명을 하나 만들었다. 1995년 4월 30일, 국가가 〈당정 기관 현(처) 이상의 지도 간부 소득 신고에 관한 규정〉을 공포하여 시행했다. 그러나 간부들이 소득을 등록할 때 자기 마음대로 기입하여 보고했기 때문에, 소득 신고는 쓸데없는 형식으로, 보고한 소득도 겨우 그들의 진짜 소득의 일부분일 뿐이다.

개혁 개방 이후 간부 종신제가 폐지되었다. 그러나 급이 높은 지도 간부의 경우, 직무가 종신이 아니더라도 대우는 오히려 종신이었다. 국가 부부

---

9 『신화매일전신』, 2009년 11월 30일 5판 톱뉴스.

장급 이상의 간부가 퇴직을 하면, 죽을 때까지 퇴직 전의 자동차, 운전기사를 이용할 수 있다. 중앙정부에서 이렇게 했기 때문에, 지현(地縣)급에서도 퇴직한 주요 지도자는 계속해서 원래의 대우를 누렸다. 필자가 2009년 북방의 어느 큰 성의 지급(地級) 시 회의에 간 적이 있는데, 시위원회의 "4대 집단"(당위원회·정부·인민대표·정치협상회의)의 최고책임자는 퇴직 후에도 여전히 사무실과 자동차를 사용하고 있다는 사실을 알았다. 그들은 나이가 많아서 밖에 나갈 일이 거의 없기 때문에, 운전기사는 심심할 정도로 한가했으며, 원로 간부는 길 건너서 이발하러 가는 데에도 차를 운행했다.

관리 선발의 정도(正道)와 사도(邪道)

동서고금을 막론하고 모두 관리 선발제도를 중시했었다. 옛사람은 "나라를 잘 다스리기 위한 도리는 사람을 잘 쓰는 데 달려 있다. 사람을 잘 쓰는 도리는 관리를 잘 임명하는 데 달려 있다(爲治之道, 在於用人. 用人之道, 在於任官)"라고 했다. 그러므로 정확하게 "관리를 임명"하려면, 반드시 좋은 관리 선발제도가 있어야 한다. 서기 581년, 수나라 문제(文帝) 양견(楊堅)은 위진남북조 시기의 가문과 혈통에 따라 관리를 임명하던 "구품중정제(九品中正制)"를 중지시키고, 과거제도를 만들었다. 시험에 참가하는 사람은 지방 관리의 추천 없이 자원해서 신청하고, 우수한 사람은 살아남고 열등한 사람은 도태되는데, 시험 성적에 따라 상응하는 관직을 수여했다. 이것은 광범위하게 서민 지주에서 평민 지식인까지 오직 학문만 있으면 모두 벼슬을 할 수 있는 기회를 주었다. 물론 전제 독재 사회가 타락함에 따라 이러한 제도의 폐단이 점차 그 장점을 넘어서 청나라 말에는 어쩔 수 없이 폐지되었다.

과거제도가 폐지된 후, 중국의 관리는 모두 위임제(委任制)로 채용되었으며, 중화인민공화국이 성립된 이후에도 여전히 위임제를 답습했다. 위임 과정에서 당 조직이 결정적인 역할을 했다. 하급 기관의 지도부는 모두 상급 당 위원회로부터 임명되었다. 민주집중제[民主集中制, Democratic Centralism: 민주주의적 중앙집권제. 공산주의 정당, 사회주의 국가가 채택한 조직원칙으로 민주주의와 중앙집권제의 원칙을 혼합한 제도]가 비교적 완벽한 상태에서, 다음 지도부를 임명할 때, 일반적으로 모두 당 위원회의 집단 토론을 거친다. 당 위원회의 토론이 있기 전에 살펴보고 대중의 의견을 들어야 한다. 그래서 과거의 이러한 제도는 여전히 우수한 간부들을 선발했다.

그러나 민주집중제가 약화됨에 따라, 주요 지도자의 권력이 균형을 잃자, 위임제의 폐단이 드러나 많은 부서는 일인자의 좋고 싫음에 근거하여 간부를 선택했다. 일인자의 마음속에 인상이 좋은 사람이 발탁될 가능성이 있었다. 그래서 타산적인 사람은 온갖 방법을 다해 간부 임면권을 가진 지도자에게 접근하여 기분을 맞추고, 그가 시키는 대로 절대 복종하며 아첨했다. 진정한 재능과 건실한 학문이 있는 사람은 이렇게 하는 것을 하찮게 여긴다. 이렇게 간부 임면권을 가진 지도자는 권력자에 빌붙어 아부하는 무리들에게 에워싸여 있어서, 그가 뽑은 사람은 인재일 리가 없고, 단지 노비일 수밖에 없다. 많은 기관에서는 일인자가 독단적으로 전횡하여 권력의 상호제어가 없고, 수중의 간부 임면권을 사리사욕을 채우기 위한 수단으로 삼고 있다. 그는 이런 권력을 쥐고 있다가 값이 오를 때 팔며, 부지런히 뛰어다니고, 달콤한 말을 하고, 선물을 많이 보내주고, 자신의 현재와 미래에 이득이 더 큰 사람에게 권력을 준다. 기름진 고기 한 덩어리를 들고 파리를 유인하는 것처럼, 일부 승진하고 싶어 하고 또한 심보가 바르지 않은 사람이 이 고기 주위를 윙윙 어지럽게 에워싸고 있다. 그들은 이 기름진 고기를 얻기 위해 온갖 방법으로 그의 기분을 맞추고, 그에게 아첨하고, 온갖 수를 다 짜내어 비위를 맞추며, 연줄을 대어 뒷거래를 하고, 선물을 보내는 등 온갖 수단을 가리지 않으며, 심지어 돈과 여자 또한 "오사모(烏紗帽: 관직)"로 바꾸는 자본이 되었다. 최근 매관매직은 이미 특별한 현상이 아니다.

장시(江西) 성 광평(廣豐) 현의 현 위원회 서기였던 정위안성(鄭元盛)은 재직 기간 동안에 뇌물을 받고 관직을 팔아서 13만 위안을 챙겼다. 또 산시(山西) 성 펀시(汾西) 현의 현 위원회 서기였던 정쩌성(鄭澤生) 등 6명의 현급 간부들은 제멋대로 매관했고, 현(縣) 검찰원의 부검찰장 겸 반탐국(反貪局) 국장의 "오사모"를 횡령 전과가 있는 사람에게 팔았다. 발각된 이 두 사람은 단지 관리 선발제도의 폐단을 드러내는 빙산의 일각에 지나지 않는다. 비록 대중매체에서 수차례 폭로하고, 사회가 거듭 비난했지만, 매관 사건은 여전히 끊이지 않고 갈수록 심해졌다. 신화사 인쇄청(殷學成) 기자는 그의 보도에서 아래와 같은 전형적인 사례를 제공했다. 장쑤 성 피저우(邳州) 시 위원회 서기 싱당잉(邢黨嬰), 쑤첸(宿遷) 시 부시장 황덩런(黃登仁), 옌청(鹽城) 시 정치협상회의 부주석, 시 위원회 통일전선부장이었던 리수춘(李樹春), 화이인(淮陰) 시 교육위원회 주임이었던 천광리(陳廣禮) 등 4명은 현 위원회 서기 직무를 맡은 기간에 제멋대로 매관하여 폭리를 취했다. 그들은 모두 46명을 진급시켰고, 31명을 전근 보내는 가운데 거액의 뇌물을 받았다. "부자가 되려면 간부를 이동시켜라"는 말은 일부 매관자의 돈 버는 진리가 되었다. 그들은 현 위원회 서기 재임 기간에 간부를 빈번하게 전근시켰다. 예를 들면 싱당잉이 1995년 4월에 한번에 600명의 간부를 이동시켰고, 천광리는 롄수이(漣水)로 전근가기 얼마 전에, 1995년 11월과 12월 두 차례에 걸쳐 기습적으로 326명의 간부를 임면(任免)했다.

헤이룽장(黑龍江) 성 쑤이화(綏化) 전임 시 위원회 서기 자오훙옌(趙洪彦)은 재임기간에 매관을 했으나 드러나지 않고 오히려 성 인사청 청장으로 승진했다. 자오훙옌을 대신하여 쑤이화 시 위원회 서기에 임명된 마더(馬德)는

1995년에서 2002년 사이에 매관매직·뇌물 수수 등으로 미친 듯이 2,385만 위안에 상당하는 재물을 긁어모았으며, 마지막에 502만 위안, 2만 5,000달러를 뇌물로 받은 것을 인정했다. 마더 사건에는 간부 260여 명이 연루되었는데, 쑤이화 시·현 이상의 간부 50%가 넘게 휘말렸으며, 그중 각 부서 최고책임자가 50여 명이나 된다. 마더는 결국 사형 집행유예 판결을 받았다. 마더는 재판 중에 성장(후에 국토자원부 장관으로 전근)이었던 톈펑산(田鳳山)에게 10만 위안을 뇌물로 주었고, 성 위원회 부서기·조직부장인 한구이즈(韓桂芝)에게 80만 위안, 성 인사청 청장 자오훙옌에게 15만 위안을 뇌물로 주었다고 자백했다. 사건이 처리된 후에 톈펑산은 마더에게 10만 위안 뇌물을 받은 것 이외에도, 대량으로 뇌물을 받은 것으로 조사 결과 밝혀졌고, 본인이 모두 17건, 498만 위안을 뇌물로 받았다고 인정했다. 조사 과정에서 한구이즈는 1993년부터 2003년 사이에 성 위원회 조직부 부부장·부장·성 위원회 부서기 등의 직무를 맡으면서, 여러 사람들에게 승진을 도와주는 명목으로 잇달아 700여만 위안의 검은 돈을 챙긴 것으로 밝혀져 사형 집행유예를 판결 받았다. 자오훙옌은 성 인사청 청장 재임기간에 여러 차례 매관하여, 15년 유기징역 판결을 받았다. 만약 마더가 폭로하지 않았다면 아마 톈펑산·한구이즈와 같은 고위 관리가 물에 빠질 리가 없었을 것이다.

매관의 방식을 통해 위임된 간부의 자질은 미루어 알 수 있다. 인쇄청은 앞에서 언급한 보도에서 소개했는데, 위안마오탕(袁茂堂)이라는 사람이 황덩런에게 6만 위안을 주고 계획출산위원회 주임 자리를 사들인 후, 한시도 지체하지 않고 새로 얻은 권력으로 본전을 건지려고 했다. 그는 관인과 수납 영수증을 손가방 안에 넣어 들고 다니면서, 직접 돈을 챙겼다. 또한 제멋대로 도장을 찍어 계획출산위원회 계통에 40여 명을 전입시켰다. 예즈롄(葉志連)이라 불리는 향(鄕) 당위원회 서기는 사람들이 그의 생활 태도와 돈

문제에 대해 끊임없이 보고했지만, 황덩런은 조사도 하지 않고 오히려 상급 기관에 그를 현(縣) 정치협상회의 부주석으로 추천하여, 1993년 8월에 현(縣) 양식국장(糧食局長)을 겸임하도록 했다. 예즈롄은 양식국장을 맡은 후에도 제멋대로 매관했고, 1993년부터 1997년 사이에 간부를 발탁하고 전근시키는 과정에, 연달아 42차례에 걸쳐 양식 계통에 있는 22명으로부터 뇌물로 16만 7,000위안을 받았다.

한 손으로 돈을 지불하고, 한 손으로 관직을 주는 것은 매관매직 중 가장 졸렬하고, 노골적인 형식이다. 또한 기타 여러 가지 변형된 형식이 있다. 이러한 형식은 비록 변화무쌍하고, 매우 미묘하지만 그러나 그 실제는 마찬가지이다. 관직을 사는 사람은 각종 수단을 통해 임명권을 가진 사람에게 이익을 주며, 관직을 파는 사람은 각종 정당한 명분으로써 관직을 사는 사람에게 "오사모(烏紗帽)"를 준다. 과거에는 어떤 사람이 관직이 오르면, 사람들은 그가 유능하다고 생각해서 그에게 경의를 표했다. 하지만 지금은 일부 능력은 뛰어나지 않고, 업적이 보통인 사람이 갑자기 중임을 맡게 되면, 그에게 존경을 표하는 사람은 없고 오히려 그의 인격을 의심하며 "저 녀석 무슨 속임수를 쓴 거야? 어떻게 이 관직을 잡은 것일까?"라고 말한다.

통상적인 상황에서는 매관매직은 쉽게 드러나지 않는다. 단지 어떤 단위의 지도부가 집단범죄로 처벌을 받은 후에, 그들이 매관매직한 일이 비로소 천하에 드러난다.

갖가지 형식의 매관매직은 바로 이렇게 나타났다. 먼저 권력의 균형이 부족해야 권력의 사유화가 생기고, 권력의 사유화가 생기고 나면 비로소 매관매직이 생긴다. 제1인자는 관리를 임명하는 기회를 이용하여 사리사욕을 도모하며, 제2인자·제3인자도 이렇게 한다. 그들 사이는 말을 하지 않아도 서로 마음으로 이해하고, 서로 보호한다. 이번에는 당신 사람을 발탁하고, 다음에는 내 사람을 중용하여, 권력을 함께 나누고, 이익을 고루 나누어 가진다. 이러한 관직 선발 체제는 실제로 질이 낮은 선발 체제이고, 선발된 대부분은 권리를 이용해 사리사욕을 채우는 무리들이다. 이러한 관리 선발 체제하에, 관리들은 막후 거래 속에서 상하 관계를 세워 예속 관계를 맺었고, 패거리를 형성했다. 최근 몇 년간 지도 간부 집단의 범죄가 비교적 많은 것은 바로 간부 임명 중에 이미 정당하지 않은 패거리 관계가 형성되었기 때문이다.

지대추구와 범죄

경제가 시장화 되어도, 공공 권력의 운영방식은 여전히 기본적으로 계획경제 때의 상태를 유지한다. 권력이 지나치게 집중되고, 정부와 기업의 직능이 구분하지 않아서, 많은 경제활동에 관리들의 심사 비준이 필요하다. 회사를 세우려면 영업허가증을 신청하여 심사 비준을 받아야 하고, 은행에 대출을 받는 데도 심사 비준이 필요하며, 상품 수입에도 심사 비준을 받아야 한다. 부동산을 경영하는 데에도 부지는 심사 비준을 받아야 한다. 행정개혁이 경제개혁보다 뒤처져 있기 때문에, 중국의 경제를 계획경제도 시장경제도 아닌, "심사 비준 경제"로 만들어놓았다. 심사 비준의 권력은 관리의 손 안에 있다. 2002년 3월 11일자 『중국신식보(中國信息報)』에 소개된 한 편의 글에 따르면, 정확한 통계는 아니지만 단지 국무원만 하더라도 70개의 심사 비준 권한이 있는 부서에 2,854개의 심사 비준 항목이 있으며, 성급 정부 행정 심사 비준 항목은 많을 때는 2,000여 개, 적을 때는 1,000여 개나 된다고 했다. 위에서 서술한 2,854개의 심사 비준 사항 중에서 11.8%만이 국가 법률에 의거하여 규정되었고, 부서 문건과 부서 내의 국(局) 문건에 의거해 규정된 심사 비준 사항이 36.8%를 차지했다. 경영자의 입장에서 보면, 심사 비준이 필요하다는 것은 큰돈을 벌 수 있는 기회이다. 승인 공문서를 얻게 되면 바로 재부를 얻게 되는 것이다. 그래서 손안에 심사 비준권을 갖고 있는 관리가 만약 고결한 지조와 굳센 의지가 없다면 "사탕발림"의 공격에 저항할 방법이 없다. 더군다나 심사 비준은 선례가 없고 임의성이 상당히 강해서, 심사자 마음대로 이 사람에게 비준을 줄 수도 있고, 또한 다른 사람에게 비준을 줄 수도 있었다.

경제학자 우징롄(吳敬璉)은 외국에서 지대추구(地代追求, rent seeking)라는 개념을 도입했다. 이른바 "지대추구"는 행정 간섭으로 인해, 일부 돈을 버는 기회에 관리의 심사 비준이 필요하고, 승인 공문서를 얻게 되면, 큰돈을 벌 수 있는 기회를 얻는 것이다. 이러한 "승인 공문서"는 거대한 재부를 포함하고 있으며, 경제학자들은 그것을 "임대료"라고 부른다. 당연히 여기서의 "임대료" 개념은 지세(소작료)·집세와는 완전히 다른 것이다. 지대추구 이론에서 임대료는 일반적으로 정부의 관여나 혹은 행정이 시장 경쟁을 통제하여 형성된 차액 소득을 가리킨다. 즉, 기회비용을 초과한 가격 차이이다. 모든 상품 경제 속의 행정 통제는 이러한 가격 차이 소득을 창조할 수 있다. 국내에서 잘 팔리는 제품을 수입하는 허가증, 부동산업자가 얻은 저가의 부지, 그 속에는 모두 "임대료"가 있다. 이중 가격·이중 이율이 공존하는 전환 시기에, 계획가격과 시장가격의 가격 차이, 계획 금리와 시장 금리의 차액도 역시 "임대료"이다. 영업허가증·주식상장 등 본래 법에 따라 비준을 투명하게 공개해야 할 일들은 마땅히 임대료가 없다. 그러나 관련 법의 부족 혹은 법이 있어도 준수하지 않고, 또한 "은밀한 조작"이 있어서 역시 "임대료"가 있었다. "지대추구"는 기업이 온갖 방법으로 이러한 "임대료"를 추구하는 활동이다. 지대추구는 경우에 따라서 뇌물수수의 수단으로 사용된다. 뇌물을 주는 사람은 "임대료"를 얻고 관리들은 검은 돈을 얻는다(검은 돈 역시 임대료에 대한 일종의 분배이다). 임대료 수입의 투명도는 매우 낮고,

감독하기가 매우 어렵다. 실제로는 거금의 "검은 돈"으로 "임대료"를 교환하는 것이 아니라, 평소 권력자에게 대량의 "감정 투자"(각종 형식의 고액 선물 증정)를 하는 경우가 더욱 많아서, 심사 비준이 필요할 때 권력자가 편의를 봐줄 수 있다. 단지 일반 국민들만 "평소에는 불공을 드리지 않고, 급할 때는 부처님 다리에 매달리고", 사유 기업주들은 권력자들에게 항상 "불공을 드린다".

계획경제에서 시장경제로 전환하는 과정에서, 과거에는 정부로부터 고도로 집중된 일부 재부를 사회로 옮기려고 했다. 이것을 일반적으로 비국유화라고 부른다. 만약 옮기는 것이 합리적이고 합법적이면, 계획경제에 비해 일종의 진보라고 말할 수 있다. 그러나 정치체제 개혁이 낙후되고 있기 때문에, 권력의 상호제어가 부족하고, 공무 활동이 공개적이지 않고 불투명해서, 재부가 계획경제 때에 수립된 권력체계에 따라 몇몇 개인이나 가족에게로 옮겨갔다. 각급 관리들이 재부를 옮길 수 있는 권력을 장악하고 있기 때문에, 자신의 욕망을 억제할 수 없는 관리들은 큰 이득을 취했다. 그들이 취한 이득의 일부분은 지대추구를 통해 실현한 것이고, 일부분은 관리들의 경제 범죄에 의한 것이었다.

법학자 천중린(陳忠林) 교수의 연구에 의하면, 1999년부터 2003년까지 최고검찰원과 최고법원 보고 중의 관련 데이터에서 중국 일반 국민 범죄율은 400분의 1이지만, 국가기관원의 범죄율은 200분의 1이고, 사법기관원의 범죄율은 100분의 1.5였다는 것을 추산할 수 있다고 한다. 다시 말하자면 중국 국가공무원의 범죄율이 일반 국민의 범죄율보다 배 이상 높고, 사법기관원 범죄율은 일반 국민의 6배나 된다. 2005년 3월 "양회(兩會)"에서의 "양고보고(兩高報告: 최고인민법원과 최고인민검찰원 보고)"에 의하면 2004년 일반 국민의 범죄율 증가폭은 9.5%였으나, 국가기관 공무원 범죄율의 증가 폭은 17.8%로, 국가기관 공무원이 국민의 권리를 침해하여 야기된 범죄의 증가폭은 13.3%라고 한다.

최근 관리의 범죄는 아래의 특징이 있다.

첫째, 범죄를 저지른 관리 수가 해마다 증가하고, 직급도 갈수록 높아지고 있다.

통계에 따르면, 1993년부터 1996년까지 전국기율검사기관이 처리한 사건이 해마다 9% 정도 늘었다. 당 기율·행정 기율 처분을 받은 당정 간부는 해마다 12% 정도 증가했으며, 그 이후에도 이러한 증가 추세는 멈추지 않는 것으로 나타났다. 이것은 매년 한 차례의 〈최고인민검찰원 업무보고〉에서 알 수 있으며, 구속 수사 사건은 해마다 늘어나고 있고, 성급과 부급 간부의 범죄사건은 더욱 빨리 증가하고 있다.

2003년 3월, 제10기 전국인민대표대회 1차 회의의 〈최고인민검찰원 업무보고〉에서 1998년부터 2003년까지 5년 동안 검찰원은 횡령·뇌물수수·100만 위안 이상 공금 유용 등 5,541건과 범죄 혐의가 있는 현(縣) 처급 이상 간부 1만 2,830명을 구속 수사했다고 했다. 그 결과 청커제(成克杰)·후창칭(胡長清)·리지저우(李紀周) 등 부패가 심각한 관리를 처벌했다.

2008년 3월 10일, 제11기 전국인민대표대회 1차 회의의 〈최고인민검찰원 업무보고〉에서 2003년부터 2008년까지 5년 동안 횡령·뇌물수수·100만 위안 이상 공금 유용 등 3만 5,255건과 범죄 혐의가 있는 현 처급 이상 국가공무원 1만 3,929명을 구속 수사했으며, 그중 청국(廳局)급은 930명이고, 성부(省部)급 이상은 35명이라고 했다.

이상의 보고에서 감찰기관이 구속 조사한 횡령·뇌물수수·100만 위안 이상 공금 유용 등의 사건은 2003년부터 2008년까지의 5년이 1998년부터 2003년까지의 5년의 6.35배에 상당하고, 성부(省部)급 이상의 간부 범죄자 숫자도 대폭 늘어났음을 알 수 있다.

우리는 직무 범죄사건의 수가 해마다 증가하는 것에 주목해야 할 뿐만 아니라, 또한 범죄 액수가 해마다 대폭 올라가고 있는 것을 보아야 한다. 몇 년 전에는 수만 위안이면 바로 구속이 되었지만, 지금은 그런 일은 고급인민검찰원 사건의 통계 안에도 들어가지도 못한다. 1980년대 횡령 수뢰 금액이 10만 위안 이상이면 일반적으로 사형 판결을 받았지만, 1990년대 초에는 횡령 수뢰 금액이 30만 위안 이상은 목숨을 보존할 수 있었고, 1990년대 중반에는 횡령 수뢰 금액이 100만 위안 이상이면 죽지는 않았다. 21세기에는 횡령 수뢰 금액이 1억 위안 이상이면 무기징역 또는 사형집행 유예 판결을 받았다. 설사 사형집행 유예 판결을 받더라도, 여러 가지 방식을 통해 감형 받을 수 있어서, 민간에서는 "사형집행 유예는 12년 형과 같으며, 12년 후에는 다시 '대장부'가 된다"는 말이 있다. 복역 중인 고위 관리들은 옥중에서도 특별대우를 받았다. 『봉황주간(鳳凰週刊)』 특집란에 구속 직전에 있는 고위 관리를 언급하면서 "하루에 네 끼 식사"를 하고, 하루 식비가 200위안 정도라고 했다. 그들은 감옥에서 인터넷을 할 수도 있다. 그들이 발탁한 부하들이 자주 면회를 오고, 좋은 술과 담배를 보내온다. 일부 언론 보도에는 중국 정부가 부정부패 관리들을 위해 호화스러운 감옥을 지었으며, 시설은 모두 5성급 호텔 수준이라고 했다. 쑤저우 옌청(鹽城) 감옥은 서구식 빌딩으로, 완벽한 시설과 고급 바·고급 사무실·호화 컨벤션 센터·베란다가 있는 20제곱미터의 일인용 감방·단지 내 국제용 운동장·우레탄 농구장과 트랙·인공 강(江)·공원 등이 갖춰져 있다.

둘째, 집단부패이다. 집단부패에는 두 가지 상황이 있다. 첫 번째 상황은 공공권력 부문(部門)을 장악한 몇몇 구성원들이 공동으로 일을 꾸미고, 공동으로 행동하여, 거대한 범죄집단을 형성하는 것이다. 그들은 "망가져도 함께 망가지고, 잡혀도 함께 잡힌다"는 식이다. 중국 공산당 중앙기율검사위원회 2차 전체회의 이래로 저장 성 타이저우(台州) 시는 70여 개의 직장 사건(窩案)을 해결했으며, 연루된 사람만 100여 명이었다. 푸젠 성은 1994년 113건의 직장 사건과 연루 사건을 처리했다. 두 번째 상황은 공권력을 쥐고 있는 다른 부서가 서로 결탁하여 내통하는 것으로, 한 범죄사건에 여러 부서, 여러 지역이 연루되어, 대형 범죄망을 이루고 있다. 쑤저우 교통(交通) 은행의 차이한강(蔡涵剛) 사건은 17개의 성과 도시, 100여 개의 부서가 연루되어 있었다. 1996년에 드러난 산동 성 타이안(泰安) 시의 시 위원회, 1998년에 드러난 광동 잔장(湛江) 시 위원회, 1999년에 드러난 닝보(寧波) 시 위원회 서기 범죄사건, 2001년에 드러난 샤먼(廈門) 밀수사건과 선양(瀋陽) 시 정부 무마(慕馬) 사건 등은 범죄집단이면서, 또한 범죄조직이다. 2004년 드러난 헤이룽장 성 위원회 사건, 성 정치협상회의 주석 한구이쯔(일찍이 오랫동안 성 위원회 조직부장, 성 위원회 부서기의 실권을 장악했다)·성장 톈펑산(田鳳山)과 5명의 부성장급 고위관리·10여 명의 지(地)급 관리가 상하좌우로 서로 얽혀 있는 거대한 범죄집단을 구축했다. 2009년 궈메이(國美)전기 사장 황광위(黃光裕)가 실각한 후, 광동 성 정치협상회의 주석 천사오지(陳紹基)·저장 성 기율위원회 서기 왕화위안(王華元)·공안부 당위원회 위원·부장 비서 정사오둥(鄭少東) 등 많은 성부(省部)급 고위 관리로 구성된 직장 사건을 적발했다. 집단부패에서 최고책임자는 부패의 핵심이다. 랴오닝 성 선양 시가 해결한 무마 사건에서 연루된 16명은 "최고책임자"로, 시장·법원장·검찰장·재정국장·국세국장·토지국장·물가국장·연초전매국장·건설위원회 주임·국유자산관리국장 등 핵심 부서의 최고책임자들이 연달아 낙마했다. 시장은 국장에게서 돈을 받고, 국장은 처장에게서 돈을 받고, 처장은 과장에게 돈을 받아서, "윗사람에 주고, 아랫사람에게 받는" 관행을 형성했다.[10]

---

10 사오다오성(邵道生), 「권력 감독 부재하의 최고책임자 부패」, 〈광명망〉, 2007년 3월 19일.

셋째, 부패현상이 이미 경제영역에서 인사영역과 사법영역으로 확대되었다. 인사영역의 매관매직은 거의 흔한 일이 되었다. 일부 지방은 "감투"에 대해 정찰 가격이 정해져 있어서, 심지어 인민대표회의 대표·정치협상위원도 고가로 팔 수 있었다. 사법 부패는 법관만 저지르는 것이 아니라, 검찰관도 있고 일부 반탐국(反貪局)의 검찰관도 부패를 저질렀다. 법원에서도 하층법원만 사법범죄를 저지르는 것이 아니라, 중급법원과 고급법원의 중급법관과 고급법관도 있었다. 심지어 고급법원의 부원장·원장뿐만 아니라 중화인민공화국 최고법원의 부원장인 황쑹유(黃松有)도 부정부패 관리였다. 한 개인의 부정부패 관리가 있을 뿐만 아니라, 일부 지방에는 무리를 이루거나 조직적인 부정부패 관리가 있었다. 예를 들면 이미 적발되어 사법처리를 받은 광둥 고급인민법원 원장이었던 마이충카이(麥崇楷)·랴오닝 성 고급인민법원 원장이었던 톈펑치(田鳳岐)·선양 시 중급인민법원 원장이었던 자융샹(賈永祥)·부원장이었던 량푸취안(梁福全)·자오메이구이(焦玫瑰)와 선양 시 인민검찰원 원장이었던 류스(劉實) 등의 부패사건은 보기만 해도 몸서리치게 한다. 한 법률 연구 전문가는 "한 치의 과장도 없이 말하면, 사법 부패는 거의 모든 사법기관에 확산되었고, 모든 사법부서까지 침투되어, 지금은 사법기관의 악성 종양이 되었다"고 쓰고 있다. 사법은 사회의 공정을 보장하는 최후의 보루이다. 사법이 썩었는데 어떻게 사회가 공정해질 수 있으며, 사회가 불공정한데 어떻게 사회 조화를 보장할 수 있겠는가?

넷째, 부패가 이미 정책제정과 개혁과정 속으로 들어왔다. 개혁 중에 만들어진 기득 이익집단이 강세(强勢)를 형성했고, 강세 집단은 개혁성과라는 케이크 중 가장 날콤한 부분을 차지했다. 또한 이 강세를 이용하여 개혁의 정책을 좌지우지하여, 개혁 중 더 많은 이익을 얻으려고 도모했다. "개혁 목표 부서화, 부서 이익 정책화"는 기득권자들이 개혁을 왜곡한 일종의 형식이다. 기득권자들에게 손해를 끼치는 개혁은 시행되기 매우 어렵고, 기득권자들에게 유리한 개혁은 상당히 빨리 진행된다. 강세 집단이 중국의 개혁 방향을 좌우하면, 필연적으로 사회는 더욱 불공정해지며, 사회 모순을 악화시킨다. 이것이 중국 개혁에 있어서 가장 우려할 만한 일이다.

다섯째, 대량의 부패 관리가 돈을 갖고 외국으로 도망갔다. 부정부패 공직자는 안팎으로 결탁하여, 진상이 드러나면 빠져나갈 구멍을 만들어놓고, 낌새가 있으면 바로 돈을 갖고 외국으로 도주한다. 중국에 도대체 얼마나 많은 부정부패 공직자들이 외국으로 도주했을까? 아마도 분명히 밝힐 수 있겠지만 공개하기를 원하지 않을 것이다

2004년 5월 23일 오전, 공안부와 회계국(審計署)이 공동기자회견을 열었다. 공안부 경제범죄수사국 부국장 가오펑(高峰)은 기자들의 질문에 현재 공안부가 파악하고 있는 경제사범 해외도피 피의자는 약 800명이며, 그중 320여 명은 몇 년간 사법 경로를 통해 체포되어 관련 부서로 넘겨졌고, 관련 금액은 700억 위안에 달한다고 했다.

2004년 11월 21일자 보도에서 최고검찰원의 통계에 의하면 현재 중국에는 약 4,000여 명의 해외로 도피한 부정부패 공직자가 있으며, 그중 대부분은 이미 재산을 해외로 빼돌렸고, 분석 결과 액수가 500억 위안이 넘는다고 했다.

2005년 9월 5일 신화사는 중국 상무부 연구원의 「역외 금융센터가 중국 자본 해외도피 환승역이 되다」라는 보고서의 불완전 통계에 의하면, 중국의 해외도피 부정부패 공직자는 현재 4,000여 명이고, 휩쓸린 자금은 대략 500억 달러 정도라고 보도했다.[11]

---

11 상무부 신문판공실 책임자는 2010년 4월 25일 신화사 기자와의 인터뷰에서, 상무부는 지금까지 한 번도 이러한 조사를 한 적이 없다고 말했다. 그러나 그는 상무부 직속의 연구기구가 없다고 부인하지는 않았으며, 중국 상무부가 연구한 이 보고서는 매우 널리 유포되어 있다.

베이징대학 청렴정치건설연구센터의 통계 보고에서는 과거 10년간 북미와 유럽 등지로 도주한 중국 부정부패 공직자는 1만여 명에 달하고, 갖고 간 도피자금은 6,500억 위안 이상이 된다고 했다.

외국으로 도주한 부정부패 공직자는 수천만·1억 위안 이상의 거액을 갖고서, 미국에서 집을 살 때 전부 현금을 지불해, 미국인들의 시선을 끌었다. 최근에 어떤 공직자들은 아내와 아이들을 해외로 보내고 재산도 해외로 옮겨 두고는, 자기 혼자 국내에서 공직 생활을 하는데, 사람들은 이들을 "뤄관(裸官: 가족이 모두 해외로 이주하고 중국에는 혼자 남아 있는 기러기 관료)"이라고 부르며, 일단 일이 생기면 바로 해외로 도망간다.

여섯째, 부정부패 공직자가 "첩(二奶)"을 두는 것은 상당히 보편적인 현상이다. 중앙기율위원회 중앙조직부의 제2 순시조 조장·중앙기율위원회 상무위원이었던 치페이원(祁培文)은 선전(深圳) 보고에서 "중앙기율위원회가 조사한 큰 사건 중 사건에 연루된 공직자는 95% 이상이 모두 여자 문제가 있었다"고 했다.[12] 어떤 공직자는 첩이 하나가 아니라, 두 명, 세 명 심지어 더 많이 두었다. 안후이 성 쉬안청(宣城) 시 위원회 부서기 양펑(楊楓)은 무려 일곱 명의 정부를 두고 있었다. 정부들 사이의 시기 질투로 인한 다툼을 방지하기 위해 경영관리 MBA 지식으로 정부들을 관리했다. 그는 일곱 명의 정부에게 순서를 정하고, 그가 가장 믿는 저우(鄒) 여인을 수석 정부로 임명하고, 자기 대신 다른 여섯 명을 관리하도록 했다. 저우 여인은 여섯 명의 정부의 특징을 파악하여 적당한 일을 마련해 주었다. 예를 들면 어떤 정부에게는 상부 기관의 지도자 그룹을 주로 공략하도록 했고, 어떤 정부에게는 회사를 경영하게 했다. 저우 여인은 양펑을 위해 여섯 개의 휴대폰 번호를 미련하여, 각기 다른 정부에게 나누어 주었다. 그의 "과학"적인 통제로,

---

12 허량량(何亮亮), 「고위 관리 공공 정부가 중국 관료사회의 특색이 되다」, 〈봉황TV〉, 2009년 7월 9일 「총편집시간」.

양평과 정부들은 서로 만족하며 화목하게 아무 탈 없이 잘 지냈다. 양평은 "수석 정부"가 이처럼 재능이 있는 것을 보고서, 바로 저우 여인에게 따로 통장을 개설해 주었다. 그에게 청탁을 하기 위해 현금을 보내오면 모두 쉬 안청 시에 있는 양평의 개인 처소로 보내, 모두 저우 여인에게 주었다. 허 페이(合肥) 집으로 보내진 것은 그의 아내가 보관했다. 나중에 새로 추가된 7번째 정부와 수석 정부 사이에 갈등이 생기자, 저우 여인이 양평을 공격 했다. 2005년 6월, 성 기율위원회는 저우 여인이 제공한 단서에 근거로 양 평의 범죄 혐의 사실을 조사하기 시작했다. 2005년 9월 7일, 양평은 법에 따라 체포되었고, 2006년 6월 1일, 차오후(巢湖) 시 중급인민법원이 양평의 뇌물수수 사건을 개정하여 심리했고, 양평은 자신의 범죄행위에 대해 유 죄를 인정했다.

정부에 의해 공직에서 물러나게 된 경우는 양평만이 아니었다. 2008년 6월 28일, 산시(陝西) 성 정치협상회의 부주석이었던 팡자위(龐家鈺)는 "뇌물 수수"와 "직무태만"으로 20년 형을 받은 것도 많은 정부들이 합세해서 고 소했기 때문이다. 해군 부사령·중장인 왕서우예(王守業) 또한 정부인 장(蔣) 여인의 치마폭에 푹 빠졌었다. 왕서우예는 전선문화선전공작단 배우인 장 여인과 8년 동안 사통했고, 그 사이에 장 여인은 왕서우예를 위해 아들을 낳았다. 그러나 왕서우예는 장 여인에게 이 아이가 다른 사람과의 사이에 서 낳은 아이라고 거짓말을 하도록 했고, 아이의 이름도 장투이우(蔣退伍)라 고 지었다. 장 여인이 수백만 위안의 "보상"을 요구했지만 왕서우예는 백 만 위안만 주겠다고 대답을 했다고 한다. 두 사람은 이 때문에 결별하게 되었고, 이 후에 왕서우예는 또 장 여인의 목숨을 위협했다. 장 여인은 중 앙군사위원회와 해군사령부에 진정서를 제출했지만 받아들여지지 않았 다. 2년여 동안 지지부진하다가, 장 여인이 왕서우예의 다른 두 명의 정부 와 연계하여 연명으로 중앙정치국·중앙군사위원회 주석·부주석에게 편지를 보냈다. 모두 58통의 고발장을 썼고, 또 해군대원(海軍大院) 입구에서 배포하여 마침내 사람들의 관심을 끌게 되어 구속 조사하게 되었다. 왕서우예의 부정부패와 공금 유용 금액이 1억 6,000만 위안에 달한 것으로 조사되었고, 그가 체포된 후 베이징과 난징(南京)에 있는 두 곳의 처소에서 현금 5,200만 위안과 미화 250만 달러가 발견되었다. 그는 1,200여만 위안을 써서 5명의 정부를 두었는데, 각각 난징군구문화선전공작단·총정치부문화선전공작단·베이징군구문화선전공작단·육군군사학원당위원회기무원·총병참부기무원 출신들이었다. 왕서우예는 5년 동안 범죄를 저질렀지만, 4년 동안 "우수당원"·"우수간부"로 선정되었고, 또한 두 차례 3등공을 세웠다. 왕서우예는 1심에서 사형집행 유예 판결을 받았다.

베이징에서는 또 여러 명의 공직자가 한 명의 "공동 애인"을 공유한 사건이 폭로되었다. 이 "공동 애인"의 이름은 리웨이(李薇)로, 1963년 9월 24일생이며 윈난 성 쿤밍(昆明) 출신이었다. 전 남편이 윈난의 유명한 연초장 공장장이었고 성망이 자자했던 인물이었다. 리웨이는 이러한 관계를 이용해서 윈난 성 성장 리자팅(李嘉廷)과 접촉했다. 그 후 리자팅 사건이 발생하자, 리웨이는 일찍이 알고 지내던 국가재정부장을 맡고 있었던 진(金) 모를 찾아갔다. 그 후에 진 모의 소개로 중국 석유화공집단공사 회장이었던 천퉁하이(陳同海)를 알게 되었고, 또 천의 소개로 산둥 성 위원회 부서기·칭다오(青島) 시 위원회 서기였던 두스청(杜世成)과 관계를 맺게 되었다. 리웨이가 체포된 후 조사된 바에 따르면, 그녀의 애인 중 부성장·부부장급 이상의 고위 공직자가 적어도 열 명이나 되는 것으로 밝혀졌다. 사람들은 그녀를 고위 공직자의 "공동 애인"이라 불렀다. 중국 관료사회에서는 이미 "한 명의 고위 관리 뒤에는 십여 명·수십 명의 여자가 있다"는 말이 있으며, 또한 "한 여자 뒤에 십여 명·수십 명의 고위 관리가 있었다"는 말도 있다. 부정부패 공직자와 정부는 부패 동맹을 맺어 권력으로 여자를 취하고, 여자로 권력을 바꾸고, 권력으로 돈을 바꾸는 중국 관료사회의 독특한 양상을 이루었다.

독일 베를린에 총본부가 있는 국제투명성기구(Transparency International)는 매년 국가별 부패인식지수(Corruption Perceptions Index, CPI)를 발표한다. 그들은 부패를 "공공권력을 남용하여 개인이 이익을 취하는 것"이라고 정의했다. 이 지수는 10여 개 항목을 조사하여 종합한 것으로, 최고 점수가 10점이며, 점수가 낮을수록 부패 상황이 심각하다는 것을 나타낸다. 점수가 6.0 또는 5.5 이하의 국가는 부패가 비교적 심각한 나라이다. 1998년 중국 대륙은 3.5점을 얻어서, 85개 조사 국가와 지역 중에서 52위를 차지하여, 1997년보다 순위가 11위 떨어졌다. 홍콩은 7.8점을 얻어 17위를 차지했고, 대만은 5.3점을 얻어 29위를 차지했다. 1999년 99개의 국가와 지역 중에서 중국은 3.4점을 얻어 59위를 차지하여, 1998년보다 7단계 낮아졌다. 2005년 159개 조사 국가 중에서 중국은 78위를 차지하여, 전년도 68위보다 10단계나 낮아졌다. 2009년 홍콩은 8.2점을 얻어 룩셈부르크와 같이 12위를 차지했고, 중국 대륙은 3.6점을 얻어 전 세계 180개 국가와 지역 중에서 79위를 차지했다.

국제투명성기구가 한 연구 결과를 발표했는데, 이 결과는 부정부패를 연구하는 한 외국 학자가 다변량 계량분석방법으로, 50개 국가의 부패 정도에 대해 비교연구한 후에 완성한 것이다. 이 성과에는 다음의 세 가지 결론이 있다. (1) 국가의 개인 경제 자유도가 클수록 부패 정도가 낮다. 어떤 사람은 경제에 대한 국가의 통제가 높을수록 부패 정도는 높다고 한다. (2) 국가의 민주제도와 국민의 민주 가치가 약할수록 부패 정도가 높다. (3) 국가가 세계경제에 융합되어 일체화되는 정도가 높을수록 부패 정도가 낮다. 이 연구 결과를 근거로 판단하면 "권위정치가 시장경제에 더해지면" 가장 부패하기 쉽다.

중국의 부패문제를 해결하려면 개혁을 더욱 심화시키고, 개방을 확대해야 할 것으로 보인다.

때늦은 분화

여론을 보면 많은 중국 국민들은 관리들의 현재 상태에 대해 불만을 갖고 있다. 솔직히 말해서, 중국 관리 집단 중에 확실히 국가와 민족 이익에 관심을 기울이는 우수한 사람들이 많이 있다. 물질적 욕망이 넘쳐흐르는 상품 경제의 파도 속에서도 확실히 청렴결백한 사람도 많이 있다. 그러나 관료사회의 이러한 현상 속에 훌륭한 관리들도 관리에 대한 각종 좋지 않은 사회적 여론과 스트레스를 뒤집어썼다.

고유한 국가 행정 체제에는 매우 많은 근본적인 약점이 있다. 첫째는 당정을 구분하지 않고 당이 정부를 대신하며, 당 위원회 기구 안에 정부와 상응하는 부서를 설립하여, 서로 관련되는 정부의 전문 부서를 관리한다. 그리고 정부의 업무 부서 안에 또 일련의 당무 기구가 설치되어 있다. 둘째는 정부와 기업을 구분하지 않고, 정부가 기업을 대신한다. 기업이 책임지고 결정해야 할 많은 일들을 정부도 관리한다. 정부가 마땅히 관리해야 하는 일도 직접 관리하는 것이 많고, 간접적으로 관리하는 것은 적다. 셋째는 정부 공직자의 대부분이 경제 주관부서에 분포되어서 직접 기업을 관리하는 기능을 담당하고 있지만, 그러나 사회를 관리하는 인원은 지나치게 적어서, 정부의 사회 관리에 대한 역할이 너무 약하다. 다른 방면에서 정부는 또 사회를 내신해서, 사회 기관(비정부기구)이 해야 할 많은 일들을 정부도 책임지기 시작했다. 그러나 가장 근본적인 약점은 권력이 지나치게 집중되어 있고 상호제어가 부족하다는 것이다.

경제체제의 개혁은 필연적으로 국가 행정 체제의 변화를 유발한다. 이 변화는 두 방면에 나타난다. 첫 번째는 정부 기능의 전환과 행정 권력의 재조직이고, 두 번째는 정부 기구의 재건이다. 국가 행정 체제 개혁의 목표는 마땅히 행위 규범·운영의 조화·공정과 투명·청렴결백하고 고효율의 행정 관리 체제를 건설하는 것이다. 전국 정치협상회의 위원이자 쑤저우대학(蘇州大學) 법학대학 원장인 양하이쿤(楊海坤)은 훨씬 근사하면서 통속적으로 다음의 정부 개혁 목표를 제시했다. "만능 정부"를 "유한 정부"로 바꾸고, "신비로운 정부"를 "투명한 정부"로 바꾸고, "제멋대로인 정부"를 "신용을 지키는 정부"로 바꾸고, "권력 정부"를 "책임 정부"로 바꾸고, "느려터진 정부"를 "고효율 정부"로 바꾸고, "이익 정부"를 "중성(中性) 정부(정부가 어떠한 특수 이익집단을 대표하지 않는 것을 가리킴)"로 바꾸고, "인치(人治) 정부"를 "법치(法治) 정부"로 바꾼다.

개혁 개방 이래로 경제체제의 변화에 따라 정부 행정 체제도 매우 큰 변화가 발생했다. 이것이 행정 체제 개혁의 결과이다. 중국은 1982년·1988년·1993년·1998년·2003년, 매 5년마다 한 차례 국가 기구 개혁을 단행했었다.

1998년의 기구 개혁은 신중국 성립 이래로 규모가 가장 큰 정부 기구 개혁이었다. 이번 개혁은 거시적 제어 조절, 사회 관리, 공공 서비스 등 정부의 기능에 대해 명확하게 규정지었으며, 또한 "고효율적인 일처리, 조화로운 운영, 행위 규범"의 행정 관리 체제의 총 목표 건립을 제기했다. 당연히 이러한 것들은 모두 매우 훌륭한 개혁 발상이라고 말할 수 있다. 그러나 마치 기계 설계와 같이, 이러한 발상을 제기하는 것은 단지 하나의 "설계 임무서"만을 제시한 것으로, 아직 조작을 지도할 수 있는 시공 도면이 생기지 않은 것이다. 정부 기구는 기계보다 훨씬 더 복잡하다. 어떤 기구로 정부의 각종 기능을 실현하고, 기구들 사이에 어떻게 하면 분업하여 협력하게 할 것인지, 어떻게 교차하고 맞물리게 할 것인지, 어떻게 하면 분리하지 않고 분업을 이룰 것인지·방해받지 않고 균형을 이룰 수 있을 것인지·겹치지 않게 교차시킬 수 있는 지 등등, 이러한 문제를 해결하는 것은 엄청나게 큰 사회 시스템 공정이다. 이 사회 시스템 공정은 전문가 그룹의 과학적 설계가 필요하다. 전문가들의 설계 성과는 엄격한 과학적 논증을 거친 이후, 전국인민대표대회에 제출되어 통과되고, 법적 효력이 있는 문서로 만들어진 후 다시 전면적으로 추진된다. 만약 과학적 설계를 거치지 않으면 아마도 실수투성이가 될 것이고, 나중에 문제가 발견되어 다시 보수하면, 원래의 목표에서 벗어날 가능성이 있다. 1998년의 기구 개혁은 단지 하나의 비교적 좋은 설계 임무서만을 제시했을 뿐, 매우 완벽한 설계 도면이 없었다. 또 엄밀한 과학적 설계도 거치지도 않았다. 당시 모든 것을 포함하는 국가 경제무역위원회가 만들어졌지만, 2003년에 다시 국가 경제무역위원회가 폐지되었다. 이것이 바로 과학적인 설계와 논증을 거치지 않은 결과이다.

이 책의 앞에서 언급했는데, 인원 감원 방면에 보면 이 5차 개혁의 성과가 그다지 큰 것은 아니었고, 기타 분야에서도 부족한 부분이 많이 있었다. 그렇지만 이 5차 행정 기구 개혁은 그래도 성과가 있었고, 그 성과는 주로 아래의 방면에서 나타났다.

각급 정부 기구의 기능에 매우 큰 변화가 생겼고, 정부는 점차 물자 분배권, 물가 통제권, 기업 경영 관리권을 포기했다. 정부의 기능이 자금 배분, 물자 배분, 인적 배분에서 점차 거시적 조정, 사회 관리, 공공 서비스로 향해 나아갔다.

정부의 운영방식에 매우 큰 변화가 생겼다. 법률의 힘이 행정 속에 기능을 발휘하기 시작했고, 법에 의거해 나라를 다스리고·법에 의거해 정치를 행하는 것이 이미 정부 운영의 기본 요구가 되었다. 지도자의 지시·메모·서면 지시, 상위 부서의 중앙정부 문건, 예를 들면 〈통지〉와 같은 것 등은 여전히 작용을 하지만, 그 작용이 이미 이전과는 크게 달랐다.

정부의 권력이 점차 경제·사회와 하층으로 분산되기 시작했고, 비정부 영역으로 넘어가기 시작했다. 자주적으로 관리하는 시민 사회구조가 점차 성장하고 있다.

행정 심사 비준은 숫자상으로 통제되었고, 조직상으로 행정 서비스 센터가 세워져, 심사 비준 분야에서 원스톱 대민 서비스를 제공했다. 2003년 8월 4일 전국인민대표대회 상무위원회를 통과하여 공포되었고, 2004년 7월 1일부터 효력이 발생하기 시작한 〈행정 허가법〉은 행정심사비준제도 개혁이 법에 의해 집행될 수 있는 단계에 이르렀음을 나타내고 있으며, 나아가 법률상으로 행정 심사 비준 권력의 설정과 심사 비준 활동을 규범화시켰다.

비밀 행정은 점차 투명 행정으로 전환되었고, 국민의 알 권리는 점차 승인과 중시·존중을 받았다. 정부의 공공 서비스는 갈수록 국민 참여가 강조되었고, 국민과 공공 서비스 소비자의 정부 활동에 대한 평가가 강조되었다. 수많은 지방 정부는 국민이 정부의 업적과 성과 활동을 평가하게 하는 제도를 시행하기 시작했다. 정부와 국민의 권리 의식이 점차 두드러지고, 언론매체는 점차 독립적으로 보도하는 역할을 발휘하여, 더 이상 선전 도구는 아니었다.

이상의 변화는 점차적으로 관리의 행위를 규범화시킬 것이다.

여기서 지적해야 할 점은 행정 체제는 단지 정치체제의 한 일부분이라는 것이다. 정치체제 개혁의 대전제가 없이는 행정 체제 개혁은 요구하는 수준에 도달하기 어렵고, 개혁의 효과도 드러나기 어렵다.

관리들의 운명과 직접 관련된 또 한 가지 제도의 변천은 인사 제도 개혁이다.

1980년대 초 간부 집단의 "혁명화·소장화·지식화·전문화"의 방침을 확립했고, 여러 해 동안 실제로 존재하던 지도자 직무 종신제를 폐지하여, 많은 엔지니어들이 지도자 직책에 올랐다.

중국 공산당의 제13차 대표대회에서 "'국가간부'에 대해 합리적인 조정을 진행하여, 집중 통일 관리 형태를 바꾸어, 과학적으로 분류 관리하는 체제 건립"을 제기했다. 제14차 대표대회에서는 "점차적으로 건전하게 기관·기업과 사업 단위의 다른 특징에 부합하는 과학적 분류 관리 체제를 건립하도록" 명확하게 제기했다. 13차부터 15차 대표대회까지 인사 분류 관리 체제가 기본적으로 만들어졌다. 기관·기업·사업 단위는 각각 다른 관리 제도를 만들었고, 아울러 적절히 인사관리 권한을 이양했다. 기업·사업 단위는 일정한 인사관리 자주권이 생겼고, 과거에 국가가 모든 직원을 집중 관리하던 상황이 바뀌었다. 국가기관은 공무원 제도를 시행했다. 당의 기관·국가권력 기관·정치협상회의 기관·각 민주당파 기관과 노조·공산주의 청년단·중화전국여성연합회 등 10여 개의 중요하고, 기관의 기능을 갖추고 있는 사회단체는 공무원 제도를 참조하여 시행했다. 이러한 기관은 비록 법률적 명의상 "시행"과 "참조하여 시행" 두 종류의 상황으로 나누지만, 실질적으로는 하나의 관리 제도를 시행하고 있다. 사업 단위 인사 관리는 이미 기관의 인사 제도와 관계를 끊고, 자신의 특징에 부합하는 인사관리 제도를 만들었다. 국유기업 인사관리 제도는 이미 스스로 체계를 만들어, 마침 현대 기업 제도의 요구에 따라 기업 간부 제도를 만들었다. 2002년 여름에 공포한 〈당정 지도간부 선발 임용 조례〉가 완전하게 실행된다면, 장차 관직을 사고파는 것에 대한 하나의 좋은 제약이 될 것이다.

더 중요한 것은 인재 시장이 이미 인력자원 배치 방면에 갈수록 중요한 작용을 발휘했다는 점이다. 통일된 계획에 따라, 전국을 선양·톈진·상하이·광저우·우한·청두·시안 등 7대 지역으로 나누는 인재 시장을 만들었다. 그 밖에 또 여섯 개의 전문 인재 시장을 만들었다. 이 외에 또한 각급 정부 인사 부서에 소속된 인재 교류 기관이 2,762개가 있다. 통계에 따르면, 1993년부터 1996년 말까지 전국 인사 부서가 모두 3,854차례의 인재 상담회를 거행했고, 현장 채용 부서는 연간 56만 6,000개였고, 현장 자문 응시자는 1,560만 명에 달했다. 인재 시장을 통해 자리를 옮기게 된 인원은 249만 명에 달했다.

인재 시장의 발전은 "단위인"을 "사회인"으로 바꾸어 놓아 어느 정도 제도적 보장이 생기도록 했다. 주택 민영화·의료 보장과 양로 보장 사회화는 "단위인"을 "사회인"으로 변하게 하는 데 물질적 보장을 제공했다. 이처럼 관리 집단의 유동과 분열은 가속화될 것이다.

공무원, 직업적인 관리

간부에 대한 분류 관리, 관리 집단의 유동과 분화로 인해 원래 의미상의 간부는 이미 크게 공무원·당군(黨群) 종사자·사업 기업 관리자·전문기술자 네 종류로 분화되었다.

공무원 제도는 서방에서 도입된 것이다. 서방의 일부 국가에서는 공개 경쟁 시험을 통해 선발된 정부 문관을 공무원이라고 부르고, 만약 과실이 없다면 장기간 재직할 수 있었다. 총리나 대통령이 바뀌더라도 공무원은 여전히 유임될 수 있다. 그들은 내각이나 대통령과 함께 진퇴하지 않고, 일반적으로 정당 정치에 참여하지 않는 특수한 직업 집단으로, 정부는 이들에 대해 전문적으로 일괄 관리한다. 공무원 제도는 서방에서 보편적으로 추진했고, 시장경제와 민주정치가 발전하는 데 직접적인 결과와 중요한 상징이다.

공무원 제도는 법제상 친족 중용·관직 세습·봉전 세습·매관매직·관직 하사·인신 예속·작당하여 이익 분배하는 등 좋지 않은 현상들을 부정했다. 당연히, 권력 상호제어 제도가 보장되어 있어야만 비로소 이러한 장점들이 있을 수 있다.

공무원은 직능이 전문화되고 신분이 직업화된 집단이다. 직능의 전문화는 공무원에게 마땅히 요구되는 책임이며, 직접적 형식이든지 간접적 형식이든지 모두 전문적인 행정 직능을 요구한다. 공무원은 기업·사업 단위에서 겸직하거나 혹은 기업·사업 단위를 직접 관리할 수 없으며, 기업·사업 단위 근무자도 공무원 직무를 겸임하거나 직접 정부의 행정 사무에 관여할 수 없다. 신분의 직업화는 공무원이 법에 따라 국가 행정 업무를 관리하고 종사하는 직업임을 의미하고 있다.

정당 경쟁 중에 진퇴하는 총리와 대통령은 정무공무원이고, 정치가이지만, 행정 사무를 직업으로 하는 공무원은 진정으로 국가를 관리하는 관리이다.

1987년에 개최된 중국 공산당 제13차 전국대표대회에서 중국에서 정식으로 공무원 제도를 시행한다고 제기했다. 이 회의의 정치보고에서 다음과 같이 지적했다. "현재 간부 인사제도 개혁의 중점은 국가 공무원제도를 건립하는 것이다. 즉 법률과 규정을 제정하여, 정부에서 국가 행정 권력을 행사하고·국가 공무를 집행하는 인원에 대해, 법에 의거해 과학적으로 관리한다. 국가 공무원은 정무와 업무 두 종류로 나뉜다. 정무류 공무원은 반드시 엄격하게 헌법과 조직법에 따라 관리하고, 임기제를 시행해야 하며, 아울러 사회의 공개적인 감독을 받아들여야 한다. 당 중앙과 지방의 각급 당위원회는 법이 정한 절차에 따라 인민대표대회에 각급 정무류 공무원 입후보자를 추천하여, 정무류 공무원 중의 공산당원을 감독 관리한다. 업무류 공무원은 국가 공무원에 따라 관리하고, 상임제(常任制)를 시행한다.

무릇 업무류 공무원 집단에 들어오려면, 반드시 법이 정한 시험을 통해 공개 경쟁해야 한다. 그들의 직장 직책은 명확한 규범이 있고, 그들의 고과에 대해서는 법이 정한 표준과 절차에 따라 진행하고, 그들의 상벌은 마땅히 근무 실적에 의거해야 하며, 그들의 훈련·월급·복리와 퇴직의 권리는 법률로부터 보장한다."

1988년 3월에 개최된 제7기 전국인민대표대회의 정부 업무 보고 중에서 또 더 나아가 "정부 기관을 개혁하는 동시에 국가 공무원 제도를 서둘러 설립하고 점진적으로 실시한다"고 밝혔다.

중국 공산당 제15차 대표대회 보고에서 "인사 제도 개혁을 심화하고, 경쟁 격려 제도를 도입하며, 공무원 제도를 개선하여, 자질이 뛰어난 전문화된 국가 행정관리 간부 집단을 만든다"고 제시했으며, 제14차 대표대회 이래로 공무원 제도는 초보적인 진전을 거두었다.

─공무원 관리가 초보적인 법제화 궤도에 올랐다. 1993년 10월, 〈국가 공무원 임시 시행 조례〉를 정식으로 실시했다. 이것은 공무원 관리의 기본 법규이다. 이 법규를 기초로 서로 연관된 36개의 개별 법규와 규정을 제정했다. 그러나 법률 단계가 높지 않아, 〈국가 공무원 임시 시행 조례〉만으로는 여전히 부족하며, 또한 〈공무원법〉이 있어야 했다. 단지 이 관리 조례에 의지하면 법치 인사 목표와는 매우 큰 거리가 있다.

─관리 기구의 틀이 기본적으로 이루어졌다. "입구"를 잘 장악하고, "계단 입구"를 잘 관리하며, "출구"를 잘 통하게 하며, 아울러 일정한 조치를 취하도록 엄격히 강조했다. 경쟁 격려 제도·신진대사 제도·성실하게 정무를 보고 깨끗하게 정치하는 것을 보장하는 제도가 지금 이루어지고 있는 중이다. 그러나 권력 상호제어의 문제가 아직 해결되지 않았기 때문에 "입구"·"계단 입구"는 여전히 엄격하게 우수한 사람을 선발해서 통과시키는 것이 아니며, 출구 또한 순조롭지 않다.

－원래의 인사 제도로부터 공무원 제도로 바뀌는 인원 전환 업무가 대체로 완성되었다. 국무원의 각 부 위원회와 각급 지방 정부는 기구 개혁 "삼정(三定)"의 기초 위에 엄격하게 직위를 설치하고, 각 직위의 재직 조건을 확정했다. 동시에 기관 직원에 대해 훈련을 진행한 후에 시험·심사·경쟁을 통해, 적합한 인원을 공무원 부서를 정하고, 아울러 기관으로부터 일부의 인원을 분산하여 기업과 기층(基層)에 보강했다. 1998년 하반기에 국무원 각 부서·각 성(省)과 시(市)·지(地)[시(市)]와, 95% 이상의 현향(縣鄕) 행정기관은 이미 인원 전환 업무를 완성했다.

경쟁에 의한 임용은 공무원 제도의 중요한 한 부분이다. 〈국가 공무원 임시 시행 조례〉가 공포되어 실행된 이후, 각지에서는 바로 직위 분류와 인원 전환을 결합하여, 공무원 중간층 지도자 직무와 비지도자 직무 승진과 임직에 경쟁 제도를 도입했다. 1997년 말까지 이미 30개의 성·시·자치구에서 실시했으며, 일부 성과 시에서는 정·부국장도 대외적으로 공개 모집하여 경쟁 선발했다. 경쟁을 통한 선발의 기본 형식은 세 종류가 있다. 첫째는 공무원 전환 중의 경쟁 선발로 경쟁 취직이라고도 한다. 즉 인원 전환 중 경쟁 선발 방법을 통해 인원의 거취를 결정한다. 경쟁의 범위는 모든 공무원 집단으로, 경쟁 직책은 지도자급 직책과 비지도자급 직책을 모두 포함한다. 이러한 모델 하에서는 합격자는 남고, 불합격자는 떠나며, 남아도는 인원을 합리적으로 분산시킨다. 이것은 실제로 도태 제도이다. 지린·허베이 두 성이 비교적 큰 범위 안에서 이러한 모델을 채택했다. 둘째는 공무원 직무 승진에서 경쟁에 의한 선발로, 본 부서 내부 경쟁과 부서를 뛰어넘는 경쟁 두 가지 유형을 포함한다. 랴오닝 성은 성급 정부기관에 공개 경쟁으로 부서 처와 실의 중간 지도자 직무를 초빙 임용했다. 셋째는 사회 혹은 본 계통에서 공개적으로 시험을 쳐서 모집하는 것이다. 이 세 가지 형식은 모두 일정한 범위 안에서 공석이 된 직위와 재직 조건을 공포하여, 공개 신청·공정한 경쟁·대중적 논의·조직의 고찰을 통해 승진 인선을 계획한 후에 법에서 정한 관리 권한에 따라서 임명한다. 그 공통된 특징은 공개·평등·경쟁·우수 인원 선발이다.

그렇다면 어떻게 경쟁하는가? 일부 지방에서는 네 단계로 나뉜다. 첫 번째, 직위를 공개하고 사람을 동원하여 홍보한다. 두 번째는 조직이 신청과 자격을 심사한다. 신청은 개인 신청·대중 추천과 조직 추천 세 가지를 결합하는 방식을 채택한다. 세 번째는 시험과 강연 답변이다. 심사평가위원회는 채용 부서의 주요 지도자·인사 부문의 지도자와 관련 전문가·대중 대표로 구성된다. 네 번째는 조직의 고찰과 임명이다.

필자가 취재한 상황을 보면, 일부 인사과에서 이 일을 할 때 진지하게 하고, 일부 지방에서는 약간의 효과가 있지만, 많은 사람은 경쟁에 의한 선발은 단지 형식이고, 실제로는 그대로 실천하지 않는다고 생각하는 것으로 보였다. 공무원 제도가 결코 합당한 역할을 하지 않고 있다는 것이다. 다음의 상황을 보면 대중들의 반응이 전혀 일리가 없는 것은 아니라는 사실을 알 수 있다.

첫째, 공무원 승진·임명과 해임 과정에서 여전히 비리가 존재한다. 일부 지방의 매관매직은 공무원 제도가 시행된 이후에도 발생했다. 둘째, 관리의 수가 지나치게 많은 문제는 아직 해결되지 않고, 불필요한 인원이 여전히 공무원 자리에 있다. 셋째, 간부의 태도가 근본적으로 호전되지 않고, 일처리 효율도 높아지지 않고 있다. 넷째, 권력으로 사리사욕을 채우고, 권력을 이용해 뇌물을 받거나 협박해서 재물을 강탈하는 현상이 근절되지 않고 오히려 더 심해지고 있다.

왜 공무원 제도가 예상 목적을 달성하지 못할까? 중국의 공무원 제도는 여전히 만들어지고 있는 과정에 있어서, 아직 완벽하지 않다는 것이 원인 중의 하나이다. 그러나 필자가 생각하는 가장 중요한 원인은 여전히 권력의 사유 현상 때문이다. 앞에서 말한 바와 같이, 일부 관리들은 손안에 있는 권력을 개인의 재산으로 여긴다. 경제 권력을 장악한 사람은 "지대추구" 행위 중에 뇌물을 받을 수 있고, 인사 권력을 장악한 사람은 간부 임면 중에 이익을 얻을 수 있다. "권력을 사용하지 않고, 기한을 넘기면 무효가 되고", "하루아침에 권력을 잡게 되자 이익만을 꾀했다." 일부 지방과 부서에서 공무원의 "입구"와 "계단 입구"는 여전히 소수 사리사욕을 꾀하는 사람들의 영토로, 그들은 이러한 관문을 지키면서 "통행료"를 받았다. 권력 사유의 문제가 해결되지 않으면, 공무원 제도는 반드시 형식에 치우치게 될 것이다. 권력 사유를 해결하는 가장 효과적인 방법은 민주이고 공개이다. 공무 활동은 공개화해야 한다. 공무원 선발은 가장 중요한 공무 활동으로, 마땅히 완전히 공개되어야 한다. 공개는 민주를 실행하는 조건이다. 국민들이 상황을 모르는데, 어떻게 민주가 실행될 수 있겠는가?

남아도는 인원 문제가 해결되지 않는 또 다른 원인은 아직 매우 우수한 인원의 진로를 조정 할 수 있는 경로가 없기 때문이다. 직업을 바꾸어 사업을 경영하도록 하는 것은 진로 조정의 경로 중 하나이다. 사업에 뛰어드는 관리가 단기간 안에 잉여 권력자원을 이용하는 것은 불가피한 일이다. 이것은 불필요한 인원을 해결하는 데 따르는 사회적 대가이다. 이익은 강성(剛性)으로, 그에게 "금밥통"을 주지 않으면 "철밥통"을 바꾸지 않는다. 그러나 그들이 잉여 권력자원을 이용하는 것에 대해 반드시 제한을 두어야 하며, 이 과정이 너무 길어서는 안 된다. 또 한 가지 중요한 조정 경로로, 바로 사회 중개 조직이 있다. 앞으로 정부의 매우 많은 직능이 점차 사회 중개 조직으로 옮겨갈 것이다. 지금의 중개 조직은 아직 발달되지 않았지만, 진망이 매우 밝다. 지나치게 복잡한 관료사회의 입장에서 보자면, 그곳은 아직도 비교적 광활한 신천지라고 할 수 있다.

관리 계층의 발전 추세

앞에서 서술한 바와 같이, 원래의 간부 계층은 이미 공무원·당군(黨群) 종사자·사업 기업 관리자·전문기술자 네 부류로 분화되었다. 이 네 부류 인원은 각자의 다른 발전 방향을 갖고 있다.

기업 관리자는 현대 기업 제도에 따라 기업 내부의 인사관리 제도를 만들고자 했다. 내부의 중·고위층 관리자에 대해서는 일반적으로 초빙제를 채택하고, 기업의 주요 지도자에 대해서는 점차적으로 기업가 시장을 형성한다. 시장의 힘에 의지하여 그의 경영 실적을 평가하고, 시장의 힘에 의지하여 그의 업적에 대해 보상한다. 예를 들면, 그가 기업 자산을 1년에 1억 위안을 증식시킬 수 있다면, 그는 증식된 가치의 100분의 1을 가지는데, 즉 연봉이 100만 위안이다. 그의 몸값도 분명해진다. 만약 그가 연이어 몇몇 기업을 경영하여 그 기업들의 자산 가치를 대폭 올려놓을 수 있다면, 그의 성망은 하루아침에 높아져, 몸값도 갈수록 높아질 것이다. 반대로 그가 맡은 기업이 해마다 적자를 보게 되면, 그의 몸값은 크게 떨어지고, 심지어 아무도 그를 다시 초빙하지 않는다.

사업 단위라는 명칭은 그 경비가 국가 재정의 사무 경비에서 지출되기 때문에, 여전히 계획경제 시대에 계속하여 사용되어 왔다. 개혁 이후로 많은 사업 단위는 이미 재정 사업비를 손에 넣을 수 없었다. 대다수의 사업 단위가 받은 사업비는 단지 비용의 일부분을 충당하는 데 쓰였다. 그래서 사업 단위라는 이 명칭은 현재 이미 유명무실해졌다. 사업 단위가 포함하고 있는 범위는 매우 넓어서, 언론·출판·교육·과학기술·문화·체육·위생 등이다. 앞으로 그중에 일부 예를 들면 의무교육 같은 분야는 반드시 계속해서 국가의 재정 지원을 받아야 하지만, 다른 많은 사업 단위는 사회 서비스를 통해 스스로 손익을 책임질 수 있다. 스스로 손익을 책임질 수 있는 사업 단위와 기업 부서가 다른 점은 사업 단위의 사회성이 비교적 강해, 단순히 영리만을 목적으로 할 수 없다는 데 있다. 앞으로의 사업 단위는 상당 부분 사회 중개 조직으로 전환될 가능성이 있다. 그들의 일은 매우 강한 전문성을 갖고 있다. 그곳의 직원들은 사회의 관리 책임을 담당하지 않고, 자신의 전공으로 사회에 이바지한다.

현재 당군 종사자는 여전히 공무원 제도를 참조하여 실시하고 있다. 이 사람들의 향후 전망은 여전히 정치체제 개혁의 방향과 진전 상황을 보아야 한다.

이상에서 언급한 것을 제외하고 남아 있는 공무원이 진정한 관리이다. 문관(文官) 제도의 개혁에 따라 공무원의 수와 업무 성질도 장차 변화가 생길 것이다.

1980년대 이래로, 많은 국가들이 문관 제도 개혁을 추진하고 있다. 서방의 잘 알려진 시장경제 국가든지, 이전 동유럽의 계획경제 국가 혹은 아프리카·남미 등 개발도상국을 막론하고, 경제개혁을 추진하는 동시에, 예외 없이 모두 공직 부문의 개혁을 진행하고 있다. 이들은 개혁 형식은 각각 다르지만, 다음과 같은 공통점이 있다. 첫째, 부분적으로 정부의 집행 직능을 사회단체에게 주어 관리하도록 한다. 둘째, 정부에 대한 감독을 강화한다. 셋째, 점차 관리 종신제를 포기하고, 초빙제의 범위를 날로 확대시켜 나간다. 이 중에는 시장 규칙과 기업 관리 경험을 광범위하게 정부 부서 관리에 도입할 것이다.

미국은 기존 정부 직능의 10%만 유지하고, 기타 기능(교도소 관리를 포함)은 모두 집행 기구·사회단체 및 민간 경영 부서 혹은 기타 조직에 관리를 맡긴다고 발표했다. 그들은 정부 각 부서의 정치 직능·정책결정 직능과 집행 직능을 분리했다. 정치 직능과 정책결정 직능은 정부가 직접 관리하고, 집행 직능은 정부이외의 사회 조직에게 집행을 맡겼다. 1988년부터

1994년까지 미국은 정부 이외 102개의 집행 기구를 설립했고, 그 직원은 대략 35만 명이나 되었다. 이러한 기구는 3분의 2의 인원이 중앙정부 일을 관리하고 있다.[13] 영국도 유사한 방법을 채택했다. 호주·뉴질랜드 정부 각 부문은 광범하게 사회법인 단체와 도급 계약을 체결한 방식을 채택하여 정부의 각 부서 업무를 사회법인 단체에게 주어 관리하도록 했다.

중국이 이들 국가처럼 그렇게 할 수 있을지는 현재로서 결론 내리기가 매우 어렵다. 그러나 다소 긍정적인 것은 정부의 매우 많은 직능이 사회로 옮겨 가려고 하고, "작은 정부, 큰 사회"가 한 방향이 되고 있다는 점이다. 때가 되면 관리의 수는 감소할 것이고, 그들의 권력은 상호제어를 받을 것이다. 그들의 소득은 사회의 중상 수준에 처하겠지만 매우 안정될 것이며, 그들은 여전히 사회적으로 매우 높은 지위에 있을 것이다.

---

13 돤위잉(段余應), 『중국행정관리』, 1997년 제1기.

제13장

그들은 여전히 역사의 "누명"을
쓰고 있다―현대 신매판

무엇을 매판이라고 하는가? 『브리태니커 백과사전』에서는 다음과 같이 정의하고 있다. "매판은 영문으로 'comprador'이라고 하며, 포르투갈어에서 기원했다. 18~20세기 초기 중국에서 서양 무역상들의 무역을 도와 준 중국인을 가리킨다." 그들은 계약에 의해 외국 무역상들에게 고용되어, 외환 대리·통역·노동과 경호 등의 업무를 담당했다. 청대(淸代) 말과 근대 이래로, 매판이라는 단어는 단지 서양 제국주의자가 중국에서 착취하는 데 협조한 중국인을 지칭했다.

이러한 해석으로 본다면, 오늘날 주중 외국 상업기관에 근무하는 중국 고용원 혹은 외자기업에 채용된 직원 역시 "매판"에 속한다. 그들은 계약서에 의해 외국 무역상에게 고용되어, 서양 무역상들이 중국에서 무역하는 것에 협조하는 중국인들이다. 『브리태니커 백과사전』은 "노동과 경호"도 "매판" 속에 포함시켰는데, 그렇다면 외자기업에서 일하는 사람도 "매판"에 속한다. 그러나 오늘날 사람들이 "매판"을 이야기할 때에는 단지 화이트칼라만을 가리킨다. 20세기 말, 이런 사람들의 수는 18~20세기 초보다 훨씬 많았다. 시대의 변화 때문에 중국은 이미 제국주의가 마음대로 횡포를 부렸던 그 시대의 중국이 아니다. 그래서 "청대 말·근대 이래, 매판이라는 단어는 서양 제국주의자가 중국에서 착취하는 것에 협조한 중국인"이라는 해석이 오늘날에는 적용되지 않는다.

어쨌든 역사적 원인으로 중국에서 "매판"이라는 단어는 듣기 거북하며, 일부 사람들의 마음속에는 부정적인 이미지로 남아 있다. 일부 기자와 작가의 글 속에서 그들은 예전의 "매판"과는 다르지만, 늘 지울 수 없는 흔적들이 있다. 베이징 외국기업 서비스 회사 류톈젠(劉天健) 부회장은 인터뷰에서 "일부 작품들은 매판에 대해 너무 실제와 동떨어지게 묘사했다"라고 했다. 그는 언론이 그들의 이름을 바로 잡기를 희망했다.

이 집단의 상황

외국기업(外商企業)의 중국 고용자는 두 부류로 나누어진다. 하나는 주중 외국기관[외국상사(外商社)라고도 함]에서 일하는 사람이고, 다른 하나는 외자기업에서 일하는 사람으로, 첫 번째 부류의 사람 수가 두 번째보다 훨씬 적다. 류톈젠 씨는 필자에게 첫 번째 부류의 상황에 대해 소개했다. 류씨의 소개에 따르면, 1998년 주중 외국기관에서 근무하는 중국인 고용자는 대략 7만여 명으로, 그중 베이징에 약 3만 명, 상하이에 약 1만 9,000명, 광둥에 약 2만 명, 톈진에 약 1,000명이 있다고 한다. 그들은 모두 각 성·시의 외국기업 서비스 회사가 관리하고, 외국기업 서비스 회사에 소속되어 주중 외국기업 기관에 파견된 직원들이다. 신화사의 보도에 따르면, 이 집단은 끊임없이 확대되어 중국 대외서비스업협회가 제공한 통계로는 2004년 100여 개의 협회소속 회원사가 3만 6,500개의 외국기업 대표처·외국 상주기관과 삼자기업에 파견한 중국 직원이 대략 30만 명에 이른다고 한다.[1]

---

1 〈신화사 베이징〉, 2004년 11월 16일[쑨위보(孫玉波) 기자].

주중 외국기관(예를 들면, 대표처와 같은 종류)은 일종의 연락기관으로, 중국 법인으로 등록할 필요가 없으며, 쉽게 등기할 수 있고, 철회 또한 아주 간단하다. 이러한 기관은 직접 중국에서 사람을 채용할 수 없고, 중국 고용인에 대한 연금 책임이 없다. 그들이 필요한 중국 고용원은 외국기업 서비스 회사가 책임지고 파견한다. 외국기업 서비스 회사의 업무 성질은 일본의 "인재 파견회사"나 미국의 "인재 임대회사"와 유사하다.

주중 외국기관의 중국 고용인 이외에도, 외자기업에서 일하는 중국 고용인들도 많다. 2004년 외자기업에 취업한 중국인은 모두 563만 명이었다. 만약 그중 블루칼라 노동자를 "매판"에 포함시키지 않는다면, 중국의 화이트칼라 계층은 "매판"의 대열에 포함시켜야 한다. 2008년 중국에 있는 외자기업은 43만 4,937개로, 만약 회사마다 평균 3명의 화이트칼라를 고용한다면, 모두 130여만 명이 된다. 표13-1에서 지난 몇 년간의 외자기업의 취업자 수에 대해 알 수 있다.

표13-1 지난 몇 년간의 외자기업의 취업인 수

연도	사람 수(만 명)
1985	6
1989	43
1990	62
1991	96
1992	138
1993	133
1994	195
1995	241
1996	275
1997	300

1998	293
1999	306
2000	332
2001	345
2002	391

＊ 자료 출처:『중국통계연감』.

외자기업은 중국에 등록된 독립 법인 기구이다. 그들은 중국 기관의 파견을 거칠 필요 없이 직접 중국인을 채용할 수 있다. 고용인은 외국기업이 제공하는 각종의 복리를 누릴 수 있고, 또한 중국 기관은 그 고용원에게 어떠한 연금도 제공할 필요가 없다.

"신매판"들은 젊고, 학력이 높다. 베이징 외국기업 서비스 회사가 파견한 2만 4,000명의 외국기업 근로자 중에서 35세 이하가 70%로, 대학 졸업자가 80%를 차지했다. 그중에는 명문대학 출신의 비중이 매우 높고, 대학원생의 비중도 국유기업의 같은 업종에 비해 높았다. 그들 중에는 적지 않은 사람이 공산당원이었다. 예를 들어 베이징 외국기업 서비스 회사에서 파견한 직원 중에서 공산당원은 2,000여 명으로, 당원 비중이 10%에 가까워 국유기업보다 훨씬 높다. 그렇지만 그들은 제때에 당비를 내는 것 외에, 어떠한 조직 활동도 없다. 외국기업에서 그들은 "지하당"이다.

"신매판" 집단은 유동성이 매우 강하다. 그들의 개인 파일은 인재교류센터에 있어서, 직장 이동이 비교적 빈번하다. 오늘 이 회사에 있다가, 몇 년 후에 또 다른 회사에 있을 수도 있고, 외국기업에서 일하다가, 몇 년 후에는 정부기관으로 돌아갈 수도 있다. 혹은 오늘은 중국에서 일하다가, 몇 년 후에는 외국에 있을 수도 있다. 베이징 외국기업 서비스 회사의 소개에 따르면, 1997년 그 회사에서 4,000명을 전출시켰고, 6,000명이 전입하여, 전입과 전출을 합치면 1만 명이나 되며, 유동자가 전체 인원의 40%를 차지했다고 한다. 그들의 유동 방향은 첫째는 출국이고, 둘째는 스스로 창업하는 것이며, 셋째는 국내 기관에서 적합한 자리를 찾는 것이고, 넷째는 외국기업 간의 유동으로, 더 높은 지위와 소득을 얻기 위해서이다. 출국은 그들의 최우선 목표이다. 베이징 외국기업 서비스 회사에서 관할하는 인원 중에서 출국한 사람은 1,000여 명으로 비중이 그렇게 높은 편은 아니지만, 그러나 베이징 외국기업 서비스 회사로부터 다른 회사로 옮긴 후에 출국한 사람은 어느 정도인지 알 수 없다. 정부기관으로 돌아가서 일하는 사람도 있는데, 예를 들어 이탈리아 은행의 직원으로 근무하다가 나중에 재정부 부국장이 된 사람도 있고, 화공부(化工部)의 부국장도 외국기업에서 되돌아온 사람이다. 출국 이후에 다시 돌아온 사람도 적지 않다. 필자가 인터뷰할 때 마침 세련된 옷차림의 부인이 류 사장을 찾아와서, 류 사장과 그녀의 거주 문제를 의논했다. 그녀는 원래 외국기업에서 근무하다가, 나중에 스페인으로 가서 몇 년 일을 했으며, 지금은 프리랜서 작가가 되어, 막 국내에서 책 한 권을 출판했다. 그녀는 류 사장에게 책 한 권을 선물했고, 내가 받아서 살펴보니, 여성에 관해 쓴 전문 서적으로 매우 참신하면서도 깊이가 있었다. 책의 속표지에 그녀가 몇 마디의 말을 적어 두었는데, 외국기업에서의 몇 년간의 생활을 평생 잊을 수 없다는 의미의 글이었다.

그들은 돈을 얼마나 벌 수 있을까?

외국상사에서 일하는 중국 고용인의 수입은 두 부분으로 나뉜다. 하나는 채용비로, 대학 졸업생은 매월 2,100위안, 석사는 매월 2,300위안, 박사는 매월 2,600위안을 받고, 채용된 후 매년 오른다. 예를 들어 대졸은 매년 50위안씩 오르며, 학력이 높으면 더 많이 오른다. 채용비는 고용회사가 외국기업 서비스 회사에 주며, 외국기업 서비스 회사는 40%를 제하고, 60%를 개인에게 준다. 공제한 40%는 양로보험·실업보험·의료보험 등에 쓰인다. 그들이 40%를 내 놓으면 외국기업 서비스 회사에서 국유기업 직원들이 받는 대우를 받을 수 있다. 주중 외국회사 기관은 연금을 넣지도 않고 또 넣더라도 적게 넣는다. 게다가 나이가 50살이 넘은 사람에게는 해고한다고 말하면 그날로 그만둘 수밖에 없다. 그래서 이 40%를 내는 것이 반드시 필요하다. 다른 하나는 사장이 직접 그들에게 주는 각종 비용으로, 식대·출장비·야근비·보너스·직무수당 등이 있고, 거래가 성사될 때마다 주는 보너스도 있다. 류톈젠은 이 두 항목의 수입을 합치면 매월 3,000~4,000위안 사이가 된다고 했다. 물론 이것은 대략적인 평균 수치로, 많은 사람은 6,000~8,000위안, 적은 사람은 2,000위안 정도이다.[2] 한국과 일본의 고용원 비용은 낮은 편이고, 유럽과 미국의 고용원의 비용은 비교적 높다. 일본과 한국의 고급 직원들은 자국에서 파견되기 때문에, 고급 직무를 맡는 중국인은 많지 않다. 이 또한 수입에 영향을 끼친다. 유럽과 미국인들은 장기간 중국에 머물기를 원치 않기 때문에, 적지 않은 고급 직무도 중국인을 고용하여 맡기고 있고, 수입도 높다. 일본과 한국의 고용원은 거래가 성사되어도 보너스가 없지만, 유럽과 미국은 일반적으로 매출에 따라서 일정 비율의 보너스가 있다. 유럽과 미국의 중국 직원 월급은 가장 많게는 2만 위안에 달한다. 만약 한 대기업 주중 외국기관에서의 연차가 높고, 일정한 관리직으로 승진하면, 연봉이 50~60만 위안 정도이거나 더 많은 경우도 있다.

위에서 소개한 것은 주중 외국기관 직원의 소득으로, 외자기업에 근무

---

2 이것은 1998년의 데이터로, 최근에는 알 수가 없다.

하는 중국 직원의 상황은 다소 다르다. 필자가 알기로는 미국 회사에 고용된 고급 엔지니어의 수입은 매우 높은 것으로 알고 있다. 예를 들면 중국에 세워진 미국 마이크로소프트사 연구소에 갓 입사한 컴퓨터 관련 박사학위 소지자의 연봉이 3만 달러로, 인민폐로 환산하면 25만 위안이다. 미국 IBM사에 입사한 중국 연구원도 같은 조건이면 첫 해 연봉이 15만 위안이고, 이후에 승진하면 연봉은 더 오른다. 인텔사의 박사급 중국 연구원들도 연봉이 20만 위안 이상이다. 이들 외국 대기업의 연구소는 독립적인 법인 회사로, 외국기업 서비스 센터를 거칠 필요가 없이, 자신들이 직접 직원을 채용할 수 있다. 그들은 40%의 채용비를 내지 않지만, 시장가격에 따라 집을 마련해 주어야 한다. 그렇지만 모토로라·IBM·마이크로소프트사·인텔 등과 같은 일부 대기업은 또한 각종 보험이 있으며, 그 보장은 국유기업을 초월한다. 예를 들어 모토로라는 월급 이외에 매월 중국 직원에게 1,200위안의 주택기금을 제공하지만, 국유기관의 주택기금은 한 달에 겨우 몇 십 위안밖에 되지 않는다.

외자기업에서 일하는 중국 직원이 가져가는 월급을 국내 기업과 비교하면 훨씬 많지만, 중국 직원과 같은 일을 하는 외국인과 비교하면 매우 적은 편이다. 외국회사가 자국에서 한 사람을 중국에 파견하면, 월급과 소요 경비가 중국 직원 17~18명의 월급과 비용에 상당하며, 어떤 사람은 30~40명의 중국 직원의 월급과 비용에 상당한다.

그들은 어떻게 이 집단에 들어갔는가?

앞에서 서술했듯이 외자기업은 직접 사회에 직원을 모집할 수 있지만, 또한 중국의 관련 회사에 위탁해서 모집할 수도 있다. 주중 외국 상업기관은 법인기관이 아니기 때문에, 외국기업 서비스 회사를 통해 모집해야한다.

그렇다면 지원자들은 어디서 오는가? 그들의 원래 직업은 국유기업 기술자 또는 관리자, 대학·중·고등·초등학교 교사, 국가기관 간부, 국가연구기관의 연구원, 대학 졸업생 등이지만, 막 졸업한 대학생 비중은 매우작고, 대부분은 어느 정도 경력이 있는 사람들이다.

류텐젠의 소개로는 1979년부터 1986년까지는 외국기업의 직원모집 조건이 외국어였지만, 1987년부터 1995년까지는 외국어만으로는 안 되고전공 분야가 있어야 했다. 1995년 이후에는 조건이 더 까다로워져, 외국어와 전공 이외에도 또 실무 경험을 요구했다고 한다. 다시 말해서, 외국기업에 들어가는 문턱이 갈수록 높아지고 있다는 것을 말해 준다. 이미 대학졸업생이 외국기업에 들어가기가 매우 힘들어졌다.

전공에 대한 요구에도 변화가 생겼다. 몇 년 전까지는 재무회계·컴퓨터·마케팅 등의 전공에 대한 수요가 많았지만, 지금은 재무회계보다는 컴퓨터 기술자와 중·고급 관리자를 더 선호한다.

개방도가 높아짐에 따라, 중국인이 외국기업에 진입하는 방식에도 변화가 생겼다. 1980년대 초에는 주중 외국기관에 취직하는 사람들은 모두 외국기업 서비스 회사(당시에는 외국기업 서비스 센터라 했음)의 추천을 받아야만 했는데, 외국인은 누구를 선택할 여지가 없었고, 그들이 추천하는 대로 받아야 했다. 1980년대 후기와 1990년대 초기에는 외국인에게 어느 정도 선택의 여지가 생겼다. 최근 몇 년은 더욱 완화되어, 주중 외국기관의 중국 직원 70%를 그들이 선택할 수 있었고, 그들이 확정하고 난 후, 외국기업에와서 수속만 하면 되었다. 외국기업 서비스 회사의 추천은 30%에 지나지않았고, 이 30%의 정원 중에서 외국기업 서비스 회사가 10명을 추천하면,그들은 한 명만 고른다. 일반적으로 시험을 통해 우수한 사람을 선발하며,

외국기업 서비스 회사 시험에 합격한 후에 다시 외국기업에 추천하여 그들이 선택하도록 한다.

외국인은 단지 시험 성적만 보고 다른 요소들은 고려하지 않는 것일까? 필자가 이 질문을 제기했을 때, 류톈젠은 "꼭 그렇지는 않습니다. 만약에 어떤 사람의 부친이 장관(部長)이라면, 그 사람의 성적이 별로더라도, 그를 채용하려고 할 것입니다. 왜냐하면 그의 부친의 인맥을 통해 사업을 할 수도 있기 때문입니다"라고 했다. 완전히 외국기업 서비스 회사의 추천으로만 선발할 때에는 시험이 매우 엄격했었다. 1980년 중국의 유명한 여자 배구 선수인 랑핑(郎平)의 부친은 그녀를 데리고 시험을 보러 왔지만, 외국어 점수가 2점이 모자라서 채용되지 못했다. 그는 "채용되지 않아서 다행이지, 하마터면 중국 여자배구는 대장을 잃을 뻔했고, 우수한 코치를 잃을 뻔했다"고 말했다.

최근 몇 년은 외국기업에 들어가는 방식이 더욱 유연해져서, 주중 외국 기관과 외자기업들이 직접 신문이나 인터넷에 광고를 올린다. 지원자가 그 기업이 자기와 맞다고 생각되면, 바로 채용 회사에 전화 연락을 하고, 전화로 간단하게 의견을 나눈 후, 자신의 이력서를 보낸다. 모집 회사는 이력서를 보고 적합다고 여기면 시험과 면접을 본다. 일부 대우가 아주 좋은 대기업은 지원자가 많고, 경쟁이 매우 치열하여, 어떤 때는 수십 명의 지원자 중 한 명만 선발한다.

그들의 일을 어떻게 볼 것인가?

외국인 투자기업에서 일하는 중국 직원은 외국인에게 고용되어 외국인이 중국시장을 개척하는 것을 돕고, 그들이 돈을 벌도록 도와주어야 한다.

이 점은 의심할 바가 없다. 그렇지만 비즈니스는 서로에게 이익이 되어야 한다. 거래가 성사되면 외국인은 돈을 벌고, 중국에도 이익이 될 것이다. 그래서 그들이 외국인을 위해 돈을 벌어다 주는 것을 "외부와 내통한다"고 말하는 것은 옳지 않다. 우리가 스스로 개방을 해서 그들을 들어오도록 했다. 따라서 외국인이 중국에서 돈 버는 것을 두려워하지 않는다는 마음의 준비는 있어야 한다. 외국기업에서 일하는 중국 직원이 외국인이 돈 벌도록 도와주는 것이 무슨 잘못이 있는가? 류톈젠은 그들 중 대다수는 애국자이고, 상당수가 사업을 할 때, 외국 무역상의 이익에 손해를 끼치지 않는 범위 내에서 가능한 한 중국의 이익을 지킨다. 외국기업이 사업하는 것도 비교적 정직하고, 남을 속여 사취하는 일은 극소수라고 했다.

외국기업이 중국인을 고용할 때에는 두 가지를 고려한다. 하나는 중국 직원이 중국 상황을 잘 알고 있다는 점이다. 중국에는 각종 사회적 관계가 있어서, 그들을 통해 사업을 하는 것이 외국인이 중국에서 사업을 하는 것보다 성공 확률이 높다. 둘째는 중국 직원을 쓰는 것이 비용이 적게 든다는 점이다. 자국에서 사람을 파견하면 임금도 높을 뿐만 아니라, 고액의 출장비도 보조해야 한다.

현대 "신매판"은 중국 대외개방의 산물이며, 또한 대외개방의 중요한 추진력과 중요한 기술 보장이다. 그들은 중국과 외국의 경제·기술 교류의 교량이고, 또한 경제기술 무역의 촉진제이다. 개혁 개방 이래로 그들은 외자 도입과 기술 도입의 크고 작은 사업에 거의 모두 참여했고, 모두 심혈을 기울였다.

그들이 외국기업에서 맡고 있는 직책은 각기 달라서, 최고는 모 회사 주중 수석대표이고, 그 다음은 사장·부서장·팀장·엔지니어·마케팅 영업원·사무원 등이다.

국유기업의 노동자와 비교하면 그들의 업무는 훨씬 힘들다. 오늘은 베이징, 내일은 상하이, 모레는 또 신장(新疆)에 갈 수도 있다. 사업 기회를 잡기 위해, 그들은 밤낮없이 일하며, 일분일초를 다툰다. 사무실에서 여덟 시간을 일하고, 근무시간에는 개인적인 전화를 걸 수도 없으며, 개인적인 업무를 볼 수도 없고, 잡담은 더욱 안 된다. 회사에서는 야근하는 일이 다반사이다. 일이 바쁜 것도 있지만, 밥그릇을 놓칠까 봐 여직원은 30세가 되어서야 아이를 낳으려고 한다. 작은 병에는 병원에 갈 시간도 없고, "병가"는 말할 것도 없다. 외국인의 돈을 버는 것은 쉬운 일이 아니다. 만약 일이나 말로 외국인 사장이 불만을 품게 되면, 개인적인 전화를 한다든지, 회사의 봉투를 쓴다든지 하면, 해고를 당할 수도 있다. 템포가 빠르고, 관리가 엄하며, 스트레스가 커서, 그들은 체력적으로 피곤할 뿐만 아니라, 정신적으로도 매우 피곤하다.

어떤 사람은 주중 외국기관과 외자기업에 들어가는 것은 외국에 나가지 않고 "유학"하는 것이고, 바로 국제무역대학에 들어가는 것이라고 한다. 이 말은 어느 정도 일리가 있다. 몇 년간의 단련을 거치면, "신매판"은 외국어를 잘하고, 국제무역 규칙을 잘 파악하며, 경영관리를 배웠을 뿐만 아니라, 외국기업의 상황도 잘 파악한다. 1989년 "톈안먼 사태" 후에 주중 외국기관이 연이어 철수했고, 외국투자도 감소했다. 이때 중국 정부 관련 부서는 외국 상인의 동태를 잘 알지 못해 어떤 대책도 취하지 못했다. 베이징 외국회사는 일부 "신매판"을 소집하여 좌담회를 열었다. 그들은 일제히 외국 무역상들이 톈안먼 사태 때문에 중국시장을 포기하지 않을 것이고, 잠시 철수했다가 조만간 다시 돌아올 것이라고 말했다. 이 판단은 관련 부서의 정책결정에 중요한 작용을 했으며, 사후에 그들의 판단이 정확했다는 것이 증명되었다. 그들이 어떻게 정확한 판단을 할 수 있었겠는가? 그들은 외국인과 가장 가깝고, 외국인을 가장 잘 이해하기 때문이다. 류톈젠은 만약에 적절한 정책을 취해, 이 사람들이 돌아오도록 끌어들인다면, 대외개방의 수준을 향상시키고, 국가 건설에 매우 큰 도움이 될 것이라고 했다.

류톈젠의 생각은 매우 훌륭했지만, 필자가 인터뷰를 통해 알게 된 것은 되돌아올 수 있는 사람이 극소수라는 사실이다. 국내 회사와 그들의 수입 차이가 너무 커졌다. "신매판"들도 평생 외국기업에서 분주히 일하는 것에 불안을 느끼고 있으며, 그들은 자신의 출로를 마련해야 한다. 어떤 사람은 자금을 모아서 적극적으로 자신의 회사를 설립할 준비를 한다. 그들은 사장이 된 이후에, 외국기업에서의 경험과 방법을 이용하여 비교적 빠르게 발전한다. 어떤 사람은 출국을 모색하거나 외국기업 본부에 가서 고급 고용원으로 일하거나, 외국에서 발전을 모색한다. 그들 중 적지 않은 사람은 국외의 영주권을 얻고, 어떤 사람은 아예 이민을 간다. 스스로 창업을 하거나 출국하는 것이 때로는 같은 길이라고 볼 수 있다. 출국한 이후에 창업을 해서 외국인 무역상 신분으로 중국에 와서 사업을 하기도 한다. 이때, 그들은 외국 여권을 품고 중국 직원을 모집할 수 있으며, 그들의 신분도 변화가 생긴다. 중국인에서 외국인으로 변하고, 직원에서 고용주로 변하는 것이다.

그들에게는 어떠한 특별한 점이 있는가?

사람들은 "신매판"이 특수한 집단이라고 말한다. 그들에게는 어떠한 특별한 점이 있는가? 어떤 사람은 그들이 "서양"풍이라고 한다. 이 "서양"풍은 표면적인 것이 아니라, 일종의 기질이 된 것으로, 입고 있는 차림새·말투나 행동거지·사람을 대하는 태도·생활방식·사고방식 등이 모두 "서양"풍을 띠고 있다.

다른 사람들이 그들을 "서양"풍이라고 말하지만, 그들 스스로는 오히려 이것은 세계와 소통하는 것이라고 생각했다. 중국은 세계와 소통되어야 하고, 그들은 연결의 교량이기 때문에, 그들의 모든 것을 최대한 국제 규범에 가깝게 하려고 한다.

소통을 위해서 그들은 통상 남자는 존, 여자는 린다 같은 외국 이름을 가진다. 이것은 회사 인사부가 중국 직원에게 그렇게 요구한 것이다. 외국인이 중국 이름을 부르기가 어렵기 때문에 교류하기에 불편하다. 중국 직원 대다수는 외국 이름을 짓는 것에 대해 대수롭지 않게 생각한다. 존은 존일 뿐이고, 단지 외국인과 교류할 때 쓰는 약호일 뿐이다. 퇴근 후 중국인과 함께 있으면 나는 여전히 장전샹(張振祥)이다. 물론 만약 당신의 중국 이름이 영문으로 부르기에 편하다면, 굳이 외국 이름을 만들 필요는 없다. 예를 들어 우밍(吳明)이라는 중국 직원이 있으면 외국 이름을 지을 필요가 없다.

또한 소통을 위해서 그들은 외국어를 해야 한다. 업무 언어는 영어이다. 컴퓨터 인터페이스도 영문이고, 보고서도 영문으로, 외국 직원과 대화도 영어로 하고, 국제 전화도 영어로 한다. 외국어를 많이 써서 습관이 되어 중국인과 이야기할 때도 종종 외국어 단어를 끼운다. 가령 중국회사에 전화를 걸어 업무를 이야기할 때, 그들은 "나에게 report를 써서, fax로 보내주세요, ok?"라고 말한다.

그들은 시간 관념이 강하다. 시간은 그들의 생활 좌표이다. 그들의 일·생활·사교 모두 시간 좌표의 한 점 한 점에 따라 정해진다. 교제하는 가운데 그들은 시간을 지킨다. 몇 시에 만나자고 하면 바로 그 시간에 온다. 이것은 외국인에게서 배운 좋은 습관이다. 그들은 시간을 지키는 것이 신용을 지키는 중요한 부분이라고 여긴다. 시간을 지키기 위해, 그들은 늘 자신에게 5분의 안전 시간을 남긴다.

그들은 용모와 매너에 신경을 쓴다. 남성은 출근할 때 정장을 입고 구두를 신고, 넥타이에 신경을 쓴다. 여성은 계절에 관계없이 늘 치마를 입지만, 주말에는 정장을 안 입어도 된다. 그들은 복장을 단정하게 하는 것은 다른 사람에 대한 존중일 뿐만 아니라, 기업의 정신 상태와 회사 이미지의 반영이라고 생각한다. 그들은 말하는 톤도 중시한다. 여성은 부드럽고 우아하게, 남성은 낮고 힘찬 목소리로 말하고, 큰 소리로 이야기하는 사람은 없다. 그들은 목소리와 외모를 똑같이 중요하다고 생각하고, 아름다운 외모와 아름다운 목소리를 내기 위하여 몸과 목소리를 꾸민다.

그들은 밥그릇을 지키고, 실직 후에 새로운 일자리를 찾고, 높은 직위를 얻기 위해(직위가 높아지면, 월급도 대폭 상승한다), 배워야 할 것이 많다. 중국 박사 학위증만으로는 부족하여, 각종 전문화된 국제 인증을 취득하려고 한다. 그래서 그들은 자주 시험에 참가한다. MCP(마이크로소프트 전문가 인증), CIT(케임브리지대학교 정보기술시험), BEC(케임브리지대학교 비즈니스 영어능력시험), SOA(미국 생명보험 계리사 시험), LCCI(런던 상공회의소 비즈니스 영어 국제자격시험), ACCA[중문(中文) 공인회계사 자격시험] 등의 시험을 본다. 그들은 일 중독자일 뿐만 아니라, 또한 시험광이다.

그들은 현대 문명의 최전방에 있으며 또한 격렬한 경쟁의 중심에 있다. 그들의 늘 매우 긴장된 상태에 있으며, 퇴근하고 나면 긴장을 풀고 싶어 한다. 헬스장·수영장·볼링장은 그들이 자주 찾는 곳이다. 휴가 때가 되면, 그들은 조금도 주저하지 않고 휴가를 떠난다. 정신적 스트레스를 풀기 위해 그들은 주저 없이 돈을 쓴다. 그들은 시끄러운 도시를 떠나 풍경이 아름다운 곳으로 가서 현대 문명의 부족한 것을 보상받는다. 그들은 소득이 높아서 생활에서 스스로를 푸대접하지는 않는다. 하위 직원일지라도 만원버스를 타지 않고, 외출할 때는 "택시를 탄다". 몇 년 일을 하고 나면 보통 자신의 차를 사고, 대부분 승용차로 출퇴근을 한다. 그들은 고소비족으로 항상 소비 트렌드를 이끈다.

표면적으로 보면 그들은 늘 만족해하며, 사람들도 그들을 행운아라고 여긴다. 그러나 그들에게도 고충이 있다. 중국과 외국 문화의 장점이 그들에게 집중되어 있지만, 중국과 외국 문화의 충돌도 그들에게 집중되어 있다. 장점은 그들을 자부심을 갖도록 하고, 충돌은 그들을 고통스럽게 한다. 무역 프로젝트를 갖고 말하자면, 중국과 외국 쌍방의 거리가 멀면, 그들의 처지는 매우 괴롭다. 첨예한 이익 쟁탈 과정에서 외국인은 그들을 중국인으로 간주하며, 그들이 회사의 이익을 쟁취하기 위해 노력하지 않는다고 말한다. 반면에 중국인들은 그들을 "앞잡이(二鬼子)"로 간주하며, 그가 "배신해서 외부와 내통한다"고 말한다. 그렇지만 그들의 노력으로 쌍방의 거리가 좁혀지고 협상이 이루어지면, 그들은 그제야 자신의 이 "교량"으로서의 중요성을 느낀다. 그들은 과거 장기간 애국주의 교육을 받았기 때문에, 현실이 늘 그들의 마음을 자유롭지 못하게 한다. 나는 누구를 위해 일하고 있는 것인지? 소속감이 부족하고, 마음도 어떤 때는 흔들려 종잡을 수 없다. 그러나 그들이 경제 글로벌화의 큰 추세를 생각하고, 자신이 중국의 대외 개방을 위해 공헌하고 있다고 생각하면 마음도 평형을 유지하게 된다.

"신매판"의 업무는 신속한 지식 갱신과 왕성한 업무 에너지를 요구하지만, 연령이 높아지고, 지식이 노화되고, 기력이 떨어짐에 따라서 매우 쉽게 탈락하게 된다. 그들은 젊음을 밑천으로 돈을 벌며 살아가지만, "생명을 무리하게 쓰고 있어서", 그들은 위기감이 있다. 이 위기감은 이직을 통해 그들을 끊임없이 위로 이동하게 하고, 축적된 자금과 기술 성과로 스스로 창업을 해서 자신이 사장이 되게 한다.

"신매판"을 하나의 계층이라 할 수 있는가? 이 문제는 토론이 필요하다. 그들 중간에 일부 사람은 기술자·노무자·기업 관리인 등 다른 서열 속에 편입시켜 넣을 수 있다. 기술자·관리인·노무자는 늘 어느 기업에서든지 고용되며, 단지 고용주가 다를 뿐이다. 그들은 외국기업에 고용되었을 뿐이다. 경제가 글로벌화 함에 따라서 국가 간의 경제 상호 보완성이 나날이 강화되어지고, 경제 교류도 나날이 빈번해졌다. 이 한 나라의 판매자가 다른 국가에 고용인이 있고, 또 다른 국가의 기업은 그 국가에도 고용인이 있다. 외국기업은 중국에서 중국인을 고용하고, 중국기업도 국외에서 외국인을 고용한다. 국가 상호간의 고용 또한 늘 있는 일이며, 앞으로 이러한 상황이 더욱 많아질 것이다. 만약에 그들을 아직 "신매판"이라고 부른다면, 그들은 뒤를 계승할 사람이 없지 않을 뿐만 아니라, 더욱더 강대하게 발전할 것이다. 필자는 현재의 "신매판"을 한 계층으로 보아서는 안 된다고 생각한다. 이 책에서 필자는 본래 그들을 하나의 계층으로 간주하여 쓰고 싶지는 않았지만, 근래에 일부 출판물에서 그들을 일종의 유행으로 간주하거나 "출토된 문물"로 보았을 뿐만 아니라, 류톈젠이 말한 것처럼 "너무 터무니없이 묘사해서" 필자가 이 장을 쓰게 되었다.

비록 어느 작가의 글에 "신매판"은 결코 "서양 제국주의자가 중국에서 약탈을 돕는 중국인" 집단이 아니라고 했지만, 최근 몇 년간 일부 학자의 글에는 또 다른 종류의 "신매판"이 등장했다. 이 학자들은 국내 독점 엘리트와 국제자본이 결합하고, 국제자본의 강세와 국내의 권력 강세를 이용해, 민족경제를 억압하고 빼앗는다고 생각했는데, 이것이야말로 진정한 매판 계층의 부활이다. 사실상 이 사람들은 필자가 이 책의 "사유기업주" 장에서 말한 "홍정상인"이다. WTO에 가입한 이후, "홍정상인"은 국제자본과 손을 잡고, 국가와 민족의 이익을 희생시키고, 스스로 더 큰 이익을 취했다. 사회계층의 구분에서 그들은 중국의 상층 계층에 속한다. 그러나 그들은 결코 외국기업에 고용된 것이 아니라, 외국 무역상의 파트너일 뿐이다. 그래서 그들은 원래 의미의 매판이 아니다.

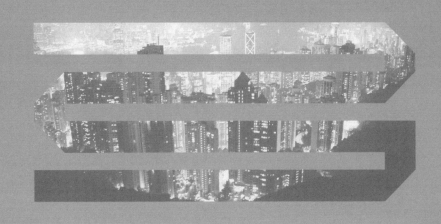

제14장

사회 유해집단

중국사회에서 사회에 대해 가장 유해한 집단이 바로 범죄자이다. 어떠한 사회든지 죄를 짓는 사람이 있지만, 중국에서 사회 전환기의 범죄자는 더욱 사람들의 주목을 끈다. 표면적으로는 죄 짓는 사람이 너무 많아서 사회가 조화롭지 못한 것 같지만, 심층적으로 보면, 범죄자의 수가 너무 많은 것은 바로 사회 부조화의 산물이다.

중국에는 얼마나 많은 범죄자가 있는가?

1949년부터 개혁 개방 이전까지 중국에는 세 차례의 범죄 절정기가 있었다. 그것은 바로 1950년대 초기, 1960년대 초기, 1970년대 말부터 1980년대 초기까지다. 이 세 차례의 범죄 절정기에는 매번 그것이 출현하게 된 사회적 원인이 있었다.

1950년에서 1951년까지 한 번의 짧은 범죄 절정기가 있었다. 1950년의 형사 사건 수는 51만 여건으로, 이 시기의 형사 범죄는 신구 사회의 전환과 신구 정권 교체의 특징이 뚜렷했다.

1961년은 제2차 범죄 절정기로, 형사 사건 수가 42만여 건이다. 이전 3년간 평균치의 1.97배에 달한다. 이 절정기에는 3년간의 대기근으로, 절도와 강도 사건이 상승했으며, 범죄자의 동기는 기본 생활물품을 얻는 데 있었다. 기근이 사라지자, 범죄 수는 매우 빠르게 줄어들었다.

제3차 절정기는 1981년으로, 형사 사건 수가 89만여 건이다. 2차 범죄 절정기였던 1961년 형사 사건 수의 2.11배에 달했다. 이 시기에는 특히 청소년 범죄의 절정기였다. 그 이유는 다년간 고도로 통제된 계획경제체제가 느슨해졌기 때문에, 사회의 관리가 일시적으로 따라가지 못했기 때문이다. 1983년부터 3년 동안 계속된 "엄중 단속"으로 전국에서 170여만 명의 범죄자가 체포되었다. 1983년부터 1986년 12월까지 전국에서 심리 판결된 형사 사건이 140만 건이었고, 선고를 받은 범죄자가 172만여 명이었다. 1988년 이후, 각 형사 범죄는 또 상승 추세를 보였다. 1991년 전국에서 입건된 것이 236만여 건으로, 지난번 범죄 절정기인 1981년의 2.66배였다. 전국 총인구 10만 명당 범죄자 수가 215명으로, 1981년의 2.42배에 상당해서, 어떤 사람은 제4차 범죄 절정기에 진입했다고 주장했다. 이전 세 차례의 범죄 절정기에는 1~2년 지속하다가 10만 명당 범죄율이 내려갔으나, 1988년 이후는 내려가지 않고 오히려 지속해서 상승했다. 2004년에는 10만 명당 범죄자 수가 363명에 달했다. 2009년 전국 사회 치안 형세 또한 비교적 심각하여, 형사 사건 수의 증가폭도 10% 이상이었고, 전국 형사 사건 수도 530여만 건에 달했다.(이상 수치는 표14-1 참조)

이것은 1990년대 초부터 지금까지 앞의 세 차례와 유사한 범죄 절정기가 출현했다고 말할 수는 없지만, 더 심각하고 오래 계속된 사회적 원인이 있었음을 설명한다. 그것은 바로 해마다 심각해진 사회 빈부격차의 지속적인 확대와 분배의 불공평이다. 사회가 전환되는 과정 중에 사회 재부가 다시 분배되고, 사회 유동성이 증강되었다. 일부 사람들의 재부 지위가 상승하고, 소수의 사람들은 벼락부자가 되었지만, 일부는 재부 지위가 하락하고, 일부 사람들은 일자리가 없거나 소득이 없는 처지에 놓였다. 가장 곤란한 사람은 유동 농민공 중에서 일자리를 찾지 못한 사람과 도시의 실업자들이었다. 그들 중 상당수는 주거주지와 상주 호구 등기가 일치하지 않아, 생존 조건이 없고 사회적인 제약이 없는 유민이 되었다.

표14-1 전국 형사 사건 입건 수[1]

연도	형사 사건 수 (건)	형사 사건 해결 수 (건)	형사 사건 해결률 (%)	전국 총인구 중 10만 명당 입건율
1950	513,461	361,477	70.4	93
1956	180,075	119,210	66.2	29
1960	222,734	201,574	90.5	34
1961	421,934	330,796	78.4	64
1964	215,352	167,514	77.8	31
1965	216,125	142,378	65.9	30
1972	402,573	218,228	54.2	46
1973	535,820	340,641	63.6	60
1974	516,461	337,372	65.3	57
1975	475,432	327,345	68.9	52
1976	488,813	317,258	64.9	52
1977	548,415	400,132	73.0	58
1978	535,698	358,782	72.0	56
1979	636,222	439,696	69.1	66
1980	757,104	538,425	71.7	77
1981	890,281	650,874	73.1	89
1982	748,476	579,039	77.4	74
1983	610,478	431,292	70.6	60
1984	514,369	395,736	76.9	50
1985	542,005	427,099	78.8	52
1986	574,715	455,174	79.2	52
1987	570,493	463,766	81.3	54
1988	827,594	620,408	75.2	77.41

---

1 『중앙정법관리간부학원학보』, 1998년 제4기, 궈샹(郭翔), 1999년 이후의 데이터는 『중국통계연감』 756쪽에서 인용.

1989	1,971,901	968,662	56.35	181.50
1990	2,216,997	1,265,240	57.07	200
1991	2,365,709	1,460,622	61.7	215
1992	1,582,659	1,079,517	68.2	138.5
1993	1,616,879	1,211,888	75.0	140
1994	1,660,734	1,298,005	78.2	140
1995	1,690,407	1,350,159	79.9	140
1996	1,600,716			140
1997	1,527,684			124
1998	1,986,068			159
1999	2,249,319			179
2000	3,637,307			287
2002	4,337,036			338
2003	4,393,893			340
2004	4,718,122			363
2005	4,648,000			355
2009	5,300,000			399

* 주: (1) 1984년 이후, 총인구 중 현역군인 포함.
  (2) 1992년 절도범의 입건 기준이 높아졌기 때문에(1992년 이전 농촌 입건 기준은 40위안이었고, 도시는 80위안이
  었다. 1992년에는 경제 발달 정도에 따라 지역을 300위안, 400위안, 500위안, 600위안으로 나눔), 형사 사건의 수가
  1991년 236만 건에서 1992년 158만 건으로 줄어들었다.

    2005년 2월 말, 영국 내무부(Homeoffice) 연구통계이사회가 세계감옥인구
최신 통계를 공포했는데, 국제감옥연구센터가 이 데이터에 대해 보완을
기울였다. 최초 데이터는 각 국가의 사법부나 감옥관리국이 제공한 것으
로, 전 세계 900만 이상의 범죄자가 감옥과 구치소 내에 갇혀 있는 것으로
밝혀졌다. 구체적인 상황[2]은 미국이 209만 명, 중국이 155만 명(구치소 수감
자 및 대만의 5만 7,037명과 홍콩의 1만 3,226명, 마카오의 875명은 불포함), 러시아가 70만 명

이다. 미국의 감금률(10만 명당 수감되어진 사람 수)은 전 세계 최고로, 국민 10만 명당 대략 714명이 갇혀 있다. 중국의 "노동교화 인구(勞敎人口)"는 앞에서 이야기한 숫자에 포함되지 않는다. 중국의 입감(入監) 인원 기본 상황은 표 14-2를 참조하길 바란다.

표14-2 복역 인원 기본현황3

지표	2003	2004	2006	2007	2008
연초 복역한 사람 수	1,546,130	1,562,742	1,565,711	1,566,839	1,589,222
여성	71,286	75,870	77,771	78,334	80,951
미성년자	19,990	21,975	23,250	21,807	20,772
석방 인원	342,401	332,172	340,694	363,875	378,493
연말 복역한 사람의 수	1,562,742	1,558,511	1,566,839	1,589,222	1,623,394

중국은 과거에는 범죄 통계자료를 공포하지 않았고, 1987년에서야 해마다 공포하기 시작했으며, 아울러 과거 범죄자료 통계를 보충 공포했다. 그러나 여러 가지 이유로 일부 지방의 공안기관은 입건 수를 축소했다. 관련 분석에 따르면, 일부 공안기관의 입건 수는 단지 실제 발생한 사건 수의 40~50%밖에 되지 않는다고 한다.[강수화(康樹華), 1997] 일부 지방의 기관은 어느 사건에 대해 "해결을 못하면 통계에 넣지 않고, 심지어는 해결을 했음에도 통계에 넣지 않았다." 물론 입건이 되지 않은 대다수는 작은 사건으로, 중대형의 사건 수는 그래도 비교적 정확한 편이다. 1990년대 이래로, 통계된 사건 중 중대형 사건의 비율이 대폭 상승했다. 통상적인 통계에 따르면, 심각한 범죄사건은 일반적으로 전체 범죄사건의 15~20%를 차지했

---

2 사법부 사법교류센터 장쥔(張軍)이 번역한 『세계 감옥인구 최신 통계』에서 인용.
3 『중국통계연감』, 미성년자는 14~18세를 가리키며, 석방 인원은 감형 석방·형 만기 출소 석방 인원을 가리킨다.

다. 그러나 1990년대 중반 이래로, 이 비율은 46% 이상에 이르렀으며, 살인·강도·사기·밀수·마약 등 심각한 범죄사건이 대폭 상승했다. 구체적인 상황은 표14-3을 참조하길 바란다.

표14-3 형사 사건 분류 통계 (단위: 건)[4]

사건 분류	1988	1990	1992	1993	1994	1995	1999	2000	2003	2007	2008
살인	15,959	21,214	24,132	25,380	26,553	27,356	27,426	28,429	24,393	16,119	14,811
상해	26,639	45,200	59,901	64,595	67,864	72,259	92,772	120,778	145,485	167,207	160,429
강도	36,318	82,361	125,097	152,102	159,253	164,476	198,607	309,818	340,077	292,549	276,372
강간	34,120	47,782	49,826	47,033	44,118	41,823	39,435	3,589	40,088	31,833	30,248
절도	658,683	1,860,763	1,142,556	1,122,106	1,133,682	1,132,789	1,447,390	2,373,696	2,940,598	3,268,670	3,399,600
사기	18,857	54,719	46,991	50,644	57,709	64,047	93,192	152,614	193,665	239,698	273,763
납치			17,168	15,629	11,367	10,670	7,257	23,163	3,721	2,378	2,566
밀수			1,887	1,335	1,096	1,119	1,205	1,993	1,178	1,107	1,042
마약 제조	268	3,670	14,710	26,191	38,033	56,524	88,579	96,000			

* 주: 1992년 절도 입건 기준이 높아져, 1992년 이후에 이 사건 수가 감소함.

도시와 농촌 무직자 중에서 일부분은 노동 교화 석방인원 또는 노동 교화가 해제된 사람들이다(매년 30만 명). 그들 중 일부분은 사회에 돌아간 후에 취업 기회를 얻지 못하고, 사회의 차별대우와 가정의 냉대로 다시 범죄자의 길을 걷게 된다. 형을 다 마치고 석방된 사람의 재범률이 높아, 1986년에 재범률이 24.54%였다. 이들은 이전의 하던 일로 돌아간 이후, 대부분 범죄조직의 핵심요원이 되었고, 일부 중대하고 악질적인 사건은 이들의 소행이었다. 시장경제체제가 만들어짐에 따라서, 취업의 경로도 늘어났

---

4 『중앙정법관리간부학원학보』, 1998년 제4기, 귀샹. 1999년 이후의 데이터는 『중국통계연감』 756쪽에서 인용.

고, 스스로 일자리를 구하는 것도 계획경제 시대보다 쉬워져서 형 만기 출소자들의 재범률도 대폭 하락했다. 최근에 형 만기 출소자의 재범률은 8% 정도의 낮은 수준을 유지하고 있다.

가장 우려되는 것은 범죄율이 상승할 뿐만 아니라, 또한 큰 사건과 중대 사건의 비중이 높아지고 있으며, 특히 마약·성범죄와 조직범죄가 많아지고 있다는 점이다. 마약범·매춘부·조직폭력배가 이미 사회에 해를 끼치는 무리가 되었다.

마약 중독자

1950년에서 1952년까지 전국에 등록된 마약 제조판매 범죄자는 36만여 명으로, 법에 따라 중범죄를 저지른 3만 6,000여 명의 마약범을 체포했고, 마약 밀매 조직두목 800명에게 사형 판결이 내려졌다. 아울러 2,000여만 명의 마약 중독자에게 마약을 끊는 것을 도와주는 교육을 했다.[5] 그 이후, 마약과 마약 판매는 거의 사라졌지만, 1980년대에 와서 또다시 마약 풍조가 나타나기 시작했다.

중국에는 마약 중독자가 얼마나 있을까?: 국가 마약 단속반에서 공포한 숫자에 따르면, 매년 놀라운 속도로 증가하고 있다.

> 1991년, 전국 신고 등록된 마약 중독자의 수 14만 8,000명,
>
> 1992년, 전국 신고 등록된 마약 중독자의 수 25만 명,
>
> 1994년, 전국 신고 등록된 마약 중독자의 수 38만 명,

---

5 왕팡성(王芳生) 편, 『현대 중국공안공작』, 당대중국출판사, 1992, 7쪽.

1995년, 전국 신고 등록된 마약 중독자의 수 52만 명,

1997년, 전국 신고 등록된 마약 중독자의 수 55만 명,

1998년, 전국 신고 등록된 마약 중독자의 수 59만 6,000명,

1999년, 전국 신고 등록된 마약 중독자의 수 68만 명,

2000년, 전국 신고 등록된 마약 중독자의 수 86만 명,

2002년, 전국 신고 등록된 마약 중독자의 수 100만 명,

2003년, 전국 신고 등록된 마약 중독자의 수 105만 명,

2004년, 전국 신고 등록된 마약 중독자의 수 114만 명,

2005년, 전국 신고 등록된 마약 중독자의 수 116만 명.

전국 마약 중독자 정보 데이터에 의하면, 2009년 6월 말까지 현재 등록된 마약 중독자는 121만 8,328명으로 밝혀졌다.

국가 마약단속위원회에서 매년 공포한 위의 숫자가 마약 중독자의 전부일까? 아니다, 위의 숫자는 양성 마약 중독자이다. 중국 마약 중독자의 전체 수에 대해 세 가지의 다른 추정이 있다. 첫 번째 추정 수는 WHO의 추정 모형을 사용하는 것으로, 한 명의 양성 마약 중독자의 배후에는 대략 9명의 음성 마약 중독자가 있다고 보는데, 양자의 비율은 1:10이다. 이렇게 보면 2009년 중국의 마약 인구의 총수는 대략 1,218만 명이다. 두 번째 추정 수는 영국이 1999년 전국을 조사한 결과를 인용한 것으로, 중국의 한 명의 양성 마약 중독자의 배후에는 대략 5명 정도의 음성 마약 중독자가 있다고 보는데, 비율은 1:4.7이다. 이렇게 보면 2009년 말 중국 마약 중독자 총수는 487~609만 명이다. 세 번째 추정 수는 베이징대학 사회학과의 추정으로, 한 명의 양성 마약 중독자 배후에는 2명의 마약 중독자가 있다고 본다. 2001년 베이징대학 사회학과는 마약 중독 문제가 비교적 전형적인 윈난 성 쿤밍 시와 저장 성 원저우 웨칭(樂淸) 시에서 14세

에서 69세의 연령의 인구의 무작위 샘플 추출 방법을 채용하여, 마약 중독자 인구 규모에 대한 추정 작업을 진행했다. 샘플 인구의 약품 습관 설문 조사와 소변검사의 기초 위에 얻은 결과는 등록된 마약 중독자 배후에는 0.5명 정도의 음성 마약 중독자가 있었다. 두 지방은 마약 퇴치 업무의 기초가 비교적 잘되어 있고, 각 지역의 차이를 고려해서 전국의 평균 상황에 대해 예측을 진행할 때, 이 결과를 두 배로 확대하면 양자의 비율은 1:2이다. 이 예측에 따르면, 2009년 말 중국 마약 중독자 총수는 243만 6,000명이다.[6] 중국 마약 퇴치에 애를 쓰고 있는 가오스치(高土其) 기금회는 중국의 마약 중독 인구가 매년 15~20%의 속도로 증가하고 있다고 했다.

마약 중독자가 빠르게 증가하는 동시에, 중국에 들어온 마약의 양도 갈수록 늘어나고 있다. 국가 마약 퇴치 판공실에서 공포한 바로는 2000년에 압수한 헤로인이 1987년에 압수한 헤로인의 146.5배에 달하며, 압수한 아편은 1987년의 17.5배에 달한다고 했다. 1987년에 아직 메스암페타민이 없었지만, 1991년에는 메스암페타민 351kg을 압수했으며, 2000년에는 메스암페타민 20.9톤을 압수하여, 1991년의 66.3배에 달했다.(표14-4 참조) 압수한 것은 넘쳐나는 마약의 일부분일 뿐, 법망을 빠져나간 것이 더욱 많다.

표14-4 최근 10년 수사 해결된 마약 사건과 마약 압수 상황[7]

연도	사건 해결 수	헤로인 압수	아편 압수	메스암페타민 압수	마약 제조 배합제 압수	수사 체포한 마약 범죄자
1987	56건	43kg	137kg			
1988	268건	166kg	239kg			
1989	547건	559kg	289kg			
1990	3,670건	1,032kg	782kg			

---

6 베이징대학 사회학과 추쩌치(邱澤奇), 「중국의 매독 문제를 논함」, 2007년 10월 11일.
7 『공안대학학보』, 1998년 제1기, 1999년·2000년과 2001년의 데이터는 〈신화망〉에 근거.

1991	10,946건	1,919kg	1,961kg	351kg	49.8톤	18,479명
1992	14,710건	4,489kg	2,680kg	655kg	58.8톤	28,292명
1993	26,191건	4,459kg	3,354kg		90톤	40,834명
1994	38,033건	3,881kg	1,737kg	460kg	38톤	50,964명
1995	56,524건	2,376kg	1,110kg	1,304kg	85.9톤	73,734명
1996	88,579건	4,365kg	1,745kg	1,599kg	218.5톤	
1999	64,000건	5.3톤		16톤		
2000	96,000건	6.3톤	2.4톤	20.9톤	215톤	
2001	110,000건	13.2톤			208.2톤	73,000명

어떠한 사람이 마약을 하는가? 전국 마약 중독자의 최신 정보 데이터에 따르면, 2009년 6월 말까지 등록된 121만 8,000명의 마약 중독자 중에서 남성이 85.1%를 차지하고, 여성이 14.9%를 차지한다고 했다. 35세 이하 의 청년이 주를 이루고 있으며, 직업을 보면 무직이 마약 중독자의 주종을 이루고 있고, 점차적으로 사회의 할 일 없는 사람으로부터 회사원·자영업 자·예술계 인사 등 각계각층으로 뻗어가고 있다. 마약 중독자는 10년 전과 는 그리 큰 변화가 없다. 1997년 베이징 시 공안국 예심처에서 예심이 종결 된 51건의 159명의 혐의자를 분석한 결과,[8] 그들의 상황은 다음과 같다.

1. 주로 외지인들이다. 159명의 범죄 혐의자 중, 외지인이 101명으로 전 체의 63.5%를 차지했다. 그중에서 신장 사람이 60명으로, 외지인의 61.2% 를 차지했다. 헤이룽장 성이 11명으로, 외지인의 11.2%를 차지했다.

2. 주로 농민과 무직자이다. 159명의 범죄 혐의자 중, 무직자가 102명 으로 64.2%를 차지했다. 그중 병보석으로 풀려난 사람이 3명이고, 탈주한 복역자가 2명이다. 농민은 34명으로, 총 인원수의 21.4%를 차지했다. 재

---

8 쑹커리(宋克禮)·장청허(張成河): 「베이징 마약 사건 특징과 업무대책에 대해 논의함」, 『베이징형 탐연구』, 1998년 제4기.

직 인원은 23명인데, 그중 노동자가 11명, 관리 책임자가 3명, 개인사업자·운전기사·직원이 각각 2명이고, 경리·기자·간부가 각각 1명이다.

3. 주로 청장년층이다. 159명 중 나이가 가장 어린 사람은 18세이고, 가장 많은 사람은 45세이다. 31~35세가 마약 범죄 연령 중 가장 많은 수를 차지하며, 그 다음이 26~30세이다.

4. 159명 중 여성이 44명으로 27.6%를 차지했다. 범죄 과정 중에서 보통 운송·소지와 은닉의 역할을 맡아서 했다.

5. 전과 행적이 있는 사람이 상당 비중을 차지하고 있다. 159명의 혐의자 중에서 전과가 있는 사람이 62명으로 39.9%를 차지했고, 이 중 베이징 사람이 45명이다.

6. 문화 수준이 낮은 사람이 많다. 159명 중 문맹이 2명이고, 초등학교 졸업이 41명, 중학교 졸업이 76명, 고등학교 졸업이 37명, 대학 졸업자가 3명이다. 중졸 이하가 전체의 74.8%를 차지했다. 상하이 시 강제마약퇴치센터의 마약 중독자 상황과 베이징 상황은 대체로 비슷하다. 분층 샘플 조사한 347명 중에서 남성이 82.4%를 차지했고, 여성이 17.6%를 차지했다. 연령대는 15~48세로, 그중 18세 이하가 5%를 차지했고, 18~25세가 24.8%를 차지했으며, 25~30세가 30%를 차지했고, 30세 이상이 40.2%를 차지했다. 중졸과 중졸 이하가 72.6%를 차지했고, 직업상으로 볼 때, 무직자가 77.8%, 자영업자가 15.3%를 차지했다. 미혼자가 61.1%, 이혼자가 10.4%, 기혼자는 28.5%를 차지했다. 거의 모든 마약을 끊은 사람들은 강제적으로 마약을 끊은 경험이 있다.[9]

21세기에 들어서, 마약 중독자는 연예계 및 기타 직장인들로 확산되고 있나.

---

9 푸순셴(傳順賢)·쉬아이홍(許愛紅), 「상하이 시 마약을 끊은 사람의 표본조사」, 『청소년 범죄연구』, 1998년 제4기에 실려 있음.

조사에서 그들이 처음으로 마약을 하게 된 계기가 47.6%는 호기심이고, 38%는 동료나 친구들을 모방하다가, 9.5%는 속아서 유인당한 것이고, 기타가 괴로움에서 벗어나려고 마약을 한 것으로 나타났다. 베이징대학 사회학과의 조사에서 처음 마약을 하는 상황으로 볼 때, 92%가 처음 마약을 할 때 혼자가 아니라 2명 이상의 사람과 함께했고, 게다가 초청을 받았고, 80% 이상의 사람은 처음 마약을 할 때 완전히 "접대를 받은 것"이었고, 85% 이상의 사람은 처음 마약을 한 것이 헤로인이었으며, 97%가 처음 마약을 한 곳은 외지가 아니라, 그 지역의 모임 장소였다. 그리고 마약을 복용하기 전, 95%의 사람은 마약의 위해에 대해 결코 깊은 이해가 없었다. 그들은 호기심이 발동하여 2~15일 이내에 두 번째 시도를 했고, 2개월 이내에 "마약 중독자"가 되었다.

마약 중독자는 어떠한 생존 상태에 처해 있는가?: 일단 마약 중독자가 되면, 그들은 다른 생존 상태에 들어가게 된다. 이것은 일반인이 이해하기 힘든 세계이다. 중독 후 마약 중독자 90% 정도가 모두 은폐된 곳에서 혼자서 마약을 한다. 균형을 잃은 생리 상태를 유지하기 위해서, 마약 중독자들은 반드시 꾸준히 자신의 신체에 마약을 주입해야 하고, 또한 양도 끊임없이 늘려야 한다. 마약을 흡입하는 행위는 단지 한시적으로 신체를 "정상적인 상태"로 유지할 수 있고, 하루에 3~4차례 심지어는 더 많이 흡입해야만 신체의 "정상적인 상태"를 유지할 수 있다. 환락과 고통의 반복은 이미 그들을 정상적인 상태를 유지할 수 없도록 만든다. 마약 중독은 일종의 중단할 수 없는 지속적인 고소비로, 일단 헤로인을 흡입하여 중독이 되면, 매일 최소한 0.3g이 필요한 것으로 계산하면, 200~300위안을 써야 된다. 이것은 중독자의 정상적인 수입을 훨씬 초과하는 금액이다.

「상하이 시 마약 재활인원 샘플조사」에 마약 중독자의 소비 상황이 나열되어 있다. 매일 50위안 이하를 소비하는 마약 중독자는 15%를 차지했고, 50~100위안은 31.1%, 100~200위안은 32.6%, 200~300위안이 12.9%, 300~500위안이 8.4%를 차지했다. 총 소비가 1만 위안 이하가 33.7%, 1만~2만 위안이 1.5%, 2만~5만 위안이 19.6%, 5만~10만 위안 이상이 18.8%, 10만 위안 이상이 17%를 차지했다. 그들이 마약으로 가산을 탕진한 후에는 마약 구입 자금을 주로 마약 판매에 의지했고, 젊은 여성은 매춘을 했으며, 또 도둑질이나 강도질을 했다.

상하이 마약퇴치센터가 마약 중독자 대상으로 진행한 MMPI의 심리검사(미네소타 다면적 인성검사)에 의하면, 347명 중에서 남성 중독자 4명이 임상척도 T점수의 70점을 초과했고, 각각 HS·D·PD·PA였다. 여성 중독자 중 2명이 임상척도 T점수의 70점을 초과했고, 각각 D·MF였다. 이 외에도 다른 임상실험 척도의 70점을 초과하지 않았지만, 전국의 통상 모형에 비하면 어느 정도 높다. 이것은 마약 중독자의 심각한 인격 편이를 반영한다. 마약 중독자는 대부분 우울하고, 의심이 많으며, 충동적이고, 책임감이 부족하다. 그들은 마약을 끊는 데 실패하는 원인을 환경과 사회의 탓으로 돌리고, 자신 때문이라고 생각하는 사람은 극히 적다. 조사에서 마약 중독자의 대다수는 비교적 명확한 기형적인 가치 관념을 갖고 있었다. 예를 들면 "헤로인"을 흡입하는 것이 돈이 있고 지위가 있다는 상징이라고 생각했다. 실제로는 오늘날 중국의 마약 중독자는 대부분 사회적 지위가 매우 낮은 집단이다. 주사기로 주사하는 것은 마약 복용의 일상적인 방식이다. 그리고 주사기로 주사하는 것은 에이즈를 옮기는 중요한 경로이기도 하다.

마약 복용과 판매는 거의 공생 현상이나: 대다수의 마약 중독자는 마약 판매자가 의도적으로 "양성해 낸" 것이다. 조사에 따르면 절대 다수의 청소년이 처음 마약을 접한 것은 모두 "친구"가 무료로 제공한 것이라고 한다. 일단 중독이 되면, "친구"는 돈을 받으려고 한다. 일반적으로 한 명의 마약 중독자가 6명을 유인하여 중독 시킬 수 있으면, 이 6명으로부터 자신의 마약 비용을 충분히 벌 수 있다.[10] 많은 마약 중독자는 이 "비결"을 알고 있으며 바로 실천에 옮긴다. 또한 "친구"라는 신분을 이용하여 다른 사람이 마약을 복용하도록 유혹한다. 이처럼 마약 복용-마약 판매, 마약 판매-마약 복용은 마치 "눈덩이" 같아서, 마약 복용과 판매 집단이 갈수록 커진다.

마약 금지·마약 퇴치는 장기전이다: 오늘날의 마약은 전 세계적인 문제로, 어느 국가도 그 화를 피할 수는 없다. 중국은 1980년대 중반 국제 마약 추세가 침입하기 시작했을 때, 바로 "국경 밖에서 마약을 막아내자"는 생각을 제시했다. 1990년대에는 또 "2~3년 내에 마약의 범람 세력을 억제하고, 더 나아가 근본적으로 마약을 없애는" "속전속결" 견해를 제의했다. 1990년 12월 28일, 제7기 전국인민대표대회 상무위원회 제17차 회의에서 〈전국인민대표대회 상무위원회 마약 금지에 관한 결정〉을 통과시켰고, 1995년 1월 12일, 국무원에서 〈강제 마약 퇴치 방법〉을 선포했다. 마약퇴치 작업은 이로부터 전국적으로 전개되었다. 비록 어느 정도 성과를 거두기는 했지만, 갈수록 범람하는 마약의 추세를 막기는 어려웠다. 1997년 이래로 국가마약금지위원회가 다시 "마약 판매 금지, 마약 재배 금지, 마약 복용 금지'의 마약 퇴치를 업무 중점으로 삼도록" 제기했고, "전체 마약 중독자에게 강제로 마약을 끊게 하도록" 요구했다. 그러나 강제로 마약을 끊게 하는 것은 투입은 많이 해야 하면서도 효과는 매우 떨어지는 일이다. 마약 중독자는 일단 중독이 되면, 마약을 끊을 수 있는 사람은 백에 한둘이다. 현재 전국 마약 퇴치소에서 마약을 끊을 수 있는 마약 중독자는 등록된

---

10 궈관환(郭冠環)·저우환란(周煥然), 「광저우 시 청소년 마약 범죄 해부」, 『청소년 범죄연구』, 1998년 제4기에 실려 있음.

수의 10분의 1도 되지 않는다.

베이징의 마약퇴치센터의 소개에 따르면, 마약 중독자가 마약을 끊는 주기는 보통 3개월이다. 이 3개월 중에서 마약 중독자에게 사용되는 마약 퇴치 약품만 1인당 5,000위안 정도가 필요하며, 여기에는 해외에서 수입된 고급 마약 퇴치 약품은 포함되지 않는다. 게다가 그들의 숙식 등 기타 비용과 의무요원·관리원들의 지출은 최소한 6,000위안 이상이다. 그밖에 마약 중독자들은 장기간의 마약 복용으로 다른 질병이 있어서 치료가 필요하다. 현재 마약을 끊으려 센터를 방문하는 사람에게는 1인당 매주 6,000위안의 비용을 받는다. 하지만 공안기관에 의해 끌려와서 강제적으로 마약을 끊는 사람들은 이 돈을 전혀 지원받을 수 없다. 세계 마약 퇴치 전문가들은 마약에 중독된 후 끊는 기간을 3년 반으로 정하고 있다. 중국의 상황에서 처음 퇴치소에 들어온 사람이 마약을 끊는 데 성공하는 비율이 극히 낮아서, 재중독률이 90% 이상이다. 2008년은 새롭게 마약을 금지하는 "인민전쟁"이 시작된 해였다. 확실한 통계는 아니지만, 마약 퇴치를 집중적으로 홍보하는 활동 기간 중 전국에서 마약 퇴치 자원봉사자 100만 명이 결성되었고, 단속반 2만여 팀이 편성되어, 15만여 차례 마약 금지 홍보를 전개하여 1억 명이 넘는 군중이 교육을 받았다고 한다. 보도에 따르면 2007년에 비해 헤로인 복용자의 새로운 발생률이 5.6%에서 4.6%로 떨어졌고, 마약 중독자 중 35세 이하 청년 비율이 62.1%에서 59.7%로 떨어졌으며, 공용 주사기를 통해 마약 중독자가 에이즈를 감염시키는 비율도 39%에서 29.2%로 감소했다고 한다.[11]

마약 금지 투쟁 또한 "세계대전"으로, 중국은 이 전쟁의 국부적인 전쟁터이다. 중국 서남부 국경 밖에 세계 최대의 마약 생산지―미얀마·라오

---

11 〈중국신문망〉, 2009년 4월 30일.

스·태국 세 나라의 국경에 있는 "골든트라이앵글(Golden Triangle, 황금의 삼각 지대: 동남아시아의 타이, 라오스, 미얀마 국경의 삼각형을 이루는 지역. 아편과 헤로인의 주요 생산지)"이 있다. 이곳의 아편 생산량은 연간 2,500~3,000톤에 달한다. 미얀마만 하더라도 중국의 윈난 일대의 국경지대에 접해 있으면서, 연간 아편 생산량이 1,600톤에 달한다. 아편 10톤으로 1톤의 헤로인을 공급할 수 있다고 보면, "골든트라이앵글"이 연간 200~300톤의 헤로인을 생산한다고 할 수 있다. 중국 서쪽에 있는 중앙아시아의 "골든크레센트(Golden Crescent, 황금의 초승달 지대: 이란·아프가니스탄·북부 파키스탄에 걸친 마약 생산·거래 지대)" 지역 또한 주요 마약 생산지이다. 이러한 지역의 마약 조직들은 마약의 판로를 찾기 위해 온갖 방법으로 "중국의 통로"를 열려고 한다. 비록 국경 지역에 차단기를 설치해서 엄격히 검사하지만, 중국으로 들어오는 마약은 여전히 줄어들지 않고 있다.

마약 퇴치는 공안부서나 정부의 일일 뿐만 아니라, 전 사회의 일이기도 하다. 전문가들은 오늘날 마약 중독자가 마약을 끊을 수 있도록 도울 수 있는 사회적 환경이 형성되어 있지 않다고 생각한다. 그들은 "가정·학교·회사·지역사회 등을 포함한 전 사회가 마약 중독자를 도와야 한다. 마약 중독자는 범죄자도 아니고, 나쁜 사람도 아니다. 사실상 그들 중 대부분은 호기심 때문에 중독된 것으로, 사람들이 그들에게 꼬리표를 붙여서는 안 된다. 그들이 마약을 끊을 수 있도록 도와야 한다"고 호소했다. 그들은 모든 지역 주민사무소·파출소·공장·학교가 동원되어, 마약 중독자가 마약을 끊기 전에 마약 퇴치소와 협약을 맺도록 가르치고 도와주며, 중독자가 마약을 끊고 퇴소한 후에는 그들에게 새로운 생활환경을 제공하여, 그들이 생활과 일에서 겪는 어려움을 해결할 수 있도록 돕고, 그들을 차별하지 않도록 건의했다. 이렇게 하면 마약을 끊은 후 다시 복용하는 비율이 반드시 크게 감소할 것이다.

매춘부

중국에서 매춘 현상은 과거에도 있었다. 1949년부터 1952년까지 전국의 중대형 도시에 있던 8,400여 곳의 기생집이 잇따라 폐쇄되었으며, 온갖 못된 짓을 일삼던 기생집의 사장들이 엄벌에 처해졌다. 많은 기녀들을 교육시키고 구제하여, 이때부터 기본적으로 매춘 현상이 사라졌다. 1964년 중국은 전 세계를 향해 "중국 땅에는 이미 성병이 사라졌다"고 선포했지만, 1980년대가 되자 이런 추악한 현상이 다시 꿈틀거리기 시작했다. 그래서 1991년과 1993년에 국가는 각각 〈매춘 윤락을 엄금하는 것에 관한 결정〉, 〈매춘 윤락녀 수용 교육방법〉 등을 공포했고, 계속해서 매춘 윤락을 근절하고자 했으나, 매춘 윤락 현상은 여전히 끊임없이 확대되고 있다.

표14-5 중국 공안기관이 접수, 조사 처리한 매춘 윤락 사건 상황[12]

연도	접수	단속
1995	186,661건	185,441건
1996	210,724건	209,652건
1997	210,390건	209,244건
1999	216,660건	215,128건
2000	225,693건	222,132건
2002	224,976건	221,930건
2003	172,314건	171,604건
2004	142,633건	141,123건

공안기관의 발표에 따르면 2002년부터 2006년까지 단속된 매춘 사건은

---

12 『중국통계연감』.

83만 3000여 건으로,[13] 표14-5에 나열한 2002년에서 2004년의 숫자를 제외하면, 즉 2005~2006년에 단속된 건만 29만 8,000여 건으로, 매년 14만여 건이다.

21세기에 들어와서 공안기관이 수리(受理)하고 단속한 매춘 윤락 사건이 대폭 감소했다. 여기에는 세 가지의 원인이 있다. 첫째는 에이즈의 급속한 전파 때문이고, 둘째는 성 개방 정도가 제고되었기 때문이다. 이상의 두 원인으로 인해 주체적 범죄 인원은 줄어들었다. 또 다른 하나의 이유는 법률 집행부서가 매춘 윤락에 대해 대수롭지 않게 생각하여 조사 처리 강도가 약해졌기 때문이다.

공안기관이 수리하고 단속한 매춘 윤락 사건은 실제 발생 수의 극히 일부분이다. 대다수의 상황에서 공안기관은 전혀 관심을 두지 않고, 단지 "강력 단속" 기간에만 조사했다. 일부 지방은 매춘 윤락을 "투자환경"으로 삼아 모른 체하고 내버려두었다. 중국 매춘 여성의 절대수는 아마도 세계에서 가장 많을 것이다. 남방이나 동북 일부 도시로 출장가면, 매일 저녁 아가씨가 방으로 전화해서 "외로우시죠? 제가 같이 있어 줄까요?"라고 한다. 선전·닝보·하이커우(海口)·산터우(汕頭) 등 도시의 거리에는 길가에 호객하는 아가씨들이 무리를 이룬다. 많은 도시의 이발소·사우나·안마방·노래방은 매춘부가 집중되어 있는 곳이다. 후난의 어떤 현의 한 책임자는 매우 비통하게 필자에게 말했다. "우리 현에 있는 7만 명의 젊은 여자들이 광둥에 가서 일합니다. 그들 중에서 최소한 1만여 명은 매춘을 한 적이 있습니다." 관련 자료에 따르면, 1994년 전국에 매춘 활동에 종사하고 참여한 여성은 최저로 잡아도 70만 명으로, 만약에 "유흥업소의 접대부(三陪)"까지 더하면 이 숫자는 적어도 배가 되어야 한다. 그녀들의 연간 수입은 2~10만

---

13 추이칭신(崔淸新)·장징융(張景勇), 「전국 공안기관이 5년간 매춘사건 83만 3,000여 건을 조사하다」, 〈신화사 베이징〉, 2007년 3월 29일.

위안으로 차이가 있고, 어떤 매춘 여성은 수십만 위안에서 수백만 위안에 달한다.[14] 경제학자 양판(楊帆)은 전국에 "유흥업소 접대부" 여성이 500만 명 정도가 있으며 이것이 하나의 "성 산업"이 되었다고 주장했다.

선전 공안국이 필자에게 제공한 숫자로는 1981년부터 1997년 상반기까지 매춘 윤락으로 체포된 건수는 3만 2,000건이고, 약 7만 명이다. 선전의 매춘부는 전국 각지에서 왔다. 티베트를 제외한 각 성과 시 출신이 모두 있고, 쓰촨·후난이 가장 많다.

인터뷰에 응한 선전 공안국 모 분국의 책임자는 필자에게 매춘 여성은 몇 가지 활동방식이 있다고 알려 주었다. 첫 번째 방식은 그들 중의 극소수는 부자들(홍콩 사람도 있고, 본토인도 있다)로부터 경제적 지원을 받아 관계를 맺는 것이다. 부자들은 그녀에게 집을 마련해주고, 매월 수천 위안의 용돈을 주며, 사장들이 선전에 올 때 그녀의 집에 머무른다. 두 번째 방식은 이발소 등에서 손님에게 머리를 감겨주고, 손님에게 수작을 건 후 손님을 데리고 여관으로 간다. 노래방의 접대부는 손님을 모시고 노래를 부르고, 춤추고, 집적거리는데, 어떤 접대부는 손님과 함께 여관에 간다. 세 번째 방식은 사우나·안마방에서 일부 안마하는 아가씨가 바로 매춘부로, 어떤 안마원은 매춘 여성이 아니지만, 손님이 요구하면, 매춘 여성을 안마방으로 부르는 것을 도와준다. 일반적으로 안마방은 대량의 매춘 여성과 연결되어 있다. 네 번째 방식은 호텔에서 활동하는 것으로, 호텔 관계자와 관계를 맺고는 직접 손님방으로 전화를 걸어 손님을 유혹하고, 손님의 동의를 거쳐 손님방에 직접 간다. 다섯 번째 방식은 "포주"가 평범한 아파트를 빌려놓고는 일부 농촌 아가씨들을 속여 그곳에 살도록 하며, "포주"가 사람을 고용하거나 본인이 직접 거리에 나가 손님을 집으로 데리고 온다. "포주"

---

14 『초점』, 1998년 제9기, 42쪽.

는 매춘 여성의 대부분의 수입을 갈취하고, 속여서 데려온 농촌 아가씨들을 통제하기 위해서, 그녀들의 신분증을 빼앗아 보관한다. 일부 호텔과 클럽은 손님을 끌어 모으기 위해 매춘 여성이 그곳에서 활동하는 것을 눈감아 주기도 한다.

필자는 선전 공안국 수용 교육소가 제공한 다음의 사례를 얻을 수 있었다.

쓰촨 러산(樂山) 시 모 공장 여공 장(張) 모(22세)는 1997년 3월 각종 액세서리로 화려하게 치장하고 나타난 고등학교 동창생 우(吳) 모(23세)를 만났다. 이야기 도중, 우씨는 장에게 선전에서는 일이 수월하고 돈 벌기가 쉽다고 했다. 그래서 장씨는 일을 그만두고 우씨와 함께 선전으로 갔다. 우씨에게 이끌려, 두 달이 되지 않는 시간 동안 60여 차례 손님을 맞았고, 인민폐 2만여 위안을 벌었다. 그녀가 체포된 후 그녀에게 왜 매춘을 하냐고 했더니, 조금도 숨김없이 돈 때문이라고 했다. 또한 "허리띠를 한번 풀면, 월급쟁이보다 낫다"고 말했다. 후베이 우한 시 젊은 여성 장(張) 모씨는 1997년 1월 선전으로 와서 20일도 되지 않아, 호텔에서 30여 차례 손님을 맞았고, 매번 최소한 300위안을 벌었다고 했다. 그녀는 붙잡힌 후에 조사관에게 "이 일은 수월하고, 돈 벌기도 쉬워서, 1년만 해도 평생 쓸 돈을 벌 수 있다"고 했다.

이 두 매춘 여성은 공안국에 자신이 받은 손님 수를 축소해서 말했다. 광둥 모 시의 클럽 총지배인은 필자에게 이곳의 매춘 여성은 매일 5, 6명의 손님을 접대할 수 있고, 손님마다 많게는 1,000위안 적게는 200위안을 받아서, 하루에 1,000위안 벌기는 흔한 일이라고 했다. 어떤 매춘 여성은 반년 만에 8, 9만 위안을 벌 수 있으며, 그녀들의 수입은 소득세를 내지 않지만, 일부분을 관계자에게 뇌물로 주어야 한다.

이들 매춘 여성은 어떤 사람들일까? 그녀들은 어디에서 왔는가? 필자는 여기에 한 조사 보고서를 인용했다.

샤궈메이(夏國美) 씨는 상하이 시 성교육학회와 상하이 시 부녀교양소의 협조를 받아, 153명의 매춘 여성에게 설문조사와 개별 방문 인터뷰를 했으며, 그 결과는 다음과 같다.

이 153명의 매춘 여성의 평균연령은 28세로, 대부분 중졸 출신이며, 56.5%를 차지했다. 그 나머지는 초등학교 졸업·고등학교 졸업과 문맹 순이다. 그녀들 중 어머니의 문화 수준은 문맹이 42.1%를 차지했고, 초등학교가 28.6%를 차지했다. 대다수의 매춘 여성의 매춘 행위가 19세 이전에 발생했다. 첫사랑에 실패하고 정절을 잃어서, 자포자기의 심정이 일부분 여성을 매춘의 길로 들어서게 한 전제였다. 153명 중 무직자가 58.4%이고, 그 나머지는 종업원, 자영업자, 노동자 순이었다. 피조사자 중에서 31.2%는 기혼자고, 혼인 생활에 만족을 못하는 여성이 18.8%, 매우 불만을 가진 여성은 25%, 성생활 방면에 만족을 느끼지 못하는 여성이 2.1%, 매우 불만족하는 여성은 8.3%였다. 20.1%가 이혼녀로, 그중 9.8%는 남편이 그녀가 매춘하는 것을 알게 되어 이혼했다.

방문 인터뷰 중 혼인 실패나 불만, 특히 남편의 폭력행위가 일부 기혼여성을 매춘의 길로 들어서게 한 주요 원인이라는 것을 발견했다.

혼인 생활의 불행으로 일부 여성이 매춘의 길로 들어선 것 이외에도, 남편이 아내의 매춘 행위에 대해 방임적인 태도를 갖고 있는 것도 한 원인이다. 조사 대상 기혼여성 중 33.3%가 남편이 사전에 매춘 여성인 것을 알았고, 그중 4.5%는 아내의 매춘 행위를 부추기는 태도를 보였으며, 36.4%는 용인하는 태도를 보였다. 남편의 직업이 자영업자인 경우가 44.7%를 차지했고, 그 나머지는 노동자, 상점 종업원, 무직 순이었다.

피조사자 135명 중 43.5%가 젊은 미혼 여성이었다. 이들 미혼 여성 중 절대다수가 비교적 고정적이면서도 여자 친구의 매춘에 대해 알고 있는 남자친구 혹은 애인이 있었으며, 심지어는 등치거나 보디가드 역할을 했고,

쌍방이 모두 매춘으로 번 돈을 흥청거리며 썼다.

피조사자 중 처음 매춘을 한 나이는 18~20세가 가장 많으며, 40%를 차지했다. 처음 매춘을 한 동기는 돈을 벌기 위해서가 38.4%를 차지했고, 쾌락을 추구하기 위한 것이 20.1%, 남성에 대한 보복이 13%, 가정 경제의 곤란함 때문인 것이 10.4%, 호기심 때문인 것이 8.4%, 누군가에게 속임을 당해서 유인되어진 것이 8.4%, 협박을 당한 것은 1.3%였다. 개별 방문 인터뷰에서 일부 젊은 여성이 퇴폐 활동 영역에 발을 들여놓은 이유가 부자와 외국인을 물색하여 혼인 대상으로 삼을 수 있는 기회를 더 많이 갖기 위해서라는 것이 밝혀졌다.

그녀들은 왜 돈을 벌려고 하는가? 스스로 즐기기 위한 것이 52.3%였고, 저축을 하여 미래에 장사를 하기 위한 것이 23.8%, 개인생활을 유지하기 위한 것이 10.6%, 부모님에게 보태주기 위한 것은 4%, 가정을 돌보기 위한 것이 5.3%이었다.

이들은 매춘 활동에 대해 어떤 생각을 갖고 있는가? 조사에서 61%는 이 일에 종사하기 전 위법 행위임을 알고 있었고, 49%는 위법임을 몰랐다고 했다. 44.8%는 매춘 행위도 일종의 직업 선택이고, 차별과 처벌을 받아서는 안 된다고 했다. 매춘 활동이 사회에 해를 끼친다는 점에 대해 61.7%가 사회의 풍조에 영향을 미친다고 했고, 41.6%가 성병을 전염시킬 수 있다고 했고, 35.7%는 타인의 가정에 손해를 끼칠 수 있다고 했고, 5.8%는 어떠한 해가 되지 않는다고 했다.

"만약에 정당한 직업을 찾을 수 있으나, 수입이 높지 않다면 당신은 계속 매춘에 종사할 것인가?"라는 질문에 대해 49.6%가 "하지 않을 것"이라고 했고, 46.1%는 "말하기 곤란하다"고 했고, 4.4%는 "여전히 할 것"이라고 했다. 그러나 대다수의 매춘 여성들은 노동교화소에서 나간 후에 정당한 안정적인 직업을 찾을 수 있기를 바란다. 한 중년의 여성은 다음과 같이 말했다. "이 일 또한 쉽지는 않습니다. 한편으로 하면서도 마음이 조마조마하고, 붙잡힐까 봐 늘 걱정입니다. 게다가 내 스스로 지위가 낮다고 생각하니까, 심리 상태도 좋지 않습니다. 실제로 좋은 일자리가 없습니다. 좋은 일자리가 많다면 이런 일을 하는 여성들은 많지 않을 것입니다"라고 했다. 또 다른 한 여성은 매춘이 해롭다는 것을 알지만 그래도 30세까지는 하고 싶다고 했다. 그녀는 "부모님은 사회적 지위가 없고, 나이도 많고 병이 들었습니다. 내가 지금의 가정환경을 바꾸고 싶지만, 재주가 없어 돈을 벌 수 있는 방법이 없습니다. 유일하게 쓸 수 있는 자본은 내 청춘과 육체입니다. 앞으로 2년 더 일해서 돈이 대충 모이면, 가게를 열어 정당하게 장사를 하고 싶습니다. 그래야 사회에서나 시댁에서 지위가 생기겠죠"라고 했다.

72.2%의 피조사자는 어떠한 수단으로 돈을 벌든지 간에 돈만 있으면, 사람들이 당신을 존중할 것이라고 생각했다. 44.2%는 여자의 가장 큰 자본은 자신의 몸이라고 했고, 53.2%는 어쨌든 이미 정조를 잃은 이상 젊었을 때 한몫 벌어야 한다고 했다. 61%는 사람은 살아있는 동안 때를 놓지 않고 즐겨야 한다고 했고, 55.2%는 남녀 사이는 모두 서로 갖고 노는 것이며, 서로 속이는 것이라 여겼다. 비록 이렇더라도 이 매춘 여성들 중에는 여전히 적지 않은 사람이 사회나 인생에 대해 아름다운 동경을 품고 있었다. 그들 중 일부는 아직 완전히 인간으로서의 자존심을 버리지는 않았다. 한 매춘 여성은 다음과 같이 말했다. "내가 처음 손님을 맞았을 때는 정말 고통스러웠고, 내가 어떻게 하다가 이 지경이 되었나 생각했어요. 손님을 맞는 횟수가 늘어가면서 감정이 점점 무뎌지기는 했지만, 돈 있는 저속한 남자들에게는 여전히 혐오감을 느꼈어요."[15]

1999년 8월에서 11월까지, 베이징 시 중화전국부녀연합회 권익부회는

---

[15] 샤궈메이, 「매춘 여성은 무엇을 생각하고 있는가?」, 『사회』, 1998년 제8기.

중국정파대학(中國政法大學) 사회학과, 청소년범죄연구소와 함께 부녀교육
소·수용소에 수용된 매춘 여성의 자료를 이용하여, 1997년 이후 베이징에
서 외지 부녀자들의 매춘 상황에 대해 조사했다. 조사 데이터가 나온 후에,
2000년에 또 베이징 시 일부 유흥업소에 대해 은밀한 조사를 하여, 개별
방문 취재 내용을 보강했다. 시 부녀연합회가 1991년의 조사한 결과와 비
교하여, 그들은 아래와 같은 결론을 내렸다.

1. 매춘 여성의 연령 구조: 매춘 여성의 주 연령(16세에서 30세)이 전체에서
차지하고 있는 비중은 79.7%로, 1990년대와 큰 변화가 없다. 그러나 연
령의 폭이 커졌고, 30세 이상의 매춘 여성이 비교적 큰 폭으로 증가했고(조
사 총 인원수의 14.2%), 최고 연령은 54세였다. 30세 이상 된 부녀자는 아이들의
교육과 부양·노인 봉양·남편 바라지 등 가정과 사회 책임을 부담하고 있
었다. 그녀들 중 일부는 오히려 나이의 한계와 도덕적 구속을 부수고, 매
춘 행렬에 들어섰다. 이것은 이들이 취업할 방도가 없는 처지에 놓여 있
고, 무거운 생활의 부담에 직면해 있을 뿐만 아니라, 또한 매춘 행위가 경
제적인 투자가 필요 없이 고수익을 보장하는 유혹이 있음을 설명하고 있
다. 매춘 여성의 연령 폭이 커진 것은 매춘자 집단에 저소득 계층이 유입되
었다는 것을 나타낸다.

2. 매춘 여성의 교육수준: 1991년 시 부녀연합회의 조사 결과는 중졸 이
하의 비중이 57.6%, 고졸이 31.5%, 대졸이 10.8%를 차지했다. 이번 조사
결과는 중졸 이하가 81.9%, 고졸이 11.7%, 대졸이 0.7%였다. 저학력자가
대폭 증가하고, 고학력자는 대폭 감소했다. 이런 상황이 출현한 원인은 두
가지가 있었다. 하나는 농촌 젊은 여성이 도시에 들어온 후 일자리를 찾지
못하고, 부득이하게 매춘 행렬에 들어섰기 때문이다. 두 번째는 매춘 근절
활동 중 고급 호텔과 고급 클럽이 사각지대여서, 고학력 매춘 여성이 이번

조사에서 드러나지 않았기 때문이다.

3. 매춘 여성 인구가 농촌에서 대량으로 왔다. 1985년 이전에 매춘 여성 중 농촌에서 온 여성이 3%였으나, 1990년에 이 비율이 40%나 되었고, 이번 조사 결과에서는 62.1%나 되었다. 성 의식이 상대적으로 보수적인 농촌 부녀자들이 매춘 시장에 대량 진입한 것은 위험 신호이다. 도시에 온 농촌 부녀자가 도시에서 정당한 일자리를 찾기가 어려워, 유흥업소로 전전할 수밖에 없다. 현재 천만 명의 농촌 부녀자가 도시에서 일을 하고 있는데, 이것은 앞으로 매춘 여성의 총체적인 정세에 중대한 영향을 끼칠 수도 있다.

4. 피조사자 중 55.7%가 미혼이었다. 미혼여성은 매춘 여성의 주체이다. 그러나 이 미혼 여성자 중에서 대부분은 매춘 전에 이미 성 경험이 있었다. 기혼자 중 이혼·재혼 또는 미망인이 피조사자 수의 13.7%를 차지했다.

5. 매춘 중에 가장 무서운 것이 무엇이냐고 물었을 때, 에이즈가 1위였고(86.7%), 매스컴 노출이 2위(63%), 구속과 벌금이 3위였다(55%).

6. 고객 중 어떤 부류를 가장 많이 접대하느냐는 질문에 자영업자가 50.2%, 회사 책임자와 직원이 39.5%, 정부 관리가 14.2%, 사법기관의 사람이 4.4%, 막노동꾼이 10.6%, 기타가 8.1%를 차지한다고 했다. 정부 관리와 사법기관의 사람은 대부분 자신의 본래 직업을 밝히지 않기 때문에 이 숫자는 그다지 정확하지 않다.

7. 매춘의 기본 원인은 경제적 압박 때문이지, 도덕적 문제 때문은 아니다. 매춘으로 생계를 도모하고, 앞으로의 좋은 생활을 해 나갈 돈을 저축하려는 것이 그녀들의 주된 동기이다. 경제적 압력은 아래의 몇 가지 방면에서 나타난다. 첫째, 1.62%가 농촌에서 왔고, 도시와 농촌의 격차는 그녀들이 매춘 행렬에 들어가는 주요한 원인이다. 둘째, 도시에 사는 매춘 여성 중에는 69%가 부모님 중 한 명 또는 두 명이 모두 퇴직을 해서, 자신이

매춘으로 돈을 벌어 동생들의 학비를 내고, 가정을 돌봐야 하는 경우이다. 셋째, 도시에 와서 아르바이트를 할 때 고용주의 착복과 임금체불 그리고 저임금 등 경제적인 착취 때문에 유흥업소로 진출한 경우이다. 넷째, 자연재해로 인해 빈곤을 초래한 경우이다.[16]

매춘은 성병을 감염시킨다. 선전 시는 1991년 수용 교육소를 만들었는데, 그 해 매춘 여성들을 대상으로 성병 검사를 실시했었다. 성병에 걸린 비율은 1991년 46%, 1992년 39%, 1993년 18%, 1994년 16%, 1995년 15%, 1996년 14%, 1997년 상반기에 14%였다. 성병 비율이 내려가는 것은 아마도 에이즈의 감염이 두려워서 주동적으로 보호 조치를 취했기 때문일 것이다.[17]

매춘 현상은 고립적인 것이 아니라, 여러 가지 사회문제가 교차되어진 결과이다. 성 관념의 개방, 성 출판물의 범람으로, 권력이 있고 돈 있는 사람들의 성욕을 팽창시켰다. 많은 비정상적인 비즈니스와 권력 거래에서 매춘 여성은 여전히 중요한 거래 조건이었다. "아가씨"는 늘 거래의 난관을 돌파하는 효과적인 무기였다. "성 상납"은 금전 뇌물의 보충 수단이었으며, 뇌물을 주는 사람이 뇌물을 받는 사람을 복종시킬 수 있는 "비장의 카드"였다. 일부 사람들에게는 돈이 사람을 가늠하는 가치 표준이다. "가난은 비웃어도 매춘은 비웃지 않는다"는 사회 풍조가 매춘 여성의 심리적 압박을 경감시켰다. 유동인구의 증가로 일부 수준이 높지 않은 벼락부자들은 매춘을 통해 자극을 찾았다. 성 관념의 변화, 도덕 관념의 변화는 매

---

16 저우야룽(周雅榮)·피이쥔(皮藝軍) 등, 「외지에서 베이징으로 온 매춘 여성 상황 조사와 분석」, 『범죄와 개조연구』, 2001년 제6기에 실려 있음.

17 리진산(李金山), 「매춘 여성의 위해와 억제에 대한 나의 견해」, 『청소년 범죄연구』, 1998년 제5~6기에 실려 있음.

춘 윤락에 대한 사회적 여론 압력을 감소시켰다. 사회 공공여론은 혼전 성행위와 혼외정사에 대해 과거보다 더 관용적인 태도를 취했고, 공공여론은 비규범적인 성생활에 대해 이미 묵인을 했고, 비규범적인 성행위인 매춘 윤락에 대해서도 큰 사회적 압박이 없었다.

매춘 고객의 존재는 매춘 여성 존재의 필요조건이다. 농촌에서 도시로 와서 안마방이나 이발소에서 일하는 농촌 아가씨들은 처음에는 결코 매춘을 하지 않으려고 하지만, 경우에 따라서 매춘 고객의 유혹과 반강요로 점차적으로 타락하게 된다(매춘 여성이 남성을 유혹하여 매춘 고객으로 빠져들게 하는 경우도 당연히 있다). 매춘 여성과 매춘 고객의 출현은 최근 소득격차가 큰 것과 관계가 있다. 매춘은 본질적으로 육체와 금전의 교환이다. 최근 상하이의 수용소에 수용되어 교육받는 매춘 고객의 상황에서 봤을 때, 그들 중 대다수는 어느 정도 경제적인 능력을 갖고 있다. 그들은 모두 수입이 비교적 높은 직업에 종사하고 있으며, 수차례 혹은 여러 차례 매춘 여성과 관계를 맺은 사람은 대부분 고소득자이다. 매춘 윤락녀의 출현은 도시와 농촌의 격차가 커지고 지역 경제 차이가 큰 것과도 관계가 있다. 매춘 윤락녀의 흐름이 이를 증명한다. 농촌 여성이 도시로 가서 매춘을 하고, 북방 여성이 동남 연해로 가서 매춘을 하고, 동북 부녀자들이 관내에서 매춘을 한다. 사회구조 중 남성 중심적인 상황 또한 매춘 윤락녀를 만드는 원인 중의 하나이다. 남성은 가정생활 중 특히 성생활에서 주도적인 위치에 있다. 가정에서의 성생활이 여의치 않으면, 그들은 스스로의 만족을 위해 가정 밖에서 보상을 찾는다. 여성은 진학과 취업 방면에서 차별을 받아 그녀들 중 일부는 낮은 사회적 지위에 처하게 되어 쉽게 매춘 여성으로 빠지게 된다.

중국의 매춘 여성은 1980년대에 대부분 여전히 자유 상태에 처해져 있었고, 범죄조직이 그 속에 발을 들여놓지 않았다. 그러나 이 집단이 기본적으로 도움을 받지 못하는 상태에 처했고, 윤락녀 관련 살인사건도 점차 증가하여, 그녀들은 "보호자"를 찾는 경향이 있었다. 이것이 광둥에서 속칭 "닭 머리"가 생긴 원인 중 하나이다. 또 다른 방면에서는 유흥업이 막대한 이익을 거두자, 많은 범죄조직 세력이 점차 개입했다. 1990년대 이후, 점차 일부 지방의 조직폭력배들이 유흥업소를 차지하기 시작했다. 1996년 1월 15일 다롄에서 적발된 "세 여신(三女神)" 술집 사건은 바로 폭력조직에 의해 관리되던 매춘 집단이었다. 이 술집은 비밀 통로를 설치하여, 매춘 물품을 갖추고 있었으며, 관리 제도와 이익 분배 규칙을 만들고 창녀촌을 보호하는 대량의 깡패들을 길렀다. 이런 창녀촌에서는 이미 매춘 여성이 "자유경쟁" 시대의 자유와 경제 수익을 잃어버렸고, 화대는 대부분 조직폭력조직에게 갈취 당했다.

21세기에 접어들면서, 중국에 남성 매춘자도 출현했다. 그들의 가격은 여성 매춘자보다 훨씬 높았으며, 고객은 대부분 국내외 부잣집 부인들이다.

매춘은 일종의 추악한 사회현상이지만, 매춘 여성은 사회적 지위가 가장 낮고, 세력이 가장 약한 집단이다. 그들을 곤경에서 벗어나도록 도와야 하며, 그들을 차별해서는 안 된다. 2008년 5월 1일, 필자는 홍콩의 거리에서 마침 노동자의 "노동절" 대규모 시위 행렬과 마주쳤다. 아주 긴 대열 중에는 다양한 업종의 노동자들이 각각의 플래카드에 자신의 요구를 표현했다. 그중에 "성 노동자"의 대열도 있었다. 그녀들이 내건 플래카드는 "성 노동자 역시 노동자다", "차별 반대" 등이었다.

조직범죄

개혁 개방 이전에, 중국 범죄는 기본적으로 단독범죄였지만, 1980년대 초부터 유형과 정도가 다른 조직범죄가 생겨났다. 조직범죄는 영어로

"Organized Crime"이며, 이것은 이미 세계 각국의 가장 심각한 사회문제 중의 하나가 되었다.

조직범죄의 "조직"은 두 종류로 나누어진다. 하나는 합법적인 정식 조직이고, 다른 하나는 비합법적인 조직이다.

합법적인 정식의 조직범죄가 근래에 점점 많아지고 있다. 예를 들면 산둥 타이안(泰安) 시 위원회·시 정부 주요 지도자가 대표로 있는 범죄 집단, 잔장(湛江) 시 위원회·시정부 주요 지도자가 대표로 있는 조직집단, 난징 공전국(供電局) 주요 지도자가 대표로 있는 조직집단, 안산(鞍山) 시의 모마(慕馬) 집단 등이다. 20세기 말과 21세기 초에 적지 않은 성과 시에서 성 1급 고위층 지도자가 대표로 있는 조직집단이 밝혀졌다. 2004년에 폭로된 헤이룽장 성 위원회 사건은 성 정치협상회의 주석 한구이즈(韓桂芝)·성장 톈펑산(田鳳山) 및 5명의 부성장급 고위관리·10여 명의 지역 관리가 서로 결탁되고 얽혀 있는 거대한 네트워크 식의 범죄집단을 결성했다. 이러한 것들은 모두 한 지역·한 부서의 당과 정부 지도자 집단이 진행한 조직범죄이다. 예를 들어 집단밀수·집단횡령과 수뢰·집단부패 등이 있다. 그들은 기존의 당정 조직을 이용하고, 국가가 부여한 행정 권력을 이용하여, 대대적으로 범죄 활동을 했다. 일단 적발하여 체포하면, 전체 당과 정부 지도자 집단 전체 구성원이 거의 모두 범죄자이다. 예를 들어 난징 공전국 12명의 지도자들이 줄지어 감옥에 들어갔다. 20세기 말에 폭로된 상황을 보면, 합법조직을 이용한 집단범죄 상황은 흔히 볼 수 있는 일이다. 이것이 중국 조직범죄의 주된 형태이며, 또한 영향력이 크고, 가장 해가 되는 형태이다. 합법적인 정식 범죄의 증가는 이 조직에 대한 군중들의 믿음을 사라지게 하며, 장기적으로 이어지게 되면, 이 합법적인 조직은 군중의 마음속에 합법성을 잃게 될 것이다.

비합법 조직범죄는 그 조직의 엄밀함 정도·조직 구성원의 안정 상황, 조직 두목의 권위의 높고 낮음과 직업화 범죄의 수준으로 봤을 때, 가벼운 것에서부터 무거운 것에 이르기까지 다음의 세 종류 상황으로 나눌 수 있다. "범죄 패거리", "범죄집단"과 "흑사회(黑社會)"이다.

－범죄 패거리는 핵심인물이 있지만 성원 구성이 비교적 느슨한 범죄단체이다. 두목은 비교적 고정되어 있지만 구성원은 안정적이지 못하고, 그 활동 형식은 집합성과 불안정성을 띠고 있다. 어떤 연구자는 이러한 단체성 범죄를 "조직화된 범죄"에 포함시키지 않았다.

－범죄집단 조직은 비교적 엄밀하고, 구성원이 상대적으로 고정적이다. 비교적 긴 시간에 걸쳐 운영되어, 범죄를 일상 업무로 하고, 비교적 상당한 범죄 능력과 세력을 가진 범죄단체이다. 조직폭력 조직은 토대가 단단하고, 구성원이 고정적이며, 조직이 엄밀하다. 등급이 분명하며, 조직의 규칙이 엄하고, 폭력을 배경으로 어느 한 지역에서 군림하는 범죄단체이다. 이 조직은 상당한 경제 능력을 갖고 있고, 안정적인 수입원을 갖고 있으며, 경제적 능력을 빌려 범죄활동을 하고, 범죄활동을 통해 경제 능력을 증강하고 확대한다. 공안부 대변인인 우허핑(武和平)은 조직폭력 조직의 형성과정을 하나의 삼각형으로 표시했다. 삼각형의 세 변은 각각 폭력, 경제, 정치라고 했다. 폭력은 첫 번째 변이지만 폭력 비용이 지나치게 높을 뿐만 아니라, 매우 빨리 정부기관의 주목을 받아 아주 빠르게 제거당한다. 폭력집단과 조직폭력 성질의 조직 사이의 차이는 경제영역에 진입할 수 있느냐 없느냐에 있다. 그래서 경제는 늘 두 번째 변에 들어간다. 왜냐하면 폭력으로 약탈하기 때문에, 경제영역에 들어간 후 아주 빠르게 팽창하고 발전할 수 있다. 어느 곳이든지 높은 이득을 얻는 산업과 업종이 있으면, 흑사회 성질의 조직이 그것에 관심을 갖고 점령한다. 세 번째 변은 정치이다. 경제영역에 진입 후에는 생존하려고 하고, 다른 상대를 제거하려고 하며, 업종을 독점하려고, 그들은 정부의 경제 관리부서(공상·세무·은행 등)와 왕래하고, 이 부

서들과 관계를 만들어 하나의 생존층을 얻는다. 그러나 생존층만 있어서는 안 되는데, 그것의 비합법수단과 폭력수단이 공안기관, 검찰청, 인민법원의 개입과 공격을 받을 수 있기 때문이다. 이를 위해 그들은 두 번째 층인 안전층을 찾는다. 안전층은 즉 공안기관, 검찰청, 인민법원 부서와 관계를 형성하여 지지를 얻는 것이다. 안전층이 생기면 1년·2년·3년·4년을 존재할 수 있다. 오래 생존하기 위해 세 번째 층을 찾는다. 그것은 보호층이다. 정치영역에서의 보호층 모색을 통해 정치적인 비호를 얻으면, 조직폭력 조직은 최후, 최고의 단계에 이른다.

ㅡ흑사회 조직은 보호층을 찾으면 바로 합법조직과 관계를 맺는다. 이 때문에 1990년대 중반 이후, 합법적인 정식조직과 비합법조직 두 범죄조직이 어떤 지역에서는 한 패거리로 되었다. 비합법조직은 정권기관에서 대리인을 찾고, 정식 조직 중의 일부 주요 구성원은 흑사회의 힘을 빌려 이익을 취한다. 이 두 조직은 서로 결탁하고, 안팎으로 호응하여, 공동으로 이익을 누린다.

2009년 9월 1일, 중국 공안부는 전국 "범죄 집단 단속반"이 통보한 조직폭력 범죄의 전형적인 사례를 공포했다.[18] 여기서 간략하게 요약하면 다음과 같다.

1. 베이징 시 퉁저우(通州) 구 팡광청(房廣成) 흑사회 성격의 조직범죄 사건

2005년 9월 이래로, 베이징 시 공안국은 여러 차례 시민의 제보를 받고, 퉁저우 구에 팡광청이 두목인 범죄조직이 횡포를 부리고 온갖 악행을 저지르는 것을 알게 되었다. 시 공안국은 유능한 경찰력을 뽑아 전담반을 결성하여 직접 수사했다. 11월 6일, 전담반은 대규모의 경찰력을 동원하여 팡광

---

18 〈중국망(中國網)〉 china.com.cn, 2009년 9월 2일, 「전국 암흑가 범죄소탕반이 통보한 조직폭력 범죄사건 베이징 충칭 포함」.

청을 포함하여 사건에 연루된 52명을 일거에 체포했다. 자세한 조사를 거쳐 고의적인 상해, 생트집, 재물 갈취, 집단폭행 등 41건을 적발하여 연루된 돈과 장물을 동결하고 압류했다. 조사를 통해 1996년부터 2005년까지 팡광청[남자, 1963년 5월 생, 베이징 시 퉁저우 구 리위안(梨園) 진의 부진장이었음]은 만기 출소자와 근로 재교육 만료자 그리고 사회의 할 일 없는 사람들을 끌어 모아서, 팡광청을 두목으로 하고 쑨궈(孫果), 왕완시(王萬喜) 등을 핵심인물로 한 조직폭력 성질의 범죄조직을 결성하여, 퉁저우 구에서 조직적으로 고의 상해, 생트집, 협박 갈취 등의 위법 범죄활동을 했음이 밝혀졌다. 동시에 이 조직은 팡광청 명의의 경제적 실체를 근거로, 비합법적인 경영수단을 동원하여 경제이익을 취했는데, 퉁저우 일부 지역의 마을과 읍의 토지 개발·부동산 건설 및 유흥업소에 대해 불법적으로 관리 통제를 했다. 2007년 9월 19일, 베이징 시 제1중급인민법원이 1심 판결에서, 흑사회 성격의 조직을 만들고 지도하는 등의 여덟 가지 항목의 죄명으로 조직 두목 팡광청을 징역 20년, 참정권 2년 박탈, 벌금 1,586만 위안을 선고했다. 그 나머지 36명은 각각 징역 15년에서 1년 8개월 등을 선고했다. 2007년 11월 5일, 베이징 시 고급인민법원은 상소 기각을 결정하고, 원심을 유지했다.

2. 허베이 성 한단(邯鄲) 시 리파린(李發林) 흑사회 성격의 조직범죄 사건

2006년 7월, 전국 "범죄집단 단속반"은 한단 시 리파린 등이 저지른 위법 범죄행위 혐의에 대한 단서가 있다는 시민들의 제보를 받은 후, 직접 허베이로 사람을 파견해 제보자를 만나고, 조직적으로 내사에 들어갔다. 허베이 성 공안청·한단 시 공안국이 공동 전담반을 구성하여, 1년 동안의 힘든 수사와 체포를 통해, 리파린이 두목으로 있는 흑사회 성격의 조직을 완전히 소탕했다. 연루자 25명을 체포했고, 위법 범죄 30여 건을 적발했으며, "보호막"을 맡은 국가 공무원 한 명을 적발하고, 권총 네 자루도 압수했다. 리파린은 1977년 3월생 남자로, 일찍이 세 차례 유기징역을 살았다. 2003년 만기 출소된 후, 20여 명의 할 일 없는 사람들을 규합해서 자신이 우두머리가 되고, 바이원룽(白文龍) 등을 핵심인물로 하며, 런춘광(任春光) 등을 조직원으로 하는 흑사회 성격의 조직을 결성했다. 한단 시 및 한단 현 호텔·병원·주택 구역 등 공공장소에서 폭력과 위협 등의 수단으로 집단폭행·고의 상해·재물 훼손·생트집 등 위법 범죄활동을 했다. 이로부터 조직의 세력이 커져서, 차례로 30여 건의 사건을 일으키고, 22명에게 상해를 입혔다. 이 조직은 협박 갈취, 강매 등의 비합법적인 수단으로 금품을 취했고, 강매 액수만 300만 위안에 달했다. 2008년 5월 28일, 허베이 성 한단 시 중급인민법원은 법에 따라 1심 재판에서 흑사회 성격의 조직을 만들고 협박 갈취하는 등 일곱 개 항의 죄명으로 조직두목 리파린에게 징역 20년에 선고하고, 참정권을 2년간 박탈했다. 다른 24명의 조직원에게는 흑사회 성격의 조직에 가입하고, 협박 갈취한 죄목으로 유기징역 19년에서 1년까지 각각 선고했다. 2008년 8월, 허베이 성 고급인민법원이 2심 판결에서 상소 기각을 결정하고, 원심을 유지했다.

3. 랴오닝 성 쏭펑페이(宋鵬飛), 런스웨이(任世衛), 하오완춘(郝萬春) 흑사회 성격의 조직범죄 사건

2005년 6월, 랴오닝 성 선양 시 "중궈셰청(中國鞋城)" 내 "성창항공화물운송역(盛强航空貨運站)"에서 두 명이 사망하고, 네 명이 중상을 입은 총살 사건이 발생했다. 이 사건을 조사해 보니, 범죄조직의 근거지 쟁탈 및 시장 독점과 관련되어 있고, 배후에 복잡한 사회관계와 사회모순이 연관되어 있음을 발견했다. 2006년 4월, 랴오닝 성 공안청은 전담반을 구성하여 1여 년간의 정밀 수사를 통해, 쏭펑페이·런스웨이·하오완춘을 우두머리로 한 세 개의 폭력조직을 완전히 일망타진하고, 총기류 78자루·탄알 1,987발과 수류탄 세 발을 압수했다. 위법 범죄 혐의자 400여 명을 체포했고, 형사 사건 200여 건을 적발했으며, 검은 돈 2억 위안을 압수했다. 1993년 이래로, 쑹펑페이는 자오원강(趙文剛), 차이바오진(柴寶金) 등의 사회에서 할 일 없는 사람·형 만기 출소자와 범죄 도망자 등을 모아서 범죄조직을 결성했으며, 폭력을 이용하여 불법으로 광저우 시에서 선양 시까지 화물 운송 노선과 일부 물류 시장을 독점했다. 점차적으로 광저우 화물 운송역의 임시 노동자에서 부하들이 많고, 세력이 막강한 "조직폭력 큰형님"이 되었다. 1997년 이래로 런스웨이는 양청빈(楊成斌)·리융(李勇) 등 30여 명을 모아 범죄조직을 결성하여, 50여 건의 범죄를 저질렀다. 2000년 이래로 하오완춘은 링리파(凌立發)·마궈위(馬國玉) 등 20여 명을 모아 범죄조직을 결성하여 선양 시 황구(皇姑) 구와 위훙(于洪) 구를 불법으로 점령하고, 공갈 협박, 강매, 사기 등의 수단으로 금품을 착취했다. 동시에 집단폭행과 난동을 피우는 등 위법 범죄행위를 저질렀다. 2008년 11월 28일, 랴오닝 성 잉커우(營口) 시 중급인민법원 1심 재판에서 조직폭력 성질의 조직 결성·고의 살인 등 14개 항목의 죄명으로 쑹펑페이를 사형에 처했고, 참정권을 종신 박탈했다. 다른 95명의 연루 조직원에게는 조직폭력 성질의 조직 가입, 고의 상해 등의 죄명으로 각각 사형·무기징역·유기징역을 판결했다. 다른 두 폭력조직의 조직원에게도 사형 집행유예·무기징역·유기징역을 판결했다.

4. 헤이룽장 성 수이화(綏化) 시 루바오이(陸寶義) 흑사회 성격의 조직범죄 사건

2006년 2월 전국 "범죄 집단 단속반"은 헤이룽장 성 수이화 시 루바오이 등이 안다(安達) 시에서 패주로 행세하며, 시민을 속이고 억압한다는 신고를 받고서, 근 1년 동안의 힘든 수사와 체포를 통해 성공적으로 루바오이가 우두머리로 있는 폭력조직을 일망타진했다. 연루된 100여 명을 체포했고, 각종 범법행위 300여 건을 적발했으며, "보호층"을 맡고 있는 국가 공무원도 적발했다. 그리고 총기류 다섯 자루와 총탄·도검류·마약 등을 노획했다. 루바오이는 1957년 7월 생 남자로, 헤이룽장 성 수이화 시 사람이다. 형제 루바오린(陸寶臨)과 루바오청(陸寶成)·루바오유(陸寶有) 중 둘째로, 별명이 "얼거(二哥)"이다. 1992년 이후, 루(陸)씨 형제는 형 만기 출소자와 사회에서 할 일 없는 사람을 모아서 주먹질하다가, 점차적으로 루씨 네 형제를 우두머리로 하고, 류톄펑(劉鐵峰) 등을 핵심 조직원으로 하고, 황자쥔(黃家軍) 등을 조직원으로 하는 폭력조직을 결성했다. 조직적으로 집단폭행·고의 상해·난동·불법감금·강간·뇌물 등 위법 범죄활동을 하여, 사망한 명, 상해 18명에 이르게 했으며, 지역경제 사회질서를 심각하게 어지럽혔다. 그들은 금품을 갈취하기 위해 루이관리회사(陸義物業公司)·구이린궁(桂林宮) 사우나 등 열 개의 기업체를 설립하여 형식상 합법적인 경영활동으로 위장해 사기·탈세·도박·매춘·자금포탈·고리대금·강매 등으로 수천만 위안의 불법자금을 모았다. 그리고 비호를 받기 위해 루바오이 등은 금품과 물자 등으로 안다 시 위원회상무위원·선전부장 하오원취안(郝文權) 등 19명의 국가 공무원에게 뇌물을 주어 단속에 걸리지 않도록 도움을 받았다. 2008년 5월 9일, 헤이룽장 성 수이화 시 중급인민법원은 1심에서 폭력조직 결성 및 영위·집단폭행 등의 죄명으로 조직 두목인 루바오이와 루바오청을 사형에 처하고, 참정권을 종신 박탈한다고 선고했다. 루바오린 등 기타 54명에게는 폭력조직 가입, 집단폭행 등의 죄명으로 무기징역·유기징역과 집행유예를 선고했다.

5. 허난 성 난양(南陽) 시 바오위강(白玉崗) 흑사회 성격의 조직범죄 사건

2008년 7월 31일, 허난 성 공안청 전담반은 200여 명의 경찰력을 동원해 바오위강을 포함한 조직원 27명을 체포하고, 고의 상해, 난동, 공갈 협박 등 형사 사건 31건을 적발했다. 바이위강은 1966년 10월생의 남자로,

허난 성 난양 시 사람이다. 2004년 말, 출옥 후 바이위강은 "감옥 친구"와 다른 수배 도주자 등을 모아 범죄조직을 결성하여 위법 범죄행위를 했다. 조직 내부에서 바이위강을 "큰형님"으로 추대했고, 구체적인 위법 범죄활동은 류바오징(劉保敬)·저우정원(周正文) 등의 조직원이 실행했다. 금품을 착취하기 위해 이 조직은 폭력과 위협 또는 기타 수단으로 이 지역 광산 채굴을 독점했고, 비합법적으로 강모래 채취를 독점했다. 게다가 사기협박, 강매 등 위법 범죄행위를 했다. 시민을 속이고 억눌러 지역사회의 정상적인 생활과 경제 질서를 어지럽혔다. 2009년 6월 30일, 허난 성 난양 시 중급인민법원은 1심 판결에서 폭력조직 결성 및 영위·고의 상해·난동 등 7항목의 죄명으로 조직 두목인 바이위강을 무기징역·참정권 종신 박탈·벌금 20만 위안을 선고했다. 다른 26명의 조직원은 폭력조직에 가입과 고의 상해 등의 죄명으로 무기징역·유기징역 및 강제 단속(管制) 등을 선고했다.

6. 광동 성 양장(陽江) 시 린궈친(林國欽)·쉬젠창(許建强) 흑사회 성격의 조직범죄 사건

2007년 11월, 광동 성 양장(陽江) 시 공안기관은 린궈친·쉬젠창 등을 포함해 56명의 조직원을 체포하여, 린궈친·쉬젠창이 우두머리로 있는 폭력조직을 일망타진하여, 형사 사건 94건을 적발하고, 총기 열두 자루, 총탄 36발을 압수했다. 린궈친은 1957년 1월생 남자로, 별명은 "짠맛 친(鹵味欽)"이었다. 쉬젠창은 1967년 5월생 남자로, 별명은 "망치대가리(錘頭笠)"였다. 1990년대 초, 린궈친과 쉬젠창은 도박으로 서로 알게 된 후, 노동 교도 만기 출소자와 사회에서 할 일 없는 사람들을 모아 도박장 개설·강매·고리대금 등을 통해 금품을 착취하고 세력을 키웠다. 점차적으로 린궈친과 쉬젠창을 우두머리로 하고, 위젠후이(余建輝)·황보(黃勃) 등을 핵심으로 한 조직원 50명에 달하는 폭력조직을 결성했다. 이 조직은 도박·고의 살인·고의 상해·공갈 협박·강매 등 위법 범죄활동으로 저지른 범죄가 100여 건으로,

일곱 명을 살해하고 20여 명에게 상해를 입혔다. 이 조직은 거액의 경제적 이익을 얻기 위해, 위장으로 기업체를 설립하여 폭력·위협 등의 수단으로 지역 가스·거위·해산물·강모래 채취·꽃과 새 시장·물류·시멘트 등 여러 업종을 비합법적으로 독점 장악했다. 연루 자금이 4억 3,500만 위안에 달하는 것으로 조사 결과 밝혀졌다. 이 폭력조직이 완전히 제거된 후 양장 시 시민들은 손뼉을 치며 쾌재를 불렀고, 사회 매스컴에서도 적극 홍보하여 인터넷에서 이슈가 되어 수만 명의 네티즌들은 이에 대해 정면으로 비판하고 댓글을 달았다.

7. 충칭 시 위중(渝中) 구 천밍량(陳明亮) 암흑가 연루 사건

2009년 6월 3일 새벽, 충칭 시 위중 구 주민 리밍항(李明航)이 장베이(江北) 구 에든버러(愛丁堡) 단지 입구에서 한 낯선 청년의 총격으로 사망하는 사건이 있었다. 조사 결과, 2001년 천밍량 등이 위중 구에 있는 대세계 호텔에 윈멍거(雲夢閣)라는 클럽을 설립하고, 주주배당·공동 경영방식을 통해 사회에서 할 일 없는 사람들을 끌어들여 범죄조직을 결성했으며, 조직적으로 매춘과 마약 등의 활동을 한 것으로 나타났다. 조직원에 대한 관리와 통제를 강화하기 위해, 천밍량은 조직원들이 배치·지휘·분배에 반드시 복종하도록 하고, 명령대로 일처리를 해야 한다고 규정했다. 이 조직은 납치·공갈 협박·매춘 등의 비합법적인 방법을 통해 1억 위안 이상의 금품을 갈취했다. 세력이 커진 후에는, 충칭 시 중심지에서 함부로 시민들을 못살게 굴었고, 고의 살인·고의 상해·공갈 협박·납치 등 위법 범죄행위를 잇달아 저질렀다. 그 범죄 횟수가 100여 건으로, 사망 세 명, 중상 누 명, 경상 한 명에 달해, 시민들에게 극대한 심리적 공포를 조성했다. 2009년 6월 이래, 충칭 시 공안기관은 조직 두목 천밍량 및 핵심 조직원 레이더밍(雷德明)·저우융(周勇) 등 47명을 체포하고, 형사 사건 24건을 적발했다. 총기 네 자루를 노획했고, 연루 자금 8천여만 위안을 압수했다. 그리고 이 범죄조직에 연루된 "비호 세력" 혐의가 있는 국가 공무원을 체포했다.

1990년대 이래로, 전국 각 성에서 거의 모두 여러 건의 조직 사건이 적발되었다. 예를 들어 쓰촨에서 해결된 중대 조직범죄 사건으로는 러산(樂山) 리쩌윈(李擇雲) 범죄집단 사건", 쯔양(資陽) "흑표범" 집단 사건, 이빈(宜賓) 디사오웨이(狄紹衛) 범죄집단 사건, 네이장(內江) 1995년 "5.8" 총기 살인 집단 사건", 청두 1997년 "7.31", "9.15" 총기 납치 사건, 장쉬중(張緖忠) 등의 약품 절도 집단 사건, 산타이(三台) 현 부녀자 유괴 매춘 사건, 몐양(綿陽) 선물(先物) 사기 집단 사건…… 등이 있었다.

이러한 조직범죄자들은 범죄를 직업으로 삼아 끊임없이 범죄를 저지른다. 예를 들어 이빈 디사오웨이 범죄집단은 모든 구성원이 형 만기 출소자와 도주자이다. 이 조직 구성원의 조건은 바로 범죄 전과가 있거나 실형을 산 사람들이다. 이 집단이 조직되자 곧바로 도처에서 총기와 칼을 구매했고, 연속해서 18건의 흉악 범죄를 저질렀다. 후난 마양(麻陽) 현 장즈청(張治成)을 우두머리로 한 "마양방(麻陽村)"은 주장 삼각주에서 3년 동안 횡포를 부렸고, 100여 건의 범죄를 저질렀으며, 30여 명을 살인·살상했고, 136만 위안의 재물을 강탈했다.

이미 뿌리가 뽑힌 하얼빈의 "차오쓰(喬四)" 집단·랴오닝의 돤(段)씨 집단·하이난의 "난바톈(南覇天)" 집단·구이저우(貴州)의 "취안징방(全井村)" 집단 등의 암흑가 조직범죄 집단의 사례에서 보면, 모두 사법부서의 부패한 사람이 있어서 끄나풀로 삼았다. 사법 부패는 조직범죄 중 중요한 작용을 한다. 랴오닝 "흑색가족(黑色家族)" 돤씨 범죄조직은 수년 동안의 활동기간 중에 정부와 사법기관에 많은 대리인을 심어두고, 몇 차례나 법망을 빠져나갔다. 이 범죄

조직이 제거되었을 때, 징계를 당한 정부와 사법 직원은 40명이나 되었다. 하얼빈의 치쓰 범죄집단의 3년 동안의 활동기간 내, 정부 내부에 많은 인원을 심어두었다.

이 책의 앞에서 소개했던 것처럼 사회 전환기에 일부 기층정권의 통제 능력이 대대적으로 약화되었고, 심지어 어떤 것은 유명무실했다. 일부 암흑가 세력들은 그 허점을 노려 진입했다. 첫째, 일부 암흑가 세력이 지역 정부의 직능을 행사하는 데 도움을 주는 것으로 비쳐진다. 예를 들어 어떤 지역의 한 향 정부는 산아제한을 하지 않는 가정이 있거나 유지비를 내지 않거나, 간부가 권력으로 사욕을 채우려다 시민들의 보이콧으로 하지 못했던 일 등의 문제가 생기면 그 지역의 암흑가 세력을 찾게 된다. 그래서 그들을 동원하여 사냥총과 몽둥이로 가는 곳마다 문제를 순조롭게 해결했다. 향 정부의 난제를 해결하자, 암흑가 세력은 더욱 기세를 부렸다. 둘째, 어떤 지방에서는 암흑가 세력이 정부 직능을 대신해 행사하는 현상이 나타났다. 예를 들어, 헤이룽장 성·저장 성·산시 성 등에서 "제2 파출소"가 출현했다. 누군가가 물건을 잃어버려서 찾으려면 진짜 파출소를 찾아가면 문제를 해결할 수가 없었지만, "제2 파출소"에 부탁을 하면 찾아올 수 있었다. 누가 괴롭힘을 당해 신고해도 해결할 수 없었지만, "제2 파출소"를 찾아가면 무력으로 "응징"했다. 힘이 없는 시민들은 이처럼 무법천지의 국면에 그들을 의지하지 않을 수 없게 되고, 범죄조직 세력이 강화되었다.[19] 따라서 암흑가 세력의 근원은 여전히 기층정권의 부패 심지어는 변질에 있다고 할 수 있다.

2009년 충칭에서 전국을 뒤흔든 대규모 범죄집단 단속 사건이 있었다. "6.3" 종기 사건 해결을 돌파구로 삼아, 7,000여 명의 경찰력을 동원해

---

19 장판스(張潘仕), 「중국 사회 전환 초기 조직범죄 및 통제대책」, 『청소년 범죄연구』, 1998년 제 5~6기에 실려 있음.

암흑가 세력을 맹렬히 공격했다. 천밍량(陳明亮)·공강모(龔剛模)·천쿤즈(陳坤志)·웨춘(岳村)·리창(黎强)·왕톈룬(王天倫) 등 24명의 암흑가 조직 두목과 저우융(周勇)·우강(吳剛)·리훙(李洪)·우촨장(吳川江) 등의 200명의 핵심 조직원 전부를 체포해 재판에 회부했다. 장기간 건설공사·요식 유흥업·운송업·농산품 도매 등의 영역에서 불법으로 점거하고 있던 주요 암흑가 세력을 제거했고, 원장(文江), 펑장젠(彭長健) 등 깊이 숨어 있던 "비호 세력"을 밝혀내었다. 2009년 1월부터 2010년 3월까지 충칭 시 검찰 기관은 암흑가 연루 범죄 혐의자 1,795명과 범죄 연루 혐의자 679명에 대한 체포를 허가했으며, 조직폭력배 악행 사건 144건에 1,181명, 조직폭력배 연루 사건 54건에 747명을 기소했다. 입건 조사 중에 밝혀진 직무 범죄 사건은 125건에 148명(청급 간부 13명, 처급 간부 39명)으로, 그중 "비호 세력"이 50명이나 있었다.

충칭 시 검찰원은 충칭 흑사회 성격의 조직범죄에 다섯 개의 새로운 특징과 동향이 나타난다고 보았다. 첫째, 인원 유동성이 증강되었고, 조직과 조직 간에 서로 세력을 차용했다. 둘째, 경제 실체를 설립해 엄폐 수단으로 삼고, 비즈니스로 조직을 키우며, 조직으로 비즈니스를 보호했다. 셋째, 조직 기율 장치가 "동업 조합의 규칙·규범" 등에서 회사 기업 내부 관리의 규제로 전환되었다. 넷째, 정치 영역 침투 능력을 증강시켜, 폭력조직자와 지도자가 스스로를 "선량한 사람으로 분장하여", 정치적 직함을 얻은 후, 그 지위를 이용해서 자신 및 조직의 이익을 취했다. 다섯째, "비호 세력"을 탐색하는 현상이 두드러져, 공권력의 부패가 나날이 심각해지고, 사법·당과 정부·행정 집행 등 여러 부서의 관리들이 연루되어 공범이 되었다.

제15장

중국 현대 계층구조:
하나의 종합체

이 책의 앞부분에 개혁 개방 동안의 변화 속에서 사회적 지위를 결정하는 주요한 요인인 재부·권력·성망을 소개했으며, 또한 농민·노동자·관리·지식인·사유기업주·농민공·신매판·범죄자 등 몇 개의 다른 사회집단의 과거와 현재·미래를 나눠서 소개했다. 본 장에서는 이러한 분석을 기초로 현재 중국의 사회계층 구조에 대한 전체적인 분석을 시도하고자 한다.

중국 현대 사회계층 구조 모형

현재 중국은 사회 변혁기로, 사회구조와 사회계층이 여전히 변화 중에 있다. 일부 사회계층은 아직 형태가 갖추어지지 않았으며, 일부 사회계층은 아직도 분열 중에 있다. 이러한 상황에서 하나의 비교적 완전한 형태를 갖춘 모형이 나오기는 매우 어렵지만, 대략적인 모형은 나올 수 있다. 어떤 학자들은 사회계층을 상·중상·중·중하·하 다섯 등급으로 나누었다. 이것은 비교적 간단한 방법이기는 하지만, 만약 각 계층의 구체적인 내용을 알지 못하고 추상적으로 다섯 등급으로 나누는 건 단지 하나의 부호 체계일 뿐이며, 이렇게 나누어진 계층은 한 사회의 특징이라고 볼 수 없다. 어떤 한 사회이든지간에 모두 이렇게 다섯 등급으로 나눌 수 있다. 어떤 학자는 하나의 큰 직업 집단을 하나의 계층으로 간주한다. 그러나 직업이 한 개인의 사회적 지위에 중요한 영향을 미치지만, 직업과 계층은 별개의 것이다.

계층 구조 모형을 만들 때 어떤 계층을 위에 놓고, 어떤 계층을 아래에 놓을지의 배열순서 문제가 있다. 일반적인 방법은 각각의 계층이 차지하는 사회적 자원(권력·재부·성망 같은) 정도를 계량화하여 다시 각종 자원이 차지하고 있는 데이터를 일정한 "권수(權數)"로 사회자원에 대해 종합적으로 차지하고 있는 다른 계층의 숫자를 조합한다. 그런 후에 데이터 순서에 따라서 사회자원의 점유량이 많은 것을 위에 놓고, 적은 것은 아래에 배열한다. 이러한 계량 수치는 당연히 과학적 설문조사에서 얻은 것이다. 필자가 이 책을 집필할 때는 직접 설문조사를 통해 데이터를 수집하지 않았으나, 국가통계국·중화전국총공회·중화 전국 상공업자 연합회 등 종합기관과 기타 학자들이 발표한 데이터를 종합하여 직관적인 판단으로 순서를 배열했다. 중국사회과학원의 주요 연구 성과인 『현대 중국 사회계층 연구보고』에서는 데이터에 근거해서 순서를 배열하지는 않았지만, 일정한 직관성을 갖고 있다. 직관적인 판단은 논쟁을 피하기 어렵다. 예를 들어 『현대 중국 사회계층 연구보고』에서는 지도자 간부를 하나의 계층으로 보고 사회계층 피리미드 꼭대기에 두었고, 그것은 '현대화 사회계층 구조의 초기 형태'로 '계층 구조는 다시 크게 변화하지 않을 것이다'라고 했다. 어떤 독자는 이것은 '관본위' 사상을 계층구조 속에 영원히 고정화하는 것이라고 비판했다. 또 다른 비평가는 관리라는 직업을 영원히 피라미드 꼭대기에 놓는 것은 현대 계층 구조의 특징이 아니라고 지적했다. 한 비평가는 영국의 『선데이 익스프레스(Sunday Express)』지에 2002년 영국에서 가장 영향력 있는 300명의 주요 인물 중, 수상 토니 블레어(Anthony Charles Lynton Blair)가 1위이고, 언론 재벌 루퍼트 머독(Keith Rupert Murdoch)이 3위, 그리고 잉글랜드 축구 대표팀 감독 스벤 고란 에릭슨(Sven Goran Eriksson)이 5위를 차지했는데, 이들은 42위인 영국 여왕보다 앞섰고, 또한 대부분의 내각의 장관보다도 훨씬 앞섰다고 예를 들었다.

이 책의 분석 방법은 앞에서 말한 것처럼 다섯 등급의 간단명료한 장점을 받아들이고, 각 계층의 직업 내용을 고려해 재산(수입)을 기초로, 다시 권력과 성망 요소를 참조해서 직관적으로 현재 중국 사회를 아래의 몇 개의 계층으로 나눴다(2008년 전국 경제활동인구[1]는 7억 9,243만 명으로 우리는 각 계층이 차지하고 있는 경제활동 인구의 비중을 계산할 수 있다).

1. 상위계층: 정부 중·고급 관리, 국책 은행과 국유 대형 사업 단위 정·부급 지도자, 국유 및 국유지배 대형 독점기업의 정·부급 지도자, 대·중형 사유기업주. 이들의 전체 수는 대략 1,200만 정도로, 전국 총 경제활동인구 7억 9,243만 명의 1.5%를 차지하고 있다.

이들은 중국 사회 피라미드의 꼭대기에 놓여 있다. 숫자는 적지만 사회에 미치는 영향이 커서, 국가의 중요한 일에 대한 정책결정권과 대기업 결정권을 움켜쥐고 있다. 그들은 많은 사람의 지위의 오르고 내림에 영향을 미칠 수 있는 정책을 제정한다. 그들의 투자 정책결정은 수천수만 명의 취업 기회에 영향을 미칠 수 있고, 직간접적으로 언론을 장악하여 사회여론에 영향을 끼칠 수 있다.

재산으로 보면 정부 고위급 관리는 결코 피라미드의 꼭대기에 있지는 않지만 수입은 비교적 많은 편이다. 그들의 권력과 성망은 사회 각 계층의 위에 있다. 국책은행과 국유 대형사업 책임자와 국가 지배기업의 회장·사장은 재산·성망·권력 이 세 가지는 두말할 것도 없이 사회 각 계층의 위에 있다. 대형 사유기업주의 재산은 중국 사회계층의 최상위에 있지만, 권력과 성망의 지위는 그들의 재부 지위보다 못하다. 그러나 이러한 사람 중 어떤 사람은 일급 정치협상회의의 위원이 되었고, 어떤 사람은 각계 권력기관과 밀접한 관계를 맺고 있다. 이 계층의 구성원 사이에는 업무상 교류 이외에도 업무 외적인 교류도 있다.

사회 피리미드 꼭대기에 있는 사람들은 마치 어메이 산(峨眉山)의 정상과

---

[1] 경제활동 인구는 만 16세 이상으로 노동 능력이 있고, 사회 경제활동에 참여하거나 참여하려는 인구를 가리킨다. 취업인구와 실업인구를 포함한다.

같아서, 그들의 재산과 사회적 행위는 항상 높은 곳에 있는 '안개'에 의해 자욱이 덮여 있고, 그들에 대해 어렴풋한 인상만 있을 뿐 진짜 정체는 알기 어렵다. 정상에 가면 갈수록 희미해진다.

상위계층은 공통적으로 자신의 사회적 지위를 지켜내려는 마음을 갖고 있다. 정부 고위 관리는 권력을 잃을까 두려워하고, 기관의 개혁이 자신의 위치에 영향을 주지는 않을까 걱정한다. '작은 정부, 큰 사회'의 개혁방향 과 개혁조치에 대해 그들은 모순된 마음을 갖고 있다. 개혁에 적극적이지 않으면 관직을 잃을까 두려워하고 또 개혁 이후 권력이 약해질까 걱정한 다. 대형 사유기업주는 마음속에 여전히 개혁 이전 사유경제정책 부정에 대한 공포가 남아 있어서, 하루아침에 재산을 잃을까 두려워한다. 그들의 가장 큰 희망은 헌법에 "사유재산은 신성하여 침범해서는 안 된다"는 조항 이 들어가는 것이다.

서방 선진 국가와는 달리 중국은 현재 상위계층 사람이 모두 고등교육을 받은 것은 아니다. 그러나 그들은 앞으로 이 계층의 구성원은 반드시 유명 대학을 졸업했거나 더 높은 학력이 필요하다는 걸 알고 있다. 그래서 그들 중 어떤 사람은 자신의 학력 단계를 높이기 위해 '재직연구생' 과정에 들어 간다. 나이가 많아서 '재직연구생' 과정에 들어갈 방법이 없는 사람들은 온 갖 방법으로 자식에게 좋은 학교를 선택해 주고, 모든 영향력을 행사하여 자식에게 좋은 자리를 마련해 주며, 자기의 지위를 자식에게 물려줄 조건 들을 만들어 놓는다. 일부 가족 경영을 하는 사유기업은 아예 자신의 아들 을 후계자로 정해 놓았다.

2. 중상계층: 고급지식인(약 300만 명)·중·고위층 간부(약 200만 명)·국가와 성 부속 사업 단위 중·고급 관리인(약 100만 명)·중형기업 사장과 대형기업의 고 위 관리인(약 500만 명)·중형 사유기업주(약 150만 명)·외국기업의 화이트칼라

고용원(약 200만 명)·국가 독점 업종의 화이트칼라와 경력직 블루칼라(금융보험·전신·전력·철도 등 업종 약 1,000만 명) 모두 약 2,500만 명 정도로, 전국 총 경제활동인구 7억 9,243만 명의 3.2% 정도를 차지하고 있다.

이런 사람들은 중국 사회의 중상층에 속한다. 보통 사람들에게 상위계층은 그저 상상만 할 수 있는 자리이지만, 중상계층은 그들이 노력만 하면 도달할 수 있는 것이라고 생각한다. 중상계층은 보통 사람의 마음속에 있는 성공의 상징이다.

여기서 말하는 중·고위층 간부는 국급·처급 간부(이것은 또한 그들이 있는 위치를 보아야 한다. 만약 현에서는 과급 간부가 현에서는 중상층이다)를 가리킨다. 국급·처급 간부는 정책결정권은 없지만, 그들의 상사는 그들의 승진에 결정적인 작용을 하고 있어서 그들의 운명을 결정한다. 그들은 정책의 실제적인 집행자들로, 다양한 "심사 비준권"을 갖고 있다. 사회의 전환기에 이러한 "심사 비준권"은 높은 가치가 있지만, 그들도 조심해야 한다. 진급하려면 청렴결백해야 하지만, 너무 청렴결백하면 또 가난하고 고생스럽다. 그들은 이 둘 사이에 "외줄타기"를 할 수밖에 없다. 어떤 사람은 대담하게 권력을 이용해 재산을 모으고, 이런 재산의 일부분을 상사에게 "뇌물"로 바쳐 승진을 하지만, 이 또한 결국 아주 위험한 게임이다.

중형 사영기업주는 등록 자본이 500만 위안에서 1,000만 위안 사이인 사유기업주를 가리킨다. 그들의 재산을 보면 중상 혹은 상위 지위에 있지만, 성망이 중하 혹은 중등의 위치에 있기 때문에 종합적으로 보면 중상계층에 해당된다. 중형 국유기업 사장과 대형 기업 고위관리원은 여전히 샐러리맨이다. 그들의 재산은 같은 규모의 사유기업주만큼 많지 않지만 권력 시위와 성망 지위는 사유기업주보다 높다. 국유든 사유든 중형 기업 경영자들은 규범에 맞지 않는 시장에서 필사적으로 싸우고 있으며, 위험부담은 크지만, 그들은 기업을 발전시키고자 한다. 어떤 때에는 "붉은 깃발이 얼마나 오래갈까?"라고 걱정한다. 하나의 잘못된 정책결정이 기업을 곤경에 빠트릴 수도 있다. 기업 발전을 위해서 그들은 어쩔 수 없이 각종 수단을 이용해 '지대추구'를 한다. 이러한 사람들 중 뇌물은 결코 개별적인 현상이 아니다.

고급 지식인의 성망 지위는 매우 높다. 그들 중 과학자는 매번 직업 평판도 조사에서 상위를 차지했다. 그들의 수입은 사유기업주와 기업 경영자보다 못하지만 매우 안정적이다. 비록 행정적 권력은 없지만 관리들도 그들을 존중하고 그들의 말에는 무게가 있다.

3. 중등계층: 국가인사노동부 데이터에 의하면, 2008년 국유경제 사업단위에 취업한 전문기술자 수는 2,882만 6,000명이었다. 그중 고급은 284만 6,000명(이미 중상계층에 포함)[2]이었고, 비국유 경제기관에 취업한 전문기술인은 약 1,500만 명이었으며, 당정기관 공무원은 약 1,100만 명(그중 200만 명은 상등과 중상등계층에 포함됨)·대·중형 중하층 관리인이 약 1,000만 명이 있었고, 국유 독점기업의 일반직원은 약 1,000만 명이었다. 2008년 전국에는 사유기업 650여만 개와 자영업 2,700만 개가 있었다. 이 두 집단을 5등분에 따라 나누어 사유기업 중의 중층과 중층 이하·자영업의 고층과 중상층 이상을 중등계층에 넣을 수 있다면 사유기업주 중의 300만 업자·자영업의 1,200만 명이 중등계층에 들어갈 수 있다. 이 두 부류의 1,500만 업자의 경제활동인구는 약 2,500만 명이다. 다시 중등 지위에 있는 기타 경제활동인구 1,000만 명을 더하면 총합이 약 1억 499만 명으로, 전체 경제활동인구 총인원수인 7억 9,243만 명의 13.3%를 차지했다.

그들의 수입·권력·성망 또는 이 세 가지의 종합은 고층·중상층의 밑에

---

2 『2009년 중국 인력자원과 사회보장연감』[업무 책(工作卷)], 중국노동사회보장출판사·중국인사출판사, 1302~1303쪽.

있지만, 다른 계층과 비교하면 위에 있어서 그들의 사회적 지위는 중등에 위치한다. 그들은 일정한 지식자본과 직업 성망을 갖고 있으며, 정신노동을 위주로 하는 직업에 종사하고, 시장이 필요로 하는 직업 전문기능을 갖고 있으면서 아울러 제공한다. 중국사회과학원의 리춘링(李春玲) 연구원은 성진 사람의 평균수입의 2.5배를 중산계층을 구분하는 표준으로 삼아야 한다고 주장했다.[3] 즉 2008년 이 계층 가정의 1인당 연평균 가처분소득은 3만 9,452위안이 되어야 하는데(국가통계국 공포에 의하면 2008년 성진 주민 가정의 평균 가처분소득은 1만 5,780.8위안이다), 대략 4만 위안이라고 할 수 있다. 그러나 주택 가격의 급상승으로, 가정의 연평균 가처분소득이 4만 위안 내에 있는 가정이 가령 100만 위안을 대출받아 90제곱미터의 집을 샀다면, 그의 매달 월급에서 대출금 이자를 떼고 나면 얼마 남지 않게 된다. 만약 그가 집을 전세 내어 생활한다면, 매달 2,000~3,000위안의 집세를 내야 해서 살기가 아주 빠듯할 것이다. 이런 시각에서 보면, 이 소득으로 중산층이라고 말하기는 어렵다.

이 계층은 위로 옮겨 갈 수 있는 기회가 있어서, 노력만 하면 그들 중 상당수의 사람은 중상계층에 들어갈 수 있다. 현재의 사회 환경에서 그들은 또한 아래로 떨어질 가능성도 있지만, 위로 올라갈 가능성보다는 적다. 그래서 그들은 비교적 안정적인 심리 상태와 적극적으로 위로 옮겨 가고자 하는 마음을 갖고 있다.

중등 계층은 비교적 자녀 교육을 중시한다. 단지 자녀가 공부하고 싶어한다면, 그들은 자식들이 대학 졸업 혹은 더 높은 학력을 갖길 원한다. 자식 교육을 위해서 그들은 평생 저축한 돈을 아끼지 않는다.

---

3 리춘린(李春林), 「중국 중산계층의 성장 추세」, 『중국사회과학원원보』, 2007년 11월 15일.

4. 중하위계층: 농민계층(농촌의 안정적인 노동력 계층. 주로 농촌에서 농·임·목·어업 노동에 종사하는 것을 가리키며, 2008년 농촌 취업인구 중 농·임·목·어업에 취업한 인원은 2억 8,363만 6,000명이다.[4] 전문기술자를 제하면, 이 업종의 육체노동자는 약 2억 7,500만 명이다), 도시와 농촌에 걸쳐 있는 계층(즉 농민공이 약 2억 3,500만 명이다)을 합하면 모두 5억 1,863만 명으로, 농민과 농민공 숫자에서 중복 통계된 인원 약 5,000만 명을 제하면 4억 6,000만 명이 된다. 노동자 계층은 8,000만 명이다. 즉 농민·농민공·블루칼라 노동자를 모두 합치면 5억 4,000만 명이다. 이 계층은 주로 육체노동에 종사하는 계층이다. 그들의 소득 지위와 성망 지위는 중하 수준에 있으며, 권력 지위는 더 낮다. 전국 경제활동인구 7억 9,243만 명의 68%를 차지하고 있다.

중하위계층 중에서 다시 계층을 나누면, 노동자가 비교적 많고, 그 다음이 농민공이고, 농민이 제일 낮다. 농민과 노동자 양쪽에 걸쳐 있는 유동 농민공의 수입은 노동자와 농민 사이에 있다.

이 계층 사람은 위로 옮겨 갈 기회가 적지만, 그들은 자식들이 다음 세대에 지위가 그들보다 높기를 바라고 있다. 그중 일부 가정은 자식들을 공부시키기 위해 여러 어려움을 참고 견디지만, 대다수 가정은 능력이 없어서 자식을 중학교에 보낼 수 있으면 그런대로 괜찮은 편이고, 대학에 갈 수 있는 농촌 자녀는 손으로 꼽을 정도이다. 노동자 자식들은 대부분 직업전문학교를 다니고, 대학에 가는 경우도 소수이다.

5. 하위계층: 도시와 농촌의 빈곤 인구로, 예를 들면 농촌에 땅이 없고, 직업이 없는 사람과 도시의 퇴직자·실업자이다. 이 계층의 사람은 대략 1억 4,500만 명이다. 그중 성진 빈곤 인구는 2,000만 명에 이르고, 도시로 간

---

4 중화인민공화국농업부 편, 『신중국 농업 60년』, 중국농업출판사, 2009, 5쪽.

근로자 빈곤 인구는 2,500만 명, 농촌 빈곤 인구는 약 1억 명이다(2009년 중국 정부는 절대빈곤 기준과 상대빈곤 기준을 하나로 합쳤으며, 최저생계비를 연소득 1,067위안, 대략 150달러, 1일 평균 0.41달러로 정했다). 세계은행 『2005년 세계발전보고서』에서는 1인당 1일 최저생계비를 1달러 미만(이 기준은 아프리카 국가를 포함한 세계 각국에 적용된다)으로 계산하고, 유엔이 2006년 이 최저생계비에 따라 계산한 것을 보면, 중국의 빈곤인구는 2억 3,500만 명으로, 전국 총 인구의 18%를 차지한다. 중국능예대학(中國農業大學)의 조사에 따르면, 절대 빈곤한 인구는 1억 4,000만 명 정도라고 했다. 필자는 다소 보수적으로 보아서 1억 2,000만 명으로 추정했다. 1억 4,500만 인구에서 부양계수를 뺀 것이 바로 경제활동인구이다. 환산하면 경제활동인구는 1억 1,000만 명으로, 전국 경제활동인구 7억 9,243만 명의 14%를 차지하고 있다.

이 계층의 사람은 고정된 수입이 없고, 단지 임시 일자리를 찾아 매우 적은 수입을 벌고 있으며, 어떤 사람은 이런 임시 일자리조차도 찾지 못한다. 도시의 실업노동자와 퇴직노동자는 약간의 최저생활 보조비를 받지만, 농촌의 무직자는 생존의 기초가 없는 부랑자가 되었다. 그들의 자녀들은 교육의 기회도 매우 적어서, 본인뿐만 아니라 자식도 위로 유동하기가 매우 어렵다.

이 책의 앞부분에서 사회의 해로운 계층에 대해 소개했다. 그들은 주로 범죄자들로, 현재 갑자기 출현한 매춘부·마약 중독자와 조직범죄자를 집중적으로 소개했다. 수적으로 보자면 그들은 대부분 하등과 중하등 계층에 많이 나타나지만, 일부 다른 계층에도 범죄자는 있다. 예를 들면 경제범죄와 같은 큰 사건의 경우는 대부분 상위계층과 중상위계층에서 더 많이 나타난다.

중국 사회계층 모형을 만들기 위해서 필자는 재부·권력·성망을 모두 열 개의 등급으로 나눴다(제일 높은 등급 10, 제일 낮은 등급 1). 현재 있는 각종 사회 조사 데이터를 이용해(국가통계청의 데이터와 필자가 얻을 수 있는 사회학자의 조사 데이터 포함), 각 직업의 재부·권력·성망을 각 등급에 넣었다. 또 구할 수 있는 학자의 조사 데이터와 실제 판단을 이용하여, 재부·권력·성망 이 세 요소가 계층 지위를 결정하는 가중치를 확정했는데, 재산은 0.36, 권력은 0.38, 성망은 0.26이다. 예를 들어 고급관리의 재산 등급은 7이고, 권력 등급은 10, 성망 등급은 9라고 하면, 이것에 가중치를 주어 종합하면 8.66이 된다. 고급지식인의 재산 등급은 7이고, 권력 등급은 6, 성망등급이 10이면, 이것에 가중치를 주어 종합하면 7.40이 된다. 마지막에 가중치를 주어 종합한 데이터를 순서대로 배열하여, 수치가 높은 것은 위에 놓았고, 낮은 것은 아래에 놓았다. 가중 종합 데이터가 7.5 이상은 상위계층, 6~7.5는 중상계층, 4.5~6은 중등계층, 2~4 사이는 중하계층, 2 이하는 하위계층이다.(표15-1 참조)

2008년 전국 경제활동인구 총수는 7억 9,243만 명이다.

표15-1 21세기 10년간 중국 사회계층 모형표

사회집단	재부 등급 (권수 0.36)	권력 등급 (권수 0.38)	성망 등급 (권수 0.26)	종합 등급	전국 경제활동 인구비(%)	소속 등급
고급관리	7	10	9	8.66		
국책은행과 국유 대형사업 기관책임자	8	9	8	8.38	1.5%	상위 계층
대기업 사장	9	8	7	8.10		
대형 사유기업주	10	7	6	7.82		
고급지식인(과학자와 사상계, 문예계 명인)	7	6	10	7.40		
중 고층 간부	6	8	7	7.02		
중형 기업 사장	7	5	7	6.24	3.2%	중상등 계층
중형 사유기업주	8	5	6	6.34		
외국기업 화이트칼라	9	4	6	6.32		
국가 독점 업종 중등기업 관리인	7	5	7	6.24		

일반 기술자와 과학 연구원	5	5	7	5.52	
변호사	5	6	7	5.90	
대학 및 중등학교 교사	5	5	7	5.52	
일반 문예자	6	5	7	5.88	
일반 언론인	6	5	7	5.88	13.3% 중등 계층
일반 기관 간부	4	6	7	5.54	
일반 기업 중하층 관리인	4	5	5	4.64	
소형 사유기업주	7	4	5	5.34	
개인 자영업자	6	4	5	4.98	
생산 노동자	4	2	4	3.24	
농민공	3	1	3	2.24	68% 중하위 계층
농민	2	1	4	2.14	
퇴직 미취업 인원	2	1	2	1.62	
농촌 빈곤자	1	1	1	1	14% 하위 계층

중국 현대 계층구조의 특징

위의 모형에서 우리는 현재 중국 사회계층 구성의 특징을 알 수 있다. 사회 조화의 각도에서 보면, 이러한 특징은 모두 부정적인 것이다. 이들의 특징은 다음과 같다.

1. 80% 이상의 노동자와 농민 대부분이 사회의 중하층(68%)과 하층(14%)에 있다:
이것은 중국 사회가 불안정한 중요 요소이다.

중국 사회의 중하층과 하층은 농민·노동자와 농민공이 주를 이룬다. 그들은 육체노동으로 생활하고, 사회 물질적 재부의 주요한 창조자이다. 노동자와 농민은 사회의 기초로, 그들은 사회에 가장 많은 것을 지불하고, 사회로부터 가장 적게 돌려받는 계층이다. 취업인구 82%를 차지하고 있는 이 계층은 비교적 낮은 사회적 지위에 있다. 이것은 중국의 사회발전 목표와 상반된다.

중국 농민은 세 가지 문제에 직면해 있다. 첫째는 낮은 수입, 두 번째는 과중한 부담, 셋째는 향촌 간부와의 첨예한 갈등이다.

농민의 수입이 적은 근본적인 원인은 농업인구가 지나치게 많기 때문이다. 농업 인구 비중이 축소된 것은 오랜 도시화 과정의 결과다. 그래서 농민 수입이 적은 문제는 짧은 시간 내에 해결하기 어렵다.

농민 부담이 무거운 것은 첫째로 농민이 부양해야 할 필요가 있는 기층 간부가 너무 많아서, 먹을 사람은 많으나, 생산하는 사람이 적기 때문이다. 둘째로 농민이 농촌의 공공사업의 건설비용과 공공상품의 비용도 부담해야 하기 때문이다. 농촌 공공사업의 건설 규모는 농민이 감당할 수 있는 능력에서 결정된 것이 아니라 간부가 '정치 업적'을 만들려는 강렬한 충동에서 결정된 것이다.

농민과 기층 간부의 갈등은 첫째로 기층 간부의 업무와 농민의 이익이 직접적으로 충돌하는 데 원인이 있다. 두 번째로는 농민의 민주 권리가 보장되지 않기 때문이다. 촌 위원회 선거의 과반수 이상이 형식에 그치며, 진정으로 마을 업무를 공개하는 경우는 극히 드물다. 세 번째로 농촌 기층 정권이 부패하여, 심지어 일부분 기층정권은 농촌의 부랑자들에 의해 장악되었기 때문이다.

최근 몇 년간, 국가가 농업세를 면제하고, 또 의무교육의 재정지출을 늘려서, 농촌의 모순은 다소 완화되었다. 그러나 이러한 완화는 일시적인 것이다. 중국은 마침 도시화가 가속화되는 시기에 있다. 농민들에게 지나치게 많은 도시화의 비용을 부담하도록 한다면, 모순이 격화될 것이다. 이 몇 년 동안, 농업세를 면제하여 국가 재정이 1,800여 억 위안을 적게 거둔 것에 불과하지만, 정부가 토지에서 얻은 재정 수입은 1억 8,000만 위안에 달한다. 후자가 전자의 10배이다. 앞으로 농촌 모순의 초점은 토지 방면에 집중될 것이다.

노동자 빈곤의 첫 번째 원인은 역사가 만든 것이다. 개혁 전 노동자가 받는 월급은 충분한 액수는 아니었다. 월급 중의 일부는 국가에 집중되어 노동자에게 당연히 주택·의료·교육 등 "노동력 재생산" 방면의 조건을 제공해야 하지만, 오히려 효과와 이익이 없는 건설에 투자했다. 국가를 위해서 수십 년 동안 일한 노동자는 오히려 자기 집도 없고, 의료와 교육도 보장받지 못했다. 노동자 빈곤의 두 번째 원인은 그들이 개혁의 비용을 부담하고 있고, 그들의 퇴직을 통해 국유기업의 일부분 어려움을 해결하기 때문이다. 최근 몇 년간 국민소득 분배 방면에서 지나치게 많이 정부에 쏠려 있어, 노동자 보수가 GDP에서 차지하는 비중이 너무 낮아져, 사회의 부조화가 증가되도록 했다.

농민공은 도시에서 가장 힘들고 피곤하고 더럽고 위험한 노동을 맡고 있지만, 오히려 도시 사람들과 평등한 대우를 받지 못하고 있다. 도시 사람들과 같은 일에 같은 임금·동등한 신분은 그들이 가장 기본적이면서도 합리적으로 요구하는 것이다.

도시와 농촌의 이원적 구조는 여전히 존재하고 있으며, 도시와 농촌의 차이는 상당히 오랜 기간 동안 지속될 것이다. 농촌 인구가 지나치게 많기 때문에 농촌과 도시에는 다른 생활방식과 다른 관념이 존재하고 있으며, 연간 수입 2,000여 위안의 농민의 생활수준은 아마도 연간 수입 8,000여 위안의 노동자와 비슷할 것이다. 그래서 점점 도시와 농촌을 넘어서서 모든 사회의 계층 모형을 세우는 건 매우 어렵다. 예로부터 "농민"을 독립 계급으로 구분했다. 지금도 여전히 이 상황을 바꾸기는 어렵다.

개혁 개방 이래로 농민은 분화 중에 있다. 농촌에선 향진 기업 노동자·향진 기업 관리간부·개인 상공업주·농촌 지식인(교사·농업기술인 등 포함) 등등 다양하게 사회 역할을 하는 사람들이 출현했다. 그중 일부 역할은 이미 농민이 아니라, 도시와 상응하는 역할에 가깝지만, 그렇다고 완전히 똑같은 건 아니다. 예를 들면 향진 기업 노동자와 도시의 노동자, 도시와 농촌의 사유기업주는 수입의 출처와 생활방식이 점점 가까워지고 있다. 그래서 이처럼 도시와 농촌이 가까운 계층은 하나로 구분할 수 있다. 예를 들면 사유기업주는 도시와 농촌 양쪽에 모두 포함된다. 일이 비교적 고정적인 향진 기업 노동자도 노동자 계층에 편입시킬 수 있다. 그러나 농촌에서 그들과 농업 노동자를 비교하면 결국은 소수에 불과하다. "농업 호구"와 "비농업 호구" 두 종류의 신분은 아직도 존재하며, 2억여 명의 농민공은 여전히 농민 신분이다.

도농 분할에 따라 인위적으로 사람을 두 종류의 신분으로 나누는 것은 불공평하다. 이러한 불공평은 점점 사라지고 있지만, 여전히 사회생활 속에서 작용하고 있다. 도농 분할을 완전히 타파하기 위해서는 상당한 시간이 필요하다.

2. 중간계층의 비중이 너무 작고, 사회계층은 피라미드 구조를 띤다:

1980년대 미국 사회의 중간계층이 각 계층 중에 차지하는 비중에 대해 두 가지 추측이 있었다. 하나는 제임스 콜먼(James S. Coleman)과 해리슨 화이트(Harrison White)는 33%라고 했고, 또 다른 하나는 데니스 길버트와 조지프 A. 칼은 중간계층이 각 계층에서 차지하는 비중이 20~35%라고 했다.[5]

영국 사회의 중간계층은 다른 자본주의 국가와 비교하면 인구에서 차지

---

5 데니스 길버트·조지프 A. 칼, 『미국의 계급구조』, 펑화밍(彭華明) 옮김, 중국사회과학출판사, 1992, 400쪽.

하는 비중이 비교적 작다. 이것은 영국의 농업 소자산계급이 비교적 적고, 경제 집중도가 비교적 높기 때문이다. 1971년 자료에 의하면, 중간계층이 전국 자립 인구에서 차지하는 비율이 17~18%라고 한다. 1980년 연방 독일의 중간계층의 비중은 22%이고, 일본의 중간계층 비중이 가장 커서, 1960년은 45.7%, 1970년은 36.0%, 1980년 28.7%였다.[6]

서방 학자가 제공한 자료에서는, 선진국의 중간계층은 가장 큰 비중을 차지하는 계층이라고 했다. 전체 사회계층 구조는 럭비공 모양으로, 중간이 크고 양쪽은 작다. 중산계층은 정치적으로 사회 안정의 기초로 간주되고, 경제적으로는 소비와 내수를 촉진하는 중요한 집단으로 인식되며, 문화적으로는 현대 문화를 지탱하는 주체로 간주되는 것이, 국내외 학계에서 이미 기본적인 지식이 되었다. 중국의 중간계층 비중은 13.3%로, 선진국보다 훨씬 작다. 중국은 중하위계층과 하위계층의 비중이 크고, 사회계층 구조가 피라미드 형태로 나타난다.

이 책에서 말한 중간계층은 소득을 기준으로 한 것이다. 중산계층이라는 개념은 중국에서는 아주 혼란스러워, 현재 중국에서 중산계층이 차지하는 비율이 얼마인가에 대한 설도 분분하다. 사회학자들은 중산계층을 판단하는 데 네 가지 기준이 있다고 생각한다. 첫째가 직업 기준이고, 둘째가 소득 기준이며, 셋째가 소비와 생활방식의 기준이고, 넷째가 주관적 인정의 기준이다. 위에서 말한 기준에 따라 분석하면 중국 내륙 적령인구의 4.1%·총인구의 2.8%가 중산계층에 속한다는 것을 알 수 있다.[7] 중국사회과학원 선임연구원인 루쉐이(陸學藝)는 2008년 중산계층의 비율이 22~23%로, 대체로 매년 1%씩 증가한다고 주장했다.[8] 많은 사람은 루쉐이의 추정

---

6   니야리(倪亞力), 『현대 자본주의 사회의 계급구조를 논함』, 중국런민대학출판사, 225쪽, 261쪽.
7   리춘링(李春玲), 「중국 현대 중산계층의 구성과 비율」, 『중국인구과학』, 2003년 제6기에 실려 있음.

이 지나치게 낙관적이라고 생각했다.

피라미드 형태의 벽돌 기와 건축은 중심이 낮기 때문에 안정적이지만, 피라미드 형태의 사회구조는 안정적이지 못하다. 그것은 하층의 비율이 지나치게 커서, 자신의 지위를 바꾸고 싶어 하는 사람이 너무 많기 때문이다. 한 사회에서 대다수 사람이 "변함없는 마음"을 갖고 있지 않고, 사회변동을 통해 자신의 처지를 바꾸고자 한다면, 사회는 불안정하게 된다. 한 사회에서 많은 사람들이 스스로 중간계층에 속한다고 인정하면 그 사회는 비교적 안정적이다. 그 밖에 중국은 중간계층이 너무 작고, 중하위계층의 비율이 너무 커서, 사회 소비 능력 또한 제한을 받고, 실제 시장의 크기와 13억 인구가 서로 맞지 않는다. 따라서 매번 불경기 때면, 소비를 진작시키기가 매우 곤란하다.

3. 상위계층 중 많은 사람들의 재산과 권력의 획득 방법이 불투명하다:

고급 관리·국책은행과 기타 국유 대형사업 단위 책임자·대기업 사장·중대형 사유기업주는 그들의 재산·성망·권력이 모두 중국 사회의 정상에 있다. 그들은 전 사회에서 관심을 받지만, 반드시 전 사회의 존중을 받는 것은 아니다. 그들 중 일부 사람들의 인격은 사회의 의심을 받기도 한다.

그것은 그들의 재산과 권력의 획득 방법과 과정이 불투명하기 때문이다.

간부 선출 제도 중의 여러 가지 폐단으로 인해, 일부 지방·일부 부서에서 관리를 선출할 때 우수한 관리를 선출하는 게 아니라 형편없는 관리를 선출하는 경우도 있다. 이렇게 고위직을 얻은 사람들은 존경을 받지 못할 뿐만 아니라, 오히려 사람들로부터 각종 의심을 받는다. 게다가 관료사회의 심각한 부패 문제로 일부 고위직 사람들의 이미지에 부정적 그늘이 덮

---

8 〈신화망〉, 2009년 8월 17일.

여 있다. 관리는 사회에서 떠도는 각종 웃음거리와 희롱의 대상이 되었다.

1990년대, 사회 상층에 있는 대형 국유기업 사장은 모순적인 상황에 놓였다. 한편으로 그들의 권력에 대한 감독이 느슨해서, 쉽게 받아서는 안 될 거액의 돈을 손에 넣을 수 있었지만, 일이 발각되면 범죄자가 되었고(발각된 것은 그중 일부분에 불과하다), 다른 한편으로는 격려 제도가 부족하여 그들이 당연히 받아야 할 돈도 받지 못했다. 어떤 사람은 기업의 발전을 위해 중대한 공헌을 했지만, 퇴직 후 사회적 지위가 크게 떨어졌다. 그래서 그들 사이에 어떤 사람은 퇴직 전에 크게 한 밑천을 잡았다. 21세기에 들어선 이후, 국유기업 고위 관리자들의 소득이 매우 크게 높아져, 연봉이 100만 위안에 달하는 사람도 생겼다. 이것은 그들이 받아야 할 돈을 받았다고 할 수 있지만, 이러한 대형 국유기업은 대부분 행정 독점적 업종으로, 고위 관리자들은 독점 이윤을 함께 나누고 있다. 게다가 사장 계층은 아직 시장화가 되지 않아서, 그들의 공적과 과실은 시장에 의해 평가받는 것이 아니라, 여전히 행정 부문에서 평가를 받았다. 그래서 사람들은 그들의 지위를 부러워하기도 하지만, 그들에 대해 상당히 부정적인 평가를 하기도 한다.

중대형 사유기업주는 사람들의 부러움과 의심의 대상으로, 그들의 재산을 부러워하면서도 그 재산의 출처에 대해서는 의심을 한다. 사람들은 기회를 잘 잡아서 최선을 다해 필사적으로 노력하여 성공한 사람들에게는 감탄을 하지만, 권력과 돈의 거래·관료와 상인의 결탁으로 돈을 번 사유기업주에 대해서는 사회의 공해로 본다. 일부 중대형 사유기업주는 사회 전환 과정에서의 경영기회·정책적 허점·권력과 돈의 거래 등 각종 다른 상황을 이용하여 돈을 벌었으며, 그들의 재산은 국유자본이 대량으로 유실됨 동시에 얻은 것이다. 그래서 사람들은 이 계층에 대해서 다른 태도를 갖고 있다. 전통적 마르크스주의 이론에 근거하면, 사유기업주는 자산계급이고, 자산계급은 언젠가는 없어져야 한다. "마르크스주의를 견지하는 것"은 네 가지 기본 원칙 중의 하나로, 현재까지 중국 공산당은 집권 이론으로부터 아직 명확하게 자산계급을 소멸시켜야 한다는 주장을 버리지 않았다("공산주의 이상을 견지하는 것"과 "자산계급을 소멸시키는 것"은 동전의 양면이다. 현재 비록 "자산계급을 소멸시키는 것"을 홍보하지는 않지만, "공산주의 이상을 견지하는 것"은 여전히 자주 홍보한다). 그래서 사유기업주들은 항상 그들의 머리 위에 칼 한 자루가 놓여 있고, 그 칼이 언제 그들의 머리에 떨어질지 모른다고 생각하고 있으며, 그들의 재산이 하루아침에 몽땅 없어질 수도 있다고 걱정하고 있다. 〈헌법〉 수정안과 〈물권법〉이 정식으로 공포된 이후, 사유재산의 합법적 보호가 법률적으로 확인이 되었지만, 과거의 역사 기억이 그들의 가슴을 두근거리게 한다.

결국 많은 사람들이 주시하고 있는 상위계층은 뭇사람들이 존경하고 우러러보지는 않는다. 명실상부하게 이 계층은 사회 상층에 있기는 하지만, 사회는 결코 그들을 완전히 인정하지는 않는다.

4. 계층 간에 재산, 성망, 권력 방면에서 착시 현상이 있다:

일반적으로는 개개인의 사회적 지위와, 그에 대비하여 교육을 받는 상황은 정비례 관계에 있다고 말한다. 미국을 예로 들면 자본가 계층과 명문대학 교육이 상응하고, 중상계층은 대학 졸업과 상응하고, 중등계층은 고등학교 졸업과 대학 졸업과 상응한다. 노동자 계층은 고등학교 교육과 상응하고, 하위계층은 초등 교육 수준과 상응한다.[9] 그러나 중국은 상황이 좀 다르다. 일부 상위계층의 사람들은 교육을 받은 정도가 높지 않다. 이런 현상은 재부 지위에서 가장 명확하게 나타난다. 예를 들어 중대형 사유기업가 중에서 대학 교육을 받은 사람은 많지 않으며, 어떤 사람은 한창때 농촌으로 가서 일을 한 지식 청년이고, 어떤 사람은 정치적 이유로 대학에 갈

---

9 데니스 길버트·조지프 A. 칼, 『미국의 계급구조』, 평화밍 옮김, 97쪽.

기회를 얻지 못한 사람도 있다. 반대로 대학 이상 교육을 받은 사람은 재부 지위에 있어서 대부분 중등, 심지어 중하위계층에 속해 있다. 이러한 현상은 전환기 재부의 무질서한 유동과 관계가 있다. 최근 들어서 돈을 벌려면 지식 문화 수준이 있어야 할 뿐만 아니라, 기회(이 가운데에 많은 우연의 요소가 있다), 대담함과 실무 능력, 사회적 연줄이 있어야 한다. 그렇지만 고등 교육을 받은 사람이 반드시 이런 조건들을 갖추고 있는 것은 아니다.

권력 지위와 성망 지위 방면에서, 과거에는 학력을 중요시 하지 않았지만, 개혁 개방 이후 학력이 점점 중요해졌다. 성 부급(部級) 이상의 간부 중 대다수는 고등 교육을 받은 사람이다. 당연히 학력은 단지 사람들에게 처음에 정해진 자리로, 어떤 교육을 받았는가에 따라 그에 맞는 직책을 배정해 줄 수 있다. 그의 자리가 정해진 이후의 지위 변동은 업무 성과와 인간 관계를 보고 결정을 하며, 학력은 곧 그 다음 요소가 된다.

여기에서도 각 계층 사이의 재부·성망·권력 방면에서 총체적인 발전 착시 현상이 있음을 볼 수 있다. 예를 들면 지식인은 성망 지위가 높지만 재부 지위는 낮고, 사유기업주는 재부 지위가 높지만 성망 지위는 낮다. 정부 관리는 권력 지위는 높지만 재부 지위가 비교적 낮다. 이런 착시는 현재의 사회분층이 결코 매우 안정적이지는 않고, 또한 관리와 사유기업주가 몰래 권력과 돈에서 서로 거래하는 것과 같은 폐단을 초래할 수 있다는 것을 설명하고 있다.

중국 계층구조의 발전 추세

중국은 지금 사회 전환기에 처해 있으며, 사회구조와 각 계층의 이익 관계가 변화가 일어나고 있다. 위에서 서술한 현대 계층 모형 역시 단지 일종의 과도 상태에 불과하며, 반드시 새로운 변화가 일어날 것이다. 일부 사회집단의 지위가 내려갈 수도 있으며, 일부 사회집단의 지위는 올라갈 수도 있다. 어떤 사회계층의 비중은 점점 줄어들 수도 있고, 어떤 사회계층의 비중이 점점 확대될 수도 있다.

21세기 중국의 사회계층에 어떠한 변화가 발생할 것인가? 우리들은 본서 앞의 각 사회집단에 대한 구체적인 분석에서 대략적인 추세를 판단할 수 있다.

중하위계층의 비중은 점점 감소하고, 중간계층의 비중이 점차 확대될 것이다:

현재 중하위계층과 하위계층의 비중은 80% 이상이다. 21세기에 들어서 이 계층의 비중이 점차 줄어들고 있으며, 이와 상응하여 중간계층의 비중은 비교적 큰 폭으로 상승할 것이다.

신기술 혁명과 산업구조의 개선으로 농민과 생산 노동자의 비중은 점점 줄어들 것이다. 직접 농업생산에 종사하는 노동력 비중은 현재 50% 이상에서 차츰 30%, 20%로 떨어졌고, 마지막에는 10% 정도로 줄어들 것이다. 블루칼라 노동자의 비중은 줄어들 것이고, 화이트칼라 노동자의 비중은 늘어날 것이다.

1차 산업 취업자는 감소하고, 도시와 농촌의 3차 산업 취업자의 비중은 상승할 것이다. 공장에서의 과학기술 인력 비중은 높아지고, 농민과 블루칼라 노동자에서 분리되어 나온 사람들 중 일부분은 중간계층에 들어갈 것이다.

생산수단을 차지하지 못하고, 지적 노동에 의지해서 사는 엔지니어와 기업 관리자들은 육체노동자처럼 모두 고용노동자지만, 그들의 경제적 지위와 정치적 대우는 육체노동자들보다 훨씬 낫다. 그들의 정치태도·생활습관·문화교양과 가치관념 역시 육체노동자와는 다르며, 이러한 사람들은 중간계층의 주요한 부분이 될 것이다.

중국의 안정적 사회 목표는 마땅히 점차적으로 지식인·보통 공무원·자영업자·기업의 화이트칼라를 포함한 "대중들이 중산층 수준으로 먹고 살만한 사회[소강대중(小康大衆)]"를 만드는 것이다. "소강대중"의 형성으로 중간계층의 비중이 현재 13.3%에서 점점 확대되었고, 21세기 중반에는 45% 정도에 도달할 것이다.

일부 사회집단의 지위는 내려가고, 일부 사회집단의 지위는 올라간다:

새로운 시대에는 새로운 계급이 생기고, 새로운 계급이 새로운 시대를 창조한다. 정보 사회에서는 지적 능력(과학기술·금융·관리)의 중산계층이 나타날 것이다. 그들은 지식·발명 능력을 갖고 있는 고급 "아르바이트생"이지만, 투자자보다 위험 부담이 적고 생활도 더 안정적이다. 이러한 고급기술의 최신 성과를 갖고 있는 사람들은 비록 물질적 생산수단을 소유하지는 않았지만, 중국 사회에 대한 그들의 영향력과 개인적 지위도 상승할 것이다. 그들은 연간 20만 위안 이상의 수입을 얻게 되고, 자신의 집도 있으며, 자가용으로 출근하는 현대화된 생활을 누릴 것이다. 그들은 중간계층의 상류이다.

21세기에 기업가의 지위도 상승하여, 그들은 더 이상 정부로부터 임명받지 않고, 업적과 승진 결정을 심사받지 않을 것이다. 기업가는 시장화될 것이다. 시장의 역량에 따라 그들의 영업 실적을 평가받고, 시장의 역량에 따라 그들의 업적에 대해 보답할 것이다. 그들은 매우 높은 연봉을 받을 수 있고, 연봉 이외도 기업의 스톡옵션을 가질 수도 있을 것이다. 만약 그의 임기가 5년이면, 5년 이후에는 취임할 때의 가격으로 그 기업의 일정 수량의 주식을 사는 것을 허용할 것이다. 기업가는 개인의 성과에 따라 사회의 상위계층과 중상계층에 속한다.

대형 사유기업은 점점 주식유한회사와 유한책임회사로 전환될 것이다. 개인자본은 사회화될 것이고, 자본 사회화의 과정에서 국유자본·법인자본·외국자본·개인자본이 한 기업에 섞이게 될 것이다. 이러한 기업은 더 이상 소수 개인 소유가 아니다. 중국은 국가경제와 정치를 조종하는 슈퍼 부자의 출현을 허용하지 않고, 또 출현할 수도 없다. 사유기업 혹은 개인 합영기업은 중소기업으로, 중소 개인기업주는 중간계층 혹은 중상계층에 속할 것이다. 중소형 개인기업은 하늘에 별이 가득 찬 것처럼 될 것이다.

정부 권력은 축소되고, 사회 권력은 커져서, 사회 중개 기관과 그 종사자들의 지위가 올라갈 것이다:

21세기에 정부 기관과 정부 기능은 축소될 것이다. 정부는 사회관리·거시 조정과 공공서비스에 역량을 집중할 것이며, 더 이상 직접 경제활동에 개입하지 않을 것이다. 방대한 관리 집단은 유능한 공무원 집단으로 변할 것이다. 각종 "심사 비준"의 감소로, "지대추구"의 기회도 크게 감소할 것이고, 또한 관리들은 깨끗해질 것이다. 공무원은 법에 의해 국가 행정업무를 관리하는 전문 직업으로, 공무원은 직능이 전문화되고, 신분이 직업화된 집단이 될 것이다. 최고위층 관리는 선거로 뽑고, 정기적으로 인사 이동이 있지만, 공무원 중 대다수의 사람들을 정부가 임의로 바꾸거나 변동시키지 않고, 공무원은 중상계층에 속하게 될 것이다.

정부 직능의 축소에 따라, 이러한 비정부 기관뿐만 아니라, 비단순 영리 기관의 중개 조직의 지위도 상승할 것이다. 예를 들면 금융·기금회·매스미디어·사회집단과 민간 조직 등은 사회발전에 대한 영향력이 늘어날 것이다. 이러한 업종에 종사하는 사람들의 지위가 다소 높아질 것이다. 사회 중개 기관의 발전은 국가와 사회의 분리에 유리하며, 사회진보의 표현이다.

정치권력은 선천적으로 확장성을 갖고 있기 때문에, 개인의 권리가 잠식하기 쉽다. 정치권력 앞에서 연약한 개인은 어찌할 도리가 없으며, 단지 사회 권력으로 정치권력을 제어해야 효과가 있다. 그렇지만 시민사회가 존재하고, 국가·사회가 이원화되어야 정치권력을 제어하는 사회권력이 형성될 수 있다. 그래서 시민사회는 민주의 기초이고, 사회를 건강하게 발전하게 하는 필요 존재이다. 오랫동안 정치의 막강한 권력은 나약한 개인의 권리를 말살했고, 시민사회는 완전히 정치 국가에 의해 통째로 빼앗겼다. 20~30년의 개혁을 거치면서 중국은 수천 년 동안 형성된 고도로 통일되고 경직화된 모식이 느슨해지고 있다. 국가와 사회가 하나로 합쳐진 전통적인 구조가 해체되고 있으며, 국가·사회 이원화 구조를 향해 넘어가고 있다. 다시 말해 현대적 의미의 중국 시민사회가 성장 중에 있다. 개인경제의 발전, 중간계층의 강대, 정부 기능의 축소, 사회 중개 기관의 발전은 시민사회 생산과 발전의 중요한 조건이다.

제16장

"사람은 높은 데로 가고,
물은 낮은 데로 흐른다"

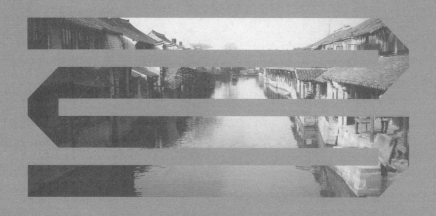

사회계층은 보수(재부·권력·성망) 분배 불평등의 상징으로, 사회 지위 배열순서의 구조이다. 그러나 한 사람의 사회 지위는 평생 변하지 않는 것이 아니고, 한 가정의 사회 지위도 자자손손 변하지 않는 것이 아니다. 고대 중국에는 "군자의 은택도 5대가 지나면 끊어진다(君子之澤, 五世而斬)"는 말이 있다. 사람들의 사회 지위 변동이나 계층 구성원의 변동을 사회계층 유동이라고 부른다. 정확히 말하면, 사회계층 유동은 개인이나 집단이 어느 한 사회 지위로부터 다른 사회 지위로의 유동이다. 사회계층은 마치 시내버스나 식당처럼 언제나 만원이지만, 그 손님은 계속 바뀐다. 이것이 사회 유동 형상에 대한 비유이다.

사회 유동은 여러 가지 요인과 관련이 있다. 첫째는 중대한 제도와 정책의 변혁이고, 둘째는 공업화·도시화와 산업구조 격상이며, 셋째는 개인의 노력이다. 1949년의 정권 교체와 그 이후의 사유제 소멸을 목적으로 한 "사회주의 개조"·계획경제체제 건립은 대규모의 사회 유동을 조성했다. 1978년의 경제체제 개혁 또한 한 차례 제도 변화로 인해 조성된 사회 유동이다. 공업화는 대량의 농민을 노동자로 만들었고, 도시화는 대량의 농민들을 시민으로 만들었으며, 산업구조의 격상은 대량의 블루칼라를 화이트칼라로 변하게 했다. 개인의 노력은 어느 정도 사회 지위를 결정하는 데 제도와 관련이 있다.

봉건사회에서는 선천적 요소*가 사회 유동의 주요인이었지만, 개방사회에서는 후천적 요소**가 사회 유동의 주요인이었다. 1949년부터 중국은 두 차례 중대한 사회제도 변동과 여러 차례 정치 운동에 직면했다. 그래서 선천적 요인이든 아니면 후천적 요인이든 모두 제도 변화라는 큰 구조 안에서 발생했다.

"사람은 높은 데로 가고, 물은 낮은 데로 흐른다." 사회 유동은 하위계층의 사람들이 상위계층으로 원활하게 들어갈 수 있는 기회를 주고, 계층 간의 모순을 없애고, 사회 화합에 유리하게 한다. 후천적 요소가 조성한 계층 유동은 사람들을 위로 향해 분발하도록 격려할 수 있다. 열심히 공부하고 적극적으로 일을 하고, 끊임없이 자신의 능력을 높이기만 하면 자신의 환경을 개선할 수 있다. 선천적 유동이 주도적 지위를 차지하는 것은 다른 상황이다. 이러한 사회에서는 개인의 노력으로 자신의 운명을 바꾸기가 아주 어렵다. 상층계층에 있는 사람들은 기득권을 유지하기 위하여 온갖 방법으로 제도의 진화 발전을 막아 하층계층 사람들이 상층으로 유동하기 어렵게 했다. 하층계층의 사람들은 상승의 희망을 가질 수 없어 불만의 감정이 증가되어 일종의 사회 장력(張力)을 낳게 했다. 장력이 쌓여서 어느 정도에 이르면 사회 동요가 일어나게 된다.

---

* 선천적 요소는 개인의 출신에 의해 결정되는 요소이다. 즉 아버지 대의 자원을 계승받아 그의 사회 유동에 영향을 끼친다.
** 후천적 요소는 개인의 노력에 의해 결정되는 요소이다. 즉 후천적으로 얻은 자원으로 사회 유동에 영향을 끼친다.

사회 지위의 계승과 유동

사회계층 유동은 사회발전의 필연적 요소이다. 경제의 발전, 과학기술의 진보·사회 제도의 개혁으로 원래의 계층 구조는 새로운 상황에 적응할 수 없게 되고, 새로운 현상을 받아들이기 어렵게 되어, 사회계층 간에 변화가 발생한다. 그리고 일부 사람들의 사회적 지위에도 변화가 일어난다.

유동자의 사회적 지위의 오르내림에 대해 말하자면, 사회계층 유동은 평행 유동과 수직 유동으로 나누어진다. 평행 유동은 어떤 개인 혹은 사회집단이 동등한 수준의 사회집단으로의 유동을 말한다. 수직 유동은 어떤 사회계층의 구성원이 비교적 높거나 낮은 계층으로의 유동을 말한다. 신분과 집안을 따지는 사회(개혁 이전의 신분사회) 계층의 유동성은 매우 낮다. 계층 간의 "문턱"이 매우 높은(교육비용이 높고, 개인 교제비를 필요로 하는) 사회 역시 유동성이 낮은 사회이다.

만약 아들이 아버지가 위치하고 있는 계층에서 다른 계층으로 이동했다면 이를 세대 간의 유동(代際流動)이라고 부른다. 만약 본인의 지위에 변화가 생겼다면 이를 대간 유동(代間流動)이라고 한다. 만약 아들과 그의 부친이 같은 사회계층에 있다면 이를 계승 혹은 세습이라고 부른다.

사회 유동의 후천적 요소 작용의 크기는 사회의 기회균등의 정도와 서로
관련이 있다. 기회균등은 한 사람의 사회적 지위이라기보다는 그 개인적
인 요소와 개인의 노력과 관련이 있고, 사회 배경(출신 성분·집안·아버지의 사회적
연줄 등)과는 관계가 없다. 위뤄커(遇羅克)[1]는 "개인의 노력을 통하지 않고 이룬
어떠한 권력도 인정하지 않는다"고 했다. 그는 완전히 선천적 요소를 부정
하며, 절대 기회균등을 요구했지만, 그것은 단지 이상일 뿐이었다.

선진국의 일부 사회학자들은 현대 민주제도가 이미 기회균등의 원칙을
확립했다고 주장한다. 이러한 기회균등은 경제 경쟁·대학입학시험·직무
경쟁과 의회 투쟁을 통해 실현되며, 이런 조치는 사람에게 모두 교육의 기
회균등을 받을 수 있게 해주었고, 한층 더 높이 올라갈 수 있는 기회균등을
제공해 주었다. 이 때문에 재부·권력·성망 등 방면의 등급은 주로 개인의
성과에서 나왔다. 이런 등급은 세습적인 것이 아니고, 또한 종신적인 것도
아니다. 어떤 학자는 "엘리트 유동론"을 제시하여 기회균등을 설명했다.
그들은 엘리트의 개인적 유동은 사회평등을 유지하는 기본적인 요소 중 하
나라고 생각했다. 일단 유동이 느려지거나 정체되면 권력을 쥔 계층 중 타
락자가 대량으로 증가할 것이고, 동시에 하층계층 중의 우수한 사람들도
갈수록 늘어날 것이다. 이때, 사회는 평행을 잃게 되어, 엘리트의 전체적
인 돌변식 유동이 나타날 수도 있다. 이것이 바로 혁명이다. 그래서 지도
자층은 개방을 해야 되고, 하층계층 속의 개인이 지도자층으로 올라가는
제도적 요소를 막아서는 안 된다.

그러나 절대적 기회균등은 없다. 미국의 부시 부자는 모두 대통령이었

---

1 위뤄커, 1966년 7월에 『출신론(出身論)』을 써서 당시에 아주 팽배해 있던 "아버지가 영웅이면
   아들은 사내대장부이고, 아버지가 반동이면 아들은 개자식이다"는 '혈통론(血統論)'을 반박하여,
   1970년 3월 5일 총살형을 당했다. 1979년 11월 21일, 베이징 중급인민법원은 위뤄커에게 무
   죄를 선고했다.

다. 비록 부시 2세가 부시와 그의 친구들이 발탁한 것은 아니지만 부시 2세의 가정 배경을 배제할 수는 없다. 사람마다 다른 사회적 배경과 위치를 갖고 있어서 경쟁의 출발점도 다르며, 제각기 다른 사회적 관계를 갖고 있어서 각기 다른 상승 조건을 갖고 있다. 또한 사람마다 얻을 수 있는 상향 유동 기회도 서로 다르다. 대도시에 사는 교수의 아들과 산골짜기에 사는 농부의 아들이 교육을 받을 기회가 같을 수는 없다. 장관의 아들은 농민의 아들보다 더 쉽게 처장의 지위를 얻을 수 있다. 사람의 지능지수는 부분적으로 아버지의 유전적 영향을 받는다. 지위가 높은 가정의 무의식중에 받은 감화는 자녀가 사회에 진입하는 출발점에 영향을 미칠 수 있다. 사회에 진입한 후에, 그들은 또한 사회적으로 교류가 넓고, 성망이 높은 부모로부터 득을 볼 수도 있다. 여기에는 집에서 갖은 노력을 통해 자녀에게 좋은 자리를 마련해 주는 것은 포함되지 않았다. 비록 서방의 일부 국가들도 일부 기회균등의 정책을 채택했지만, 근본적으로 기회 불균등을 없애지 못했다.

　결과 균등은 인재들의 열정을 좌절시키고, 경제발전의 효율에 손해를 끼치며, 사회의 진보에 불리하고, 진정한 기회균등을 이룰 수 없다. 이것은 현대 사회의 난제이다. 시장경쟁 방면에서 보면, 평등의 문제는 언제나 효율의 문제에 종속되어 있다. 평등 문제가 일단 효율에 종속되어 있으면, 불평등의 문제는 아마 확대되어 사회의 모순이 누적될 것이다. 사회 모순이 사회 충돌로 확대되면, 또한 효율에 영향을 미칠 수 있다. 그래서 전체 사회의 높이에서 보면, 사회 공평이 제일 우선되어야 한다. 만약 시장경제 원칙을 절대화하면 사회평등 문제는 나날이 첨예해질 것이다. 시장경제 조건 아래 특히 기회균등 문제에 관심을 가져야 하고, 정치 민주화로 기회균등의 가능성을 증가시켜야 한다.

　세대 간의 유동에 대한 연구는 한 사회의 기회균등 상황을 판단할 수 있다. 한 개인의 지위 취득을 연구해 보면 어느 정도 출신 성분과 관계가 있다. 만약 관계가 매우 밀접하면, 세습의 상황이 심각하다는 것을 말하며, 이 사회의 기회 불균등 문제가 심각하다는 것은, 이 사회의 개방 정도가 낮다는 것을 말한다. 만약 관계가 밀접하지 않으면, 기회균등의 상황이 비교적 좋다는 것을 말하며, 사회는 비교적 개방적이다. 중국사회과학원 연구에서 세대 간 유동률을 보면 1980년 이전 세대 간 총 유동률은 겨우 41.4%로, 그중 상승 유동률은 32.4%이고, 유동하지 않은 비율이 58.6%로 나타났다. 1980년 이후, 세대 간 유동률은 54%로, 1980년에 비해 13%가 늘었고, 그중 상승 유동률은 40.9%였다.[2] 이는 개혁이 중국 사회의 개방 정도를 높였음을 알 수 있다.

그러나 부자간(父子間)의 지위 변화(일반적으로 직업의 변화를 가리킴)는 사회의 개방도와 완전히 관련되어 있다고 할 수는 없다. 왜냐하면 사회 유동은 여러 가지 동력으로 조성되어 있기 때문이다. 산업구조 격상과 도시화 등 발전 요소가 있고, 또한 사회 개방 정도를 결정하는 제도적 요소가 있다. 단지 후자의 상황이 진정으로 기회균등 정도를 반영한다고 할 수 있다. 만약 아버지 세대에 더 많은 사람들이 농업에 종사해야 하고, 산업구조의 변화로 아들 세대에 더 많은 사람들이 공업에 종사해야 한다면, 이런 상황으로 조성된 세대 간의 유동은 기회균등을 반영하지 못할 것이다. 외국 학자들은 이런 유동을 "강제 유동" 또는 "구조 유동"이라고 부른다. 학자들은 실제 유동 중 강제 유동을 빼고 얻은 데이터를 "순수 유동" 또는 "자유 유동"이라고 부른다. 순수 유동이야말로 정말로 한 사회의 기회균등 정도, 즉 사회의 개방 정도를 반영한다. 순수 유동의 연구로부터 한 사회의 개방성 계수를 계산할 수 있다. 만약 한 사회의 기회가 완전히 균등하

---

2 루쉐이(陸學藝) 주편, 『현대 중국사회 유동』, 사회과학문헌출판사, 44쪽.

면, 개방성의 계수는 1이고, 그렇지 않으면 1보다 작다. 예를 들어, 일본의 개방성 계수는 1995년에 0.525, 1965년에 0.619, 1975년에 0.663, 1985년에 0.679였다.[3] 여기서 전쟁 이후 일본 사회의 개방성이 끊임없이 높아졌다는 것을 알 수 있다.

세계 추세로 보면 농경사회에서 공업사회로 진입했고, 특히 공업사회로 진입한 후 사회 각 계층에 아래와 같은 영향을 끼쳤다.

첫째, 학교 교육의 보급과 고등 교육의 범위가 확대되어, 고학력자는 아버지 세대 지위의 영향을 완전히 받지는 않는다.

둘째, 자녀의 지위에 대한 아버지 세대의 지위의 영향이 약해졌다.

셋째, 농업 노동력이 감소하고, 공업 노동력이 증가하여, 블루칼라가 줄어들고 화이트칼라가 늘어났다.

넷째, 교육을 받는 사람이 증가하여, 화이트칼라를 원하는 사람이 증가하고, 블루칼라의 사람이 줄어들었다. 결과적으로 공급과 수요의 관계 변화로 블루칼라 노동자의 수입이 화이트칼라보다 적지 않고, 수입의 격차도 줄어들었다. 고학력자들도 반드시 고수입이라 할 수 없고, 저학력자들도 노력만 하면 고수입을 얻을 수 있다.

이런 것들이 모두 사회 개방성을 제고하는 데 유리하고, 사회계층 유동을 가속화시킬 수 있으며, 사회평등을 촉진시키는 데도 유리하다.

중국 사회계층의 유동 상황

수천 년 동안 중국은 봉건사회로, 사회 유동성이 매우 떨어졌다.

---

3 이마다 다카토시(今田高俊), 『사회계급과 정치』, 자오화민(趙華敏) 옮김, 경제일보출판사, 44쪽.

하(夏)나라부터 노예사회로 들어온 이후, 아버지가 아들에게 대대로 물려주는 세습제가 시작되었다. 서주(西周)에 이르러서는 세습 등급제가 완전히 확립됐다. 노예주 귀족은 대대로 관리가 되었고, "백성들은 사는 곳을 옮기지 않으며, 농민은 땅을 떠나지 못하고, 공민과 상민은 직분을 바꾸지 못하는(民不遷, 農不移, 工賈不變)"[4] 전형적인 봉건사회였다.

수(隋)나라 때에 시작된 과거제는 황족을 제외한 세습제에 대한 부정이었다. 부친이 관리이어도, 아들이 시험에 합격하지 못하면 관리가 될 수 없었다. 부친이 평민이지만 아들이 시험에 합격하면 관리가 될 수 있었다. 당시 이것은 세계에서 가장 선진적인 제도였다. 그러나 사회 상층의 사람들이 자신의 특권을 보호하기 위해 세습제를 타파하는 모든 조치에 대해서 항상 온갖 방법으로 없애고 막으려고 했다. 수천 년의 변화 발전을 통해 선진적인 과거제도는 왜곡되고 변형되어 지속하기 어려운 부패한 제도가 되어, 1905년에 어쩔 수 없이 폐지했다. 2천여 년 동안의 농경사회는 일종의 안정적이고 정지된 경제 상태에 가까워, 산업구조에 큰 변동이 없었다. 게다가 중국 봉건제도의 초안정적인 구조는 중국 사회를 계층의 유동성이 매우 적고, 폐쇄성이 매우 강하게 만들었다. 주기적인 개별적 유동의 결여로 사회의 불균형이 계속해서 쌓였고, 매번 수년마다 돌변성의 전체 유동이 발생했다. 이것이 바로 혁명으로 이루어진 정권 교체이다. 정권이 교체될 때마다 아주 심한 계급의 변동이 있었다. 그러나 새로운 정권이 안정된 이후에는 또 몇 백 년 동안은 계급과 계층은 고정되어 변하지 않았다.

1949년 중국 공산당이 주도한 혁명이 성공했다. "일부 계급은 승리했고, 일부 계급은 소멸되었고"(마오쩌둥, 1949), 모든 사회 계급의 구조가 다시 조합되었다. 재부와 권력이 다시 분배되었고, 성망 평가 기준에 근본적인 변화

---

4 『춘추좌전』, 「소공(昭公) 26년」.

가 생겼다. 이로 인해 수백만 명의 상층 계층의 인사들을 강제적으로 하층 계층에 들어갔고, 수억 명의 하층계층의 인사들은 해방되었다. 이것이 중화인민공화국 성립 전후의 한 차례 거대한 사회계층 유동이다. 이것은 한 차례의 돌변성의 전체적 유동이지만 사회 유동의 체제를 형성하지는 못했다. 이후의 30년 동안 중국은 여전히 신분사회였다. 바로 이 책 제2장에서 분석한 것처럼 사람들의 신분은 선천적이고, 개인은 바꿀 수가 없다. 신분이 일단 확정되면 한 개인의 운명이 결정된다. 신분사회는 유동성이 아주 작은 사회이다.

1978년 이후의 경제체제 개혁은 사회발전의 지도방침·경제 관리 모델·경제 정책에 모두 큰 변화를 일으켰다. 이것은 고유의 계층 구조에 거대하고 깊은 변화를 불러일으켰다. 사유기업주라는 새로운 계층이 출현했을 뿐만 아니라, 고유의 각 계층에 모두 분화와 재편성이 발생했다. 이와 관련되어 여러 해 동안 없었던 거대한 규모의 사회계층 유동이 나타났다. 30년 개혁 개방은 전반부 15년 동안은 후천적 요소가 사회 유동에 대해 중요한 작용을 했고, 후반부 15년 동안은 선천적인 요소가 사회 유동에 대해 작용이 갈수록 커졌다.

칭화대학 사회학 교수인 쑨리핑(孫立平)은 다음과 같이 주장했다. 1990년대 초기를 포함한 1980년대에 계층 간의 유동이 상당히 빈번했다. 농촌에서는 대략 수억의 노동력이 향진 기업으로 들어갔으며, 과거에 농사를 짓던 농민들이 농민 신분이 아직 바뀌지 않은 노동자가 되었다. 또한 수억 명의 농민은 직접 도시로 들어가 소규모의 경영활동에 종사하거나 아니면 노동을 했다. 이외에 더 많은 농민들은 농업생산에 종사하는 동시에 아르바이트로 여러 가지의 일을 했다. 위에서 이야기한 유동은 일반적으로 소득의 향상과 생활 상황의 개선에 따른 것이다. 이것은 상향 유동이다. 도시에 사는 사람들 중 고정적인 직업이 없거나 현재 자기의 직업이 마음에 들지 않는 사람들은 자영업에 종사하기 시작했다. 어떤 사람은 최초로 부자가 되었는데, 즉 당시의 1만 위안 농가였다. 1980년대 중후반과 1990년대 초에 국유기업의 노동자·기술자 그리고 국가 간부들이 원래의 직업을 그만두고 경영 활동에 종사하여 사장이 되었다. 그중 대부분은 상향 유동이었다. 1990년대 중후반에 뚜렷한 변화가 일어났다. 이 변화의 표현 중의 하나는 계층 유동의 문턱이 높아졌다는 것이다. 이러한 문턱은 졸업 증서일 수도 있고, 진입에 필요한 자본일 수도 있다. 또는 이미 형성된 세력 범위 혹은 독점일 수도 있다. 현재 중국 사회 유동의 문턱이 높아진 주요한 원인은 이익 계층의 독점이다.[5]

쑨리핑의 견해는 개혁 시기의 중국 사회 유동의 실제 상황을 반영한 것이다.

최근 몇 년 동안 중국의 사회학자들은 중국 사회계층 유동에 대해 폭넓은 연구를 진행했다. 그러나 필자는 지금까지 아직 일본 학자가 일본 사회 유동을 연구한 것처럼 세밀한 저작을 보지 못했고, 누군가 일본처럼 사회 개방성 계수의 연구를 진행한 것을 본 적이 없다. 그러나 일부 지역의 사회 유동 연구 성과는 괜찮았다. 필자는 마침 중국의 전형적인 두 지역의 자료를 갖고 있다. 하나는 중국의 전형적인 북방 농업 성(省)이면서, 중국 전통 사상의 발원지 중의 하나인 산둥 성 다섯 개 도시의 사회계층 유동 조사로, 우중민(吳忠民)과 린쥐런(林聚任) 두 사람의 연구 성과이다.[6] 또 다른 하나는 시장경제가 비교적 발달했고, 개혁 개방 선도적 위치에 있었던 광둥 성 수도 광저우 시의 사회 유동 조사로 궈판(郭凡)의 연구 성과이다.[7] 이 두 자료를 종

---

5 쑨리핑, 「계층 간의 유동이 감소하기 시작했다」, 〈대양망-광저우일보〉, 2006년 5월 9일.
6 우중민·린쥐런, 「도시 주민의 사회 유동-산둥 5개 도시의 조사」, 『중국사회과학』, 1998년 제2기.
7 궈판, 「현대 광저우 사회의 세대 유동」, 『사회학 연구』, 1995년 제6기.

합하면 대략적으로 개혁 이후의 중국 사회계층 유동의 상황을 볼 수 있다.

우중민과 린쥐런의 연구는 1996년 7월부터 10월까지 진행되었다. 그들은 산둥 성의 지난(濟南)·칭다오(靑島)·웨이팡(濰坊)·짜오좡(棗莊)·랴오청(聊城) 등 다섯 개 도시에서 분층 표본추출법을 운용하여 설문 조사를 실시했다. 조사 대상은 30세 이상의 남성 직업자이다.

그들은 조사 결과를 유동표로 만들었으며, 아버지 대의 직업과 아들 대의 직업을 서로 분류해서 행렬식 표로 나열했다.

표16-1 아버지 대부터 아들 대까지의 직업(1996)의 유출표(%)

	농업 노동자 (%)	사영·개인업자 (%)	노동자(%)	상업과 서비스 업자 (%)	전문기술자 (%)	관리 간부 (%)	합계
농업 노동자	31.5	4.4	15.3	9.0	12.1	18.7	100.0
사영 개인업자	6.5	32.2	6.5	19.4	29.0	6.5	100.0
노동자	1.7	5.9	45.3	15.7	14.0	17.4	100.0
상업과 서비스 업자	4.5	8.0	14.8	43.6	25.0	11.4	100.0
전문기술자	3.3	4.1	20.3	12.2	30.1	30.0	100.0
관리 간부	2.2	3.4	24.2	9.0	23.6	7.36	100.0
조사 합계	15.8	5.3	22.0	12.3	21.0	21.2	97.6★

* 주: ★기타 직업은 2.4% 차지.

표16-1은 아버지 대의 직업에서 아들 대까지의 직업 계승과 유동 관계를 나타낸 것이다. 표에서 가장 마지막 줄은 피조사자(아들 대)의 직업 분포 상황이다. 이 표의 왼쪽 상단부터 오른쪽 하단까지 대각선의 분포 숫자는 아버지 대와 아들 대가 동일한 직업의 비율이다. 즉 아버지 대 직업에 대한 아들 대의 계승으로, 불유동률 또는 계승률 혹은 세습률이라고 부른다. 표에서는 각 항에서 숫자가 제일 큰 것은 아버지의 직업이 아들의 직업에 대

해 직접적으로 중요한 영향을 끼쳤음을 설명한 것이다. 특히 아버지가 노동자인 사람의 계승률이 제일 높다(45.3%). 아버지가 관리 간부인 사람의 계승률이 제일 낮은데(7.36%), 그들의 아들은 다른 직업으로의 유동이 더 많다. 이 대각선 표를 상하 두 부분으로 나눠 위쪽은 아들 대의 직업이 아버지 대의 직업보다 뛰어나고(상향 유동), 아래쪽은 아들 대의 직업이 아버지 대의 직업보다 못하다(하향 유동)는 것을 나타낸다. 이 표의 데이터에서 상향 유동의 비율이 하향 유동의 비율보다 훨씬 높다는 것을 알 수 있다.

표16-2 아버지 대부터 아들 대까지의 직업(1996)의 유입표(%)

	농업 노동자 (%)	사영·개인업자 (%)	노동자 (%)	상업과 서비스 업자 (%)	전문 기술자 (%)	관리 간부 (%)	합계
농업 노동자	91.1	38.2	32.1	33.3	46.4	41.2	46.3
사영 개인업자	1.0	14.7	0.7	3.8	3.4	0.7	2.4
노동자	2.0	20.6	38.2	23.3	12.4	15.4	18.2
상업과 서비스 업자	2.0	10.3	4.6	20.1	8.2	3.7	6.7
전문기술자	2.0	7.4	8.9	9.4	13.9	13.9	9.4
관리 간부	2.0	8.8	15.4	10.1	15.7	25.1	14.1
조사 합계	100.0	100.0	99.9	100.0	100.0	100.0	97.1★

＊주: ★기타는 2.9% 차지.

표16-2는 각 직업 구성원의 출신 구성을 나타낸 것이다. 표에서 가장 오른쪽 열 숫자는 아버지 대의 직업 분포이다. 이것과 표16-1의 직업 분포(표16-1 중 제일 마지막 줄)와 비교하면, 아버지 대의 직업과 아들 대의 직업은 매우 다르다. 표의 왼쪽 상단부터 하단까지 대각선의 위의 숫자는 아들의 직업과 아버지 직업이 동일한 비율이다. 이 계열 숫자가 여러 직종에서 제일 크다. 각 직업 구성원 출신이 아버지의 직업과 같은 가정의 사람이 제일

많다는 것을 나타낸다. 이 조사 데이터는 농업 노동자의 91.1%가 농업 노동자 가정 출신이라는 것을 제외하고, 기타 각 직업 구성원이 대부분 아버지와 다른 직업 출신이라는 것을 나타낸다. 예를 들어 아버지 직업의 출신 가정은 전문기술자가 겨우 13.8%, 사영 개인업자는 14.7%, 관리 간부는 25.1%를 차지하고 있다. 이것은 농민을 제외하고, 선천적 조건이 사회 유동 중에서 일으키는 작용이 약화되었음을 설명해 주고 있다.

이상의 자료를 근거로 그들은 불유동률(세습률 혹은 계승률)·상향 유동률(원래의 지위보다 높은 방향의 유동)·하향 유동률(원래의 지위보다 낮은 방향의 유동)·구조성 유동률(산업구조의 변화로 인해 아들들이 누군가를 대체하지 못하는 상황에서 새로운 위치로 상승)과 순환 유동률(일부 사람은 상향 유동하고, 다른 일부 사람은 하향 유동하는데, 한 사람이 상승하면 다른 한 사람은 하강하기 때문이다)을 산출했다. 순환 유동률은 사회 개방 정도를 비교적 잘 나타내고 있다.(표16-3 참조)

표16-3 직업 유동률 표

유동 유형	불유동률	총유동률	상향 유동률	하향 유동률	구조 유동률	순환 유동률
백분율	35.2%	64.8%	48.4%	16.4%	30.9%	33.9%

우중민과 린쥐런은 세대 간의 유동뿐만 아니라, 세대 내의 유동에 대해서도 연구했다. 그들은 1979년 이후의 피조사자의 직업변화 상황에 대해 고찰했다. 이들 피조사자 중 1979년에 이미 일에 참여한 사람이 3분의 2를 차지했다. 1979년과 비교해서 그 당시에 이미 일을 한 사람들 중 52.4%의 사람들이 현재의 직업이 "더 좋다"라고 여겼고, 31.3%는 "변화가 없다"라고 했으며, 6.2%는 "더 나빠졌다"고 했다. 그러나 각각 집단의 대답은 차이가 비교적 크다.(표16-4 참조)

표16-4 1996년의 직업과 1979년의 직업 비교

	농업 노동자 (%)	사영 · 개인업자 (%)	노동자(%)	상업과 서비스 업자 (%)	전문기술자 (%)	관리 간부 (%)
변화 없음	42.9	28.0	40.7	36.6	32.0	26.5
더 좋음	53.6	66.0	50.0	46.2	62.3	70.6
더 나쁨	3.6	6.0	8.9	16.6	5.7	2.4
합계	100	100	99.6	99.1	100	99.5

우중민과 린쥐런은 산둥의 다섯 개 도시 조사 결과를 농민 · 노동자(간단하게 계산하기 위해 그들은 조사 데이터 중의 비즈니스 · 서비스 업자 모두 노동자로 분류했다.) · 간부(전문기술자와 관리 간부)에 근거해 세 개의 계층으로 나누어 세대 간 의 유동으로 야기되는 지위 변화에 대해 연구하여, 아래의 두 표에서 열거했다.

표16-5 아버지 대부터 아들까지의 계층 유동표(%)

	농민(%)	노동자(%)	간부(%)	합계(%)
농민	32.9	25.4	41.6	100
노동자	2.6	62.4	35.0	100
간부	2.8	34.1	63.1	100
조사자 합계	17.4	37.3	45.3	100

* 주: 표 가운데 가로 방향은 아들의 계층이고, 세로 방향은 아버지의 계층이다.

이 표의 데이터로부터 불유동률 · 총유동률 · 상향 유동률 · 하향 유동률 · 구조 유동률과 순환 유동률을 계산하면 표16-6과 같다.

표16-6 각 계층 간의 유동률(%)

유동 유형	불유동률	총유동률	상향 유동률	하향 유동률	구조 유동률	순환 유동률
백분율(%)	48.2	51.8	41.8	10.0	31.3	20.5

각 계층의 총유동률은 51.8%로, 그중 구조 유동률은 31.3%를 차지하고, 순환 유동률은 겨우 20.5%를 차지한다. 이것은 계층 간의 폐쇄성이 비교적 심각하다는 걸 알 수 있다.

주장 삼각주의 중심 도시인 광저우의 조사는 개혁 개방 이래의 사회 유동 상황을 나타내었다. 궈판(郭凡)이 분석한 기초는 광저우 시 사회과학원과 홍콩이공대학이 1992년 상반기에 광저우에서 공동으로 진행한 1차 표본 추출 조사 자료이다. 조사의 대상은 18세부터 65세까지의 광저우 시 주민으로, 전체 규모는 232만 명이고, 표본 추출 방법은 PPS 원리 설계의 다단계 표본 추출법을 채택했다. 1,230명의 조사 대상을 선정하여 설문 조사를 진행했는데, 실제로 회수한 유효 설문지는 850부였다.

조사 설문지 설계는 개인 스스로 평가한 주관적인 지표를 위주로 했다. 세대 간의 유동이라는 이 주제의 지표를 언급하는 것은 피방문자가 자신의 경제 지위·성망 지위·권력 지위와 전체 사회 지위에 대한 평가로, 상·중상·중·중하·하 다섯 개의 등급으로 나누어 평가했다. 피방문자는 자기와 부모의 여러 가지 지위를 주관적으로 어떤 위치에 확정하고, 이런 주관적 배열을 통해 세대 간의 유동을 본다.

광저우 조사가 산둥 조사와 다른 것은 직업의 각도에서 출발한 것이 아니라, 일종의 비교적 종합적인 각도에서 분석했다는 점이다. 설문지 중 이런 두 가지 문제를 설정했다. 첫째, 만약 우리들이 광저우 사람들의 경제 지위·성망 지위·권력 지위·전체 지위를 다섯 개 층—상·중상·중·중하·하로 나눈다면, 당신의 현재 상황만 갖고 보고 자신을 어느 계층에 놓겠는가? 둘째로 당신은 당신 부모(직업 기간)의 경제 지위·성망 지위·지위·전체 지위는 어느 층이라고 생각하는가? 조사는 훈련된 조사원을 통해 일일이 가정을 방문해서 진행됐다. 조사 결과 데이터는 아래 표16-7과 같다.

표16-7 자신과 부모의 사회적 지위에 대한 주관적 평가

	경제 지위(%)		성망 지위(%)		권력 지위(%)		전체 지위(%)	
	자신	부모	자신	부모	자신	부모	자신	부모
하	21.2	35.6	20.0	27.2	41.7	42.1	19.3	29.3
중하	33.2	22.2	23.4	18.4	25.2	20.6	29.5	21.7
중	39.4	32.2	43.4	36.4	24.1	23.5	42.0	34.8
중상	3.9	4.3	7.5	8.0	2.8	4.6	3.1	5.3
상	0.8	0.9	1.7	3.2	1.4	2.2	1.2	2.1
모름	1.6	4.8	4.1	6.7	4.9	7.0	4.9	6.8
(개별안)	750	725	718	699	703	687	711	697

위 표의 데이터에서 경제·성망과 전체 지위 세 항목의 자아 평가에 관해, 70% 정도가 중등과 중·하등 두 계층에 집중되어 있음을 볼 수 있다. 그러나 권력 지위의 자아 평가에 관해서는 하등과 중·하등 두 계층에 집중되어 67%를 차지하고 있다. 부모 지위의 평가에 관해서는 자아 평가와 대체로 일치한다. 주요한 차이는 부모 지위의 평가에 대해 더욱 양극화 추세에 있다는 것이다. 예를 들면 부모의 사회 지위(권력 지위 제외)가 하층에 있다고 여기는 자는 자신의 동일한 지위의 평가보다 7~11% 더 높게 나왔다. 부모의 사회 지위(경제 지위 제외)가 중상 또는 상등에 있다고 여기는 사람은 역시 자신의 동일한 지위의 평가보다 2~3% 더 높게 나왔다.

자신의 지위와 부모의 지위 두 항목 데이터의 교차 분석을 통해, 얼마의 사람들이 자신의 지위와 부모가 일치하다고 생각하는지(지위 불변), 얼마의 사람들이 자신의 지위가 부모의 지위보다 높다고 생각하는지(상향 유동), 얼마의 사람들이 자신의 지위가 부모의 지위보다 낮다고 생각하는지(하향 유동) 결론을 얻어냈다. 상향 유동률과 하향 유동률의 합을 유동률이라 한다. 데이터를 행렬표로 나열하면 표의 가로 방향은 아버지 대의 지위를 나타내

고, 세로 방향은 자신의 지위를 나타낸다.

표16-8 경제적 지위의 세대 간 유동 교호표(交互表)

	하(%)	중하(%)	중(%)	중상(%)	상(%)	모름(%)	개별안(750)(%)
하	65.8	11.2	17.4	1.2	0.6	3.7	161
중하	32.0	34.0	26.1	2.8	0.8	4.4	253
중	23.7	19.7	46.0	5.0	1.3	4.3	300
중상	23.3	16.7	33.3	23.3	–	3.3	30
상	50.0	16.7	16.7	16.7	–	–	6

표16-8의 숫자는 자신의 경제적 지위가 다른 계층에서 세대 간 유동의
방향이 다르다는 것을 나타낸다. 자신의 경제적 지위가 하층에 있는 사람
은 30% 조금 넘는 사람의 지위가 아버지 대보다 낮아 하향 유동을 나타냈
다. 중층에 있는 사람은 상향 또는 하향 유동이 각 30%로 정도를 차지했
다. 중층과 중상층에 있는 사람은 상향 유동률이 뚜렷하게 증가하여, 각
각 43%와 73%를 차지했다. 상등에 있는 사람은 기본적으로 모두 상향 유
동이다. 표에서 상대적으로 자신의 지위가 낮은 계승률은 높고, 지위가 높
은 계승률은 낮다는 것이 드러났다. 예를 들어 하층의 계승률이 65.8%에
달하고, 중하층 계승률은 34.0%, 중층 계승률은 46.0%, 중상층 계승률은
23.3%이다.

표16-9 성망 지위의 세대 간 유동 교호표

	하(%)	중하(%)	중(%)	중상(%)	상(%)	모름(%)	개별안(718)(%)
하	58.0	14.7	18.0	2.7	0.7	6.0	150
중하	30.3	28.6	29.7	4.6	2.3	4.6	175
중	17.0	15.4	48.8	11.4	3.7	3.7	324

| 중상 | 10.7 | 14.3 | 39.3 | 16.1 | 10.7 | 8.9 | 56 |
| 상 | 15.4 | 7.7 | 61.5 | 7.7 | 7.7 | – | 13 |

성망 지위 분석에서 알 수 있듯이, 아버지 대의 성망 지위보다 높거나 심지어 동등한 지위를 얻으려면, 경제 지위와 상대적으로 기회는 더 적고, 난이도는 더 높다. 표16-9의 숫자는 성망 지위가 하층과 중하층에 있는 사람이 하향 유동률이 더욱 강하여, 각각 36%와 37%에 이른 것을 나타낸 것이다. 중층과 중상층에 있는 사람은 상향 유동률 또한 경제 지위보다 낮은 동류의 비례가 뚜렷하게 나타나는데, 각각 32%과 64%이다.

표16-10 권력 지위의 세대 간 유동 교호표(%)

	하(%)	중하(%)	중(%)	중상(%)	상(%)	모름(%)	개별안(703)(%)
하	59.4	13.3	15.9	3.2	1.6	6.5	308
중하	31.2	37.6	20.0	4.3	1.1	5.4	186
중	27.5	18.5	42.1	6.2	2.8	2.8	178
중상	33.3	9.5	33.3	23.8	–	–	21
상	30.0	10.0	20.0	–	40.0	–	10

위의 표에서 권력 지위는 세대 간에 불변유지 비율이 비교적 큰 것을 알 수 있다. 특히 자신의 권력 지위가 비교적 높은 층은 부자간(父子間)의 계승 요소가 비교적 뚜렷하다. 이외에 권력 지위가 중상층에 있는 사람은 상향 유동의 비율이 비교적 커서 76%를 차지한다.

표16-11 전체 지위의 세대 간 유동 교호표(%)

	하(%)	중하(%)	중(%)	중상(%)	상(%)	모름(%)	개별안(711)(%)
하	59.7	16.7	14.6	0.7	1.4	6.9	144

중하	28.1	37.1	24.0	4.5	0.9	4.1	221
중	17.8	15.3	53.5	7.3	1.9	4.1	314
중상	17.4	13.0	30.4	17.4	21.5	–	23
상	11.1	–	6.7	11.1	11.1	–	9

　전체 지위의 세대 간 유동의 각 항목 백분율과 성망 지위의 세대 간 유동 상황은 기본적으로 일치한다. 이것은 사람들이 전체 사회 지위에 대해 주관적인 평가를 할 때 사회 성망의 기준을 더 많이 참고했기 때문이다.

　직관을 위해서, 연구자는 다른 사회적 지위 세대 간 유동을 상향 유동·지위 불변과 하향 유동 세 가지 상황으로 나누어 귀납했고, 아울러 "모른다"라는 개별적 사례를 배제하고, 표16-12를 열거했다.

표16-12 네 가지 사회 지위 세대 간 유동의 종합 상황(%)

	경제 지위(%) (n=719)	성망 지위(%) (n=719)	권력 지위(%) (n=668)	전체 지위(%) (n=676)	상(%)
상향 유동	33.2	30.1	24.3	27.6	1.4
지위 불변	46.9	44.6	50.0	50.4	0.9
하향 유동	19.9	25.3	25.3	21.8	1.9
유동률	53.1	55.4	49.6	49.6	21.5

　위의 표에서 현재 광저우 사람의 세대 간의 유동률이 대체로 50~55% 사이다. 그중 경제와 성망의 세대 간 유동률은 비교적 크지만, 양자를 비교해 보면 아들 대의 경제 지위가 아버지 대를 뛰어넘을 수 있는 기회는 더 많음을 알 수 있다. 권력과 전체 지위의 세대 간 유동률은 비교적 적으나, 양자를 비교해 보면 아들 대는 전체 지위 방면에서 아버지 대를 뛰어넘을 수 있는 기회가 더 많지만, 권력 지위의 세대 간 유동은 상대적으로 정체되

어 있어서, 가장 폐쇄적으로 나타난다. 이것은 광저우의 사회 경제 방면의 개방 정도가 정치 방면보다 크다는 것을 나타낸다.

광둥과 산둥의 조사를 비교하면 산둥의 데이터가 광저우보다 3년 늦지만, 광저우의 유동률과 산둥 5개 도시의 차이는 크지 않다(산둥 5개 도시는 51.8%이고, 광저우 49.6%이다).

광저우 조사는 사람들이 항상 논의하는 견해를 증명했다. "나무는 옮기면 잘 죽지만, 사람은 환경이 바뀌어도 잘 산다." 직업 변동이 있는 사람이 변동이 없는 사람보다 지위 상승에 더 유리하다. 그러나 직업 변동이 세 번 이상인 사람은 상향 유동의 기회가 감소하고, 하향 유동의 가능성은 커진다.

표16-13 직장 변동 횟수와 지위 간의 관계

직장 변동 횟수	경제 지위(%)		성망 지위(%)		권력 지위(%)		전체 지위(%)	
	상향	하향	상향	하향	상향	하향	상향	하향
직장 변동 없음	33.3	16.9	29.8	23.4	23.5	24.6	26.3	20.7
변동 1회	34.2	26.7	32.4	24.6	25.4	23.9	26.4	19.3
변동 2회	35.2	19.3	29.1	30.4	23.1	25.6	33.3	24.4
변동 3회 이상	30.5	21.0	28.3	29.3	26.8	28.9	31.9	26.3

계획경제 조건에서는 대부분의 사람들은 평생 한 단위에서만 일했다. 그러나 개혁 개방 이후에는 직장 이동의 빈도가 높아졌다. 중국사회과학원 조사에서 세대 내 유동으로 보면 1979년 이전, 종전 직업에서 현 직업까지의 유동률은 13.3%에 지나지 않았고, 1980~1989년까지는 30.3%였으며, 1990~2001년까지는 54.2%였다. 이 데이터는 개혁 개방 이전 86.7%의 사람들이 한 직장에서 오랫동안 일했음을 설명하고 있다. 개혁 개방 이후 유동성이 대폭 증강되었다. 1949~1979년까지 종전 직장에서 현 직장에 이르기까지 높은 지위로 상향 실현된 유동률은 7.4%에 불과했

으며, 1980년~1989년 단계에 이르러 상향 유동률이 18.2% 높아졌고, 1990~2001년까지 높은 지위로 상향된 유동률은 30.5%까지 높아졌다.[8] 2007년 전국 노동자 집단조사에서 "당신은 본 단위에서 일하기 전 몇 번이나 직장을 옮겼습니까?"라는 질문의 대답에 직업을 옮겨본 적 없는 사람이 46.2%를 차지했고, 한 차례 옮긴 사람은 18.5%, 두 차례가 17.3%, 세 차례가 10.8%, 네 차례가 3.2%, 다섯 차례가 2.1%, 여섯 차례 및 그 이상이 1.9%를 차지했다.[9]

사회계층 유동의 장애

귀판은 광저우의 세대 간 유동 조사 결과와 1973년 미국의 세대 간 유동 조사 결과를 비교했다. 미국의 그 당시 조사 결과는 상향 유동률이 46%였고, 하향 유동률은 23%, 세대 간 유동률은 59%로, 광저우의 1990년대 세대 간 유동률보다 높았다. 즉 1990년대 광저우의 사회 개방도는 미국의 1970년대 수준에도 못 미쳤다.

1997년 상하이 총공회가 조직한 1차 노동자 상황 조사에서도 이러한 견해를 증명했다. 18년간 개혁이 진행된 이후 사회 지위의 계승성은 유동성보다 컸다. 이번 조사 데이터에 따르면 노동자의 수입 상황과 부모의 직업 직책·직급·근무 연한 등 선천적 조건이 상관관계가 있음을 나타나고 있다. 만약 노동자 부모의 직책을 노동자·일반 간부(과급 이하)·중·고급간부(처급 이상) 세 종류로 나누고 다시 노동자 수입 등급을 분석하면, 아버지의 일 직책·직급과 자녀의 수입 등급 사이에 상관계수가 0.19이고, 어머니의 일

---

8 루쉐이 주편, 『현대 중국사회 유동』, 〈서론〉, 12~13쪽.
9 2007년 전국 노동자 집단 상황 조사 데이터 처리결과(1), 전부 노동자 단변량 데이터 분석.

직책·직급과 자녀의 수입 등급 사이에 상관계수가 0.25임을 발견했다. 노동자 부모의 일 직책 직급이 높을수록 노동자의 수입은 높았다. 설문지에서 개혁 이후 지위 고저를 결정하는 요소 중 46.6%의 노동자가 부모의 지위 고저가 자신에게 매우 중요하고, 28.1%의 노동자는 비교적 중요하다고 생각하여 이 둘의 합계가 74.7%를 차지하고 있음을 알았다. 사회관계에서 39.7%의 노동자가 자신이 매우 중요하다고 생각했고, 33.7%의 노동자는 비교적 중요하다고 생각해 이 둘의 합이 73.4%를 차지했다. "당신은 개인의 성공에 어떤 점이 더 중요하다고 생각합니까?"라는 물음에 32.4%의 노동자가 가정 배경과 사회관계라고 대답했다. 그리고 자신의 노력이라고 선택한 사람은 겨우 28.4%를 차지했다.[10]

중국사회과학원의 조사 결과로는 "아버지 직업이 간부·기업 관리인과 기업주인 사람은 국가와 사회 관리자가 될 가능성이 가장 크고", "농민 가정 출신은 국가와 사회 관리자 계층에 들어갈 비율은 훨씬 낮은" 것으로 나타났다.[11]

청두(成都) 시 인사국(人事局)의 조사에서 현재의 공무원 집단 중 부모가 "도시의 일용직 노동자"인 공무원 비율이 가장 낮아서 겨우 2.8%를 차지했고, 부모가 "일반 노동자"인 경우가 26%를 차지했으며, 부모가 "공무원"인 경우의 비율이 가장 높아서 33.3%에 달했다.[12]

각 방면의 조사에서 개혁 개방 이후로 원래 사회 유동의 장애가 점점 약화되었음에도 불구하고 여전히 이러한 요소가 작용하고 있는 것으로 드러났다. 최근에 사회 유동을 방해하는 주요 요소로 아래의 몇 가지가 있다.

---

10 스사오우(史少武), 「상하이 노동자 수입 분화 상황 연구」, 『1997 상하이 노동자 상황 조사 보고집』, 61쪽.
11 루쉐이 주편, 『현대 중국사회 유동』, 140쪽.
12 쑨리핑, 「사회 유동 조사에 관한 수필」, 2010년 1월 25일.

첫째, 제약을 받지 않는 행정 권력이 사회 유동에 영향을 끼치는 주요 요소이다. 중국의 개혁과정은 실제로 정부가 추진하는 제도의 혁신 과정으로, 이 정부는 기본적으로 개혁 이전의 정부이다. 1990년대 중반 이후 본래 개혁을 이루지 못했던 정부의 기능이 더욱 강화되었다. 정부 기능의 강화는 "관본위"의 강화를 조성했다. "관본위"라는 말은 "금본위(金本位)" 화폐 개념에서 파생되어 나왔다. "금본위"는 모든 화폐가 황금을 얼마나 포함하고 있는지에 따라 그 가치가 확정되는 것이다. "관본위"는 한 개인의 가치가 그 관직의 고하에 따라 평가되는 것을 가리킨다. 중국에는 2천 년간 권력지상(權力至上)의 전통이 있었다. 계획경제 시대에 권력이 중심이 되어, 권력·재부·성망이 하나로 합쳐진 것이며, 권력[즉, 관위(官位)]이 있으면 곧 재부와 성망이 있게 된다. 이로써 사람의 사회 지위를 평가하는 데 있어서 공헌이 있는 사람에게 보답할 때도 관직의 고저가 기준이 된다. 공장장도 처급(處級)과 국급(局級)이 있고, 각종 사업 단위에도 권력의 계단을 배치해 놓고 행정 등급을 확정한다. 개혁은 본래 "관본위"가 약화되어야 하지만 오히려 더 강화됐다. 관본위를 강조하는 건 사실상 권력의 맹목적 숭배이다. 관리 선발은 폐쇄적이고, 국가의 관리 업무 공개도는 낮고, 권력은 제약을 받지 않는다. 폐쇄성이 강한 권력 구조가 자유로운 경제 앞에서 있으면, 권력은 쉽게 금전에 매수당한다. 이러한 상황 하에, 권력의 "금 함유량"은 반드시 매우 높고, 지대추구 현상도 필연적으로 심각하며, 권력과 금전 거래도 필연적으로 보편적이다.

둘째, 호적제도는 여전히 사회 개방에 영향을 끼치는 요소이다. 최근에 호적제도가 많이 느슨해져서, 농민도 도시로 들어와 일을 하고 장사를 할 수 있다. 그러니 호적제도는 여전히 사회계층 유동의 방해하는 중요한 장애물이다. 농민이 도시로 들어 왔다고 해서 반드시 그들의 사회 지위가 높아진 것은 아니다(당연히 경제 지위는 농촌보다 조금 높다). 그들은 도시에서 여전히 이등 공민이다. 도시의 많은 비교적 높은 지위의 직업은 "도시 호적"이 모집 조건이다. 도시로 온 농민은 단지 이러한 경제 지위·성망 지위·권력 지위가 가장 낮은 일에 종사한다. 그래서 많은 농민들의 지역 간의 유동과 사회계층 유동은 완전히 같은 것은 아니다. "농업 호적"과 "비농업 호적"은 여전히 사회계층 유동을 막는 중요한 "문턱"이다.

셋째, 교육의 불공평은 낮은 계층의 후세들이 상향 유동할 가능성을 잃게 한다. 교육을 받은 정도는 세대 간 유동에 영향을 미치는 중요한 요소로 간주되며, 교육을 받은 정도가 높은 사람은 상향 유동률이 높다. 최근 각종 조사 데이터에서도 모두 이 결론을 지지하고 있다. 중국에서는 농민의 아들이 농촌을 떠나 대학에 가는 것이 가장 주요한 경로이다. 노동자의 아들 역시 간부가 되려면 대학을 가는 것이 중요한 경로이다. 교육을 받은 상황과 소득 수준의 상관도 또한 끊임없이 높아져 1년 더 교육을 받은 자는 소득이 6%~7% 증가했다.[13]

교육을 받은 상황이 사람들의 사회 지위 유동을 결정하는 가장 중요한 요소가 된 이상 교육의 기회균등은 가장 중요한 기회균등이다. 사실상 개혁 이후 중국의 교육 기회균등 상황은 그다지 좋지 않은 편이다.

교육 자원 분배의 불공평은 교육 불공평의 원인이다. 중국의 70%의 인구는 농촌에 있으며, 향진 정부가 대부분의 의무교육 경비를 부담한다. 2002년, 중국 의무교육 경비 중 78%를 향진 정부가 부담했고, 9% 정도는 현이 재정을 부담했으며, 성 정부는 11%를 부담했다. 중앙정부가 부담한 재정은 매우 적다.[14] 의무교육은 본래 학비를 받지 않아야 한다. 그러나 국가는 "잡비"를 거두는 것을 허용했고, 가난한 학생들 잡비를 낼 수 없기 때문에, 일부 학생들은 중도에 그만두기도 했다. 세제 개혁 전에, 농촌

---

13 루쉐이 주편, 『현대 중국사회 유동』, 30쪽.
14 쑤밍(蘇明), 「중국 농촌 기초교육의 재정지원 정책연구」, 『경제연구 참고자료』, 2002년 제25기에 실려 있음.

의무교육 경비의 출처는 주로 농민이 내는 세금이었다. 2003년 이후 국가
는 의무교육 방면에 투자를 다소 늘렸다. 2004년에는 국가 투자가 이미 전
국 농촌 의무교육 경비 총투자의 80%를 차지했다.[15] 2008년 가을, 모든 의
무교육 단계의 학생은 공짜로 학교를 다니게 되었다. 이것은 아주 큰 발전
이었지만, 학생에게 학비를 받지 않고 난 후부터 국가 재정 투자가 부족하
여 학교 재정은 아주 어려워졌다. 1993년 국가 재정성 교육경비를 GDP의
4%까지 올리겠다고 목표를 제시했지만 실현하지 못했다. 시골 학교는 낡
아 허물어졌고, 교사들이 빠져나가 교육의 질은 떨어졌다. 전하는 바로는,
2012년 4%의 목표에 도달할 것이라고 한다. 중국의 1인당 평균 공공교
육 지출은 42달러이고, 미국은 2,684달러로 중국의 63.9배였다. 1인당 평
균 GDP로 비교하면, 중국의 1인당 평균 공공교육 지출은 겨우 1인당 평
균 GDP 소득의 0.82%이고, 미국은 6.10%, 일본은 4.28%, 한국은 3.01%,
러시아는 1.87%, 브라질은 2.29%이다. 중국은 선진국과 매우 큰 차이가
있을 뿐만 아니라, 브릭스(BRICs) 네 국가 중에서도 중국의 교육 투자는 제
일 끝에 있다.[16]

문제는 교육 경비의 부족만이 아니다. 더욱 중요한 것은 교육 경비의 분
배가 합리적이지 않다는 것이다. 지역 간·도농 간 그리고 학교 간의 학생
평균 경비 수준차가 매우 커서, 일반 초등학교와 중학교 평균 예산 내의 교
육 사업비가 동부지역 성 중 가장 많은 곳과 서부지역의 성 중 가장 적은
곳의 차이가 무려 일곱 배나 나며, 농촌 초등학교와 중학교의 평균 공용 경
비는 도시의 60%에도 미치지 못한다.[17]

---

15 〈중국신문망〉, 2004년 12월 23일.
16 『중국교육보』, 2009년 11월 30일.
17 베이징대학 교육학원 리원리(李文利), 「교육경비 분배 불균형 해결에 힘을 쓰다」, 『인민일보』,
2010년 3월 10일.

베이징사범대학 교육경제연구센터 위안롄성(袁連生)이 관련된 자료를 근거로 1998년 전국 각 지역 학생들의 평균 교육 자원 상황을 계산했는데, 아래의 표16-14로 나열했다.

표16-14 1998년 각 지역 학생 평균 교육 자원 비교표[18]

지역	초등학교				중학교			
	학생평균 예산경비 (위안)	학생평균 교정자산 (위안)	학생평균 실험기구 (위안)	학생평균도서 (권)	학생평균 예산경비 (위안)	학생평균 교정자산 (위안)	학생평균 실험기구 (위안)	학생평균도서 (권)
전국	378	1,201	87	9	625	2,078	184	12
베이징	1,313	2,886	286	21	2,016	5,178	614	26
톈진	854	1,478	186	9	1,268	2,258	373	13
허베이	249	1,036	78	10	453	1,606	158	15
산시	337	1,328	154	9	523	2,445	166	12
네이멍구	508	1,051	92	6	675	1,534	177	9
랴오닝	530	1,044	98	12	835	1,911	207	12
지린	472	1,193	92	11	764	1,670	161	14
헤이룽장	524	1,079	61	7	624	1,192	121	7
상하이	1,957	2,390	325	17	2,543	4,960	700	30
장쑤	501	1,201	113	11	815	2,558	260	17
저장	593	1,425	128	11	779	2,632	245	15
안후이	297	971	52	9	435	1,466	106	13
푸젠	518	1,491	78	12	690	1,929	180	13
산둥	311	1,323	77	7	548	2,072	134	10
허난	202	917	65	10	429	1,618	151	14
후베이	219	1,463	113	9	507	2,483	229	14
후난	235	1,234	92	9	393	2,077	192	14

18 위안롄성, 「우리나라 의무교육 재정 불공평 탐구」, 『교육과 경제』, 2001년 제4기에 실려 있음.

광둥	558	2,589	177	11	848	3,843	355	16
광시	299	1,057	49	7	410	1,951	102	10
하이난	408	1,334	92	5	671	2,364	222	8
충칭	358	72	7	617	2,213	169	10	8
쓰촨	310	878	62	6	537	2,045	150	9
구이저우	235	491	25	2	375	980	76	5
윈난	553	1,037	57	5	962	2,611	165	8
시짱	892	1,088	21	7	3,053	7,157	133	32
산시	223	841	68	10	466	1,809	168	14
간쑤	303	789	62	6	544	1,118	127	8
칭하이	580	982	4	4	987	1,686	100	8
닝샤	504	825	53	6	617	1,462	152	8
신장	644	1,301	63	4	917	1,435	197	7

도농 간·다른 지역 간 교육을 받을 기회의 불평등뿐만 아니라, 같은 지역 내에서도 학교 교육의 질적 차이가 매우 컸다. 베이징사범대학 사회과학처 처장 류푸싱(劉復興) 교수는 "중점(重點) 학교가 받는 학생 평균 경비는 비중점 학교보다 평균 약 20% 이상 높을 것이다"라고 했다. 사실 20%의 경비 차이는 그렇게 크다고 할 수 없다. 차이가 더욱 큰 것은 건물의 건설·시설 구매·교사 양성 등 정부의 전문 항목 경비이다. 관련 국가 중점 과제의 연구 결과 이러한 전문 항목 경비는 기본적으로 중점 학교가 독점을 하고 있어서, 일반 중학교에서는 기대하기 어려우며, 전문 항목 경비 액수가 커서, 어떤 때에는 한 학교의 1년 경비의 총액과 상당한 것으로 나타났다.[19] 풍부한 자금으로 우수한 교사를 초빙하게 되어 중점 학교의 교사 수준과 교육의 질·진학률이 다른 학교보다 뚜렷하게 높았다. 아이들

---

19 『인민정협보 교육재선주간(人民政協報教育在線周刊)』, 2009년 9월 2일.

이 이러한 학교에 들어갈 수 있다는 것은 좋은 대학에 갈 수 있는 가능성이 크다는 것을 의미한다. 이러한 중점 중고등학교는 평행의 수요 공급 관계를 위해 어쩔 수 없이 비용을 받는 방법으로 "문턱"을 만들었으며, "문턱비"는 놀랄 정도로 높았다. 베이징 시의 유명 초등학교는 학교 선택비(擇校費)를 수만 위안을 받았다. 비용이 놀랄 정도로 높은 중점 학교에 직면한 가난한 집 자녀들은 자신의 초라함에 탄식할 수밖에 없었다. 그러나 권력 지위가 높은 사람의 자녀는 돈을 내지 않고도 들어갈 수 있었다. 소위 "귀족 학교"는 수십만 위안을 내야 공부할 수 있었다. 중국은 전국 통일 가오카오(高考) 제도를 실행하지만, 같은 대학이라고 하더라도 각 성(省)의 합격선 점수의 차이는 매우 크다.(표16-15 참조) 학생 평균 교육 자원이 비교적 높은 대도시의 합격선 점수가 오히려 학생 평균 교육 자원이 비교적 적은 성보다 낮다. 베이징·상하이·광저우·텐진 등 교육 자원이 비교적 높은 대도시의 합격선 점수는 허베이·쓰촨·허난·산둥 등의 성보다 몇 십 점 낮거나, 심지어 100여 점까지도 차이가 난다. 같은 점수의 수험생이라도 만약 그가 후베이 농민의 자녀라면 아마도 대학에 갈 수 없을 것이고, 만약 대도시의 자녀라면 오히려 중점 명문대학에 들어갈 수 있다.

표16-15 지역별 가오카오(高考) 이과(理科) 중점 대학 합격선(점수)[20]

지역	1999	2000	2001	지역	1999	2000	2001
후베이	566	559	555	쓰촨	511	530	537
허베이	546	543	572	충칭	508	529	540
장쑤	546	505	540	네이멍구	499	508	523
장시	542	532	568	텐진	488	488	508
저장	540	525	569	간쑤	487	506	512

---

20 신화사, 2002년 3월 8일.

후난	537	535	551	닝샤	480	476	490
산시	535	496	543	구이저우	482	471	471
안후이	533	534	538	베이징	470	476	488
지린	525	490	525	신장	460	478	478
랴오닝	525	515	529	윈난	440	435	435
헤이룽장	520	515	528	칭하이	420	420	400

2003년 8월 23일, 세 명의 칭다오(靑島) 여학생이 베이징으로 와서, 교육부의 "2001년 전국 보통 고등교육 학생모집요강(2001年全國普通高等教育招生計劃)"이 그들의 교육권을 침해했다고 행정소송을 제기했다. 2001년 칭다오 문과(文科) 일반 학부 과정 커트라인 점수는 493점이고, 중점 학부는 575점이었지만, 베이징의 중점 학부 커트라인 점수가 456점으로, 119점이나 낮았다. 이 소송을 계기로 교육 불공정에 관한 토론이 야기되었다. 대학 입학시험 점수부터 교육을 받는 기회에 이르기까지 여러 가지 방면으로 토론했다. 토론 중에 어떤 사람은 "현재 중국의 최대 불공평은 교육 불공평이다. 그 미치는 부분이 크고, 정도가 심해 피해자가 무섭고 벌벌 떨 정도로 많다"고 지적했다.

분명히 피해자의 대부분은 약자 계층이다. 오늘의 중국은 고등 계층의 자녀는 낮은 계층의 자녀보다 더 많은 교육의 기회와 좋은 교육 조건을 갖고 있다. 약자 계층 자녀는 교육을 얻을 기회는 훨씬 적어지고 교육을 받는 조건이 더 나빠지고 있다. 교육 불공평은 낮은 계층의 다음 세대까지의 상향 유동을 매우 어렵게 할 것이고, 사회 불평등은 다음 세대까지 이어지고 확대될 것이다.

사회계층에 고정화 현상이 출현하다

개혁 개방 후 전반부 15년은 사회계층 유동이 매우 빨랐으며, 그중 후천적 요소의 작용이 선천적 요소보다 컸다. 1990년대 중반 이후, 선천적 요소가 일으킨 작용이 갈수록 커지자, 후천적 요소의 작용은 약화되는 추세였다. 선천적 요소가 강화되고, 후천적 요소가 약화되면서 사회계층에 고정화 현상이 나타났다.

이 문제를 분석할 때 우리들은 우선 최근의 몇 가지 뉴스 보도를 좀 볼 필요가 있다.

『남방주말(南方週末)』은 2009년 3월 19일, 스자좡(石家莊) 시의 류웨이(劉偉)라는 여대생이 졸업 후 일자리를 찾지 못해서 자살했다고 보도했다. 류웨이의 아버지는 농민으로, 빚을 내어 그녀를 공부시켰다. 그녀의 아버지도 졸업 후 일자리를 찾을 가능성이 적다는 것을 알고 있었지만, 그렇더라도 여전히 "한번 도박을 해볼" 생각이었다. 그녀는 매달 겨우 200위안으로 생활을 했었다. 그녀는 본래 의지가 굳어서, 그녀의 일기 속에 다음과 같이 적었다. "나는 내 자신의 출신을 결정할 수 없고, 가난을 거절해서는 안 되며, 오히려 그것에 감사해야 한다. 가난은 나를 나약한 소녀에서 용감한 여성으로 바꾸어 놓았기 때문이다." 그녀는 집에서 그녀를 학교에 보내기가 쉽지 않다는 것을 알고 있었다. 일기에 "내가 대학에 갔기 때문에 집에서는 남동생에게 학교를 그만두도록 할 수밖에 없었다. 나는 동생에게 빚을 많이 졌고, 앞으로 동생에게 빚을 갚아야 한다"고 썼다. 이 때문에 그녀는 대학에 들어가자마자 일자리를 찾으려고 늘 근심했다. 그녀는 여러 차례 모집에 지원했지만 모두 실패로 끝났다. 그녀는 일기 속에 "나는 실패한 사람이다. 지금에 와서야 내 자신의 선택이 잘못되었다는 것을 발견했다. 집안이 찢어지도록 가난한 걸 알았지만 돈 벌러 일하러 가지 않고 기어

코 대학을 선택했다"고 했다. 그녀의 마지막 일기에 단지 "왜 이리 힘든지
(爲什麼這麼難)" 여섯 글자만이 쓰여 있었다.

『중국청년보(中國靑年報)』는 2009년 12월 16일, 상하이하이스대학(上海海事大
學) 석사생 양위안위안(楊元元)의 자살 소식을 보도했다. 양위안위안은 후베
이 이창(宜昌) 출신의 여학생으로, 2002년 7월에 우한대학(武漢大學) 경영대학
을 졸업하고, 2009년 9월 상하이하이스대학 법학대학원 국제법학전공 석
사대학원 시험에 합격했다. 양위안위안은 여섯 살 때 아버지를 잃었고, 줄
곧 어머니와 동생과 서로 굳게 의지하며 살아왔다. 어머니는 특유의 굳센
의지와 강인한 인내심으로 온갖 고생을 참고 견디어 양위안위안의 공부를
뒷바라지했다. 양위안위안은 지식이 운명을 바꿀 수 있으리라 믿고 모욕
을 참아가며 열심히 공부했다. 나중에 어머니는 일하던 부서가 옮겨 가는
바람에 살 곳이 없어져 버렸고, 양위안위안은 어머니를 모시고 우한대학
에서 공부하며 생계를 도모했다. 학부 과정을 마친 후 열심히 일해서, 자
신이 대학에서 공부할 때 얻은 빚과 대출을 다 갚고 5년 후에야 졸업증서
를 받았다. 양위안위안은 다시 열심히 공부하여 상하이하이스대학 법학원
의 해상법 국비 대학원생으로 합격하여 다시 어머니를 모시고 같이 학교에
와서, 공부를 하면서 계속해서 어머니를 돌볼 생각이었다. 그러나 가난하
여 방 얻을 돈이 없는 양위안위안이 학교에 어머니와 함께 학교 기숙사에
살 수 있도록 허가해 달라고 했지만 거절당했다. 게다가 어머니를 더 이상
기숙사 건물에 들어오지 못하도록 했다. 어머니는 어쩔 수 없이 딸을 속이
고 찬바람이 부는 학교 강당 앞에서 쭈그리고 앉아 밤을 지냈다. 머물 곳을
찾지 못하고 있을 때, 학교 측 관계자가 계속해서 위안위안에게 압박을 가
해 5일 동안 잠을 자지 못했고, 깊이 자신을 되돌아보게 되었다. 원래 그녀
는 "지식이 운명을 바꾼다"고 믿었지만, 오늘날의 사회에서는 "지식이 운
명을 바꿀 수 없다"고 바꾸어 믿게 되었다.

여러 인터넷 언론에 보도에 따르면, 2010년 3월 22일 오후 1시 50분 정도에 베이징유덴대학(北京郵電大學) 2009년 박사대학원 우(吳) 모 씨가 대학본부 건물에서 떨어져 사망했다. 우 모 씨는 석·박사 연계과정 소속으로, 죽기 전에 유서를 남겼는데 내용을 요약하면 다음과 같다.

이 세계는 절망의 고인 물이다. 내가 여기서 아무리 몸부림을 쳐봐도 잔물결조차 일으킬 수 없다. 모든 노력은 기득 이익집단에 의해 짓밟히고, 모든 분투는 발을 내딛기 어려움에 직면해 있다. 냉담한 사람, 당신들이 일찍이 나를 무시해서, 내가 마지막으로 이런 결심을 하게 해준 것에 감사한다. 세태의 야박함, 속세의 추악함, 구역질나는 얼굴, 끔찍한 스트레스, 너희들 모두 바람 따라 가버려라.

내가 제일 안타까워하는 불쌍한 어머니, 가장 미안한 것이 바로 당신⋯⋯ 나는 지금 이 순간 당신의 희고 흰 백발과 꺼칠꺼칠한 두 손, 1년 내내 먹는 음식이라고는 만두와 짠지, 그렇게 오랫동안 입으시던 남색 재킷, 매년 설에 그 옷만 입으시던 것이 생각나서, 죽도록 마음이 아프다. 아들이 불효자라서, 보답도 못해드리고, 이렇게 오랫동안 당신 혼자 고생을 참고 견디며 제가 줄곧 베이징유덴대학에서 박사 공부하도록 뒷바라지를 하셨는데⋯⋯ 일찍이 제가 당신에게 했던 모든 약속을 지킬 수가 없게 되었다. 미안합니다. 미안합니다. 아들은 쓸모없는 인간입니다. 고향을 떠나올 때부터, 사실은 늘 당신을 베이징에 모셔 와서 구운 오리 고기도 사드리고, 천안문과 고궁도 구경시켜 드리고, 좋은 집에 살면서, 자동차를 태워 줄 생각을 하지 못했습니다. 더 이상 나를 위해 쓰레기나 고물을 주울 필요도 없고, 더 이상 공사장에서 돈 벌려고 밥해주고 다른 사람들에게 무시를 당할 필요도 없습니다. ⋯⋯그러나 이렇게 오랫동안 제가 아무것도 당신에게 준 것이 없습니다. 저는 심지어 당신이 줄곧 사려고 했어도 돈이 아까워서 사지 못했던 틀니조차도 사드리지 못했고, 매일 저녁 침대에 누워 당신이 매끼마다 헐거운 틀니를 끼고서 고통스럽게 딱딱한 만두를 먹느라 고생하시는 것을 생각할 때마다 제 눈에 눈물이 하염없이 흐릅니다. ……

나는 너무도 쓸모가 없다. 지금의 지식도 너무 쓸모가 없다. 쓸모 있는 것은 오직 돈과 권력이고, 관계와 배경뿐이다. 지금 정직한 재능에 의해 두각을 나타내려면, 너무나 어렵다 너무나 어렵다. 나도 일찍이 일을 찾아보았었지만, 아무도 나를 써주지 않았다. 나는 이 세상에 대해 철저히 절망했다. 절망했다, 절망했다! ……영원히 이별이다. 어머니!

"지식이 운명을 바꾼다." 이것은 많은 보통 사람들의 자녀들이 가난을 벗어나는 유일한 출로였다. 최근 잇달아 사람의 마음을 아프게 하는 사건들은 이 출로를 막혀버렸다. 바로 이 때문에 2009년 전국에 84만 명의 수험생이 시험을 포기했다.

1996년 고등교육 산업화 이후, 특히 최근 고등교육 학비가 대폭 오른 후에 고등교육 학생 자원에 구조적인 변화가 생겼다. 1996년 이전 중국 고등교육 학생 자원에 농촌이 60~70%를 차지했고, 도시가 30~40%를 차지했다. 최근 학비의 지속적인 급상승으로 2003년 농촌 학생 자원이 40~50%로 줄어들었을 뿐만 아니라, 지속적인 감소 추세를 나타내고 있다. 도시 학생 자원이 50~60%로 확대되고, 지속적인 확대 추세가 나타나고 있다. 어렵게 대학에 입학한 가난한 아이는 학업에 필요한 경비로 가정의 모아둔 돈까지 다 쓰게 되어 어떤 사람은 친구나 친지에게 돈을 빌리기까지 한다. 대학 졸업 후 그들이 직면한 가장 긴박한 일은 월급을 받아서 빚을 갚는 것이다. 일단 일을 찾지 못하면 그들의 가정은 어려움에 빠지게 된다. 중국의 고등교육은 "중산계층의 부화기"가 될 수 없을 뿐 아니라, 오히려 가난한 사람이 더 가난해지도록 하는 함정이 되었다. 앞에서의 세 가지 사례는 오늘날의 중국에서 학사·석사·박사 학위를 받은 사람도 자기의 사회적 지위를 높이기가 매우 어렵다는 것을 보여준다. 사회에서 중상층 직위는 제한되어 있으며, 몇 년 전 고등교육이 "크게 약진"하여, 학생 정원을 대량으로 "확대 모집"하여, 구직자들이 급속도로 늘어났다. 중상층 직위 계층의 계승성이 아주 강하기 때문에, 노동자 농민 자제들이 낮은 직위를 찾을 수 있는 것도 다행스러운 일이다.

최근에 "개미족"이라는 말이 나타났다. 이른바 "개미족"은 바로 "수입이 적은 대학 졸업생들이 모여 사는 무리"이다. 한 조사에 따르면, 베이징에만 10만 명 이상의 "개미족"이 있다고 신중하게 추산했다. 이 밖에도, 상하이·우한·광저우·시안 등 도시에도 대규모로 이 무리들이 존재한다고 한다. 그들의 특징은 지능은 높고, 약소하고, 집단으로 거주하는 개미와 비슷하다고 한다. 그들은 대학을 졸업했지만, 수입이 적어 도시와 농촌이 결합된 곳에서 모여 살 수밖에 없다. 일찍이 행운아라고 여겨졌던 그들이 생존의 형편은 농민보다 좀 나을지 모르나 지식은 결코 그들의 운명을 바꾸지 못했다.

이와 서로 대응되는 것이 부모형제가 고위관리인 사람들이다. 그들은 관료사회에 들어가면 벼락출세하고, 상업계에 진출하면 재물이 밀려들어온다. 정부 기관, 외국기업, 대형의 국유와 개인기업도 뒤질세라 앞 다투어 고위간부 자제들을 받아들여 높은 지위와 고액의 연봉을 준다. 어떤 사람은 지금 고위간부 자제가 집단세습이라고 한다. 냉정하게 말하면 "집단세습"이라는 의견은 일부로 전체를 판단하는 것 같다. 고위간부 자제는 천차만별이다. 우수한 사람이 있는 반면에 그렇지 않은 사람도 있다. 부모형제의 권력에 의지하는 귀족 자제가 있고, 특출하게 뛰어난 우수한 인재도 있다. 이미 고위직에 들어오게 되면 전부가 부모형제 권력의 비호에 의지하는 것만은 아니다. 고위간부 자제도 독립된 시민이다. 그들도 직업을 자유롭게 선택할 권리가 있다. 문제는 그들이 관리가 되고 경영을 하는 것이 부모형제가 장악하고 있는 공공권력에 의한 것이냐에 있다. 사람들이 우려하는 것은 고위간부의 자제가 아버지 세대가 장악하고 있는 공공권력에 의해 자신의 사회적 지위를 높이려는 바람이고, 사회에 또 일종의 이익 구조가 있어서, 고위간부 자제들이 아버지 대의 공공권력을 이용하도록 하게 한다는 것이다.

이러한 이익 구조가 형성된 제도적 조건이 경제 시장화였고, 공공권력의 운영방식이 여전히 기본적으로 계획경제 때의 상태를 유지하고 있었다. 권력이 고도로 집중되고, 정부와 기업이 구분되지 않아 대량의 경제 활동에 관리들의 심사 비준이 필요했다. 회사를 설립하고, 영업허가를 신청하는 데에도 심사 비준을 받아야 했다. 은행에 대출을 받는 데도 심사 비준이 필요했고, 상품을 수입하는 데에도 심사 비준을 받아야 했으며, 건축에도 심사 비준을 받아야 했다. 심사 비준의 권력이 관리들의 수중에 있었다. 경영자에게 심사 비준이 필요한 것은 축재의 기회였다. 회답 공문서를 받으면 부를 얻을 수 있었다. 그래서 수중에 심사 비준권을 갖고 있는 관리가 만약에 고상한 지조와 강인한 의지가 없다면 "사탕발림" 같은 공격에 저항할 방법이 없다. 하물며 중국의 심사 비준은 상당히 큰 임의성이 있어서, 결정권자가 이 사람에게 비준을 줄 수도 있고, 다른 사람에게 비준을 줄 수도 있다. 이러한 상황에서 고위 관리와 관계가 있는 사람은 심사 비준권과 가까운 통로이다. 그들은 일종의 아주 귀한 중요한 자원이 되었다. 그들의 도움이 있어야 대출금이 있고, 주문이 있고, 건축부지가 있었다. 고위간부 자제는 권력에 가장 가깝다. 고위간부 자제가 직접 경영에 나서면 아주 빠르게 억민 장자가 된다. 상인들이 고위간부 자제들을 그들의 경영 활동에 참가시키면 날마다 막대한 수입을 거둘 수 있었다. 경제 권력 부서는 권력과 금전 거래에서 실리를 얻고, 당정 권력 부서도 "큰 빵을 지키고자 굶주리지" 않게 되었다. 관리의 임면권도 시장에 진입하여 고도로 독점적인 "상품"이 되어 매관매직이 빈번하게 발생했다. 고위간부 자제는 돈을 써서 관직을 살 필요가 없었고, 남들이 그에게 관직을 주었다. 오늘 그에게 관직을 선물로 주면, 내일 그의 부모형제가 나에게 더 큰 관직을 줄 수 있다. 고위간부 자제에게 관직을 주는 것은 위험은 가장 적고 수익이 가장 큰 거래였다.

이 때문에, 권력이 시장 거래에 참여하기만 하고, 간부 선발에 민주적 제도가 결핍되어 있기만 하면, 고위간부 자제들은 설령 가만히 집에만 있어도, 사람들이 온갖 방법으로 찾아 올 것이다. 고위간부 자제가 권력에 의해 승진하고 돈을 버는 이익 구조가 다음과 같이 운영되었다. 공공권력 시장 거래 참여→승진 축재하려면 반드시 권력에 가까워야 함→고위간부 자제를 끌어 들여 고위간부 자제를 승진 축재하게 함→고위간부 자제를 승진 축재하게 한 사람이 자기가 더 큰 관직으로 승진하고 더 많은 돈을 범. 20여 년 전 고위직에 있었던 한 노인이 일찍이 "우리 자신의 자녀들이 계승하도록 하면, 절대 조상의 무덤을 파지 않을 것이다"는 주장을 한 적이 있었다. 이 주장은 세습에 대해 당연히 영향을 끼쳤다. 그러나 가령 이 말에 이익 구조가 되는 동력이 없었다면, 세습 현상이 보편적이거나 지속적일 리가 없었을 것이다. 이러한 동력 구조가 있고서, 고위간부 자제뿐만 아니라, 고위간부의 수행원·운전기사·애인까지도 승진이나 축재의 기회가 생기게 되었다.

위에서 말한 이러한 이익 구조는 중국 사회가 고정화된 중요한 원인 중의 하나이다.

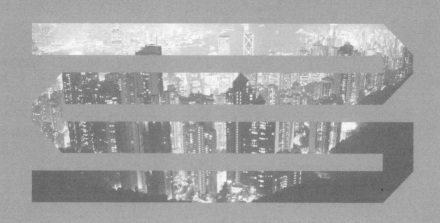

제17장

계급의식과 계급충돌

이상에서 토론한 계층 구분의 모든 요소는 물질적이고 객관적인 요소이다. 각 계층의 사람들은 주관적으로 자신이 그 계층에 속한다는 것을 의식하는지? 그 계층과 공통의 이익을 공유하고 있다고 의식하고 있는지? 그들이 다른 계층의 사람들에 대해 어떠한 태도를 갖고 있는지? 객관적인 요소 이외에도, 이런 주관적 태도가 계층 경계선의 강약에 영향을 끼치고 있으며, 또한 계층 간의 화합에도 영향을 미치고 있다.

자재(自在)계급과 자위(自爲)계급

만약 같은 계층의 사람들이 동질감과 소속감을 갖고 있으며, 또한 그 계층의 공동이익을 위해 자진해서 행동하고자 원한다면, 그 계층의 사람은 일종의 공통된 의식—계급의식이 있는 것이다. 하나의 계층이 공통의 계급의식이 생긴 후에, 비로소 하나의 계급이 이루어진다.

"계급의식이 없는 계급은 존재하지 않는다. 계급과 '등급'의 차이는 계급의식이 있고 없고의 차이다."[1] 마르크스는 일찍이 "자재계급"과 "자위계급"에 관한 견해를 갖고 있었다. "자재계급"은 그 구성원이 동일한 사회적 지위에 처해 있지만, 공존하는 상황에 대해 지각하지 못하고 있음을 가리킨다. "자위계급"은 그 구성원이 공통의 이익을 의식하며, 또한 자기 계급의 이익을 위해 행동하는 것을 말한다. 즉 자위계급은 계급의식이 있는 계층이라고 할 수 있다. 자재계급은 계층의 개념과 유사하며, 자위계급은 자재계급에서 발전된 것이다.

그렇다면, 계급의식이란 무엇인가? 계급의식은 생산관계로 규정된 공동

---

1 모리스 뒤베르제, 『정치사회학—정치학 요소』, 양쭈궁(楊祖功) 외 옮김, 143쪽.

의 이익을 갖고 있는 집단이 공동 이익과 공동 운명에 대한 느낌을 가리킨
다. 또한 공동 이익을 추구하기 위해 집단행동의 의향을 갖고 있다. 그것
은 어떤 특정한 계급 또는 다른 계급을 배척하는 그런 느낌이 구성하는 주
관적 요소이지만, 단지 관념상으로만 존재할 뿐만 아니라, 집단행동 중에
서 표현되고, 역사적으로 매우 중요한 시기인 중대한 역사적 사건의 적극
적이고 집단적 투입에 표현된다. 계급의식은 객관적 계급 지위(재부·권력·성
망으로 측량한)와 정치 행위를 연결시킨 것이다.

계급의식은 어떻게 생겨나는 것일까? 현대 서양 학자는 그들의 이해에
근거해 마르크스의 관련 저작 중에서 다음의 계급의식을 생성하는 몇 가지
요소를 귀납했다.

첫째, 동일 계층의 사람들은 한 구역에 고도로 집중되어 있으며, 또한 밀
접하게 소통한다. 예를 들면 자본주의 공업화는 무산계급을 도시·빈민 주
거구역과 공장 안으로 모이게 했다. 그들은 비교적 밀접하게 소통할 수 있
는 조건이 있다.

둘째, 착취이다. 자산계급은 무산계급에 대해 잔혹하게 착취한다. 한쪽
은 재산의 축적이고, 다른 한쪽은 빈곤의 축적이다. 계급 이익은 나날이
대립한다.

셋째, 경제 위기는 또 착취당하는 무산계급을 실업의 상황에 처하도록
한다. 또한 위기가 주기적으로 반복 출현했기 때문에, 무산계급의 계급의
식이 계속 각성되고 강화되도록 한다.

넷째, 노동의 이화(異化)이다. 공장에서의 단순하고 반복적인 공정식 노동
과 일관된 작업은 노동자들을 기계의 리듬에 맞춰 강제적으로 일하게 하여
자아를 잃어버리도록 하여서, 노동자는 기계의 일부분이 되었다. 이런 노
동은 인간성에 어긋난다.

다섯째, 양극의 분화이다. 자본주의의 경쟁은 중·소기업을 파산하도록

하고, 일부 중·소기업주는 무산계급에 억압을 받아서, 재산은 점점 소수의 사람에게 집중되고, 중간계층은 갈수록 줄어들어, 사회는 소수의 부자와 다량의 무산자를 위해 발전한다.

여섯째, 동질화이다. 마르크스는 무산계급 내부에 기계로 인해 조작이 날로 간단해짐에 따라서, 기술 수준이 점점 떨어지고, 임금 수준이 갈수록 평등해지고 있다는 것을 발견했다. 이런 추세는 노동자계급 내부의 층차가 없어지도록 하여, 동질의 무산계급이 되도록 했다. 동질화는 더 쉽게 인식의 일치와 정치 행동의 일치에 도달하도록 한다.

일곱째, 조직과 투쟁이다. 자신의 공동 이익을 보호하기 위해, 무산자는 점점 더 많이 정당과 노동자 조직을 만든다. 조직과 투쟁 속에서, 계급의식은 더욱 강화된다.

일부 현대 서양학자들은 마르크스가 묘사한 노동력의 동질화·무산계급의 절대 빈곤화 등 조건이 실현되지 않았기 때문에, 마르크스가 예언한 선진 공업국가의 혁명이 나타나지 않았지만, 마르크스가 분석한 계급의식 이론은 정확한 것이라고 생각했다. "설령 예언가로서의 마르크스는 실패한 곳이 있다 하더라도, 사회학자로서는 오히려 성공했다."[2] 오늘날까지 미국의 사회학자들은 여전히 이 이론을 갖고 미국 사회의 계급 상황과 각 계층의 선거 행위를 분석한다.

계급의식은 발전할 수 있다. 통치 계급은 항상 피통치 계급과 피착취 계급의 계급의식을 약화시켜, 현재의 질서를 유지하려고 한다. 하지만 혁명 정당은 피통치 계급과 피착취 계급의 계급의식을 힘써 발전시키려고 한다. 혁명정당의 활동, 특히 혁명 정치지도자의 형성은 계급의식 발전에 중요한 작용을 한다. 마르크스는 통치 계급이 그 사상을 모든 사람에게 강요

---

2 데니스 길버트·조지프 A. 칼, 『미국의 계급구조』, 평화밍 옮김, 300쪽.

해서, 동일한 사상을 갖게 하는데, 이것은 곧 피압박 계급의 계급의식이 앞으로 발전하는 데 장애가 되었다고 생각했다. 레닌은 외부로부터 노동 자계급에게 계급의식의 중요성을 주입해야 한다고 강조했다. 그는 "노동 자는 원래 사회 민주주의 의식이 있을 수 없다. 그런 의식은 단지 바깥에서 부터 주입할 수밖에 없다"라고 말했다.[3] 이탈리아 공산당 창시자 안토니오 그람시(Antonio Gramsci, 1891~1937)는 자산계급은 무산계급 의식을 약화시키 는 문화적 영도권을 행사하고 있다고 말했다. 무산계급은 단지 자신의 이 론자 선봉대(즉 그가 말한 "조직이 있는 지식인")를 창건하여 "문화 개혁"을 완성해야 비로소 정권을 빼앗을 수 있다고 했다. 그는 무산계급의 문화 영도권으로 자산계급의 문화 영도권을 대신해야 한다고 주장했다.

다른 사회계층의 사람은 자신의 공동 이익과 목표(그들이 자각하든 자각하지 않 든)를 갖고 있으며, 이러한 이익과 목표는 가끔씩 다른 계층의 이익과 목표 와 상이하기도 하고, 또는 충돌이 생길 수도 있다. 계급의식은 계급충돌의 전제로, 계급의식의 강화는 계층충돌의 폭발을 초래할 수 있다. 계급조화 를 보장하기 위해서, 현대 서양학자들은 계급충돌 문제에 대해 깊은 연구 를 진행했다.

현대 서양 학자들은 그들의 이해에 근거해 마르크스 저작에서 아래의 네 가지 요소가 사회 각 집단 사이의 공개적인 충돌의 정도를 결정했다고 귀납 해 내었다. (1) 사회자원의 불균등한 분배 정도, (2) 하층집단 구성원의 자기 이익에 대한 인식 정도, (3) 하층집단 구성원의 기존 사회관계 유형에 대한 거절 정도, (4) 하층집단이 자신의 이익을 옹호하기 위해 정치적으로 조직 하는 정도. 이 네 가지 요소 중에서, 불균등한 분배·이익 인식과 정치적으 로 조직하는 요소가 크게 증가하는 상황에서만 충돌이 발생할 수 있다.

---

3 『레닌 선집』 제1권, 인민출판사, 1972, 247쪽.

마르크스보다 조금 늦은 독일의 사회학자 막스 베버는 계급충돌을 야기하는 주요 요소는 두 가지 있다고 했다. 하나는 하층사회 집단의 기존 사회 관계 유형에 대한 거절이고, 다른 하나는 하층사회 집단이 정치적으로 조직하는 정도이다.

하층사회 집단은 왜 기존의 관계 유형을 받아들이지 못하는가? 베버는 아래의 몇 개의 요소로 설명했다. (1) 권력·재부·성망 세 가지 분배 사이의 상관 정도, (2) 사회구성원 행동을 조직하는 사회계층 구조의 수량, (3) 권력·재부와 성망 수준을 제고시키는 개인 유동의 빈도, (4) 지도자. 권력·재부·성망 세 가지 분배 사이의 격차가 커질수록 개인의 상향 유동의 빈도는 낮아지고, 더 쉽게 하층집단의 불만이 야기된다. 지도자의 존재는 정치조직의 존재를 강화하지만, 정치조직은 또한 사회조직을 기초로 삼을 필요가 있다. 즉 조직의 수량이 있어야 한다. 베버는 정치지도자들은 하층집단의 구성원들이 자신의 이익을 인식할 수 있도록 해야 하고, 반드시 사회에 이미 존재한 조직에 의존하여 정치조직의 기초로 삼아야 한다고 생각했다.

서방 국가에서는 무산계급이 노동조합과 대중 정치단체를 통해 자기 이익을 보호한다. 노동조합·기업·정부 이 세 힘의 투쟁과 조화는 중대한 경제 사회 정책을 결정하고 있다. 이것은 곧 계급충돌을 의회 정치의 합법적인 과정 안으로 방향을 바꾸어서, 계급충돌을 완화하고, 사회적 충격을 피했다. 사회주의 국가는 숫자상 다수의 노동자를 지도자의 지위에 두어서, 근본적으로 사회적 불평등 문제를 해결하고 싶어 하지만, 노동자를 진정으로 지도자의 지위에 둘 정치제도도 없으며 또한 만들 방법이 없다.

사회 제도 변천은 일반적으로 계급충돌의 산물이지만, 사회 제도 변천은 또 지도자 지위에 있는 정치 집단의 자각적인 개혁의 결과일 수도 있다. 지도자 집단이 사회 충돌이 발생하려는 것을 인식하고, 자각적인 개혁을 통해 이익관계를 조정하며, 계급 모순을 완화하여, 발생할 가능성이 있는 계급충돌이 없어지도록 한다. 미국의 선거제도는 한 정당의 정부가 단상에서 정권을 잡도록 하고, 다른 한 정당은 단상 아래에서 단상 위의 정책의 사회적 효과를 관찰하며 분석하도록 한다. 새 정부가 집권을 한 후, 지난 정부의 정책에 대해 조정한다. 매 정권이 바뀔 때마다 정책을 소폭 조정한다. 이런 소폭 조정은 부단히 계급 모순을 없애고, 정책과 제도의 급격한 변화를 방지하여, 사회적 충격을 감소시킨다.

마치 서양 학자가 자주 계급과 계층을 혼용하는 것처럼, 그들도 계급의식과 계층의식을 혼용했다. 사실상 계급의식은 대립하는 계급간의 이익충돌에 더 치우친 경향이 있고, 계층의식은 다른 계층의 자아 인정과 상호 구별에 치우친 경향이 있다. 당연히 이 둘은 서로 같은 부분이 있는데, 즉 모두 주관적인 느낌이라는 것이다.

중국 현대 계층의 계급의식

중국 현대 각 계층의 계급의식의 상황은 어떠한가? 이 문제에 대한 답은 사회 조사를 근거로 삼아야 하지만, 안타깝게도 현재까지 이런 조사 결과를 본 적이 없다. 그러나 우리는 관련 노동자계급과 사유기업에 대한 종합 조사에서 일부 이와 관련된 자료를 찾을 수 있다.

1990년대 중반 이후, 노동자계급 중 많은 사람이 자신의 지위에 대해 매우 분명하게 인정하기 시작했다. 상하이 시 총공회 근로자 집단 상황조사 판공실의 조사 보고서에 다음과 같이 적고 있다. "기업의 노동자는 갈수록 자신을 '보통 노동자'로 평가하고, "피관리자"라고 하며, 많은 노동자들이 공장 운영자를 '라오반(老板)'이라고 부른다. 좌담 조사와 개별 방문 취재에서, 일부 노동자들은 조금도 거리낌 없이 자신들이 사회의 가장 낮은 계층에 속하고, 지위도 제일 낮다고 말했다."

계획경제체제에서 시장경제체제로 바뀐 후부터, 노동자계급의 성망 지위는 다소 내려갔고, 소득 지위는 등급이 늘어났지만, 그러나 전체적으로는 여전히 중·하 수준이었다. 그들은 "노동계급이 국가의 주인이다"라는 것이 단지 정치적 구호라는 것을 모두 알고 있었다. 그들은 몸소 체험 속에서 고용노동자의 느낌이 나날이 분명해졌다.

노동자는 자신이 속한 계층에 대해 일종의 소속감을 갖고 있었지만, 그 이외의 계층에 대해서는 배척하는 심리가 있었다. 이 점은 그들의 사회 교류를 살펴보면 알 수 있다. "당신과 당신보다 수입이 높은 사람과의 교류 상황"을 묻는 질문에서, 11.7%의 노동자는 "그와 별로 교류하고 싶지 않다"라고 대답했고, 14%의 노동자는 "같은 테두리의 사람이 아니라서 교류할 방법이 없다"고 했으며, 16.1%의 사람만이 "교류는 하지만, 매우 부자연스럽다"고 대답했다.[4]

자신의 이익을 위해 집단행동을 취하는 노동자계급 역시 점차 늘어나기 시작했다. 집단노동쟁의는 물론 심지어 파업도 자주 발생하며, 게다가 계속해서 증가되는 추세에 있다. 이 부분에 관해서는 이 책의 제9장에서 이미 소개했기 때문에 더 이상 언급하지 않겠다.

다시 사유기업주 계층에 대해 살펴보자. 이 계층 역시 자신들의 요구가 있으며, 이러한 요구는 경제 방면에서 정치 방면으로 발전했다. 예를 들면 헌법을 수정하도록 요구하는 것이다. 제9기 전국인민대표회의 1차 회의에 참관한 전국정치협상회의 공상연조(工商聯組) 토론회에서, 전국 각지에서 온 64명이 정치협상위원들은 승화 전국 상공업자 연합회를 위해 마련

4　상하이 시 총공회 근로자 집단 상황조사 판공실, 『1997년 상하이 근로자 집단 상황조사 보고서』.

한 제안에서 "헌법 수정 중에서 사유재산과 관련된 보호 조항은 사회주의의 공유재산과 합법적 사유재산을 똑같이 신성불가침으로 명확하게 하여, 법률의 공정과 평등을 보장한다"라고 제시했다.[5] 이 의견은 이미 제9기 전국인민대표회의에서 대부분 받아들여졌다. 2004년 전국인민대표대회에서 〈헌법〉 수정안이 통과되어, "공민의 합법적 사유 재산은 침해받지 않고", "국가는 법률 규정에 의거 공민의 사유재산권과 계승권을 보호하는" 요구가 헌법으로 확인받았다. 사유기업주는 또한 적극적으로 자신을 위하여 정치 직무를 모색했고, 정치적 지위를 높이고자 도모했다. 예를 들면 향촌 간부 경선 활동을 위해 분투했으며, 어떤 사람은 각 급 정치협상위원이 되고자 노력했다. 사유기업주는 또한 자신의 조직을 결성하려고 힘썼다. 각급 "사영기업협회" 이외에도, 광둥 성 38명의 사유기업가는 전국 사유기업계에 "제안서"를 발표하여, "중화인민공화국 창업자협회"를 만들 것을 제안했다. 협회의 취지는 "자력으로 떨쳐 일어나고, 온갖 어려움을 이겨내어 창업하며, 서로 단합해서 교류하고, 함께 사업 기회를 만들며, 경제를 번영시키고, 함께 나라를 걱정한다"는 것이었다. "제안서"에서 정부에게 "되도록 빨리 민영기업을 위해 법을 만들어, 민영 기업이 왕성하게 성장할 수 있도록 더욱 완벽한 법률적 보장을 제공하라"고 건의했다.[6]

다른 계층도 모두 자신의 이익을 위해 분명한 의사 전달이 있었다. 노동자는 자신들의 이익을 보호해 줄 것을 요구했고, 사유기업주는 사유재산 보호를 요구했으며, 지식인 계층은 언론 자유 수준을 제고해 줄 것을 요구했고, 농민은 부담을 경감해 줄 것을 요구했다.

그러나 이상의 상황이 결코 중국의 현 계층에 이미 계급의식이 있다는 것을 표명한 것은 아니다. 각 계층의 구성원은 자신의 지위에 대해 어느 정

---

5 「중국 개혁보」, 1988년 3월 16일, 「7,000만 명이 바라는 4대 제안」.
6 「중국 개혁보」, 1988년 7월 6일.

도 인식을 하고 있지만, 그것이 완전히 일치하는 것은 아니다. 예를 들면 노동자계급 중 많은 사람은 자신이 낮은 지위에 있다고 생각하지만, 또 어떤 사람은 과거의 그런 주인공 관념에 대해 매우 그리워하기도 한다. 최근 몇 년, 일부 집단 노동쟁의 사태가 발생했지만, 이런 일은 부분적이고 개별적이지, 전체성과 총체성은 없을 뿐 아니라, 또한 이런 집단 쟁의는 모두 정치성을 띠고 있지 않았다. 사유기업주가 비록 자신의 이익에 대한 보장을 요구했지만, 이것은 결코 기타 계층의 이익에 대한 도전이 아니라, 단지 사유 경제를 부정하는 전통 관념과 정책에 대한 충격이었다.

앞에서 소개한 마르크스의 계급의식 기원 이론에서 보면, 현재 중국 각 계층은 단시간 내에 공통의 계급의식을 형성하기는 불가능하다. 그 이유는 다음과 같다.

첫째, 동일 계층의 사람은 결코 한 지역에 고도로 집중되어 있지 않고, 비록 동일 계층 사람들이 서로 교류가 많다고 하더라도, 각 다른 계층의 사람들도 비교적 많은 교류가 있다.

둘째, 현재 단계에 착취는 존재하지만, "한쪽은 재산이 축적되고, 다른 한쪽은 빈곤이 축적되는" 양극화로 확대되지 않았다.

셋째, 양극의 분화가 제약을 받는다. 경쟁은 일부 소기업을 파산시켰지만, 다른 일부 소기업들이 계속해서 생겼다. 독점의 제한 때문에, 개인이 금융 관련 경제 전반의 중요한 영역에 진입하는 것에 대해 여러 가지 제한이 있어서, 아직까지 "거물급" 자본가가 나타나지 않았다.

넷째, 마르크스의 "동질화" 현상은 존재하지 않는다. 노동자계급 내부 층차가 없어지지 않았을 뿐만 아니라, 오히려 격차가 벌어졌다. 동질화가 없어서, 사상 인식과 정치 행위의 일치에 쉽게 도달할 수 없다.

다섯째, 자기 계층의 이익을 쟁취하기 위한 정치 조직이 없다. 현재의 노동조합 조직·사유기업가 조직은 모두 정치적 조직이 아니라, 중국 공산당 지도하의 대중 조직이다.

그러나 위에서 서술한 다섯 가지 조항들이 깨어지고 있는 중이다. 독점이 갈수록 심각해지고, 빈부의 격차는 더욱 커지며, 주택 가격이 급등하고, 빈민들의 거주지가 점차 집중되어, 최근 몇 년 동안, 집단사건이 점점 더 빈번해졌다. 이러한 것들은 공동 계급의식의 발전을 가속화시켜, 계층 간 충돌을 강화시키고 또한 그 계급의 자각성을 제고할 것이다.

계층충돌과 사회 안전

앞에서 말했듯이 현재 중국의 사회계층은 아직 계급의식이 완전히 형성되지 않았고, 자위계급도 이루지 못했다. 이러한 의미에서 본다면, 현 계층 간에는 자각적인 계급투쟁이 있을 수 없다는 것을 말한다.

그러나 각 계층 간의 이익이 결코 완전히 일치하지는 않는다. 계층 간에 약간의 이익 마찰과 이익 충돌이 있을 수 있다. 이런 마찰과 충돌은 어떤 때는 매우 격렬하며, 충돌이 집단사태로 나타나기도 한다. 집단사태란 대규모 시위와 소란이다. 특정한 의미에서 집단사태는 계층충돌이라고 말할 수 있다. 1990년대 중반부터 집단사태가 매년 증가하고 있다. 1993년에는 8,700건, 1999년에는 3만 2,000건, 2000년에는 5만 건, 2003년 5만 8,000건, 2004년 7만 4,000건으로 급증했으며, 2005년에는 8만 6,000건, 2006년에는 9만 건에 달했고, 2008년에는 10만 건이 넘었다. 노동자와 농민이 주체가 되는 권익 보호성 사태가 전체 사회 집단성 돌발사태의 75% 이상을 차지했다. 전국총공회의 조사에서 "기업에서 집단노동쟁의가 집단사태를 유발했을 때, 61%의 노동자가 참가할 가능성이 있다고 표시했다"고 나타났다. 노동자의 주체의식이 높아져, 집단행동으로 권익을 보호하는 가능성이 늘어났다.

집단 투쟁사건이 빈번하게 발생하면, 사회 안전에 심각한 영향을 끼칠 뿐만 아니라, 정권에 대한 사람들의 믿음도 동요시킨다. 미국 프린스턴대학교 정치학과 마크 베이신저(Mark R. Beissinger, 1954~) 교수는 그의 연구에서 구소련 해체의 최초의 원인은 연이은 집단성 사태였다고 밝혔다. 그러므로 집단사태에 대해 간단하게 "불을 끄는" 방법으로 진압만 할 수 없고, 심층적인 원인을 연구하여 근본적인 대책을 세워야 한다.

최근 몇 년 동안 발생한 집단사태를 분석해 보면, 계층 간에 가장 쉽게 마찰이 발생하는 임계점(peril point)은 아래와 같다.

첫 번째 임계점: 노동자들의 이익이 침해를 받아 일어나는 노사 충돌

노사 충돌은 사유기업과 소형 외국 투자 기업에서 비교적 많이 발생한다. 많은 사유기업은 노동 조건이 열악하여, 노동자들이 기본적인 노동 보호가 부족한 환경에서 일을 한다. 이런 기업의 고용인 대부분은 혼자나 소규모의 외지에서 온 농민들로, 매우 부족한 노동력 시장 정보에 직면해 있다. 게다가 노동자 사이의 격렬한 경쟁으로, 그들은 불공정한 조건을 받아들일 수밖에 없으며, 기업 안에는 그들의 이익을 보호하는 노동자 조직도 없다. 향진 정부는 외자를 유치하여 지방 경제를 발전시키는 데만 급급해하고, 노사 갈등이 생겼을 때 알게 모르게 기업 측에 서 있게 된다. 노동력 구매 시장에서 분산된 노동자는 조직이 있는 기업에게 착취당하는 위치에 놓일 수밖에 없다. 노동자가 자본가의 불공정한 대우에 대처하는 대책은 전업(轉業)을 하는 것이다. 그 기업을 떠나 다른 새로운 일을 찾거나, 소극적으로 태업을 하고, 기계를 훼손시키는(선전에서 일찍이 집단 방화 사건이 발생하여 무고한 시민이 피해를 입었다) 등이다. 이런 모든 것은 개인 또는 소집단의 행위이다. 일부 지방과 기업에서 갈등이 비교적 첨예할 때, 노동자들이 자발적으로 파업을 결성한 적도 있지만, 범위가 넓지 않고, 그 영향력도 미미하여, 항상 자본가측이 별도로 모집한 새로운 노동자들에 의해 와해되었다. 어떤 파업은 정부의 이목을 끌어, 정부 부서가 관여해서 투자 자본가들이 다소 양보를 하지만, 일이 처리되고 난 후에는 자본가들이 즉시 파업 주동자들을 해고시켜 버린다. 이러한 노사 충돌이 심각한 사회적 사건으로 확대되지는 않지만, 잠재된 불안정 요소는 아주 위험하다.

노사 충돌은 비공유제 기업에서만 발생하는 것이 아니라, 국유기업에서 발생하기도 한다. 국유기업의 자산 재조직 과정(기업합병·경매·파산) 중에, 재조직 방안을 마련하면서 노동자의 의견을 듣지 않아서 노동자의 이익을 침해한다. 이것이 20세기 말 이래로 노사 충돌의 임계점이었다. 국유 자산 재조직은 대다수 노동자의 퇴출을 수반한다. 만약 퇴출 노동자의 생활 보장이 부족하다면, 사회적 충돌이 일어나기 쉽다. 특히 산업이 단순한 자원성 도시(광산지역으로 형성된 도시)는, 자원을 다 채굴하고 난 이후 갈등이 가장 첨예하다. 그곳의 산업은 단순하여 자원 개발 이외에 다른 활로가 없다. 여기에 퇴출된 노동자들이 가장 많이 집중되어 있어, 집단성 충돌이 일어나기 가장 쉽다. 그곳 노동자들의 "동질화" 정도는 매우 높고, 쉽게 내부 의견이 일치된다. 그곳에서 퇴출된 노동자들은 부당한 대우때문에 집단성 소란을 자주 일으킨다. 20세기 말, 랴오닝의 한 몰리브덴(Molybdän)을 생산하는 광업 도시에서 대규모 충돌이 발생했다. 전국에 자원성 도시는 수백 개가 있다. 만약 미처 후속 산업을 발전시키지 못하고, 노동자에게 적절한 대우 조치를 취하지 않으면 자원이 고갈되는 날이 바로 모순이 폭발하는 때이다.

21세기에 들어선 이후, 일부 국유기업은 "매단공령"으로 인해 집단성 사태가 발생했다. 소위 "매단공령"은 근무 연한에 따라 한꺼번에 퇴직 노동자들에게 적지 않은 돈을 보상해 주고, 그 후부터 그는 기업과 관계를 끊고, 의료·양로·교육·주택 및 기타 모든 것들이 기업과 관계가 없게 된다. 매년 근무 연한에 얼마를 보상해 주는지는 기업의 현재 상황과 지급 능력과 관계가 있다. 성과가 좋은 기업은 좀 많고, 성과가 적은 기업은 좀 적다. 일반적 상황에서 10년을 근무한 노동자는 2만 위안 정도를 받을 수 있었지만, 이후의 의료·양로는 전적으로 자신이 부담해야 한다. 매단공령 때의 노동자 소득이 아주 적으면, 노동자의 불만을 야기할 수 있다. 기업의 성과가 좋았고, 감원 이후에 기업의 성과가 더 좋으면, 역시 기업을 떠난 노동자의 불만을 야기할 수 있다. 가령 재직 중인 노동자의 1년 소득이 "매단공령" 때 받은 한 번의 소득을 초과한다면, 그들은 자신들이 오랫동안 일한 결정체인 기업의 수익이 높음에도 불구하고 자신들의 몫이 없다고 말할 것이다. 그래서 집단성 사태는 수익이 높은 기업에서 상당히 많이 발생한다. 다칭(大慶) 유전·성리(勝利) 유전에서 발생했던 대규모 집단사태는 이러한 상황에 속한다.

두 번째 임계점: 토지와 이주 문제로 일어난 충돌

농촌에서 가족 단위 농업생산 책임제가 시행된 이후, 중앙정부는 토지하청을 30년간 변하지 않도록 요구하여, 농민들에게 장기적인 토지 경영권을 보장했다. 하지만 일부 지방의 향촌 간부는 단기적 하청·잦은 조정에 몰두하여 다시 하청을 주면서 이익을 챙겼다. 농촌 경작지가 거래되는 과정에 매우 쉽게 집단사태가 발생한다. 도시화가 가속됨에 따라서, 공업 건설 사업이 증가하여, 공업과 도시 건설 과정에서 농촌 지역의 농경지를 둘러싼 갈등이 점점 더 첨예해졌다. 토지를 둘러싼 보상비용과 땅을 빼앗긴 농민이 이주 문제로 사주 갈등을 일으키고, 심지어 대규모 집단사태를 불러일으킨다.

나의 옛 친구이자, 신화사 선임 기자인 덩취안스(鄧全施)는 일찍이 쓰촨·하이난 등 신화사 지사장으로 있었다. 그는 이 방면에 대해 매우 깊이 있는 연구를 하여, 최근에 『농민 문제 비망록』이란 책을 썼다. 그 속에 있는 자료는 그가 직접 경험한 것으로, 아래의 내용은 그의 책에서 발췌한 것이다.

하이난 성 정부정책연구실의 전국 토지 문제에 관한 "통보서"가 발표되었는데, 1997년 이래로 전국 19개 현과 시에서 토지 분쟁과 관련된 집단 사태 문제가 발생했다. 통계에 따르면, 1995년부터 2000년 8월까지 6년도 되지 않는 동안에 총 9,273건의 분규가 발생했고, 관련된 토지 면적은 9만 8,603헥타르였다. 2002년 8월까지 7만 3,085헥타르 토지와 관련이 있는 6,911건의 분쟁이 여전히 처리되지 않아 집단사태가 끊임없이 발생했다.

하이난 성 러둥(樂東) 현은 농업 개발 용지의 거래 중, 일부 말단 향촌 간부가 청부 개발 상인 또는 권력에 빌붙어서 이익을 취하려는 자와 결탁해 은밀히 조작하여, 아예 농민 대표나 농촌 위원회의 토론을 거치지 않고, 자기 마음대로 결정하여 집단 토지를 외지인에게 하청을 주었다. 이렇게 "문제"가 있는 토지 면적은 거래되는 토지 면적 중 59.8%를 차지했다. 예를 들면 황류(黃流) 진 쿵원(孔汶) 촌 위원회는 토지를 상인·관계자와 일부 간부의 친척에게 하청 주었으나, 소득 금액은 촌 간부가 집단으로 횡령했다. 쿵원 촌 농민이 여러 차례 상부기관에 진정을 했으나 해결이 되지 않았다. 후에 수백 명의 농민이 황류 진 정부를 에워싸고, 정부 관계자와 논쟁하다가 충돌이 일어났다. 이것이 바로 2000년 8월 29일에 일어난 이른바 황류 농민의 "진(鎭) 정부 충격 사태"이다. 나중에 주룽지 총리와 원자바오가 직접 간여하고, 하이난 성 위원회가 유능한 간부를 파견해 조사 처리한 후에야 사태가 수습되었다.

쿵원 촌 사건이 발발한 지 얼마 지나지 않아, 황류 진의 둥쿵(東孔) 촌에서 또 사건이 발생했다. 이것 역시 간부가 법을 어기고 월권으로 외부에게 농민 집단 소유 토지를 하청 준 것이다. 농민들이 여러 차례 민원을 제기하고 고소까지 했지만 처리가 되지 못하자, 토지를 하청 받은 주인의 양수기 몇 대를 압류하여, 마을로 끌고 와서 문제가 해결되기를 기다려야 했다. 마을 사람들도 하청인의 동의를 얻어, 앞으로 인수하기 편하도록 하청인의 양수기에 표시를 했다. 그러나 3일 후, 러둥 현 정부·황류 진 정부는 이 사건을 주민들 내부 갈등으로 처리하지 않고, 오히려 러둥 현 공안부서가 "공공과 사유 재산 손해죄·상해죄"를 구실로, 2000년 11월 4일 오후 2시 완전무장을 한 수백 명의 경찰력을 동원하여, 300호도 되지 않는 둥쿵 촌을 포위해 민가를 공격했다. 문과 창을 부수고, 신주·제단을 부수며, 무고한 부녀자 여섯 명을 잡아갔는데, 그들 중 두 명은 고등학생이었다. 그러고는 공안국이 또 마을 사람 수십 명을 잡아 갈 것이라는 소문을 내었다. 마을 사람들은 재난을 피하기 위해 고향을 떠났고, 온 마을 사람들의 원성이 끊이지 않아서, 아주 악영향을 끼친 "11.4 사태"를 일으켰다. 하이난 성 인민 대표회의 상무위원회 부주임 천쑤허우(陳蘇厚)는 『미민집(未泯集)』이라는 책에서 자신이 둥쿵 촌 농민 대표 다섯 명의 「피눈물 고발서(血漏控訴)」를 접수하고서, 작업팀을 데리고 세 차례나 러둥 현에 가서 조사하여 신속히 이 사건을 처리했다고 한다. 결국 법을 어기고 월권으로 외부인에게 농민 집단 소유 토지를 하청 주어, 농민의 합법적 권익을 침해하며, 토지 하청비를 횡령한 농촌 위원회 당 지부 서기 쑨(孫) 모에게 유기징역이 선고되었다. 현 위원회와 공안국 고위 관계자가 둥쿵 촌에 가서 농민들에게 직접 사과했으며, 아울러 민가 손실에 대해 배상하고, 또한 법에 의거해 토지 하청 계약을 완전하게 수정했다고 한다.

『농민 문제 비망록』에서는 쓰촨 성 토지 문제로 야기된 충돌에 대해서도 분석했다. 그중 가장 눈에 띄는 사건은 홍야(洪雅) 사건과 한위안(漢源) 사건이다.

홍야 사건은 2003년 12월 7일과 8일 쓰촨 성 홍야 현 와우(瓦屋)산 수력 발전소 공사현장에서 발생한 농민 집단사태이다. 농민들은 수력발전소 공사로 가옥이 수몰되고, 토지와 생산시설 배상문제로 인해 공사현장과 진(鎭) 정부 사이에 충돌이 생겨, 수천 명의 농민이 350명의 공안경찰과 예비 정부군이 있는 와우산 진 정부의 행정 건물을 포위했다. 메이산(眉山) 시 정부 주요책임자가 현장에 가서 농민들과 협상하여, 그들의 합리적인 의견을 받아들이고, 문제를 신속하고 순조롭게 해결했다.

한위안 사건은 2004년 10월 27일부터 11월 9일까지 쓰촨 성 한위안 현 폭포골 발전소 댐 지역에서 발생한 이주민 집단 청원 사건이다. 폭포골 발전소는 대도하를 끊고, 10만 명의 이주민을 한위안 현으로 이주시키려고 했다. 사건의 발단은 댐 지역 이주민이 보상 기준이 너무 낮다고 주장하면서 시작되었다. 4월부터 중앙·성·시·현의 관련된 부서에 끊임없이 문제해결을 요구했고, 80여 부의 보고서와 1만 명이 서명한 "만언서(萬言書)"를 제출했지만, 아무런 대답을 들을 수 없었다. 10월 27일, 발전소는 수로 유도 터널에 물 넣기를 시작했지만, 이주자들이 제기한 문제는 여전히 해결 기미가 보이지 않았다. 대대손손 살아오던 고향이 물바다로 변하려 하자, 오랫동안 쌓였던 분노가 일시에 타올랐다. 28일 현장에 모여 연좌한 농민의 수가 3만 명에 달했고, 현장은 혼란스러웠다. 29일 새벽 뜻밖에 한 농민이 차 사고로 목숨을 잃어버리자, 누군가가 시위를 선동해 수천 명의 사람이 한위안 현 정부를 포위하여 파괴하고 약탈했다. 현의 대다수 상점들은 문을 닫았고, 한위옌 사(四)고등학교 학생들도 수업을 거부하고 시위에 나섰다. 29일 오후 발전소 기업주인 국가 전력 대도하 회사가 시공 중단에 동의하자, 한위안 현 현장(縣長)이 공사현장에 와서 이주민들에게 공사를 잠시 중단한다고 했다. 군중들의 감정이 가라앉자, 이주민들은 모두 해산하고, 사회 질서는 정상으로 회복되었다. 그런데 11월 2일 밤 한위안의 성

위원회 작업반이 발전소 업주에게 "내일 오전 9시 다시 작업을 재개하라"고 통지했고, 현지 TV 방송국이 반복해서 야안(雅安) 시 정부의 "발전소 공사 재개" 뉴스를 보도하자, 농민들은 속았다고 느꼈다. 그래서 3일 오후 대다수 농민이 다시 발전소 현장으로 모였으며, 4일에는 1만 명 이상에 달했고, 경찰과 군중의 유혈 충돌이 발생했다. 5일 사태가 더욱 악화되자, 저녁에 중앙정부 업무팀이 쓰촨에 도착했다. 정부와 국민들을 놀라게 하고, 국내외에 중대한 영향을 끼친 이 집단사태는 중앙정부의 정확한 정책결정으로 평화적으로 해결되었다. 신화사 쓰촨 지사의 여러 기자들이 현장으로 가서, 사태의 진상과 민중의 진심을 곧바로 중앙정부에 보고했으며, 중앙정부가 정확한 정책을 결정하도록 하기 위해 신뢰할 만한 정보를 제공했다. 사건 후, 중국 공산당 쓰촨 성 위원회는 철저한 조사를 통해, 이번 사건에서 농민보상금을 횡령하고, 수몰지역 광산 경영 이익을 취하며, 암암리에 농민들에게 소란을 피우라고 선동한 부패 간부를 체포했다. 그리고 일부 직무를 소홀히 하고 유기한 관리를 교체했다.

덩취안스가 기록한 하이난 성과 쓰촨 성 사건 이외에도, 전국 각지에 토지와 관련된 집단 충돌이 많이 발생했다. 2005년 6월, 허베이 성 딩저우(定州)에서는 발전소 건설 점용지 때문에 현지 농민들과 대규모 충돌이 발생했다. 2005년 12월, 광둥 성 산웨이(汕尾)에서도 발전소 건설로 땅을 잃은 농민에 대한 보상 문제가 해결되지 않자 대규모 충돌이 일어났고, 심각한 유혈 사태로까지 번졌다.

세 번째 임계점: 농민과 농촌 강세 집단의 직접적 대치

앞에서 말했듯이 많은 농민은 사회의 중하층에 속해 있다. 그리고 그들은 직접 농촌 강세 집단과 대면하고 있다. 이 농촌 강세 집단은 농촌 간부·향진 기업 경영자·사유기업주·식량 구매점·파출소·상공업·세무 등 기관의 책임자들로 구성되어 있다. 농촌 강세 집단은 전체 사회에서 보면, 상위계층은 아니지만 농촌에서 그들은 돈과 권력을 갖고 있고, 농민의 위에 군림하고 있다. 일부 지방에서는 농민과 이 집단은 물과 불처럼 적대 관계에 있다.

촌민위원회는 본래 마땅히 농민의 자치조직으로, 만약 진정으로 민주적 절차에 따라 만들어졌다면 농민의 정치 참여를 강화시킬 수 있고, 따라서 계층 간의 갈등도 완화시킬 수 있다. 그러나 촌민위원회는 실제로 향진 정권의 확장이다. 향진 정권의 권력이 고도로 당 위원회에게 집중되어 있고, 마을의 당 지부의 지도자 그룹은 향진 당 위원회가 결정하지만, 촌민위원회 지도자 구성원의 형성은 당 지부에 의해 결정되고 있다. 당 지부 서기는 마을의 최고책임자이고, 촌민위원회 주임은 단지 마을의 두 번째 책임자이다. 최고책임자를 향진 당 위원회에서 임명하는데, 향진 당 위원회와 촌 지부 서기가 싫어하는 사람이 어떻게 두 번째 책임자로 선임될 수가 있겠는가?

향진 일급 정권은 강렬한 권력 확장 행위를 갖고 있다. 당 위원회·정부·향진 기업이 고도로 일체화되어, 당·정·재산권이 향진 당 위원회에 매우 집중되어 있다. 또한 권력의 상호제어가 되지 않고 있다. 이익만 꾀하고 다른 것엔 관심조차 없는 시장경제와 농촌의 봉건 잔재가 결합되어 "인민을 위한 봉사"의 목적이 담벼락에 붙어 있는 내용 없는 구호가 되었다. 향진 기업은 농촌의 재원이다. 향진 기업의 책임자 자리는 농촌에서 부수입이 짭짤한 보직으로, 이 보직을 얻기 위해서는 매우 큰 비용이 필요하다. 어떤 사람은 일단 공장장에 임명된 후, 가장 먼저 생각한 것이 최대한 빨리 보직을 얻기 위해 투입된 경비를 회수하는 것이었다. 두 번째로 소형 승용차를 살지 고민하며, 또한 향진 기업의 돈으로 향진 정부 관리를 접대하고 끌어들이고, 향진 정부의 적극적인 활동 아래 향진 기업은 은행으로부터 많은 돈을 빌린다. 언젠가 은행이 기업에게 빌려 준 돈을 다 쓰게 되면, 기업도 거의 도산하게 된다. 향진 정부는 많은 대출 부담을 떠안게 되고, 정부의 재정은 은행 이자를 갚는 데 다 써서, 교육 경비까지 사용하게 된다. 그 속의 내막에 대해 농민들은 분명히 알고 있지만, 분노는 하지만 말은 못하다가, 일단 갈등이 격화되면 농민들은 과격한 행동을 취하게 된다.

농촌 하층 정권이 강세 집단에 의해 장악되거나 이 집단의 이익을 대표하기 때문에 농민과 이 계층의 갈등이 늘 농민과 하층계층의 갈등으로 표현되어진다. 그래서 농민과 하층 정권 간의 직접적인 충돌 사건이 자주 발생하며, 그중 어떤 것들은 충돌 규모가 상당히 크다. 마오쩌둥이 쓴 『후난 농민운동 고찰보고(湖南農民運動考察報告)』에 1990년대에 여러 차례 집단성 충돌이 발생했으며, 그 규모가 크고 과격해 사람들이 깜짝 놀랄 정도였다고 했다.

농촌 기층에서 강세 집단과 많은 농민이 정면으로 대치하면, 이곳의 "발화점"은 제일 낮지만, 갈등은 가장 첨예하여, 사회적 충돌이 가장 쉽게 일어난다. 이런 충돌은 사회 안전을 위협하는 촉발점이다. 일단 유발이 되면 끄기가 어렵고, 신속하게 끄지 않으면 연쇄반응을 일으킬 수도 있다. 충돌을 일으키는 것은 늘 예상치 못한 우연한 요소이지만, 그 근본적인 원인은 농촌 강세 집단이 지나치게 오만하여, 농민들로 하여금 더 이상 참지 못하고 반항할 수밖에 없도록 한다. 최근 몇 년 동안 발생한 여러 가지 사건을 보면 아래와 같이 몇 가지 촉발점을 벗어나지 않는다.

첫째, 농민의 부담이 너무 지나치며, 향촌 간부가 무리하게 세금을 징수한다.[7]

눌째, 향촌 간부가 토지·산림·양어장의 하청 과정에, 농민의 이익을 희

---

[7] 2003년 세비개혁을 실행하여 각종 납입금을 취소하고, 적절하게 세수가 높아져서 이 문제가 개선되었다.

생시키고, 강세 집단을 두둔한다.

셋째, 향촌 간부는 집단 토지를 이용하여 개인의 이익을 탐한다. 토지는 원래 집단의 소유이고, 농민의 생존 기초이다. 그러나 향촌 간부는 토지의 지배권을 장악해 토지 하청·토지 사용권을 판매하여 개인의 이익을 취한다.

넷째, 지방의 공업 오염은 주민의 생존환경에 영향을 미친다. 향촌 간부는 기업 하청업자의 편에 서서 오염 문제를 장기간 방치하여, 현지 주민들의 강한 불만을 일으킨다.

다섯째, 향촌 간부가 민사 분쟁을 처리하는 과정에 강세 집단의 편을 들거나 심지어 나쁜 사람을 비호하고, 선량한 주민들을 억압한다.

여섯때, 종족 투쟁·권력 투쟁과 경제 이익의 충돌이 합쳐져, 집단으로 무장 충돌을 일으킬 수 있다.

일곱째, 향촌 간부의 수법이 악랄하고, 함부로 농민을 때리고 욕한다.

이상의 일곱 가지 방면이 농촌 계층충돌 발생을 방비하는 최우선 과제이다. 1999년 3월, 제9기 전국인민대표대회 기간 중 국무원 주룽지(朱鎔基) 총리가 후난 성 인민대표단 토론에 참가했을 때, 농촌 사회를 안정적으로 유지하기 위해서는 반드시 "토지를 마음대로 움직이게 해서는 안 되며, 부담을 무겁게 해서는 안 되며, 식량 가격을 낮게 해서는 안 되며, 간부들이 농민들을 사납게 대해서는 안 된다"라고 했다.

네 번째 임계점: 상층 부패에 대한 하층민중의 강력한 불만

1990년대 이래 여러 차례 시행된 여론조사에서 민중들의 가장 큰 불만은 부패라는 공통된 결론이 나왔다. 민중들이 가장 분개하고 가장 우려하는 세 가지는 첫째, 간부 선발과 임용 방면의 부패이고, 둘째, 공안·검찰·사법의 부패이며, 셋째, "관리-기업주-조직폭력 세력"의 삼위일체이다. 첫 번째 방면의 부패가 사회 대뇌세포의 신진대사 구조에 문제가 생긴 것이라면, 두 번째 방면의 부패는 사회의 면역계통에 문제가 생긴 것이고, 세 번째 방면의 부패는 지역관리·불법 사유기업주와 조직폭력 세력이 서로 결탁하여 일부 정권이 이미 변질되어 행정과 법률 등 정상적인 수단을 통해 문제를 해결할 수 없는 것이다.

관리의 부패가 민중의 강한 불만을 일으키는 것이 외에도 일부 부정한 수단으로 벼락부자가 된 사람들도 민중의 강렬한 불만을 야기했다. 그래서 일부 하층민중 중에서는 "부자를 싫어하고", "관리를 싫어하는" 심리가 존재하고 있다.

충칭 시 완저우(萬州) 구의 "국장"이 짐꾼을 때려 많은 사람들의 집단사태를 야기한 것도,[8] "관리를 싫어하는" 심리적 작용이 있었다.

2004년 10월 18일 오후 1시경 "짐꾼" 위지쿠이(余繼奎)가 타이바이로(太白路) 중돤(中段)을 지나갈 때, 어깨 위의 멜대가 뒤에 오던 후취안쭝(胡權宗)의 아내 쩡칭룽(曾慶容)과 부딪쳤다. 쩡칭룽이 위지쿠이의 뺨을 때렸고, 후취안쭝은 위지쿠이의 멜대를 강제로 뺏어 그의 다리를 계속해서 때렸다. 후(胡)는 스스로 공무원이라고 하면서[어떤 사람은 국장이라고 했다고 하지만, 사실 그는 완저우 구 하오성(昊盛) 부동산 과일 도매시장의 임시노동자이다], 무슨 일이 일어나면 돈으로 해결할 수 있다고 했다. 그의 행동은 주위 사람들의 분노를 야기했고, 수백 명의 진상을 모르는 사람들이 에워싸고 구경하여 교통이 마비되었다.

얼마 후, 경찰이 현장에 와서 "국장" 부부와 몇 마디 나눈 후 강제로 주변 군중들을 해산시키고 "국장" 부부를 경찰차에 태웠다. 주위에서 구경하던 군중들은 경찰이 "국장"을 보호한다고 생각하고는 더욱 분개했다. 많은 사람들이 타이바이로에 모이자, 교통이 마비되었고, 이 사태에 대한

---

8 이 부분은 〈신화사 충칭〉 2004년 10월 20일에서 인용하여 서술했다. 「충칭 완저우에 심각한 집단성 사태가 발생하다」.

대답을 정부에 요구했다. 계속해서 구(區) 정부 청사를 포위하고, "살인자를 내놓아라", "살인자를 엄중히 처벌하라"는 소리를 끊임없이 외쳐댔다. 관리와 경찰은 인간 울타리를 만들어 사람들의 충돌을 막으려고 했지만, 한 차례 충돌이 일어났다. 완저우 구 위원회 부서기·구청장 우정룽(吳政隆)이 긴급히 회의를 열어 돌발사태 처리에 대한 대안을 논의했다. 공안국도 즉시 경찰력을 동원하여 당정 기관과 상점·은행 등 중요한 장소를 보호했다. 저녁 무렵 완저우 구 상무 부구청장 리스쿠이(李世奎)가 TV 담화를 발표하여 당국이 반드시 책임지고 진상규명을 하고, 사고 장본인을 엄중히 처벌할 것이니 군중들에게 해산할 것을 권유했다. 이때, 시위자들은 이미 경찰차를 뒤엎고, 또 불을 지르고, 벽돌과 기와 조각으로 정부 건물을 부수기 시작했다. 처음에는 관리와 경찰들이 상급 기관의 지시로 욕설에 맞대꾸도 하지 않았고, 맞아도 대응하지 않았지만, 이어서 당국이 강제로 현장을 정리하고, 수천 명의 진압경찰들이 완전무장을 하고 건물 앞과 광장 안의 사람들을 강제로 해산시키기 시작했다. 혼란을 틈타 약탈 방화를 일삼은 소수의 범법자들에 대해서는 과감하게 법에 따라 그 법률적 책임을 물었다.[9]

2005년 츠저우(池州) 사건[10]은 관리를 미워하는 심리뿐만 아니라, 부자를 미워하는 심리가 작용한 것이다. 군중은 승용차를 탄 사람이 관리가 아니라 돈 있는 사람이라고 생각했다.

2005년 6월 26일 오후 2시 40분, 안후이 성 츠저우 시 추이바이로(翠柏路) 야채 시장 입구에서 쑤(蘇)A 번호판을 단 도요타 승용차 한 대가 행인 류량(劉亮)에게 부상을 입혔고, 쌍방이 잘못을 다투다가, 차의 운전자가 류량을

---

9 내용은 『츠저우일보』 2005년 6월 27일에서 인용했다.
10 허윈장(何雲江), 「구이저우 성 윙안 사건 진상 통보 소녀 리수펀(李樹芬) 재검시」, 〈신화망〉 구이저우채널, 2008년 7월 1일.

구타해 부상을 입혔다. 이를 본 일부 시민들이 참지 못하고 츠저우 110에 신고했다. 주화로(九華路) 파출소에서 바로 현장으로 사람을 보내 류량을 츠저우 시 제1인민병원 응급실로 보냈고, 사고 장본인을 파출소에 연행하여 조사를 했다.

사고 장본인이 파출소로 연행된 후, 일부 주위의 사람들은 경찰이 "운전자"의 편을 들고 있다고 의심하여, 파출소로 달려와 경찰과 대치했고, 갈수록 사람들이 몰려들었다. 소식을 들고 달려온 시 고위 관계자가 나와서 시민들과 대화를 했으나 효과가 없었다. 오후 6시쯤, 일부 호사가들이 사고 차량을 부수기 시작했고, 도요타 승용차는 원래 모습을 알아볼 수 없을 정도로 부서지고 뒤집혔다. 오후 6시 50분, 현장 주변의 군중들이 1만 명이 넘었고, 일부 사람들은 차에 불을 지르고, 불이 붙은 차에 폭죽을 던지며, 난동을 부렸다. 오후 7시, 어떤 사람이 또 파출소 앞에 정차되어 있던 경찰차를 겨냥했고, 경찰차로 파출소 입구를 막아버렸다. 차에 불을 붙이며, 폭죽을 터뜨려, 순식간에 사방이 검은 연기로 가득 차, 현장은 혼란이 더욱 가중되었다. 지휘부는 무장 경찰을 보내 질서를 유지하려 했지만, 에워싼 사람들이 너무 많아서 통제가 불가능했다. 오후 7시 5분, 또 어떤 사람이 현장의 무장 경찰을 습격해, 여섯 명의 무장 경찰이 돌에 맞아 부상을 당했다. 불을 끄기 위해 긴급 출동한 소방차는 소화전을 빼앗겼을 뿐만 아니라, 소방차도 현장에서 10미터쯤 밀려났다. 오후 7시 25분, 파출소 전원이 끊기자 어떤 사람이 실내에 폭죽을 던졌다. 오후 7시 40분, 추이바이로에 정차되어 있던 홍보용 차량과 경찰차가 동시에 불에 탔다. 오후 8시 3분, 한 무리의 사람들이 부근의 둥화둥(東華東) 마트를 공격하여, 문을 부수고 들어가 약탈을 자행했다. 세 시간여 후, 마트는 모조리 약탈당했다. 오후 11시쯤 되자, 현장에는 여전히 2,000여 명의 사람이 남아 있었다.

오후 6시에 공안부 지휘 센터에 지휘부가 만들어졌다. 셰더신(謝德新) 시장 등 시 고위 관계자들은 긴급히 논의하여 다음과 같은 방안을 만들었다. 홍보를 강화하여, 진상을 모르는 군중들을 분산시키고, 츠저우 시 경찰력이 매우 부족한 것을 감안해 성 공안청에 경찰력을 긴급 추가 지원 요청하며, 증거를 수집하고 조사하도록 했다. 오후 9시쯤, 부성장·시 위원회 허민쉬(何閩旭) 서기가 급히 츠저우로 와서 가급적 사람들을 빨리 분산시키고, 불법 분자들이 계속 범죄행위를 저지르는 것을 엄중히 막고, 동시에 증거를 확보하여 불법 분자를 엄중히 처벌하라는 왕진산(王金山) 성장의 특별 지시를 전달했다. 오후 11시, 성 공안청 추이야둥(崔亞東) 청장이 지휘부를 찾아와 간단히 보고를 듣고는 과단하게 조치를 취하고, 국면을 장악하라고 지시했다. 오후 11시 40분, 700여 명의 경찰이 비를 맞으며 현장으로 출동하자, 국면이 신속히 장악되었고, 위법 혐의가 있는 몇 명은 즉시 공안에 체포되었다.

구이저우 웡안(瓮安) "6.28" 사태. 2008년 6월 28일, 한 소녀가 물에 뛰어들어 사망했으나, 형사 사건으로 처리되지 않자, 군중들이 공안국의 결론을 믿지 않았고, 공안국의 검시 결과도 믿지 않았다. 이로 인해 대규모 집단사태가 일어나, 웡안 현 위원회 건물이 불에 탔다. 현 정부 행정부 사무실 104칸이 불에 타고, 현 공안국 건물의 47개 사무실·4칸의 내부가 타버렸으며, 수사 건물 사무실 14칸이 부서졌다. 그리고 현 공안국 호적센터의 문서 자료가 전부 훼손되었다. 이외에 경찰차 22대·오토바이 15대를 포함하여 54대의 차량이 불에 탔으며, 150여 명이 부상을 입었다.

룽난(隴南) 사태. 2008년 11월 17일, 철거 이주 문제로 군중들이 상부기관에 진정을 냈으나, 결국 대규모 집단사태로 번졌다. 폭도들이 룽난 시 위원회를 공격하여 69명의 무장경찰·두 명의 인민경찰과 세 명의 기자가 부상을 당했고, 그중 11명은 병원에 입원하여 치료를 받았다. 폭도들은 가옥 110채·차량 22대를 불 지르고 부수었으며, 시 위원회 각 부서 사무실

시설과 기타 손실(가옥 및 차량 손실 불포함)이 500여만 위안이었다.[11]

2009년 6월 17일부터 20일까지의 스서우(石首) 사태. 후베이 성 스서우 시의 한 주방장이 비정상적으로 사망했다. 형사가 신속하게 현장으로 달려가 조사하고, 법의학자가 기본적으로 사체를 검사를 했지만, 신체적인 치명상을 발견하지 못했다. 초동 수사를 통해 사망자는 투위안가오(涂遠高)라는 24세의 남자로, 스서우 시 가오지먀오(高基廟) 진 창허(長河) 마을 사람이며, 이 호텔 주방장으로 일했던 것으로 밝혀졌다. 경찰이 사망자의 집을 조사하여, 사망자가 남긴 유서를 발견했다. 유서 내용은 세상을 비관하여 스스로 목숨을 끊겠다는 것이었다. 경찰은 타살을 배제하고, 초보적으로 자살로 확정했다. 군중들은 정부의 결론을 믿지 않고, 내부에 부패한 내막이 있다고 여겼다. 정부가 바로 시체를 화장하려고 하자, 군중들은 즉시 시체 화장을 허락하지 않고, 시체를 빼앗으려는 정부와 시체를 지키려는 군중들 사이의 충돌이 있었다.[12]

주목할 만한 것은 집단사태에 참여하는 많은 사람이 사건 자체와는 어떠한 직접적인 이해관계가 없을 뿐 아니라, 어떤 사람은 현지인도 아니라는 점이다. 그들이 사건에 참여하는 순수한 목적은 일종의 불만을 품은 감정의 발산이다. 사건의 발생과 확대는 종종 정부 공신력이 하락하여, 군중들이 정부의 발표를 믿지 않아서, 대항하게 된 것이다. 정부 당국에 대한 민중의 불신임은 최근 점점 늘어나는 대규모 집단성 사태로 나타나며, 또한 이른바 "베이스다이(被時代)"라는 신조어로 표현된다. 민중들은 "베이쯔사(被自殺)"로 정부 당국에 의해 자살로 규정되었으나 많은 사망 사건의 질의에 의심나는 점이 있는 것을 표현했다. "베이주예(被就業)"로 정부 당국이 발표

---

11 쑹창칭(宋常青), 「직격 간쑤 룽난 집단사태」, 『요망』, 신문주간, 2008년 11월 23일.

12 톈더우더우(田豆豆), 「후베이 스서우에서 군중들이 도로를 막는 사태가 발생하여 수만 명이 에워싸고 보며 소란을 피우다」, 〈인민망 우한〉, 2009년 6월 20일.

한 취업률의 질의를 표현했고, "베이핑쥔(被平均)"으로 정부 당국이 발표한 평균임금 수준에 대한 질의를 표시했다. "베이다이뱌오(被代表)"로 갖가지 공청회 대표 신분에 대한 질의를 표시했다. …… "베이(被)"의 광범위한 유행과 사용으로 "베이(被)"는 언론계의 "2009년 키워드"가 되었다.

분명히 "부자를 미워하고", "관리를 미워하는" 것은 일종의 비정상적인 사회 심리이다. 부자 중 대다수는 정당한 방법으로 부를 축척하고 대부분은 사회에 공헌한다. 관리 중에서도 민중을 위해 많은 일을 하는 좋은 관리들도 많다. 그들은 적대시하는 건 일부분만으로 전체를 판단하는 것으로 사회 화합에 도움이 되지 않는다. 그러나 "부자를 미워하고", "관리를 미워하는" 심리의 존재는 일부 관리의 부패와 돈을 벌기 위해 온갖 나쁜 짓을 다 하는 사람들 존재의 반영이다.

관리 부패와 돈을 벌기 위해 온갖 나쁜 짓을 다 하는 것과 상응하는 것은 대량의 산업노동자 퇴직과 농민의 빈곤이다. 앞에서 이미 중국 하위계층 구조 중 중간계층이 매우 빈약하고, 하층사회의 소망도 충분한 표현 공간이 부족하다고 제기했다. 이런 사회구조에서 고층사회와 하층사회 간의 완충지대가 부족해, 하층사회와 상층사회의 이차원적인 대치가 쉽게 형성된다. 이것은 비교적 위험한 사회구조이다.

1990년대 중반 이래로, 노동자와 농민의 진정(陳情)이 비교적 많았고, 집단 진정도 상승하는 추세에 있다. 어떤 사람은 법률이라는 무기로 자신의 이익을 지키기 시작했다. 그러나 일부 지방정부는 오히려 진정 인원수를 줄이는 것으로 일급 정부 관리를 고과하는 지표로 삼았다. 그 본래 의도는 아마도 부하에게 갈등을 없애도록 독촉하려는 것이었지만, 일부 향진 정부는 자기 업적에 대한 고려에서 비롯되어, 마을 길목에 보초를 세워 진정을 요구하는 사람들을 층층이 막았다. 심지어 진정을 요구하는 사람을 박해하여, 갈등을 더욱 격화시킨다. 군중이 진정을 요구하는 것은 그들이 여전히 정부를 믿고 있다는 것을 말하고, 민중이 고소하는 것은 그들이 여전히 법률을 믿고 있다는 것을 말하고 있음을 알아야 한다. 일단 그들이 정부가 문제를 해결해 주지 못할 것이라고 생각하고, 법률이 효력을 잃는다고 생각하면, 그들은 진정을 하지 않고, 고소하지도 않는다. 이 지경이 되면 진짜 골치 아프게 된다.

최근 몇 년간, 농민의 부담이 경감되었기 때문에, 도시 문제가 비교적 집중으로 부각되었다. 도시에서 일을 찾지 못하는 농민공, 일자리를 찾지 못하는 대학 졸업생, 도시 빈곤층의 생활수준의 상대적 하락, 도시주민 주택 철거에 따른 불합리한 보상, 도시화 가속으로 인한 주택가격 급등·생활비용 상승…… 현실에 불만을 품은 사람들이 도시에 대량으로 집중되어 있다. 일단 집단사건이 발생하면 규모가 크고 통제하기 어렵다. 이것은 아주 위험한 일이다. 도시에서 발생하는 대규모 집단사건은 전국에 시범적인 성격을 갖고 있어서, 아주 쉽게 다른 지방으로 널리 퍼져, 그 위험이 농촌에서 발생하는 집단사건보다 훨씬 높다.

제18장

각 계층은 조화롭게
살고 싶어 한다

계층은 이익 차이의 표현이고, 이익 차이의 지나친 발전은 이익 충돌을 초래할 수 있다. 모순을 완화하고 충돌을 줄이면, 이익 층차가 다른 사람들을 조화롭게 살 수 있게 할 수 있으며, 사회의 안정을 보장할 수 있다. 개혁이 사회구조를 변화시키기 때문에, 사회의 안정을 유지하는 시스템·수단은 과거와는 매우 큰 차이가 있다.

새로운 안정적 메커니즘을 확립해야 한다

개혁 이전, 각종 권력은 중국 공산당 중앙위원회와 중앙정부에 고도로 집중되어 있었고, 중국 공산당 중앙위원회와 중앙정부는 사회 안정을 보장하는 유일한 버팀목이었다. 지금은 원래 중앙정부에 집중되었던 많은 권력이 각종 이익집단·자치단체 및 위험을 담보하는 독립적인 개인에게로 옮겨 가고 있다. 이로 인해 사회 안정의 버팀목도 분산되기 시작하여, 중국 공산당 중앙위원회와 중앙정부는 더 이상 사회 안정을 지탱하는 유일한 힘이 아니다. 각종 이익집단·사회 중간 조직과 개인의 행위도 사회 안정에 중요한 작용을 하고 있다.

중국 공산당 중앙위원회와 중앙정부가 사회 안정의 유일한 버팀목이었을 때, 사회 안정을 유지하는 중요한 두 가지 수단이 있었다. 한 가지 수단은 권력 강제와 무장 진압이고, 다른 수단은 인식의 통일로, 다른 사상을 억눌렀다. 이것이 바로 2천 년 동안 중국을 안정시킨 "문무의 도(文武之道)"이다. 즉, 그 당시의 안정은 중앙정부의 통제력에 전적으로 달려 있다는 말이다. 각종 사회의 여러 세력과 다른 의견에 대한 통제력이 강하면, 사회는 안정될 수 있고, 통제력이 약하면, 안정을 잃어버릴 수 있다.

사회 안정의 버팀목이 다원화된 이후, 사회 안정을 결정하는 관건은 각 계층의 화합으로, 각 계층의 질서 있는 행위와 개인의 이성적인 행위에 있었다. 정부의 주요 작용은 통제에 있는 게 아니라, 협조와 규범에 있다. 정부는 각 계층 간의 이익을 조화롭게 해야 하고, 각종 조건들을 만들어 각 계층이 서로 소통·협의·타협하게 해야 한다. 정부는 시장을 규범화하여 공평한 경쟁 환경을 조성하고, 아울러 시장에서 효력을 잃은 부분과 상황에서 정부의 작용을 드러내야 한다. 그중, 사회 공평을 보장하는 것이 정부의 가장 중요한 책임이다.

경제 개방 이후, 사회구조의 개방을 추진하는 데 노력하려 했다. 사회구조가 개방되어야만, 사회의 신생 역량을 흡수할 수 있고, 새로 출현하는 사회 배역들로 하여금 자기의 합법적인 위치와 이익을 보장받도록 할 수 있다. 그렇게 함으로써 심리 상태를 안정시키고, 이성적으로 행동하도록 한다. 사유기업주 계층이 출현한 이후, 10년의 과정을 거쳐서 그들에게 합법적인 평등한 지위가 주어졌지만(1999년 제9기 전국인민대표대회에 비로소 사회주의 시장경제의 중요 구성 부분임이 확인되었다), 다른 새로운 사회 배역들은 지금까지도 여전히 받아들여지지 않고 있으며, 농민공의 상황이 가장 심각하다.

농민공은 이미 도시에서 없어서는 안 되는 일을 하고 있지만, 오히려 그 일의 현 상태와는 일치하지 않는 농민의 신분을 갖고 있다. 이것은 그들을 일하는 곳에서 이등 시민으로 만들어 버렸다. 차별적인 노동과 생활환경은 끊임없이 그들과 도시 사회 간에 적대적 감정을 조성했다. 이런 사회적 차별과 이로 인해 조성된 적대적 감정은 사회구조의 개방이 경제구조의 개방보다 뒤처지는 결과를 낳았다. 불공평 지위에 처한 거대한 군중인 농민공 중 일부는 또한 살아갈 방도가 없거나 타향으로 유랑하는 곤경에 처해지기도 했다. 상상해 봐라, 만약 이러한 곤경에 빠진 사람 중 천분의 일이 이성을 잃게 되면, 이 사회가 안정될 수 있겠는가? 도시 범죄 중 농민공이 차지하는 비중이 매우 크며, 사회구조의 개방이 경제구조의 개방보다 뒤처진 사실 가운데에서 원인을 찾아야 한다. 또한 사회구조를 개방하는 것에서 해결 방법을 찾아야 한다.

소통의 통로를 만들려면, 각 계층의 의견이 막힘없이 표현되도록 해야 한다. 이익이 다원화된 이후, 과거의 그 "여론을 일률적으로 만드는" 방법은 여러 의견의 표현과 소통에 이롭지 못하다. 민주 제도의 수립을 가속화하려면, 각종 의견이 마음껏 표출되도록 허락하고, 각종 이익집단들이 서로 소통하도록 하고, 다른 의견이 표현되고 소통하는 통로가 있어야 한다. 소통을 통해 이해하고 협상하고 타협해야 한다. 협상과 타협은 다원화 사회의 윤활유로, 다른 계층과의 마찰과 충돌을 줄일 수 있다. 대중 매체의 개방은 중요한 소통 통로로, 다른 의견을 표현하고 소통하는 데 도움이 된다. 어떤 사람은 대중 매체의 개방에 대해 우려하는데, 그들은 중앙정부와 다른 의견을 "잡음"이나 "소음"으로 간주하여, 언론매체가 다른 의견을 표현하는 것은 곧 "혼란만 가중시킨다"고 생각했다. 정부가 사회를 안정시킬 유일한 지탱력일 때, 이런 걱정은 아마도 필요하겠지만, 사회 안정을 지탱하는 힘이 이미 다원화된 상황에서, 이런 걱정은 쓸데없는 것이고, 또한 현대화의 장애물이다. 실제로 다른 의견의 표현 통로는 사회 충돌을 완화하는 "안전밸브"이다. 2004년 10월 27일부터 11월 9일까지 발생한 쓰촨 한위안(漢源) 사건은 일찍이 4월부터, 현지 사람들이 끊임없이 중앙과 성·시·현의 관련 부서에 반복해서 청원하고, 80여 권 분량의 보고서와 1만 명이 서명한 "만언서(萬言書)"를 제출했다. 그러나 이에 응당 있어야 할 주목을 받지 못했다. 2005년 6월에 발생한 허베이 성 딩저우 사건은 일찍이 1년 반 전에 조짐이 있었지만, 원활한 요구 통로가 없었다.

사회 중간 조직을 양성하여, 위험과 충돌의 완충지대를 만들어야 한다. 시장경제와 상응하는 사회구조 중에서, 중간 조직은 아주 중요하다. 중간 조직은 공공이익을 대표하는 국가와 개인의 이익을 강조하는 개인 간의 과도 지대와 조절 지대이다. 개인에게 있어서 시장경제는 거대한 발전의 기회이면서, 또한 거대한 위험이 도사리고 있다. 주식시장을 예로 들면, 개인이 변화무쌍한 주식시장에 뛰어들면 위험이 매우 크지만, 만약 각종 기금 조직을 통해 주식시장에 참여하면 위험은 줄어든다. 주식시장에서의 각종 기금 조직이 곧 일종의 중간 조직이다.

시장경제가 비교적 발달한 홍콩에서는 사회의 중간 조직이 비교적 발달되어 있다. 홍콩 전체에 170여 개의 단체가 있고, 각 단체 밑에 또 각종 구체적인 업무기구와 조직이 있어서, 이것을 합치면 약 2,700여 개나 된다. 이런 단체와 조직은 기본적으로 홍콩의 노인·장애인·가정·부녀·청소년 등을 위한 각 부류의 지역사회 서비스를 책임지고 있다. 이것은 단지 지역사회의 중간 조직만을 이야기했을 뿐, 그 밖에 많은 경제적·정치적 중간 조직이 있다. 중국 내의 중간 조직은 이제 막 생기기 시작했다. 각종 기금회·협회·연합회가 있지만, 행정성이 강하고, 독립적인 운영능력에는 한계가 있다. 홍콩의 사회단체의 가장 큰 특징은 바로 사회성으로, 행정에 의지하지 않고 독립적으로 활동한다는 점이다.

중간 조직이 발달하지 않았기 때문에 거래자 개인이 직접적으로 시장(市場)과 직면해야 할 뿐만 아니라, 단독으로 위험을 부담하고, 또 직접 정부와 대면해야 한다. 중간 조직의 미발달과 행정의 간섭은 교역 통로를 원활하지 않도록 하여, 거래자는 "교역 비용"을 줄이기 위해, 돈으로 교역 통로를 살 수밖에 없다. 중간 조직이 발달하지 않은 것이 권력과 돈의 거래를 조성한 한 원인이고, 권력과 돈 거래는 또한 중간 조직의 발달을 방해했다. 만약 교역 통로가 원활하게 되면, 관리들은 이익을 취할 것이 없게 되지 않겠는가?

사실 노동조합은 원래 중간 조직으로, 노동자의 이익을 대표하고, 노동자 개인과 투자자 사이의 이익 관계를 조절하며, 노동자와 투자자의 협상 대표이어야 한다. 노동조합을 당과 정부의 하부기관으로 간주했기 때문에, 노동조합은 중재 기능을 상실했고, 사회의 강성을 증가시켰다.

사회정책을 강화하고, 사회공평을 촉진해야 한다. 20년 동안, 국가는 경제정책을 중시하여, 경제발전을 촉진시키는 데 중요한 작용을 했다. 시장경제가 이미 기본적으로 계획경제를 대체한 이후, 사회문제는 더욱 두드러졌다. 경쟁은 시장경제의 동력이다. 시장경쟁에서 강자는 언제나 우위를 차지하고 있다. 경쟁을 통해 강자는 더 강해지고, 약자는 더 약해진다. 이것이 바로 국가의 사회정책으로 시장의 결함을 보충해야 하는 이유이다. 시장경쟁은 효율을 높이고 사회정책은 공평을 촉진시킨다. 양자가 서로 협력을 해야만 사회는 안정적으로 발전할 수 있다. 사회정책의 주요 내용은 다음과 같다. 경제독점과 정치독점을 방지하고, 권력 상호제어와 법제도 건설을 강화하며, 상위계층이 하위계층의 이익에 침해하는 것을 막는 것이다. 재분배를 통해, 상위계층이 취득한 소득에서 나온 돈으로 하위계층을 돕는 데 사용하고, 아울러 중국 실정에 적합한 방법을 사용하여, 사회보장제도를 만든다.

하층민을 구호하고, 상층민을 규제하다

이 책의 제17장에서 한 가지 견해를 소개했었다. 계급충돌을 야기하는 주요 원인 중에서 하층사회와 밀접한 관계가 있는 것으로 다음의 두 가지가 있다. (1)하층사회 집단은 기존의 사회관계 모식(模式, 양식)을 받아들이기를 거부한다. (2)하층사회 집단이 정치적으로 조직된 정도이다. 그래서 사회의 안정 여부는 하층사회 집단에 달려 있다. 부자는 그들의 이익이 침해

받지 않도록 하기 위해 사회 안정을 찾지만 가난한 사람은 사회가 변하기를 바란다. 사회의 변화가 그들에게 더 많은 기회를 가져다주기 때문이다. 바로 마르크스가 말한 혁명 중에 무산계급이 단지 쇠사슬만 잃어버린 것이 아니라, 오히려 세계 전체를 얻었다는 것과 같다. 사실상 무산계급 중의 대다수는 세계 전체를 기대하지 않았고, 오히려 사회의 충격 속에서 쇠사슬로부터 벗어나기를 더욱 기대했다. 속담에 "맨발의 사람은 구두 신은 사람을 무서워하지 않는다"는 말처럼, 하층사회 집단은 가장 대담하게 현존 질서에 도전했다.

만약 하층집단의 기본생활이 보장되지 않는다면, 사회는 안정될 수 없다. 그래서 어떤 사회 제도든지 빈곤 부조(扶助)를 사회 안정을 보장하는 중요한 시책으로 삼았다.

빈곤 부조는 자선행위일 뿐만 아니라, 사회 안전을 보장하는 데 없어서는 안 되는 시책으로, 상층계층의 안전과 각 계층의 안정과 관계가 있다.

개혁 개방 30년 동안 중국의 절대빈곤 인구는 2억 5,000만 명에서 1,500만 명 이하로 줄었지만, 이것은 아주 낮은 기준의 빈곤 추방이다. 국가가 규정한 절대 빈곤선은 연간 소득이 786위안 즉 약 100달러로, 평균적으로 따지면 하루에 0.274달러에 불과하다. 2009년 중국 정부는 절대빈곤 표준과 상대빈곤 표준을 합해 빈곤선을 연소득 1,067위안, 즉 약 150달러로, 일평균 0.41달러로 정했다. 세계은행 『2005년 세계발전보고서』에서는 1인당 1일 최저생계비를 1달러 미만(이 기준은 아프리카 국가를 포함한 세계 각국에 적용됨)으로 계산했는데, 2003년 중국의 빈곤인구는 2억 1,400만 명으로 전국 총인구의 16.6%를 차지했다. 유엔이 2006년 이 최저생계비에 따라 계산한 것을 보면, 중국의 빈곤인구는 2억 3,500만 명으로, 전국 총인구의 18%를 차지했다.

1990년대 이후부터, 빈곤구제는 각 급 정부의 중요 사안일 뿐만 아니라,

사회 각 분야가 공동으로 노력하는 일로서, 성과가 아주 뚜렷했다. 그러나 중국 현행 행정체제 하에서는, 어떤 일이든지 중시를 받으면, 그 일에 형식주의 성분이 생기게 되어서, 그것의 효과가 반드시 엉망이 되어버린다.

향진 정부가 빈곤구제사업의 투자 주체이기 때문에, 자신들의 업적이 드러나도록 하기 위해, 투자처를 찾고, 외부 투자 사업을 늘리는 것은, 곧 정부를 심사하는 주요한 지표가 되었다. 정부의 임기가 늘 사업자금의 환수 기간보다 짧기 때문에, 이번 정부가 얼마나 많은 사업을 했는지만을 심사할 수 있을 뿐, 그 사업들의 효과에 대해서는 심사할 수 없었다. 게다가 관리를 잘하지 못하고 부패하여, 재산 증식을 목적으로 삼은 농촌(縣鄕) 기업들 중, 일부는 이윤을 창출하지 못할 뿐만 아니라, 오히려 무거운 부담이 되었다.

인구 자질의 차이는 빈곤을 만드는 중요한 원인이다. 간쑤(甘肅) 성을 예로 들면, 문맹과 반문맹 인구가 전체 인구의 39.08%을 차지했고, 농민 중 절반이 문맹으로, 빈곤한 산악지대와 소수민족 지역의 문맹이 50~70%에 달했다. 낮은 자질의 농민은 새로운 사물을 받아들이는 능력이 떨어지고, 시장경제의 경쟁 환경에 적응하기 어렵다. 낮은 자질의 인구 중 "아들이 많으면 복이 많고", "남존여비"의 진부한 관념이 성행하여, 자식을 낳을수록 가난해지고, 가난할수록 자식을 많이 낳아서 인구 팽창을 초래했다. 낮은 자질의 인구는 환경을 대하는데 눈앞의 상황만 고려하여, 닭을 죽여 계란을 얻는 식으로 자원을 고갈시키고, 환경을 악화시켰다. 인구 자질을 제고시키는 것은 장기적인 과제이다. 주로 교육 사업에 의지해야 하지만, 중국의 교육 발전은 매우 불평등하여, 낙후된 지역일수록 교육이 더 뒤처져 있다.

농촌 인구의 빈곤 추방은 상당히 긴 과정이다. 진도와 목표를 정하면, 아마도 사람을 감동시킬 만한 숫자를 "만들어낼" 수 있을 것이다. 많은 빈곤 인구는 "빈곤 추방(脫貧)" 후에 "다시 빈곤해지는데(返貧)", 그것은 그 속에 "관리가 조작한 숫자"가 있기 때문이다. 왜 관리가 숫자를 조작할까? "숫자를 조작한 관리"는 "정치적 업적이 좋아서" 매우 빨리 승진하기 때문이다.

만약 농촌 빈곤인구가 분산될 때, 사회 안전에 긍정적 영향을 끼친다고 말한다면, 비교적 집중된 도시의 빈곤인구에 대해서도 예사로 보아 넘길 수 없다. 도시 빈곤인구를 부조하기 위해 최근에 각 도시는 최저생활보장제도를 실시했다. 2007년 수혜자 수는 2,347만 명에 달해 빈곤 완화와 약자 집단 원조에 큰 작용을 했지만, 여전히 많은 문제를 갖고 있다. (1)보장해 주어야 할 모든 보장을 해주지 않았다. 많은 도시빈곤 가정은 최저생활보장제도 원조를 신청하지 않았다. 그 원인은 최저생활보장 수준이 너무 낮아서, 최저생활보장을 받더라도 근본적으로 가정의 빈곤 상황을 바꿀 방법이 없었기 때문이다. 조건에 부합되는 도시빈곤자 중 4분의 1도 되지 않은 사람들만 원조비를 받았다. 그 밖에 장기 유동 인구(어떤 지방에서는 6개월 이상 거주)는 여전히 배제되어 포함되지 않았다. (2)원조 수준이 너무 낮았다. 최저생활보장 대상자인 2,347만 명의 매달 지출액이 70위안에 불과하여, 상대적으로 과중한 의료비·주택비와 교육비를 갖고 말하면, 계란으로 바위 치는 격으로, 아무 도움이 되지 못했다. (3)아직 농촌에서 도시로 가서 일하는 근로자와 그들의 가족들에게 혜택을 주지 못했다. (4)졸업 즉시 실업자가 되는 대학생은 최저생계보장을 받을 방법이 없었다.

빈곤인구는 경제적 빈곤일 뿐만 아니라, 더 중요한 것은 권리의 빈곤이다. 1998년 노벨 경제학상 수상자인 아마르티아 센(Amartya Sen, 1933~)은 빈곤의 근원은 권리의 결여라고 했다. "권리의 빈곤"은 바로 공민이 가져야 할 노동권·건강권·주택권·이주권·교육을 받을 권리 등 상응하는 사회적 권리가 충분히 실현되지 못한 것을 말한다. 경제 빈곤을 해소하는 근본적인 방법은 사회적 권리의 평등을 강화하고, 사회적 권리의 공정을 보장하는 것이다. 비싼 주택비·교육비·의료비 등 민생 문제의 근원은 공민이 마땅히 가져야 할 권리가 실현되지 않았다는 데에 있다. 소외계층은 그들의 "무능"이 아니라, 정부가 사회 개혁을 추진하는 과정 속에 소외계층에 대한 많은 사회적 권리보장이 부족하기 때문이다. 소외계층은 보편적으로 규칙과 제도를 규정하는 경로에 참여하지 못하고, 그들을 위해 대신 말해 주고, 그들의 권리를 위해 박수를 치고 소리쳐 주는 합법적인 민의의 대표가 부족하다. 그렇지만 어디에서든지 권리가 무시되고, 권리를 침범당하면, 권익 수호를 요구한다. 최근의 강제이주 반대·도시 주택의 악질적 철거 반대·농촌의 악질적 토지 징발 반대 등 권익 수호 행위와 사회적 목소리는 바로 권익 침범에 대한 옹호를 위한 부단한 게임이다.

하층 사회를 부조하면서, 상층 사회의 행위에 대한 제약이 있어야 한다. 그 방법으로 첫째가 관리의 행위를 제약하여 행정권이 지나치게 확장되는 것을 방지하고, 관리의 부패가 확대되는 것을 방지해야 한다. 둘째는 신(新) 부호들의 나쁜 행위를 억제하여, 소수가 부를 위해 나쁜 짓을 하는 것을 방지해야 한다. 실제로 이 두 가지는 어떤 때에는 겹쳐지기도 한다. 전자에 대해서는 이 책의 앞부분에서 이미 많이 이야기했기 때문에, 여기서는 후자에 대해서만 이야기하겠다.

우리는 경제 전환기에 벼락부자가 된 사람이 벼락부자가 된 이유가 그 혼자만의 장점이 있었고, 또한 막대한 개인의 대가가 있었음을 인정한다. 그렇지만 또한 그중 일부는 재능이 뛰어난 사람이라기보다는 "간이 큰 초인"임을 인정해야 한다. 그들은 과감하게 구체제를 타파했고, 과감하게 구관념을 깨트렸으며, 과감하게 정책의 틈을 이용했으며, 또 과감하게 남들이 하지 않는 것을 했다. 즉 배짱이 그들을 승리하게 했다. 이러한 것들은 비난할 수 없는 것들이지만, 그중에 일부 사람은 돈을 번 이후, 배짱을 쓰지 않아야 할 곳에 사용했다. 대담하게 도덕적 약속을 깨트리고, 모든 사회적 규범을 무시했다. 일부 부를 위해 부정한 수단을 사용하는 대부호가 나타났다. 농촌에서 그들은 과거의 악덕 토호보다 더 악랄했으며, 도시에서는 과거 우리가 교과서에서 비판한 자산계급보다 더 부패했다. 이러한 사람들은 비록 소수였지만, 그들의 행위는 많은 사유기업주의 이미지에 손상을 끼쳤다. 그들의 행위는 또한 사회적 모순을 격화시키기에 충분했으며, 모순이 격화되면 다른 사회적 모순을 유발할 가능성이 있었다.

분명히 부를 위해 부정한 수단을 사용하는 부자들을 제약하는 데 정부가 중요한 작용을 할 수 있지만, 완전히 정부에 희망을 걸 수는 없다. 근본적인 문제는 도덕의 재건이다. 시장경제 조건 하에서, 도덕의 재건은 각 계층의 이익을 통합하는 데 있고, 각 계층의 적극적 가치 관념을 세우는 데 있다.

사회 재분배를 통해, 불평등 정도를 줄이자

주민 소득의 불균형은 어느 정도까지 사회 안정에 영향을 끼칠 수 있다. 후롄허(胡聯合)·후안강(胡鞍鋼)은 연구를 통해 전국 주민소득 지니계수와 각종 위법 범죄활동의 상관계수가 높다고 주장했다. 소득의 차이가 클수록 위법 범죄활동은 심각했다. 현재 매년 중국에서 발생하는 형사 사건이 400여만 건의 규모로, 치안 사건은 600여만 건에 달해, 국민의 생명과 재산 안전 및 사회 안정에 심각한 현실적 위협이 되었다.[1]

국가 정권은 빈곤을 부조하면서, 또한 재정과 세수정책을 통해 주민들의 소득을 조절하고, 분배의 격차를 줄여, 사회 공평을 촉진하는데, 이것이 바로 "사회 재분배"이다. 사회 재분배는 사회 공평을 실현하고, 계층 갈등

---

1 후롄허·후안강, 「빈부 차이가 어떻게 사회 안정에 영향을 끼치는가(貧富差踞是如何影響社會穩定的)」, 『사회학(社會學)』(중국런민대학), 2008년 제1기에 실려 있음.

을 완화하는 중요한 수단이다. 자주 쓰는 재분배 수단에는 개인소득세·상속세와 재정 이전 지불제도(Financial transfer payment system)가 있다.

개인소득세는 개인(자연인)이 취득한 "과세소득"에 대해 징수하는 세금이다. 1799년 영국에서 처음 제정되어, 지금은 이미 세계 각국이 보편적으로 징수하는 세금으로, 아울러 일부 국가의 주요 세수 원천이 되었다.

1980년 9월, 중국은 첫 소득세에 관한 법률, 즉 〈중화인민공화국 개인소득세법〉을 공포했고, 1993년 10월·1999년 8월, 전국인민대표회의 상무위원회가 두 차례 수정을 했다. 2005년 10월 27일, 제10기 전국인민대표회의 18차 회의에서 세 번째 수정을 했으며, 수정 후의 개인소득세법은 2006년 1월 1일부터 시행되었다.

중국 개인소득세는 초과누진세율과 비례세율 두 가지를 시행한다. 급여·자영업자 경영소득에 대해선 초과누진세율이 적용된다. 급여·봉급의 누진세율을 9단계로 나누어져 있다. 제일 낮은 세율은 5%이고, 제일 높은 1단계 세율은 45%이다. 초과누진세 소득이 높으면 높을수록 세율은 높아지고, 조절력은 커진다. 원고료·재산 양도 소득 등에 대해서는 비례세율을 적용하며, 과세소득 중 일정 비례에 따라 세금을 납부한다. 만약 원고료의 납세 비율이 20%이면, 납부해야 할 세액에 따라 30%를 적게 징수한다.

2005년, 개인소득세는 이미 중국의 4대 세목(稅目) 중 하나가 되었지만, 중국의 개인소득세가 소득격차를 조절하는 방면에서의 작용은 아직은 미약하다. 전국 개인소득세 총액이 전국 세수 수입에서 차지하는 비중이 2001년에 막 4%를 넘었고, 2007년에는 6.4%, 2010년에는 10%에 달할 것이라고 추측하고 있다. 다른 나라와 비교하면, 이 비율은 너무 낮다. 고소득 국가는 이 비율이 40% 이상이고(미국은 1995년에 41.37%였다), 중간소득 국가는 10~20%이며(멕시코는 1994년에 13.72%였다), 저소득 국가는 6~10%였다(인도는 1995년에 7.68%였다). 이 비율이 너무 낮기 때문에, 소득에 대한 조절 작용이 미약하다. 빈부격차에 대한 조절작용이 너무 낮은 것은 또한 개인소득세 과세 최저한도가 너무 낮은 것과 관계가 있다.

중국의 제1차 개인소득세 과세 최저한도인 800위안은 1980년에 설정되었다. 이해의 전국 노동자 평균임금은 762위안이었고,[2] 월평균 63.5위안이었다. 개인소득세 과세 최저한도 800위안은 당시 도시 노동자 평균임금의 12.6배였다. 당시의 개인소득세는 오로지 고소득자를 위해 만든 세금으로, 절대 다수의 샐러리맨과는 관계가 없었다. 2008년 전국 노동자 평균임금은 2만 9,229위안으로,[3] 월평균 2,436위안이었다. 가령 1980년 12.6배의 비율에 따르면, 개인소득세 과세 최저한도는 3만 694위안이 되어야 한다. 만약에 이 과세 최저한도에 따라 징수하면, 대부분의 샐러리맨도 납부할 수가 없을 것이다. 2006년 개인소득세 과세 최저한도가 800위안에서 1,600위안으로 올라 간 후, 샐러리맨이 개인소득세에서 차지하는 비중이 내려갔지만, 그들은 여전히 납세의 주체였다. 2009년 6월 18일 국가재정부 웹사이트에서 공포한 중국 개인소득세 기본 상황은 다음과 같다. 항목별 수입으로 보면, 최근 샐러리맨에게서 거두는 개인소득세 수입이 개인소득세 총수입에서 차지하는 비중이 약 50% 정도로, 개인소득세는 거의 샐러리맨의 "인두세"가 되었다. 개인소득세는 오로지 고소득자를 위해 만든 세금이어야 하는데, 왜 샐러리맨의 인두세로 바뀌었을까? 이것은 당연히 과세 최저한도가 너무 낮은 것과 관련이 있다. 2008년, 과세 최저한도를 올려야 한다는 목소리가 높았으며, 2009년의 "양회(兩會)"에서 과세 최저한도를 5,000위안으로 올리자는 한 대표의 건의가 있었다. 5,000위안을 과세 최저한도로 정하면, 80%의 샐러리맨이 배제된다. 20%의 사람들 중 부

---

2 국가통계국 편찬, 『1980년 중국통계개요』, 중국통계출판사, 79쪽.
3 위의 책, 47쪽.

자들이 납세하는 것이 비교적 공평한 납세 구조이다. 그러나 2009년 3월 7일, 재정부 부부장 랴오샤오쥔(廖曉軍)은 기자회견에서, 현재 중국은 아직까지 개인소득세 과세 최저한도를 조정할 계획이 없으며, 개인소득세를 조정할 조건이 아직 갖추어지지 않았다고 했다. 사람들이 간절히 기대했던 개인소득세 과세 최저한도 상향조정은 물거품이 되었다. 그렇다면 "개인소득세 과세 최저한도를 높이는 것"이 결국 어디에서 걸렸을까? 문제는 아주 간단하다. 20%의 사람들이 소득세 부담을 안아야 하는데, 그 사람들이 바로 중국의 강력한 집단으로, 그들의 세수를 높이고자 하는 것은 호랑이 보고 가죽을 달라고 하는 것과 같은 것이 아니겠는가?

본래 부자들에게 징수해야 할 개인소득세가 샐러리맨의 "인두세"가 되었으니, 그 원인은 과세 최저한도가 너무 낮은 것 이외에도, 또한 고소득자 세금 탈루와 관계가 있다. 예를 들면 중국의 부동산 중개업은 재부가 대량으로 모여 있는 업종이지만, 국가세무총국이 공포한 "2004년 중국 납세 100대 순위 차트"에는 부동산 중개업자가 한 사람도 들어가 있지 않았다. 권력에 빌붙어 부자가 된 "홍정상인"의 과세 회피 상황은 더욱 사람들에게 알려지지 않는 비밀이 되었다. 그들은 권력에 빌붙어 부자가 되었기 때문에, 당연히 권력에 의지해 탈세할 수 있었다. 전문가들은 개인소득세의 탈세 액수가 매년 1,000억이 넘고, 개인소득세 총액수의 3분의 1에 가까울 것으로 추정하고 있다.

개인소득세 탈루의 비율이 이처럼 커진 것은 사회 강세 집단의 저항 이외에 세제 자체의 불완전성과 무력한 세금 징수관리 수단 등의 원인 때문이다.

세제(稅制)를 보면, 중국이 현재 시행하고 있는 것은 분할세제로, 즉 소득을 11종류(급여·봉급소득, 자영업자 생산경영소득, 기업 사업 단위에 대한 도급경영·임대경영 소득, 노동보수 소득·원고료 소득, 재산양도 소득 등)로 나누며, 다른 소득 유형에 따라 나누어 계산한다. 이러한 세제는 납세자가 소득을 적게 신고할 수 있고, 조세 부담을 회피할 수도 있다. 이 11종류의 소득 중에서 아홉 가지는 원천징수 의무자가 원천 징수를 진행하여, 세무 부서와 납세자 사이에 직접적인 관계가 발생하지 않는다. 세금 탈루의 법적 책임을 분명하게 가리기는 어려워서, 원천징수 의무인과 납세자가 서로 짜고 원천징수를 하지 않거나 적게 원천징수하는 상황이 자주 발생한다.

만약 분할세제를 종합세제로 바꾸면, 즉 각 항목의 소득을 합쳐서, 매달 혹은 항목에 따라 미리 납부하고, 다음 해 초에 소득의 결산을 신고하면, 아마도 개인소득세의 누실을 줄일 수 있을 것이다. 이렇게 하려면 완벽한 재산신고제도가 보장되어야 하지만, 완벽한 종합소득세제 또한 문제가 있다. 앞으로 개인소득세 개혁 방향은 마땅히 종합과 분류가 서로 결합된 세제 모식 방향으로 발전해야 할 것이다.

상속세는 사회 공평을 보장하는 중요한 세수이지만, 중국에는 아직 상속세가 없다. 현재 이미 이 세금을 만들자는 사회적 여론이 있으며, 주관 부서도 상속세 징수 문제를 고려하고 있다.

재정 이전 지불제도는 중앙 재정이 지역 경제의 격차를 조절하는 수단이다. 중국의 재정 이전 지불제도는 이미 상당히 큰 규모가 되었지만, 제도적으로 아직 더 개선이 필요하다.

권력을 상호제어하고 자본을 통제하다

권력이란 무엇인가? 막스 베버는 "권력은 한 사람 또는 더 많은 사람이 하나의 공동 활동 속에서 같은 활동에 참여하는 다른 사람의 의지를 강제하여 자신의 의지를 실현시키는 일종의 능력이다"라고 했다. 권력은 양날의 칼이다. 한편으로 사회의 필수이지만, 다른 한편으로는 사회의 위협이다. 사회에 대한 권력의 위협을 방지하고, 권력이 선을 행하게 하고 악을 짓지 않도록 하기 위해서는 권력에 대해 상호제어가 필요하다.

국가권력은 위에서 이야기한 권력의 중요한 한 부분이다. 국가기관과 법률의 강제·자원에 대한 집중과 배치·국가가 통제하는 여론 도구 등 여러 방면을 통해, 전 국민을 지도자 집단의 의지에 복종하도록 한다.

국가권력은 이처럼 강대해, 사회의 어떠한 개인이나 단체도 할 수 없는 성과를 얻을 수 있고, 또한 어떠한 개인이나 집단도 범할 수 없는 거대한 죄악을 조장할 수 있다. 무정부주의자들은 국가가 필요 없다고 주장하며, 마르크스는 "국가는 재앙이다"라고 했다. 즉 국가가 죄악을 범할 수 있는 것에 대한 공포를 말하는 것이다.

개혁 이전의 중국은 국가가 모든 것을 독점하여, 국가권력이 완전히 사회를 점유했다. 이름은 "사회주의"였지만, 실제로는 "국가"만 있었고, "사회"는 없었다. 중국인은 국가권력이 만들어낸 "원자폭탄과 수소폭탄 및 인공위성" 등 거대한 성과의 영광을 누렸다. 또한 권력이 사회 생산력을 제한하여 만들어낸 극단적인 빈곤을 실컷 맛보았고, 국가권력이 만든 "반우파" 투쟁·대기근과 "문화대혁명" 등 여러 가지 인재(人災)를 당했다.

중국 개혁 개방의 최대의 성과는 완전히 행정 역량에 의한 자원 배치로부터 시장 역량에 의한 자원 배치로 방향이 바뀌었다는 것이다. 국가가 모든 것을 통괄하여 관리하고, 모든 것을 독점하는 상황은 이미 과거사가 되었다. 이 전환은 어느 정도 "사회를 해방시켰고", 사회에 전례가 없는 활력이 넘쳐났다. 이것이 바로 30년 동안 GDP 연평균 9.8% 성장의 주요 원인이다.

그러나 오늘날까지도, 국가권력이 만들어낸 행정 독점이 아직도 광범위하게 존재하고 있으며, 권력이 지나치게 집중되어 있고, 정부와 기업이 구분되어 있지 않으며, 대량의 경제활동에 관리들의 심사와 비준이 필요하다. 정부 부서의 "지대설정", 기업의 "지대추구"의 현상이 아직도 상당히 보편화되어 있다. 개혁 개방 30년은 경제적으로 현저한 성취를 거두었지만, 권력의 상호제어 방면의 제도적 혁신은 오히려 말할 필요도 없어서, 어떤 방면은 1990년대로 뒷걸음쳤다. 예를 들면, 원래 각 성의 인민대표대회가 성 위원회에 대해 아직 어느 정도의 감독 작용을 갖고 있었다. 1990년대 중반 이후, 성 위원회 서기가 인민대표대회 상무위원회 주임을 겸직해서, 인민대표대회의 이처럼 미약한 제어마저 모두 없어져 버렸다. 윗물이 맑아야 아랫물도 맑듯이, 각 급의 권력 모두 상호제어 역량이 부족했다. 이러한 상황은 행정 부문에서 사업 단위·기업 기관까지 만연해 있어서, 각 기관의 최고책임자는 무한한 권력을 갖고 있어서, 큰일이든 작은일이든 모두 최고책임자가 말하면 그만이었다.

자본은 강대한 사회적 에너지로, 기술진보와 사회적 발전을 촉진시킨다. 자본이 투자되면, 그곳은 바로 모습이 바뀌게 된다. 그러나 자본은 탐욕스러운 것이다. 이 탐욕성은 경제학의 용어로 "이익 추구의 최대화"라고 표현할 수 있다. 이익 앞에서 자본은 인성(人性)이 없다. 최근 200년 동안, 자본의 죄악을 비판한 인도주의(人道主義) 작가의 저서들이 매우 많이 출판되었다. 그중 마르크스주의가 가장 인상적이다. 마르크스는 "자본의 땀구멍마다 모두 피와 더러운 것들이 가득 차 있다"고 했다. 우리들은 오늘날 자본을 이용하고 자본의 혜택을 누릴 때, 오히려 자본의 다른 면을 잊어버린다. 헤이좐야오(黑磚窯) 사건·독분유 사건 등 사람들의 마음을 아프게 하는 여러 가지 사건들은, 자본의 탐욕성이 절대 바뀌지 않는다는 것을 일깨워준다. 마르크스는 자본을 없애자고 주장했지만, 자본은 없앨 수도 없으며 없애서도 안 된다. 쑨중산(孫中山)은 "자본 절제"를 제시했다. 다소 지나친 것을 "절제"하면, 자본의 적극적인 면을 제한할 수 있을 것이다. 차라리 자본을 통제하는 것이 더욱 적합하다. 자본을 통제하는 것은 바로 제도 체계를 세우는 것이다. 설령 자본이 그것의 적극적인 작용을 충분히 발휘하더라도, 또한 사회의 해가 되는 탐욕성을 제한할 수 있다.

1990년대 중반부터 중국에 생산요소 자본화와 노동력 고용화가 동시에 진행되었다. 시장경제조건 하에서는 자본이 항상 주도적 지위를 차지하여, 고급 엔지니어로부터 일반 생산 노동자에 이르기까지 모두 자본 고용의 노동자였다. 일부 "지식형 노동자"라고 자랑하는 엔지니어들은 경제 한파 속에서 "자본가"에 의해 해고되어 밥그릇을 잃어버렸으며, 일반 노동자는 항상 손해를 봤다. 이익 최대화를 추구하기 위해, 자본은 늘 온갖 방법으로 기업 바깥의 이익을 빼앗고 손해를 끼친다. 삼폐(폐기가스·폐수·폐기물) 난무·대기오염·환경파괴는 바로 자본이 위력을 떨친 결과이다. 자본이 권력과 여론을 매수하여, 자본원칙으로 정치원칙과 도덕원칙을 대체했다. 사회평형과 안정을 유지하는 각종 원칙이 돈밖에 모르는 사람들에 의해 부패되고, "관행"이 "규칙"을 광범위하게 대체했다. 자본원칙이 사회생활의 여러 방면에 들어와서, 차가운 금전관계가 인정의 따뜻함을 대체했다.

일찍이 미국 대통령 경제자문위원장을 역임했던 예일대학교의 아서 오쿤(Arthur Melvin Okun, 1928~1980) 교수는 그의 저서 『평등과 효율(Equity and Efficiency)』에서 다음과 같이 말했다. "나는 시장을 위해 환호했지만, 나의 환호는 두 차례 이상 되지 않았을 것이다. 금전적 표준이라는 이 폭군이 나의 열정을 제한했다. 기회가 생기기만 하면, 그것이 다른 모든 가치를 쓸어버리고, 사회를 자동판매기로 바꿀 것이다." 그는 효과적인 제도를 만들려면, 돈이 권리와 권력을 살 수 없도록 해야 한다고 지적했다. 그는 "시장은 일정한 지위가 필요하지만, 시장에 대해 제약을 가할 필요가 있다"고 생각했다.

현재 중국인은 부득이하게 권력으로 제어되지 못하는 상부 구조와 자본으로 통제되지 못하는 경제 기초라는 두 가지 현실에 직면해 있다. 이것이 바로 "권위정치에 시장경제를 더한" 제도이다. 이 제도 하에서 권력의 탐욕과 자본의 탐욕은 악성 결합이다. 이것이 현재 중국의 모든 사회문제의 총괄적인 근원이다.

민주정치와 시장경제는 본래 결합된 구조로, 민주가 없는 시장경제는 권력 시장경제일 수밖에 없다. 권력 시장경제 하에 제어하지 못하는 공권력은 극히 희소가치가 있는 독점 상품으로, 그것은 시장경제에서 대량의 황금과 은으로 바꿀 수 있다. 이것이 부패의 제도적 원인이다.

중국의 현재 두 가지 모순은 노동과 자본의 모순과 간부와 대중의 모순으로, 이 두 모순은 권력과 자본에 대한 것이다. 간부와 대중의 모순에서 주요 부분은 제어하지 못하는 권력이고, 노동과 자본의 모순에서 주요 부분은 통제하지 못하는 자본이다. 수적으로 날로 늘어나고, 규모면에서 갈수록 확대되어 가는 집단사건이 바로 이 두 모순이 격화되고 있다는 표현이다.

현재 직면한 사회문제에 초점을 맞추면, 앞으로의 개혁 임무는 권력을 상호제어하고 자본을 통제하는 것이다. 권력을 상호제어하는 것은 공권력을 감독하고, 공권력의 활동 범위를 제한하고, 공권력이 시장 교환 영역에 진입하지 못하게 하는 것을 가리킨다. 권력을 상호제어하는 데에는 반드시 권력체계 외부의 힘이 필요하다. 간단한 역학(力學) 상식으로 알 수 있듯이, 내부에 있는 힘은 물체의 운동 상태를 개혁할 수 없다. 마치 자기 스스로 자기의 머리카락을 잡아 자신을 들어 올릴 수 없는 것처럼. 중국은 지금도 권력 감독 체계가 있지만, 모두 중국 공산당 일원화 지도하에 전개된 것이다. 중국 공산당에 대해 이야기하자면, 이러한 감독을 할 수 있는 힘은 모두 내부에 있는 힘이다. 외력으로 제어하는 데에 민주정치가 필요하고, 정치 독점을 타파하려면 정치 경쟁을 전개해야 한다. 이것이 바로 정치개혁의 핵심적인 문제이다.

현대 민주제도 역시 자본을 통제하는 비교적 효과적인 제도이다. 현대 민주제도는 노동과 자본이 수백 차례의 선택과 시행을 거치면서 만들어졌고, 사회적으로 실천되는 과정에서 수백 차례 시행착오를 거쳤다. 오늘날 민주국가에서 노동자들의 담판 지위가 중국 노동자의 담판 지위보다 훨씬 높다는 사실은 우리 모두가 알고 있다. 우리가 중국만의 특색이 있는 민주 정치를 세울 때, 마땅히 해외의 성공적인 경험을 받아들여야 한다.

민주화 과정을 가속화하는 데에는 정치적 개혁이 필요하다. 가령 자발적인 주동적 개혁이 없으면, 사회적 모순이 끊임없이 쌓이게 되어, 결국에는 폭발성의 급변이 생길 수도 있을 것이다. 정치개혁은 적극적 태도를 취해야 한다. 우리는 각자의 위치에서 각자가 이용할 수 있는 모든 자원을 이용하여, 민주화 과정을 추진하는 데 노력해야 한다. 더욱 중요한 것은, 집권 집단이 민주정치의 방향을 견지하고, 적극적·주동적·자각적으로 개혁을 추진해야 한다. 민간 역량의 적극적 추진력과 집권 집단의 주동적 개혁이 상호 촉진하고 시너지 효과를 내는 것이 다음 개혁의 동력 모델일 것이다.

옮긴이

박종연(朴鍾淵)

1993년에 영남대학교 중어중문과를 졸업하고, 1995년과 2001년에 동 대학원에서 석사학위와 박사학위(근대한어 전공)를 취득했다. 그 후 2003년에 다시 중국 난징대학교에서 중고한어(中古漢語) 전공으로 문학박사를 취득했다. 2003년부터 인제대학교 중국학부 교수로 재직하고 있다. 옮긴 책으로는『논어역주』,『경서천담』,『진고응이 풀이한 노자』,『조각가의 혼』,『담판』,『회사생활이 편해지는 의사소통의 기술』,『직언과 포용의 인간학』,『노트테이킹만 알면 당신은 벌써 중국어 전문가』,『Fun Fun 일러스트 중국 이야기』,『비즈니스 중국어』(공역) 등이 있다.

이웅길(李雄吉)

1983년에 영남대학교 중어중문과를 졸업하고, 1986년과 1994년에 동 대학원에서 석사학위와 박사학위를 취득했다. 1998년부터 동서대학교 중국어학과 교수로 재직하고 있다. 양한(兩漢)과 위진남북조(魏晉南北朝) 시대의 음운학을 전공하였다. 옮긴 책으로는『고대중국어 어법』,『중국의 명신들』등이 있고,「兩漢時期 詩歌 用韻 硏究」,「劉宋時期 詩韻 小考」등 다수의 논문이 있다.

현대 중국의 사회계층

2015년 6월 10일 초판 1쇄 인쇄
2015년 6월 15일 초판 1쇄 발행

지은이 | 양지성
옮긴이 | 박종연·이웅길
펴낸이 | 권오상
펴낸곳 | 연암서가

등 록 | 2007년 10월 8일(제396-2007-00107호)
주 소 | 경기도 고양시 일산서구 호수로 896, 402-1101
전 화 | 031-907-3010
팩 스 | 031-912-3012
이메일 | yeonamseoga@naver.com
ISBN 978-89-94054-70-4 93330

값 25,000원